KB126003

사무엘상 강해설교

사무엘상

윤 석 희

기독교개혁신보사

지은이 | 윤석희

저자는 전통적인 유교와 불교 그리고 샤머니즘이 혼합된 시골 집안에서 태어났으나 어릴 때 부터 4km떨어진 교회를 다녔다. 이 일로 집안에서 온갖 고통을 당했지만 오히려 모든 가족 들을 전도해서 교회로 인도할 정도로 신앙과 열심을 가지고 있었다.

1980년 4월 20일 현재 담임하고 있는 천성교회를 개척, 오직 '하나님의 영광을 위하여' 그리 고 '개혁교회를 세우겠다'는 생각으로 지금까지 목회에 전념해 오고 있다. "어떤 한 가지 방 법론에 집착하는 것보다 목회자는 기본적인 것이 갖추어져 있어야 하며 목회는 종합예술과 같다"는 신념을 지금까지 잃지 않고 있다.

총신대(B.A.)와 합동신학대학원대학교(M.Div.)를 거쳐 Birmingham 신학대학원(D.Min.)에 서 수학했다.

대한예수교장로회(합신) 총회장과 한국장로교총연합회 대표회장, 기독교개혁신보사 사장, 합동신학대학원대학교 이사를 역임했으며, 현재, 천성교회 담임목사로 교단과 교계를 위해 봉사하고 있다.

저서

- 창세기 강해 『창세기』(2008년, 서울: 기독교개혁신보사)

- 출애굽기 강해 『출애굽기』(2008년, 서울: 기독교개혁신보사)

- 민수기 강해 『민수기』(2009년, 서울: 기독교개혁신보사)

- 신명기 강해 『신명기』(2010년, 서울: 기독교개혁신보사)

- 여호수아 강해 『여호수아』(2012년, 서울: 기독교개혁신보사)

- 사사기 강해 『사사기』(2012년, 서울: 기독교개혁신보사)

- 마태복음 강해 I 『왕과 백성 그리고 하나님 나라』(2004년, 서울: 기독교개혁신보사)

- 마태복음 강해 II 『교회와 하나님 나라』(2005년, 서울: 기독교개혁신보사)

- 누가복음 강해 『누가복음』(2011년, 서울: 기독교개혁신보사)

- 요한복음 강해 『요한복음』(2013년, 서울: 기독교개혁신보사)

- 사도행전 강해 『성령께서 인도하신 초대교회 역사』(2005년, 서울: 기독교개혁신보사)

- 로마서 강해 『로마서』(2014년, 서울: 기독교개혁신보사)

- 고린도전후서 강해 『하나님의 교회』(2006년, 서울: 기독교개혁신보사)

- 에베소서 강해 『에베소서』(2007년, 서울: 기독교개혁신보사)

- 공동서신 강해 『하늘가는 나그네』(2005년, 서울: 기독교개혁신보사)

- 요한계시록 강해 『그리스도의 재림과 하나님의 나라』(2004년, 서울: 기독교개혁신보사)

- 윤석희목사 사진집 『길에서 길을 만나다』(2012년, 서울: 기독교개혁신보사)
  저자는 시공간 앞에서 자신을 내려놓는 마음으로 사진을 대한다. 그래서 저자의 사진집에서는 눈이 시리 도록 아프게 하는 서정적인 이야기들이 고스란히 드러난다. 이것은 창조주 하나님 앞에서 살아가는 목회 자만이 가지는 또하나의 삶의 고백일 것이다.

사무엘상 강해설교

사무엘상

강해설교
사무엘상

윤석희 지음

초판 인쇄　2015년 8월 11일
초판 발행　2015년 8월 15일

발행처　기독교개혁신보사출판부
발행인　나택권

등록번호　제1-2489호
등록일자　1999년 5월 7일

주간　송영찬
편집　신명기
디자인　조혜진

서울시 종로구 연지동 136-56 한국기독교연합회관 502호
전화 02-747-3600(대표) 팩스 02-747-3601
rpress@rpress.or.kr
www.rpress.or.kr

저작권자 ⓒ 윤석희

값은 표지에 있습니다.
ISBN 978-89-97241-21-7 03990

사무엘상 강해설교

사무엘상

기독교개혁신보사

머리말

사람들이 인생의 속도에 대하여 나름대로 정의하여 말하기를 오십 세이면 50킬로미터, 육십 세이면 60킬로미터, 칠십 세이면 70킬로미터로 달리는 차와 같다고 한다. 나도 어느덧 몇 년 남지 않은 목회 사역을 눈앞에 두고 있다. 끝까지 그리고 마지막까지 잘 감당하려고 고군분투하는 중이다.

하나님의 은혜로 천성교회를 개척하여 삼십오 년 동안 목회 사역에 종사하고 있지만 이제 이 사역도 한 손으로 셀 수 있는 기간만 남아 있는 상황이다. 시간이 많이 흘러갔지만 이루어 놓은 것은 미미하고 한 일이 너무 적어 부끄럽기만 할 따름이다.

사람이 짤막한 인생을 살면서 가장 가치있는 일은 무엇일까? 이 질문을 듣는 사람들은 누구나 나름대로 다 한마디씩 대답을 할 것이다. 신본주의적인 생각으로 가득찬 사람은 하나님의 영광이요, 하나님 나라를 위한 봉사라고 대답할 것이고, 인본주의적인 사고방식을 가진 사람들은 다른 사람이나 자기 자신의 행복을 말하게 될 것이다.

사무엘상에서는 사사시대에서 왕정시대로 넘어가는 과도기의 사건들을 기록하고 있다. 특별히 등장하는 인물이 세 사람인데, 사무엘과 사울 그리고 다윗이다. 사무엘은 개인적인 경건은 물론 국가의 큰 지도자였다. 흠이 없는 사람이었고 영적인 사람이었다.

사무엘의 활동은 놀랍다. 대제사장 역할, 사사 역할, 선지자 역할, 나실인의 역할을 잘 감당한 인물이다. 그런데 더 놀라운 것은 다른 사람을 세우는 사람이었다. 사울도 세우고, 다윗도 세웠다. 자신이 경건하게 하나님 앞에 살면서 다른 사람을 세우는 일이 결코 쉬운 일은 아닐 것이다. 그렇지만 인생사에서 가장 중요한 일 중의 하나가 다른 사람을 세워주는 일이다.

'목회가 어렵고 힘들다' 라고 말하는 것은 하나님 중심적으로 바꾸려는 시도가 인간에게는 없다는 점과 혹 예수를 믿더라도 자기의 행복과 건강과 시간을 침해하지 말라는 자세를 가지고 믿음생활을 하는 사람들 때문이다.

그래도 나의 남은 생애는 사람을 세워주는 사람으로 살고 싶다. 사무엘이 다윗을 세우듯이 그리고 예수님께서 사도들을 세워 하나님 나라의 일꾼이 되게 하셨듯이 그렇게 사람을 세우고 싶다.

이 책이 사람을 세우는 일에 쓰임 받는 책이기를 바란다. 이런 일에 늘 봉사하는 천성교회 출판위원들과 행복을 위해 수고하는 사랑하는 아내 박혜옥님, 교정에 수고하는 라진옥 집사님과 위원들, 편집에 봉사하는 기독교개혁신보사 송영찬 국장께 깊은 감사를 드린다.

2015년 5월 16일
천성복지관에서
윤 석 희 식

목 차

● 제 2 부 ●

왕정의 시작과 사울

● 제3부 ●
다윗의 등장과 사울의 몰락

서 론

사무엘상

서 론

 하나님께서 왜 우리에게 사무엘상을 주셨는가? 사무엘상은 무엇을 우리에게 가르치는 책일까?

 본래 책 이름은 '사무엘의 책' 입니다. 내용은 신정국가의 건립 역사와 초대 왕들을 위해 쓰임 받은 사무엘에 대하여 말하고 있습니다. 기본적인 구성은 마지막 사사 사무엘(1-7장)과 최초의 왕 사울(8-15장), 그리고 새로운 왕 다윗(16-31장)을 준비하고 있는 것이 주요 내용입니다.

 이스라엘 백성들은 왕정시대 이전에 모세와 여호수아를 통하여 신정국가의 모습을 보았습니다. 모세와 여호수아는 하나님께서 세우는 나라의 독특성을 드러낸 사람들이었습니다. 다음으로 사무엘을 통하여 왕정국가를 세우셨습니다. 신정국가나 왕정국가나 근본적인 것은 같겠지만, 사람들이 등장하여 나라를 발전시키거나 쇠퇴시키는 모습을 보게 될 것입니다. 성경을 주신 목적이나 목사를 세우신 하나님의 목적은 사람을 세우기 위함입니다. 여러분도 사람을 세우는 사람이 되기를 바랍니다.

 어떤 나라든지 나라를 통치하는 왕을 세우는 분은 하나님이십니다.

나라마다 체제의 변화는 있었지만 하나님의 뜻에 맞는 왕을 세우는 분은 하나님이십니다. 때로는 사람들의 요구에 의하여 인간 왕을 세울 때도 있습니다. 하나님은 세상 나라도 통치하십니다. 역사의 주관자는 하나님뿐이시기 때문입니다.

신정국가의 원형인 메시아 왕국, 하나님 나라, 천국도 그렇습니다. 우리로 하여금 주님이 왕이신 나라를 바라보게 만듭니다. 신정국가의 일꾼인 사무엘처럼 메시아 왕국의 주역은 바로 우리들입니다. 이런 사명감을 가지게 만드는 책이 사무엘상입니다. 여러분 자신도 하나님 나라를 위하여 일하고 사람을 세우는 일에 적극적인 힘과 마음을 모아서, 후진들이 하나님 나라를 멋지게 건설하는 복이 있기를 바랍니다.

사무엘상 전체를 요약해 보면 다음과 같습니다.

사무엘상 1-7장까지 사무엘의 출생과 사역이 나타납니다. 하나님의 사람, 사무엘은 왕정시대의 주역이었습니다. 사무엘은 사람을 세우는 일을 열심히 합니다.

사무엘상 8-15장은 하나님의 통치를 대신할 신정적 왕을 요구하는 백성의 모습과 첫 번째 왕 사울을 통해 처음에는 성공했으나 나중에는 실패하는 모습이 나타납니다. 하나님께서 준비하고 세운 사람이 아니라 사람들에 의해서 세워진 사람은 결과가 아름답지 못합니다.

사무엘상 16-31장은 다윗 왕을 예비하는 과정과 사울과의 갈등이 나타납니다. 사울과 달리 다윗은 하나님만 의지하는 신정적인 왕이었습니다. 하나님이 준비하고 세운 왕은 하나님 중심적이고 하나님 나라를 크게 발전시키는 역할을 감당하는 것입니다.

여러분은 역사의 주관자가 누구라고 생각합니까? 자연원리일까요? 사람일까요? 물론 기독교는 하나님이 역사의 주관자라고 믿습니다. 그렇다면 하나님이 역사의 주관자라고 주장할 수 있는 근거가 무엇입니까? 사람들은 이런 주장을 자주 반박합니다. 그러한 질문에 대하여 몇 가지로 대답해 봅시다.

1) 이스라엘의 정치체제까지 관여하여 신정국가로 발전시키시는 하나님을 생각해 볼 수 있습니다. 하나님은 인간 역사를 주관하여 하나님이 원하는 천국을 이룰 때까지 주권적인 행사를 진행하십니다. 사람들이 모든 나라를 다스리는 것 같아도 그렇지 않습니다. 하나님께서 섭리적으로 역사를 이끌어 가십니다. 다양한 방법으로 관여하여 하나님 나라를 세워가십니다.

2) 사무엘, 사울, 다윗이 사무엘상의 중심적인 인물인데, 이들 각각의 출생과 성장 그리고 활동과 죽음까지 모두 하나님이 주관하십니다. 한 사람, 한 사람의 생명과 사역을 통하여 하나님의 나라를 발전시켜 나가는 하나님이심을 증거할 수 있습니다.

그렇습니다. 참새 한 마리도 하나님의 허락 없이는 땅에 떨어지는 법이 없습니다. 성도 한 분 한 분이 얼마나 소중하고 귀합니까? 여러분 한 사람을 온 천하보다 더 귀하게 여기는 하나님이십니다. 사람의 영과 육을 지키심에 있어서 졸지도 않으시고 주무시지도 않으십니다. 낮의 해와 밤의 달도 해하지 못하도록 하십니다. 믿습니까?

3) 인간의 죄악은 하나님의 징계를 초래합니다. 사람의 죄는 죄를 짓는 개인뿐 아니라 공동체에 영향을 끼치는 법입니다. 사울 왕의 불순종과 엘리의 두 아들 홉니와 비느하스의 죄가 자신들의 죽음뿐 아니라 이스라엘의 패전으로 이어지는 것을 볼 수 있습니다. 여호와의 영광이 이스라엘에서 떠나게 되는 동기가 되었습니다. 죄의 결과는 실로 엄청난 결과를 가져오는 것입니다.

사사시대는 영적인 암흑기, 재앙이 있던 시대였습니다. 약속의 땅에 들어간 이스라엘 나라는 하나님 나라의 건설을 맡았지만 사명을 감당하지 못하고 우상숭배와 정복 실패라는 불충성을 거듭하여, 가나안 사람들과 거의 비슷한 하나님의 사람들이 되었습니다.

역사적으로 볼 때 르우벤 지파는 모압 나라에 먹히다시피 하였고, 단 지파는 여호와께서 주신 기업을 점령하지 못하고 포기하였습니다. 블레셋이 철 가공 기술과 에스드랄론 평야를 장악함에 따라 이스라엘은 중앙 산악지대에 사는 변두리 국가가 되고 말았습니다. 특히 사사시대는 종교적인 부패와 도덕적인 타락으로 블레셋 나라와의 전쟁에서 패함으로써 여호와의 영광이 이스라엘에서 떠나게 되었습니다.

사랑하는 성도 여러분! 여호와의 영광이 여러분의 심령, 성전이라고 말하는 여러분 위에 임하고 있습니까? 여호와의 영광이 여러분이 살고 있는 장막 위에 임하고 있습니까? 여호와의 영광이 내가 섬기고 있는 교회 위에 충만히 임하고 있습니까? 대부분 여호와의 영광이 떠났습니다. 여호와의 영광이 임하거나 나타나지 않는 상황에 처해 있습니다. 사무엘상을 강해할 때 사랑하는 여러분은 여호와의 영광을 되찾는 복이 있기를 바랍니다.

4) 하나님의 은혜는 인간의 죄보다 더 풍성하고 큽니다. 사무엘상 7장에 나타난 미스바 성회의 회개는 블레셋 침공을 저지하게 만들었습니다. 인간이 죄를 지으면 형벌이 있게 되는데 그럴 때마다 회개해야 합니다. 회개할 때 하나님의 사랑과 은총을 체험하게 됩니다. 특히 하나님이 메시아를 세상에 보내셔서 왕국을 건설하게 되는 데서 그 사랑과 은총은 절정을 이루게 됩니다.

5) 사무엘에게 똑같이 기름 부음을 받지만 인본주의로 나아가 자신의 뜻을 실현시키려는 사울 왕과 신본주의로 나아가 하나님의 뜻을 실현시

키는 다윗 왕을 비교할 수 있습니다. 우리도 똑같습니다. 성령으로 시작
하였다가 육체로 마치는 사람이 있는 반면, 하나님 나라를 왕성하게 발
전시키는 사람이 있습니다. 여러분은 어떤 사람입니까?

사무엘은 정말 존귀한 사람이었습니다. 한마디로 새로운 시대를 열었
던 인물입니다. 사무엘은 성육신, 초림과 재림으로 신약과 새천국시대
를 도래시킬 예수 그리스도를 예표하는 인물이었습니다. 그는 이스라엘
을 위하여 선지자, 제사장, 왕(사사)의 3중직을 감당했던 모세와 비견될
만한 인물이었습니다. 이것이 예수 그리스도를 예표하는 것입니다.

다윗은 혈통상 예수 그리스도의 조상입니다(롬 1:3; 계 22:16). 영적으로
인격과 생애 전체가 주님의 사역을 예표합니다. 다윗은 비록 베들레헴
에서 출생한 목동이었지만 하나님에 의해 기름 부음을 받고, 하나님의
신에게 감동을 받았습니다. 우리 주님도 베들레헴에서 목수의 아들로
태어나셨지만 성령과 동행하여 구원자로 활동하셨습니다.

다윗이 골리앗과의 전쟁에서 승리한 것이 오히려 사울 왕의 미움이
된 것은 예수 그리스도가 모든 사람들에게 배척받을 것을 예표하기도
합니다. 다윗이 이스라엘의 왕이 되는 것은 예수 그리스도가 죄와 사탄
으로부터 승리할 것을 예표해 주는 사건이었습니다.

이스라엘에서 하나님의 영광이 떠난 지 불과 백 년이 지나지 않아 이
스라엘은 재기하여 고대 근동 아시아의 강자가 되었습니다. 다윗이 차
지한 영토는 대단했습니다. 다윗이 골리앗을 때려 눕히고 여호와께 노
래했습니다. 그는 여호와의 왕국을 약속의 땅에 세운 새로운 인물이었
습니다. 다윗 때에 비로소 아브라함과 이삭과 야곱에게 맹세한 땅을 차
지하게 됩니다.

다윗 왕정은 어디서부터 왔는가? 다윗 왕정은 인간의 산물이라기보
다는 하나님의 선물이었습니다. 그렇습니다. 하나님의 왕국은 사람들이

모이는 곳이지만 사람에 의해서 세워지는 것이라기보다는 하나님께서 세우시는 나라입니다.

인간적으로 보면 다윗이 군사전략적, 영적 그리고 음악적, 시적으로도 뛰어난 인물이지만 그런 점이 이스라엘을 가나안 땅에 심게 하였다고 말하기보다는, 하나님께서 다윗의 좋은 점을 다 사용하여 더욱 견고하고 든든한 나라를 세우셨다고 말해야 할 것입니다.

하나님의 언약이 다윗을 통하여 어떻게 실현되었는가? 역사적인 현장에서 어떻게 구체화되었는가? 이런 점을 발견하게 됩니다. 다윗이 골리앗을 물리친 것은 여호수아로부터 시작된 정복 전쟁이 훗날 이방민족이 예수 그리스도의 복음으로 정복됨으로써 완성될 것을 가르쳐 줍니다. 다윗이 공의로운 통치를 하여 온 백성이 기뻐한 것은 예수 그리스도 안에서 의와 평강과 희락의 시대가 도래할 것을 예표해 주는 것입니다.

사무엘 성경은 다윗과 무관한 것처럼 보이는 한나의 이야기로 시작합니다. 한나는 불임 여성이었습니다. 한나는 고통과 기다림 속에서 하루하루의 삶을 살았습니다. 여호와께서 잉태하지 못하게 하셨습니다. 한나는 절망적인 여인이었습니다. 한나를 향한 남편 엘가나의 사랑이 지극하여 브닌나보다는 갑절, 두 배의 재물, 선물을 받기도 했습니다. 하지만 가장 중요한 것은 여호와께서 막고 있었습니다.

홉니와 비느하스도 생각해 봅시다. 아버지는 엘리 제사장입니다. 이스라엘과 블레셋이 전쟁을 하였습니다. 전쟁에서 패하자 여호와의 궤를 빼앗기게 되었습니다. 실로 성막이 훼파되었습니다. 이스라엘 나라에 있어서 여호와의 궤를 빼앗기거나 성막이 불타 버린 것은 정말 비극 중에 가장 큰 비극을 의미합니다.

이런 상황에서 한나가 고통스럽지만 절망감에 사로잡히지 않고 하나님께 나아가 기도하며 소망을 가지는, 기다림의 사람이 되었다는 것은 개인적인 일이지만 개인적인 일로만 볼 수 없는 아주 중요한 일입니다.

한나의 이야기는 불임의 여인이 간절히 기도하여 임신했다는 단순한 이야기만 말하고 있는 것이 아닙니다. 한나는 슬픔의 노래를 부를 수밖에 없는 상황에서 하나님을 찬양하는 여인이 되었습니다. 삶의 변화입니다. 하나님은 사람의 출생과 생명에 관여하는 분이십니다. 여러분도 삶의 변화가 일어날 수 있기를 바랍니다. 기도하지 않던 사람이 기도하는 사람으로, 찬양하지 않던 사람이 찬양하는 사람으로 거듭나기를 바랍니다.

더군다나 여호와께서 한나의 임신을 막고 있었습니다. 한나는 그 하나님을 향하여 서원합니다. 엘리 제사장이 이스라엘의 하나님이 들으시고 응답하실 것이라고 말해 줍니다. 연약하고 타락한 제사장이었다 할지라도 제사장의 선언입니다. 새로운 가능성을 심어 주었습니다. 불임을 출생으로, 고통을 찬양으로, 외로움을 예배로 바꾸시는 분은 하나님이십니다. 제사장이 돕습니다. 새로운 역사의 가능성은 한나나 엘리가 아니라 하나님이 주십니다. 이것이 사무엘서에서 강조하는 내용입니다.

한나는 어원적으로 '매력적인'이라는 의미가 있어 사랑받는 여자였습니다. 브닌나는 '풍요로운, 다산'이라는 뜻으로 아이를 많이 생산할 수 있는 능력이 있었습니다. 이것은 야곱에게서도 찾아볼 수 있습니다. 불임의 원인이 여호와께 있었습니다. 나라에 여호와의 영광이 떠나고 가정에는 불임이 계속된다면 어떻게 될 것인가? 이런 상황에서 진정한 돌파구가 무엇일까?

그리고 사무엘서는 원래 한 권이었지만 기원전 2-3세기경 칠십인 역자들에 의해서 두 권으로 나누어지게 되었습니다. 책명은 히브리 원전에는 '사무엘'입니다. 사무엘서 전체를 사무엘이 기록한 것으로 보기는 어렵지만, 사무엘이 초반부터 중심적인 인물로 등장할 뿐만 아니라 사울과 다윗을 기름부어 왕으로 세우는 일을 했기 때문일 것입니다. 이스라엘 통치체제가 사사를 중심으로 한 부족 연합체제에서 왕정체제로 이양되는 과정을 하나님의 구속사적인 입장에서 기록하고 있습니다.

사무엘 이전에도 선지자로 불린 사람들이 있습니다. 그들은 창세기 20장 7절, 출애굽기 15장 20절, 사사기 6장 8절에 등장합니다. 그러나 사무엘이 출현한 다음 이스라엘에 왕정이 존속하는 동안에는 선지자들의 활동이 계속되었습니다. 그런 면에서 사무엘은 선지자의 효시라고 말할 수 있는 인물입니다.

사무엘서는 주전 11세기부터 10세기 초반에 이르는 동안 이스라엘 나라에 일어난 역사를 배경으로 기록하고 있습니다. 사무엘서의 가장 두드러진 특징은 이야기식으로 전개되어 있다는 점입니다. 그런 이유로 사무엘서에 대하여 이론이 있습니다. 역사기록으로 보아야 하는가, 아니면 역사의 형식을 취한 이야기일 뿐인가? 우리는 이야기가 아니라 역사적인 기록으로 보며, 다만 사건의 순서대로 열거한 것이 아니라 저자가 자료들을 수집, 선별, 배열하는 작업을 했을 것으로 보고 있습니다. 특히 주전 11-10세기에 일어났던 이스라엘의 사회적, 정치적, 종교적인 변화를 선지자적 관점에서 기록한 것으로 이해합니다.

사무엘서는 부족사회에서 왕정사회로 나아가는 과정에서 일어난 정치적이고 종교적인 변화를 기록하고 있습니다. 이런 배경에는 하나님이 계십니다. 아브라함에게 언약을 세우신 하나님께서 출애굽의 과정을 지나고, 가나안 땅을 정복한 이후 사사시대를 거치고, 그런 다음 다윗왕국을 전개시켜 아브라함과의 언약을 성취하신 것입니다.

제1부
사무엘의 출생과 사역

사무엘상 1장 -7장

제1강
사무엘상 1장 1-8절

사무엘의 가계

사무엘서는 신정체제에서 왕정체제로의 변화를 기록합니다. 단순한 왕정체제의 군주체제가 아닌 하나님의 뜻대로 백성을 다스리는 통치 형태를 가리킵니다. 오늘 말씀은 이스라엘의 마지막 사사인 사무엘의 역할에 대하여 말하고 있습니다. 1절은 사무엘의 가계, 2-8절은 사무엘의 가정 환경 및 한나의 고난에 대하여 말해 줍니다.

1. 사무엘의 가계

에브라임 산지 라마다임소빔에 엘가나라는 사람이 살고 있었습니다. 정치적으로나 종교적으로 중심지가 되었던 벧엘, 헤브론, 세겜이 아니라 아주 시골마을인 라마다임소빔에서 이야기가 시작됩니다.

엘가나는 혈통적으로 레위 사람이었습니다. 레위인은 제사장을 도와 성소에서 종사했던 지파였습니다. 제사하는 일을 돕고, 하나님을 경배하고 찬양하는 일은 물론이고 성전에서 봉사하는 일을 했습니다. 그런데 엘가나가 레위인인데도 시골에서 봉사한 것을 생각해 보면 힘이 없던 가문으로 추정됩니다.

그러나 하나님은 죽은 자를 살리시며 없는 것도 있게 하시는 분이십니다. 약한 자를 택하사 강한 자를 부끄럽게 하시는 하나님이십니다. 없는 것들을 택하사 있는 것들을 부끄럽게 하시는 하나님이십니다.

엘가나의 아버지는 여로함이었습니다. 엘리후의 손자입니다. 도후의 증손입니다. 숩의 현손이라고 족보를 소개하고 있습니다. 사무엘의 족보를 소개하는 이유는 사무엘이 구속사적으로나 이스라엘 역사적으로 매우 중요한 일을 수행하는 자임을 설명하기 위함입니다.

왕이나 선지자나 제사장이 되는 일에 있어서 족보는 아주 중요한 역할을 했기 때문입니다. 사무엘은 레위 자손입니다. 민수기 3장 1-4절을 근거로 해도 이스라엘을 위한 영적지도자로서 문제될 것이 없는 사람이라는 뜻입니다. 여러분은 하나님의 아들과 딸입니다. 하나님의 가족입니다. 더이상의 좋은 족보는 필요하지 않습니다. 영접하는 자 곧 예수의 이름을 믿는 자들에게는 하나님의 자녀가 되는 권세가 있습니다.

사무엘의 부친 엘가나가 레위인으로서 하나님을 섬기는 일에 외면적으로 성실한 자임을 말해 주고 있습니다. 엘가나는 어려서부터 경건한 가정에서 출생하여 준비되고 훈련된 사람입니다. 3절에 "이 사람이 매년 자기 성읍에서 나와서 실로에 올라가서 만군의 여호와께 예배하며 제사를 드렸는데 엘리의 두 아들 홉니와 비느하스가 여호와의 제사장으로 거기에 있었더라"라고 했습니다.

지난 번 성지순례 때 실로 지방을 방문했는데, 그곳에 성막이 있었습니다. 엘가나는 늘 예배하러 실로를 찾았습니다. 여호와께 예배하는 경건한 가정이었습니다. 살아 계신 하나님께 예배할 수 있다는 것은 정말 복받은 사람이 하는 일입니다. 영과 진리로 예배하는 것이 진실된 행복입니다. 하나님께서 우리를 재창조하신 근본적인 목적은 예배하는 자가 되게 하기 위함입니다. 하나님을 찬송할 때 하나님도 기뻐하시고 우리 자신도 즐겁습니다.

로마서를 강해할 때도 여러 번 강조했습니다. 믿음으로 의롭게 된 것을 믿는 사람들의 특징이 무엇입니까? 예배생활의 변화입니다. 신령과 진정으로 예배합니다. 바울의 권면을 봅시다. "형제들아 내가 하나님의 모든 자비하심으로 너희를 권하노니 너희 몸을 하나님이 기뻐하시는 거룩한 산 제물로 드리라 이는 너희가 드릴 영적 예배니라 너희는 이 세대를 본받지 말고 오직 마음을 새롭게 함으로 변화를 받아 하나님의 선하시고 기뻐하시고 온전하신 뜻이 무엇인지 분별하도록 하라"(롬 12:1-2)라고 했습니다.

2. 가정적인 배경

사무엘이 한나의 몸에 잉태하기 이전에 어떤 배경을 가지고 있었는가? 이것이 가정적인 배경일 것입니다. 여러분의 가정적인 배경도 깊이 생각해 보기 바랍니다. 영적인지 아니면 육적인지 거룩한지 아니면 세속적인지 생각해 보기 바랍니다.

사사시대의 말기가 영적으로 암흑시대이고 도덕적으로 문란했던 시대임을 알 수 있습니다. 경건했던 엘가나 조차 축첩행위를 할 정도였습니다(삿 19:1 "이스라엘에 왕이 없을 그 때에 에브라임 산지 구석에 거류하는 어떤 레위 사람이 유다 베들레헴에서 첩을 맞이하였더니").

축첩행위로 말미암아 가정불화가 자주 있었습니다(2절에 "그에게 두 아

내가 있었으니 한 사람의 이름은 한나요 한 사람의 이름은 브닌나라 브닌나에게는 자식
이 있고 한나에게는 자식이 없었더라", 6-8절에 "여호와께서 그에게 임신하지 못하게
하시므로 그의 적수인 브닌나가 그를 심히 격분하게 하여 괴롭게 하더라 … 중략 … 브
닌나가 그를 격분시키므로 그가 울고 먹지 아니하니 …"). 이러한 사실을 타개하
기 위해서라도 새로운 영적지도자가 필요했던 시대였습니다.

엘가나는 두 명의 아내가 있었습니다. 두 명의 아내가 있는 것이 큰
문제입니다. 한나와 브닌나였습니다. 브닌나는 자식이 있고 한나는 자
식이 없었습니다. 이것이 또한 문제였습니다. 창세기 2장의 결혼제도를
정면적으로 부정하는 행동이었습니다. 하나님은 한 남자와 한 여자의
만남을 허락하셨습니다. 이것이 가정질서입니다. 그런데 한 남자가 두
여자를 맞이한 것은 큰 문제 중의 문제요, 그 사람은 물론 그 시대가 얼
마나 타락했는가를 말해주는 처사일 것입니다.

축첩제도는 성경적인 사고방식이 아닌데, 가나안 사람들의 풍습을 본
받은 것이라고 추측할 수 있습니다. 기독교는 가정을 중요하게 여기는
종교입니다. 하나님이 짝지어 준 것을 사람이 나누지 못한다고 선언하
고 있습니다. 그런데 그는 레위인입니다. 성전에서 봉사하는 사람이 그
런 상태였습니다.

한나에게는 자녀가 없었습니다. 하나님이 한나의 태의 문을 닫으셨습
니다. 고대 이스라엘 사회에서 많은 자녀는 풍성한 복이고 자녀가 없는
것은 저주라고 생각했습니다. 그러니 한나는 얼마나 괴롭고 또 괴로웠
을까요? 결과론적인 이야기이지만 나중에 사무엘을 낳고 삼남이녀를
더 낳았습니다. 그러므로 한나의 고통은 저주라기보다는 복을 받는 과
정이라고 설명해야 될 것입니다. "고난 당한 것이 내게 유익이라 이로
말미암아 내가 주의 율례들을 배우게 되었나이다"(시 119:71). "생각하건

대 현재의 고난은 장차 우리에게 나타날 영광과 비교할 수 없도다"(롬 8:18). "우리가 그와 함께 영광을 받기 위하여 고난도 함께 받아야 할 것이니라"(롬 8:17).

남편 엘가나는 한나를 사랑했습니다. 엘리의 아들 홉니와 비느하스가 제사장으로 섬길 때, 엘가나는 아내 한나에게 제물을 두 배나 주었습니다. 그것이 엘가나가 한나를 사랑하는 표현이었습니다. 5절에 "한나에게는 갑절을 주니 이는 그를 사랑함이라 그러나 여호와께서 그에게 임신하지 못하게 하시니"라고 했습니다.

남편의 사랑은 받고 있었지만 문제는 브닌나는 자식이 있고 한나는 임신하지 못한 상태였습니다. 하나님께서 잉태를 허락하지 않은 상태였습니다. 이것을 해결할 수 있는 사람이나 가정이 있습니까? 그러므로 아내와 남편이 사랑하는 것이 행복입니다. 하나님께서 사랑하는 자녀를 주시는 것이 복입니다.

3. 한나의 고통

시대가 영적으로 암흑시대였고 가정적으로는 축첩제도가 허용되는 상황에서 한나에 대한 브닌나의 박해(6-7)가 한나로 하여금 정말 견디기 힘들 정도로 괴롭게 만들었습니다. 게다가 여호와께서 임신하지 못하게 하셨습니다. 남편 엘가나가 한나에게 갑절의 분깃을 준 것으로 인해 브닌나의 박해가 더욱 심해졌습니다. 여러분 같으면 어떻게 하겠습니까? 정말 못살겠다고 고함치고 집밖으로 뛰쳐나가고 별의별 소문을 다 낼 수 있는 상황입니다.

한나는 그런 상황을 어떻게 이겨냈을까요? 한나는 오히려 그런 어려움을 통하여 여호와께 기도하게 되었습니다. 하나님의 은총을 확실히 믿었습니다. 위대한 신앙인들의 특징이 무엇입니까? 하나님의 은총에 대한 확실한 신념입니다. 변함없는 신념입니다. 하나님은 나를 버리시지 않는다는 확신입니다. 하나님은 나를 연단하신다는 확신입니다.

예수님께서 무슨 교훈을 하셨습니까? 요한복음 16장 33절에 "이것을 너희에게 이르는 것은 너희로 내 안에서 평안을 누리게 하려 함이라 세상에서는 너희가 환난을 당하나 담대하라 내가 세상을 이기었노라"라고 했습니다. 바울은 로마서 8장 37절에 "그러나 이 모든 일에 우리를 사랑하시는 이로 말미암아 우리가 넉넉히 이기느니라"라고 했습니다.

한나가 서원기도를 하여 사무엘을 얻게 됩니다. 하나님의 놀라운 은혜와 복입니다. 전혀 희망이 없는 상황에서 하나님의 은혜와 복이 나타납니다. 하나님은 하나님의 구속적인 계획을 진행시키셨습니다.

한나는 고통중에서도 기도하였고, 기도의 응답을 받았습니다. 사무엘의 출생을 허락하신 것은 인간사 모든 일에 하나님의 깊은 뜻과 계획이 내포되어 있음을 일깨워 줍니다. 성도는 사람의 위로보다 하나님의 사랑을 받아야 합니다. 하나님의 은혜를 받아야 합니다.

남편 엘가나가 한나를 늘 위로했습니다. 울지 말라, 어서 먹으라, 그대는 열 아들보다 나은 여인이라. 한나는 엘가나의 극진한 사랑을 받았습니다. 엘가나는 애처가입니다. 한나의 슬픔을 충분히 이해하고 있었습니다. 엘가나가 한나를 사랑하여 두 배를 주었지만, 브닌나는 여러 명의 아들과 딸이 있었기 때문에 이미 여러 배를 받고 있었습니다.

한나는 울고 또 울었습니다. 기도하고 또 기도했습니다. 하나님께서 태를 막고 있었는데, 이는 하나님만이 해결할 수 있는 문제였습니다. 남편의 사랑으로 해결할 수 있는 문제가 아니었습니다. 물질적인 복으로 해결할 수 있는 것이 아니었습니다. 하나님만이 해결할 수 있는 문제였습니다. 닫으면 열 사람이 없습니다. 열면 닫을 사람도 없습니다.

그래서 한나는 만군의 여호와께 기도했습니다. '만군의 여호와' 라는 말은 사무엘상에 다섯 번 나옵니다. 주로 인간의 군대(출 7:4; 시 44:9), 해 · 달 · 별 같은 천체(창 2:1; 신 4:19; 사 40:26), 천사와 같은 하늘의 존재(수 5:14; 왕상 22:19; 시 148:2)를 말하지만 우주의 모든 권세를 다스리는 주권적인 하나님을 명명합니다. 한나는 하나님만 믿었습니다.

인간은 사람의 사랑이 필요합니다. 사랑하는 사람의 눈빛과 음성을 들어야 행복한 존재입니다. 그러나 그것만이 모든 것을 채울 수는 없습니다. 영원하신 하나님의 능력과 은혜, 사랑과 복이 필요한 존재입니다. 여러분도 이것만은 인정해야 합니다. 인간은 몸만 가지고 있는 존재가 아니라 영적인 존재이기 때문에 그렇습니다.

그래서 바울은 에베소 교인들이 그리스도의 사랑의 너비와 길이와 높이와 깊이를 알기를 원했던 것입니다. 사람은 하나님의 은혜를 알고 그리스도의 사랑을 알 때 정상적인 그리스도인으로서 성장할 수 있습니다.

제2강
사무엘상 1장 9-18절

한나와 엘리

사사시대 350-400년 동안은 영적인 암흑시대였습니다. 어두운 시대라고 '나'까지 어두워야 합니까? 세상을 밝히는 밝은 빛이 되는 것이 더 가치있는 일이 아니겠습니까? 한나는 자신의 마음은 한없이 슬프고 괴로움이 많은 여인이었지만, 영적으로 암울한 시대에 살고 있으면서도 결코 어둡지 않은 삶을 살았던 여인이었습니다. 그 원인이 무엇입니까?

1. 한나의 서원기도

엘가나와 한나, 브닌나와 여러 명의 아들과 딸들이 실로 성막에서 먹고 마셨습니다. 아마도 화목제를 드린 다음에 나눠 먹었던 것으로 보입니다. 공동 식사가 있었던 것으로 보입니다. 여호와 앞에서 먹고 마시는 것은 중요한 일이었지만 한나에게는 깊은 슬픔이 있었습니다. 깊은 울음이 있었습니다. 한나는 마음이 괴로웠습니다. 기도할 때 통곡하였습니다. 여호와 앞에서 기도할 때 소리내서 기도했습니다. 슬픈 감정을 억누를 수 없어서 통곡했습니다. 슬퍼서, 서러워서 소리내어 울었습니다. 성도가 할 수 있는 최선책이 기도입니다.

한나는 엘가나의 사랑을 독차지한 아내입니다. 예물을 갑절이나 받아서 물질적인 것도 넉넉했습니다. 그렇다고 그것들로 한나의 슬픔을 달래기에는 역부족이었습니다. 빈 공간을 채울 수 없었습니다.

마음이 아플 때 여러분은 무엇을 합니까? 한나는 기도했습니다. 이것이 요즘 사람들과의 차이점일 것입니다. 인간 관계에서 오는 상처와 갈등이 있을 때 성도가 해야 할 일이 무엇인가? 기도입니다. 예수님도 심한 통곡과 눈물로 간구와 소원을 올렸습니다.

한나는 자신의 힘으로 해결할 수 있는 것이라고는 한 가지도 없었습니다. 브닌나의 박해를 한나가 무슨 방법으로 중단할 수 있겠습니까? 하나님께서 잉태하는 복을 주시지 않는데 무슨 수로 인간이 해결할 수 있습니까? 그래서 한나는 해답의 열쇠를 가지고 계신 하나님, 만군의 여호와께 문제를 들고 나간 것입니다. 인간의 근본적인 문제는 하나님이 해결하실 수 있습니다.

그 당대 제사장은 엘리였습니다. 엘리에게는 홉니와 비느하스라는 두 아들이 있었습니다. 두 아들도 제사장으로서 성전에서 봉사했습니다. 엘리가 여호와의 전 문설주 겸 의자에 앉아 있었습니다. 의자는 단순한 의자가 아니라 왕이나 제사장이 앉는 의자로, 신분이나 지위가 있는 사람이 앉는 의자를 가리킵니다.

다른 곳에서는 위(출 11:5), 보좌(창 41:40), 왕위(신 17:18; 삼하 3:10)로 번역했습니다. 의자만 보아도 신분을 알 수 있는 의자였습니다. 그러니까 의자가 권위와 능력을 나타내기도 하였습니다. 엘리도 자기의 직무를 수행하고 있는 상황이었습니다. 그런데 엘리가 한나에 대해 오해하여 반대의 개념으로 말했습니다.

사무엘의 출생은 전적으로 하나님의 섭리와 어머니 한나의 서원기도에 달려 있었습니다. 한나는 하나님께 제사드리기 위해 실로 성막에 올라갔습니다. 남편 엘가나를 따라 하나님의 성소에 이르렀습니다. 브닌나에게 당한 설움 때문에 심히 통곡하며 기도했습니다. 제사장이 오해할 정도로 길게 기도했습니다.

한나의 서원기도의 내용이 무엇입니까? 사무엘상 1장 11절을 봅시다. "서원하여 이르되 만군의 여호와여 만일 주의 여종의 고통을 돌보시고 나를 기억하사 주의 여종을 잊지 아니하시고 주의 여종에게 아들을 주시면 내가 그의 평생에 그를 여호와께 드리고 삭도를 그의 머리에 대지 아니하겠나이다"라고 했습니다.

아들을 주시면 나실인으로 바치겠나이다. 평생을 하나님께 바치겠습니다. 주시면 잊지 않고 바치겠습니다. 삭도를 머리에 대지 않겠습니다. 일반적인 서원기도입니다. 사람들은 서원을 잘 합니다. 그리고 지키는 사람이 있는 반면 지키지 않는 사람이 있습니다. 지키는 사람이 복 있는 사람일 것입니다.

예레미야 29장 12-13절에 "너희가 내게 부르짖으며 내게 와서 기도하면 내가 너희들의 기도를 들을 것이요 너희가 온 마음으로 나를 구하면 나를 찾을 것이요 나를 만나리라"라고 약속하셨습니다. 하나님을 만나는 사람이 행복하고 빛된 사람입니다.

2. 오해와 해명

한나가 오래 기도했습니다. 이제는 입술만 움직이는 기도를 올렸습니다. 처음에는 슬퍼서 울며 기도하다가 이제 지쳤습니다. 그러나 마음속으로 기도했습니다. 마음을 쏟아놓는 기도를 올렸습니다. 입술만 움직였습니다.

이런 과정 속에 제사장 엘리의 오해를 받았습니다. 엘리는 처음에 한나를 불량한 여인으로 생각했습니다. 입술만 움직이고 음성이 들리지 않으니 술취한 여인으로 생각했습니다. 그래서 이런 말까지 했습니다. "네가 언제까지 취하여 있겠느냐 포도주를 끊으라"라고 했습니다. 은근한 책망입니다. 술을 끊으라.

정말 엘리의 판단은 잘못된 판단이었습니다. 사람이 기도하지 않으면 누구나 그릇된 판단, 오판을 하기 쉽습니다. 잘 될 것으로 생각하지만 생각뿐입니다. 그래서 누구나 예외없이 성경을 보고 기도해야 합니다. 그렇지 않으면 오판하게 됩니다. 베드로처럼 시험이 찾아옵니다. 사탄의 노략거리가 되는 것이지요. 우리는 이것을 영적인 무지라고 표현합니다.

엘리는 제사장이지만 영적으로 무지했습니다. 한나의 아픔을 이해하지 못했습니다. 기도하는 것을 술취한 것으로 오해했습니다. 정말 기가 막히는 자세입니다. 인간은 기도하지 않으면 이런 부모, 이런 교사, 이런 사람이 될 수밖에 없습니다. 설교도 오해합니다. 기도도 오해합니다. 헌신도 오해합니다. 자기만 살아보겠다고 뛰어보지만 점점 늪에 빠지게 됩니다. 깊은 수렁에서 헤어나지 못하게 됩니다. 엘리의 집안이 망하게 된 첫 번째 요인이 여기에 있습니다. 한나는 기도하는데 엘리는 기도하지 않았습니다.

한나의 해명이 무엇입니까? 15-16절에 "내 주여 그렇지 아니하니이다 나는 마음이 슬픈 여자라 포도주나 독주를 마신 것이 아니요 여호와 앞에 내 심정을 통한 것뿐이오니 당신의 여종을 악한 여자로 여기지 마옵소서 내가 지금까지 말한 것은 원통함과 격분됨이 많기 때문이니이다"라고 했습니다.

한나는 겸손한 마음으로 '내 주여 그렇지 아니하니이다' 라고 부정했습니다. 공동식사 때 포도주를 많이 마신 것이 아니라는 뜻입니다. 한나는 제사장에 대해 예의바른 태도를 취합니다. 합당한 예의가 있는 여인이었습니다.

한나는 자신이 악한 여자가 아니라 마음이 슬픈 상태에 있는 여인이라고 표현했습니다. 비루한 여인이나 불량자 혹은 사악한 여자가 아니라는 것이지요. 밖으로부터 오는 외적인 고통보다 내면 깊숙이 자리잡고 있는 문제, 하나님만이 해결할 수 있는 문제가 있다는 것을 고백합니다.

술이나 독주로 인하여 취한 것이 아니라 마음을 하나님께 쏟아붓는 기도, 전인격적으로 자신을 완전히 하나님께 쏟아놓는 기도를 올렸다는 것입니다. 시편 62편 8절에 "백성들아 시시로 그를 의지하고 그의 앞에 마음을 토하라 하나님은 우리의 피난처시로다 셀라"라고 했습니다. 예수님은 겟세마네 동산에서 "힘쓰고 애써 더욱 간절히 기도하시니 땀이 땅에 떨어지는 핏방울 같이 되더라"(눅 22:44)라고 했습니다.

3. 축복과 반응

"평안히 가라 이스라엘의 하나님이 네가 기도하여 구한 것을 허락하시기를 원하노라"라고 엘리 제사장이 한나를 축복했습니다. 제사장의 축복은 중요합니다. 하나님이 주시는 복과 같습니다. 오해를 풀고 축복하는 것이 중요한 일입니다. 오해는 풀어야 합니다.

황수관 박사가 텔레비전 강의에서 5-3=2라고 하더라구요. 오해를 세 번만 생각하면 이해가 된다는 강의였습니다. 그렇습니다. 오해하지 맙시다. 자기만 손해를 봅니다. 오해가 있으면 푸세요. 그래야 하나님의 복이 옵니다.

아론의 축복도 기억해 봅시다. 아론이 이스라엘 백성을 축복한 내용입니다. 민수기 6장 24-26절에 "여호와는 네게 복을 주시고 너를 지키시기를 원하며 여호와는 그의 얼굴을 네게 비추사 은혜 베푸시기를 원하며 여호와는 그 얼굴을 네게로 향하여 드사 평강 주시기를 원하노라"라고 했습니다.

사도 바울은 고린도후서 13장 13절에서 "주 예수 그리스도의 은혜와 하나님의 사랑과 성령의 교통하심이 너희 무리와 함께 있을지어다"라고 했습니다. 목사님들도 이 내용으로 축도를 합니다. 여러분도 주님의 사람들의 축복을 믿음으로 받기 바랍니다.

한나가 당한 일과 신앙심을 알게 된 다음 엘리 제사장은 한나에게 평안과 축원을 했습니다. 그렇게 기도하고 제사장의 축복을 받고 난 한나는 어떤 자세를 취하였는가?

18절에 "당신의 여종이 당신께 은혜 입기를 원하나이다 하고 가서 먹고 얼굴에 다시는 근심 빛이 없더라"라고 했습니다. 이게 믿음입니다. 한나는 하나님을 믿었습니다. 제사장의 축복을 믿었습니다. 의심하지 않았습니다. 그대로 될 줄로 믿었습니다. 이것이 기독교 신앙입니다.

사무엘의 탄생 과정도 인간적이지 않았습니다. 인간의 욕정에 의해서 출생한 사람이 아니라는 뜻입니다. 사무엘은 기도하는 어머니가 서원하는 가운데 잉태한 사람이었습니다. 성경은 이것이 위대한 일임을 밝히고 있습니다. 사무엘은 어머니 한나의 기도와 여호와 하나님을 믿는 신앙 그리고 태의 문을 열고 닫는 하나님의 응답으로 출생한 사람이었습니다. 한나의 기도 내용과 자세에 관해 살펴보면 더욱 이것이 사실임이 증명됩니다. 자신의 원통과 비애 때문에 자식을 구하지만 하나님의 영광을 위하여 바치겠다고 서원하였습니다.

한나가 잉태하지 못하여 기도하는 동안에는 슬퍼했지만, 여호와께 믿음으로 기도한 후에는 모든 것을 맡겨버리고 슬퍼하지 않았습니다. 한나는 자신의 사욕을 위하여 간구하기보다는 하나님의 영광과 의를 추구하며, 기도 후에는 이루어질 줄로 확신하였습니다.

하나님은 한나에게 잉태하는 복을 주셨습니다. 이것은 한나 자신의 사역이라기보다는 영적 지도자인 사무엘을 출현시켰다는 데 더 큰 의의가 있습니다. 하나님은 성도의 기도를 통해 하나님의 뜻을 이루십니다. 역사를 이루십니다. 우리가 항상 기도해야 할 이유가 여기 있습니다.

누가복음 18장 1-8절에 "항상 기도하고 낙심하지 말아야 할 것을 비유로" 가르치셨습니다. 한 과부와 하나님을 두려워하지 않고 사람을 무시하는 재판장 이야기를 말씀하셨습니다. 하나님께서 그 밤낮 부르짖는 택하신 자들의 원한을 풀어 주지 아니하시겠느냐? "구하라 그리하면 너희에게 주실 것이요 찾으라 그리하면 찾아낼 것이요 문을 두드리라 그리하면 너희에게 열릴 것이니 구하는 이마다 받을 것이요 찾는 이는 찾아낼 것이요 두드리는 이에게는 열릴 것이니라"(마 7:7-8)라고 했습니다.

사도 바울은 데살로니가전서 5장 17절에 "쉬지 말고 기도하라"라고 했습니다. 남자들아 거룩한 손을 들고 기도하라. 기도하는 사람에게 하나님의 은총과 복이 임할 줄로 믿습니다.

한나는 제사장의 축복에 대하여 "당신의 여종이 당신께 은혜 입기를 원하나이다"(삼상 1:18)라고 했습니다. 그리고 가서 먹고 얼굴에는 다시는 근심 빛이 없었습니다. 이것이 하나님의 은혜를 받은 한나의 모습입니다. 하나님만 의지하여 기도한 후에는 하나님께서 응답해 주실 줄로 믿는 한나의 믿음입니다. 또 제사장 엘리의 축복을 그대로 믿고 의지하는 한나의 신앙입니다.

제3강
사무엘상 1장 19-28절

사무엘의 출생과 헌신

가정생활에 있어서 가장 중요한 것은 서로 존경하고 사랑하는 일입니다. 사랑하고 존경한다는 것은 상대방의 존재와 가치를 인정한다는 말입니다. 남편이 아내를 인정해 주고, 아내는 남편을 인정해 주어야 합니다. 물론 자녀는 부모님을 인정해 드리고, 부모는 자녀를 인정할 때 가장 이상적인 가정이 될 줄로 확신합니다.

그런데 사람끼리만 사랑하고 존중히 여기면 모든 문제가 해결될 수 있을까요?

1. 사무엘의 출생

엘리도 한 가정의 아버지요 남편입니다. 엘가나도 아버지요 남편이었습니다. 엘리는 대제사장이었습니다. 이스라엘의 영광이요, 백성을 축복하고 율법을 가르치는 하나님의 사람이었습니다. 성전에서 한평생을 영화롭게 살아가는 사람이었습니다. 아들로는 홉니와 비느하스가 있었습니다.

엘가나는 시골 사람이었습니다. 무명의 사람입니다. 에브라임 산지 라마다임소빔에 살고 있었습니다. 아내는 한나요, 첩으로 브닌나가 있었습니다. 한나는 아이를 낳지 못하고 있지만 브닌나는 아이를 여러 명 낳았습니다.

두 가정 모두 심각한 문제를 안고 있었습니다.

이 두 가정을 살펴보면 자녀교육에 문제가 있었습니다. 책임을 질 줄 모르는 사람과 책임질 줄 아는 사람의 차이를 나타내고 있습니다. 부모가 하나님 앞에서 하나님을 알게 하고 가르쳐 주어야 할 책임은 없었을까요? 여호와를 경외하게 하라! 이것은 중요한 사상입니다.

시편 78편 7-8절에 "그들로 그들의 소망을 하나님께 두며 하나님께서 행하신 일을 잊지 아니하고 오직 그의 계명을 지켜서 그들의 조상들 곧 완고하고 패역하여 그들의 마음이 정직하지 못하며 그 심령이 하나님께 충성하지 아니하는 세대와 같이 되지 아니하게 하려 하심이로다" 라고 했습니다. 하나님은 여러 번 말씀하셨습니다. 자녀들이 왜 유월절을 지켜야 합니까? 이 돌들이 무슨 의미가 있습니까? 왜 우리는 주일이면 놀러가지 않고 교회를 나가야 합니까? 이런 질문들에 대해 대답할 것이 있어야 한다고 말씀하셨습니다.

엘리는 홉니와 비느하스에게 무엇을 가르쳤습니까? 반대로 무엇을 가르치지 않았습니까? 홉니와 비느하스의 약점은 "여호와를 알지 아니하였더라". 여기에 인생의 실패가 있었습니다. 사무엘상 2장 12절에 "엘리의 아들들은 행실이 나빠 여호와를 알지 못하더라"라고 했습니다. 사사기 2장 10절에 "그 후에 일어난 다른 세대는 여호와를 알지 못하며 여호와께서 이스라엘을 위하여 행하신 일도 알지 못하였더라"라고 했습니다. 엘리는 대제사장이지만 여호와를 알지 못하는 자녀로 길렀습니다.

엘가나는 어떤 사람입니까? 사무엘상 1장 21-22절에 "그 사람 엘가나와 그의 온 집이 여호와께 매년제와 서원제를 드리러 올라갈 때에 … 여호와 앞에 뵙게 하고 거기에 영원히 있게 하리이다"라고 했습니다.

엘리도 아버지요, 엘가나도 아버지입니다. 한 아버지는 하나님을 잘 믿을 수 있는 입장에 있었고, 한 아버지는 믿기 어려운 입장에 있었습니다. 그런데 결과는 반대였습니다. 이것은 부모의 책임입니다. 여러분도 부모로서 자녀에게 하나님을 믿게 할 수 있는 사명을 다하기를 바랍니다.

엘가나 가족은 아침 일찍 일어나 여호와께 경배했습니다. 새벽예배를 드리고 라마로 내려갔습니다. 그후 엘가나가 한나와 동침했습니다. 여호와께서 엘가나와 한나를 생각하셨습니다. 하나님께서 기억해 주시는 가정이 행복한 가정이 아니겠습니까? 하나님이 생각해 주신다면 문제는 해결된 것입니다. 시간문제일 뿐입니다. 여기 '생각한다'는 말의 의미는 마음속에 항상 담아두는 것을 뜻합니다. 야곱의 아내 라헬도 하나님이 기억하셨습니다. 애굽에서 종 노릇 하던 이스라엘의 신음소리도 하나님이 들으시고 기억하셨습니다.

하나님께서 엘가나의 가정을 생각해 주셨을 때 한나가 임신했습니다. 그리고 사무엘을 낳았습니다. 하나님은 가만히 계신 것처럼 느껴지지만 결정적인 순간에는 우리를 돕는 분이심을 믿습니다. 그러므로 항상 우리는 하나님을 믿음의 눈으로 바라보아야 합니다.

사무엘의 이름은 무슨 뜻입니까? "내가 여호와께 그를 구하였다, 하나님이 들으심"이라는 뜻입니다. 부모는 자녀를 위하여 기도해야 할 책임이 있습니다. 기도하지 않는 부모는 자녀에 대하여 무슨 책임을 지고 있는 사람일까요?

2. 평생 나실인

한나는 기도하는 어머니였습니다. 사람에게 보이는 기도가 아니라 하나님께 올리는 기도의 사람이었습니다. 서원기도를 했습니다. 그리고 서원한 다음에 변함없이 그대로 실행하였습니다. 한번 기도한 다음에 의심하지 않는 믿음의 기도를 올렸습니다. 기도의 응답이 있는 다음에는 변심하지 않고 수행했습니다.

남편 엘가나는 때만 되면 성전에 올라가도록 허락했습니다. 사무엘상 1장 3절에 "이 사람이 매년 자기 성읍에서 나와서 실로에 올라가서 만군의 여호와께 예배하며 제사를 드렸는데 엘리의 두 아들 홉니와 비느하스가 여호와의 제사장으로 거기에 있었더라"라고 했고, 1장 4-5절에서는 "엘가나가 제사를 드리는 날에는 제물의 분깃을 그의 아내 브닌나와 그의 모든 자녀에게 주고 한나에게는 갑절을 주니 이는 그를 사랑함이라"라고 했으며, 1장 21절에서도 엘가나는 매년제를 드리러 성막에 올라갔습니다.

출애굽기 23장 14절에 모세를 통하여 말씀하신 내용이 무엇입니까? 남자들은 매년 세 번씩 성전에 올라오라는 말씀입니다. 신명기 16장 16절에서는 무교절, 칠칠절(초실절), 장막절에 남자들은 성전에 세 번 올라오되 빈손으로 올라오지 말라고 했습니다.

그런데 사무엘이 태어나서 성장하고 있을 때 한나는 성막에 올라가는 것을 미루었습니다. 예배하는 것이 싫어서 미룬 것이 아닙니다. 젖을 뗄 때에 사무엘을 데리고 실로 성막에 올라가서 여호와 앞에 영원히 있게 하기 위함이었습니다. 서원제를 드리기 위한 노력이었습니다. 사무엘을 바치는 서원제입니다. 하나님과의 약속은 지켜야만 합니다. 이런 한나의 청원에 대하여 엘가나는 어떤 반응을 보였습니까? 동의했습니다.

사무엘상 1장 23절에 "그의 남편 엘가나가 그에게 이르되 그대의 소견에 좋은 대로 하여 그를 젖 떼기까지 기다리라 오직 여호와께서 그의 말씀대로 이루시기를 원하노라"라고 말했습니다. 어머니는 기도하는 어머니요, 아버지는 하나님 중심적인 아버지였습니다. 이것이 사무엘 집안의 가장 중요한 보물이었습니다.

엘리는 무엇을 했습니까? 의자에 앉아 있었습니다. 기도하는 사람과 기도하지 않는 사람의 차이점입니다. 사무엘상 1장 9절에 "엘리는 여호와의 전 문설주 곁 의자에 앉아 있었더라"라고 했습니다. 기도하는 한나를 보고서 술취한 여인으로 오해도 합니다. 영적인 무지가 아닙니까? 꽃 한번 제대로 피우지 못하고 시들어버리는 것과 같지 않습니까? 좋은 여건 속에서 좋지 못한 열매를 거두는 집안이었습니다. 여러분의 가정은 어떻습니까?

사무엘은 무럭무럭 자라나서 젖을 떼게 되었습니다. 한나는 사무엘의 손을 잡고 수소 세 마리와 밀가루 한 에바와 포도주 한 가죽부대를 가지고 실로에 있는 여호와의 집으로 올라갔습니다. 사무엘은 어린아이였습니다.

한나는 소를 잡아 사무엘과 함께 엘리 제사장에게 나아갔습니다. 26-28절에 "내 주여 당신의 사심으로 맹세하나이다 나는 여기서 내 주

당신 곁에 서서 여호와께 기도하던 여자라 이 아이를 위하여 내가 기도하였더니 내가 구하여 기도한 바를 여호와께서 내게 허락하신지라 그러므로 나도 그를 여호와께 드리되 그의 평생을 여호와께 드리나이다"라고 했습니다.

3. 여호와께 경배

28절 하반절에 "그가 거기서 여호와께 경배하니라". 사무엘은 실로 성막에서 여호와께 경배했습니다. 어린아이가 어떻게 경배하고 예배하느냐구요? 그것은 어른들의 생각입니다. 여러분의 자녀는 교회를 다니는 사람일까요 아니면 하나님께 예배하는 사람일까요? 대부분의 경우 다니기만 하는 사람이 많습니다. 하나님께 경배하는 어린이들은 그렇게 많아 보이지 않습니다.

하나님께 경배하는 것은 하나님께 엎드리는 것입니다. 하나님께 허리를 굽히는 것입니다. 하나님께 절하는 것입니다. 하나님을 사랑하고 경외하기 때문에 그렇게 행동으로 표현하는 것입니다. 오늘 성경말씀에 세 번이나 나타나는 용어입니다. 엘가나는 예배하는 사람이었습니다. 한나도 기도하고 고향으로 내려가기 전에 예배했습니다. 그리고 나실인으로 사무엘을 바쳤을 때 사무엘도 여호와 하나님께 예배했습니다. 엘가나 가정은 사건의 시작과 해결 그리고 새로운 결심을 하고 출발할 때 예배했습니다.

엘리의 집안은 어떠했습니까? 예배하기 좋은 여건과 좋은 장소에 있었지만 예배에 실패했습니다. 하나님께 경배하지 않았습니다. 여러분의 가정은 예배중심적입니까? 그러면 문제가 있더라도 더 이상 문제가 아닙니다. 사건은 더 이상 사건이 아닙니다. 이미 해결된 것입니다.

요한복음 4장 23-24절에 "아버지께 참되게 예배하는 자들은 영과 진리로 예배할 때가 오나니 곧 이 때라 아버지께서는 자기에게 이렇게 예배하는 자들을 찾으시느니라 하나님은 영이시니 예배하는 자가 영과 진리로 예배할지니라"라고 했습니다. 하나님께서 찾는 예배는 영과 진리로 예배하는 자입니다. 성령의 인도하심을 따라 예배해야 합니다. 진리의 말씀을 따라 예배해야 합니다.

28절에서 여호와 하나님을 세 번이나 언급하고 있습니다. '여호와께 … 여호와께 … 여호와께'. 여호와를 향하여, 여호와를 위하여 예배했습니다. 이것이 한나의 신앙이요 사무엘상 전체의 중심 주제입니다.

하나밖에 없는 아들을 하나님께 드리는 한나의 믿음은 여호와를 위한 행동이었습니다. 하나님은 이스라엘 백성들이 한나같이 살기를 원하셨습니다. 여호와를 위한 삶을 살기를 원하셨습니다. 그 대표적인 인물이 다윗입니다. 하나님을 사랑하고 하나님 중심적인 삶을 살았던 다윗은 하나님의 마음에 들었던 사람입니다.

자신을 위하여 사는 사람은 많습니다. 거의 다 그렇습니다. 그러나 여호와를 위하여, 하나님의 영광을 위하여 사는 사람은 소수입니다. 그러나 한나는 그렇게 살았습니다. 한나는 하나밖에 없는 아들을 바쳤습니다.

사무엘은 어려서부터 여호와께 예배하고 경배하면서 성장했습니다. 하나님 앞에서 자라났습니다. 부모의 경건은 자녀들에게 결정적인 영향을 끼치는 것입니다. 예배의 성공이 인생의 성공 아닙니까? 나는 그렇게 믿습니다.

제4강
사무엘상 1장 26-28절

여호와께 평생을 드리나이다

이스라엘은 애굽 나라에서 430년 동안 종 노릇 하였습니다. 하나님은 아브라함과 이삭과 야곱에게 약속하신 것처럼 모세를 세워서 구원하셨습니다. 모세를 통하여 열 가지 이적과 기사와 능력을 보이셨습니다. 하나님의 사람 모세가 살아 있고 여호수아가 살아 있을 동안에는 우상을 숭배하지 않았습니다. 바알이나 아스다롯이나 몰렉이 무엇인지 몰랐습니다. 지도자 한 사람이 살아 있을 때는 여호와를 사랑하고 언약백성답게 신실했습니다.

어느 시대나 믿음 있는 한 사람, 하나님의 사람 한 사람이 중요합니다. 하나님을 사랑하고 하나님만 신뢰하는 한 사람이 있으면 많은 사람들에게 큰 영향을 끼칠 수 있습니다. 그러나 사람이 많아도 믿음의 사람이 없으면 백성들은 쉽게 여호와를 잊어버리고 우상에게로 돌아갑니다.

모세가 세상을 떠나고 여호수아가 세상을 떠났을 때 이스라엘 백성들은 쉽게 여호와를 떠나 우상에게로 돌아갔습니다. 바알과 아스다롯, 몰렉을 섬겼습니다. 언약을 파기하고 세속적인 종교로 돌아갔습니다.

사사시대 350년 내지 400년이 영적인 암흑기라고 말할 수 있습니다. 이스라엘이 하나님을 배교하면 하나님께서 주변 국가들을 동원해서 이스라엘을 괴롭히셨습니다. 미디안이나 블레셋, 모압이나 암몬이 일어나 이스라엘을 괴롭혔습니다. 하나님의 언약백성이 주변 국가의 포로가 되어 20년에서 40년을 고생합니다.

포로가 된 이스라엘 백성들이 하나님! 살려주옵소서! 회개하면 하나님께서는 구원자, 사사를 보내주셨습니다. 사사들을 통하여 구원받으면 20년에서 40년의 태평세월을 누립니다. 태평세월을 누리다가 또 다시 범죄하고 배교합니다.

이런 사이클이 일곱 번이나 반복해서 일어나게 된 원인을 "이스라엘에 왕이 없으므로 사람이 각기 자기의 소견에 옳은 대로 행하였더라"라고 지적해 주고 있습니다. 통치자 한 사람이 없을 때에 일어나는 사건이 백성들이 자기 소견에 옳은 대로 행하는 것입니다.

그런 시대적인 상황속에서 한나가 등장합니다. 한나는 기도하는 여인입니다. 제사장이 의자에 앉아 있을 때, 무명의 여인이 기도하기 시작했습니다. 통곡하는 기도를 올렸습니다. 하나님만 절대적으로 신뢰하는 기도를 드렸습니다. 자기의 심정을 쏟아 놓는 기도를 올렸습니다. 사람 앞에 기도하지 않고 살아 계신 하나님 앞에 기도를 올렸습니다.

한나가 기도한 것은 단순히 아들이 없어서 기도를 올린 것이 아닙니다. 브닌나의 박해 때문에 슬퍼서만 기도한 것도 아닙니다. 한나는 그 시대를 내다보는 기도를 올렸습니다. 하나님의 교회와 하나님의 나라를 생각하는 기도를 올렸습니다. 참다운 지도자가 없어서 가슴아파하는 기도를 올렸습니다. 그 증거가 무엇입니까? 서원기도에 잘 나타나 있습니다.

사무엘상 1장 11절에 "서원하여 이르되 만군의 여호와여 만일 주의 여종의 고통을 돌보시고 나를 기억하사 주의 여종을 잊지 아니하시고 주의 여종에게 아들을 주시면 내가 그의 평생에 그를 여호와께 드리고 삭도를 그의 머리에 대지 아니 하겠나이다"라고 서원했습니다.

하나님은 한나의 기도를 들으시고 아들을 주셨습니다. 사무엘입니다. 사무엘이라는 이름은 '하나님, 여호와께 구하여 얻은 자'란 뜻입니다.

기도의 응답을 받고 나면 사람들은 변합니다. 마음은 원하지만 육신이 약해서입니다. 그래서 약속을 지키지 않습니다. 어떤 사람은 '또 다른 아들을 주시면 약속을 지키겠습니다'. 또 어떤 사람은 서원기도를 잘못한 것이라나? '하나님, 취소요, 취소!'. 자기 입장을 정당화하거나 합리화하려고 노력합니다.

그러나 한나는 그렇게 하지 않았습니다. 기도의 응답을 받은 한나가 어떻게 행동했습니까? 사무엘상 1장 28절에 "그러므로 나도 그를 여호와께 드리되 그의 평생을 여호와께 드리나이다 하고 그가 거기서 여호와께 경배하니라"라고 했습니다.

또 다른 문제가 있습니다. 아들 사무엘 자신입니다. 어머니가 서원기도 했다고 아들들이 말을 잘 듣습니까? 어머니 제 인생은 제가 삽니다. 왜 어머니 마음대로 저와 의논도 하지 않고 서원을 하셨습니까? 그렇게 반항할 수 있습니다. 그러나 사무엘은 모리아 산의 이삭처럼, 십자가상의 예수님처럼 반항하지 않고 순종했습니다. 이것이 위대한 일입니다. 더욱 놀라운 일은 한두 번의 헌신이 아니라 일평생을 하나님께 헌신한 것입니다. 한두 번의 헌신은 누구나 할 수 있습니다. 헌금이나 청소나 한두 번의 헌신은 쉬운 것이지만 일평생의 헌신은 쉬운 일도 아니고 누구나 할 수 있는 일도 아닙니다.

그러면 어떤 면에 일평생의 헌신을 했을까요?

첫째로, 나실인으로 헌신했습니다. 일평생을 거룩하게 살았습니다. 사무엘상 1장 11절 하반절에 "내가 그의 평생에 그를 여호와께 드리고 삭도를 그의 머리에 대지 아니하겠나이다"라고 했습니다. 나실인이란 하나님께 바쳐진 사람으로, 세상과 구별된 삶을 살았습니다. 나실인은 머리에 삭도를 대지 않고, 포도주와 독주도 마시지 않았습니다. 죽은 자의 시체도 만지지 않았습니다.

오늘날로 말하자면 그리스도인입니다. 그리스도의 사람들은 정과 욕을 십자가에 못 박은 사람으로 향락음식을 입에 대지 않습니다. 술이나 담배를 멀리합니다. 여호와께 성결, 하나님 앞에 거룩이 생명입니다. 내가 거룩하니 너희도 거룩할지라. 누구든지 거룩함이 없이는 주를 보지 못하리라고 했습니다.

하나님은 거룩하신 하나님, 성령님도 거룩하신 영, 예수님도 거룩하신 구세주이십니다. 문제는 우리들입니다. 거룩한 사람이 되기를 힘씁시다. 사무엘은 일평생을 거룩하게 바쳐진 사람입니다.

구약성경에서 그래도 거룩한 사람을 꼽는다면 요셉과 사무엘과 다니엘입니다. 하나님의 은혜로 다른 분들도 거룩했지만, 요셉과 사무엘과 다니엘은 정말 거룩한 하나님의 사람들이었습니다. 거룩을 무시하지 마세요. 거룩이 주님을 볼 수 있게 합니다. 하나님의 형상입니다. 거룩이 깨져서 문제이지 거룩하면 거룩할수록 행복합니다. 영광입니다.

엘리의 아들인 제사장 홉니와 비느하스의 타락을 봅시다. 모범적이고 거룩한 사무엘의 모습과 비교됩니다. 제사장의 신분으로 하나님 앞에서 살아야 할 사람들이 영적으로 타락하고 윤리 도덕적으로 타락했습니다.

거룩을 찾아볼 수 없습니다.

홉니와 비느하스는 제사문제를 문란하게 했습니다. 성전에서 봉사하는 여자를 성추행했습니다. 행실이 나쁜 불량자였습니다. '불량자'란 원문을 보면 '벨리알의 아들'이란 뜻입니다. 이유는 '여호와를 알지 못하더라'. 하나님을 알고 있으나 하나님을 경외하지 않았습니다. 결과는 우상숭배의 자식과 같기 때문에 벨리알의 아들입니다.

엘리 제사장은 점점 늙어갔습니다. 아들들은 회막 문에서 수종드는 여인들과 동침까지 했습니다. 그런데 그들을 책망한 내용이 무엇입니까? 사무엘상 2장 23-25절에 "너희가 어찌하여 이런 일을 하느냐 내가 너희의 악행을 이 모든 백성에게서 듣노라 내 아들들아 그리하지 말라 내게 들리는 소문이 좋지 아니하니라 너희가 여호와의 백성으로 범죄하게 하는도다 사람이 사람에게 범죄하면 하나님이 심판하시려니와 만일 사람이 여호와께 범죄하면 누가 그를 위하여 간구하겠느냐 하되 그들이 자기 아버지의 말을 듣지 아니하였으니 이는 여호와께서 그들을 죽이기로 뜻하셨음이더라"라고 했습니다.

사무엘상 3장 13절에서는 "내가 그의 집을 영원토록 심판하겠다고 그에게 말한 것은 그가 아는 죄악 때문이니 이는 그가 자기의 아들들이 저주를 자청하되 금하지 아니하였음이니라"라고 했습니다. 부모도 문제이고 자녀도 문제입니다.

반면에 사무엘은 어려서부터 성실히 하나님을 경외했습니다. 하나님과 사람들에게 인정을 받았습니다. 사무엘상 2장 18-21절과 26절을 볼 때 사무엘은 어려서부터 성전에서 세마포 에봇을 입고 여호와를 섬겼습니다. 하나님과 사람들에게 사랑을 받았습니다. 여러분의 자녀가 거룩해서 하나님에게 사랑을 받고, 사람들에게 사랑받는 가정이 되기를 바랍니다.

둘째로, 하나님의 말씀을 받는 생애를 살았습니다. 하나님의 말씀을 받는 사람은 선지자였습니다. 사무엘상 3장 1절에 "아이 사무엘이 엘리 앞에서 여호와를 섬길 때에는 여호와의 말씀이 희귀하여 이상이 흔히 보이지 않았더라"라고 했습니다.

사무엘이 살던 시대는 여호와의 음성, 하나님의 말씀이 끊어진 시대였습니다. 말씀이 '희귀하다'란 '귀한, 보배로운' 말씀이 없었다는 의미입니다. 이 말은 보석을 수식할 때 사용하는 말입니다. '이상이 보이지 않았다'에서 '이상'이라는 말은 '장래 일이나 예언적 환상을 통하여 주신 하나님의 계시'를 뜻합니다. '흔하지 않았다'란 '아무 것도 없는 것'을 의미합니다. 하나님의 계시가 널리 퍼지지 못했다는 의미입니다. 영적, 도덕적인 일에 관심이 없었다는 의미도 됩니다.

눈은 판단력을 말합니다. 엘리의 눈이 어두웠으니 판단력도 떨어졌다는 의미입니다. 엘리 제사장은 육신의 눈이 어두울 뿐만 아니라 영적으로도 소경이 된 인도자였습니다. 보배롭고 귀한 하나님의 말씀을 듣지 못하는 지도자였기 때문입니다.

그런데 사무엘은 '사무엘아! 사무엘아!' 여호와의 음성을 들으면서 자라났습니다. 사무엘상 3장 10절에 "여호와께서 임하여 서서 전과 같이 사무엘아 사무엘아 부르시는지라 사무엘이 이르되 말씀하옵소서 주의 종이 듣겠나이다"라고 했습니다. 어려서부터 하나님의 음성을 듣고 자라나는 사람이 말씀을 듣지 못하고 자라나는 사람과 똑같을까요? 그렇지 않습니다. 사람은 보는 대로 되고 듣는 대로 믿습니다.

사무엘상 3장 19-20절에는 "사무엘이 자라매 여호와께서 그와 함께 계셔서 그의 말이 하나도 땅에 떨어지지 않게 하시니 단에서부터 브엘세바까지의 온 이스라엘이 사무엘은 여호와의 선지자로 세우심을 입은 줄을 알았더라"라고 했습니다. 왜 사무엘의 말이 땅에 떨어지지 않았을까요? 어려서부터 여호와의 말씀을 듣고 자라났기 때문입니다.

사무엘상 9장 15절에 "사울이 오기 전날에 여호와께서 사무엘에게 알게 하여 이르시되"라고 했습니다. 하나님께서 사무엘에게 미리 가르쳐 주셨습니다. 사람은 하나님의 음성을 들어야 합니다. 들어야 믿음도 생기고 말대로 되는 복도 누리게 됩니다. 강하고 담대한 믿음의 사람이 되기도 합니다.

하나님의 나라는 어떤 나라일까요? 어떻게 세워지는 나라일까요? 에베소서 2장 20절에 "너희는 사도들과 선지자들의 터 위에 세우심을 입은 자라 그리스도 예수께서 친히 모퉁잇돌이 되셨느니라"라고 했습니다. 사도들과 선지자들의 중요한 사역중의 하나가 성경말씀을 기록하여 후대 사람들에게 전해 준 것입니다. 우리들은 기록된 성경을 통하여 하나님을 믿고 주님을 믿습니다.

요한계시록 1장 3절에 "이 예언의 말씀을 읽는 자와 듣는 자와 그 가운데 기록한 것을 지키는 자는 복이 있나니 때가 가까움이라"라고 했습니다. 예수님께서 시험을 당하실 때 무엇으로 이기셨습니까? 하나님의 말씀입니다.

그래서 바울은 에베소서 6장에서 성경말씀을 성령의 검이라고 표현했습니다. 성령께서 말씀과 함께 임하시는 줄로 믿습니다. 말씀과 더불어 성령이 임하시는 줄로 믿습니다. 성경을 사랑해서 영적인 전쟁에서 승리하시고, 사무엘의 말이 땅에 떨어지지 않은 것처럼 여러분의 기도

대로 이루어지고 말대로 성취되는 복을 받기를 바랍니다.

셋째로, 기도하는 생애를 살았습니다. 사사로서의 역할입니다. 사무엘은 기도하는 사사였습니다. 어머니가 기도하는 어머니더니 아들도 기도하는 아들이었습니다. 대제사장 엘리와 홉니와 비느하스는 기도하지 않았습니다.

한나의 기도는 유명합니다. 울면서 하나님 앞에 마음을 쏟아놓는 기도를 올렸습니다. 제사장 엘리가 오해할 정도로 간절히 기도했습니다. 사무엘도 사무엘상 12장 23절에서 "나는 너희를 위하여 기도하기를 쉬는 죄를 여호와 앞에 결단코 범하지 아니하고 선하고 의로운 길을 너희에게 가르칠 것인즉"라고 했습니다.

다른 사사들은 칼과 창으로 나라를 지켰습니다. 삼손은 나귀턱뼈로 지키기도 하고 여우를 잡아서 불을 질러 나라를 지켰습니다. 그런데 사무엘이 나라를 지킨 방법은 독특합니다. 기도하는 사사였습니다.
블레셋 군대가 이스라엘을 공격해 왔습니다. 칼이나 창으로 물리친 것이 아닙니다. 기도로 물리쳤습니다. 아니 무슨 전쟁을 기도로 승리합니까? 우리들에게 영적으로 주는 교훈이 큽니다. 마지막 사사 사무엘은 기도로 승리한 사사였습니다.

사무엘상 7장 5절에 "사무엘이 이르되 온 이스라엘은 미스바로 모이라 내가 너희를 위하여 여호와께 기도하리라"라고 말했습니다. 전쟁이 일어났는데 미스바로 모이라고 말합니다. 기도하겠다는 것입니다. 이게 맞는 말입니까? 현대 과학적으로 설명이 됩니까? 이럴 수 있습니까?

이스라엘 백성들이 미스바로 모인 것을 블레셋이 듣고 사기가 충천합니다. 반면 이스라엘 백성들은 두려움과 공포에 떨고 있습니다. "이스라엘 자손이 사무엘에게 이르되 당신은 우리를 위하여 우리 하나님 여호와께 쉬지 말고 부르짖어 우리를 블레셋 사람들의 손에서 구원하시게 하소서"(삼상 7:8)라고 했습니다.

사무엘은 젖 먹는 어린 양 한 마리로 온전한 번제를 드렸습니다. 그리고 부르짖어 기도드렸습니다. 하나님께서 응답해 주셨습니다. 블레셋 사람들이 가까이 올 때 큰 우레를 발하셨습니다. 블레셋 군대가 어지럽게 되고 이스라엘이 쉽게 공격하여 무찔렀습니다. 에벤에셀입니다. 여호와께서 여기까지 도우셨도다. 할렐루야!

교회는 만민이 기도하는 집입니다. 아버지의 집은 기도하는 곳입니다. 하나님을 만나는 곳입니다. 하나님과 대화하는 곳입니다. 제사장의 임무가 무엇입니까? 때를 따라 돕는 은혜를 얻기 위하여 은혜의 보좌 앞에 나아가는 것입니다.

로마서 8장 26-27절에 "이와 같이 성령도 우리의 연약함을 도우시나니 우리는 마땅히 기도할 바를 알지 못하나 오직 성령이 말할 수 없는 탄식으로 우리를 위하여 친히 간구하시느니라 마음을 살피시는 이가 성령의 생각을 아시나니 이는 성령이 하나님의 뜻대로 성도를 위하여 간구하심이니라"라고 했습니다.

기도응답에는 다양한 종류가 있습니다. 즉시 응답을 받는 경우가 있습니다. 엘리야의 기도에 불로 응답하신 경우입니다. 조금 늦게 주시는 경우도 있습니다. 나사로가 병든 것을 아시고 천천히 가시는 경우입니다. 또 다른 것을 주시는 경우도 있습니다. 사도행전 16장 사건으로 사도 바울이 비두니아나 아시아로 가려고 할 때 성령께서 유럽 지방으로 가게 하셨기 때문입니다. 또 깨닫게 하시는 것도 있습니다. 바울에게 질병이 있어 기도했지만 내 은혜가 네게 족하다고 말씀하십니다. 약할 때 강해지기 때문입니다. 그리고 응답이 없는 경우도 있습니다. 야고보서 4장 3절에 구하지 않거나 잘못된 기도를 구하기 때문입니다.

사무엘은 기도하는 생애를 살았습니다. 기도하는 어머니의 기도하는 아들입니다. 사사로서 능력이 있는 기도자였습니다. 여러분도 기도하세요. 그러면 자녀들이 기도하게 될 줄로 믿습니다.

넷째로, 제사장으로 헌신했습니다. 예배자로 평생을 헌신했습니다. 사무엘상 1장 22절에 "오직 한나는 올라가지 아니하고 그의 남편에게 이르되 아이를 젖 떼거든 내가 그를 데리고 가서 여호와 앞에 뵙게 하고 거기에 영원히 있게 하리이다"라고 말했습니다.

23절에 엘가나의 답변이 나옵니다. "그대의 소견에 좋은 대로 하여 그를 젖 떼기까지 기다리라 오직 여호와께서 그의 말씀대로 이루시기를 원하노라". 아버지의 믿음도 좋습니다. 하나님의 뜻에 자녀를 맡기는 부모입니다. 사무엘상 1장 28절 하반절에 "그가 거기서 여호와께 경배하니라"라고 했습니다. 사무엘은 어려서부터 여호와께 경배하는 삶을 살았습니다. '여호와께 경배'라는 말이 은혜가 됩니다.

그러나 엘리 제사장의 아들 홉니와 비느하스는 하나님께 제사드리려고 고기를 삶을 때에 먼저 자기 것을 챙겼습니다. 기름을 태우기 전에 억지로 빼앗기도 하였습니다. 이들의 죄가 여호와 앞에 심히 큰 것은 하나님께 드리는 제사를 멸시하였기 때문입니다(삼상 2:17).

창세기 12장 7-8절에 아브라함의 행위가 소개됩니다. "여호와께서

아브람에게 나타나 이르시되 내가 이 땅을 네 자손에게 주리라 하신지
라 자기에게 나타나신 여호와께 그가 그 곳에서 제단을 쌓고 거기서 벧
엘 동쪽 산으로 옮겨 장막을 치니 서쪽은 벧엘이요 동쪽은 아이라 그가
그 곳에서 여호와께 제단을 쌓고 여호와의 이름을 부르더니"라고 했습
니다. 아브라함은 '여호와께' 제단을 쌓았습니다. 우리들은 누구를 위
하여 예배행위를 합니까? 솔직히 말해 봅시다. 입학시험을 앞두고 기도
할 때 아이를 위한 것입니까 하나님을 위한 것입니까? 사업장에서 예배
를 드릴 때 사업의 성공을 염두에 두고 예배합니까 하나님의 영광을 위
하여 예배합니까?

요한복음 4장 23-24에 보면 "아버지께 참되게 예배하는 자들은 영과
진리로 예배할 때가 오나니 곧 이 때라 아버지께서는 자기에게 이렇게
예배하는 자들을 찾으시느니라 하나님은 영이시니 예배하는 자가 영과
진리로 예배할지니라"라고 말했습니다.

시내산 아래 모인 이스라엘 백성들은 예배하는 총회로 모인 것입니
다. 모세가 바로 왕에게 뭐라고 말했습니까? 출애굽기 7장 16절에 "히
브리 사람의 하나님 여호와께서 나를 왕에게 보내어 이르시되 내 백성
을 보내라 그러면 그들이 광야에서 나를 섬길 것이니라 하였으나 이제
까지 네가 듣지 아니하도다"라고 했습니다.

그러나 시내산 아래에 있던 이스라엘 백성들이 여호와 하나님을 섬긴
것이 아니라 금송아지를 섬겼습니다. 예배의 대상을 바꾸었습니다. 그
것이 죄가 되어 레위인들에 의해 3천 명이 죽습니다. 예배를 잘 드리는
것이 인간에게 행복입니다. 하나님께 영광입니다.

여로보암 1세의 죄가 무엇입니까? 벧엘과 단에 제단을 쌓은 것입니
다. 자기 마음대로 아무데서나 예배하는 것도 좋은 것이 아닙니다. 하늘

의 총회도 예배하는 총회입니다. 하나님의 교회가 감당해야 할 첫 번째 임무가 예배입니다. 예배의 성공은 모든 것의 성공입니다. 예배의 실패는 모든 삶의 실패입니다.

로마서 12장 1-2절에 "그러므로 형제들아 내가 하나님의 모든 자비하심으로 너희를 권하노니 너희 몸을 하나님이 기뻐하시는 거룩한 산 제물로 드리라 이는 너희가 드릴 영적 예배니라 너희는 이 세대를 본받지 말고 오직 마음을 새롭게 함으로 변화를 받아 하나님의 선하시고 기뻐하시고 온전하신 뜻이 무엇인지 분별하도록 하라"라고 했습니다. 하나님이 찾으실 때 찾아지는 성도가 됩시다. 예배의 성공으로 인생의 성공자가 되기 바랍니다.

사무엘처럼 평생을 거룩하게 삽시다. 일평생을 기도하며 삽시다. 일생동안 하나님의 말씀을 받으면서 삽시다. 일평생을 예배자로 살아서 하나님의 사랑과 복을 많이 받아 누립시다.

제5강
사무엘상 2장 1-11절

감사의 노래

한나가 역사 속에서 행한 일이 무엇입니까? 한나는 시대를 보는 여인이었습니다. 사사시대 350년 내지 400년을 영적인 암흑기라고 말합니다. 정치적으로나 종교적으로 "이스라엘에 왕이 없으므로 백성들이 각기 자기의 소견에 좋은 대로 행하였더라"라고 지적해 주고 있습니다. 영원한 통치자를 거절하고 사람의 통치자, 영적인 지도자가 없을 때 이스라엘 백성은 자기 소견에 좋은 대로 행했습니다.

이런 시대적인 상황속에 한나가 등장합니다. 종교적인 지도자인 제사장이 의자에 앉아 있을 때, 무명의 여인이 실로 성막에 올라와서 기도하기 시작했습니다. 한나의 눈에는 영적이고 종교적인 지도자가 필요했습니다. 이스라엘을 하나님 앞으로 이끌 수 있는 하나님의 사람, 정치적인 지도자가 필요했습니다. 여러분의 눈에는 이 시대가 어떤 시대로 보입니까?

예수님은 마태복음 11장 16-19절에서 "이 세대를 무엇으로 비유할까 비유하건대 아이들이 장터에 앉아 제 동무를 불러 이르되 우리가 너희를 향하여 피리를 불어도 너희가 춤추지 않고 우리가 슬피 울어도 너희가 가슴을 치지 아니하였다 함과 같도다 요한이 와서 먹지도 않고 마시지도 아니하매 그들이 말하기를 귀신이 들렸다 하더니 인자는 와서 먹고 마시매 말하기를 보라 먹기를 탐하고 포도주를 즐기는 사람이요 세리와 죄인의 친구로다 하니 지혜는 그 행한 일로 인하여 옳다 함을 얻느니라"라고 했습니다. 회개할 줄 모르는 시대입니다. 눈에 눈물이 메마른 시대입니다. 교만한 시대입니다. 악하고 음란한 시대입니다.

한나가 하나님께 아들을 달라고 기도한 것은 단순히 아들이 없어서 기도를 올린 것이 아닙니다. 브닌나의 박해 때문에 단지 슬퍼서 기도한 것도 아닙니다. 한나는 그 시대를 내다보면서 지도자 아들을 달라고 기도를 올렸습니다. 하나님의 교회와 하나님의 나라를 생각하는 기도를 올렸습니다. 참다운 지도자가 없어서 가슴 아파하는 기도를 올렸습니다. 정치적인 지도자, 종교적이고 영적인 지도자를 원했습니다. 그 증거가 무엇입니까? 서원기도입니다.

사무엘상 1장 11절에 "서원하여 이르되 만군의 여호와여 만일 주의 여종의 고통을 돌보시고 나를 기억하사 주의 여종을 잊지 아니하시고 주의 여종에게 아들을 주시면 내가 그의 평생에 그를 여호와께 드리고 삭도를 그의 머리에 대지 아니하겠나이다"라고 서원했습니다.

한나는 하나밖에 없는 아들 사무엘을 하나님께 아낌없이 바쳤습니다. 사무엘도 말없이 실로 성막에서 성장했습니다. 여호와 앞에서 자라났습니다. 사무엘은 영적인 지도자요 종교적인 지도자가 되었습니다. 사사시대에서 왕정시대로 넘어가는 기간의 큰 지도자였습니다.

사무엘은 어떤 지도자입니까?

첫째로, 거룩한 지도자였습니다. 사무엘은 나실인입니다. 일평생을 거룩하게 살았습니다. 나실인이란 하나님께 바쳐진 사람으로 세상과 구별된 삶을 살았습니다. 나실인은 머리에 삭도를 대지 않고 포도주와 독주도 마시지 않았습니다. 죽은 자의 시체도 만지지 않았습니다.

오늘날로 말하자면 그리스도인입니다. 그리스도의 사람들은 정과 욕을 십자가에 못 박은 사람으로 향락음식을 입에 대지 않습니다. 술이나 담배를 멀리합니다. 여호와께 성결, 하나님 앞에서 거룩이 생명입니다. 내가 거룩하니 너희도 거룩할지니라. 사무엘은 거룩한 지도자였습니다.

사무엘은 어려서부터 성실히 하나님을 경외했습니다. 하나님과 사람들에게 인정받았습니다. 사무엘상 2장 18-21절과 26절을 볼 때 사무엘은 어려서부터 성전에서 세마포 에봇을 입고 여호와를 섬겼습니다. 하나님과 사람들에게 사랑을 받았습니다.

둘째로, 하나님의 말씀을 받는 생애를 살았습니다. 하나님의 말씀을 받는 사람은 선지자였습니다. 사무엘상 3장 1절에 "아이 사무엘이 엘리 앞에서 여호와를 섬길 때에는 여호와의 말씀이 희귀하여 이상이 흔히 보이지 않았더라"라고 했습니다.

사무엘이 살던 시대는 여호와의 음성, 하나님의 말씀이 끊어진 시대였습니다. 하나님의 계시가 널리 퍼지지 못했다는 의미입니다. 영적, 도덕적인 일에 관심이 없었다는 의미도 됩니다.

사무엘은 '사무엘아! 사무엘아!' 여호와의 음성을 들으면서 자라났습니다. 사무엘상 3장 10절에 "여호와께서 임하여 서서 전과 같이 사무엘아 사무엘아 부르시는지라 사무엘이 이르되 말씀하옵소서 주의 종이 듣겠나이다"라고 했습니다. 어려서부터 하나님의 음성을 듣고 자라는 사람은 사람의 음성만 듣고 자라는 사람과 다릅니다.

셋째로, 기도하는 사사로서의 삶을 살았습니다. 사무엘은 기도하는 사사였습니다. 다른 사사들은 칼과 창으로 나라를 지켰습니다. 삼손은 나귀턱뼈로 블레셋을 물리치기도 하고 여우를 잡아서 불을 질러 나라를 지키기도 했습니다. 그런데 사무엘이 나라를 지킨 방법은 독특합니다.

블레셋 군대가 이스라엘을 공격해 왔습니다. 칼이나 창으로 물리친 것이 아닙니다. 기도로 물리쳤습니다. 아니 무슨 전쟁을 기도로 승리합니까? 우리들에게 영적으로 주는 교훈이 큽니다. 마지막 사사 사무엘은 기도로 승리한 사사였습니다.

사무엘상 7장 5절에 "사무엘이 이르되 온 이스라엘은 미스바로 모이라 내가 너희를 위하여 여호와께 기도하리라"라고 말했습니다. 이스라엘 백성들이 영적각성을 위해 미스바로 모였을 때, 블레셋이 이를 계기로 이스라엘에 침공해 들어왔습니다. 블레셋 군대는 사기가 충천합니다. 반면 이스라엘 백성들은 두려움과 공포에 떨고 있습니다. "이스라엘 자손이 사무엘에게 이르되 당신은 우리를 위하여 우리 하나님 여호와께 쉬지 말고 부르짖어 우리를 블레셋 사람들의 손에서 구원하시게 하소서"(삼상 7:8)라고 했습니다.

사무엘은 젖 먹는 어린 양 한 마리로 온전한 번제를 드렸습니다. 그리고 부르짖어 기도드렸습니다. 하나님께서 응답해 주셨습니다. 블레셋 사람들이 가까이 올 때 큰 우레를 발하셨습니다. 블레셋 군대가 어지럽게 되었고 이스라엘이 공격하여 무찔렀습니다.

넷째로, 제사장으로, 일평생 예배자로 헌신했습니다. 사무엘상 1장 22절에 "오직 한나는 올라가지 아니하고 그의 남편에게 이르되 아이를 젖 떼거든 내가 그를 데리고 가서 여호와 앞에 뵙게 하고 거기에 영원히 있게 하리이다"라고 말했습니다.

사무엘상 1장 28절 하반절에 "그가 거기서 여호와께 경배하니라"라고 했습니다. 사무엘은 어려서부터 여호와께 경배하는 삶을 살았습니다. 그러나 엘리 제사장의 아들 홉니와 비느하스는 하나님께 제사드리려고 고기를 삶을 때에 먼저 자기 것을 챙겼습니다. 기름을 태우기 전에 억지로 빼앗기도 하였습니다. 이들의 죄가 여호와 앞에 심히 큰 것은 하나님께 드리는 제사를 멸시하였기 때문입니다(삼상 2:17).

한나는 하나님의 은혜로 사무엘을 낳았고 사무엘을 하나님께 바친 다음에 하나님을 찬양했습니다. 한나는 비천한 여인을 돌보시는 하나님을 바라보고 있을 뿐만 아니라 이스라엘의 회복을 위하여 왕을 세우실 하나님을 찬양하고 있습니다. 먼저는 브닌나의 박해와 임신하지 못하는 여인으로서 통곡하는 기도를 올렸지만, 지금은 아들을 낳은 기쁨과 하나님께 바칠 수 있는 헌신의 노래입니다. 여호와 때문에 즐거워하고 여호와 하나님이 내게 권세를 주셨으며 구원을 받았다는 고백적인 찬송입니다.

한나가 드린 기도의 내용이 무엇입니까?

첫째로, 사무엘상 2장 2절에서 하나님의 거룩을 찬양합니다. 하나님의 거룩은 세상이나 인간과는 다른 절대적인 속성으로서의 거룩입니다. 윤리 도덕적으로 완전하심과 절대자로서의 존엄, 창조주로서의 위엄을 말합니다. 모세도 출애굽기 15장 11절에서 하나님의 거룩을 찬송했습니다. 하나님만이 거룩하신 분이십니다. 거룩하신 하나님은 우리의 영원한 피난처이십니다.

둘째로, 한나는 하나님의 지식을 찬양합니다. 브닌나는 하나님의 섭리를 이해하지 못하고 한나에게 함부로 대했습니다. 한나는 지식의 하나님을 찬송하고 있습니다. 지혜와 지식이 무궁무진하신 하나님이십니다. 사람들은 과대 포장합니다. 겸손하지 못합니다. 잘난 체합니다. 교만하고 오만한 말을 입 밖으로 내뱉습니다. 그러나 모든 것을 아시는 하나님은 그 중심을 보십니다.

셋째로, 한나는 4-8절에서 하나님의 절대 주권을 찬양합니다. 용사의 활을 꺾으시는 하나님이십니다. 넘어진 자를 일으키시는 하나님이십니다. 풍족하던 자를 낮추기도 하시고 주리던 자를 배부르게도 하십니다. 태의 문을 열기도 하시고 닫기도 하시는 분이십니다. 사람을 죽이기도 하시고 살리기도 하십니다. 내리기도 하시고 올리기도 하십니다. 가난하게도 하시고 부하게도 하십니다. 가난하고 빈궁한 자를 일으켜서 귀족들과 함께 앉게도 하십니다. 하나님은 절대 주권자이십니다.

넷째로, 한나는 하나님의 우주적인 신정통치를 찬양합니다. 땅과 하늘 그리고 세계가 다 하나님의 것입니다. 심지어 한나는 10절에서 "자기 왕에게 힘을 주시며 자기의 기름 부음을 받은 자의 뿔을 높이시리로다"라고 찬양했습니다. 이 내용은 한나가 왕을 예언함으로써 신정체제에서 왕정체제로 전환될 것을 말해 주고 있습니다. 기름 부음 받은 자는 메시아를 가리키기도 합니다. 한나의 예언은 왕정체제만이 아니라 전우주적인 통치로써의 메시아 왕국을 예언하고 있습니다. 예수 그리스도에 의한 하나님 나라 건설을 예언하고 있습니다.

다섯째로, 한나의 노래는 하나님의 구속 역사를 내다보고 있습니다. 이런 이유에서 시편 기자도 종종 인용했습니다. 시편 75편 10절에 "또 악인들의 뿔을 다 베고 의인의 뿔은 높이 들리로다"라고 했습니다. 한나가 사용한 뿔에 대하여 언급했습니다. 시편 92편 10절에도 그랬습니다. "주께서 내 뿔을 들소의 뿔 같이 높이셨으며"라고 했습니다.

시편 113편 7-9절에도 "가난한 자를 먼지 더미에서 일으키시며 궁핍한 자를 거름 더미에서 들어 세워 지도자들 곧 그의 백성의 지도자들과 함께 세우시며 또 임신하지 못하던 여자를 집에 살게 하사 자녀들을 즐겁게 하는 어머니가 되게 하시는도다 할렐루야"라고 했습니다. 한나가 찬송한 내용입니다.

제6강
사무엘상 2장 12-26절

경건과 패역

사무엘서에는 엘리의 두 아들 홉니와 비느하스의 타락과 모범적인 사무엘을 비교합니다. 본래 사람은 다른 사람과 비교하면 안 되는 것입니다. 사람은 누구나 독특한 존재로 지음을 받았고 각자가 특별한 사명이 있기 때문입니다.

그럼에도 불구하고 오늘 말씀에서 비교를 하는 것은 단순한 비교가 아니라 앞의 사람이 이러하니까 뒤의 사람을 세울 수밖에 없다는 논리입니다.

1. 엘리의 두 아들

대제사장 엘리의 두 아들, 홉니와 비느하스는 어떤 사람이었습니까? 성경은 그들의 키나 성격이나 학식에 대하여 말하고 있지 않습니다. 하나님과의 관계, 신앙적인 삶의 모습만 기록해 주고 있습니다. 사회적인 활동이나 인격에 대하여 말하는 것이 아니었습니다. 요즈음 말로 하면 하나님과의 관계, 교회와의 관계, 말씀과의 관계를 말해 주고 있습니다.

12-17절에서는 엘리의 두 아들 홉니와 비느하스의 패역한 죄악을 폭로하고 있습니다. 하나님을 알지 못하는 불량자였습니다. 불량자란 원문에 '벨리알의 아들'이라는 뜻입니다. 행실이 나쁜 범죄의 이유는 '여호와를 알지 못하더라'라고 되어 있습니다. 이 말의 의미는 하나님을 알고 있지만 하나님을 사랑하거나 경외하지 않았다는 뜻입니다. 그렇습니다. 사람은 하나님을 사랑하지 않을 때 행실이 나쁠 수밖에 없고 불량자가 되는 법입니다.

제사장의 신분을 가지고 하나님 앞에서 살아야 할 사람들이 영적, 윤리 도덕적으로 타락했습니다. 제사장으로서 타락한 증거가 무엇입니까? 그것은 하나님께 바치는 제사 행위를 보면 압니다. 이스라엘 백성이 하나님께 바치는 고기를 가로챘습니다. 고기를 삶을 때 세 살 갈고리로 자기의 몫을 먼저 챙겼습니다. 때로는 삶기도 전에 날고기로 가져갔습니다. 나아가 제사 행위를 하기 이전에 고기를 강탈해 가기도 했습니다.

이것은 제사 행위에 있어서 하나님의 율법을 어기는 행위였습니다. 제사를 업신여기는 행동이었습니다. 먼저 여호와께 드려야 하는데 자기가 먼저 가져갔습니다. 종교적인 부패입니다. 이것이 신성모독죄입니다. 하나님을 멸시하기 때문에 그런 행동을 할 수 있는 것입니다.

17절을 봅시다. "이 소년들의 죄가 여호와 앞에 심히 큼은 그들이 여호와의 제사를 멸시함이었더라"라고 했습니다. 엘리의 두 아들, 홉니와 비느하스는 여호와의 제사를 무시하는 신앙의 불량자였습니다.

사랑하는 성도 여러분! 한국교회에는 믿는 부모라고 하지만 영적인 능력을 상실하기 시작한 부모들이 상당히 많습니다. 이제부터라도 영적인 부모가 되도록 기도합시다. 많은 자녀들이 이미 홉니와 비느하스와 같이 성장하기 시작했습니다. 예배를 무시하기 시작했습니다. 하나님께 드려야 할 시간을 도둑질하고, 하나님께 바쳐야 할 시간을 도둑질하며, 하나님께 드려야 할 예배를 자기 것으로 만들기 시작했습니다.

하나님 앞에 불량자가 많아졌습니다. 그러면서도 복된 자녀가 되기를 원하고 있습니다. 앞뒤가 맞지 않습니다. 불꽃과 같은 눈을 가지신 하나님을 속일 수 없습니다. 겸손한 마음으로 눈물을 쏟아야 합니다. 하나님이여! 하나님을 아는 자녀가 되게 하옵소서. 하나님을 만나는 자녀가 되게 하옵소서. 하나님의 곁에서 사는 자녀가 되게 하옵소서. 홉니와 비느하스처럼 되지 않기를 원하옵나이다. 신앙의 대가 끊어지지 않기를 원하고 원하옵나이다.

2. 사무엘과 형제들

엘가나와 한나의 아들 사무엘은 어려서부터 성전 안에서 하나님을 경외하고 사랑하면서 성장했습니다. 하나님과 사람들에게 인정받으면서 성장했습니다. 어려서부터 에봇을 입고 성전에서 봉사하면서 여호와를 섬겼습니다.

18절에 "사무엘은 어렸을 때에 세마포 에봇을 입고 여호와 앞에서 섬겼더라"라고 했습니다. 상상만 해 봐도 기특하고 은혜로운 광경이 눈 앞에 전개됩니다. 여러분의 자손이 여호와 앞에 있습니까? 하나님을 어려서부터 경외하는 것이 복입니다. 하나님과 사람에게 은총을 받는 비결입니다.

세마포 에봇을 지어 입힌 것은 사랑과 정성의 표현입니다. 한나가 남편 엘가나와 더불어 매년 제사를 드리러 실로 성막으로 올라갈 때마다 에봇 옷을 지어 사무엘에게 입혔습니다. 한나는 사무엘을 사랑하여 작은 겉옷을 정성껏 지어서 입혔습니다. 해마다 그렇게 했습니다. 가난했지만 여호와를 섬기는 사무엘에게 최선을 다해 좋은 옷을 입혔습니다.

엘리 제사장이 엘가나의 가정에 다산의 축복을 기도해 주었습니다. 사무엘을 대신할 자녀의 축복입니다. 20절입니다. "엘리가 엘가나와 그의 아내에게 축복하여 이르되 여호와께서 이 여인으로 말미암아 네게 다른 후사를 주사 이가 여호와께 간구하여 얻어 바친 아들을 대신하게 하시기를 원하노라"라고 했습니다.

하나님께서 엘리 제사장의 기도대로 한나를 생각하셨습니다. 21절에 "여호와께서 한나를 돌보시사 그로 하여금 임신하여 세·아들과 두 딸을 낳게 하셨"습니다. 사무엘 말고 세 아들과 두 딸을 더해 주셨습니다. 할렐루야! 제사장의 축복은 그대로 이루어졌습니다.

사무엘은 어떻게 되었습니까? 21절입니다. "아이 사무엘은 여호와 앞에서 자라니라"라고 했습니다. 사무엘은 여호와 앞에서 자라났습니다. 여호와 앞에서 성장했습니다. 이것이 강조입니다. 하나님 앞(Coram Deo)입니다. 신전의식입니다. 우리의 삶이 하나님 앞에서 말하고 행동하는 삶이어야 합니다.

엘리의 두 아들은 하나님 앞에서 살지 않았습니다. 하나님을 사랑하거나 두려워하지도 않았습니다. 그러나 사무엘은 하나님 앞에서 성장했습니다. 이 사람이 지도자입니다. 하나님의 사람을 세울 사람입니다. 왕정국가의 주인공이 될 사람입니다.

3. 엘리와 두 아들

엘리는 제사장이지만 매우 늙었습니다. 두 아들 홉니와 비느하스는 하나님께 드리는 제사를 멸시하더니 회막 문에서 봉사하는 여인들과 성범죄를 저질렀습니다. 이 죄악을 엘리 제사장은 제대로 책망하지 않았습니다. 단지 그러지 말라고 당부하고 또 부탁했습니다. "너희가 어찌하여 이런 일을 하느냐 내가 너희의 악행을 이 모든 백성에게서 듣노라 내 아들들아 그리하지 말라 내게 들리는 소문이 좋지 아니하니라 너희가 여호와의 백성으로 범죄하게 하는도다"라고 탄식했습니다.

그러나 엘리의 두 아들은 아버지의 말을 듣지 않았습니다. 왜 그랬을까요? 25절을 봅시다. "사람이 사람에게 범죄하면 하나님이 심판하시려니와 만일 사람이 여호와께 범죄하면 누가 그를 위하여 간구하겠느냐 하되 그들이 자기 아버지의 말을 듣지 아니하였으니 이는 여호와께서 그들을 죽이기로 뜻하셨음이더라"라고 했습니다.

하나님께서 엘리의 두 아들, 홉니와 비느하스를 죽이기로 뜻하셨습니다. 정말 깜짝 놀랄 만한 사건이 아닙니까? 여러분의 자녀들은 어떤 상황입니까? 혹은 여러분의 자녀도 이런 상황은 아닌지 생각해 봐야 합니다. 대부분의 자녀들이 이런 상황입니다. 돈이 문제가 아닙니다. 공부가 문제가 아닙니다. 인간에게 있어서 가장 큰 문제는 하나님을 사랑하는 것입니다.

그래서 전도자도 이렇게 말했습니다. "일의 결국을 다 들었으니 하나님을 경외하고 그의 명령들을 지킬지어다 이것이 모든 사람의 본분이니라 하나님은 모든 행위와 모든 은밀한 일을 선악간에 심판하시리라"(전 12:13-14)라고 했습니다.

4. 사무엘의 성장

사무엘은 여호와 하나님 앞에서 성장했습니다. 하나님의 은혜속에서 자라났습니다. 하나님께 인정받으면서 자라났습니다. 물론 사람들에게도 칭찬을 받았습니다. 사랑을 독차지했습니다.

이렇게 엘리 제사장의 가정과 엘가나의 가정을 비교하는 이유가 무엇입니까? 사무엘을 부각시키는 데는 이유가 있습니다. 이스라엘을 새롭게 할 지도자라는 뜻입니다. 26절의 표현을 보십시오. "아이 사무엘이 점점 자라매 여호와와 사람들에게 은총을 더욱 받더라"라고 했습니다.

마치 예수님을 연상하게 합니다. 예수님은 어떻게 성장하셨습니까? 누가복음 2장 40절에 "아기가 자라며 강하여지고 지혜가 충만하며 하나님의 은혜가 그의 위에 있더라"라고 했습니다. 52절에도 "예수는 지혜와 키가 자라가며 하나님과 사람에게 더욱 사랑스러워 가시더라"라고 했습니다.

사무엘은 신정국가(왕국)의 예수 그리스도를 예표하는 인물이었습니다. 예수 그리스도의 그림자와 같은 인물이었습니다. 정말 존귀하고 인류 역사적으로나 교회사적으로 꼭 필요한 인물이었습니다. 사무엘은 영적인 암흑시대에서 새로운 시대를 열었던 인물입니다. 신정국가에서 사사시대의 암흑시대를 지나 왕정체제를 이루었던 인물입니다. 사무엘은 성육신의 초림과 재림으로 신약과 새 천국시대를 도래시킬 그리스도를 예표하는 인물이었습니다.

이스라엘을 위하여 선지자, 제사장, 왕(사사)의 3중직을 감당했던 모세와 비교할 만한 인물이 사무엘입니다. 이런 점에 있어서 예수 그리스도를 예표하는 인물이라고 말할 수 있는 것입니다. 사무엘은 이스라엘 나라를 새롭게 지도할 사람입니다. 사무엘은 신정국가(왕국)의 예수 그리스도를 예표하는 인물이었습니다.

엘리의 두 아들을 놓고 볼 때 엘리의 자녀교육에 문제가 있었습니다. 엘리 제사장이 두 아들의 죄악을 묵과함으로써 문제를 키웠습니다. 작은 허용이 엄청난 결과를 가져온 것과 마찬가지입니다.

반대로 엘가나와 한나는 문제가 있는 가정이었지만 기도함으로써 문제를 해결했습니다. 하나님이 주신 복으로 얻은 사무엘에 대하여 지대한 관심을 쏟았습니다. 자녀를 향한 부모의 신앙교육이 얼마나 중요한지를 알아야 합니다.

잠언 4장 1-9절에서 뭐라고 가르칩니까? "아들들아 아비의 훈계를 들으며 명철을 얻기에 주의하라 … 내 말을 네 마음에 두라 내 명령을 지키라 그리하면 살리라 … 그를 높이라 그리하면 그가 너를 높이 들리라 …"라고 했습니다.

하나님을 경외하고 사랑하는 교육입니다. 신앙교육이 없는 교육은 하나님을 두려워하지 않기 때문에 교만해지거나 가정적, 사회적으로 타락과 몰락을 가져오게 됩니다. 신명기 6장 1-3절에 보면 하나님께서 우리에게 명령과 규례와 법도를 주신 이유에 대하여 설명하셨습니다. 이스라엘 후손들로 하여금 여호와 경외하기를 배우게 하기 위함인데, 여호와를 경외하면 행복하고 젖과 꿀이 흐르는 땅에서 번성한다고 했습니다.

제7강
사무엘상 2장 27-36절

멸망과 출현

엘리의 두 아들은 하나님을 알지 못하는 패역한 사람, 불량자였습니다. 그러나 사무엘은 어려서부터 거룩한 사람, 말씀의 사람, 기도의 사람, 예배하는 사람이었습니다. 정말 모범적인 신앙인이었습니다.

1. 책망과 멸망

사람은 항상 하나님의 은혜와 복을 기억해야 합니다. 성도는 하나님께서 주신 은혜와 복을 가지고 직분을 충성스럽게 감당해야 합니다. 하나님의 은혜와 복을 기억하지 않을 때 책망이 있고 심판이 있습니다. 엘리의 집을 봅시다. 하나님의 은혜와 복을 잊어버렸다가 어떻게 되었습니까?

어느날 하나님의 사람이 엘리 제사장에게 왔습니다. 하나님의 사람은 누구를 말합니까? 하나님의 사람이란 '하나님께 속한 사람, 하나님을 대신하는 사람, 하나님을 위한 사람' 이라는 뜻입니다. 역사적으로 하나님의 말씀을 전하는 천사, 하나님의 말씀을 대언하는 선지자, 이스라엘 백성을 인도했던 모세를 가리킬 때도 하나님의 사람이라고 표현했습니다. 물론 신약에서 바울은 디모데를 '하나님의 사람'이라고 불렀습니다. 엘리 제사장의 가정을 위하여 특별한 소명을 받은 하나님의 사람입니다.

이스라엘 백성이 애굽에서 종 노릇 할 때 여호와 하나님이 나타나신 것을 상기시키며 말씀하셨습니다. 하나님이 인간에게 보이거나 나타나신 일은 위대한 일입니다. 감격스러운 일입니다.

이스라엘이 애굽에서 430년 동안 종 노릇 할 때 누가 해방시켜 주었습니까? 여호와 하나님이 아닙니까? 그것을 어찌 잊을 수 있습니까? 여러분도 구원받은 은총을 잊지 말아야 합니다. 시편 103편 2-5절에 "내 영혼아 여호와를 송축하며 그의 모든 은택을 잊지 말지어다 그가 네 모든 죄악을 사하시며 네 모든 병을 고치시며 네 생명을 파멸에서 속량하시고 인자와 긍휼로 관을 씌우시며 좋은 것으로 네 소원을 만족하게 하사 네 청춘을 독수리 같이 새롭게 하시는도다"라고 했습니다. 바울은 "나의 나 된 것은 하나님의 은혜로 된 것이니 …"라고 했습니다.

하나님께서 특별한 은총으로 아론의 가문을 제사장 가문으로 택하시고 성막에서 분향하며 에봇을 입는 영광을 선물로 주셨습니다. 세 가지가 최고의 복입니다. 제사장직을 감당하는 것과 성막에서 분향하는 것 그리고 에봇을 입는 것은 영광이었습니다. 에봇을 입는 것은 제사장으로 구별하는 것과 영광스러운 하나님의 말씀을 받아서 대언하는 일을 감당하는 것이었습니다. 이스라엘 백성들이 제물로 바치는 것 중에 일부를 먹을 수 있는 복도 주셨습니다.

그런데 너희 자녀, 홉니와 비느하스는 어찌하여 여호와께 드리는 제물과 예물을 발로 밟으며 너는 네 아들들을 나보다 더 중히 여겨 내 백성 이스라엘이 드리는 가장 좋은 것으로 너희들을 살지게 하느냐? 도둑질했음을 의미하고 있습니다. 이것이 아버지 엘리의 죄악이었습니다. 잠언 4장 8절에 "그를 높이라 그리하면 그가 너를 높이 들리라 만일 그를 품으면 그가 너를 영화롭게 하리라"라고 했습니다.

엘리의 과오와 두 아들의 죄악으로 영원히 멸망받고 제사장 가문이 되지 못할 것을 예언하고 있습니다. 제사장직을 박탈한다는 선언입니다. 하나님은 하나님을 존중히 여기는 자를 존중히 여기고 여호와를 멸시하는 자를 멸시하는 분이십니다.

하나님에 대한 엘리 제사장의 태도가 무엇입니까? 엘리는 나이도 많고 늙어 비둔한 상태였고, 영적으로도 홉니와 비느하스를 책망할 수 없을 정도로 약하고 병든 상태였음을 보게 됩니다. 엘리 제사장의 무능력입니다. 그리고 하나님보다 아들들을 더 중요하게 여겼습니다. 하나님보다 아들을 더 중요하게 여기는 마음이 과연 제사장으로서 올바른 마음일까요? 이것이 영적으로 무능력하게 된 동기가 아니겠습니까? 인간이 무능력하게 되는 근본적인 원인은 하나님을 사랑하지 않고 다른 것을 사랑하기 때문입니다. 하나님을 사랑할 때 인간은 힘이 있습니다. 지혜와 능력이 있습니다.

하나님을 경외하는 것이 지혜의 근본입니다. 지식의 근본이기도 합니다. 사랑하는 성도 여러분! 하나님 사랑할 줄 아는 성도가 됩시다. 자녀들로 하여금 하나님을 사랑하게 하여 피조물로서 하나님께 영광을 크게 돌릴 수 있기를 바랍니다.

2. 심판의 내용

엘리 가정을 향한 하나님의 심판은 정해졌습니다. 시간문제일 뿐이었습니다. 심판의 주체는 하나님이십니다. 사람이 원하거나 원하지 않거나 늦추거나 변경할 수 있는 것이 아니었습니다. 하나님의 확정된 말씀은 변함이 없이 이루어질 것입니다. 그것은 무서운 징벌이었습니다.

하나님의 심판은 구체적입니다. 무슨 내용입니까? 엘리 가문에서 제사장직이 영원히 상실되어 사라질 것입니다. 아론 이후에 제사장 직분이 얼마나 영화롭고 귀한 직분이었습니까? 엘리의 가문에는 제사장직을 주지 않게 될 것입니다. 결단코 없을 것이다.

아론에게는 영영한 제사장이 될 것이라고 약속했지만 엘리에게는 반대로 말씀하셨습니다. 하나님을 가볍게 여기는 집안, 하나님을 멸시하는 가정, 아들을 하나님보다 더 사랑하는 제사장은 필요하지 않다는 뜻입니다. 그래서 이 사람들보다 나를 더 사랑하느냐? 부활하신 주님이 물으셨습니다.

2장 31절에 "보라 내가 네 팔과 네 조상의 집 팔을 끊어 네 집에 노인이 하나도 없게 하는 날이 이를지라"라고 했습니다. 영광과 권세가 사라질 것을 예언했습니다. 이것이 하나님의 심판입니다. 엘리 가문에 속한 사람들은 단명할 것입니다.

여러분의 가정에 노인이 있는 것이 행복입니다. 어른이 없는 사회, 어른이 없는 집안은 자기 소견에 좋은 대로 행하다가 멸망받기 쉬운 것입니다. 옛시대에서부터 노인은 지혜와 권위의 상징이었습니다. 씨족사회에서는 노인이 지도자로서 권위와 힘의 상징이었습니다. 그런데 이러한 노인이 없어지는 것은 불행을 의미합니다.

홉니와 비느하스가 한 날에 죽는 일이 표징이 될 것입니다. 후에 사울이 엘리의 가문을 멸할 때 엘리 가문에서 아비아달이 살아남아 다윗시

대에 제사장 역할을 하지만, 아도니야의 반역에 동참하였다가 솔로몬에
의해 결국 제사장 직분을 잃게 됩니다. 홉니와 비느하스가 한 날에 죽는
것이 하나의 증표라고 했습니다. 역사를 보면 하나님의 말씀은 일점일
획이라도 떨어지지 않고 성취되는 줄로 믿습니다.

아울러 하나님을 위하는 새로운 제사장을 세울 것이라고 예언했습니
다. 새로운 제사장은 하나님의 마음과 뜻대로 행할 사람입니다. 하나님
은 새로운 제사장을 위하여 견고한 집을 세우실 것입니다. 새로운 제사
장은 하나님 앞에서 영구할 것입니다. 새로운 제사장은 누구인가? 사무
엘로 이해되고 후에 제사장 사독으로 이해하기도 하지만 결국 예수 그
리스도가 영원한 대제사장이십니다.

엘리의 후손들에게 경제적인 궁핍이 찾아올 것입니다. 36절에 "그리
고 네 집에 남은 사람이 각기 와서 은 한 조각과 떡 한 덩이를 위하여 그
에게 엎드려 이르되 청하노니 내게 제사장의 직분 하나를 맡겨 내게 떡
조각을 먹게 하소서 하리라"라고 했습니다.

신분이 높은 사람에게 취하는 행동을 묘사하고 있습니다. 왕에게 절
할 때나 하나님께 경배할 때 아니면 우상을 숭배할 때 사용되는 용어입
니다. 다른 사람의 강요에 의한 행동이 아니라 자발적인 행동을 말합니
다. 허기진 배를 채우기 위하여 구걸할 것을 예언하고 있습니다. 하나님
을 멸시하고 무시하여 예배를 업신여긴 결과가 그를 구걸하는 사람이
되게 하는 것입니다.

무엇을 먹을까 무엇을 마실까 무엇을 입을까 염려하지 말라. 이는 이
방인이 구하는 것이요 너희는 먼저 그의 나라와 의를 구하라 그리하면
이 모든 것을 너희에게 더하시리라.

3. 하나님은 어떤 분이신가?

오늘 성경말씀에서 하나님은 어떤 분으로 나타나시는가? 깊이 생각해 봅시다.

첫째로, 하나님은 공의로운 분이십니다. 우리가 믿는 하나님의 성품을 사랑으로만 이해하면 안 되고 공의로운 분으로 믿어야 합니다. 하나님은 하나님을 존중히 여기고 명령을 지키는 자에게 복을 주십니다.

시내산에서 십계명을 주실 때 하신 말씀입니다. 출애굽기 20장 5-6절에 "… 나 네 하나님 여호와는 질투하는 하나님인즉 나를 미워하는 자의 죄를 갚되 아버지로부터 아들에게로 삼사 대까지 이르게 하거니와 나를 사랑하고 내 계명을 지키는 자에게는 천 대까지 은혜를 베푸느니라"라고 했습니다. 죄악은 삼사 대까지입니다. 은혜는 천 대까지입니다.

예레미야 18장 9-10절에 "내가 어느 민족이나 국가를 건설하거나 심으려 할 때에 만일 그들이 나 보기에 악한 것을 행하여 내 목소리를 청종하지 아니하면 내가 그에게 유익하게 하리라고 한 복에 대하여 뜻을 돌이키리라"라고 했습니다.

둘째로, 인간의 타락에도 불구하고 하나님은 구속 사역을 계속하십니다. 엘리 가정이 하나님 앞에서 제사장 직분을 감당하지 못하고 있을 때 하나님은 사무엘을 준비하고 인도하셨습니다.

여러분이 하나님의 일을 열심히 감당하지 않고 방해하면 문제 중의 문제가 됩니다. 그러나 명심할 것이 있습니다. 하나님께서는 하나님의 일을 이루실 때 누구를 통해서든지 반드시 이루어지게 하십니다. 그러므로 인간은 쓰임받을 때 행복한 것입니다.

셋째로, 구약의 제사장들은 완전한 자들이 아니었으며 신약의 예수 그리스도가 완전한 대제사장입니다. 히브리서 7장 11절에 "레위 계통의 제사 직분으로 말미암아 온전함을 얻을 수 있었으면 어찌하여 아론의 반차를 따르지 않고 멜기세덱의 반차를 따르는 다른 한 제사장을 세울 필요가 있느냐?" 구약의 제사장은 아론 계통이었습니다. 신약의 제사장은 멜기세덱의 반차를 따른 제사장입니다. 그리고 영원한 제사장은 예수 그리스도이십니다.

엘리의 증손인 아히둡이 형식적으로 대제사장직을 계승하지만 실질적으로는 사무엘이 제사장이었습니다. 솔로몬 시대에 이다말 계열에 엘리의 후손인 아비아달과 엘르아살 계열의 후손인 사독이 함께 대제사장이 되었다가 사독과 그의 후손만이 대제사장직을 계승하게 됩니다.

이런 대제사장 직분은 예수 그리스도에 의해 성취되고 완성되었습니다. 예수 그리스도는 단번에 영원한 제사를 드리셨습니다. 구원 역사의 완성입니다. 구속 역사가 인류 초기부터 시작되어 왔습니다.

제8강
사무엘상 3장 1-14절

사무엘의 소명

하나님은 필요한 때에 적당한 사람을 데려다가 사용하십니다. 사무엘이 새로운 시대를 열어가기 위하여 성장하고 있었습니다. 블레셋 나라로부터의 이스라엘 구출과 미스바 성회를 통한 이스라엘 나라의 회복, 사울을 초대 왕으로 세워 왕정정치를 하도록 준비된 사람은 사무엘이었습니다.

지금까지 엘리 제사장의 가문이 얼마나 타락했는지 증거해 주었습니다. 정치는 물론 종교까지 타락했던 시대가 사무엘이 태어난 시대였습니다.

1. 암울한 시대

암울한 시대라는 말을 들어보셨을 것입니다. 어느 시대나 특징이 있습니다. 그리고 완전한 시대는 지상에 존재하지 않습니다. 오늘 성경에 나오는 암울한 시대는 어떤 시대를 가리키는 것일까요?

사무엘상 3장 1절과 같은 시대를 암울한 시대라고 표현합니다. "아이 사무엘이 엘리 앞에서 여호와를 섬길 때에는 여호와의 말씀이 희귀하여 이상이 흔히 보이지 않았더라." 사무엘이 성막에서 성장할 때 그 시대는 암울한 시대였습니다.

암울한 시대에 태어나서 성장하는 후손들이 빛이 되거나 큰 인물이 된다는 것은 정말 어려운 일입니다. 선배나 부모에게 보고 배울 것이 없는 세상이기 때문입니다. 이미 사사기 성경말씀을 통해서 사사시대에 나타났던 각종 다른 사상들을 살펴보았습니다. 이스라엘에 왕이 없으므로 사람들이 자기 소견에 좋은 대로 행하였습니다. 어른들이 자기 마음대로 믿고 세상을 살 때 후손이나 자녀들이 보고 배울 것이 있을까요?

사무엘은 정말 독특하게 성장했습니다. 사무엘상 3장 1절에 "아이 사무엘이 엘리 앞에서 여호와를 섬길 때"라고 했습니다. 사무엘은 아이였을 때부터 여호와 하나님을 섬겼습니다. 사무엘상 1장 28절에서도 "그가 거기서 여호와께 경배하니라"라고 했습니다. 어머니의 젖을 뗀 어린아이 사무엘은 여호와께 경배했습니다.

사무엘상 2장 11절에 "엘가나는 라마의 자기 집으로 돌아가고 그 아이는 제사장 엘리 앞에서 여호와를 섬기니라". 아버지는 집으로 돌아갔지만 사무엘은 제사장 엘리 앞에서 여호와를 섬겼습니다. 부모와 생이별을 하고 처음으로 봉사하는 일이지만 여호와 하나님을 섬겼습니다.

사무엘상 2장 18절에 "사무엘은 어렸을 때에 세마포 에봇을 입고 여호와 앞에서 섬겼더라". 한나가 지어 입힌 귀한 옷을 입고 성막에서 봉사하며 여호와를 섬겼습니다. 엘리의 두 아들과 비교하고 있습니다. 불량한 사람과 비교하고 있습니다. 사무엘은 지도자로서 손색이 없는 성장을 하였습니다. 아주 적극적으로 여호와를 섬겼다는 뜻입니다.

엘리는 나이가 들어 매우 늙었습니다. 사무엘은 어린아이였습니다. 엘리와 사무엘의 대조는 옛시대는 가고 새로운 시대의 도래를 의미하고 있습니다. 그런데 중요한 것은 사람만이 아닙니다. 사람보다 더 중요한 것이 있습니다. 그것은 하나님의 말씀입니다. 하나님의 말씀이 있고 없고가 이스라엘의 성공과 실패를 좌우했습니다. 여러분이 이것을 알고 있습니까? 자녀의 성공이요? 공부요? 돈이요? 진정한 인생의 승리는 하나님의 말씀대로 행하였느냐, 행하지 않았느냐가 더 중요한 것입니다.

사무엘이 태어나서 성장할 때 하나님의 말씀을 찾아보기 힘든 시대였습니다. 사람들이 자기 좋은 대로 행하고 믿던 시대였기 때문에 더군다나 하나님의 말씀은 존재하지 않았습니다. 인간의 죄악이 범람했습니다. 일반 백성들은 물론 제사장까지도 타락했습니다.

인간이 타락하는 근본적인 원인은 하나님의 말씀의 부재이며, 이상이 보이지 않기 때문입니다. 불이 꺼지면 세상이 어두운 것과 같습니다. "주의 말씀은 내 발에 등이요 내 길에 빛이니이다"(시 119:105). "내 눈을 열어서 주의 율법에서 놀라운 것을 보게 하소서"(시 119:18). 하나님의 백성이 말씀을 모르면 방자해지는 법입니다.

지금 시대를 진단해 봅시다. 사람들은 사람의 소리에 귀를 기울입니다. 사람의 종이 되는 것이지요. 하나님의 백성은 하나님의 음성에 귀를 기울여야 합니다. 그래야 하나님의 종으로서 살고, 사무엘처럼 지도자가 될 수 있습니다.

2. 사무엘을 부르심

여호와께서 어린아이 사무엘을 부르셨습니다. 이스라엘의 회복을 위하여 사무엘을 부르신 분은 하나님이십니다. 이스라엘 나라는 영적으로 암울했습니다. 엘리 제사장은 많이 늙었습니다. 한나가 기도할 때 취한 여자로 인식할 정도로 분별력이 떨어졌습니다. 이삭도 눈이 어두워서 에서와 야곱을 구분하지 못했습니다. 그러나 모세는 나이가 많아도 눈이 밝았습니다. 엘리의 두 아들, 홉니와 비느하스는 말할 수 없이 타락했습니다.

엘리 제사장은 연로하여 자기 처소에 누웠고, 사무엘은 성막 안에 누웠습니다. 이런 모습도 엘리는 점점 하나님으로부터 멀어지는 반면 사무엘은 점점 하나님을 가까이 하는 것을 나타내는 말입니다.

사무엘은 '하나님의 등불, 하나님의 궤, 하나님의 전'에서 머물렀습니다. 하나님과 함께하는 사람, 하나님의 음성을 좋아하는 사람이라는 의미입니다. 다른 사람이나 다른 곳에는 여호와가 임하지 않거나 여호와의 말씀이 없지만 사무엘이 머무르는 곳에는 그렇지 않다는 의미입니다. 하나님은 사무엘을 하나님의 말씀을 전하는 선지자로, 예배하는 제사장으로, 나라를 통치하는 사사의 업무를 수행하도록 부르셨습니다.

하나님은 어떻게 부르시고 사무엘은 어떻게 응답했는가? 하나님이 사무엘을 부르셨습니다. 아주 적극적으로 부르셨습니다. 도움을 청하는 사람처럼 부르셨습니다. 중요한 일을 맡기기 위해서 부르셨습니다. 하나님의 계시를 받아 하나님의 백성들에게 그 계시를 전달하기 위한 목적으로 부르셨습니다.

사무엘은 엘리 제사장의 목소리인줄 알고 엘리에게 달려갑니다. 당시 이스라엘의 영적 상태를 나타냅니다. 사무엘을 부르신 분은 하나님이십니다. '내가 여기 있나이다, 내가 여기 있습니다'. 엘리가 부르지 않았다고 사무엘을 돌려보냅니다. 이사야도 그렇게 대답했습니다. 내가 여기 있나이다. 나를 보내소서!

여호와께서 사무엘을 두 번째 부르셨습니다. 이번에도 사무엘은 엘리 제사장이 부른 줄 알고 엘리 제사장에게로 갑니다. 엘리는 사무엘을 다시 돌려보냈습니다. 사무엘이 아직 여호와를 알지 못하고 말씀도 나타나지 않은 상태였습니다.

세 번째 부르심이 있을 때도 사무엘은 엘리 제사장에게로 갔습니다. 그때서야 엘리는 여호와께서 사무엘을 부른 줄 알고 어떻게 행하여야 되는지 가르쳐 주었습니다. 그런데 사무엘은 첫 번째 불렀을 때에는 달려갔습니다. 두세 번째는 그냥 갔습니다. 처음에는 엘리가 부르는 줄 알고 달려갔지만, 두세 번째는 엘리가 아니라 다른 분이 불렀는가 의아해 하면서 갔던 것입니다.

물론 사무엘은 여호와를 경배하고 예배하는 사람이었지만 여호와를 율법을 통해서는 알아도 개인적인 경험이나 인격적인 만남으로는 알지 못한 상황이었습니다. 그리고 여호와의 말씀도 아직 나타나지 않은 상태였습니다. 율법 교육을 통하여 말씀은 알고 있었지만 살아 계신 하나님께서 직접 임하셔서 생명의 말씀으로 주신 적은 없는 상태라는 뜻입니다. 하나님의 말씀은 살아 있는 말씀이고 운동력 있는 말씀입니다.

여호와께서 네 번째 부르셨을 때 사무엘은 여호와 앞에 대답했습니다. 하나님이 계속하여 부르셨다는 뜻입니다. 주체가 하나님이십니다. "여호와여 말씀하옵소서 주의 종이 듣겠나이다". 하나님의 부르심에 대하여 여러분은 어떤 응답을 하고 있습니까? 지금은 구원의 부르심 이외에 직분의 부르심을 생각할 때입니다.

3. 엘리 가문의 파멸

엘리의 가문은 어떻게 되었을까요? 하나님께서 엘리의 가문에 징벌을 내리고 멸망시키실 것인데, 듣는 사람의 두 귀가 울릴 것입니다. 11절에 "여호와께서 사무엘에게 이르시되 보라 내가 이스라엘 중에 한 일을 행하리니 그것을 듣는 자마다 두 귀가 울리리라"라고 했습니다.

하나님이 어떻게 행하시기에 두 귀가 울릴까요? 하나님이 말씀하신 것이 다 이루어질 것입니다. 가문이 멸망당할 것을 말합니다. 왜 엘리는 제사장의 가문인데 멸망을 당합니까? 13절 하반절에 "이는 그가 자기의 아들들이 저주를 자청하되 금하지 아니 하였음이니라"라고 했습니다.

엘리 가문이 망한 이유는 계속하여 죄를 범하였고, 하나님의 경고를 무시하고 듣지 않았기 때문입니다. 회개도 하지 않았습니다. 이런 것이 성령 훼방죄가 아니겠습니까? 홉니와 비느하스는 여호와께 드리는 제물을 가로챘습니다. 성범죄를 하였습니다. 엘리는 부모로서 자녀들을 믿음으로 키우지 않았습니다. 그 결과 하나님의 심판이 임해 집안이 망하게 되었습니다.

그런데 이 심판은 제물로나 예물로도 속죄할 수 없는 상황이었습니다. 14절에 보면 "엘리 집의 죄악은 제물로나 예물로나 영원히 속죄함을 받지 못하리라"라고 했습니다.

사랑하는 성도 여러분! 귀가 열리고 마음이 열려서 깨달음이 있기를 바랍니다. 공부는 해야지요. 돈도 벌어야지요. 그러나 하나님께 예배하는 사람이 아니라면 가문을 망하게 할 사람입니다. 국가적으로 치명적인 손해를 끼칠 사람입니다. 엘리 제사장의 가정이 그런 교훈을 주고 있습니다.

반대로 사무엘의 가정은 그렇지 않았습니다. 가진 것이 없고 배경이 없어도 하나님을 경배하는 일에 성공하고 하나님의 말씀이 임하면, 가문이 복을 받고 새로운 세상을 열어가는 인물이 될 수 있습니다.

사무엘이 태어났던 시대의 특징이 무엇일까? 국가적으로 백성들을 다스리는 통제력이 부족했습니다. 종교적으로는 제사 제도가 지켜지지 않았습니다. 그리고 사회적으로나 윤리 도덕적으로 문란했습니다. 여러분! 이 시대는 더 낫습니까? 어떤 면에서, 무엇이 나을까요?

엘리 가정을 보면 부모와 자녀가 똑같이 문제였습니다. 하나님 앞에 죄인이었습니다. 영적으로 하나님의 뜻을 알지 못했습니다. 알려고 노력도 하지 않았습니다. 영적으로 무지한 사람들이 모여 살던 시대요, 가정들이었습니다.

하나님을 몰랐습니다. 주의 가르침을 싫어했습니다. 하나님이 없다고 생각했습니다. 자기가 잘못을 하고 그 책임을 하나님께 돌렸습니다. 이것이 타락한 시대요 암울한 시대입니다.

제9강
사무엘상 3장 15-4장 1절

선지자 사무엘

하나님의 계시가 끊어진 지 오래였습니다. 백성들이 자기 소견에 좋은 대로 행하던 세월이 흘렀습니다. 정말 암울한 시대였습니다. 영적으로 흑암의 시대였습니다.

그러나 서광이 비치기 시작했습니다. 하나님의 말씀이 사무엘에게 들리기 시작했습니다. 하나님께서 자신을 사무엘에게 나타내기 시작하셨습니다. 그렇습니다. 하나님이 나타나시거나 말씀이 임하는 것은 인간에게 큰 빛이요 소망입니다. 계시의 내용이 어떤 내용이든지 하나님의 음성과 하나님 자신을 나타내시는 것은 정말 중요하고 중요한 일입니다.

1. 사무엘과 엘리

사무엘과 엘리는 어떤 관계였습니까? 어린아이와 어른과의 관계입니다. 엘리는 대제사장이고 사무엘은 성막에서 수종드는 어린아이였습니다. 율법을 가르치는 자와 배우는 자의 관계였습니다. 성전 제사를 집행하는 자와 성전에서 봉사하는 법을 배우는 관계였습니다.

그리고 무슨 대화를 나누게 되었을까요? 사무엘이 일찍 성막 문을 열 었습니다. 지난 밤에 있었던 하나님의 말씀을 엘리에게 말하기를 두려 워하고 있는 상황이었습니다. 사무엘이 문을 연 것은 어두운 장소가 밝 은 장소로, 하나님과의 만남의 장소에서 엘리를 만날 수 있는 장소로 전 환된 것을 의미합니다. 하나님이 한나의 태를 닫으셔서 잉태할 수 없었 지만 태를 열었을 때는 잉태할 수 있었습니다. 사무엘에게 하나님이 나 타나셨고 하나님의 계시가 있었으며, 사무엘이 성막 문을 연 것은 새로 운 시대가 전개됨을 말해 줍니다.

사무엘이 성장하는 시대, 당시의 상황은 여호와의 이상이 아주 희귀 한 때였습니다. '희귀하다'는 것은 '귀한, 보배로운'의 의미도 있습니 다. 보석을 수식할 때 사용하는 용어입니다. '이상이 보이지 않았다'라 는 것은 '장래 일이나 예언적 환상을 통하여 주신 하나님의 계시'가 없 었다는 뜻입니다. '흔하지 않았다'라는 말은 '아무것도 없는 것'을 의미 합니다. 하나님의 계시가 널리 퍼지지 못했다는 의미를 담고 있습니다. 하나님의 백성들이 영적으로나 도덕적인 일에 관심이 없었다는 의미일 수도 있습니다.

엘리의 눈은 점점 흐려져 갔습니다. 눈이 어두웠으니 판단력도 떨어 졌습니다. 이게 올무인지, 자기가 빠지는 구덩이인지를 분별하지 못하 는 상황이었습니다. 엘리는 소경이 된 인도자였습니다.

이럴 때 사무엘은 어떻게 쓰임받았을까요?

하나님의 선지자로 활동하게 하셨습니다. 사무엘이 엘리 제사장 앞에 서 고백한 내용을 보면 하나님 중심적인 사람이었음을 알게 됩니다. 엘 리 제사장은 사무엘에게 지난 밤에 있었던 여호와의 계시에 대하여 한 가지도 숨기지 말라고 말합니다. 엘리의 심정을 생각해 봅시다. 대제사장인 자신은 여호와의 음성을 듣지 못하는 상황인데 아이 사무엘은 여호와의 음성을 들었습니다. 여러분 같으면 어떤 마음이 들겠습니까?

특별히 사무엘이 받은 내용이 무엇이었습니까? 엘리 제사장의 가문이 여호와의 징벌을 받아 멸망하는 내용이었습니다. 하나님의 정죄, 멸망하는 심판입니다. 하나님의 심판을 말하는 것이 쉽겠습니까? 이것이 얼마나 말하기 힘든 내용입니까? 게다가 엘리가 사무엘에게 말하는 것이 아니라 사무엘이 엘리에 대하여 말하는 것입니다. 그러나 사무엘은 엘리가 원하는 대로 **빼놓지** 않고 하나님의 말씀을 전해 주었습니다.

엘리 제사장도 말씀을 받는 자세가 갖추어져 있었습니다. 17절에 내게 숨기지 말라. 모든 것을 하나라도 숨기면 하나님이 네게 벌을 내리시고 또 내리시기를 원하노라. 이 내용은 고대 사회에서 '서약 의식, 맹세 의식'에서 사용되는 용어였습니다. 서약을 할 때 짐승을 잡고 둘로 쪼개고 그 사이를 지나가면서 외친 말입니다. 약속을 깨면 죽인 짐승과 같이 된다는 선언입니다. 일종의 맹세입니다. 어린 사무엘은 숨기지 않았습니다.

여기서 두 가지 교훈을 배우게 됩니다. 하나님의 사람은 하나님 앞에서 받은 말씀을 그대로 가감없이 전해야 진실한 하나님의 사람입니다. 하나님의 사람은 하나님만 두려워하면 됩니다. 사람을 두려워할 필요가 전혀 없습니다. 이것이 사무엘이 선지자가 되는 첫 번째 조건입니다. 성도는 때를 얻든지 못 얻든지 항상 하나님의 말씀을 전파해야 합니다.

또 한가지는 상대의 지위고하가 중요하지 않다는 것입니다. 많은 사람들은 사람의 마음에 들도록 말하거나 행동하려고 합니다. 사무엘이

엘리에게 말할 때 얼마나 힘들었겠습니까? 축복의 말이 아닙니다. 저주
와 심판의 말씀입니다. 엘리의 죄가 무엇인지 그리고 홉니와 비느하스
의 죄악이 무엇인지를 밝히는 말씀입니다. 어린아이로서는 감당하기 어
려운 내용이었습니다. 그러나 가감없이 말했습니다. 이것이 아주 위대
한 일이고 선지자로서 인정받는 일이었습니다. 여러분은 무엇을 좋아합
니까? 축복입니까 아니면 저주입니까? 여러분의 자녀들은 어떻습니까?
칭찬입니까 아니면 책망입니까?

2. 사무엘의 성장

19절입니다. "사무엘이 자라매 여호와께서 그와 함께 계셔서 그의 말
이 하나도 땅에 떨어지지 않게 하시니"라고 했습니다. 정말 멋진 사무엘
입니다. 멋지게 성장했습니다. 사무엘과 함께하시는 하나님이십니다.
사무엘의 말이 땅에 떨어지지 않게 하시는 하나님이십니다. 이것이 얼
마나 가치있고 존귀한 생애인지 아십니까?

사무엘의 성장의 세 가지 특징을 봅시다. 사무엘상 2장 11절에 "엘가
나는 라마의 자기 집으로 돌아가고 그 아이는 제사장 엘리 앞에서 여호
와를 섬기니라"라고 했습니다. 엘리 앞에서 여호와를 섬기는 법을 배우
고 있습니다. 2장 18절에도 "사무엘은 어렸을 때에 세마포 에봇을 입고
여호와 앞에서 섬겼더라"라고 했습니다. 한나가 지어 준 좋은 제사장 옷
을 입고 성장했습니다. 이것이 첫 번째 특징입니다.

두 번째 특징은 사무엘상 2장 26절입니다. "아이 사무엘이 점점 자라
매 여호와와 사람들에게 은총을 더욱 받더라"라고 했습니다. 예수님이
하나님의 사랑과 사람의 사랑을 받았습니다. 사무엘도 그렇게 성장했습
니다. 정말 멋진 성장 아닙니까? 하나님의 아들과 딸이 하나님의 사랑

과 사람의 사랑을 받으면 그것으로 족하지 더 무엇을 원하겠습니까?

세 번째 특징은 하나님이 함께하는 선지자가 되었습니다. 이것이 가장 중요한 특징이지만 첫 번째와 두 번째가 있으니까 세 번째 특징도 있을 수 있는 일이 아니겠습니까? 하나님이 함께하는 언약의 주인공, 사무엘은 말씀의 사람이 되었습니다.

하나님께서 귀하게 쓰신 사람의 특징이 무엇입니까? 하나님이 함께하는 사람입니다. 창세기 26장 3절에 "이 땅에 거류하면 내가 너와 함께 있어 네게 복을 주고 내가 이 모든 땅을 너와 네 자손에게 주리라"라고 이삭에게 말씀하셨습니다.

창세기 28장 15절에 "내가 너와 함께 있어 네가 어디로 가든지 너를 지키며 너를 이끌어 이 땅으로 돌아오게 할지라 내가 네게 허락한 것을 다 이루기까지 너를 떠나지 아니하리라"라고 야곱에게 약속하셨습니다.
출애굽기 3장 12절에 "하나님이 이르시되 내가 반드시 너와 함께 있으리라"라고 모세에게 약속하셨습니다. 하나님께서 함께하실 때 모세가 얼마나 능력이 많았습니까? 얼마나 기적과 능력을 많이 보였습니까? 하나님이 함께하면 불가능한 일이 없는 줄로 믿습니다.

예수님이 세상에 태어나셨을 때 뭐라고 말씀하셨습니까? "보라 처녀가 잉태하여 아들을 낳을 것이요 그의 이름은 임마누엘이라"(마 1:23)라고 했습니다. 인간이 받을 수 있는 최대의 복이 하나님이 함께하시는 것입니다. 사무엘은 그 복을 일찍 받았습니다. 어려서부터 받았습니다. 여러분 심령 위에도 하나님이 함께하는 복이 임하기를 바랍니다.

사무엘의 말은 땅에 떨어지지 않았습니다. 하나님이 함께하는 결과가 이것입니다. 사무엘이 말하면 모두 이루어졌습니다. 하나라도 없어지거나 헛된 데로 돌아가지 않았고 땅에 떨어지지 않았습니다. 이것이 진실한 하나님의 사람의 표시입니다. 객관적인 증거입니다. 여러분의 말은 힘이 있습니까? 땅에 떨어지지 않습니까?

3. 사무엘의 선지자직

사무엘은 선지자로서 훌륭하게 성장했습니다. 모든 민족이 다 사무엘을 선지자로 인정하게 되었습니다. 사무엘이 하나님 앞에서 사람을 두려워하지 않고 말씀을 전했습니다. 얼마나 성실하게 직분을 수행하는 사람입니까?

사무엘상 3장 19-21절에 "단에서부터 브엘세바까지 온 이스라엘이 사무엘은 여호와의 선지자로 세우심을 입은 줄을 알았더라 여호와께서 실로에서 다시 나타나시되 여호와께서 실로에서 여호와의 말씀으로 사무엘에게 자기를 나타내시니라"라고 했습니다.

단에서부터 브엘세바까지 이스라엘 백성 전체가 사무엘을 선지자로 인정하게 되었습니다. 사무엘은 예수 그리스도의 선지자직의 그림자였습니다. 예표적인 인물이었습니다. 하나님께서 맡겨 주신 사역을 정말 잘 감당한 인물이었습니다.

사무엘의 첫 사역은 매우 난감했습니다. 자신의 스승이자 당시 사사요 대제사장인 엘리 가문의 몰락을 당사자인 엘리에게 가르쳐 주어야 했기 때문입니다. 정말 부담되는 내용이었지만 사무엘은 망설이지 않고 예의있게 잘 감당했습니다. 이것이 매우 귀중한 일입니다.

엘리 제사장은 자신의 제자인 사무엘을 통한 하나님의 뜻을 받아들였습니다. 이것이 진정한 순종입니다. 그리고 사무엘을 선지자로 인정하게 됩니다. 하나님의 일은 나이나 경륜과는 관계가 없습니다. 사무엘은 새로운 영적 지도자로 영적 권위와 정당성을 가지게 되었습니다. 또 암울한 시대이지만 하나님은 이스라엘을 끊임없이 보살피는 절대 주권자요, 섭리자이십니다.

여호와 하나님께서 사무엘에게 더 자주 나타나셨습니다. 그리고 마치 사람이 벌거벗은 것처럼 숨기지 않으시고 하나님의 계시를 사무엘에게 가르쳐 주시고 보여주셨습니다. 실로에 성막이 있었습니다. 여호와의 궤도 있었습니다. 하나님이 자주 사무엘에게 임하시고 말씀해 주셨습니다. 이스라엘의 최대의 영광은 하나님이 임하시는 것입니다. 성도도 마찬가지입니다. 하나님의 성령이 임하고 하나님이 왕래하실 때 인간은 최고로 행복할 수 있습니다.

사무엘상 4장 1절에 "사무엘의 말이 온 이스라엘에 전파되니라"라고 했습니다. 사무엘의 사역이 본격적으로 시작되고 있음을 발견하게 됩니다. 단에서 브엘세바까지 이스라엘 땅에 살고 있던 모든 사람들이 사무엘의 말에 순종하기 시작했습니다. 사무엘이 말하면 진리로 받아들였습니다.

하나님께서 사무엘과 함께하셨습니다. 사무엘에게 말씀해 주셨습니다. 그러니까 온 백성들이 사무엘의 말을 경청하게 되었고 순종하게 되었습니다. 여러분은 하나님의 말씀에 순종할 수 있습니까? 부분적인 순종이 아니라 완전한 순종이 중요합니다. 그리스도의 순종은 자발적이고 능동적인 순종이자 수동적인 순종입니다.

제10강
사무엘상 4장 1-11절

이스라엘의 패배

사무엘상 2-3장에서 엘리 제사장 가문의 죄악과 하나님의 심판 예언을 살펴보았습니다. 사무엘상 2장 11-14절의 예언 즉 엘리 제사장 가문의 멸망은 성취되었습니다. 하나님은 부모의 죄를 갚되 삼사 대까지이지만, 여호와를 사랑하고 하나님의 은혜를 잊지 않는 사람에게는 천 대까지 은혜를 베푸시는 분이십니다.

사무엘상 4장은 이스라엘과 블레셋 간의 전쟁 기사입니다. 전쟁의 원인은 무엇인지 알 수 없습니다. 다만 블레셋은 이스라엘 백성을 깨닫게 하고 징계하기 위한 하나님의 도구였습니다. 하나님은 이스라엘 백성들이 전쟁을 통하여 회개하기를 원하셨습니다. 지금도 하나님은 이런 방법을 사용하십니다.

1. 이스라엘과 블레셋

이스라엘과 블레셋은 전쟁을 위하여 진을 쳤습니다. 이스라엘은 에벤에셀에 진을 쳤고 블레셋은 아벡에 진을 쳤습니다. 이스라엘은 하나님이 세운 나라입니다. 정치와 종교가 하나였던 나라입니다. 세상 나라와는 다른 신과 법이 있던 나라였습니다.

이스라엘은 하나님을 믿는 백성입니다. 하나님의 성막이 있고 제사장이 있는 나라였습니다. 반면 블레셋은 이방인 나라입니다. 우상을 숭배하는 나라입니다. 상식적으로 전쟁을 하면 이스라엘이 이겨야 정상입니다. 그런데 이스라엘이 전쟁에서 블레셋 나라에 패배했습니다. 그렇다면 문제가 있는 것이 아니겠습니까?

이스라엘 나라의 영광인 하나님의 언약궤를 빼앗기고, 사천 명의 많은 사생자를 내고 전쟁에서 패배했습니다. 이스라엘 백성은 머리를 숙이고 진으로 돌아왔습니다. 패전은 죽음을 의미합니다. 모든 것을 잃는 것과 같습니다. 나라는 어렵게 되고 때로는 노예가 되어야 합니다. 모든 것을 잃는 것이 전쟁에서 패전했을 때 벌어지는 결과입니다.

사랑하는 성도 여러분! 하나님 앞에서 범죄하면서 전쟁에서 이길 수 있을까요? 영적이고 윤리 도덕적이어야 할 이스라엘 민족이 우상 숭배나 하고 자기 소견에 좋은 대로 행하면서 전쟁에서 이길 수 있을까요? 하나님만 철저하게 의지해야 할 이스라엘 백성이 언약궤만 앞세우고 나아가면 승리할 수 있는 것일까요?

저나 여러분이나 성경말씀을 주술적인 의미로 이해하면 안 될 것입니다. 이런 행동은 미신적인 행동과 같습니다. 종교적 외식주의라고 보아야 할 것입니다. 그 결과는 패배입니다.

성도는 하나님을 사랑하여 신령과 진정으로 하나님께 예배하는 삶을 살아야 합니다. 하나님과 동행하면서 말씀에 순종할 때 진정한 승리자가 될 수 있습니다. 승리는 하나님과의 바른 관계에서 맺어지는 열매입니다.

전쟁이 계속될 때 이스라엘 백성들은 영원한 왕, 하나님을 구하기 보다는 힘없고 약한 인간 왕을 구했습니다. 이것이 더욱 힘들어지는 결과를 가중시킨 것이라고 말할 수 있습니다. 여러분은 일평생 영적인 전쟁에서 승리하고 싶습니까? 하나님을 사랑하세요. 그리고 예배생활을 충실하게 하세요. 그리고 말씀대로 순종해 보세요. 승리할 줄로 믿습니다.

우리의 싸움은 혈과 육에 대한 싸움이 아닙니다. 사탄과의 싸움입니다. 사탄은 우는 사자와 같이 삼킬 자를 찾고 있습니다. 항상 기도하여 사탄을 물리칠 수 있는 성도가 되기를 바랍니다.

2. 전쟁과 언약궤

블레셋과의 전쟁에서 사천 명 가량이 죽임을 당한 다음에 이스라엘 장로들이 무슨 주장을 했습니까? "여호와께서 어찌하여 우리에게 오늘 블레셋 사람들 앞에 패하게 하셨는고 여호와의 언약궤를 실로에서 우리에게로 가져다가 우리 중에 있게 하여 그것으로 우리를 우리 원수들의 손에서 구원하게 하자"라고 제안했습니다.

외적으로 보면 아주 그럴듯한 제안입니다. 겉보기에는 맞는 주장입니다. 이스라엘과 블레셋의 전쟁을 신의 전쟁이라고 생각하는 것입니다. 그런데 중요한 것이 있습니다. 그들은 하나님의 언약궤를 메기 전에 자기들의 삶을 살펴보지 않았습니다. 하나님과의 관계를 생각해 보지 않았습니다. 예배생활을 깊이 들여다보지 않았습니다. 자기들이 좋은 대로 행동하고 기도하고 있다는 것을 생각해 보지 않았습니다.

하나님의 언약궤만 가지고 전쟁터에 나가면 승리할 줄로 생각했습니다. 이것은 외식주의, 형식주의, 인본주의의 극치라고 말할 수 있을 것입니다. 언약궤는 가로가 약 114cm이고, 세로가 68.4cm이고, 높이가 68.4cm입니다. 조각목으로 만들고 궤의 안팎을 금으로 덮었습니다. 언약궤 안에는 십계명의 두 돌판, 아론의 싹난 지팡이, 만나를 담은 금항아리가 있습니다.

여하튼 장로들의 제안대로 실로 성막에 있던 언약궤를 가지고 전쟁터로 이동했습니다. 홉니와 비느하스도 전쟁터에 나갔습니다. 언약궤와 함께하는 홉니와 비느하스를 보면, 하나님께서 과거에 역사했던 모습은 그대로 다 갖추었습니다. 외형은 같았습니다. 겉모습은 화려했습니다. 하나님이 함께하실 것 같았습니다. 전쟁에서 이길 것으로 예측했습니다. 그러나 항상 사람의 마음이 문제입니다. 사람은 외모를 보지만 하나님은 중심을 보십니다. 그러니까 중심이 문제입니다.

어찌하여 블레셋 사람들 앞에서 패하게 하셨는가? 누가 우리를 치셨는가? 이 말은 블레셋이 잘 싸웠기 때문에 이긴 것이 아니라 하나님이 이스라엘을 치셨기 때문에 그들이 이겼다라는 뜻입니다. 하나님께서 이스라엘을 전쟁에서 지게 하셨다는 의미입니다. 근본적인 책임을 하나님께 돌리는 장로들의 주장입니다. 사람은 이렇습니다. 영광은 자기가 차지하려고 합니다. 책임은 상대방에게 넘기려는 습성이 있습니다.

종교적인 의식주의는 패배합니다. 신앙의 승리는 내면으로부터 시작됩니다. 여호와 하나님을 마음을 다하고 뜻을 다하고 성품을 다하여 사랑해야 인생의 승리자가 될 수 있습니다. 하나님의 교회를 사랑해야 인생에서 기쁨과 감격이 있게 됩니다. 여러분은 아름다운 신앙의 승리자가 되기를 바랍니다.

3. 언약궤와 블레셋 군대

여호와의 언약궤가 이스라엘 진영으로 들어올 때에 이스라엘 백성들은 땅이 진동하도록 함성을 질렀습니다. 거대한 소리로 외쳤습니다. 5절에 "여호와의 언약궤가 진영에 들어올 때에 온 이스라엘이 큰 소리로 외치매 땅이 울린지라"라고 했습니다. 큰 소리를 지르는 것은 당연한 행동입니다. 이스라엘은 언약궤와 제사장 때문에 전쟁에서 이길 것으로 생각했기 때문입니다. 그러나 믿음 없이 말씀을 인용하는 것은 위험한 일입니다.

땅이 흔들리고 언약궤와 제사장은 있었지만 하늘은 조용했습니다. 이것이 문제입니다. 하나님이 개입하시는 때는 죄를 회개할 때, 가슴을 치며 통회 자복할 때입니다. 하나님이여, 불쌍히 여겨 주옵소서. 나를 다시 한번 불쌍히 여겨 주옵소서. 이럴 뿐입니다.

여호와와 우상이 대결하면 반드시 여호와께서 승리하실 것입니다. 역사적으로 그랬습니다. 참된 믿음이 같이 있을 때 그렇게 역사하셨습니다. 그러나 지금 이스라엘은 자신을 살피지 않고 과거만 생각했습니다. 항상 사람이 문제입니다. 하나님이 문제가 아닙니다. 언약궤가 무슨 문제가 있습니까?

블레셋 군대가 이스라엘 백성의 고함소리를 듣고 언약궤가 이스라엘 진영에 들어온 것을 알게 되었습니다. 6-8절에 "여호와의 궤가 진영에 들어온 줄을 깨달은지라 블레셋 사람이 두려워하여 이르되 신이 진영에 이르렀도다 하고 또 이르되 우리에게 화로다 전날에는 이런 일이 없었도다 우리에게 화로다 누가 우리를 이 능한 신들의 손에서 건지리요 그들은 광야에서 여러 가지 재앙으로 애굽인을 친 신들이니라"라고 말했습니다.

블레셋 군사들이 이스라엘의 과거 역사를 기억했습니다. 이스라엘이 애굽에 있을 때 하나님께서 얼마나 많은 권능과 기적과 능력을 베풀었습니까? 열 가지가 넘는 능력을 베푸셨습니다. 피, 개구리, 이, 파리, 독종, 어둠의 재앙 그리고 장자까지 죽이는 권능을 보이셨습니다. 이스라엘의 역사를 알고 있던 블레셋 군사들은 마음에 동요가 일어나기 시작했습니다.

블레셋의 병사들은 두려움이 생기기 시작했습니다. 불안해지기 시작했습니다. 전쟁을 하고 싶지 않은 생각도 들었습니다. 탈출을 계획하는 사람들도 있었습니다. 그럴 때 블레셋의 전쟁 지도자들이 뭐라고 선언했습니까? 전쟁에 패배하면 히브리인의 노예가 될터이니 목숨을 걸고 싸우라고 독려했습니다. 대장부처럼 싸우라는 명령을 했습니다. 남자같이 용감하고 씩씩한 사람이 되라는 뜻입니다.

4. 이스라엘의 패전

이스라엘이 패전했습니다. 보병 삼만 명이 죽었습니다. 수가 적은 한 지파가 사라진 것과 같습니다. 얼마나 가슴 아픈 일입니까? 하나님의 뜻에 맞지 않으면 항상 죽음으로 이어집니다. 따 먹는 날에는 정녕 죽으리라! 죄의 삯은 사망이라고 했습니다.

게다가 하나님의 언약궤를 찬탈당했습니다. 빼앗겼습니다. 이방인들에게 하나님의 궤를 빼앗긴 것은 치욕스러운 일입니다. 언약궤는 하나님의 임재와 구원의 상징이었습니다. 마치 여호와 하나님이 이방신에게 잡혀간 것과 같은 느낌을 줍니다. 장로들이 실로의 성막에서 언약궤를 가져왔지만 죄악을 회개하지 않았기에 하나님께서는 불의한 이방인의 손에 궤를 넘기심으로써 미신적인 신앙의 허구성을 들춰내셨습니다. 여러분! 진실해야 합니다. 정직해야 합니다. 책임성 있는 사람이 되어야 합니다.

홉니와 비느하스도 죽었습니다. 영광이 다 사라졌습니다. 11절은 이렇게 말합니다. "하나님의 궤는 빼앗겼고 엘리의 두 아들 홉니와 비느하스는 죽임을 당하였더라". 언약궤와 함께했던 사람들도 죽었습니다.

홉니와 비느하스의 죽음은 예언된 사건이었습니다. 사무엘상 2장 34절에 "네 두 아들 홉니와 비느하스가 한 날에 죽으리니 그 둘이 당할 그일이 네게 표징이 되리라"라고 했습니다.

사무엘상 2장 25절 하반절에 "자기 아버지의 말을 듣지 아니하였으니 이는 여호와께서 그들을 죽이기로 뜻하셨음이더라"라고 했습니다. 범죄했을 때 곧바로 회개하는 것이 사는 길인 줄로 믿습니다. "회개하라 천국이 가까이 왔느니라", "회개하여 성령을 선물로 받으라". 공부는 일평생 할 수 있습니다. 그러나 회개는 지금 해야 하는 일입니다. 나중에는 회개가 되지 않습니다. 지금 해야 합니다. 생각날 때마다 엎드려야 합니다. 하나님은 그런 사람을 좋아하시고 승리자로 이끌어 주십니다.

제11강
사무엘상 4장 12-22

엘리 가문의 몰락

사무엘상을 통해서 하나님께 예배하는 가정은 다양한 문제가 있더라도 해결받을 수 있지만, 아무리 권세와 명예, 재물이 있어도 여호와께 경배하지 않거나 기도하지 않는다면 가정도 국가도 멸망하게 된다는 교훈을 배우게 됩니다. 여러분의 가정은 여호와께 예배하는 복을 받기를 바랍니다. 기도하는 은혜가 임하기를 바랍니다.

오늘 엘리 가문의 몰락을 살펴봅시다. 엘리 가문의 몰락은 이스라엘의 몰락을 대변하는 것입니다.

1. 엘리의 죽음

엘리 대제사장은 길 곁에 있는 의자에 앉아 있었습니다. 엘리는 대제사장입니다. 홉니와 비느하스도 제사장입니다. 전쟁에서 이스라엘이 승리했는가? 여호와의 궤는 어떻게 되었는가? 두 아들 홉니와 비느하스가 전쟁터에 갔는데 살았는가 아니면 죽었는가? 궁금해서 집 안이나 성막 안에 있을 수가 없어 길가에 나와서 앉아 기다리는 중이었습니다.

13절을 보면 엘리의 마음은 여호와의 궤로 인하여 떨고 있었습니다. 땅이 흔들리는 것처럼 마음이 흔들리고 있었습니다. 장로들의 요구 때문에 어쩔 수 없이 여호와의 궤를 내주었지만 마음이 불안했던 모양입니다. 크게 고심하고 있었습니다.

지난 번 이스라엘은 아벡에서 블레셋과의 전쟁에 패전하여 사천 명 가량이 죽었습니다. 그래서 이번에는 장로들의 요청대로 여호와의 궤를 메고 나가서 전쟁해 보지만 보병 삼만 명이 죽었습니다. 그뿐 아니라 여호와의 궤까지 빼앗겼습니다. 이것이 이스라엘의 패전을 말해 줍니다. 기독교는 미신적인 행위를 금해야 합니다. 요행수를 바라는 것도 문제입니다.

이 소식을 대제사장에게 알리기 위하여 성막으로 달려간 사람은 베냐민 지파의 전령이었습니다. 이스라엘의 진영으로부터 실로까지는 약 35km입니다. 슬프고 비극적인 사건이기에 전령은 옷을 찢고 머리에 티끌을 쓰고 실로 성막으로 달려왔습니다. 엘리는 의자에 여전히 앉아서 전쟁의 소식을 기다리는 상황이었습니다.

실로에 살고 있던 백성들은 전령으로부터 패전 소식을 듣고 통곡했습니다. 13절에 "온 성읍이 부르짖는지라"라고 했습니다. 이스라엘 백성들은 놀라고 또 놀랐습니다. 온 백성이 하나같이 부르짖고 통곡했습니다. 언약궤를 빼앗긴 것은 초유의 사건으로, 하나님의 영광이 이스라엘을 떠난 것을 의미하기 때문입니다.

나이가 많은 엘리는 왜 실로에 살고 있는 백성들이 우는지를 몰랐습니다. 영적인 무능력입니다. 영적인 무기력입니다. 이것이 사람을 망하게 하는 원인이 됩니다. 그래서 엘리는 레위 사람에게 우는 이유를 묻습니다. "이 떠드는 소리는 어찌됨이냐 그 사람이 빨리 가서 엘리에게 말하니 그 때에 엘리의 나이가 구십팔 세라 그의 눈이 어두워서 보지 못하더라"라고 했습니다. 엘리의 눈은 희미했습니다. 하나님의 임재와 다스림을 받지 않을 때 나타나는 현상입니다. 이것이 가문과 나라를 멸망시키는 근본적인 요인이 됩니다.

엘리 제사장은 베냐민 지파 사람에게 묻습니다. "내 아들아 일이 어떻게 되었느냐?" "소식을 전하는 자가 대답하여 이르되 이스라엘이 블레셋 사람들 앞에서 도망하였고 백성 중에는 큰 살육이 있었고 당신의 두 아들 홉니와 비느하스도 죽임을 당하였고 하나님의 궤는 빼앗겼나이다"라고 보고했습니다. 레위 지파 사람은 약간 과장하여 보고를 했으며, 하나님의 징계보다는 블레셋의 전승을 보고했습니다.

하나님의 궤에 대하여 말할 때 엘리가 의자에서 뒤로 넘어져 문곁에서 목이 부러져 죽었습니다. 나이도 많았고 비둔한 것이 원인이기도 하지만 그것보다 언약궤를 빼앗겼다는 사실이 더 큰 충격을 주었던 것입니다. 엘리가 이스라엘의 사사가 된 지 사십 년이었습니다. 대제사장의 죽음도 가정의 몰락만이 아니라 이스라엘의 몰락을 말해 주는 사건입니다.

엘리 제사장의 집이 멸망받은 근본적인 요인은 죄악 때문이었습니다. 기도하지 않는 죄! 여호와를 알지 못하여 제물을 무시하고 하나님을 두려워하지 않던 죄악, 자녀들이 성전에서 봉사하는 여인들과 성범죄를 범하던 죄악. 이것이 온 집안뿐 아니라 이스라엘 전체를 파멸시켰습니다. 누구나 죄를 회개하지 않으면 이렇게 멸망받는다는 교훈입니다.

2. 비느하스의 아내

엘리 대제사장의 아들 홉니는 결혼한 상태였습니다. 아내가 잉태하여 해산할 때가 가까워졌을 때였습니다. 홉니의 아내도 언약궤를 빼앗긴 소식을 듣습니다. 시아버지 엘리가 죽은 소식과 남편 홉니가 전사한 소식도 듣습니다.

홉니의 아내는 갑자기 배가 아파서 몸을 구푸려 해산하면서 죽어갔습니다. 산파가 "두려워하지 말라 네가 아들을 낳았다"라고 말합니다. 그런데 대답이 없습니다. 상관도 하지 않습니다. 며느리도 언약궤에 대한 소식이 가장 충격적이었습니다. 남편이나 시아버지의 죽음도 큰 충격이었고 이스라엘의 패전도 큰 충격이었지만 여호와의 궤를 빼앗긴 것이 가장 큰 충격이었습니다. 하나님의 말씀이 영원합니다. 사람의 말은 힘이 없습니다.

하나님보다 더 중요한 것이 있습니까? 두 아들을 중요하게 생각하고 자기 몸을 중요하게 생각하여 살이 많이 쪘던 엘리입니다. 엘리는 하나님을 더 중요하게 믿고 의지할 수 없었을까? "이 사람들보다 나를 더 사랑하느냐?" 엘리 가문의 불행의 요인이 이것입니다. 자녀가 귀하지만 하나님보다 위에 있는 존재가 아닙니다.

그래서 홉니의 아내가 낳은 아이의 이름을 '이가봇'이라고 지었습니다. '영광이 없다', '이스라엘에서 영광이 떠났다'라는 뜻입니다. 언약궤는 블레셋에게 빼앗겼습니다. 시아버지는 죽었습니다. 남편도 죽었습니다. 무슨 영광이 있겠습니까?

하나님의 사람에게 있어서 최고의 영광은 하나님이 함께하시는 것입니다. 여러분의 가정에 최대의 영광은 하나님의 임재를 느끼면서 살 때입니다. 이스라엘 백성들에게 최고의 행복은 하나님이 함께하시면서 다양한 승리를 안겨주신 것입니다. 그때마다 이스라엘은 하나님의 영광을 노래하고 찬양했습니다.

예수님은 소금과 빛에 대하여 말씀하시면서 "이같이 너희 빛이 사람 앞에 비치게 하여 그들로 너희 착한 행실을 보고 하늘에 계신 너희 아버지께 영광을 돌리게 하라"(마 5:16)라고 했습니다.

바울은 "먹든지 마시든지 무엇을 하든지 다 하나님의 영광을 위하여 하라"(고전 10:31)라고 했습니다. 베드로 사도도 "서로 대접하기를 원망없이 하고 각각 은사를 받은 대로 하나님의 여러 가지 은혜를 맡은 선한 청지기 같이 서로 봉사하라 만일 누가 말하려면 하나님의 말씀을 하는 것 같이 하고 누가 봉사하려면 하나님이 공급하시는 힘으로 하는 것 같이 하라 이는 범사에 예수 그리스도로 말미암아 하나님이 영광을 받으시게 하려 함이니 그에게 영광과 권능이 세세에 무궁하도록 있느니라 아멘"(벧전 4:9-11)라고 했습니다.

엘리는 대제사장이며 사사였습니다. 사십 년이나 이스라엘을 다스렸습니다. 자기 소견에 좋은 대로 행하던 시대의 사람이었습니다. 새로운 시대는 자기 좋은 대로 행하는 사람이 아니라 하나님 중심적이고 하나님이 좋아하는 사람을 세워야 할 것을 암시하고 있습니다. 그 시대는 사무엘의 시대라는 것을 말해줍니다. 엘리에게서 영광이 떠나고 사무엘에게 하나님의 영광이 임하게 되었다는 의미입니다.

사랑하는 여러분은 하나님이 좋아하는 사람, 하나님이 기뻐하는 가정, 하나님이 복주시는 세상을 만들어서 하나님께 영광이요 자신에게 큰 복이 있기를 진심으로 바랍니다.

3. 전쟁의 비극

어느 나라든지 국가간의 전쟁은 정말 비극입니다. 부모를 잃습니다. 남편을 잃습니다. 사랑하는 아내와 자녀를 잃습니다. 성전도 파괴되고 아파트도 파괴되고 국가도 파탄납니다.

기독교인 된 우리의 싸움은 혈과 육에 대한 싸움이 아닙니다. 공중에 권세잡은 자와의 싸움입니다. 세상 풍습과의 싸움입니다. 세속적인 싸움이라기보다는 영적인 싸움입니다. 세상에 많은 사람들이 우리를 지켜보는 그런 싸움입니다. 하나님의 교회는 영적 싸움을 하고 있습니다. 하늘나라, 천상에서도 지켜보고 지상국가, 지상에서도 지켜보고 있습니다. 영적인 전쟁에서 승리할 수 있어야 합니다.

이스라엘은 블레셋 사람들 앞에서 도망했습니다. '도망하다' 는 '피하다, 달아나다' 는 뜻입니다. 블레셋 사람들 앞에서 달아나는 이스라엘의 모습입니다. 전의를 상실하고 도망쳤습니다. 하나님보다 사람을 의식하는 자세는 성경적인 자세도 아니고 믿음의 자세도 아닙니다. 하나님만 의지하고 용감하게 싸워야 합니다.

영적인 전쟁에서 승리하려면 자기 사생활에 얽매이면 안 됩니다. 사생활이 중요하지만 모집한 자의 뜻을 따르는 것이 급선무입니다. 바울의 가르침이나 예수님의 가르침을 보면 손에 쟁기를 잡고 뒤를 돌아다보는 자는 하나님 나라에 합당하지 않습니다.

블레셋이 이스라엘 사람들을 살육했습니다. '살륙당하다' 는 '하나님으로부터 온 재난' (출 9:14)이나 '역병을 가져오며 치명적인 혼란을 초래하는 상태' (민 14:37)를 말합니다. 이스라엘이 당하는 고통스러운 상태를 가리키는 말입니다. 왜 영광스러운 이스라엘이 이렇게 되었습니까? 깊이 생각해야 합니다. 블레셋에 의한 것이지만 근본적으로는 하나님으로부터 온 재앙이었습니다. 선민의 자격을 잃어버린 이스라엘에게 재앙을 내려 애굽에서처럼 하나님이 하나님 되심을 드러내셨습니다.

성도는 평안할 때 하나님을 절대적으로 신뢰하는 것이 중요합니다. 하나님의 은혜로 평화를 누릴 수 있기 때문입니다. 하나님의 은혜가 떨어지거나 하나님의 임재를 느끼지 못할 때 사람에게 은혜와 복이 점점 멀어지는 것입니다.

그리고 하나님의 법궤를 빼앗겼습니다. '하나님의 임재'의 상징이 법궤입니다(출 25:22). 하나님의 임재를 더 이상 볼 수 없게 되었습니다. 하나님과 더 이상 교제할 수 없게 되었습니다. 하나님의 보호와 선택 그리고 사랑을 받아왔던 이스라엘에게는 큰 아픔이요 쓰라린 부분입니다. 블레셋이 이스라엘을 조롱하게 되었습니다. 언약 백성들은 사단이나 이웃 사람들에게 조롱거리가 되지 말아야 합니다.

이스라엘은 하나님의 선민입니다. 세상 나라와는 여러 가지 면에서 다른 점이 있습니다. 하나님의 임재가 있습니다. 하나님의 언약궤가 있습니다. 성막, 성전이 있습니다. 세상 나라에는 존재하지 않는 것들을 많이 주셨습니다.

사랑하는 여러분도 세상에 속한 사람과는 다른 사람들입니다. 하나님의 은혜가 임하여 구원받은 하나님의 자녀들입니다. 하나님이 왕이시고 우리가 하나님의 백성입니다. 영원한 천국이 우리가 가는 나라입니다. 이제는 세상 사람과는 무엇인가 다른 점이 많아지기를 바랍니다.

제12강
사무엘상 5장 1-12절

신상의 파괴와 재앙

오늘 본문은 하나님의 법궤, 언약궤에 대한 이야기입니다. 이스라엘과 블레셋과의 전쟁에서 패하여 법궤를 빼앗기고 제사장 홉니와 비느하스도 죽었습니다. 그 소식을 듣고 엘리 대제사장도 죽었으며 홉니의 아내도 죽었습니다. 정말 슬픈 이야기입니다.

아벡에서 전쟁할 때 일차적으로 패했을 때가 이스라엘 백성이 회개할 기회였습니다. 그런데 장로들은 여호와의 궤를 앞세우자고 주장하였고, 그렇게 했다가 참패하여 군사도 죽고 법궤까지 빼앗기는 결과를 가져왔습니다. 이스라엘에서 영광이 떠났습니다. 그렇다면 여호와의 영광이 이스라엘에서 영원히 떠난 것인가? 다시 되돌아올 것인가?

1. 언약궤와 아스돗 신전

하나님께서 범죄한 이스라엘을 회개하도록 하기 위해서 블레셋을 사용하셨습니다. 징벌의 도구였다는 말입니다. 부모도 그렇고 경찰도 그렇게 종종 징벌의 도구라고 생각합니다. 이스라엘과 블레셋과의 전쟁에서 승리한 블레셋을 자고하지 못하게 하시는 하나님의 섭리를 보게 됩니다.

그 증거가 무엇입니까? 오늘 성경말씀을 근거로 강력하게 주장할 수 있는 것이 있습니다. 하나님께서 블레셋 백성을 심판하는 하나로 다곤 신상을 치신 것입니다. 블레셋이 전쟁에서 이긴 다음에 여호와의 궤를 빼앗아 에벤에셀에서 아스돗으로 가지고 갔습니다.

블레셋 사람들은 이스라엘 백성과의 전쟁에서 승리한 것과 자기들의 신에 대한 감사의 표현으로 하나님의 언약궤를 다곤 신전 곁에 두었습니다.

이스라엘이 범죄한 것은 사실입니다. 자기가 좋은 대로 혹은 옳은 대로 행하였기 때문입니다. 그것도 350년 내지 400여 년을 그렇게 살았습니다. 하나님의 징벌을 받을 만합니다. 심지어 기도하지 않았습니다. 예배하는 데 실패했습니다. 자녀 교육을 제대로 시키지 않아 여호와를 알지 못했습니다. 하나님 보시기에 불량품과 같은 존재였습니다. 이것이 얼마나 기가 막힌 이야기입니까?

하나님의 언약궤가 하나님 임재의 상징이지만, 이방 신상 앞에 있으면 하나님의 거룩하신 이름이 모욕을 당하고 있다는 생각은 조금도 하지 않았습니다. 세상 사람들이 섬기는 우상, 썩어질 우상을 하나님보다 더 귀하게 여기는 것은 용납하지 않으셨습니다. 그래서 하나님만이 유일하신 참 신이심을 증거하기 위해서 다곤 신상을 치셨습니다. 그 증거로 여호와의 궤 앞에 다곤 신상이 엎드러지게 하셨고, 머리와 손목이 부러지고 깨지게 만드셨습니다.

이 사건이 우리에게 무엇을 가르쳐 줍니까? 우주 만물을 창조하신 하나님은 한 분이시며, 의와 불의가 겸하지 못한다는 것을 드러낸 사건입니다. 하나님과 우상이 일치할 수 없습니다. 하나님의 자리에 다른 것을 앉힐 수 없는 것입니다. 하나님은 영원히 살아 계신 하나님이십니다.

고린도후서 6장 14-16절에서 사도 바울은 무엇을 가르쳐 주었습니까? "너희는 믿지 않는 자와 멍에를 함께 메지 말라 의와 불법이 어찌 함께하며 빛과 어두움이 어찌 사귀며 그리스도와 벨리알이 어찌 조화되며 믿는 자와 믿지 않는 자가 어찌 상관하며 하나님의 성전과 우상이 어찌 일치가 되리요 우리는 살아 계신 하나님의 성전이라 이와 같이 하나님께서 이르시되 내가 그들 가운데 거하며 두루 행하여 나는 그들의 하나님이 되고 그들은 나의 백성이 되리라"라고 했습니다.

예수님은 마태복음 6장 24절에서 "한 사람이 두 주인을 섬기지 못할 것이니 혹 이를 미워하고 저를 사랑하거나 혹 이를 중히 여기고 저를 경히 여김이라 너희가 하나님과 재물을 겸하여 섬기지 못하느니라"라고 했습니다. 우리 성도들은 하나님만 섬기는 복을 받기를 바랍니다.

결국 사탄이 통치하는 사탄의 왕국은 무너지고 하나님이 다스리시는 하나님의 왕국, 하나님의 나라는 영원히 견고하게 세워질 것입니다. 마지막 때에 하나님의 어린 양의 나라는 멋지고 아름답게 드러날 것입니다.

2. 다곤 신상의 파괴

이튿날 아스돗 사람들이 일찍이 일어나 여호와의 궤와 다곤(Dagon) 신상을 다시 찾았을 때 어떤 현상이 눈앞에 전개되었습니까? 다곤 신상이 여호와의 궤 앞에 엎드러져 얼굴이 땅에 닿았습니다. 그래서 아스돗 사람들은 다곤 신상을 일으켜 본래대로 다곤 신상이 있던 자리로 가져다 놓았습니다. 물론 다곤 신상 옆에 여호와의 궤를 그대로 놓아 두었습니다.

그 다음날 아침 일찍이 일어나 또 가보았습니다. 이번에는 다곤 신상이 여호와의 궤 앞에서 엎드러져 얼굴을 땅에 대고 있는 것은 물론이고 머리와 두 손목이 끊어져 문지방에 있고 몸뚱이만 남아 있었습니다. 이것이 원인으로 작용하여 다곤 제사장들이나 다곤의 신전에 들어가는 자는 사무엘서가 기록될 때까지 다곤 신전의 문지방을 밟지 않았습니다.

블레셋은 다섯 부족의 연방체제 국가였습니다. 아스돗과 가드, 에그론과 가사, 아스글론입니다. 그런데 아스돗으로 먼저 가게 된 이유는 아스돗에 블레셋 사람들이 섬기는 다곤 신전 중에 가장 큰 신전이 있었기 때문입니다.

그리고 고대 근동 지방에서는 전쟁에서 이기면 자기들의 신 앞에 다른 민족의 신을 가져다가 승리를 기념하는 습성이 있었습니다. 다곤 신에 대하여 '물고기 신, 곡식의 신' 이라고 하는데 확실하지는 않습니다. 혹자는 바알의 아버지라고 주장하기도 합니다.

여하튼 블레셋 사람들은 자기들이 이스라엘보다 우월하고 다곤 신이 여호와보다 탁월하다는 생각을 하였습니다. 그러나 하나님께서 이러한 그릇된 생각과 사상을 가만두실 리가 없습니다. 하나님이 영원한 하나님이심을 드러내셨습니다. 하나님의 진노가 다곤 신전에 임한 것입니다.

다곤 신상이 여호와의 궤 앞에 엎드러져 얼굴이 땅에 닿은 것은 무엇을 의미하는 것일까요? 항복하는 자세가 아닙니까? 절대자에게 경외하는 자세가 아닙니까? 다윗 앞에 골리앗이 엎드러진 모습과 같은 모습입니다. 만군의 여호와가 하나님이십니다. 하나님은 전능하신 분이십니다. 우상은 아무것도 아닙니다. 사람이 만든 수공물입니다. 입이 있어도 말하지 못하고 코가 있어도 냄새를 맡을 수 없는 것입니다.

사람들이 다곤 신상을 일으켜 제자리로 옮깁니다. 그렇습니다. 하나님은 능동적인 신이지만 다곤 신은 사람에 의해서 옮겨지는 존재입니다. 이번에는 몸뚱이만 남고 머리가 부러졌습니다. 두 손목이 끊어졌습니다. 우상은 아무런 능력도 없고 힘도 없는 존재입니다. 여호와의 능력 앞에 다곤은 문지방까지 내동댕이쳐졌습니다. 나뒹굴게 되었습니다. 여호와의 재앙 앞에 속수무책이었습니다.

그리고 고대 사람들은 문지방 밟는 것을 문지방에 있는 영혼이나 신의 머리를 밟는 것으로 이해했습니다. 문지방을 밟으면 저주를 받는다고도 생각했습니다. 그래서 문지방을 밟지 않았습니다. 그래서 문지방을 뛰어넘었다고 합니다. 다곤 신상을 파괴하신 하나님은 살아 계신 하나님으로 재앙을 내리시는 분이십니다.

사랑하는 여러분! 다곤은 살아 있는 신이 아닙니다. 문지방의 신비한 영혼이나 신의 머리가 아닙니다. 여호와 하나님이 살아 계신 하나님이십니다. 능력이 많으신 하나님이십니다. 능력과 권세가 무한하신 하나님이십니다. 전능하신 분이십니다.

3. 각 지방의 재앙

하나님의 심판은 특정한 지역에 특정한 사람에게만 임하지 않았습니다. 블레셋 전역에 하나님의 징벌이 임하게 되었습니다. 어느 시대든지 하나님의 징벌은 폭넓게 임합니다. 사람들이 깨닫지 못해서 문제가 되는 것입니다. 이번에는 어떻게 임했습니까?

하나님께서 아스돗 사람들에게 독종 재앙으로 치셨습니다. 아스돗 사람들이 여호와의 궤를 자기 지방에 둘 수 없다고 아우성을 쳤습니다. 6절에 "여호와의 손이 아스돗 사람에게 엄중히 더하사 독한 종기의 재앙으로 아스돗과 그 지역을 쳐서 망하게 하니"라고 했습니다. 그 결과 아스돗 사람들은 여호와께서 우리 신과 우리 백성을 치신다고 깨닫게 되었습니다. 블레셋을 독종 재앙으로 치신 하나님은 재앙을 내리시는 하나님이십니다.

블레셋의 모든 방백들은 모여서 회의를 하게 됩니다. "우리가 이스라엘 신의 궤를 어찌하랴?" 논의 끝에 여호와의 궤를 가드로 가져가게 되었습니다. 하나님께서는 가드 사람들도 독종 재앙으로 치셨습니다. 9절에 "여호와의 손이 심히 큰 환난을 그 성읍에 더하사 성읍 사람들의 작은 자와 큰 자를 다 쳐서 독한 종기가 나게 하신지라"라고 했습니다.

다음으로 여호와의 궤를 에그론 지방으로 보냈습니다. 에그론 사람들이 심하게 반발했습니다. 10절에 "그들이 이스라엘 신의 궤를 우리에게로 가져다가 우리와 우리 백성을 죽이려 한다"라고 외쳤습니다.

여호와 하나님은 블레셋 사람들이 섬기는 우상을 먼저 심판하시고 다음으로 언약궤를 가져온 사람을 심판하셨습니다. 우상을 치신 하나님을 깨닫지 못하고 문지방까지 신성시하는 아스돗 사람들을 독종으로 치셨습니다. 옮겨지는 지방마다 죽음과 재앙이 임하게 되었습니다. 블레셋 사람들에 대한 계속적인 심판을 통해 하나님은 인간의 포로나 조롱거리가 될 수 없다는 것을 가르치셨습니다.

언약궤를 아스돗에서 가드, 가드에서 에그론으로 옮깁니다. 이런 사상은 '지역신 사상'에 근거합니다. 고대 근동 지방에는 지방마다 수호하는 신이 있었습니다. 블레셋 사람들이 전 우주를 통치하시고 주장하시는 하나님을 오해할 때 더 큰 화를 자초했던 것을 보게 됩니다.

블레셋의 승리는 승리가 아닙니다. 화의 시작이었습니다. 때때로 악인은 성도를 징계하는 도구로 사용됩니다. 불충성한 사람들이 충성하는 사람을 비난합니다. 그러나 그후에 악인에게 하나님의 심판이 임하게 되는 것을 이해하는 사람은 적습니다. 성도는 하나님의 징계 중에 소망과 인내를 배워야 합니다.

결국 블레셋 사람들은 하나님의 언약궤를 이스라엘로 보내기로 가결했습니다. 하나님의 궤가 가는 지역마다 사망과 독종의 재앙이 임했기 때문입니다. 블레셋의 모든 백성들이 전쟁의 기쁨보다 사망과 고난의 부르짖음이 더 컸습니다. 그들의 부르짖음이 하늘에 사무쳤습니다.

우리가 믿는 하나님은 세계와 역사를 주관하는 하나님이십니다. 우상이 세상을 지배하지 못합니다. 살아 계신 우리의 아버지께서 세상 만물을 통치하십니다. 그러므로 성도들은 세상의 빛과 소금의 역할을 감당하여 이방인들이 하나님을 믿도록 해야 합니다. 깨어 있지 못하면 누구나 심판의 대상이 될 수 있습니다. 회개하여 영적으로 깨어 있는 성도가 되어 하나님이 준비해 놓으신 여러 가지 은혜와 복을 받읍시다.

제13강
사무엘상 6장 1-9절

언약궤의 반환

하나님의 언약궤, 법궤로 인하여 블레셋 나라는 하나님의 재앙을 받았습니다. 하나님이 내리시는 재앙 때문에 법궤, 언약궤를 어떻게 할 것인가? 어떻게 이스라엘로 보낼 것인가? 보낸다면 어떤 방법으로 반환할 것인가? 블레셋은 법궤의 반환 문제를 논의하였습니다. 어떤 결과를 가져왔을까요?

하나님은 질서의 하나님이십니다. 무질서하게 행동하거나 무질서한 삶을 사는 것을 좋아하지 않습니다. 여러분도 영육간에 질서가 잘 잡힌 그리스도인들이 되기를 바랍니다.

1. 일곱 달의 재앙

블레셋이 이스라엘로부터 법궤를 탈취한 지 일곱 달이 지났습니다. 법궤가 블레셋 나라에 일곱 달 머무는 동안 블레셋 나라는 축복이 아니라 재앙만 당하게 되었습니다. 1절에 "여호와의 궤가 블레셋 사람들의 지방에 있은 지 일곱 달이라"라고 했습니다.

법궤, 언약궤를 왜 여호와의 궤라고 말했는가? 언약궤는 본래 하나님에게 속한 궤입니다. 사람의 것이 아니라 하나님의 것입니다. 법궤 안에 들어있는 것이 모두 하나님의 것입니다. 십계명도 사람이 주신 계명이 아닙니다. 하나님께서 주신 하나님의 계명입니다. 아론의 싹 난 지팡이도 사람의 능력으로 싹이 난 것이 아니라 하나님의 능력으로 싹이 난 것입니다. 만나도 하나님이 내리신 것이었습니다.

신약 시대에 우리가 명심해야 할 것이 있습니다. 성경에 대한 우리의 자세입니다. 성경은 인간이 마음대로 지켜도 되고 지키지 않아도 되는 말씀이 아닙니다. 성경은 본래 하나님께서 주신 말씀입니다. 믿고 순종하는 자에게는 복과 은혜와 삶이 보장되지만 믿고 순종하지 않는 자에게는 저주와 형벌과 심판이 있음을 가르치고 있습니다. 왜냐하면 하나님께 속한 하나님의 말씀이기 때문입니다.

여호와의 궤는 하나님의 임재를 상징하는 것입니다. 사람이 함께해도 든든합니다. 하물며 하나님이 함께하는 임재의 상징이 법궤였습니다. 이스라엘 나라에 있어서 최고의 영광이 법궤입니다. 하나님이 함께하는 임마누엘의 표현이었습니다.

이 말씀은 여호와의 궤가 세속적이지 않고 신성하다는 것을 강조하고 있는 것입니다. 여호와의 궤, 법궤, 언약궤에 대하여 다른 이름으로도 불렀습니다. '이스라엘 신의 궤'라고 표현하기도 했습니다(삼상 5:7; 6:3). 하나님의 능력을 상징하기도 했기 때문에 '주의 능력의 궤'(대하 6:41)라고도 했습니다.

지금도 하나님의 말씀은 능력이 있습니다. 하나님은 능력이 많으신 하나님이십니다. 천지 만물을 창조하신 하나님이십니다. 우주를 다 통치하시는 전능하신 하나님이십니다. 사람이 수없이 도전을 했지만 전능하신 하나님은 여전히 꿋꿋하게 하나님으로 나타나고 있으십니다.

특별히 일곱 달을 말한 이유가 무엇일까? 일곱 달은 시간적인 개념에서 일곱 달입니다. 역사적인 사실이라는 의미가 있습니다. 또 다른 의미로 일곱을 '완전수, 신성한 수'로 이해한다면, 하나님께서 블레셋에서 일곱 달 동안 하나님의 절대주권을 나타내셔서 블레셋을 완전히 굴복시키셨다는 의미입니다. 하나님의 진노의 기간, 재앙의 기간이 일곱 달로 채워져서 완결되었다는 뜻입니다.

모세가 하나님의 명령을 따라 애굽의 하수를 쳤습니다. 하수가 피로 변했습니다. 사람들은 물을 마실 수가 없었습니다. 그 기간이 이레였습니다. 칠 일이었습니다. 일곱입니다. 하나님은 블레셋 사람들 앞에서도 하나님이 행하실 일을 잘 하셨습니다. 하나님께서 여러분의 생애 위에 좋게 역사하는 복이 임하기를 바랍니다.

2. 법궤의 반환 방법

블레셋 사람들은 제사장들과 복술자들을 불러 모아 법궤를 어떤 방법으로 이스라엘에 반환할 것인가(?)를 의논하게 되었습니다. 블레셋 사람들은 법궤를 변방에 놓아두더니 이제는 제사장들과 복술자들에게 묻는 수준의 세상 사람들이었습니다. 2절에 "우리가 여호와의 궤를 어떻게 할까 그것을 어떻게 그 있던 곳으로 보낼 것인지 우리에게 가르치라"라고 묻습니다.

블레셋 사람들은 하나님의 재앙을 피해보려고 혹은 소수의 사람들이 희생되도록 법궤를 시골 마을로 옮기곤 했습니다. 블레셋의 지도자들이 선택한 방법이었습니다. 그러나 어느 곳에서도 하나님의 진노를 피

할 길이 없었습니다. 이제는 종교적인 방법으로 문제를 해결해 보려고
노력하고 있습니다.

이방신에게 절하는 제사장들을 불러모았습니다. 복술자는 점치는 사
람들입니다. 마음속에 나타나는 환상을 가지고 말하는 자들입니다. 가
나안 땅에 존재했던 복술가들은 나뭇가지를 손에 들고 점을 치는 사람
들이었습니다. 하나님은 이런 자들을 멀리하라고 가르쳤습니다.

레위기 19장 26절에 "점을 치지 말며 술법을 행하지 말며"라고 했습
니다. 신명기 18장 10-11절에 "점쟁이나 길흉을 말하는 자나 요술하는
자나 무당이나 진언자나 신접자나 박수나 초혼자를 너희 가운데에 용납
하지 말라"라고 했습니다. 그럼에도 불구하고 하나님은 진노와 재앙을
다 내리신 다음에 섭리적으로 역사하셨습니다.

'우리에게 알게 하라, 우리에게 가르치라'. 블레셋의 지도자들은 많
은 시행착오를 겪었습니다. 비로소 그들은 여호와의 궤는 아스돗이나
가사, 에글론이나 가드가 아니라 이스라엘로 보내야 된다는 것을 깨닫
게 되었습니다. 보내는 방법은 인위적이거나 어떤 사람에 의해서 보낼
수 있는 것이 아니라는 의미입니다. 하나님은 사람에 의해서 통제되거
나 제어를 받는 분이 아니십니다. 하나님의 방법으로만 옮겨질 수 있는
것입니다.

3. 벧세메스로 보낸 법궤

제사장들과 복술자들이 법궤, 언약궤를 반환하는 방법을 가르쳐 주었
습니다. 일종의 조언입니다.

첫째로, 여호와의 궤를 보낼 때 거저 보내지 말고 이스라엘의 하나님

께 속건제를 드리라고 했습니다. 처음에는 자기들의 신이 이긴 것으로 알았지만 그게 아닌 것을 인정하는 자세입니다. 여호와의 승리라는 뜻입니다.

레위기 6장 1-7절에 이웃에 대하여 손해를 끼쳤을 때 속건제물을 드리라고 했습니다. 블레셋 사람들이 하나님께서 원하는 대로 완전히 행한 것은 아니었다고 봅니다. 여기에 하나님의 자비가 나타납니다. 이방인들이 부족해도 용납하시는 하나님이십니다.

속건제는 죄를 인정하는 것입니다. 하나님의 성물이나 남의 물건에 대한 범죄행위를 하였을 때 드리는 제사였습니다. 하나님께나 다른 사람에게 손해를 끼쳤을 때 드리는 제사가 속건제입니다. 여호와의 궤는 탈취한 것이기 때문에 반드시 속건제물과 더불어 되돌려 주는 것이 정당한 것이 아닙니까?

둘째로, 속건제를 드릴 때 병도 나을 것이고 재앙의 원인도 알 수 있을 것이라는 가르침입니다. 3절 하반절에 "그리하면 병도 낫고 그의 손을 너희에게서 옮기지 아니하는 이유도 알리라"라고 충고했습니다. 블레셋 사람들은 성경적인 믿음으로 속건제를 드리는 것은 아니었습니다. 독종의 재앙과 여호와의 진노를 모면하기 위한 목적이었습니다. 독종 재앙을 내리신 하나님께서 질병도 치료하실 수 있다는 생각입니다.

셋째로, 속건제의 제물도 금독종과 금쥐 각각 다섯씩 드리라. 백성을 대표하는 방백의 수효대로 드리라고 했습니다. 4절에 "블레셋 사람의 수효대로 금 독종 다섯과 금 쥐 다섯 마리라야 하리니 너희와 너희 통치자에게 내린 재앙이 같음이니라"라고 가르쳐 주었습니다.

넷째로, 속건제를 드려야 블레셋에 임한 징벌이 멈출 것이라고 했습니다. 5절에 "그러므로 너희는 너희의 독한 종기의 형상과 땅을 해롭게 하는 쥐의 형상을 만들어 이스라엘 신께 영광을 돌리라 그가 혹 그의 손을 너희와 너희의 신들과 너희 땅에서 가볍게 하실까 하노라"라고 했습니다.

지도자들의 그릇된 결정으로 백성들까지 고통당하고 어려움을 겪게 되었습니다. 지도자가 그래서 중요한 것입니다. 기도 많이 하라는 것이 괜히 하는 말일까요? 아벡 전투에서 이스라엘이 패전한 원인과 블레셋이 재앙을 받는 요인이 같다는 뜻입니다. 하나님은 유대인이나 이방인이나 그릇된 판단과 잘못된 삶을 살 때 같은 심판을 하시는 분이십니다.

다섯째로, 애굽 사람들과 바로 왕같이 마음을 강퍅하게 하지 말라고 했습니다. 6절에 "애굽인과 바로가 그들의 마음을 완악하게 한 것 같이 어찌하여 너희가 너희의 마음을 완악하게 하겠느냐 그가 그들 중에서 재앙을 내린 후에 그들이 백성을 가게 하므로 백성이 떠나지 아니하였느냐"라고 했습니다.

마음을 단단하게 하지 말라. 무감각하게 만들지 말라. 하나님께 영광을 돌리는 마음이 무감각하거나 단단하게 굳은 것을 말하지 않습니다. 여호와의 궤가 돌아가는 사건을 출애굽의 사건과 연결시켜서 설명하고 있습니다. 그러니 장래가 어떻게 되겠습니까? 장래의 이스라엘은 영화로운 나라로 발전할 것임을 암시하고 있습니다.

여섯째로, 새 수레를 만들고 멍에를 메어 보지 아니한 젖 나는 소 두 마리를 끌어다가 수레를 메우고 송아지는 집에 있게 하라고 했습니다. 법궤를 새 수레에 실어서 보내기로 했습니다.

블레셋 나라에 짐마차가 없었겠습니까? 그러나 여호와의 궤를 나르기 위한 새로운 짐마차를 만들라는 것입니다. 구별된 것을 말합니다. 젖 나는 소 둘을 택하라는 것도 완전히 새 것을 의미합니다. 세상적인 목적으로 사용되지 않는 완전히 하나님을 위하여 쓰임받는 것을 말합니다.

하나님을 경외한다는 의미가 담겨져 있습니다.

하나님은 이스라엘 나라를 완전히 버리지 않으시는 분이십니다. 값 없는 은혜로 하나님과의 관계를 회복시키시는 하나님이십니다. 인간은 비록 실패할 수 있어도 하나님은 실패함이 없으십니다. 구속사역을 이루시는 분은 하나님이십니다. 이렇게 언약궤의 환원은 하나님께서 이스라엘을 돌보시는 표현이요, 또 하나님께서 구원 역사를 이루어 가심을 나타내는 사건이었습니다.

일곱째로, 소의 본성을 이용하여 두 소가 벧세메스로 가는지 그렇지 않은지 살펴보기로 했습니다. 벧세메스로 간다면 재앙이 여호와께로부터 내린 것인지 아니면 우연인지 알 수 있으리라는 말입니다. 젖 떼지 않은 소에게 새 수레를 메게 한 것은 소의 본성을 나타내어 진노가 여호와께로부터 온 것인지 알기 위함이었습니다. 하나님의 섭리가 아니면 소로서는 불가능한 일입니다. 하나님은 모든 것을 목적대로 사용하는 분이십니다.

제14강
사무엘상 6장 10-18절

돌아온 여호와의 궤

사랑하는 성도 여러분! 지금까지 세상을 살면서 여러분의 계획대로 된 일이 얼마나 있습니까? 신비하게도 하나님의 뜻대로 됩니다. 하나님께서 살아 계시기 때문에 하나님이 원하는 대로 다 이루어집니다. 개인의 생사화복과 국가의 흥망성쇠가 하나님의 손에 달려있습니다.

1. 여호와의 궤를 보내다

블레셋 사람들이 제사장들과 복술자들이 일러준 대로 새 수레에 젖나는 소 두 마리에게 멍에를 메게 한 다음 여호와의 언약궤를 수레에 싣고 벧세메스로 보냈습니다. 젖 나는 소와 송아지를 만나지 못하도록 가두었습니다. 소의 모성애를 자극했습니다. 그래도 바로 벧세메스로 올라간다면 하나님의 뜻이라는 것입니다. 무엇이요? 블레셋이 지금까지 재앙을 당하고 독종이 생겼는데 소를 가지고 시험해 보는 것입니다.

어미 소들은 송아지의 울음 소리를 들으면서 발걸음을 옮기기가 쉽지 않았을 것입니다. 그것을 이용하여 하나님의 뜻인지 아니면 우연한 재앙인지를 시험해 보는 것이었습니다. 소가 모성애를 물리치고 벧세메스로 간다면 지금까지 당했던 재앙이 하나님으로부터 온 것이라는 증거입니다. 만약 소가 모성애를 이기지 못하여 가지 않는다면 재앙도 하나님으로부터 온 것이 아니라는 생각이었습니다.

수레에는 여호와의 궤와 금쥐와 금독종 다섯을 넣은 상자를 실었습니다. 여호와의 궤를 옮기는 방법이 지금까지의 성경적인 규례는 아니었습니다. 모세 율법의 규정과는 사뭇 다른 방법이었습니다. 비정상적인 방법입니다. 하지만 하나님은 역사하셨습니다. 하나님이 하나님이심을 나타내셨습니다.

암소가 울면서 벧세메스로 바로 향하여 갔습니다. 좌우로 치우치지 않고 걸어갔습니다. 길을 똑바로 따라갔습니다. 벧세메스로 가는 오르막길을 한눈 팔지 않고 나아갔습니다. 블레셋 사람들은 지름길을 택한 것으로 보입니다. 대부분의 경우 지름길은 거칠고 비탈진 곳이 많습니다. 그럼에도 불구하고 소들은 울면서도 벧세메스로 똑바로 갔습니다. 이것은 하나님께서 소를 이끄셨다는 증거입니다. 수레를 끄는 사람이 없습니다. 암소들 또한 일하던 소가 아닙니다.

하나님은 종종 무지한 사람들을 깨우치기 위하여 기적과 능력을 베푸십니다. 초자연적인 방법으로 역사하십니다. 아론의 싹난 지팡이도 그렇고 오늘 성경에 나타난 소가 바로 행하는 것도 그렇습니다. 나귀가 발람 선지자를 책망하는 것도 마찬가지입니다.

소는 가면서 계속하여 눈물을 흘렸습니다. 우리 안에 갇혀 있는 송아지를 생각했던 것으로 보입니다. 송아지의 울음 소리를 듣고 있었지만 되돌아오거나 멈추어서지 않았습니다. 곧장 앞을 향하여 한발자국 한발

자국 걸었습니다. 목적지를 향하여 갈 때 빗나가거나 돌이키지 않았습니다. 이것은 소의 완전한 순종을 나타내는 모습이었습니다. 하나님의 손길에 완전히 복종하는 자세입니다. 정말 짐승까지도 하나님께 복종하고 순종하는 것을 보게 됩니다.

블레셋 방백들이 벧세메스 경계까지 수레를 따라갔습니다. 하나님의 뜻 앞에 할 말을 잃은 지도자들입니다. 자기들이 전쟁에서 승리한 줄로 생각했었는데 하나님의 능력 앞에 한없이 초라해진 블레셋 사람들의 모습을 보게 됩니다. 여호와의 궤를 이스라엘로 보내는 것이 하나님의 뜻이었습니다.

사랑하는 성도 여러분! 저나 여러분은 하나님의 뜻에 순종할 수 있기를 바랍니다. 하나님을 위해 소들도 귀하게 쓰임받았는데 우리는 만물의 영장으로서 어떻게 쓰임받고 있습니까? 때로는 인정도 멀리해야 할 때가 있습니다. 사랑하는 부모형제보다 주님을 사랑해야 할 때도 있습니다. 하나님이 영원히 살아 계신 아버지이시니까요.

2. 벧세메스인들의 환영

팔레스틴 사람들은 보리와 밀 농사를 지었습니다. 그 지역에서는 보리보다 밀 값이 더 비싼 편입니다. 두 소가 수레를 끌고 벧세메스로 올라갈 때는 밀이 다 익어 수확할 때였습니다. 보통 이스라엘은 5-6월 경에 추수를 하였습니다. 가장 많은 것으로 나눌 수 있는 풍성한 수확의 시기입니다.

그러나 블레셋과의 전쟁으로 이스라엘은 풍성한 수확을 거두지 못한 상태였습니다. 재산은 물론 생명의 위협까지 느끼는 상황이었습니다.

그렇게 밀을 수확할 시기에 블레셋에게 **빼앗겼던** 여호와의 궤가 돌아오게 되었던 것입니다. 이스라엘은 밭의 소출은 넉넉하지 않았지만 일곱 달만에 돌아오는 여호와의 궤를 생각하면서 감격과 기쁨이 충만해졌습니다. 여호와의 임재를 다시 느낄 수 있기 때문입니다. 추수기에 여호와의 궤가 돌아온 것은 이스라엘의 회복을 의미하는 것이었습니다.

벧세메스 사람들이 밀을 베다가 여호와의 언약궤를 보고 기뻐하면서 기쁨으로 맞이했습니다. 온 마음으로 기뻐했습니다. 결혼하는 신랑과 신부처럼, 생일을 맞이한 어린아이처럼 기뻐했습니다. 한나가 여호와로 인하여 기뻐하듯, 하박국 선지자가 소나 열매나 무화과는 없어도 구원의 하나님, 여호와로 인하여 기뻐한 것처럼 기뻐했습니다. 추수를 하여 먹을 것이 많아져서 육신적인 기쁨이 넘치듯 여호와의 궤가 돌아옴으로써 영적인 감격과 기쁨과 행복이 넘치게 되었습니다.

수레가 여호수아의 밭 큰 돌 있는 곳에 이르렀습니다. 블레셋에서 이스라엘 나라로 완전히 옮기게 되었다는 뜻입니다. 이스라엘으로의 완전한 귀환입니다. 그리고 모인 무리가 행한 일이 무엇입니까? 무리가 수레의 나무를 패고 소를 번제로 여호와께 제사하는 장면이 나타납니다. 수레도 여호와를 위하여 헌신된 수레이고 소도 여호와께 바쳐진 소이기 때문에 다른 용도로 사용할 수가 없었습니다. 그래서 수레를 패고 소를 잡아 여호와께 번제로 드렸습니다.

번제는 '완전한 헌신과 순종'을 의미합니다. 모세 오경에는 번제를 드릴 때 수소를 드렸지만 오늘 성경에서는 암소를 드린 것으로 보아 화목제의 형식이었을 것입니다. 아마도 벧세메스 사람들이 이제부터는 여호와만 섬기겠다고 번제로 드린 것으로 보입니다. 완전한 헌신을 하겠다는 뜻입니다.

홉니와 비느하스는 하나님께 드리는 제사의 제물을 자기 것처럼, 자기 것을 먼저 챙겼다가 죽었습니다. 여러분은 벧세메스 사람들처럼 하나님께 완전한 헌신자가 되어서 자기도 기쁘고 하나님도 좋아하시는 성도가 되기를 바랍니다.

역사적으로 벧세메스는 제사장에게 준 성읍이었습니다. 여호와의 궤는 레위인 혹은 제사장들이 있는 성읍에 당도했습니다. 레위인이 언약궤와 금 예물이 담긴 상자를 큰 돌 위에 두었습니다. 자연석 위에 여호와의 궤를 놓았습니다. 그 날 벧세메스 사람들이 여호와께 번제와 화목제를 드렸습니다. 하나님의 섭리는 깊고도 오묘합니다. 모든 것이 준비되어 있는 것을 보게 됩니다.

하나님은 영원히 하나님이십니다. 사랑이 무한하시지만 징벌도 내리시고 재앙도 내리십니다. 이스라엘이 번제와 화목제를 드리는 것을 보면서 블레셋 지도자들은 자기들이 받은 재앙이 하나님으로부터 온 것임을 인정하면서 돌아갔습니다.

3. 블레셋 다섯 방백

블레셋의 다섯 방백은 여호와의 궤가 벧세메스로 운반되는 과정을 살펴보고 에그론으로 돌아갔습니다. 블레셋 사람들이 여호와께 바친 속건 제물을 살펴봅시다.

첫째로, 블레셋 사람들이 금독종을 블레셋의 다섯 성읍의 수를 따라 여호와께 속건 제물로 바쳤습니다. 아마도 블레셋의 중요한 도시에 여호와의 재앙이 심하게 임했던 것으로 보입니다.

둘째로, 블레셋 사람들은 금쥐를 다섯 방백에게 속한 성읍의 수효대로 만들어 여호와께 속건 제물로 바쳤습니다. 그리고 블레셋의 모든 지역에 독종이 임했던 것을 용서받기 위하여 제사를 드렸습니다. 하나님이 온 땅에 충만하신 분이심을 인정하는 자세입니다.

셋째로, 여호와의 궤가 놓였던 돌이 사무엘상이 기록될 당시까지 여호수아의 밭에 있었던 것으로 보아 여호와의 궤가 반환된 것임을 증명하는 것입니다.

여호와의 궤가 일곱 달 만에 블레셋에서 이스라엘로 돌아오게 되었습니다. 이것은 하나님의 섭리로 된 일입니다. 하나님께서 인간의 삶과 역사의 주관자이심을 만천하에 드러내셨습니다. 하나님의 이름, 하나님의 영광이 나타났습니다.

로마서 11장 36절에 "이는 만물이 주에게서 나오고 주로 말미암고 주에게로 돌아감이라 그에게 영광이 세세에 있을지어다 아멘"라고 했습니다. 에베소서 1장 22-23절에 "또 만물을 그의 발 아래에 복종하게 하시고 그를 만물 위에 교회의 머리로 삼으셨느니라 교회는 그의 몸이니 만물 안에서 만물을 충만하게 하시는 이의 충만함이니라"라고 했습니다.

하나님은 짐승까지 사용하셔서 하나님의 권능과 이름을 나타내십니다. 사람보다 천한 짐승도 하나님의 뜻에 순종하였습니다. 성도는 하나님이 맡겨주신 사명을 위하여 생명까지 내놓는 것이 중요합니다. 7절에 "멍에를 메어 보지 아니한 젖 나는 소 두 마리를 끌어다가 소에 수레를 메우고 그 송아지들은 떼어 집으로 돌려보내고"와 12절에서 "암소가 벧세메스 길로 바로 행하여 대로로 가며 갈 때에 울고 좌우로 치우치지 아니하였고 블레셋 방백들은 벧세메스 경계선까지 따라 가니라"라고 했습니다.

멍에도 메어보지 않고 젖 나는 소입니다. 송아지를 집에 두고 떠나는 어미소는 울면서 길을 갔습니다. 하지만 길을 갈 때에 좌우로 치우치지 아니하고 곧장 나아간 것이 너무나 신기합니다. 인간의 생각으로는 도저히 불가능한 일이었습니다.

하나님은 하나님의 뜻을 이루시는 데 짐승도 사용하십니다. 하물며 아들과 딸들은 어떠해야 하겠습니까? 민수기 22장 23-30절에 발람 선지자와 나귀의 대화가 나타납니다. 나귀를 통해서 하나님의 뜻을 전하셨던 것이지요. 사람은 종종 짐승만도 못할 때가 있는 것이 사실입니다. 성도는 순종이 특징이고 순종이 믿음의 열매입니다.

시편 40편 8절에 "나의 하나님이여 내가 주의 뜻 행하기를 즐기오니 주의 법이 나의 심중에 있나이다"라고 했습니다. 다윗의 고백입니다. 믿음의 사람 다윗은 하나님의 법을 즐거워했습니다. 하나님의 법대로 행하는 것이 행복했던 사람입니다.

에베소서 6장 5-7절에 "종들아 두려워하고 떨며 성실한 마음으로 육체의 상전에게 순종하기를 그리스도께 하듯 하라 눈가림만 하여 사람을 기쁘게 하는 자처럼 하지 말고 그리스도의 종들처럼 마음으로 하나님의 뜻을 행하고 기쁜 마음으로 섬기기를 주께 하듯 하고 사람들에게 하듯 하지 말라"라고 했습니다. 그리고 하나님의 뜻대로 하는 봉사와 헌신은 언젠가는 끝이 있습니다. 마지막 순간이 오기 전에 봉사하고 헌신하는 삶을 살 수 있기를 바랍니다.

제15강
사무엘상 6장 19-7장 2절

벧세메스인에 임한 재앙이 무엇인가?

일전에 어느 음식점에 들어갔습니다. 창문에 글귀가 있었는데 '나는 밥이 하느님이고, 밥이 부처라고 생각한다' 였습니다. 옛 어른들이 '밥이 보약이야' 라는 말은 했어도 요즘 사람들처럼 신으로 생각하지는 않았는데 그런 생각을 하면서 음식점을 나섰습니다.

최근에 구원파 이단이 대한민국 사회를 흔들어 놓았습니다. 구원파는 '자기들만 구원받았다' 고 주장합니다. '영혼만 귀중하다' 는 사상이 있어서 육체는 아무렇게 사용해도 된다고 생각하고 있습니다. 그리고 '한번 죄 용서 받은 다음에는 죄를 범해도 된다' 는 사상도 가지고 있습니다. 그릇된 사상이 그릇된 삶을 살게 만듭니다.

사람은 영원히 죄인이며 여전히 사람일 뿐이고 하나님은 조물주로서 영원히 하나님이십니다.

1. 벧세메스와 언약궤

두 암소는 젖 먹이는 송아지를 집에 두고 새 수레에 언약궤를 싣고 벧세메스로 향하여 올라갔습니다. 좌우로 치우치지 않고 정로를 따라 행하였습니다. 언약궤가 벧세메스 지방에 당도했습니다. 어떤 결과를 가져왔을까요? 하나님의 복이 임한 것이 아니라 재앙이 임했습니다. 왜 하나님은 재앙을 내리셨는가? 그리고 어떤 재앙을 내리셨을까?

벧세메스에서 누구도 예기치 못한 일, 뜻하지 않은 사건이 발생했습니다. 사람들이 여호와의 언약궤를 들여다보았습니다. 여호와의 언약궤를 들여다보다가 칠십 명 혹은 오만 칠십 명이 죽었습니다. 여호와의 은혜와 복을 받아도 힘들고 어려울텐데, 재앙으로 죽었습니다. 심판을 받았습니다. 백성들은 하나님의 재앙으로 슬피 울게 되었습니다.

하나님은 왜 재앙을 내리셨습니까? 하나님의 언약을 어겼기 때문입니다. 어기면 죽음입니다. 민수기 4장 15-20절을 봅시다. "진영을 떠날 때에 아론과 그의 아들들이 성소와 성소의 모든 기구 덮는 일을 마치거든 고핫 자손들이 와서 멜 것이니라 그러나 성물은 만지지 말라 그들이 죽으리라 회막 물건 중에서 이것들은 고핫 자손이 멜 것이며 제사장 아론의 아들 엘르아살이 맡을 것은 등유와 태우는 향과 항상 드리는 소제물과 관유이며 또 장막 전체와 그 중에 있는 모든 것과 성소와 그 모든 기구니라 여호와께서 또 모세와 아론에게 말씀하여 이르시되 너희는 고핫 족속의 지파를 레위인 중에서 끊어지게 하지 말지니 그들이 지성물에 접근할 때에 그들의 생명을 보존하고 죽지 않게 하기 위하여 이같이 하라 아론과 그의 아들들이 들어가서 각 사람에게 그가 할 일과 그가 멜 것을 지휘하게 할지니라 그들은 잠시라도 들어가서 성소를 보지 말라 그들이 죽으리라"라고 했습니다.

벧세메스 사람들은 하나님의 언약에 불순종했습니다. 또 하나님의 거룩을 침범하는 죄를 범하였습니다. 여호와의 언약궤에 대한 인간의 자세는 경건하고 거룩해야 했습니다. 경거망동하지 말아야 했습니다. 그런데 벧세메스 사람들은 그렇지 않았습니다. 거룩한 것에 대한 범죄를 저질렀던 것입니다. 인간이 침범할 수 없는 고유 영역이 있는 것입니다. 하나님의 거룩을 침범할 때 인간은 다 죽음을 면할 수 없습니다. 그 결과 엄청나게 많은 희생자가 있게 되었습니다.

이와 비슷한 사건이 사무엘하 6장에 나타납니다. 웃사는 제사장의 신분을 가진 사람이지만 여호와의 언약궤에 대하여 경솔한 행동을 보이다가 하나님의 재앙으로 죽었습니다. 거룩한 것을 거룩한 것으로 인정할 수 있는 사람, 그런 사회가 성숙한 사회일 것입니다. 우리가 구원을 받은 하나님의 아들과 딸이지만 하나님은 영원히 하나님이시고 우리는 영원히 죄인인 것입니다.

여호와의 언약궤가 이스라엘 영토에 들어왔음에도 불구하고 함부로 다룬 것은 그릇된 처사입니다. 하나님의 준엄한 심판을 기억하지 않는 사람들의 처신입니다. 이스라엘은 하나님의 재앙으로 통곡할 수밖에 없었습니다.

여기서 중요한 한 가지를 배우게 됩니다. 하나님께서 여러 가지 방법으로 이방인인 블레셋을 치신 것처럼 이스라엘도 똑같이 치셨다는 점입니다. 하나님의 심판에는 예외도 없고 민족적인 구별도 없습니다. 순종하지 않는 사람들에게 임하는 재앙은 똑같습니다. 하나님은 공의로운 분이십니다.

하나님은 인간적인 방법이나 인간적인 힘으로 섬길 수 있는 분이 아니십니다. 거룩하신 하나님은 우리 자신이 하나님을 닮아 거룩하기를 원하십니다. 우리에게 하나님을 섬기는 날로 거룩한 날, 주일도 주셨으며, 거룩하게 하는 예물인 십일조도 가르쳐 주셨습니다.

2. 벧세메스 사람들의 논의

벧세메스 사람들은 여호와의 재앙을 받은 후 논의, 회의를 했습니다. 하나님의 재앙을 두려워하면서 기럇여아림 사람들에게 전령을 보냈습니다. 여호와의 궤를 가져가라는 것이지요.

그래서 어쩔 수 없이 기럇여아림 사람들로 하여금 언약궤를 옮겨 가도록 촉구하였습니다. 21절에 "블레셋 사람들이 여호와의 궤를 도로 가져왔으니 너희는 내려와서 그것을 너희에게로 옮겨 가라"라고 했습니다. 우리로부터 누구에게로 여호와의 언약궤를 가게 할 것인가? 우리가 가진 언약궤를 누구에게로 보낼 것인가?

벧세메스 사람들은 기럇여아림 지방을 선택하고 그곳 사람들에게 전령을 보냈습니다. 그 이유가 무엇입니까? 실로 성막은 이스라엘과 블레셋의 전쟁으로 불탔습니다. 홉니와 비느하스까지 전사했습니다. 그러나 기럇여아림 지방은 언약궤를 보관하는 장소로서 안전했고 아직도 하나님의 전을 섬길 만한 사람이 생존해 있었기 때문입니다. 벧세메스는 해발 360m라면 기럇여아림은 해발 800m 정도 되는 곳입니다.

사람은 사람의 생각보다 하나님의 명령을 생각해야 합니다. 적당한 순종이 아니라 철저한 순종을 추구해야 합니다. 기독교인 혹은 신앙인이 연륜이 깊어지면 무감각해질 수가 있습니다. 적당히 그리고 구태의연하게 행동하게 됩니다. 무사안일하게 처신합니다. 이런 자세가 하나님의 존엄성을 훼손시킬 수 있습니다. 하나님의 명령을 경히 여길 수도 있습니다. 이것이 교만일 수도 있고 오만으로 나타날 수도 있습니다.

시편 5편 5-6절에 "오만한 자들이 주의 목전에 서지 못하리이다 주는 모든 행악자를 미워하시며 거짓말하는 자들을 멸망시키시리이다 여호와께서는 피 흘리기를 즐기는 자와 속이는 자를 싫어하시나이다"라고 했습니다.

잠언 6장 16-19절에 "여호와께서 미워하시는 것 곧 그의 마음에 싫어하시는 것이 예닐곱 가지이니 곧 교만한 눈과 거짓된 혀와 무죄한 자의 피를 흘리는 손과 악한 계교를 꾀하는 마음과 빨리 악으로 달려가는 발과 거짓을 말하는 망령된 증인과 및 형제 사이를 이간하는 자이니라"라고 했습니다.

성도는 누구나 다 하나님 앞에 겸손해야 합니다. 하나님의 권위와 존엄성을 인정하고 언약의 말씀에 순종하는 자세가 있어야 합니다. 디모데전서 4장 7-8절에 "망령되고 허탄한 신화를 버리고 경건에 이르도록 네 자신을 연단하라 육체의 연단은 약간의 유익이 있으나 경건은 범사에 유익하니 금생과 내생에 약속이 있느니라"라고 했습니다.

여호와의 궤가 에벤에셀에서 블레셋 땅으로, 블레셋에서 벧세메스로 그리고 이제는 기럇여아림으로 옮겨지고 있습니다. 하나님은 사람의 뜻대로 행하시는 분이 아니라 하나님의 뜻대로, 하나님의 섭리를 따라 움직이시는 분이십니다. 왜냐하면 영원한 왕은 하나님이시기 때문입니다.

3. 기럇여아림 사람들의 반응

기럇여아림 사람들이 벧세메스로 갔습니다. 여호와의 궤를 옮겼습니다. 산에 살고 있는 아비나답의 집으로 옮겼습니다. 기럇여아림은 '숲의 성읍'이라는 뜻입니다. 언약궤를 이동하기 위해 벧세메스로 갔는데 순전히 자원하는 마음으로 내려간 것입니다. 항상 하나님의 언약에 대한 사람들의 마음이 어떠해야 하는지를 설명해 주고 있습니다.

그리스도인들은 믿음의 형제가 고난과 역경 가운데 있으면 도움을 요청합니다. 이때 요청을 거절하거나 부정하면 안 됩니다. 마태복음 5장 42절에 "네게 구하는 자에게 주며 네게 꾸고자 하는 자에게 거절하지 말라"라고 했습니다. 사람에게 꾸어주는 것은 하나님께 꾸어주는 것과 같은 것입니다.

그리고 아비나답의 아들, 엘리아살을 거룩하게 구별하여 여호와의 궤를 지키게 하였습니다. 지금까지 궤가 블레셋 지방에 있었습니다. 벧세메스 지방에서는 거룩한 것을 범하는 결과를 가져왔지만 이제는 하나님의 언약궤가 이스라엘 백성들과 함께한다는 표시로 기럇여아림 아비나답의 집에 있게 되었습니다.

그리고 아비나답의 아들 엘리아살을 거룩하게 구별했습니다. 엘리아살은 '하나님이 도우셨다' 라는 뜻입니다. 그렇습니다. 하나님의 언약궤를 지키는 일도 사람의 힘으로 할 수 없는 일입니다. 하나님이 도와주셔야 할 수 있습니다. 우리가 하나님의 일을 할 때도 그렇습니다. 하나님의 은혜와 능력이 임하셔야 감당할 수 있습니다. 그래서 기도해야 하는 것입니다. 엘리아살은 여호와의 궤를 섬기고 지킬 때에 하나님의 능력으로 철저하게 임했음을 가르쳐 줍니다.

여호와의 궤가 가럇여아림 지방에 들어간 지 이십 년이 넘었습니다. 오래 있었습니다. 이십 년의 시간이 흘렀습니다. 이십 년의 세월이 흐른 다음에야 이스라엘의 모든 족속이 여호와를 사모하기에 이르렀습니다.

그 이십 년 동안 어떤 일이 일어났을까요? 성경학자들은 이런 주장을 합니다. 이스라엘의 불순종으로 인해 언약궤를 빼앗겼던 죄악에 대해 징벌이 임하는 기간으로 이해합니다. 하나님의 징계로 이방인에게 20년 동안이나 괴롭힘을 당한 기간이었습니다. 이십 년 동안 고통을 당하던 이스라엘이 여호와를 사모하게 되었다고 봅니다.

성도가 고통을 당하거나 어려운 일이 생겼을 때 여호와를 사모하면서 기도해야 합니다. 하나님을 의지하고 사랑하기 때문에 눈물로 간구하는 것입니다. 그러면 성령께서 도우실 줄로 믿습니다. 빌 바를 알지 못하지만 하나님의 뜻대로 간구하면 들어 응답하실 줄로 확신합니다.

시편 50편 15절에 "환난 날에 나를 부르라 내가 너를 건지리니 네가 나를 영화롭게 하리로다"라고 했습니다. 예레미야 33장 3절에 "너는 내게 부르짖으라 내가 네게 응답하겠고 네가 알지 못하는 크고 은밀한 일을 네게 보이리라"라고 했습니다.

우리 모두 기도하는 성도가 됩시다. 여호와를 사랑하고 사모하는 그리스도인들이 다 됩시다. 사모하는 영혼을 좋은 것으로 채워주시는 하나님이십니다.

제16강
사무엘상 7장 3-6절

미스바 대성회

사무엘상 6장에서는 여호와의 언약궤가 이스라엘로 돌아오고, 벧세메스 사람들이 언약궤를 들여다보다가 멸망을 받은 사건이 있었습니다. 벧세메스 사람들은 논의 끝에 기럇여아림 사람들에게 전령을 보냈고 기럇여아림 사람들은 언약궤를 기럇여아림으로 옮겼습니다. 그렇게 해서 언약궤가 아비나답의 집에 있게 되었습니다. 그리고 엘리아살이 여호와의 궤를 섬기도록 했습니다. 그후 20년이 지난 다음에 무슨 사건이 발생했습니까?

1. 회개하라

사무엘이 미스바에서 성회를 개최했습니다. 사무엘이 정치적이고 종교적인 지도력을 발휘한 것입니다. 어떻게 해서 그런 지도력을 발휘할 수 있었을까요? 사무엘은 일평생 나실인으로 헌신했습니다. 기도하는 사사로 헌신했습니다. 하나님의 말씀을 듣는 데 평생을 바쳤습니다. 그리고 하나님 앞에서 예배하는 삶을 살았습니다. 그는 새로운 시대를 열어가는 지도자였습니다. 사사시대처럼 영적으로 어두운 시대에서 하나님이 통치하는 영광스럽고 밝은 나라를 만들어가기 시작했습니다.

이스라엘이 우상을 숭배하고 불신앙의 길을 걸었을 때 하나님의 임재의 상징이요 이스라엘의 영광의 상징인 언약궤를 블레셋 사람들에게 빼앗겼습니다. 이방인의 지역에서 이스라엘 지역으로 돌아오는 데에도 수많은 우여곡절이 있었습니다. 이런 어두운 시대를 마감하고 사무엘은 새로운 시대를 열기 위하여 미스바에서 성회를 개최하게 되었습니다.

이스라엘 백성은 여호와를 사모하고 갈망했습니다. 아마도 블레셋에게 패했던 이스라엘이 많은 지역에서 블레셋의 통치를 받으며 괴로움을 겪었기 때문이었을 것입니다. 이것이 아주 중요한 일입니다. 성도에게 있어서 고난과 역경은 멸망이 아닙니다. 하나님을 사모하고 찾게 되는 원동력이 되는 것입니다.

사무엘의 반응은 무엇인가? 우상숭배한 죄에 대하여 회개를 촉구했습니다. 하나님만 섬기기로 작정하라고 가르칩니다. 이런 사건을 우리는 종교개혁이라고 일컫습니다. 종교개혁이 일어난 것입니다. 종교개혁은 우상을 버리고 살아 계신 하나님께로 돌아가는 것입니다. 하나님께로 돌아가면 하나님께서 블레셋에서 건져내신다고 하십니다.

그리고 이스라엘은 미스바로 모이고 거룩한 집회, 성회를 통하여 하나님의 언약을 갱신합니다. 바알이나 아스다롯이라는 우상을 버리고 여호와만을 하나님으로 섬깁니다. 그 결과가 무엇인지 압니까? 일시적이라 할지라도 평화시대를 맞이하게 됩니다. 블레셋에게 빼앗겼던 성읍도 되찾았습니다.

사무엘이 개혁을 단행할 때 강조한 것이 무엇입니까?

1) 이스라엘 가운데 우상을 제거하라. 하나님께서 모세를 통하여 주신 말씀이 무엇입니까? "나는 너를 애굽 땅, 종 되었던 집에서 인도하여 낸 네 하나님 여호와니라 너는 나 외에는 다른 신들을 네게 두지 말라 너를 위하여 새긴 우상을 만들지 말고 또 위로 하늘에 있는 것이나 아래로 땅에 있는 것이나 땅 아래 물 속에 있는 것의 어떤 형상도 만들지 말며"라고 했습니다.

이방신은 '알지 못하는 신들' 입니다. 바알이 무엇입니까? 바알이란 '만유의 주, 소유자' 란 뜻입니다. 농경의 풍요의 신입니다. 아스다롯은 여신으로 상징됩니다. 다산의 신입니다. 자녀의 복을 기대하는 신입니다.

2) 너희는 마음을 다하여 하나님만 섬기라. '전심으로' 란 '마음의 뿌리까지 완전히' 라는 뜻입니다. '돌아오다' 란 '회복하다', '회개하다' 라는 뜻입니다. 이것이 강조점입니다. 지속성과 임박성을 강조합니다. 신앙의 본질이 무엇인가를 설명하는 것입니다. 이러한 태도는 어느 시대를 막론하고 같은 원리입니다.

요엘 2장 13절에 "너희는 옷을 찢지 말고 마음을 찢고 너희 하나님 여호와께로 돌아올지어다 그는 은혜로우시며 자비로우시며 노하기를 더디 하시며 인애가 크시사 뜻을 돌이켜 재앙을 내리지 아니하시나니"라고 했습니다. 전인격적인 회개, 삶의 전반적인 변화를 촉구하는 말씀입니다.

여호수아 22장 5절에 "오직 여호와의 종 모세가 너희에게 명령한 명령과 율법을 반드시 행하여 너희의 하나님 여호와를 사랑하고 그의 모든 길로 행하며 그의 계명을 지켜 그에게 친근히 하고 너희의 마음을 다하며 성품을 다하여 그를 섬길지니라"라고 했습니다.

고린도전서 9장 27절에서는 "내가 내 몸을 쳐 복종하게 함은 내가 남에게 전파한 후에 자신이 도리어 버림을 당할까 두려워함이로다"라고 했습니다. 회개는 추상적이거나 관념적인 것이 아니라 구체적이고 실제적이어야 합니다.

바알은 남신이라면 아스다롯은 여신일 것입니다. 바알은 가나안의 대표적인 우상입니다. 바알은 비를 내리게 하는 농경신으로 여겼습니다. 아스다롯은 다산과 전쟁의 여신으로 알려져 있습니다. 바알이든 아스다롯이든 우상을 능동적으로 제거해야 합니다. 하나님을 섬기는 데 방해가 되는 것은 전부 다 제거하라는 의미입니다.

야곱이 벧엘로 올라가면서 어떤 일을 하였습니까? 집안에 있던 모든 우상을 제거하였습니다. 쓸데없던 사치품이나 세속적인 것들을 상수리나무 아래에 묻어버렸습니다. 회개할 때 은혜와 복이 임할 줄로 믿습니다. 역사적으로 우상이 이스라엘 백성들의 마음에 자리잡고 있었습니다. 생활도 우상 중심적이었습니다. 철저한 회개만이 하나님 백성이 살 길입니다.

너희 마음을 여호와께 고정하라. 오직 하나님만 섬기라. 그리하면 블레셋 나라에서 건겨내시리라. 하나님이 능력이 없어서 구원하지 못하시는 것이 아닙니다. 하나님이 우상보다 능력이 없어서 구원하지 못하시는 것도 아닙니다. 이스라엘 백성들이 하나님의 언약을 버리고 우상을 숭배하기 때문에 하나님께서 징계하시는 것이었습니다. 하나님과의 관계를 회복하는 것이 최우선적인 일입니다.

이런 사무엘의 외침에 대하여 이스라엘은 어떤 반응을 보였는가? 4절을 봅시다. "이에 이스라엘 자손이 바알들과 아스다롯을 제거하고 여호와만 섬기니라"라고 했습니다. 이것이 이스라엘 백성의 반응입니다. 온전한 순종입니다. 사무엘의 말은 하나님의 말씀이었습니다. 부르짖음의 응답이었습니다.

2. 미스바 성회

사무엘은 온 이스라엘 백성들에게 미스바로 모이라고 외쳤습니다. 미스바란 '망대' 라는 뜻입니다. 이스라엘이 회개하고 하나님께로 돌아온 곳입니다. 여러분의 망대는 어디입니까? 하나님과의 관계를 회복하고 하나님을 만나는 장소는 어디입니까? 하나님께서 여러분에게 복주실 장소, 여러분에게 영적인 구원과 회복을 선언할 장소는 어디입니까?

망대가 교회라고 생각되는 분들은 교회를 자주 찾으셔야 합니다. 그래서 성도는 교회 중심적이어야 한다고 강조하는 것입니다. 사무엘은 이스라엘 백성으로 하여금 미스바로 모이라고 선언했습니다. 미스바로 모였을 때 개혁운동, 새로운 시대가 활짝 열리게 되었습니다. 지금까지는 자기 좋은 대로 신앙생활을 했지만, 이제부터는 교회 중심적인 믿음생활을 하였습니다.

사무엘이 이스라엘을 위하여 중보 기도할 것임을 알리고 온 백성을 소집했습니다. 5절입니다. "사무엘이 이르되 온 이스라엘은 미스바로 모이라 내가 너희를 위하여 여호와께 기도하리라"라고 했습니다. 올바른 성도는 기도하는 사람입니다. 올바른 지도자는 기도를 하면서 다른 사람도 기도하게 하는 사람입니다.

사무엘은 기도하는 사사였습니다. "내가 너희를 위하여 여호와께 기도하리라". 오직 하나님만 믿고 신뢰하고 바라보는 생활입니다. 사무엘은 사사로서 칼과 총, 힘과 능력으로 적군을 무찌르는 사사가 아니라 기도하는 사사로서 선포하고 있는 것입니다. 마지막 사사는 기도하는 사사였습니다. 이스라엘을 위하여 중보의 기도를 하는 사사였습니다.

예수님께서 우리에게 가르쳐 주신 것이 무엇입니까? 기도였습니다. 주기도문이라고 말합니다. 그러면서 '내 아버지집으로 강도의 굴혈을 만들었도다'. '내 아버지 집은 만민이 기도하는 집'이라고 선언하셨습니다. 여러분은 밤낮없이 항상 성령의 인도하심을 따라 기도하는 성도가 되기를 바랍니다. 기도하면 능력 받을 줄로 믿습니다. 기도하면 성공할 줄로 믿습니다. 기도하면 이루어질 줄로 믿습니다.

사무엘은 이스라엘 백성과 하나님과의 관계에 있어서 언약에 관심을 가졌습니다. 언약의 갱신이라고 말합니다. 이스라엘의 단결이 있었습니다. 성경에 나타나지는 않지만 유대인들은 물이 흐르듯이 제사를 드릴 때 연못에서 물을 길어다가 붓고, 죄악을 회개하며 쏟아놓았습니다. 물을 길어 붓는 행동은 사막에서 살아남기 위해 반복되는 것이었지만 오늘 성경은 육체적인 필요보다 영적인 필요 때문에 그런 행동을 하였습니다.

"물을 길어 여호와 앞에 붓고 그 날 종일 금식하고". 물을 붓는 것이 어떤 의미인지 정확히는 알기 어렵지만 오늘 성경에서 금식과 죄에 대한 고백이 뒤따르는 것으로 보아 회개와 관련된 것으로 보입니다. 신약시대에 물세례는 회개와 정결의 의미가 있지 않습니까? 죄 때문에 육신적인 음식공급을 중단하고 하나님 앞에 죄악을 쏟아놓는 행동이 금식입니다. 하나님의 자비와 긍휼만 바라보는 사람이 취하는 행동입니다.

또 마음을 다 하나님 앞에 쏟아놓는 행동이 아닐까요? 그릇에 담긴

물을 다 쏟아놓을 때 하나님께서 채워주시는 것이 있는 줄로 믿습니다. 가난도, 슬픔도, 비애도, 괴로움도 다 쏟아놓으면 하나님이 채워주시고 치료해 주시고 감싸주실 줄로 믿습니다. "하나님께서 구하시는 제사는 상한 심령이라 하나님이여 상하고 통회하는 마음을 주께서 멸시하지 아니하시리이다"라고 했습니다.

그리고 "우리가 여호와께 범죄하였나이다"라고 고백했습니다. 회개입니다. 마음을 쏟아놓는 회개입니다. 하나님의 처신만 바라보는 회개입니다. 여기 범죄라는 말은 구약 성경에 580회 정도 나오는 말로 '표적을 놓치다, 길을 잃다, 표적에서 벗어나다' 라는 뜻입니다.

하나님께서 정해 주신 기준이나 법에서 벗어나 마음대로 행동했다는 뜻입니다. 자기 소견에 좋은 대로 행한 것을 회개하는 것입니다. 구체적으로 하나님을 섬기지 않고 바알을 섬기고 아스다롯을 섬기며 몰록을 섬긴 것이 죄입니다. 그러기에 언약궤를 빼앗기고 영광이 떠났던 것입니다. 여러분은 지금 무엇을 섬기고 있습니까?

사무엘은 정말 이스라엘 자손을 다스리기 시작했습니다. '다스리다'는 '재판관' 이 되었다. '사사' 가 되었다는 말입니다. 사사는 재판자이면서 다스리는 자였습니다. 사무엘은 사사로서 봉사하기 시작했습니다. 미스바 성회를 통하여 엘리의 시대가 종지부를 찍고 사무엘이 통치하는 새로운 시대가 열렸음을 나타내고 있습니다. 여러분도 새로운 시대를 열어가기를 바랍니다.

제17강
사무엘상 7장 7-17절

에벤에셀

엘리 제사장 가문의 지도력과 사무엘의 지도력과는 어떤 차이점이 있을까요? 엘리 제사장은 사사시대 이후에 이어지는 시대에 있어서 제사장 역할을 감당했던 인물입니다. 그는 의자에 앉아 있었지만 기도하지 않았습니다. 오히려 기도하는 사람을 술 취한 여자로 오해할 정도였습니다.

또 말씀이 희귀하여 흔히 이상이 보이지 않던 시대였습니다. 그 결과 사람들이 자기 소견에 좋은 대로, 옳은 대로 행하던 시대였습니다. 그러나 사무엘은 새로운 시대를 열어갔습니다. 그 특징이 오늘 말씀에 나타납니다.

1. 이스라엘의 승리

사무엘은 이스라엘 백성들로 하여금 미스바에서 회개하도록 했습니다. 집회 기간이 길었던 것으로 추정됩니다. 이스라엘 백성들이 미스바에 모였다는 소식을 들은 블레셋 사람들은 이스라엘을 공격하기 시작했습니다.

아마도 이스라엘의 세력이 확산되기 전에 분쇄하기 위해서 미스바를 공격한 것으로 보입니다. 이스라엘 백성들은 두려운 마음이 생겼습니다. 아벡 전투에서는 여호와의 언약궤 때문에 블레셋이 두려워했는데 이번에는 이스라엘 백성들이 두려운 마음을 가졌습니다.

이스라엘 백성들은 사무엘에게 무엇을 요청했습니까? 8절은 믿음생활하는 데 있어서 아주 중요한 말씀입니다. 기도해 달라는 것이지요. 이것이 이스라엘 백성이 사무엘에게 요청한 중심적인 내용이었습니다. "이스라엘 자손이 사무엘에게 이르되 당신은 우리를 위하여 우리 하나님 여호와께 쉬지 말고 부르짖어 우리를 블레셋 사람들의 손에서 구원하시게 하소서"라고 애원했습니다.

하나님의 도우심을 간구해 달라는 것입니다. '부르짖어'란 '위기 상황에서 구원을 호소하는 것'을 말합니다. 하나님께 간절히 기도하는 것을 말합니다. 잠잠해서는 안된다는 뜻입니다. 간절한 마음으로 이스라엘을 위하여 여호와께 간구해 달라는 요청입니다. 여호와의 궤를 빼앗겼을 때 부르짖은 것처럼 이제는 여호와를 의지하기 때문에 부르짖어 달라는 요구입니다. 기도는 그 사람의 영적인 수준입니다. 사무엘에게 중보 기도를 요청했습니다. 블레셋 나라에서 우리를 구원하게 하소서. 이스라엘 백성이 금식 기도하며 얻은 것은 하나님을 신뢰하는 믿음이었습니다.

사무엘은 젖 먹는 어린 양 하나를 가져다가 온전한 번제를 여호와께 드렸습니다. 젖 먹는 어린 양은 무엇을 상징할까요? 물론 어미의 돌봄이 없이는 살아남을 수 없는 양입니다. 태어난 지 8일 정도 되는 양입니다. 이스라엘의 상태가 그런 상황이었습니다. 하나님의 도움없이는 전쟁에서 이길 수 없는 상황이었습니다. 사무엘은 기도했습니다. 응답을 받을 때까지 기도합니다. 9절입니다. "사무엘이 젖 먹는 어린 양 하나를 가져다가 온전한 번제를 여호와께 드리고 이스라엘을 위하여 여호와께 부르짖으매 여호와께서 응답하셨더라".

먼저 홉니와 비느하스가 이끄는 아벡 전쟁과는 달랐습니다. 그들은 제사를 드리지도 않고 여호와께 묻지도 않았지만 사무엘은 정말 달랐습니다. 번제를 드렸습니다. 기도를 올렸습니다. 응답받을 때까지 기도했습니다. 그리고 하나님의 지시를 받았습니다. 예수를 믿으면 그렇게 달라져야 합니다. 과거와 현재가 달라야 합니다. 변한 것이 있어야 합니다. 더 영적으로 하나님께 가까이 가야 합니다.

사무엘이 여호와께 번제를 드릴 때 블레셋이 점점 더 가까이 쳐들어왔습니다. 사무엘은 전적으로 하나님만 의지하고 있었습니다. 사무엘은 사사직은 물론 제사장의 직무도 잘 감당하고 있었습니다. 레위인의 반열이기는 하지만 제사장의 집은 아니었습니다. 제사장을 돕는 집안이었습니다. 하지만 하나님께서 사무엘을 세우시고 제사를 받으셨습니다.

하나님은 어떤 방법으로 전쟁을 하셨을까요? "그 날에 여호와께서 블레셋 사람에게 큰 우레를 발하여 그들을 어지럽게 하시니 그들이 이스라엘 앞에 패한지라"라고 했습니다. 거의 무방비 상태의 이스라엘을 블레셋은 마음놓고 공격해 왔습니다. 그러나 하나님이 진노하셨습니다. 하나님께서 하나님의 방법으로 이기게 하셨습니다. 나는 이것을 믿습니다. 자연적인 원리를 믿지만 초자연적인 원리도 믿습니다. 일반 은총도 믿지만 특별 은총도 믿습니다.

하나님이 블레셋 사람들을 어지럽게 하셨습니다. 혼란스럽게 하셨습니다. 불안하게 만드셨습니다. 시끄럽게 하셨습니다. 우레로 말미암아 하나님이 전쟁에 개입하셨다는 것을 깨닫게 하셨습니다. 블레셋이 불안하고 혼란스럽게 되었습니다. 여호와가 참된 이스라엘의 왕이심을 증거하는 것이었습니다.

하나님이 이기게 하시면 이길 줄로 믿습니다. 하나님이 패하게 하시면 패합니다. 하나님은 열고 닫는 권세가 있습니다. 하나님이 닫으면 열 사람이 없고 열면 닫을 사람이 없습니다. 하나님이 높이면 높아지고 하나님이 낮추면 낮아지는 법입니다.

하나님의 승리는 이스라엘의 승리였습니다. 하나님의 도우심입니다. 사무엘의 지도 아래 이스라엘이 단결하는 모습을 보였습니다. 위급한 상황이고 국가적인 큰 위협이 눈 앞에 닥쳐왔지만 하나님 앞에서 당황하지 않고 하나님의 사람의 지시대로 하였습니다.

하나님께 온전한 번제를 드렸습니다. 온전한 헌신입니다. 하나님만 의지하고 신뢰한 것입니다. 홉니와 비느하스와는 너무나 다른 제사였습니다. 그리고 기도했습니다. 하나님의 응답이 왔습니다. 전쟁에서는 승리가 열매입니다. 벧갈이란 '어린 양의 도시, 초원의 집'이라는 뜻입니다. 제대로 무장하지 못한 이스라엘이 철제 무기로 무장한 블레셋을 패배시켰습니다.

결국 하나님의 백성은 하나님만 의지할 때 승리합니다. 물론 하나님만 의지하는 것을 방해하는 요소가 존재하기도 합니다. 변화와 개혁을 시도할 때 반드시 악의 세력과 도전이 있습니다. 악의 추종자도 있습니다. 그러나 온전히 하나님만을 의지하고 순종한다면 충분히 이길 수 있습니다. 하나님을 사랑하고 신뢰하여 신앙의 승리자가 되기를 바랍니다.

2. 이스라엘의 평화

하나님 앞에 회개한 이스라엘이 되찾은 평강이 무엇입니까?

1) 이스라엘이 블레셋과의 전쟁에서 승리했습니다. 승리한 기념으로 미스바와 센 사이에 기념비를 세우고 '에벤에셀'이라고 했습니다. '도움의 돌'이라는 의미입니다. '여호와께서 우리를 여기까지 도우셨다'라는 뜻입니다.

사무엘은 전쟁에서 승리한 다음에 자신의 공로로 돌리지 않고 후손들에게도 하나님을 증거하는 돌을 세웠습니다. 이것이 진정한 지도자입니다. 하나님은 회개하는 사람을 돕습니다. 하나님만 신뢰하는 사람을 돕습니다. 정성껏 예배하며 기도하는 사람을 돕습니다.

2) 사무엘이 사는 동안 블레셋이 이스라엘을 넘보지 못했습니다. 이스라엘은 옛 땅을 수복하였습니다. 블레셋에게 **빼앗겼던** 에그론부터 가드까지의 이스라엘 옛 땅을 수복하였습니다. 하나님의 손이 막으시니까 다시는 블레셋이 이스라엘을 엿보거나 넘겨다 보지 못했습니다. 여호와의 손이 블레셋을 대항하고 있었기 때문입니다.

하나님의 손이 누구를 향하고 있을까? 이것이 중요합니다. 하나님의 손이 치시면 블레셋과 같이 재앙을 받습니다. 여호와의 손이 이스라엘을 향할 때 이스라엘이 승리하였습니다. 다윗이 불의한 목적으로 인구조사를 했을 때 여호와의 손이 온역으로 치셨습니다. 여호와의 손이 여러분에게 복으로 역사하기를 바랍니다.

사무엘 시대에는 엘리 시대에 **빼앗겼던** 여호와의 궤가 이스라엘로 돌아오듯 빼앗겼던 땅도 되찾았습니다. 지도자 사무엘이 하나님 앞에 바로 서니까 하나님께서 도와 주신 결과입니다.

3) 아모리 족속과도 평화를 유지하게 되었습니다. 사무엘이 다스릴 때 블레셋과의 문제가 해결되고 아모리 족속과의 문제도 해결되었습니다. 공존하는 평화 조약이 맺어졌습니다. 아모리 족속은 헷 사람, 브리스 사람으로 명명됩니다. 아모리의 중요 도시는 예루살렘, 헤브론, 야르뭇, 라기스, 에글론 등입니다. 아모리가 강성할 때 단 지파를 쫓아내기도 했습니다. 사무엘은 아모리와 평화롭게 지낼 정도로 여호와의 능력이 함께했던 지도력이 있는 지도자였습니다.

3. 사무엘의 사역

사무엘은 이스라엘을 순회하며 말씀을 가르쳤습니다. 해마다 벧엘, 길갈, 미스바 지방을 순회하면서 이스라엘을 다스렸습니다. 빠짐없이 순회했습니다. 충분한 시간을 가지고 순회했습니다. 이것이 영적 부흥입니다. 사무엘의 활동으로 이스라엘은 안정적이었습니다. 사무엘이 라마에 있는 자기 집으로 돌아갔습니다.

사무엘이 벧엘-미스바-라마-길갈을 다스린 것은 이스라엘 전역을 통치한 것으로, 전역을 통치할 왕을 예표합니다. 벧엘은 '하나님의 집'이라는 뜻으로 야곱과 관련이 있는 곳입니다. 에브라임 지파에게 분배된 땅입니다.

길갈은 요단강을 건넌 이스라엘이 처음으로 할례를 행하고 유월절을 지킨 곳입니다. 정치적으로나 군사적으로 중요한 위치를 차지하는 곳이었습니다. 길갈은 이스라엘 백성에게 있어서 애굽에서의 수치가 굴러가게 하였다는 의미를 가지고 있습니다.

미스바는 '망대' 라는 의미로, 하나님께서 블레셋을 물리친 장소로 유명합니다. 하나님이 함께하시면서 도우셨던 장소입니다. 하나님의 구원을 체험한 장소입니다. 하나님과의 관계가 회복되던 장소였습니다. 여러분의 망대는 어디입니까?

엘리가 실로에만 머물렀던 것과는 달리 사무엘은 하나님께서 역사하신 장소를 다니면서 백성들을 다스렸습니다. 하나님의 백성들에게 하나님의 은총과 복주심을 잊지 않게 하기 위함으로 생각됩니다.

사무엘은 여호와를 위하여 단을 쌓았습니다. 그는 자신이나 백성을 위한 것보다 하나님을 위한 예배자였습니다. 하나님을 섬기는 자의 첫 번째 특징이 하나님 중심적이라는 것입니다. 예배나 기도나 찬송이 모두 하나님 중심적입니다. 하나님의 통치가 사무엘을 통하여 점점 나타나기 시작했습니다.

사무엘 시대에 빼앗겼던 여호와의 궤가 기럇여아림으로 돌아왔습니다. 미스바에서 회개를 하고 하나님만 믿도록 결단했습니다. 블레셋을 물리치고 주변국가와 더불어 평화롭게 지냈습니다. 사무엘은 여호와의 손이 함께하는 능력을 보여주었습니다.

제 2 부
왕정의 시작과 사울

사무엘상 8장 -15장

제18강
사무엘상 8장 1-9절

사무엘과 자손과 백성

하나님 앞에서 나의 직무가 무엇일까? 여러분의 직무는 무엇입니까? 하나님께서 세상에 나를 보내신 목적이 있을텐데 그 목적을 이루는 것이 행복이요, 직무를 감당하는 것이 아니겠습니까?

사람은 늙고 병들어 다리가 후들거리는 시간이 다가옵니다. 머리의 총명이 떨어지고, 재산과 은사가 메마르는 시간이 반드시 옵니다. 그 시간이 오기 전에 나의 직무가 무엇일까? 어떻게 처신하는 것이 직무를 다하는 것일까? 조직의 변화나 체제의 탈바꿈도 중요하지만 지도력 있는 사람이 더 중요합니다. 지금은 지도자다운 지도자가 보이질 않아서 문제입니다.

1. 사무엘과 아들들

사무엘은 선지자요 사사요 제사장이요 사사 시대에서 왕정 시대로 넘어갈 때에 교량 역할을 감당했던 중요한 인물이었습니다. 사무엘의 삶은 정말 "내가 여호와께 구하였다"라는 이름 그대로 기도하여 모든 것을 얻은 삶이었습니다.

사무엘 시대에 종교개혁이 있었습니다. 우상을 타파하고 살아 계신 하나님을 나타냈습니다. 회개운동을 전개하고 하나님을 의식하여 죄악을 쏟아놓았습니다. 블레셋과의 전쟁에서 피 한방울 흘리지 않고 하나님의 능력으로 승리했습니다. 이웃의 강대국과 평화가 유지되는 축복을 받아 누렸습니다.

그런데 사무엘의 가정에도 큰 약점이 있었습니다. 자녀 문제, 가정 문제가 있었습니다. 사무엘이 가는 세월 속에 늙었습니다. 아들 요엘과 아비야를 사사로 세웠습니다. 요엘과 아비야가 아버지 사무엘과는 다르게 뇌물을 받고 판결을 굽게 했습니다. 이것이 문제로 등장하게 되었습니다. 여러분의 자녀들은 어떤 상황에 있습니까?

요엘이란 "여호와는 하나님이시다"라는 의미이고, 아비야는 "여호와는 나의 아버지이시다"라는 뜻입니다. 이름이 얼마나 숭고하고 귀합니까? 그런데 이름값을 못했습니다. 하나님 앞에서 뇌물을 받고 판결을 하다니요? 지도자가 돈을 따라 살면 누구나 그렇게 되는 것입니다.

브엘세바란 '맹세의 우물', '일곱의 우물'이란 뜻입니다. 하나님은 이곳에서 하갈, 이삭, 야곱에게 나타나셨습니다(창 21, 26, 46장). 브엘세바는 종교적으로 중요할 뿐만 아니라 경제적으로도 중요한 장소였습니다. 브엘세바에서 사무엘의 두 아들이 사사 일을 보았습니다. 당시 사무엘은 라마에서 약 80km나 떨어진 곳에 있었기 때문에 사역하기가 심히 어려웠습니다.

아마도 두 아들은 사무엘의 손이 미치지 못하는 변방에서 사역을 도왔던 것으로 추정할 수 있습니다. 모세에게도 돕는 자가 있었습니다. 십부장, 오십부장, 백부장, 천부장 등이 돕던 사람들입니다. 지금도 교회는 돕는 자가 많을 때 힘이 있습니다. 능력이 역사하는 법입니다. 여러분은 목회자를 어떤 방향에서 어떻게 돕고 있습니까?

사무엘의 아들들은 여행자가 길을 잘못 들어 방황하는 것과 같이, 그리고 그릇된 지도자가 나라 일을 잘못 보아 백성들이 방황하는 것처럼 당시 백성들을 혼란스럽게 만들었습니다.

두 아들은 이익을 따라 뇌물을 추구했습니다. 부당한 이익을 추구한 악덕 업자와 같았습니다. 돈을 받고 자기 동생을 팔아버린 요셉의 형들과 같았습니다. 뇌물은 하나님께서 금하는 죄악된 돈입니다. 지금 한국 사회도 뇌물이 만연한 세상과 같이 느껴집니다.

또 한 가지는 판결을 굽게 하는 것입니다. 재판이나 판단이 굽어질 때 얼마나 사회가 흔들리겠습니까? 여러분이 하나님의 교회에 오셔서 하나님의 법을 배우는 이유가 무엇입니까? 올바른 판단을 얻기 위함입니다. 하나님의 말씀, 하나님의 뜻을 추구하기 위함입니다. 하나님의 말씀을 통하여 바른 교훈을 받으시고 가정을 바로 세우기 바랍니다.

2. 장로들의 요구

이스라엘의 장로들이 라마에 있는 사무엘에게 나아갔습니다. 이스라엘의 장로들이 사무엘에게 열방과 같이 인간 왕, 사람 왕을 요구하게 되었습니다. 인본주의적인 사상 속에서 나온 말이지만 사무엘의 늙음과 그 아들들의 타락에 원인이 있었습니다. 장로들은 하나님께서 통치하는 신정 정치를 거절하고 인간 왕이 다스리는 왕정 체제를 구했습니다. 홉니와 비느하스 때는 장로들이 여호와의 궤를 가지고 나가서 싸우자고 건의했다가 여호와의 궤를 빼앗기기까지 했습니다. 그런데 이번에는 인간 왕을 요구했습니다.

사무엘의 아들들은 이스라엘의 사사가 되었습니다. 사사는 나라를 구원하거나 백성들 사이에 일어나는 일에 대하여 재판도 하는 사람입니다. 하나님의 사람 사무엘은 늙고 아들들이 이스라엘의 사사가 되었지만 뇌물을 받고 판단을 굽게 하여 이스라엘 나라에 문제가 되었습니다. 장로들은 아들들의 불의를 미끼로 이스라엘의 왕을 요구하게 되었던 것입니다. 장로들은 이스라엘 백성들의 요구를 대변했던 것으로 보입니다. 요구하는 것의 바탕이 성경적이지 않았다는 데 문제가 있습니다.

물론 사무엘은 아들들과는 달랐습니다. 사무엘은 남의 것을 빼앗거나 백성들을 속이지 않았습니다(삼상 12:3-4). 그러나 아들들은 아버지와 대조적이었습니다. 백성들로부터 뇌물을 받고 판결을 굽게 하였습니다. 뇌물은 재판하는 사람의 말을 굽게 만듭니다. 눈을 어둡게 만듭니다. 아들들은 아버지를 따르지 않고 이익을 따라서 행동했습니다. 이것이 큰 문제였습니다.

하지만 왕을 기다리게 만드는 요인이 되었습니다. 참된 왕 되신 예수 그리스도를 기다리게 되었습니다. 우리의 영원한 구원자 만왕의 왕 예수 그리스도! 메시아를 기다리게 만드는 요인이 되었습니다. 장로님들도 주변에서 발생하는 일들이 마음에 들지 않으면 하나님을 바라보면서 하나님 나라를 기다리기 바랍니다. 내 뜻대로 되는 일이 없다면 하나님 나라를 바라보기를 바랍니다.

이스라엘을 대표하는 장로들은 인간 왕을 요구했습니다. 사람 왕을 구했습니다. 하나님께서 이미 이스라엘의 왕이십니다(창 49:10; 신 17:14).

이스라엘의 영원한 왕은 하나님이십니다. 그리고 인간 왕도 하나님이 준비하고 계시는 데도 불구하고 그 때를 기다리지 않고 자기들의 생각대로 왕을 구한 것입니다.

그런데 왕을 구하는 마음 자세가 중요합니다. '열국과 같이', '이방 나라와 같이', '주변에 존재하는 나라와 같이' 우리에게 왕을 세워 주기 바랍니다. 주변국가의 풍습을 귀하게 여기는 마음이 과연 성경적이며 하나님의 뜻인가 아니면 인본주의 사상은 아닐까? 시대를 분별하는 지혜가 필요했습니다. 하나님 나라와 세상 나라는 다른 점이 많기 때문입니다.

'주변국가와 같이' 라고 하지 말고 신명기 17장 14-20절에 나타난 대로 하나님께서 택하신 사람, 아내나 병거를 많이 두지 않는 사람, 율법책을 곁에 두고 늘 하나님을 경외하는 사람, 겸손한 마음으로 하나님의 명령을 따르는 사람을 택했으면 얼마나 좋았을까?

3. 사무엘의 기도와 여호와의 답변

세상 나라처럼 인간 왕을 구하는 장로들의 요구에 대하여 사무엘도 기뻐하지 않았습니다. '마음이 언짢다' 란 뜻입니다. 사람의 사사로운 감정이 아니라 하나님이 세운 자신을 거부하고 왕을 요구한 자체가 동기가 불순하다는 뜻입니다.

인간 왕을 구하는 것은 하나님께서 세우신 사사제도를 거부하는 요구였고 하나님의 왕 되심을 거절하는 요구였습니다. 사무엘이 늙었기 때문에 문제가 되고 아들들은 뇌물을 받았으니 문제가 되었습니다. 맞습니다. 분명히 문제는 있습니다.

　그런데 왕을 구하는 데 있어서 두 가지 문제가 있습니다. 첫 번째는 이스라엘 백성을 사랑하고 하나님을 사랑하는 마음보다는 주변국가, 열국, 이방 나라에 대한 매력 때문에 구하는 것이 문제였습니다. 이스라엘의 장로들은 자신들의 뜻을 이루기 위해 사무엘의 늙음과 아들들의 불경건을 지적하기 시작했습니다. 하지만 이것은 지금까지 하나님의 구원 역사를 부정하는 행동이었습니다.

　그래도 사무엘은 여호와께 기도했습니다. 어려운 문제가 발생했을 때 사무엘의 자세를 봅시다. 어떤 방법으로 문제를 해결했는가를 살펴봅시다. 가정의 문제 즉 자신의 늙음이나 자녀의 비방 때문이 아닙니다. 인간 왕을 세워 다스려 달라는 요청 때문이었습니다. 사무엘이 앞장서서 일했지만 배후에는 하나님께서 지금까지 일해 오셨습니다. 그럼에도 불구하고 인간 왕을 구한 것은 하나님을 거부하는 배은망덕한 요구요, 행동이었습니다. 이스라엘의 왕은 여호와 하나님이십니다.

　사무엘은 하나님의 뜻을 묻습니다. 자기의 마음은 편하지 않지만 그래도 겸손하게 하나님의 뜻에 순종하는 모습입니다. 하나님의 뜻을 먼저 물었습니다. 하나님이 사무엘에게 주신 대답은 장로들의 요구를 들어주라는 것이었습니다. 인간을 왕으로 세우는 왕정제도 자체는 좋은 것이기에 들어주라는 뜻도 있습니다.

　다만 문제는 '너 사무엘을 버림이 아니요 나 여호와를 버림이라' 라는 것입니다. 겉으로는 사무엘과 그 아들들을 버리는 것 같지만 실제로는 하나님의 신정통치를 거절한 것이었습니다. 왕 되신 하나님을 거절하는 것입니다. 사람들의 문제는 여기 있습니다.

　하나님은 사무엘을 위로하시며 앞으로 행할 길을 가르쳐 주셨습니다.

하나님은 이스라엘을 애굽에서 인도하고 나라를 지도하신 실제적인 왕이십니다. 백성들이 굶주릴 때 만나를 주셨습니다. 목마를 때 마실 물을 주시고, 구름기둥과 불기둥으로 인도해 주신 왕이셨습니다.

지금도 사무엘을 세워 이스라엘을 잘 다스리신 왕이십니다. 그럼에도 불구하고 보이는 인간 왕을 구하는 것은 마치 우상숭배를 하는 것과 다름이 없었습니다. 구원 역사를 부정한 죄와 같습니다. 인간 왕이 세워지면 백성들이 세금으로 바친 것을 왕이 먹고 마시고 입고 누리게 될 것을 사람들은 잘 모르고 있었습니다. 사람은 참 어리석습니다.

하나님을 귀하게 여기는 장로와 성도가 되기를 바랍니다. 찬송가 67장 1절에 '영광의 왕께 다 경배하며 그 크신 사랑 늘 찬송하라 예부터 영원히 참 방패시니 그 영광의 주를 다 찬송하라' 라고 했습니다.

두 번째 문제는 하나님이 준비하신 왕은 사울이 아니라 다윗이었다는 것입니다. 사사기 성경에서 자주 나타나는 말씀이 "이스라엘에 왕이 없으므로 사람이 각기 자기의 소견에 옳은 대로 행하였더라"라는 말씀입니다. 그래서 사사기 다음에 룻기 성경이 나오는데 룻기 성경에서 가르쳐 주는 것은 보아스와 룻의 로맨틱한 사랑보다 하나님께서 준비하시고 계신 왕이 다윗이라는 점입니다. 그래서 다윗의 증조 할아버지 보아스로부터 오벳이 기록되고, 이새가 기록되어 나타납니다.

결국 이스라엘 백성과 장로들의 요구로 인하여 사울을 왕으로 세웁니다. 사울이 왕이 된 다음에 전쟁에서 승리도 하고 좋은 점도 있었지만 그는 하나님의 나라의 저해 요소로 활동했습니다. 충신 다윗을 죽이려고 십 년이 넘도록 쫓아다녔습니다. 영적으로는 성령께서 떠나고 악신이 역사했습니다. 그렇습니다. 사람을 왕으로 섬길 때 나타난 현상입니다. 이것이 문제입니다. 영원한 왕은 하나님이시요, 교회의 머리와 왕도 주님이신 줄로 믿습니다.

하나님께서 사무엘에게 왕정 제도에 대한 경고와 문제점에 대해 선언하셨습니다. 그릇된 동기에서 인간 왕을 구한 것은 하나님이 세운 사무엘을 버림이요, 하나님도 싫어하시는 일이었습니다. 사무엘은 끝까지 하나님의 지시하심을 따랐습니다.

인간을 왕으로 세우는 왕정 제도의 폐단에 대하여 두 가지를 경고했습니다. 인간 왕을 세울 경우에 백성들이 노예가 될 수 있다는 점과 다른 하나는 왕의 폭정으로 인해 아무리 부르짖어도 응답하지 아니할 것이라는 경고입니다. 이것이 인간의 생각과 하나님의 생각, 육신적인 생각과 성령의 생각의 차이점이었습니다. 기도 응답이 없는 것이 큰 문제 아닙니까? 여러분은 기도 응답을 받고 있습니까?

제19강
사무엘상 8장 10-22절

왕정체제의 문제점

세상에 여러 단체가 있고 다양한 정치체제가 있습니다. 체제마다 강점이 있기도 하지만 약점도 있습니다. 장점도 있지만 단점도 있습니다. 좋은 점도 있지만 나쁜 점도 있습니다. 완벽한 정치체제는 하나님이 통치하시는 신정정치, 신정국가에서만 가능합니다.

교회로 말해 보자면 교황정치체제는 교황정치체제대로 어려움이 있고, 감독정치는 감독정치대로 장단점이 있고, 장로정치체제는 나름대로 복잡한 점이 있습니다. 그렇다고 회중정치체제가 완전한 것도 아닙니다. 그래서 하나님의 정치를 그리워하면서 사는 사람이 그리스도인입니다.

재물은 귀한 것이지만 우리의 왕이 될 수 없습니다. 재물을 왕으로 섬기는 사람이 있다면 바울의 말을 들어야 합니다. 돈을 사랑하는 것이 일만 악의 뿌리입니다. 시험과 올무에 걸리게 됩니다. 욕심대로 살면 믿음에서 떠나게 됩니다. 그리고 파멸과 멸망길로 가게 됩니다. 세상을 떠들썩하게 했던 구원파의 유병언 일가와 같이 될 것입니다.

그러면 인간이 왕일 때 어떤 현상이 벌어지겠습니까? 하나님이 가르쳐 주셨습니다.

1. 왕정정치의 폐단

하나님은 사무엘을 통하여 하나님이 통치하는 신정정치와 인간이 왕 노릇 하는 왕정정치의 차이점이라고 볼 수 있는 왕정정치의 폐단에 대하여 말씀하셨습니다. 사무엘은 하나님의 말씀을 전할 때 가감없이 전했습니다. 이것은 사무엘이 선지자로서의 책임을 잘 감당했음을 말해 주는 것입니다. 그러면 왕정정치의 폐단이 무엇일까요?

첫째로, 인간 왕이 통치할 경우 젊은 남녀를 징집하게 될 것이라고 했습니다. 젊은 남녀를 징집하는 목적이 무엇입니까? 국가적인 목적을 이루기 위함입니다. 11절에 '취하다'란 징집 외에도 사적인 목적으로 백성들을 징집하는 것으로, 젊은이들은 병거와 말을 어거할 것입니다. 왕은 자신을 위한 호위병도 거느리게 될 것입니다. 병거의 앞뒤에서 아들들이 달리게 됩니다. 자유를 빼앗기고 노예가 될 것입니다.

사무엘의 아들들이 뇌물을 받는 것을 반대하고 인간 왕을 구했을 때 그들의 아들들이 인간 왕의 종과 같은 존재가 될 것을 예언하고 있습니다. 인본주의로 가면 좋을 것 같으나 결과가 비참하게 되는 것임을 깨닫게 됩니다. 사람에게 있어서 자식보다 소중한 것이 있겠습니까? 빼앗겨도 좋다는 말입니까? 그래서 예수님은 "자기들이 하는 것을 알지 못함이니이다"라고 탄식하셨습니다(눅 23:34).

왕은 개인적인 목적과 유익을 위해서도 젊은이들을 징집할 것입니다. 왕실의 경호원을 두게 될 것입니다. 아들들이 왕실을 지키는 사람이 될 것입니다. 군사적인 목적 이외에 자신의 경제적인 목적을 위하여 노동력도 착취할 것입니다. 농경사회에서 이런 일은 비일비재한 일이었습니다.

딸들도 노동력을 **빼앗기고**, 왕의 호화로운 생활을 위하여 수고하게 될 것입니다. 왕정체제가 틀려서라기보다는 인간의 왕이 죄인이기 때문에 결과가 그렇게 된다는 뜻입니다.

둘째로, 신하들에게 봉급을 주기 위하여 백성들에게 다양한 세금을 내게 할 것입니다. 노동력은 물론 밭의 수확물도 왕이 가장 좋은 것을 가지게 될 것입니다. 민수기 36장 7절에서 율법적으로 금했지만, 군주체제의 왕은 율법보다는 재물의 유혹에 이끌리게 될 것입니다. 신하에게 하사품을 내리는 것도 세금으로 거둘 것입니다.

십일조 이외에 세금을 많이 징수할 것입니다. 왕은 국가에서 봉사하는 모든 사람, 신하들의 생활까지 책임져야 하기 때문입니다. 그렇습니다. 많은 세금을 거둬야 신하들에게 좋은 것을 줄 수 있는 것입니다.

셋째로, 노비와 가축도 세금을 내야 할 것입니다. 노비가 황소나 좋은 소로 번역되기도 합니다. 노비가 수고하는 것처럼 생활 수단이 된 짐승이나 교통 수단이었던 짐승까지도 착취당할 것이라는 말입니다.

넷째로, 이스라엘 백성이 왕의 종이 될 것이라고 했습니다. 이스라엘 백성이 원하는 왕은 백성의 자유와 재산, 권리까지 착취하게 됩니다. 애굽에서 종 되었던 이스라엘이 하나님을 왕으로 모실 때에는 자유가 있었으나, 사람을 왕으로 모시면 다시 종이 되는 것입니다. 군주체제에서 모든 국가의 땅이나 국민은 왕의 것이었습니다. 왕이 살리기도 하고 죽이기도 했습니다. 하나님은 죽일 자는 죽이지만 살릴 자는 반드시 살리시는 분이십니다.

다섯째로, 하나님은 왕이 난폭하게 통치를 하여도 기도에 응답하지 않겠다고 하셨습니다. 이스라엘 백성이 왕 때문에 고통 가운데서 부르짖어도 응답하지 않겠다는 뜻은 하나님이 돌아보지 않으시겠다는 의미입니다. 하나님의 뜻을 무시하고 인본주의적 동기에서 왕을 요구한 것이 큰 죄입니다. 하나님의 응답이 있는 것이 인간에게 복입니다. 역사적으로 많은 폭군들이 나타나 백성을 괴롭힌 사건은 성경에서 쉽게 찾아볼 수 있는 일입니다.

그럼에도 하나님은 왕정제도 자체를 부정하지는 않으셨습니다. 어떤 체제든지 장단점은 다 있습니다. 다만 어떤 체제든지 하나님 앞에서 운용하고자 하는 자세와 태도가 중요합니다. 체제보다 자신들이 죄악을 회개할 때 행복이 따르는 것입니다. 이것이 불신앙적인 요소요, 인본주의적인 요소라고 말할 수 있습니다. 결국 하나님의 책망과 경고가 나오게 되었습니다.

항상 인간은 근본적인 것을 고칠 생각은 하지 않고 부차적인 것만 수정하고 보완하려는 노력을 하는 데 문제가 있습니다. 이스라엘 역사가 가르치듯 왕정체제 아래서 백성들은 타락을 거듭하다가 왕국이 분열되고, 멸망의 길을 걷게 되었던 것입니다. 여러분에게 성령께서 통치해 주시는 복이 임하기를 바랍니다.

2. 재차 왕을 요구하다

이스라엘 백성과 장로들이 인간 왕을 요구하는 동기가 인본주의적이고 불신앙적이었습니다. 인간 왕을 자꾸 요구하는 것은 하나님께서 세우신 사사 제도를 부정하는 것이요, 하나님의 왕 되심을 거절하는 것이며, 이방 나라의 풍습을 좇는 것이었습니다.

하나님께서 백성들에게 경고의 말씀을 들려주셨음에도 불구하고 그들은 계속하여 인간 왕을 요구했습니다. 정말 인간은 무지한 존재입니다. 하나님의 경고를 무시하는 성향이 있습니다. 사람이 하나님의 경고를 무시할 수 있는 것일까요? 하나님의 경고를 무시하는 것은 불순종이고 불신앙입니다. 믿음이 있어서가 아닙니다.

19-20절을 봅시다. "백성이 사무엘의 말 듣기를 거절하여 이르되 아니로소이다 우리도 우리 왕이 있어야 하리니 우리도 다른 나라들 같이 되어 우리의 왕이 우리를 다스리며 우리 앞에 나가서 우리의 싸움을 싸워야 할 것이니이다"라고 했습니다.

이스라엘 백성들은 하나님의 경고를 거절하고 사무엘의 말을 듣지 않았습니다. 왕정제도의 불완전성과 허구성을 말해줘도 듣기를 거부하였습니다. 귀를 막아버린 것입니다. 사도행전 7장 51절과 마태복음 13장 6절, 그리고 누가복음 8장 8절에 "들을 귀 있는 자는 들으라"라고 말씀하신 이유가 여기 있습니다. 여러분은 듣는 귀, 보는 눈, 깨닫는 마음이 있어야 할 줄로 믿습니다.

신정정치를 거부하고 왕정체제를 고집한 이들은 이스라엘 장로들입니다. 이스라엘의 전쟁은 여호와의 전쟁입니다. 출애굽 사건, 가나안 정복전쟁, 사사시대의 전쟁들, 왕정체제 아래서의 전쟁들이 그 증거가 됩니다. 이스라엘의 전쟁은 하나님의 영광을 위한 싸움, 거룩한 전쟁(성전)인데 장로들이 이 사실을 잊은 것입니다. 많은 나라들이 왕을 모시고 전쟁하는 모습이 이스라엘 백성들은 좋아 보였던 모양입니다. 신정체제가 왕정체제와 웅장한 군대조직으로 대체되게 되었습니다. 하나님께서 왕이신 것이 더 좋은 체제인데, 하나님께서 싸워주실 때가 더 나은 것인데 말입니다.

상담학적으로나 심리학적으로 보면 이런 주장은 내적인 열등감에서 나온 것입니다. 다른 나라에는 다 있는데 우리는 왜 없느냐는 것입니다. 이런 주장은 정말 위험한 사상에서 나온 것일 수 있습니다. 기독교인은 집단주의자가 아니라 하나님의 말씀에 목숨을 걸고 살고 죽는 사람입니다. 하나님의 통치를 좋아하는 사람이 그리스도인입니다. 여러분은 하나님의 통치를 요구하는 지혜로운 백성이 되기를 바랍니다.

3. 왕정체제를 허락하다

사무엘은 하나님께 기도했습니다. 하나님의 두 귀에 대고 말하듯 기도했습니다. 사무엘은 기분이 좋지 않았지만 간절하고 진실하게 기도했습니다. 어떤 상황에서든지 기도하는 사람이었습니다. "왕을 세우라." 이스라엘 장로들의 요구를 하나님은 들어주셨습니다.

마지못해서 허락하신 것인가 아니면 좋은 의미에서 들어 주신 것인가? 하나님의 뜻은 무엇인가? 하나님은 사람들과 같지 않습니다. 그렇지 않습니까? 설령 사람들이 그릇된 동기에서 구했더라도 하나님은 좋은 것을 주시는 분이십니다. 하나님은 이미 9절에서 허락하셨습니다. 하나님의 절대적인 주권 아래서 이루어지는 일입니다.

하나님께서 사무엘을 세우시고 일을 하시는 것을 보면 알 수 있습니다. 이스라엘 왕이 하나님의 말씀과 통치에 순종하도록 명령하셨습니다. 체제는 왕정이지만 내용은 신정적이라는 말입니다. 신정적이면서 왕정체제라고 말할 수 있을 것입니다. 인간의 해결책과 안녕이 하나님께 달려 있습니다. 왕은 항상 하나님을 떠나지 않고 하나님의 장중에 온전히 붙잡혀 있어야 하기 때문입니다.

이스라엘의 장로들이 사무엘에게 계속하여 왕을 구하자, 사무엘은 하나님께 기도했고, 여호와 하나님은 장로들의 요구대로 왕을 허락하셨습니다. 이것은 이스라엘 백성의 요구에 밀려서 허락한 것이 아니라 이미 신명기 17장 14절에서 율법적으로 허락하셨습니다.

단, 지금은 사람의 뜻에 의해서 세워진 것입니다. 하나님의 뜻대로 완벽하게 이루어지는 것이 아니었습니다. 이것은 인간의 조급성, 조급한 탓입니다. 지금까지의 신정주의가 신정적 왕정체제로 나아가게 되었습니다. 구속 역사는 멈추지 않고 끝까지 진행하시는 하나님의 사랑과 은혜를 보게 됩니다. 인간은 실패해도 하나님은 조금씩 구속 역사를 이루어 가십니다. 역사의 주인공은 하나님이십니다.

여러분의 영원한 왕은 누구입니까? 영원한 왕은 예수 그리스도이십니다. 하나님의 뜻은 만왕의 왕이신 예수 그리스도에 의해서 성취되었습니다. 예수 그리스도는 제도적인 개혁보다 사람을 개혁하시는 분이십니다. 그래서 "회개하라 천국이 가까이 왔느니라"라고 했습니다. 회개하는 자는 왕 되신 주님 앞에 무릎을 꿇는 사람입니다.

그리스도인은 하나님의 언약을 알고 있기에 기다릴 줄 아는 사람입니다. 자기 주장보다 하나님의 뜻을 찾는 사람입니다. 인간적인 교제보다 성령이 왕래하는 영적인 교제를 추구하는 사람입니다.

제20강
사무엘상 9장 1-14절

사울과 사무엘

이스라엘에도 주변 국가와 같이 사람 왕을 세워달라는 이스라엘 백성과 장로들의 요청이 있었습니다. 본래 이스라엘에는 하나님이 영원한 왕이십니다. 신정통치를 거절하고 사람을 통하여 지배받기를 원할 때 하나님은 어떤 방법으로 허락하셨는가? 그것이 이스라엘 나라에 얼마나 큰 도움이 되었는가? 이런 것을 생각하게 하는 내용입니다.

1. 초대 왕

이스라엘의 초대 왕은 사울입니다. 사울은 일반인보다 키가 훨씬 컸던 인물입니다. 사울은 베냐민 지파 기스의 아들로, 기스는 유력한 사람이었습니다. 기스는 아비엘의 아들이고, 스롤의 손자이며, 베고랏의 증손이고, 아비아의 현손이었습니다.

베냐민이란 '오른손의 아들'이라는 의미입니다. 의로운 지파, 하나님이 특별히 도우시는 지파라는 뜻도 있습니다. 인간적인 면에서 볼 때 화려하고 왕이 되는 데 손색이 없다는 의미입니다. 장로들의 요구는 옳지 않았지만, 훌륭하고 자질이 충분한 사울을 왕으로 세우신 것은 하나님의 은혜였습니다. 어떤 의미에서 하나님이 베냐민을 특별히 도우셨는가?

사울을 왕으로 선택하신 분은 하나님이십니다. 하나님은 사울이 사무엘을 찾아가도록 섭리하셨습니다. 기스는 유력한 사람입니다. '유력한 사람'이란 '재산이 많다', '강한 육체와 정신력이 있는 사람'이라는 의미입니다.

사울은 유력한 사람의 아들, 재산이 많고 강한 육체와 정신력이 있는 사람의 아들이었습니다. 사사기 20-21장에 기브아 전쟁으로 인해 약해진 베냐민 지파인데 이 약하고 작은 지파에서 유력한 사람이 있다는 것은 하나님의 은혜 중에 은혜였습니다.

그리고 기스의 아들 사울은 '준수한 소년'이었습니다. '준수한 소년'이란 훌륭한 풍채와 몸가짐을 가진 청년을 말합니다. 성품적으로 도덕적인 겸손도 있었던 소년이었습니다. 역시 사람들은 외적인 데 관심을 가지지만 하나님은 사람의 중심을 보십니다. 사무엘상 16장 7절에 "여호와께서 사무엘에게 이르시되 그의 용모와 키를 보지 말라 내가 이미 그를 버렸노라 내가 보는 것은 사람과 같지 아니하니 사람은 외모를 보거니와 나 여호와는 중심을 보느니라"라고 했습니다.

성경은 하나님의 뜻을 이루기 위해 인간의 모든 일을 주관하시고 섭리하심을 말합니다. 하나님은 참새 한 마리의 생명도 간섭하시고 주관하신다고 가르쳐 주셨습니다. 들의 백합화 한 송이도 기르시는 하나님이십니다.

인류 역사에서 우연이란 존재하지 않고 하나님의 섭리만 존재할 뿐입니다. 국가의 흥망성쇠나 인간의 희로애락이 하나님의 섭리속에 달려 있습니다. 그러므로 사람은 범사에 하나님을 인정하고, 매 순간마다 하나님의 뜻을 발견하려고 힘써야 합니다. 여러분의 중심 마음이 항상 하나님을 향해 나아갈 수 있기를 바랍니다.

2. 암나귀를 찾는 사울

사울이 아버지 기스의 명령을 따라 잃어버린 나귀를 찾아 나섰습니다. 사울은 사환과 함께 아버지의 말씀을 좇아갔습니다. 이것이 사울의 놀라운 성품을 드러내고 있습니다. 순종과 효심이 있던 인물입니다. 그리스도인들은 부모님에게 효도해야 합니다. 부모를 잘 섬기는 것이 인간 사회에서 첫째입니다. 잘되고 땅에서 장수하는 비결입니다.

고대 사회에서 나귀는 귀한 짐승이었습니다. 귀족들만 타든지 아니면 사사의 아들들이 타던 짐승입니다. 팔레스틴 지방에서는 전쟁 때 말을 타듯 평상시에는 나귀를 타고 움직입니다. 하나의 교통 수단입니다. 사울은 아버지의 잃어버린 나귀를 찾기 위하여 사환까지 동원했습니다.

에브라임 산지와 살리사, 사알림 그리고 베냐민 사람의 땅을 두루 찾아 다녔습니다. 에브라임 산지는 땅이 비옥하여 포도나 무화과 그리고 올리브 나무가 많은 곳이었습니다. 샅샅이 뒤졌지만 나귀를 찾을 수 없었습니다. 산악 지대나 광야 그리고 계곡을 다니면서 찾으려고 노력했습니다. 물론 위험한 지역도 있었습니다. 여러 지역을 찾아 다녔지만 찾지 못했습니다.

이스라엘의 여러 지역을 다니게 한 것까지 하나님의 섭리로 이해해야 할 것입니다. 아버지의 잃어버린 암나귀를 쉽게 찾지 못하게 하신 하나님의 섭리는 무엇일까요? 우리는 이것을 배워야 합니다.

세상을 살아보면 그렇게 잘못한 일도 없는데 힘든 일이 발생합니다. 부모에게 효도하려고 하는데 일이 쉽게 풀리지 않습니다. 그리고 교회에 헌금도 하고 좋은 일 좀 하면서 살고 싶은데 마음 뿐입니다. 이럴 때 어떻게 해야 합니까?

3. 사울과 사무엘

사울은 사환에게 아버지께서 걱정하시겠으니 집으로 돌아가자고 제안했습니다. 함께하자는 것입니다. 아버지를 걱정하는 사울의 마음은 아름다운 마음입니다. 요즘 사람들이 배워야 할 도덕입니다. 유력한 사람에게 암나귀보다 사울이라는 아들이 더 소중할테니까요. 아버지의 마음을 헤아릴 줄 아는 사울은 좋은 아들입니다.

그러나 사환은 사울을 공경하는 마음을 가지고 자기의 말을 합니다. '자! 지금 집으로 돌아갈 것이 아니라 라마에 있는 사무엘, 하나님의 사람에게 도움을 요청해 봅시다' 라고 강력히 말했습니다. 비중 있는 사람, 존경받는 사람에게 가보자는 제안입니다. 사무엘은 하나님을 귀중히 여기다가 귀중해진 사람입니다. 하나님께만 영광을 돌리다가 영광을 누리는 사람이었습니다.

사무엘이 말하면 어떤 일도 그대로 이루어진다는 것을 강조했습니다. 6절을 봅시다. "보소서 이 성읍에 하나님의 사람이 있는데 존경을 받는 사람이라 그가 말한 것은 반드시 다 응하나니 그리로 가사이다 그가 혹 우리가 갈 길을 가르쳐 줄까 하나이다"라고 했습니다. 이것이 참 하나님의 사람인 증거입니다. 참 선지자의 증거입니다.

그런데 사울이 한 말이 무엇입니까? "그 사람에게 무엇을 드리겠느냐 우리 주머니에 먹을 것이 다하였으니 하나님의 사람에게 드릴 예물이 없도다 무엇이 있느냐?"라고 말합니다. 사환이 자기 주머니를 샅샅이 뒤져 '은 한 세겔의 사분의 일이 있습니다' 라고 했습니다. '그것을 하나님의 사람에게 드려 우리 길을 가르쳐 달라 하겠습니다' 라고 말합니다. 사환의 이런 행동이 사울에게 힘과 용기를 심어주게 되었습니다. 이것도 하나님의 섭리라고 말할 수 있을 것입니다.

하나님의 사람에게 예물을 드린 경우는 성경에 많이 나타납니다. 존경하는 사람에게나 신분에 걸맞는 예물을 준비하는 것은 고대 사회의 풍습이었습니다. 여로보암이 아들 아비야가 병들었을 때 떡 열과 과자와 꿀 한 병을 가지고 아히야 선지자를 찾아갔던 일이 있습니다.

사무엘 시대에는 선지자나 선견자를 같이 사용했습니다. 사울이 사환의 말을 듣고 사무엘을 만나기 위하여 라마로 향하였습니다. "네 말이 옳다 가자 하고 그들이 하나님의 사람이 있는 성읍으로 가니라". 이것이 사울의 장점입니다. 다른 사람의 충고를 받아들이는 사람이었습니다. 젊은 사람의 하루 품값 정도를 손에 들고 사무엘을 찾아갔습니다. 사울이 사환의 말을 듣고 사무엘을 만나기 위해 라마로 내려간 것은 사울의 생애에 있어서 최고의 전환점이라고 말할 수 있습니다. 사울의 인생에 있어서 가장 중요한 결단 중의 하나였을 것입니다.

아버지에 대한 순종과 걱정은 사울의 효심을 나타냅니다. 또 아버지가 잃어버린 암나귀를 찾아 이스라엘의 여러 지역을 다닌 것은 자기 사명, 자기 책임, 자기 임무를 다하는 충실한 자임을 증명합니다. 하나님은 이런 사람을 귀하게 여기시고 사랑하시고 복을 주십니다.

모세부터 사무엘까지 내려온 신정체제가 왕정체제로 바뀌지만, 신정적 왕정체제라고 말할 수 있는 것입니다. 우리 성도들도 그렇습니다. 가정생활과 삶이 그러해야 합니다. 이것은 우리 기독교인들이 항상 염두에 두고 삶을 살아가야 할 이유 중의 하나입니다.

4. 사울 일행

사무엘은 하나님의 사람으로서 그가 하는 말은 땅에 떨어지지 않고 그대로 이루어졌습니다. 이것이 지금까지 참 선지자인지 거짓 선지자인지, 참 선견자인지 거짓 선견자인지, 참과 거짓을 증명하는 기준선이 됩니다. 사울이 사환의 말을 옳다고 인정하는 것은 겸손과 용기를 가리킵니다.

라마 지방에 도착한 사울은 물 길러 나온 소녀들에게 사무엘이 어디 있느냐고 묻습니다. 고대 사회에서 물 긷는 일은 여성들의 몫이었습니다. 소녀들은 라마 성읍에 제사드리는 날이라서 사무엘이 산당에서 제사드리기 위해 올라갔다고 말해 주었습니다.

지금 앞서서 올라갔으니 빨리 올라가면 사무엘을 만날 수 있을 것이라고 가르쳐 주었습니다. 서두르라는 뜻입니다. 서둘러서 올라가면 제사하기 전에 만날 수 있다는 말입니다.

'라마'는 '고지'라는 뜻입니다. 산당은 '높은 장소'를 가리킵니다. 산당이 높은 곳에만 있었던 것은 아닙니다. 성문 옆에도 있었고, 골짜기에도 있었습니다. 사람들이 예배하거나 제사하기 편한 곳에 있었습니다. 이스라엘 백성은 성전이 세워지기 이전에 주로 산당에서 제사했습니다.

훗날 산당은 우상 숭배의 본산지로 전락되었습니다. 바알과 아세라

목상 그리고 몰렉신까지 산당에서 섬겼습니다. 산당은 훗날 선지자들의 심한 책망의 대상이 되었습니다. 그렇습니다. 어떤 장소든지 하나님의 뜻대로 좋게 사용하면 좋지만 아무리 좋은 곳이라도 우상 숭배의 장소가 되면 심판과 정죄를 면할 수 없습니다.

교회도 마찬가지가 아니겠습니까? 하나님께 예배하고 성도가 성경 말씀 안에서 교제하면 좋은 단체이지만 물질 숭배나 인간을 숭배하는 사상이 싹튼다면 하나님의 정죄의 대상이 될 것입니다.

사울이 사무엘을 만나기 위하여 올라가려고 할 때 마침 사무엘이 마주 나오고 있었습니다. 우리는 하나님의 인도하심을 믿어야 합니다. 복된 길로 인도해 주실 줄로 믿어야 합니다. 아브라함이 천사를 영접할 때 의도적으로 달려가듯이 사울은 사무엘을 깊은 뜻을 가지고 의도적으로 만났습니다. 물론 사무엘은 하나님의 인도하심 때문에 사울이 찾아 올 것을 알고 있었습니다.

제21강
사무엘상 9장 15-17절

여호와의 계시

계시가 무엇입니까? 하나님께서 자신을 인간에게 알게 하셔서 예배하게 하고, 지식을 전달하게 하며, 하나님과 교통하게 하십니다. 하나님께서 자기 자신을 드러내는 계시가 없었다면 인간은 하나님을 알 수가 없었을 것입니다.

계시는 다양하게 설명할 수 있습니다. 계시의 양식에 근거할 때 자연계시와 초자연계시가 있습니다. 자연계시란 인간의 구조와 자연 현상을 통하여 전달된 계시를 말합니다. 초자연계시란 하나님께서 자연적 과정속에서 간섭하시는 계시를 말합니다. 꿈이나 구전과 같은 자연적 방법을 사용하실 때에도 초자연적인 방법을 사용하십니다.

계시의 성격과 대상과 관련하여서는 일반계시와 특별계시로 설명합니다. 일반계시란 인간 창조에 있어서 하나님의 창조물이며 하나님의 형상이 있는 인간에게 말씀하시는 계시를 말합니다. 범신론자들이나 무신론자들은 일반계시를 부정하는 사람들입니다. 특별계시란 하나님의 속죄사역에 뿌리를 박고 있는 것으로, 죄인인 인간에게 말씀하시고 타락한 인간의 도덕적이고 영적인 요구에 적용되는 계시를 말합니다. 자연신론자들은 특별계시를 부정합니다.

우리는 성경이 하나님의 계시라고 믿습니다. 다양한 계시를 다 해석할 수 있는 근본적인 힘과 능력을 주신다고도 믿습니다. 신구약 성경이 하나님의 말씀이요 믿음과 행위의 법칙이기 때문입니다.

1. 하나님의 계시

이스라엘 백성들의 관심사가 무엇이었습니까? 왕을 요구했습니다. 이제는 누가 왕이 될 것인가에 관심이 있었습니다. 이 문제에 대하여 하나님은 사무엘에게 명확하게 가르쳐 주셨습니다. 하나님의 인도하심을 받는 것이 이렇게 중요한 일입니다.

하나님께서 사무엘에게 사울에 대하여 다 계시해 주셨습니다. 어떤 내용을 계시해 주셨습니까?

첫째로, 사울이 사무엘을 찾아오기 전에 여호와께서 사울에 대하여 계시해 주셨습니다. 15절에 "사울이 오기 전날에 여호와께서 사무엘에게 알게 하여 이르시되"라고 기록하고 있습니다. 하나님은 자상하신 분이십니다. 세밀한 부분까지 다 가르쳐 주시고 알려 주시는 분이십니다.

여기 '알게 한다'는 말은 '비밀을 누설하다', '발표하다'라는 의미입니다. 귀에 바짝 대고 비밀을 속삭인다는 뜻입니다. 마치 친구가 친구의 귀에 대고 말을 속삭이듯 하나님께서 사무엘에게 자신을 계시해 주셨습니다. 하나님은 사무엘에게 친밀하고 정감있게 여러 가지 사건을 알게 해 주셨습니다.

　사무엘은 선지자입니다. 하나님께서 가르쳐 주셨습니다. 계시해 주셨습니다. "여호와의 말씀이 희귀하여 이상이 흔히 보이지 않았더라". 그럴 때도 사무엘은 하나님의 음성을 들으면서 성장했습니다. "여호와여 말씀하옵소서 주의 종이 듣겠나이다"라고 대답했습니다. 하나님의 음성을 들으면 하나님의 종이 됩니다.

　"단에서부터 브엘세바까지의 온 이스라엘이 사무엘은 여호와의 선지자로 세우심을 입은 줄을 알았더라"라고 했습니다. 사무엘은 하나님의 음성을 듣고 성장했습니다. 하나님의 말씀으로 백성들을 지도했는데 그 말이 땅에 떨어지지 않았습니다. 이것이 하나님의 계시를 받은 사람의 특징입니다.

　둘째로, 내일 베냐민 사람 한 사람을 너에게 보내리니 기름을 부어 왕으로 삼으라고 말씀하셨습니다. 사울을 사무엘에게 보낸 분은 하나님이십니다. 사환이 말을 하고 여러 가지 결단은 사울이 하는 것 같지만, 결국 사울의 발걸음을 사무엘에게로 가게 하신 분은 하나님이십니다.

　여기 '보낸다'는 것은 '공적인 사명을 띤 사람들을 자기의 사절이나 대표자로 파송한다'는 의미입니다. 사울이 아버지의 암나귀를 찾으러 라마에까지 왔지만 실제적으로는 이스라엘의 왕으로 기름 부음을 받기 위한 하나님의 인도하심이 있었습니다. 그래서 사무엘 앞에 서게 되었고 자의적인 판단이었지만 섭리적으로 하나님의 특별한 사역에 동참한 것입니다.

　인간은 하나님의 통치에서 벗어날 수 없는 존재입니다. 우리가 결단하고 의지적으로 행동하는 것 같지만 하나님께서 역사하시고 있는 줄로 믿습니다. 그러므로 지도자는 '왕이나 방백 그리고 족장'을 말하기도 하지만 이스라엘의 진정한 왕은 하나님이십니다.

셋째로, 베냐민 사람이 기름 부음을 받고 나서 이스라엘을 블레셋의 압제에서 벗어나게 구원할 것이라고 가르쳐 주셨습니다. 구약 시대에 기름을 붓는 것은 직분과 관련이 있습니다. 왕이나 선지자 그리고 대제 사장을 세울 때 기름을 부었습니다.

신약 시대에는 기름을 붓지 않고 안수를 합니다. 목사나 장로 그리고 안수집사를 세울 때 안수를 합니다. 성령의 충만한 임재를 기도합니다. 때로는 금식 기도도 합니다. 그러면 실제적으로 하나님의 성령이 충만히 임하는 줄로 믿습니다.

하나님의 계획은 세밀하고 빈틈이 없습니다. 하나님은 오차가 없으십니다. '통할하다'란 '억압하다, 제지하다'란 말입니다. 왕정정치에 뒤따르는 폐단을 두고 한 말입니다. 그러므로 성도는 세상을 살아갈 때 소망 중에 즐거워해야 합니다. 시련이 있어도 소망을 잃지 말아야 할 것입니다.

교회 지도자들이 명심할 것이 있습니다. 그것은 하나님이 사랑하는 백성을 내가 맡아서 섬기고 봉사한다는 인식입니다. 그들은 하나님이 애착을 가지고 사랑하고 희생하며 봉사하는 사람입니다. 하나님의 심정을 달라고 기도해야 합니다. 하나님의 마음으로 섬길 때 자신도 행복하고 보는 사람들도 행복할 줄로 믿습니다.

넷째로, 베냐민 사람을 왕으로 세우는 것은 이스라엘 백성들이 부르 짖었기 때문이라고 설명하셨습니다. '내 백성'이라고 하셨습니다. 여기 사용된 백성의 의미가 무엇입니까? 언약적인 의미를 담고 있습니다. 하나님은 유일한 왕이시고 이스라엘은 하나님의 백성이 되기 위하여 피로 서약한 것과 같습니다.

이스라엘의 왕을 세우는 입장에서 이스라엘을 내 백성이라고 선포하신 이유가 무엇입니까? 이스라엘의 참된 왕은 하나님이시며, 인간 왕을 세운다 할지라도 그는 하나님의 대리자일 뿐이고 진정한 왕은 하나님이시라는 것입니다. 이스라엘을 애굽에서 구원하시고 피로 언약을 맺은 하나님은 여호와이십니다. 다른 신이 없습니다. 다른 것은 우상입니다. 이스라엘이 하나님의 백성이기 때문에 버릴 수도 없고 떠날 수도 없으며 누구도 함부로 손댈 수도 없는 나라인 것입니다. 여러분도 똑같습니다.

하나님이 진정한 왕이시기에 이스라엘 백성의 부르짖음에 응답해 주셨습니다. 왕을 세워달라고 요구하니까 세워주신 것입니다. 이스라엘 백성의 고통을 들어주셨습니다. 듣고 응답하실 분은 하나님이십니다. 예수 그리스도의 보혈로 깨끗하게 씻으신 이유가 무엇입니까? 하나님의 아들과 딸이기 때문입니다.

부르짖는다는 것은 도움을 요청하는 간절한 기도를 말합니다. 애굽에서 이스라엘 백성들이 부르짖을 때 상달되었습니다. 하나님은 모세를 보내서 구원하셨습니다. 위급한 상황에서 간절히 기도할 때 하나님이 고통을 들으시고 절망적인 고통속에서 건져주셨습니다. 소리없이 우는 경우도 있지만 천둥소리같이 소리를 내면서 간구하는 경우도 있습니다. 하나님의 아들과 딸이 목놓아 부르짖는 소리를 듣지 않으시겠습니까?

그런데 사울을 왕이라고 부르지 않고 지도자라고 말한 이유가 무엇인가? "이스라엘의 지도자로 삼으라"라고 하셨습니다. 지도자란 '눈에 잘 띄게 두라, 돌출하다'라는 의미입니다. 그러니까 사람들 가운데 있으면서 눈에 잘 보이도록 일반 백성들이 보고 따라가도록 하기 위함이었습니다.

이스라엘의 지도자는 자신이 먼저 하나님의 언약에 신실하여 다른 백성들로 하여금 언약을 생각하고 지키도록 돕는 사람입니다. 삶을 본받게 해야 하는 것이지요. 나라를 통치한다는 것은 다스리고 통치하는 것보다는 순종하고 모범적인 삶을 살아서 다른 백성들이 따라오게 하는 개념입니다. 이것은 이스라엘의 역사가 가르치는 교훈입니다.

2. 왕이 될 사람

사무엘과 사울이 마주쳤습니다. 여호와께서 사무엘에게 사울이 이스라엘의 초대 왕이 될 자라고 가르쳐 주셨습니다. 사울이 하나님을 대신하여 이스라엘, 하나님의 백성을 통할할 사람이었습니다. 통할하리라. '억제하다' 라는 의미도 있습니다. 하나님은 왕을 세우기 전에 왕 제도에 대하여 설명해 주셨습니다.

사무엘상 8장 11절에 "이르되 너희를 다스릴 왕의 제도는 이러하니라 그가 너희 아들들을 데려다가 그의 병거와 말을 어거하게 하리니 그들이 그 병거 앞에서 달릴 것이며"라고 했습니다.

사무엘상 8장 16절에 "그가 또 너희의 노비와 가장 아름다운 소년과 나귀들을 끌어다가 자기 일을 시킬 것이며"라고 했습니다. 이것은 좋은 점일 것입니다. 왕은 아들들을 취할 것입니다. 왕의 일을 시키기 위해서 취하는 것입니다. 딸도 취할 것입니다. 향료를 만들기도 하고, 요리도 하게 할 것입니다. 떡도 굽게 할 것입니다. 그리고 밭과 포도원에서 제일 좋은 것을 취해서 신하들에게 줄 것입니다. 심지어 곡식의 십일조는 물론이고 양떼의 십일조를 가져갈 것입니다.

사울은 왕이 되고 싶어 정치하고 선거유세를 한 사람이 아닙니다. 준비도 갖추지 않았습니다. 지도자가 되겠다고 결심한 바도 없는 사람입니다. 잃어버린 아버지의 암나귀를 찾아나선 것밖에 없었던 사람입니다. 그러다가 왕으로 선택되었습니다. 지도자로 선출되었습니다. 그렇습니다. 하나님은 자기 일에 충실한 사람을 좋아하십니다. 순종하는 사람을 기뻐하십니다. 겸손한 사람을 높여주십니다. 하나님께서 여러분을 높여주고 여러분의 자녀들에게 복 주시기를 바랍니다.

이스라엘의 진정한 왕은 누구십니까? 하나님이십니다. 시편 10편 16절에 "여호와께서는 영원무궁하도록 왕이시니 이방 나라들이 주의 땅에서 멸망하였나이다"라고 했습니다. 시편 24편 7-10절에 "문들아 너희 머리를 들지어다 영원한 문들아 들릴지어다 영광의 왕이 들어가시리로다 영광의 왕이 누구시냐 강하고 능한 여호와시요 전쟁에 능한 여호와시로다 문들아 너희 머리를 들지어다 영원한 문들아 들릴지어다 영광의 왕이 들어가시리로다 영광의 왕이 누구시냐 만군의 여호와께서 곧 영광의 왕이시로다 셀라"라고 했습니다.

요한계시록 19장 16절에 "그 옷과 그 다리에 이름을 쓴 것이 있으니 만왕의 왕이요 만주의 주라"라고 했습니다. 우리가 믿는 하나님은 만왕의 왕이십니다. 만주의 주가 되십니다. 성자 예수님도 만왕의 왕이시고 만주의 주가 되십니다.

제22강
사무엘상 9장 18-27

두 사람의 대화

사울이 사무엘을 만나도록 섭리하시는 하나님을 살펴보았습니다. 하나님은 개인은 물론 역사와 세계 만물을 다 통치하고 다스리는 분이십니다. 그리고 하나님께서 만물의 목적대로 사용하기 위하여 섭리적으로 능력있게 역사하십니다.

1. 사무엘의 예고

사무엘은 사울과 처음으로 만나자마자 어떤 예고를 했는가? 사울에 대하여 무슨 말을 했는가? 그리고 그 말은 땅에 떨어지지 않고 이루어졌는가?

사울이 사무엘에게 나아가 선견자의 집이 어디 있는지 묻습니다. "선견자의 집이 어디인지 청하건대 내게 가르치소서". 사울은 선지자 사무엘을 존경하는 마음으로 물었고, 사무엘은 사울의 겸손한 모습을 보면서 대답했습니다. 사무엘이 자기 자신이 선견자라고 말합니다.

사무엘은 사울에게 산당으로 먼저 올라가 함께 식사를 하자고 권합니다. 시간적인 의미로 앞서는 것이 아니라 순서상 앞을 말하는 것입니다. 사무엘은 사울을 앞세우고 있습니다. 사무엘이 사울을 그렇게 앞세운 이유가 무엇입니까? 하나님께서 사울이 어떻게 쓰임받을 것인가를 알려 주셨기 때문입니다. 그리고 산당에서 제사하는 목적이 사울이 중심되는 제사였기 때문이었습니다.

그리고 내일 아침에 집으로 돌아갈 것이요, 내 마음에 있는 말을 다 말해 주겠다고 약속했습니다. 사울의 관심사에 대하여 알려 주겠다는 뜻입니다. 그 내용은 사흘 전에 잃어버린 암나귀는 걱정하지 마라. 이미 찾았느니라. 그러면서 "온 이스라엘이 사모하는 자가 누구냐 너와 네 아버지의 온 집이 아니냐"라고 말했습니다. 정말 깜짝 놀랄 만한 일이 아닙니까? 하나님께서 사무엘에게 가르쳐 주시니까 이런 일이 벌어진 것이 아니겠습니까?

사울은 사무엘을 통하여 자기 자신이 이스라엘의 초대 왕으로 하나님의 부르심을 받았다는 것을 알게 되었습니다. 아버지의 암나귀를 찾고 있을 때 하나님께서 이미 사무엘을 통하여 자신을 이스라엘의 초대 왕으로 부르셨음을 깨닫게 되었습니다. 사무엘은 사울이 이스라엘의 왕으로 세움을 받아 이스라엘 백성으로부터 존경을 받을 것이라고 말해 줍니다.

사울이 아버지의 암나귀를 찾아다녔다면 사무엘은 사람들 가운데서 이스라엘의 초대 왕을 찾았습니다. 당시 상황으로 볼 때 모든 사람들이 찾고 또 찾는 상황이었습니다. 이스라엘 백성은 왕을 찾고 사울은 암나귀를 찾아다녔다면, 사무엘은 왕이 될 사람을 찾았습니다.

이스라엘의 왕이 되라는 사무엘의 말에 대하여 사울은 뭐라고 대답했습니까? 21절입니다. "나는 이스라엘 지파의 가장 작은 지파 베냐민 사람이 아니니이까 또 나의 가족은 베냐민 지파 모든 가족 중에 가장 미약하지 아니하니이까 당신이 어찌하여 내게 이같이 말씀하시나이까"라고 했습니다.

베냐민은 야곱의 열두 번째 아들로 태어난 사람으로, 적은 수의 지파였습니다. 가장 어린 막내 지파입니다. 베냐민 지파의 역사를 봅시다. 민수기 성경을 볼 때 첫 번째 인구 조사 때 35,400명이었습니다. 두 번째 인구 조사 때는 45,600명이었습니다. 열두 지파 중에 일곱 번째로 많은 수가 되었습니다.

그런데 베냐민 지파가 작아진 이유가 무엇입니까? 사사기 19장에 나타난 사건을 생각해야 합니다. 베냐민 지파에 속한 기브아 사람들이 한 레위인의 첩을 욕보인 사건으로 말미암아 이스라엘 지파들과 전쟁을 치르게 되면서 적은 수로 전락하였습니다. 600여 명 남고 다 죽었습니다. 명맥만 유지하는 지파가 되었습니다. 사울은 기브아 사람이었습니다. 그러므로 이스라엘의 왕이 된다는 것이 꿈만 같았던 것이 아닙니까?

정말 보잘것없는 지파입니다. 비천한 지파였습니다. 사울은 집안에서도 약한 존재였습니다. 사울은 이렇게 자기 자신을 잘 아는 겸손한 사람이었습니다. 사사기 6장의 기드온도 이런 고백을 했습니다. 하나님은 겸손한 사람을 좋아하십니다. 자기 자신을 낮추는 사람을 기뻐하십니다. 그러므로 진정한 왕은 여호와 하나님밖에 없습니다.

2. 공동 식사

사울과 사무엘이 식사 자리를 같이 하게 되었습니다. 식사 자리에 사울을 초대한 사람은 사무엘입니다. 사무엘은 공식적으로 알리기 위해서

그렇게 했던 것으로 보입니다. 사무엘이 사울과 사환을 식사 자리로 초
대했습니다. 상대에 대해 배려하는 마음이 꼭 필요합니다. 상대방을 먼
저 대접하고 이해하며 존중히 여길 때 하나님의 은총이 임할 줄로 믿습
니다.

그리고 30여 명의 유력한 자 중에서 수석의 자리에 사울과 사환을 앉
혀서 사울이 이스라엘의 초대 왕이 될 것을 암시적으로 나타냈습니다.
하나님의 일을 하는 사역자는 개인적인 유익보다 공적인 유익, 하나님
나라의 유익을 먼저 생각할 수 있어야 합니다.

요리사에게 미리 준비한 음식을 가져오라고 했습니다. 요리사가 제물
의 넓적다리를 가져오자 사무엘이 사울을 위하여 미리 준비한 식사라고
밝혔고, 공동식사를 하게 되었습니다.

사울은 사무엘을 찾아 낮은 자리에서 높은 곳으로 올라갔습니다. 사
울은 사환의 조언을 따라 사무엘이 높은 성에 있다는 것을 알고 높은
곳으로 찾아 나섰습니다. 사무엘이 라마, 높은 곳에 있어서 사울은 라
마로 올라갔습니다. 산당은 라마에서 더 높은 곳에 있었기에 사울도 더
높은 곳으로 올라갔습니다. 그리고 공동식사 자리에 초대되어 가장 높
은 곳에 앉게 되었습니다. 이것은 하나님의 계획과 섭리속에서 이루어
진 일입니다. 겸손하면 상상도 할 수 없는 큰 은혜와 복을 받게 되어 있
습니다.

여러분도 주변에 있는 사람을 높이세요. 그러면 하나님께서 여러분도
높은 곳으로 올려주실 줄로 믿습니다. 지금 낮은 자리라고 불평하지 마
세요. 하나님이 높여 주시면 높아질 줄로 믿습니다.

그리고 요리사가 짐승을 잡아 요리를 했습니다. 사무엘이 짐승을 잡
아 요리를 잘 하도록 지시했던 것으로 보입니다. 사무엘은 하나님께 제

사를 정성껏 지내고 사울에게 넓적다리에 붙은 살의 요리를 제일 먼저 가져다 주었습니다. 이것은 아주 중요한 의미를 담고 있습니다.

화목제물 중에서 오른쪽 넓적다리의 살은 아론의 자손들과 제사장들만 먹었던 음식이기 때문입니다. 사울이 그런 살코기를 먹었던 것은 중요한 의미를 포함하고 있었던 것입니다. 사무엘은 아주 훌륭한 인격자였습니다. 지금까지 이스라엘의 대부분의 영역을 다 통치하던 사무엘인데 사울이 왕이 되면 그 권한을 거의 다 넘겨 주어야 하는 입장입니다. 그런데 그런 사울에게 최고의 대접을 하고 있습니다. 불만을 품지도 않았습니다.

사무엘은 하나님의 명령을 따라 사울을 이스라엘의 왕으로 극진히 모시고 직무를 하나하나 성실하게 행하면서 실권을 넘겨주었습니다. 마치 세례 요한이 예수님은 흥하여야 하겠고 나는 쇠하여야 하리라고 한 것처럼 사무엘은 상대방을 높이고 존경했습니다.

3. 사무엘과 사울의 대화

사무엘과 사울이 성에 들어가 지붕에서 대화를 나눴습니다. 두 사람은 지붕 위에서 이스라엘의 앞날을 걱정하면서 하나님의 일을 수행했습니다. 하나님은 지붕 위에 난간을 만들라고 하셨습니다. 기생 라합은 이스라엘의 두 정탐꾼을 지붕 위에 숨겼습니다. 다윗은 지붕 위를 걷다가 밧세바를 보고 충동되어 음행했습니다. 이스라엘 사람들은 지붕 위를 창고로 쓰거나 그곳에서 잠을 잘 때도 있었습니다.

사무엘과 사울, 두 사람은 지붕 위에서 이야기를 하다가 잠이 들었던 것으로 보입니다. 동틀 때, 이것은 단순히 시간적인 의미만이 아니라 새로운 일을 시작하는 것을 암시하거나 새로운 국면의 전환을 나타내는 것입니다. 하나님은 부지런한 사람을 사랑하십니다. 게으르면 가난하게 됩니다. 가난이 도둑처럼 찾아오게 되어 있습니다.

사무엘은 사울을 산당의 지붕으로 불러 최종적으로 하나님의 계시를 구체적으로 전달했습니다. 동틀 무렵 사무엘이 사울을 집에 보내기 위해 깨우고 함께 길을 나섰습니다. 성읍 끝에 이르렀을 때 사무엘은 사울에게 하나님의 계시의 말씀을 비밀리에 전하기 위해 사환을 앞서게 합니다.

"너는 이제 잠깐 서 있으라 내가 하나님의 말씀을 네게 들려 주리라" 라고 했습니다. 시편 19편 7-8절에 "여호와의 율법은 완전하여 영혼을 소성시키며 여호와의 증거는 확실하여 우둔한 자를 지혜롭게 하며 여호와의 교훈은 정직하여 마음을 기쁘게 하고 여호와의 계명은 순결하여 눈을 밝게 하시도다"라고 했습니다.

사무엘은 진지한 하나님의 사람입니다. 설득력 있고 힘이 있는 사람입니다. 사람의 마음을 사로잡고 움직이는 사람이었습니다. 사무엘은 하나님께서 들려주신 말씀을 사울에게 들려주었습니다.
지난 번에는 하나님께서 들려주신 말씀을 엘리 제사장에게 가감없이 들려주었습니다. 정말 둘만의 비밀이었습니다. 사환조차도 모르게 진행했습니다.

교훈이 무엇인가? 사무엘은 신정체제에서 온전히 순종하는 사람으로서 왕정체제를 수립하는 데 가교적인 역할을 감당한 사람입니다. 신본주의적인 생각으로 가득찬 하나님의 사람이었습니다. 자신의 유익보다는 하나님의 뜻에 절대적으로 순종한 사람이었습니다. 사명자들은 반드시 본받아야 할 자세입니다.

사울은 자신이 이스라엘의 왕이 된다는 사실을 알고도 겸손했습니다. 야고보서 4장 6절에 하나님은 겸손한 자에게 은혜를 베풀지만 교만한 자를 물리치신다고 했습니다. 처음과 나중이 다른 사람의 경우도 있습니다. 처음과 나중이 같은 사람이 좋은 사람입니다. 처음과 나중이 다르다면 개인적으로도 불행하고 전민족적으로도 불행의 원인이 될 것입니다. 우리 성도들이 하나님 앞에서 정말 영적으로 경성해야 할 이유 중의 하나가 바로 이것입니다.

하나님의 뜻을 따르는 사람은 개인적으로 경건해야 합니다. 하나님을 두려워하는 마음이 있어야 합니다. 이것이 결여되면 변합니다. 올챙이 적을 생각하지 않습니다. 다른 사람들이 곁에 있지를 못합니다. 우리 모두 겸손해서 하나님의 은혜를 많이 받으며 사람들이 좋아하는 그리스도인들이 다 되기를 바랍니다.

제23강
사무엘상 10장 1-8절

사울 왕과 세 가지 징조

사무엘은 선지자로서 그리고 제사장으로서, 사사로서 역할을 잘 감당한 인물이었습니다. 사사시대에서 왕정시대를 열어간 인물이었습니다. 우리도 새 시대를 열어가는 성도들이 다 되기를 바랍니다.

1. 사울과 사무엘

사무엘상 9장은 사울이 사무엘을 만나 왕으로 초대받는 광경을 기록했습니다. 10장에서는 사울이 왕으로서 사무엘로부터 공식적으로 기름을 부음을 받게 됩니다. 그리고 입을 맞추었습니다. 사울이 이스라엘의 초대 왕으로 선출된 것입니다.

1절에 "이에 사무엘이 기름병을 가져다가 사울의 머리에 붓고 입맞추며 이르되 여호와께서 네게 기름을 부으사 그의 기업의 지도자로 삼지 아니하셨느냐"라고 했습니다. 사람이 세움을 받을 때 사람에게도 인정받고 하나님의 인정도 받아야 합니다.

약 350여 년의 사사시대를 마감하면서 마지막 사사 사무엘은 사울에게 기름을 부음으로써 왕정체제, 왕정정치를 시작했습니다. 사울은 하나님의 섭리속에서 선출된 사람이지만 제비뽑기를 통하여 백성들 앞에 공식적으로 왕이 되었습니다. 사울이 왕이 되는 과정을 보면 하나님의 절대주권적인 택함이 있었고, 제비뽑기라는 단계를 통하여 많은 사람으로 하여금 확신을 가지게 만들었습니다.

뿔에 담긴 기름을 머리 위에 붓는 행위는 어떤 사람을 지도자로 세울 때 취하는 예식입니다. 고대 사회에서는 기름 부음을 통하여 행동할 수 있는 권세를 부여했기 때문입니다. 그러므로 기름을 붓는 것은 사울과 하나님 사이에 특별한 관계가 형성된 것을 암시합니다. 또 사울이 하나님의 선택을 받은 사람임을 증명하는 것이었습니다.

하나님과의 관계가 새롭게 형성되었다는 말은 언약적이고 계약적인 관계를 말합니다. 기름 부음을 받은 사람은 하나님의 대리자로서 살아야 합니다. 언약에 대한 순종이 필수입니다. 만약 불순종을 한다면 언약은 파기되는 것이며 관계도 멀어지고 마는 것입니다.

사울 왕에게 기름을 부었고 하나님의 신이 임했다는 것은 사울이 하나님께서 세운 지도자이며, 그가 직분을 감당할 때 하나님께서 능력과 은혜를 주신다는 것을 의미합니다. 그리고 사무엘이 기름을 붓고 사울 왕에게 입을 맞춘 것은 깊은 애정과 신뢰를 의미하는 행동이었습니다. 앞날을 진심으로 축복하는 의미도 담겨진 행동이었습니다. 당시 최고의 지도자인 사무엘의 전폭적인 지지를 받으면서 사울은 왕으로 취임하게 되었습니다.

자기 자신의 사업을 위한 직분이 아닙니다. 여호와의 산업, 여호와의 기업, 여호와께서 사랑하는 유산을 위한 직분자입니다. 우리가 맡은 일들은 내 일이 아닙니다. 사람을 위한 일도 아닙니다. 하나님을 위한 일들입니다. 여호와의 기업, 여호와의 분깃, 여호와의 산업을 위한 일입니다. 여호와의 기업은 이스라엘 백성입니다. 하나님의 소유 된 자녀들입니다. 언약 관계에 있는 이스라엘 민족 전체를 의미하는 것입니다. 사울은 그렇게 중차대한 민족을 위하여 직분자로 세움을 받았습니다.

우리 주님도 그렇습니다. 여러분을 직분자로 세우실 때 모든 것을 다 쏟아부어 주셨습니다. 보혈로 씻어서 정결하게 하셨습니다. 성령으로 새로운 은혜와 능력도 부어주셨습니다. 감당할 수 있는 지혜와 믿음과 사랑도 주셨습니다. 그래서 감격해했습니다. 직분을 잘 감당하겠노라고 눈물로 다짐도 했습니다. 그런데 지금은 어떻습니까? 여러분이 맡은 직분이 하찮은 직분일까요? 그렇지 않습니다. 다시 일어나서 감당할 수 있기를 바랍니다.

2. 세 가지 징조

사울이 사무엘을 통하여 기름 부음을 받고, 왕이 되었습니다. 사울이 이스라엘의 왕이 되었을 때 세 가지 증표가 있었습니다. 세 가지 증표가 무엇인가? 그리고 그 의미는 무엇인가? 성경은 뜻 없이 기록된 말씀이 없습니다. 하나님의 오묘하고 깊은 뜻이 담겨져 있습니다.

세 가지 증표 중에 첫째가 어떤 내용입니까?

1) 첫 번째 징조는 2절입니다. "네가 오늘 나를 떠나가다가 베냐민 경계 셀사에 있는 라헬의 묘실 곁에서 두 사람을 만나리니 그들이 네게 이르기를 네가 찾으러 갔던 암나귀들을 찾은지라 네 아버지가 암나귀들의

염려는 놓았으나 너희로 말미암아 걱정하여 이르되 내 아들을 위하여 어찌하리요 하더라 할 것이요"라고 했습니다.

라헬의 묘지 근처에서 두 사람을 만나는데, 두 사람이 잃었던 암나귀를 찾았다는 소식과 아버지 기스가 사울로 인하여 많이 걱정한다는 소식을 듣게 되는 증표입니다. 라헬은 헤브론으로 올라가는 도중 베냐민을 낳다가 죽게되었습니다. 라헬이 죽어가면서 베냐민을 '베노니, 슬픔의 자식'이라고 불렀지만 야곱은 '베냐민, 오른손의 아들'이라고 고쳐 불렀습니다. 슬픔 가운데 태어났지만 하나님의 도우심으로 능력있게 살아가라는 의미로 그렇게 불렀습니다.

사울은 베냐민 지파 사람입니다. 역사적으로 있었던 베냐민의 사건을 들추어서 후손 중에 이스라엘의 초대 왕이 되었음을 밝히고 있습니다. 이것이 사울이 왕으로 등극할 징조임을 밝히고 있습니다. 두 사람의 등장은 율법적으로 증인의 역할입니다.

사울은 열심히 아버지의 암나귀를 찾아나섰지만 하나님은 사무엘을 만나게 하여 이스라엘의 초대 왕이 되게 하셨습니다. 이것이 하나님이 사용하는 방법입니다. 암나귀가 귀중하고 가치 있는 짐승이지만 아들만 하겠습니까?

잠언 16장 9절에 "사람이 마음으로 자기의 길을 계획할지라도 그의 걸음을 인도하시는 이는 여호와시니라"라고 했습니다. 인간의 모든 발걸음을 하나님이 인도하신다는 뜻입니다. 하나님께서 사울이 필요한 모든 것을 준비하시고 주관하신다는 것을 깨닫게 하는 교훈입니다.

2) 두 번째 징조는 3-4절에 나타납니다. 사울이 다볼 상수리나무에

이르면 하나님께 예배하기 위해 벧엘로 올라가는 세 사람을 만나게 되
는데, 그 중에 하나는 염소 새끼 셋을, 하나는 떡 덩이를, 다른 하나는
포도주 한 가죽 부대를 가지고 있을 것이라는 징조입니다. 염소, 포도
주, 떡은 율법에 하나님께 드리는 희생 제물입니다(민 15:5-6). 이런 것은
왕께 드리는 예물이기도 했습니다. 그러므로 세 사람이 사울에게 문안
하고 떡 두 덩이를 줄 것이라고 예언했습니다. 사울이 이스라엘의 왕이
될 것을 암시하고 있는 것입니다. 사무엘이 예언한 대로 세 사람이 왕에
게 합당한 예절과 예물을 드림으로써 사울이 이스라엘의 왕이 될 것을
확신하게 하였습니다.

이것이 무엇을 의미하는 것일까요? 사울이 왕이 된 다음에 인간을
만나는 것보다 살아 계신 하나님을 먼저 만나는 것이 중요하다는 교훈
입니다. 어디 사울 왕만 그렇겠습니까? 모든 믿음의 사람은 사람보다
하나님을 먼저 만나는 것이 아주 중요합니다. 하나님을 만나야 지혜도
얻습니다. 능력도 받습니다. 힘차게 세상을 살아갈 수 있게 되는 것입
니다.

그런데 대부분의 경우 하나님보다 사람을 먼저 만나려고 노력합니다.
사람이 가까이 있고 사람이 능력이 있어 보이기 때문입니다. 그런데 결
정적일 때 사람은 사람을 돕지 못합니다. 그러나 하나님은 전능하십니
다. 무엇이든지 돕고 세우고 사용하실 수 있습니다.

3) 세 번째 징조가 무엇입니까? 사울이 블레셋 영문이 있는 하나님의
산에 이르러 성읍으로 들어갈 때 산당에서부터 여러 악기를 가지고 예
언하는 선지자 무리를 만날 것이고, 그때 사울에게 하나님의 신이 충만
히 임할 것입니다. 그들과 함께 예언하고, 변하여 새사람이 될 것입니
다. 사울 당대는 실로 성막이 파괴되었기 때문에 산당에서 예배하는 상
황이었습니다.

사울이 왕이 될 당시 블레셋은 이스라엘의 깊은 곳까지 진지를 구축하고 이스라엘의 동태를 살피고 감찰했던 것으로 보입니다. 구약에도 선지자의 무리, 선지자의 생도들이 있었습니다. 사사시대에 암적인 암흑기를 지내면서 세상을 밝히기 위한 사람들 즉 선지자의 가르침을 받는 사람들이 많이 있었을 것입니다.

엘리사는 거문고 연주를 들을 때 감동되었고 다윗은 수금으로 연주할 때 하나님의 신이 임해서 악신이 떠나기도 했습니다. 모세 시대에 칠십 명의 장로들에게도 하나님의 신이 임하여 집단적으로 예언했습니다. 사울의 신하와 사울 자신도 하나님의 신에 감동되어 예언했습니다. 하나님의 특별한 은총을 받아 백성을 섬기라는 의도가 있지 않습니까?

이것은 사울이 자기 지혜와 능력으로 이스라엘 백성을 인도할 것이 아니라 하나님의 인도와 가르침을 받아서 이스라엘 민족을 인도하라는 교훈입니다. 하나님께 쓰임받은 모든 사람들은 다 그랬습니다. 하나님의 신에 감동받은 사람들입니다.

이처럼 세 가지 징표가 실제로 성취되는 것도 큰 의의를 지니지만, 이 징표들은 사울이 이스라엘의 초대 왕이 되어 백성을 다스릴 때 가져야 할 자세를 가르쳐 줍니다. 이것들은 모두 다 신정적 왕정체제를 말해 주는 사건들이기 때문입니다.

사무엘은 사울에게 세 가지 징조가 임하면 하나님이 함께하는 증거이므로 담대하게 소신껏 행하라고 권면했습니다. 7절에 "이 징조가 네게 임하거든 너는 기회를 따라 행하라 하나님이 너와 함께하시느니라"라고 했습니다. 하나님이 함께하시니 최선을 다하라는 권면입니다.

3. 사울의 기다림

사무엘이 사울을 길갈로 보내면서 자신을 칠 일 동안 기다리라고 지시하였습니다. 8절에 "너는 나보다 앞서 길갈로 내려가라 내가 네게로 내려가서 번제와 화목제를 드리리니 내가 네게 가서 네가 행할 것을 가르칠 때까지 칠 일 동안 기다리라"라고 했습니다.

먼저 내려가라. 내가 반드시 뒤따라 내려가겠다는 약속입니다. 보라! 반드시 뒤따라 내려갈 것이다! 사무엘은 꼭 내려갈 것을 약속했습니다. 일평생 그의 하는 말이 땅에 떨어지지 않은 자의 약속입니다.

번제와 화목제는 사울을 이스라엘의 왕으로 삼기 위한 제사였습니다. 번제는 흠없는 수소나 숫양, 숫염소나 산비둘기, 집비둘기 등을 여호와 앞에서 불에 태워 드렸습니다. 이것은 헌신과 충성을 의미했습니다. 화목제는 하나님과 예배자와의 화친, 화목이 중심입니다. 감사와 교제를 의미하는 제사였습니다.

칠 일을 기다리라. 이 말은 번제와 화목제를 하나님 앞에 드릴 때 사울이 주체가 아니라 사무엘이 주체가 될 것을 말하고 있습니다. 강조하고 또 강조한 내용입니다. 긴장을 풀지 말고 계속하여 기다리고 기다리라는 의미입니다.

사무엘을 통하여 하나님께서 무엇을 나타내고 있습니까? 앞으로 사울이 왕으로서 행할 일을 가르칩니다. 절대적인 순종과 절대적인 복종입니다. 사람은 종종 자기 할 일을 하지 않아서도 문제지만 때로는 월권을 해서 문제가 됩니다. 내가 해야 할 말이 있고 해야 할 일이 있습니다. 우리 모두 순종의 사람이 됩시다. 기다릴 줄 아는 성도가 됩시다.

제24강
사무엘상 10장 9-16절

하나님의 신

이스라엘이 신정체제에서 왕정체제로 바뀔 때 어떤 일들이 있었는 가? 사무엘은 사울이 이스라엘의 초대 왕이 될 것을 예언했습니다. 왕 이 되는 것에 대한 세 가지 증표가 있을 것이라고 했습니다. 실제적으로 세 가지 증표가 있었습니다. 세 가지 증표가 어떻게 실행되었습니까? 오늘은 예언이 실현되는 장면을 생각해 봅시다.

1. 사울의 새 마음

사울이 사무엘을 만나고 떠나려는 순간 하나님의 신에 크게 감동되었 습니다. 하나님의 징조 세 가지 중에 세 번째 징조가 이루어지는 장면입 니다. 매우 급속하고 신속히 이루어졌습니다. 하나님의 언약은 더딘 것 이 아닙니다. 신속하게 이루어지는 것이 많습니다. 우리의 생각에 늦는 것처럼 생각이 들 뿐입니다.

사울이 사무엘을 떠나기 위하여 돌이키는 순간입니다. 사울이 몸을 돌이키는 찰나에 이루어졌습니다. 만나고 헤어지는 그 순간에 징조가

성취되었습니다. 정말 실감나는 장면이 아닙니까? 하나님의 일을 감당
할 때 반드시 필요한 것은 성령의 충만입니다. 예수님에게도 성령을 한
량없이 부어주셨습니다. 우리 모두 성령의 충만함을 받아 능력있는 일
꾼으로 살아가기를 바랍니다.

하나님께서 사울에게 새 마음을 주셨습니다. 새 마음의 창조자는 하
나님이십니다. 사람이 새 마음을 줄 수는 없습니다. 새 마음이란 단순한
방향 전환이 아니라 특성의 변화, 형질의 변화를 의미합니다.

예레미야 13장 23절 하반절에 "악에 익숙한 너희도 선을 행할 수 있
으리라"라고 했습니다. 하나님께서 역사하시면 사람이 변합니다. 악에
익숙하여 죄악만 범하던 사람도 선을 행할 수 있습니다. 인간의 마음은
심히 부패한 마음입니다. "하나님이여 내 속에 정한 마음을 창조하시고
내 안에 정직한 영을 새롭게 하소서"(시 51:10)라고 했습니다.

로마서 12장 2절에 "너희는 이 세대를 본받지 말고 오직 마음을 새롭
게 함으로 변화를 받아 하나님의 선하시고 기뻐하시고 온전하신 뜻이
무엇인지 분별하도록 하라"라고 했습니다.

고린도후서 5장 17절에 "누구든지 그리스도 안에 있으면 새로운 피조
물이라 이전 것은 지나갔으니 보라 새 것이 되었도다"라고 했습니다. 그
리스도 안에 있으면 마음이 변합니다. 사람의 생각도 바뀝니다. 하나님
께서 사울의 마음이 달라지게 하셨습니다. 새 마음을 주셨습니다. 이전
과는 다른 사람이 되게 했습니다. 이전의 마음이 아닌 새 사람의 마음을
소유하게 되었습니다. 변화된 사람의 마음을 가지게 되었습니다. 새 사
람은 새로운 마음과 새로운 의지를 가지게 됩니다.

에스겔 11장 19-20절에 "내가 그들에게 한 마음을 주고 그 속에 새

영을 주며 그 몸에서 돌 같은 마음을 제거하고 살처럼 부드러운 마음을 주어 내 율례를 따르며 내 규례를 지켜 행하게 하리니 그들은 내 백성이 되고 나는 그들의 하나님이 되리라"라고 했습니다.

모든 징조가 이루어졌습니다. 지체하지 않고 이루어졌습니다. 몸을 돌이키는 순간 새 마음을 주셨고, 약속한 징조가 다 이루어지게 되었습니다. 사울은 그밖에도 하나님의 산에서 모든 사람들과 함께 예언했습니다.

사람은 하나님이 바꾸어 놓으면 바뀝니다. 아브람을 아브라함으로, 사래를 사라로 바꾸어 주셨습니다. 야곱을 이스라엘로 바꾸신 분도 하나님이십니다. 여러분도 성령의 능력으로 변화되기를 바랍니다.

2. 구체적인 사건

사울이 하나님의 신에 감동된 다음에 다양한 증표들이 있었습니다. 세 가지 징표 이외에 또 다른 징표들도 있었습니다. 구체적으로 어떤 일이 발생했을까요?

첫째로, 사울과 사환이 하나님의 산에 올랐을 때 선지자 무리가 환영하고 영접했습니다. 평상시 잘 알던 사람들이 환영했습니다. 막역한 사이의 친구들도 모두 환영했습니다. 사울을 환영하는 모습을 보면서 이런 생각을 합니다. 여러분이 우리 교회를 처음으로 찾는 사람들, 초신자를 환영할 때 교회가 부흥됩니다.

성도는 모이기를 힘쓸 때 은혜와 복을 받습니다. 모이지 않으면 찾아오는 것은 시험입니다. 모이면 찬양하고 기도합니다. 감사하고 말씀을 듣습니다. 그러니까 은혜와 복을 받게 되어 있습니다. '모이기를 폐하는 어떤 사람들의 습관과 같이 하지 말라'.

마태복음 18장 20절에 "두세 사람이 내 이름으로 모인 곳에는 나도 그들 중에 있느니라"라고 했습니다. 성도가 교회로 발걸음을 옮겨야 할 이유가 여기 있습니다. 주님이 함께하는 곳이 세상에서는 성도가 모인 곳, 교회입니다. 다른 곳이 아닙니다. 교회입니다. 그래서 교회 밖에는 구원이 없습니다.

우리에게 주는 교훈이 무엇일까요? 하나님의 말씀은 한 치의 오차가 없습니다. 그대로 이루어집니다. 갈라디아서 4장 4-5절에 "때가 차매 하나님이 그 아들을 보내사 여자에게서 나게 하시고 율법 아래에 나게 하신 것은 율법 아래에 있는 자들을 속량하시고 우리로 아들의 명분을 얻게 하려 하심이라"라고 했습니다. 때가 되면 하나님은 반드시 하나님의 뜻을 이루어가십니다.

둘째로, 하나님의 신이 사울에게 크게 임하여 사울이 선지자 무리와 함께 예언했습니다. 그러니까 전에 사울을 알던 사람들이 '사울도 선지자들 중에 있느냐'라고 놀라는 말을 했습니다. 언제부터 사울이 사무엘과 함께 있었는가? 다들 놀라는 표정이었습니다. 긍정적인 평가를 하는 사람들의 말입니다.

그래서 사울이 하나님의 신에 감동되기 이전과 이후가 달라진 것 때문에 속담이 생겼습니다. '사울도 선지자들 중에 있느냐?' 부정적인 평가를 하는 말도 있습니다. 놀리는 말입니다.

사랑하는 성도 여러분! 여러분은 어떤 평가를 받을 수 있는 사람입니까? 사람들이 여러분을 향하여 뭐라고 평가를 하던가요? 하나님께서는 어떻게 평가하실까요? 그렇습니다. 사람들은 긍정과 부정의 평가를 하지만 하나님은 긍정적인 평가를 하실 것입니다.

셋째로, 사울이 예언한 후에 산당으로 갔습니다. 사울이 왜 집으로 가지 않고 산당으로 갔을까요? 자신을 왕으로 삼으시는 하나님께 예배하고 경배하며 감사하고 찬양하기 위하여 산당을 찾은 것입니다.

하나님은 하나님의 일을 위해 사람을 부르셨을 때 감당할 능력과 자질을 주시는 분이십니다. 감당할 수 있는 능력은 물론이고, 행해야 할 지침까지 내리시는 분이십니다. 사사기 13장 25절에 "소라와 에스다올 사이 마하네단에서 여호와의 영이 그를 움직이기 시작하셨더라"라고 했습니다. 삼손에 대한 기록입니다. 여호와의 영이 삼손을 움직이기 시작하셨습니다.

하나님께서 왜 이렇게까지 하시는 것입니까? 그렇게 하시는 이유가 무엇입니까? 우리가 부족함에도 불구하고 하나님의 도구로 쓰임 받는 이유는 바로 하나님의 도우심 때문입니다.

사울이 감사하기 위하여 산당을 찾았을 때 숙부를 만나게 됩니다. 그리고 좋은 대화를 나누게 됩니다. 하나님 중심적인 사람에게 사람도 돕는 역사가 있는 줄로 믿습니다. 하나님께서 사람을 붙여주시기 때문입니다.

하나님의 은혜를 받은 사람은 더 교회를 사랑하고 모이기를 좋아합니다. 성도와 교제하는 것을 좋아합니다. 시편 73편 28절에 "하나님께 가까이 함이 내게 복이라 내가 주 여호와를 나의 피난처로 삼아 주의 모든 행적을 전파하리이다"라고 했습니다. 하나님을 가까이 하고 교회를 사랑하는 성도가 되기를 바랍니다.

3. 숙부와의 대화

사울이 자기 숙부와 나눈 대화도 첨가되어 기록했습니다. 숙부는 '아버지의 형제, 사랑하는 자, 연인, 가까운 친족'을 의미합니다. 하지만 여기서 숙부는 아브넬의 아버지로 이해합니다. 사울이 왕 된 다음에 사촌인 아브넬을 군대장관으로 삼았기 때문입니다.

사울이 아직 공적으로 이스라엘의 왕임을 나타내지 않은 상황이었습니다. 이것은 굉장히 신중한 자세라고 볼 수 있습니다. 그렇습니다. 하나님의 일을 할 때 신중하게 처리해야 할 일들이 종종 있습니다. 신중하지 못해서 일을 그르치는 경우도 있습니다.

숙부는 사울과 사환에게 어디를 다녀왔느냐고 묻습니다. 사울이 암나귀들을 못찾아 사무엘에게 갔었다고 대답했습니다. 숙부는 사무엘이 사울과 사환에게 한 말에 대하여 되물었습니다. 사울은 암나귀를 찾은 것을 일러주었다고 대답했으나 자신이 왕이 될 것이라고 말하지는 않았습니다. 나라의 일은 고하지 않았습니다.

나라의 일이 정확히 무엇일까요? 무엇인지는 정확하게 알 수는 없지만 왕위, 왕권 제도를 말합니다. 좁은 의미에서 사울의 왕권을 말합니다. 왜 자신이 이스라엘의 초대 왕이 될 것이라고 말하지 않았을까? 신중한 자세라고도 볼 수 있지만 사무엘의 당부가 있었을 것입니다. 왜냐하면 사무엘이 사울에게 기름을 부을 때 지붕 위로 올라가서 비밀리에 부었기 때문입니다.

사울은 공식적으로 출범하기 전까지 노출시키려고 하지 않았습니다. 삼손도 그랬습니다. 자신이 사사가 된 것을 가족들에게도 알리지 않았습니다.

그리고 숙부가 사울에게 사무엘을 만났을 때 무슨 말을 하더냐고 묻습니다. 쓸데없거나 지나친 호기심은 문제를 야기시킵니다. 숙부는 왕정체제를 요구하는 장로들의 말을 알고 있었기 때문에 사무엘이 무슨 말을 했지 않았을까 해서 묻고 있는 것입니다. 지나친 호기심은 때로는 일을 그르치는 경우가 발생하게 만듭니다.

아담과 하와가 지나친 호기심이 있었으리라 생각됩니다. 그 결과 사탄이 역사하게 되었고 범죄하게 된 것이 아니겠습니까? 침묵할 때는 침묵하는 것이 지혜자일 것입니다. 욥기 13장 5절에 "너희가 참으로 잠잠하면 그것이 너희의 지혜일 것이니라"라고 했습니다.

미가서 7장 5-6절에서는 "너희는 이웃을 믿지 말며 친구를 의지하지 말며 네 품에 누운 여인에게라도 네 입의 문을 지킬지어다 아들이 아버지를 멸시하며 딸이 어머니를 대적하며 며느리가 시어머니를 대적하리니 사람의 원수가 곧 자기의 집안 사람이리로다"라고 했습니다.

사랑하는 성도 여러분! 성령을 체험한 사울은 산당으로 가서 하나님께 감사하고 찬양하고 영광을 돌립니다. 집으로 돌아와서는 침묵을 지킵니다. 변화된 사람의 모습입니다. 우리도 예수를 믿기 전과 믿은 후가 달라야 하지 않겠습니까?

제25강
사무엘상 10장 17-27절

왕으로 선출된 사울

하나님은 질서의 하나님이십니다. 무질서하신 분이 아니십니다. 교회도 그렇습니다. 무질서한 곳이 아닙니다. 질서가 잘 잡힌 곳이 교회입니다. 저나 여러분이 거룩하고 의로운 하나님의 교회를 잘 유지하고 사랑해서 더욱 발전시키는 성도들이 다 되기를 바랍니다.

1. 사울과 제비뽑기

8장에서 왕정제도의 수립과 9장에서 사울 왕의 소명을 살펴보았습니다. 오늘 본문 10장 17-24절에서는 사울이 미스바에서 제비뽑기 방식을 통하여 공식적으로 이스라엘 왕으로 선출되는 장면이 나타납니다. 사무엘은 온 이스라엘 백성을 미스바로 모이게 했습니다.

미스바는 '경계하다' 라는 말에서 파생하여 '파수대' 라는 뜻이 있습니다. 미스바는 이스라엘 민족에게 있어서 중요한 군사 요충지였습니다. 사무엘이 순회할 때 이스라엘 백성을 다스렸던 곳이기도 합니다. 특별히 사무엘이 우상 숭배하는 이스라엘 백성들의 죄악을 지적하여 하나님과의 관계를 회복한 곳이기도 합니다.

사울은 사무엘로부터 기름 부음을 받았습니다. 그리고 세 가지 증표까지 보았습니다. 거룩한 하나님의 신에 감동도 받았습니다. 이제 더 무엇이 필요하겠습니까? 그러나 이스라엘의 왕으로 선택받았다 할지라도 공식적이고 공개적으로 선출하기 위하여 이스라엘 백성들이 모였습니다. 선출 방식은 제비뽑기였습니다.

사무엘은 이스라엘 백성들 앞에서 설교했습니다. 이스라엘을 애굽에서 구원하신 하나님의 은혜에 대하여 말했습니다. 주변 국가의 압제속에서 건져내신 하나님을 말했습니다. 그럼에도 불구하고 구원자 하나님을 배신하고 인간 왕을 구하는 것은 잘못된 일이라고 지적하였습니다. 이스라엘 백성의 죄악을 지적하는 설교가 먼저 있었습니다. 하나님의 은혜를 다시 기억하게 하는 사무엘입니다.

'나는 너희를 구원하였지만 너희는 나를 배반하였다' 라는 의미입니다. 가룟 유다가 따로 있나요? 하나님을 배반하거나 배도한다면 가룟 유다가 되는 것입니다. 애굽에서 고통 당할 때 모세를 보내 구원하신 하나님을 어떻게 잊겠습니까? 아브라함과 이삭과 야곱에게 맹세한 가나안 땅을 주신 하나님을 어떻게 배신할 수 있겠습니까? 그러나 이스라엘은 지금 인간 왕을 구함으로써 하나님 앞에 배신하고 있습니다.

역사적으로 이스라엘을 괴롭히고 압제한 나라는 많습니다. 블레셋을 비롯하여 아말렉과 모압과 암몬 그리고 앗수르와 바벨론 등등 여러 나라가 이스라엘을 어렵게 만들었습니다. 그럴 때마다 구원하신 하나님이십니다. 그런데 인간 왕을 구하는 것은 하나님을 버리는 것과 같았습니다. 이스라엘 백성들은 여호와 하나님, 구원자 하나님을 쓸모없는 존재로 여기고 귀찮게 여기면서 버렸습니다. 여러분도 그렇지 않습니까?

"우리 위에 왕을 세우라." 하나님이 이스라엘의 영원한 왕이신데 하나님을 버리고 인간 왕을 요구하였습니다. 사무엘은 사람 왕을 세우기 위하여 제비뽑기 방식을 선택했습니다. 하나님의 은혜가 충만했던 곳에서 이스라엘의 초대 왕을 선출하게 되었습니다. 사무엘은 지파대로 천 명씩 여호와 앞으로 나오게 하였습니다. 여호와 앞은 하나님의 임재를 느끼는 곳입니다. 언약궤나 성막도 여호와의 임재를 느끼는 장소였습니다. 역사적으로 우림과 둠밈을 가지고 하나님의 뜻을 물었지만 이번에는 제비뽑기 방식을 선택했습니다.

세 번의 제비뽑기를 하였습니다. 겉으로는 사람이 행동을 하지만 배경에는 하나님이 역사하신다는 뜻입니다. 베냐민 지파가 선출되었습니다. 마드리 가족이 선출되었습니다. 기스의 아들 사울이 뽑히게 되었습니다. 그런데 이스라엘의 왕으로 뽑힌 사울이 보이지 않았습니다. 사울이 어디로 간 것일까요?

2. 이스라엘 백성과 사울

이스라엘 백성들이 인간 왕 사울이 뽑혔을 때 외모를 보고 기뻐했습니다. 처음에 사울이 보이지 않자 여호와께 사울이 있는 곳이 어디냐고 묻습니다. 사울은 행구, 짐보따리들 사이에 숨어 있었습니다. 여행을 위하여 다양한 짐들을 가지고 왔을텐데 짐꾸러미 사이에 숨어 있었습니다. 당시 최소한 12,000명 정도가 모였을진대 얼마나 많은 짐이 있었겠습니까?

이런 행동이 사울의 겸손이 아니겠습니까? 하나님은 겸손한 사람을 사랑하십니다. 교만할 때는 물리치십니다. 잠언 18장 12절에 "사람의 마음의 교만은 멸망의 선봉이요 겸손은 존귀의 길잡이니라"라고 했습니다.

베드로는 "서로 겸손으로 허리를 동이라 하나님은 교만한 자를 대적하시되 겸손한 자들에게는 은혜를 주시느니라 그러므로 하나님의 능하신 손 아래에서 겸손하라 때가 되면 너희를 높이시리라"(벧전 5:5-6)라고 했습니다.

사람들이 사울을 억지로 데리고 왔습니다. 사울은 키가 커서 다른 사람보다 어깨 위만큼 더 컸습니다. 모든 이스라엘 사람들보다 큰 키를 가지고 있었습니다. 당시 이스라엘 백성과 장로들의 요구가 무엇입니까? 사무엘상 8장 11-12절입니다. "너희를 다스릴 왕의 제도는 이러하니라 그가 너희 아들들을 데려다가 그의 병거와 말을 어거하게 하리니 그들이 그 병거 앞에서 달릴 것이며 그가 또 너희의 아들들을 천부장과 오십부장을 삼을 것이며 자기 밭을 갈게 하고 자기 추수를 하게 할 것이며 자기 무기와 병거의 장비도 만들게 할 것이며"라고 했습니다.

그뿐 아닙니다. 딸들을 데려다가 향료 만드는 자와 요리하는 자와 떡 굽는 자로 삼을 것입니다. 밭과 포도원과 감람원에서 제일 좋은 것은 다 가져가게 될 것입니다. 곡식과 포도원의 십일조를 거둬서 관리와 신하들에게 줄 것입니다. 양 떼의 십일조도 가져갈 것입니다.

사무엘이 사울을 소개했을 때 이스라엘 백성들은 만족해 하면서 만세를 불렀습니다. 사울은 다른 사람들과 비교해 볼 때 출중했습니다. 육체적인 관점에서 볼 때 아무도 따라잡을 수 없을 만큼 존귀한 사람이었습니다. 사람은 항상 외모를 보기 때문에 그렇습니다.

이스라엘 백성들은 사무엘의 소개가 끝나자마자 '사울왕 만세'를 불렀습니다. 사울은 이스라엘 백성들의 전폭적인 지지를 받으면서 왕의 자리에 올랐습니다.

이것이 사울로 하여금 하나님을 바라보기보다는 사람을 바라보게 만드는 요인이 되었습니다. 사람은 사람에게 적당한 인기가 있으면 됩니다. 오히려 전폭적인 인기가 있게 되면 사람의 종이 되기 쉽습니다. 그리고 그 인기가 하나님을 찾지 않게 되는 요인으로 작용할 수 있습니다. 여러분은 하나님을 구하는 지혜로운 성도로 세상을 살아가기 바랍니다.

3. 사무엘의 설명

사무엘은 나라에 대하여 설명했습니다. 특별히 나라의 제도에 대하여 말했습니다. 사무엘이 왕정제도에 대하여 설명한 이유가 무엇이겠습니까? 고대에 동방의 왕들은 절대적인 권력을 가지고 개인의 자유를 빼앗기 일쑤였습니다. 왕의 욕망을 채우기 위하여 백성을 도구로 이용하기도 했습니다.

이스라엘의 진정한 왕은 하나님이십니다. 이스라엘은 하나님을 버릴 수 없는 민족입니다. 하나님을 떠나서는 생각할 수도 없는 민족입니다. 그런데 이스라엘 민족이나 장로들이 왕을 구한 동기가 '열방과 같이, 이웃 나라와 같이' 라는 사상 때문에 그랬던 것입니다.

모세는 신명기 성경에서 왕정제도에 대하여 가르쳤습니다. 신명기 17장 14-20절까지 기록되어 있습니다. 왕이 가져야 할 윤리적이며 도덕적인 책임이 무엇인지, 그리고 의무가 무엇인지를 설명했습니다.

사무엘이 나라 제도에 대하여 말한 것을 기록하여 여호와 앞에 두었습니다. 여호와 앞에 둔 것은 언약적인 관념입니다. 모든 것이 하나님께 기원을 두고 있는 것이며 하나님의 뜻대로 시행해야 한다는 것을 가르치는 것입니다. 왕은 하나님의 법을 따라 백성들을 통치해야 하는 책임자입니다. 왕은 여호와 앞에서 살아야 했습니다. 하나님이 보시고 있다는 의식 아래 하루하루를 살아야 하고 하나님의 법도대로 백성을 인도할 책임이 있는 사람입니다.

사무엘은 백성들을 모두 집으로 돌려보냈습니다. 사울이 기브아에 있는 자기 집으로 갈 때 하나님께 감동된 유력한 사람들이 동행했습니다. 아마도 즉위식을 위하여 준비할 것이 있었던 것으로 보입니다. 동행하는 사람들은 특별한 일을 위하여 하나님께서 감동시켜 붙여준 사람들입니다.

일부 어떤 비류, 어떤 백성들은 사울을 탐탁하지 않게 여겨 멸시했습니다. 그러나 사울은 아무 말도 하지 않았습니다. 침묵했습니다. 이것은 잘못된 마음과 자세임을 밝히고 있습니다. 여기서 말하는 비류들은 '벨리알의 아들들'을 말합니다. 엘리의 아들들이 여호와를 알지 못하는 불량자였던 것처럼 이들도 우상 벨리알의 아들들이었습니다. 은혜를 모르는 사람입니다.

하나님의 일을 해 보면 잘 돕고 협력하는 유력한 자가 있는 반면에 벨리알의 아들과 같이 비류가 있는 것을 보게 됩니다. 여러분은 어느 쪽입니까? 당연히 하나님의 신에 감동된 협력자가 되기를 바랍니다. 비류처럼 말하고 행동하는 것은 성령의 역사가 아니라 사탄의 역사이며, 사탄의 도구로 사용되고 있음을 발견해야 합니다.

무슨 말로 비난했습니까? 이 사람이 어떻게 압박으로부터 자유를 주겠느냐? 정치적으로 우리를 자유롭게 만들 수 있겠느냐? 비류들의 주장

은 가장 작은 지파 사람이 어떻게 이스라엘에게 평화를 주고 기쁨을 주
겠느냐는 것입니다.

이렇게 비난하는 소리를 듣고 사울은 잠잠했습니다. 하나님의 신에
감동받아 성령 충만한 상태이기 때문에 참은 것입니다. 나중에 사탄이
역사할 때에는 참지 못합니다. 은혜가 떨어진 다음에는 사탄의 도구가
됩니다. 사람은 기도하지 않으면 별수 없는 존재입니다.

잠언 16장 33절에 "제비는 사람이 뽑으나 모든 일을 작정하기는 여호
와께 있느니라"라고 했습니다. 그렇습니다. 분명히 제비는 사람이 뽑습
니다. 그러나 일의 결정은 하나님이 하십니다. 세상 모든 일이 그렇습니
다. 하나님의 작정대로 되는 것입니다. 잠언 16장 1절에 "마음의 경영은
사람에게 있어도 말의 응답은 여호와께로부터 나오느니라"라고 했고, 9
절에서는 "사람이 마음으로 자기의 길을 계획할지라도 그의 걸음을 인
도하시는 이는 여호와시니라"라고 했습니다.

사울이 이스라엘의 왕이 된 것은 하나님의 절대주권 속에서 된 일입
니다. 사울이 스스로 신정체제를 타파하고 왕정체제를 만든 것이 아닙
니다. 신정체제의 마지막 사사인 사무엘의 인도로 기름 부음을 받고 왕
이 되었습니다. 제비뽑기 방법을 통하여 왕이 된 사람입니다. 이것은 개
인뿐만 아니라 이스라엘 백성을 하나님이 주관하심을 말해 주는 것입니
다. 이스라엘의 왕정체제도 인정하신 것입니다.

제26강
사무엘상 11장 1-5

길르앗 야베스의 위기

사울이 사무엘에게 기름 부음을 받았습니다. 그리고 삼십 명의 지도자들이 모인 가운데 상좌를 차지하는 일도 있었습니다. 그렇다고 사울이 모든 백성에게 전폭적인 지지를 얻은 것은 아니었습니다. 베냐민 사람이라고 야유하거나 빈정거리는 비류들도 있었습니다.

그러면 사울이 어떻게 할 때 이스라엘 백성들에게 전폭적인 지지를 얻었을까요? 오늘 성경말씀은 사울이 이스라엘에게 신임을 얻는 장면이 나타납니다. 직분자들이 잘 배워서 지지를 얻을 수 있기를 바랍니다.

1. 암몬의 나하스

암몬의 나하스가 길르앗 야베스를 점령하기 위해 포위했습니다. 암몬 족속이 길르앗 야베스를 침공했습니다. 야베스 사람들은 생명의 위협을 느꼈습니다. 요단 동쪽을 건너 공격해 온 것입니다. 야베스 거민들이 나하스에게 종주권 언약 체결을 제시하였습니다. 1절에 "우리와 언약하자 그리하면 우리가 너를 섬기리라"라고 했습니다. 종주권 언약이란 노예나 신하의 신분으로 주인이나 왕을 섬기듯 섬기겠다는 뜻입니다. 암몬은 강대국이고 이스라엘은 약소국이었습니다.

언약은 계약입니다. 쌍방간의 의무를 강조합니다. 만약 의무를 이행하지 않는다면 죽음과 저주와 형벌이 있을 것을 말합니다. 창세기 15장에는 하나님과 아브라함과의 언약, 계약이 나타납니다. 짐승을 쪼개고 횃불이 지나간 것이 그런 의미입니다. 이스라엘의 역사를 보면 할례를 행함으로써 이스라엘 백성이 언약 백성임을 증명했습니다.

암몬의 나하스는 언약 체결을 거절했습니다. 언약 체결을 하려면 야베스 사람들의 오른 눈을 다 빼어야 하겠다고 구실을 삼았습니다. 2절에 "암몬 사람 나하스가 그들에게 이르되 내가 너희 오른눈을 다 빼어야 너희와 언약하리라 내가 온 이스라엘을 이같이 모욕하리라"라고 했습니다. 언약 체결을 거절하고 무력으로 야베스를 정복하겠다고 주장했습니다.

야베스 장로들이 암몬의 나하스에게 이스라엘 온 땅에 사자를 보내어 구원을 요청할 터이니 이레간의 항복 유예 기간을 달라고 요청했습니다. 정말 극적인 일이 발생했습니다. 야베스 장로들은 종주권 언약을 체결하여 자신들이 패전국임을 인정하고 암몬에게 조공을 바치고자 하는 제안이 거절당하자, 자기 나라를 어려움으로부터 구원할 자를 찾을 시간을 달라고 요청했습니다. 아마 나하스가 그 요구를 들어준 것으로 보입니다. 자신만만한 나하스의 교만에서 비롯된 처사라고 볼 수 있습니다.

이러한 소식을 사울 왕이 듣게 됩니다. 사울에게 암몬의 나하스를 물리치고 이스라엘 왕으로 등극하려는 마음이 생겼습니다. 이레 동안 전쟁 유예기간을 준 것은 이상한 일입니다. 세계 전쟁사에 거의 없는 일입니다. 아마도 암몬은 이스라엘 전체가 공격해 와도 이길 수 있다는 자신감이 있었던 모양입니다. 군사력의 차이만은 아닌 듯합니다. 아마도 하나님의 섭리가 있다고 믿습니다. 하나님의 개입을 믿습니다.

사울로 하여금 백성들의 신임을 얻도록 하는 하나님의 섭리인데, 암몬의 나하스가 갖고 있는 탐욕과 교만한 마음을 이용하는 하나님의 지혜를 느끼게 됩니다. 하나님은 하나님의 뜻을 이루심에 있어서 천하 만물을 다 주장하십니다(출 14:21-31). 우리는 이런 것을 다 확실히 믿고 어떤 경우에도 하나님의 도우심을 간구해야겠습니다.

이스라엘 백성은 사울을 왕으로 선출하고 사무엘이 나라의 제도를 정함으로써 왕정체제의 기본적인 틀을 마련하였습니다. 그러나 오랫동안 사사시대의 체제에 길들여져 있을 뿐만 아니라 사무엘의 지도를 받아오던 백성들이 시골 출신 사울을 왕으로 세우고 따르기가 쉽지 않았습니다. 아직 즉위식도 갖지 못한 상황이고 사울은 시골로 돌아가 농사를 짓고 있는 상황이었습니다.

그런데 암몬의 나하스가 공격해 옴으로써 사울의 지도력을 인정받을 수 있는 기회가 찾아왔습니다. 고대 국가에서는 왕의 지도력이 전쟁을 통해서 증명되고 평가를 받았습니다. 암몬은 롯이 둘째 딸과 근친상간의 죄를 지었을 때 태어난 아들의 이름입니다. 암몬 족속은 호전적이고 잔인해서 이스라엘 민족을 늘 괴롭히던 족속입니다. 암몬이 요단 동쪽에 정착했기 때문에 길르앗 야베스를 공격해 온 것입니다.

암몬과 이스라엘은 혈연관계로 볼 때는 매우 가까운 사이였습니다. 야베스 땅은 '건조한 땅'이라는 뜻이지만 유목민에게는 적합한 초지가 많은 평원 지역이었습니다. 이러한 이유로 르우벤과 갓과 므낫세 반 지파가 모세 시대에 자기들의 기업으로 요구했던 곳이기도 합니다. 역사적으로 암몬은 이곳을 점령하려다가 사사 입다에게 패한 적도 있습니다. 이것에 대한 앙갚음을 하기 위해서 올라와서 그런지 언약 체결을 거절했습니다.

이 소식을 들은 사울이 하나님의 신(Spirit of God)에 크게 감동되었습니다. 온 이스라엘 땅에 사자들을 보내어 삼십삼만 명의 군사를 소집했습니다. 그리고 암몬 족속과 격전을 벌여 격퇴시켰습니다. 사울은 그의 군사적인 지도력을 인정받게 되었습니다. 그 결과 길갈에서 공식적으로 왕의 즉위식을 갖게 되었습니다. 이 사건이 사사시대의 종말을 예고하고 왕정시대가 도래했음을 가리키는 것입니다.

하나님은 하나님의 백성을 영원히 버리시지는 않습니다. 이스라엘이 하나님이 싫어하심에도 불구하고 왕을 구하고 윤리적으로나 종교적으로 타락한 삶을 살고 있었지만, 하나님은 하나님의 백성이 어려움을 겪을 때 돌보시고 구원해 주셨습니다. 그렇습니다. 우리가 범죄했을 때 동조하시지는 않지만 위급한 상황에서는 건져주시고 이끌어 주시는 하나님이십니다. 징계하다가도 회개하면 용서하시는 하나님이십니다.

하나님의 일을 하는 사람의 특징은 성령 충만입니다. 하나님의 영에 감동을 받는 것입니다. 야베스 소식을 들었을 때 사울은 하나님의 신에 크게 감동되었습니다. 인간으로서 상상할 수 없는 변화가 일어난 것입니다.

그리고 의로운 분노가 일어났습니다. 의분입니다. 옳은 길을 추구하는 힘이 필요합니다. 농사를 짓는 사람에서 군대를 이끌고 나가 전쟁에서 승리하는 용사로 거듭났습니다. 그리고 왕의 자격을 증명합니다. 사울은 왕으로서 이스라엘 나라를 위기로부터 구하는 역할을 잘 수행하고 있는 것입니다.

2. 야베스의 구원 요청

야베스의 사자가 구원자를 찾아 이스라엘의 방방곡곡을 다니다가 사울의 고향 기브아에 이르렀습니다. 기브아는 예루살렘 근방에 있는 기브아가 아니라 베냐민 지파에 속한 지경이며 사울이 왕으로 선출된 이후에 거주하고 있었던 곳입니다. 암몬 족속이 전쟁을 원하는 곳과 약 70km 떨어진 곳입니다.

사자는 사울을 만나자마자 지금까지의 일을 고했습니다. 사자는 먼저 기브아 백성들이 모두 듣게 설명하였습니다. 기브아 사람들은 사자의 설명을 듣고 모두 목소리 높여 크게 울었습니다. 사자는 기브아 사람들에게 자세히 말하여 설득했습니다. 모든 백성들이 이해하도록 설명했습니다. 이것이 중요합니다. 교회에서 광고하는 사람들이나 복음을 전하는 자가 꼭 가져야 할 자세입니다.

왜 기브아 사람들은 야베스 사람들이 곤경에 빠졌다는 소식을 듣고 그렇게 울었던가? 역사적인 배경이 있습니다. 사사기 21장을 보면 베냐민 족속인 기브아 사람들과 길르앗 야베스 사람들의 특별한 관계가 있습니다.

이스라엘 연합군과 베냐민 사람들이 전쟁을 했습니다. 야베스 사람들이 이스라엘 연합군에 동참하지 않았다는 이유로 응징을 당한 사실이 있습니다. 야베스의 살아 남은 400여 명의 처녀들과 베냐민 사람들이 결혼을 하게 되었습니다. 같은 이스라엘 민족이기 때문에도 귀하지만,

지금으로 말하면 사돈관계가 형성된 지파이기 때문에 귀했던 것입니다. 사람은 항상 겸손해야 합니다. 교만하면 끝이 좋지 않습니다. 겸손해야 하나님께서 끝까지 귀하게 사용하시는 법입니다.

때마침 사울이 밭에서 소를 몰고 집으로 돌아오는 길이었습니다. 소명을 받은 후에도 농사를 지은 이유가 무엇일까? 어떤 사람은 사울의 우유부단한 성격 때문이라고 비판하기도 합니다. 그러나 사사시대에서 왕정시대로 넘어가는 과도기적 전환점에서 사울이 사사적인 역할만이 아니라 왕의 역할을 해야 하기 때문에 때를 기다리고 있었던 것으로 보입니다.

그리고 사무엘로부터 기름 부음을 받았고 지도자들로부터 선택도 받았지만 왕의 즉위식을 거행하지 않은 상황에서 자신의 일상생활에 충실할 수밖에 없었던 상황이었습니다. 그렇습니다. 하나님은 어떤 상황에서든지 자기 맡은 일을 성실하게 감당하는 자를 기뻐하십니다.

사울이 왕으로 선출된 것은 사실이지만 아직 즉위식을 거행하지 않았습니다. 사울이 속한 베냐민 지파는 이스라엘 나라에서 가장 작은 지파였습니다. 당시 유다 지파와 에브라임 지파가 가장 영향력 있는 지파였습니다. 그러므로 사울은 하나님께서 세워주실 시간을 기다리고 있는 상황이었습니다.

사울이 백성들의 울음소리를 듣게 됩니다. 사울은 왜 백성들이 울고 있느냐고 묻습니다. 기브아 사람들이 우는 이유는 야베스 사람들이 암몬으로부터 당하는 전쟁의 고통스러움 때문이라고 사자는 자세히 보고를 했습니다. 특별히 야베스 사람들의 오른쪽 눈을 다 뽑아버리겠다는 말까지 듣게 되었습니다. 사울은 크게 노했습니다. 사울은 즉시 군사를 모집합니다. 왕으로서의 역할을 감당하기 시작했습니다. 결국 하나님께서 사울을 승리하도록 복을 주셨습니다.

길르앗 야베스의 사건 때문에 사울이 왕으로 즉위할 수 있었습니다. 또 사울 왕의 훗날의 역사를 보면 블레셋과의 전투에서 사울은 전사하게 됩니다. 그의 시체가 성벽에 걸려 있었습니다. 벧산 지역에서 약 20km 떨어진 곳 즉 길르앗 야베스 사람들은 사울과 그 아들들의 시체를 벧산에서 야베스로 옮겨와서 장사지냈습니다. 결국 길르앗 야베스는 사울을 이스라엘의 왕으로 즉위시킨 영광의 장소이지만, 사울의 육신이 한 줌의 흙으로 돌아가는 비극적인 장소이기도 했습니다.

제27강
사무엘상 11장 6-11절

사울과 나하스

암몬 족속이 이스라엘을 공격해 왔습니다. 야베스 사람들이 종주권의 언약 체결을 원했지만 거절했습니다. 야베스 장로들은 이스라엘 전역에 전령을 보내서 암몬과 싸울 사람을 찾고 있었습니다. 사울이 나서게 되었습니다. 하나님은 사울로 하여금 이스라엘의 초대 왕이 될 수 있는 기회를 주셨습니다.

사람은 누구에게나 기회가 있습니다. 범사에 때와 기한이 있습니다. "날 때가 있고 죽을 때가 있으며 심을 때가 있고 심은 것을 뽑을 때가 있으며 죽일 때가 있고 치료할 때가 있으며 헐 때가 있고 세울 때가 있으며 울 때가 있고 웃을 때가 있으며…"라고 전도자는 말했습니다.

1. 사울의 군사 소집

첫째로, 사울이 사자로부터 길르앗 야베스에 대한 소식을 들을 때 하나님의 영에 크게 감동되었습니다. 하나님의 일을 하는 사람에게 이러한 일이 가장 중요합니다. 6절입니다. "사울이 이 말을 들을 때에 하나님의 영에게 크게 감동되매 그의 노가 크게 일어나"라고 했습니다.

암몬 족속의 공격 소식을 듣자마자 사울은 하나님의 영에 크게 감동 되었습니다. 이러한 일은 왕이 될 자격이 있다는 것을 보여 줍니다. 사 사들 중에 옷니엘이나 기드온, 입다나 삼손과 같은 이들도 같은 사건이 있었습니다.

하나님의 일은 어떤 사람이 감당하는 것인가? 성령을 받은 사람이 감 당할 수 있습니다. 성령은 완전히 새로운 사람으로 바꾸어 놓습니다. 세 속적인 사람을 성령이 임하면 거듭나게 하십니다. 그리스도인이 되게 하십니다. 그리스도인이 기도 중에 성령을 충만히 받으면 능력 있는 하 나님의 사람으로 변화됩니다. 용맹스러운 사람, 용기 있는 사람, 강하고 담대한 사람으로 거듭납니다.

사울의 변화된 모습을 보십시오. 농사지을 때와는 너무나 다른 사람 으로 변했습니다. 왕으로서 백성을 구원하기 위하여 능력 있는 사람으 로 거듭났습니다. 성령께서 그렇게 만드셨습니다. 누구든지 그리스도 안에 있으면 새로운 피조물이라 이전 것은 지나갔으니 보라 새 것이 되 었도다. 할렐루야!

이것이 그리스도인이 세상을 살아갈 때 승리할 수 있는 비결입니다. 하나님의 일을 하는 사람들의 가장 두드러진 특징은 성령의 충만입니 다. 학식도 아닙니다. 경험도 아닙니다. 오직 성령의 충만을 입어야 합 니다. 여러분도 교회 중심적인 삶을 추구한다면, 하나님 나라의 일꾼으 로 살고 싶다면 성령의 충만을 간구하기 바랍니다.

하나님의 영의 충만함을 입으면 하나님의 백성을 괴롭히는 자들을 향 하여 강력한 분노가 분출됩니다. 사울도 야베스 사람들이 암몬 사람들 로부터 괴롭힘을 당한다는 소식을 듣고 크게 노했습니다. 거룩한 분노는 하나님의 사람의 특징입니다. 성령 충만한 사람의 특징이 거룩한 분노입니다.

둘째로, 7절에 사울이 한 겨리 소를 각을 떠서 온 이스라엘로 보내면서 자신과 사무엘을 좇아 암몬 군대를 물리치자고 했습니다. "한 겨리의 소를 잡아 각을 뜨고 전령들의 손으로 그것을 이스라엘 모든 지역에 두루 보내어 이르되 누구든지 나와서 사울과 사무엘을 따르지 아니하면 그의 소들도 이와 같이 하리라 하였더니 여호와의 두려움이 백성에게 임하매 그들이 한 사람 같이 나온지라"라고 했습니다.

그리고 만약 자신을 따르지 않는다면 소와 같이 각을 뜰 것이라고 했습니다. 소를 각 뜬 것은 아마도 암몬의 악행을 알리고 이스라엘 백성들이 전쟁에 참여하도록 하기 위한 소집 방법이었다고 생각됩니다. 전쟁에 불참하는 자는 죽이겠다는 뜻이 아니겠습니까? 또 사울과 사무엘을 따르라는 것은 자신의 권위가 아니라 신적인 권위에 순종하라는 뜻입니다.

그 결과 백성들이 하나님과 왕을 두려워하게 되었고 모두 군사로 자원하게 되었습니다. 이런 자세가 필요합니다. 현대는 이런 사상이 점점 희박해져 가는 안타까운 세상입니다. 여러분은 하나님을 경외하는 마음이 있기를 바랍니다. 하나님께서 세운 사람을 존중히 여기는 마음이 있기를 바랍니다.

셋째로, 사울이 군사로 자원한 자를 세어보니 모인 수가 삼십삼만 명이었습니다. 8절에 "사울이 베섹에서 그들의 수를 세어 보니 이스라엘 자손이 삼십만 명이요 유다 사람이 삼만 명이더라"라고 했습니다.

영적 이스라엘인 신약의 성도들은 무엇에 대한 분노심이 있어야 할까요? 죄악에 대하여 분노할 줄 알아야 합니다. 히브리서 12장 4절에 "너희가 죄와 싸우되 아직 피흘리기까지는 대항하지 아니하고"라고 했습니다. 성도는 죄와 피흘리기까지 싸워야 합니다.

성도의 분노는 세속적이지 않습니다. 영적인 분노입니다. 세상에 대하여 분노할 줄 알아야 합니다. 그릇된 것에 대한 의분이 있어야 합니다. 자기 자신의 더럽고 약한 모습에 분노할 줄 알아야 합니다. 그리고 자기 자신에 대하여 분노할 줄 알아야 합니다. 무능력한 자신을 볼 때 분하고, 교회에 충성하지 못하는 자신의 모습을 보고 분노할 줄 알아야 합니다.

그리고 사탄에 대하여 분노해야 합니다. 자기 자신을 자꾸만 약해지게 만들고 무관심하게 만들고 무능력하게 만드는 존재에 대하여 화를 내야 합니다. 주님은 성전을 잘못 사용할 때 분노를 나타내셨습니다. 아버지의 집은 기도하는 집인데 강도의 굴혈로 만들 때 분노하셨습니다. 우리도 거룩한 의분이 있는 사람이 됩시다.

2. 이스라엘과 암몬

이스라엘 무리가 야베스의 사자를 통하여 야베스 사람들에게 말을 전하라고 했습니다. 내일 해가 가장 뜨거울 때 승리할 것이라. 너희 지파가 자유를 얻을 것이라. 공격해 온 암몬은 큰 패배로 멸망할 것이다.

해가 떠 있을 때, 해가 떠 있는 동안에 야베스를 구원하겠다는 약속입니다. 하나님께서 주신 확신으로 말했다고 믿어집니다. 지금까지 사울이 과연 우리를 구원하겠느냐? 반신반의하는 사람들이 있었던 것이 사실입니다. 하지만 사울은 확신속에서 자신있게 말했습니다. 내일 해가 중천에 떠 있을 때, 넘어가기 이전에 구원하겠다고 선언했습니다.

야베스 사람들이 사자의 말을 듣고 기뻐했습니다. 즐거워했습니다. 의기양양해졌습니다. 그렇게만 된다면 얼마나 좋겠습니까? 사울이 구원자로 나섰기 때문에 기쁘지요. 하지만 구원의 하나님을 바라보면서 기뻐했다는 의미입니다. 적절한 시기에 구원자를 보내주시는 하나님을 찬양했습니다.

야베스 사람들의 궤계가 있었습니다. 다음날 무조건 항복할 것이라고 암몬 족속에게 전했습니다. "내일 너희에게 나아가리니 너희 생각에 좋을 대로 우리에게 다 행하라"라고 했습니다. 암몬 족속의 경계심을 풀기 위한 수단이었습니다.

"너희 생각에 좋을 대로 우리에게 다 행하라". 이것은 속임수의 전략이지만 사사시대의 특징이기도 합니다. 항상 타락한 시대의 특징은 자기 마음대로 말하고 행동하는 시대입니다. 이런 사람이 많을 때 문제입니다. 지금도 그렇습니다. 자기 마음대로 말하고 행동하는 시대입니다. 기준과 규범을 귀한 것으로 여기지 않습니다. 자기 소견에 옳은 대로 행하더라. 자기 좋은 대로 행하더라. 이것이 타락한 시대의 특징입니다. 부모나 하나님의 뜻은 온데간데없습니다. 오직 자기의 생각뿐입니다.

사울은 이스라엘 군대를 삼 대로 나누었습니다. 협공작전으로 전쟁했습니다. 부대를 세 부대로 나눠서 공격했습니다. 그리고 새벽부터 일찍 적진 가운데로 들어가서 날이 더울 때까지 암몬 족속을 쳤습니다. 마음껏 공격했습니다. 군사들이 다 잠든 시간에 공격했습니다. 사울이 이스라엘의 왕으로서 합당한 인물임을 드러내고 있습니다.

그 결과 남은 자가 다 흩어져서 둘도 함께 하는 자가 없을 정도로 전쟁에서 대승을 거뒀습니다. 능동적으로 다 도망쳤다는 뜻입니다. 암몬 족속의 철저한 패배를 가리킵니다. 하나님의 백성이 하나님의 뜻에 순종할 때 승리는 보장된 것입니다. 신약 성도는 죄악과 사단의 공격을 격침시켜야 합니다. 교회와 자신을 지킬 줄 알아야 합니다.

오늘 성경말씀이 우리에게 주는 교훈이 무엇인가?

첫째, 야고보서 4장 10절에 "주 앞에서 낮추라 그리하면 주께서 너희를 높이시리라"라고 했습니다. 베드로전서 5장 5절에 "젊은 자들아 이와 같이 장로들에게 순종하고 다 서로 겸손으로 허리를 동이라 하나님은 교만한 자를 대적하시되 겸손한 자들에게는 은혜를 주시느니라"라고 했습니다.

겸손한 자에게는 은혜를 주시고 교만한 자는 물리치십니다. 하나님은 나하스의 교만을 꺾고 겸손한 사울에게 영광과 명예가 있게 하셨습니다. 기독교는 겸손의 종교입니다. 주님께서 하늘 영광을 포기하시고 낮고 낮은 이 땅에 오셨습니다. 우리에게 필요한 은혜가 많이 있지만 겸손한 주님을 닮는 모습이 더욱 필요한 시대입니다.

둘째, 예레미야 31장 3절에 "옛적에 여호와께서 나에게 나타나사 내가 영원한 사랑으로 너를 사랑하기에 인자함으로 너를 이끌었다"라고 했습니다. 하나님의 사랑, 하나님의 자비하심은 한이 없습니다.

하나님의 사랑은 백성의 부족함에도 지속적으로 계속됩니다. 변함이 없으십니다. 한결같습니다. 백성들의 연약하고 잘못된 간구에도 하나님은 백성들을 보호하시고 구원하십니다. 내가 끝까지 너를 보호하며 너를 버리지 않고 떠나지 않으리라.

셋째, 하나님은 인간의 마음, 심령까지 다 주장하십니다. 에스겔 11장

19절에 "내가 그들에게 한 마음을 주고 그 속에 새 영을 주며 그 몸에서 돌 같은 마음을 제거하고 살처럼 부드러운 마음을 주어"라고 했습니다.

사도행전 16장 13절에 "안식일에 우리가 기도할 곳이 있을까 하여 문 밖에 강가에서 나가 거기 앉아서 모인 여자들에게 말하는데 두아디라 시에 있는 자색 옷감 장사로서 하나님을 섬기는 루디아라 하는 한 여자 가 말을 듣고 있을 때 주께서 그 마음을 열어 바울의 말을 따르게 하신 지라"라고 했습니다.

하나님은 백성들의 마음을 두렵게 하여 사울의 소집에 응하게 하셨습 니다. 그러므로 지도자는 하나님만 의뢰해야 합니다. 하나님께서 역사 하도록만 하면 되는 것입니다. 겁낼 것이 없습니다. 능력은 바로 이것이 능력입니다. 하나님이 함께하는 것이 은혜요 능력입니다.

제28강
사무엘상 11장 12-15절

사울 왕의 즉위식

어떤 단체나 사람에 대해 찬성하는 사람도 있고 반대하는 사람도 있습니다. 적극적으로 협력하는 사람이 있는 반면 비협조적인 사람도 있습니다. 침묵 일관입니다. 그럴 때 지도자는 어떤 자세와 태도를 취해야 하는가? 이것은 지도자에게 있어서 큰 숙제입니다. 버리자니 그렇고 데리고 가자니 고통스럽고 ….

최근 한국의 정치 상황도 생각해 봅시다. 청문회도 열지 못하고 중간에 낙마하는 사람들을 보게 됩니다. 잘 알아 보지도 않고 무작정 어떤 잣대를 가져다 댄다면 어떤 사람이 통과할 수 있을까요? 그렇게 말하는 자신은 깨끗할까요? 어떤 학자는 '한국의 청문회는 공자나 석가나 예수도 통과하지 못할 것이다' 라고 했습니다.

1. 사울의 관용

사울이 공식적으로 이스라엘의 왕이 되었습니다. 강력한 군사력을 가지고 있던 암몬 족속을 격퇴시킴으로써 이스라엘 백성들이 전적으로 지지하여 왕이 되었습니다. 과거에 사울이 사무엘로부터 기름 부음을 받고 여러 사람들이 선출해 주었지만 사울을 왕으로 인정하지 않던 사람들도 있었습니다.

사무엘상 10장 27절에 "어떤 불량배는 이르되 이 사람이 어떻게 우리를 구원하겠느냐 하고 멸시하며 예물을 바치지 아니하였으나 그는 잠잠하였더라"라고 했습니다. 사울이 사무엘로부터 기름 부음을 받고 왕으로 선출되었지만 왕으로 인정하지 않을 때 얼마나 가슴 아팠겠습니까? 사울 왕은 이러한 사람들을 용서했습니다.

강력한 암몬 족속의 군사력을 생각할 때 이스라엘 사회에서 가장 작은 지파인 베냐민 출신에, 무명의 사람이고, 농사꾼인 사울을 비웃을 수 있습니다. 인간적으로는 과소평가할 수 있습니다. 그러나 하나님의 신에 크게 감동된 사울이 군대를 소집하고 기습작전을 수행함으로써 왕으로서의 자격을 인정받게 되었습니다.

그리고 자신에게 왕의 자격이 없다고 말하던 사람들을 다시 한번 용서함으로써 자신이 왕의 자격이 있는 사람이라는 것을 확증하고 있습니다. 이것이 사울의 위대한 점입니다. 정적을 용서하는 마음은 큰 사람의 마음이며 지도자의 마음이기도 합니다. 사울에게 이것이 있었습니다.

이스라엘 백성들 가운데 사울편에 선 사람들이 뭐라고 사무엘에게 말했습니까? 12절에 "백성이 사무엘에게 이르되 사울이 어찌 우리를 다스리겠느냐 한 자가 누구니이까 그들을 끌어내소서 우리가 죽이겠나이다"라고 했습니다. 색출하여 처벌하자는 청구입니다. 사울은 반대자들을 자기 손으로 죽이지 않아도 됩니다. 말만 하면 다른 사람들이 다 처리하겠다는 것이지요. 다른 사람들이 그들을 돌로 쳐죽일 것입니다.

13절에서 사울의 대답이 무엇입니까? 그렇게 하라고 했습니까? 아닙니다. "사울이 이르되 이 날에는 사람을 죽이지 못하리니 여호와께서 오늘 이스라엘 중에 구원을 베푸셨음이니라"라고 말했습니다.

바로 이것입니다. 사울이 다른 사람의 잘못을 용서할 수 있었던 근본을 자기 자신에게 있지 않고 하나님에게서 찾고 있습니다. 하나님께서 베풀어 주신 은혜를 생각하면 원수 갚을 생각이 없게 되는 것입니다. 사울이 반대자들을 용서할 수 있었던 것은 하나님이 근거입니다. 하나님의 구원이 근거입니다. 하나님의 은혜와 복이 바탕입니다.

암몬과의 전쟁에서 승리할 수 있었던 것은 사울의 계략과 전략이라기보다는 하나님의 은혜와 능력이었다는 것입니다. 구원의 주체가 자신이 아니라 하나님이시라는 믿음입니다. 하나님에게 근본바탕을 둘 때 적대감정을 가진 사람의 죄도 용서할 수 있었습니다. 다윗도 압살롬의 반역으로 인해 피난할 때 시므이가 비난했습니다. 그러나 다윗은 용서해 주었습니다. 하나님께서 시므이를 통하여 책망한다고 믿었기 때문입니다. 이렇게 용서할 때 위치가 더 견고해졌습니다. 모든 백성이 좋아하는 왕으로 등극할 수 있었습니다.

진정한 왕은 하나님이십니다. 인간 왕은 통치자입니다. 하나님의 다스림 속에서 백성을 다스려야 했습니다. 교회의 주인은 주님이십니다. 왕도 주님이십니다. 사람들은 다 주님을 섬기는 종이요 섬기는 자입니다.

베드로가 예수께 묻습니다. 형제가 잘못하면 몇 번이나 용서해 주면 되겠습니까? 일곱 번 정도면 되지 않을까요? 예수님은 일흔 번씩 일곱 번이라도 용서하라고 가르치셨습니다. 마태복음 18장에서 원수를 용서하는 길을 가르쳐 주셨습니다. 만 달란트 빚진 자와 일백 데나리온 빚진 자의 이야기입니다. 자기는 엄청난 죄악도 용서받았으면서 형제의 죄는 용서할 줄 모르는 사람이 많기 때문입니다. 그래서 "너희가 각각 마음으로부터 형제를 용서하지 아니하면 나의 하늘 아버지께서도 너희에게 이와 같이 하시리라"라고 했습니다.

산상보훈에서는 "나는 너희에게 이르노니 너희 원수를 사랑하며 너희를 박해하는 자를 위하여 기도하라 …〈중략〉… 그러므로 하늘에 계신 너희 아버지의 온전하심과 같이 너희도 온전하라"라고 했습니다.

사도 바울도 가르쳐 주었습니다. 로마서 12장에서 "너희를 박해하는 자를 축복하라 축복하고 저주하지 말라 … 아무에게도 악을 악으로 갚지 말고 모든 사람 앞에서 선한 일을 도모하라 … 내 사랑하는 자들아 너희가 친히 원수를 갚지 말고 하나님의 진노하심에 맡기라 … 악에게 지지 말고 선으로 악을 이기라"라고 했습니다.

우리 모두 주님의 용서의 마음, 관용의 마음, 넓은 마음을 본받읍시다. 용서하는 그리스도인의 삶을 삽시다.

2. 왕의 즉위식

사울이 길갈에서 공식적으로 왕의 즉위식을 갖게 되었습니다. 사무엘의 제안이 있었습니다. 14절에 "사무엘이 백성에게 이르되 오라 우리가 길갈로 가서 나라를 새롭게 하자"라고 말했습니다.

이스라엘의 마지막 사사이자 영적인 지도자인 사무엘은 정말 이스라엘 민족을 사랑했던 지도자였습니다. 사무엘의 제안은 좋은 제안이었습니다. 새로운 나라를 위한 제안이었습니다.

이스라엘 백성들은 사무엘의 제안을 받아들여서 길갈에 모였습니다. 15절 상반절에 "모든 백성이 길갈로 가서 거기서 여호와 앞에서 사울을 왕으로 삼고"라고 했습니다. 항상 사람을 잘 세우는 것이 가장 중요한 일입니다. 사람이 일을 그르치기 때문입니다. 충성스러운 사람이 일을 잘 감당합니다. 불충성스러운 사람은 덕이 없습니다. 매사에 하나님 중심적이고 충성스러운 사람이 하나님이 맡겨 주신 일을 잘 감당할 때 좋은 열매가 주렁주렁 맺혀지는 줄로 믿습니다.

15절 하반절에 "길갈에서 여호와 앞에 화목제를 드리고 사울과 이스라엘 모든 사람이 거기서 크게 기뻐하니라"라고 했습니다. 사울과 이스라엘 백성들이 길갈에서 여호와 앞에 화목제를 드렸습니다. 그리고 기뻐했습니다.

길갈은 역사적으로 큰 의미가 있는 곳입니다. '굴림, 돌들의 바퀴' 라는 뜻입니다. 애굽에서 나온 이스라엘 백성들이 할례를 받은 장소입니다(수 5:5). 언약 백성으로서 표시를 냈던 곳입니다. 그리고 이스라엘 백성들이 요단 강을 건넌 다음에 열두 돌을 쌓고 기념하던 곳입니다(수 4:20). 길갈은 사울이 사무엘과 이스라엘 백성들로부터 인정을 받아 왕으로 즉위식을 거행한 곳으로, 정치적으로나 종교적으로 중심적인 역할을 감당하는 장소가 되었습니다. 사사시대의 암흑기를 거쳐 왕정체제를 확립한 장소입니다.

반면 길갈은 비참한 장소이기도 합니다. 사울이 왕으로 등극한 지 2년쯤 되었을 때 블레셋과의 전투를 하기 위하여 제사장 사무엘을 기다리지 못하고 자기가 스스로 제사를 지내고서 버림을 당하는 비극이 연출된 곳이기도 합니다.

사무엘의 제안이 무엇입니까? 나라를 새롭게 하자는 슬로건을 내세웠습니다. 기존에 있던 것에 새로운 정신을 불어넣어 생기가 있게 하자는 뜻입니다. 지금까지는 부족 중심적, 지파 중심적이었다면 앞으로는 왕정 중심적인 나라 체제를 세우겠다는 뜻입니다. 지금까지는 사람이 다스리는 나라였다면 이제는 하나님이 통치하는 나라, 인간은 심부름하는 정도의 왕을 세우자는 의미입니다.

과거에 이스라엘 백성들이 길갈에서 할례를 받음으로써 언약 백성으로서 언약을 갱신한 것처럼 사무엘은 사울을 왕으로 세워서 새로운 나라, 언약을 중심으로 하는 나라를 세우고자 했던 것입니다. 이스라엘 나라의 정체성을 회복하려는 노력을 하고 있는 것입니다. 그곳이 길갈입니다.

왕의 즉위식은 하나님 앞에서 이루어졌습니다. 이 사상이 중요한 사상입니다. 하나님의 교회의 직분은 하나님께서 주신 직분입니다. 하나님의 일을 위하여 주신 직분입니다. 하나님 나라의 발전을 위하여 주신 직책들입니다.

길갈에서 여호와께 화목제를 드렸습니다. 화목제는 제물의 일부분은 여호와께 드리고 일부분은 제사를 드리는 사람끼리 나누어 먹던 제사입니다. 화목과 감사의 의미가 담겨진 제사입니다. 하나님과의 관계 회복, 사람들과의 관계 회복의 중요한 의미를 담고 있습니다.

이스라엘 백성들이 모두 다 기뻐했습니다. 여호와의 구원으로 인한 기쁨입니다. 야베스 사람들이 자유롭게 된 것에 대한 기쁨입니다. 불평하고 원망하던 사람들의 죄를 용서한 것에 대한 기쁨입니다. 사울을 왕으로 삼은 것에 대한 기쁨입니다. 기뻐하고 용서하는 그 날은 사울이 철저하게 하나님 중심적이었습니다.

관용의 정신이 기독교 정신입니다. 사울의 관용은 반대자를 숙청하기보다는 이스라엘이 하나 되게 하는 데 일조를 했습니다. 이것이 지도자의 정신일 것입니다. 사무엘상 10장 25절 하나님의 가르침에 순종하는 것입니다. 하나님의 뜻을 먼저 생각하고 감정을 절제하는 것이 아름답지 않습니까?

사울의 초기 사역은 신정주의적 왕정체제를 유지했습니다. 하나님은 사울 왕에게 형통한 길을 열어 주었습니다. 그런데 사울의 집권 후기의 가장 큰 문제가 무엇입니까? 하나님을 업신여긴 것입니다. 사무엘상 13장 8-14절과 15장 이하에 나타나 있는 문제입니다. 그리고 추악한 정치적 탐욕에 사로잡혔습니다.

인간은 지속적으로 경건의 능력을 상실하지 않도록 힘써야 합니다. 그렇지 않으면 누구나 똑같은 결과를 가져오기 때문입니다. 성도는 끝까지 자기 자신에 대하여 경계하고 절제하면서 경건의 능력을 잃지 말아야 합니다. 많은 사람들이 경건의 모양은 있지만 경건의 능력은 상실한 시대이기 때문입니다.

제29강
사무엘상 12장 1-5절

사무엘의 양심 선언

사사시대에서 왕정정치체제로 가는 길목에 가장 위대하게 쓰임받은 사람은 사무엘입니다. 사무엘은 일평생 나실인으로 살았습니다. 머리에 삭도를 대지 않고 포도주나 독주를 마시지 않으며, 죽은 시체를 만지지 않는 나실인으로 살았습니다.

사무엘은 선지자와 같이 하나님의 음성을 들으면서 성장했습니다. 이 상이 흔하지 않은 때에 사무엘아! 사무엘아! 하나님의 음성을 들으면서 성장했습니다. 단에서부터 브엘세바까지 사무엘이 선지자인 것을 이스라엘 백성들이 다 인정했습니다.

사무엘은 제사장으로서의 삶을 살면서 어려서부터 세상을 떠날 때까지 하나님께 예배하는 삶을 살았습니다. 신령과 진정으로 예배하는 자들을 찾으시는 하나님께 예배로 영광을 돌렸습니다.

또한 사무엘은 마지막 사사로서 기도하는 삶을 살았습니다. 블레셋 군대가 공격해 올 때도 '미스바로 모이라 내가 너희를 위하여 기도하리라'. 백성들도 사무엘의 기도의 능력을 믿기 때문에 '우리를 위하여 여호와께 기도하여 구원을 얻게 하라'고 말했습니다.

사무엘이 이스라엘 백성들에게 마지막으로 남긴 설교의 내용이 무엇일까요? 퇴임사라고 말할 수 있습니다. 무슨 내용입니까? 털어서 먼지나지 않을 사람이 있는가? 그런데 먼지가 나지 않아야 합니다. 그런 사람이 있습니다.

1. 사무엘의 선언

모세 때부터 시작한 신정체제가 사무엘 때에 끝나고, 왕정체제로 넘어가게 됩니다. 하나님의 대리자로서 왕정체제를 출범시킨 사람은 사무엘입니다.

사무엘은 두 가지를 밝히고 있습니다.

첫째는 이스라엘 백성들이 왕을 요구하였기 때문에 왕을 세웠다는 것입니다. 1-2절에 "보라 너희가 내게 한 말을 내가 다 듣고 너희 위에 왕을 세웠더니 이제 왕이 너희 앞에 출입하느니라"라고 했습니다.

사무엘은 왕정체제에 대하여 긍정적인 점과 부정적인 면을 밝히고 있습니다. 사무엘이 기름을 부은 것, 하나님의 뜻을 묻는 제비뽑기를 한 것, 하나님의 신에 감동되어 암몬 족속을 물리친 것, 그리고 야베스 사람들을 구원한 것은 긍정적인 면입니다.

부정적인 측면은 사무엘 없이도 블레셋을 물리친 것, 왕이 세워지면 압제와 착취가 있을 것, 인간 왕을 세우는 것은 하나님의 왕권을 배척하게 된다는 점입니다. 그러니까 신정적인 왕이 나타나서 여호와께 묻고 하나님의 법을 따라 나라를 다스리면 은혜와 복이 임하겠지만 인간 왕이 자기 마음대로 행동한다면 그것이 저주가 될 것을 가르쳐 주고 있습니다.

사무엘은 백성의 소리에 귀를 기울였습니다. 모든 종류의 소리에 귀를 기울여 들었습니다. 경청했다는 말입니다. 백성의 목소리, 장로들의 청원하는 음성에 귀를 기울였다는 것이지요. 처음에는 왕정을 요구하는 장로들의 요구를 반박했습니다. 그래서 설교를 시작할 때 '보라!' 라는 말을 사용했습니다. 부정적인 일이 발생하면 그 책임이 백성들에게 있다는 것을 말해 주고 있습니다.

그러나 너희들이 요구하므로 이제 왕을 세워 너희 앞에 출입하고 있지 않느냐? 걸어다니고 있지 않느냐? 군대의 지휘관처럼 왕이 너희를 지휘하기 위하여 왔다갔다 하지 않느냐? 길갈에서 왕으로 즉위한 사울이 지금도 왕으로서 출입하고 있다는 의미입니다.

둘째는, 자신이 나이가 많아 늙었다고 말하면서 자신의 시대는 끝났다는 것을 말합니다. "보라 나는 늙어 머리가 희어졌고 내 아들들도 너희와 함께 있느니라 내가 어려서부터 오늘까지 너희 앞에 출입하였거니와"라고 말했습니다. 사무엘은 이스라엘을 위하여 일평생을 헌신하고 봉사했습니다. 제사장과 선지자로서, 정치와 종교의 지도자로서, 사사로서의 역할을 잘 감당한 사무엘이 물러나면서 겸손하게 말합니다.

사무엘의 아들 요엘과 아비야 역시 사사였습니다. 그러나 아들들이 사무엘만 못하였습니다. 뇌물을 받고 판결을 굽게 하는 사람이 되었습니다. 그래서 사사시대의 종말을 고하는 말을 하게 되었습니다.

2. 사무엘의 양심 선언

먼저 사무엘은 양심 선언을 하듯 설교했습니다. 3절에 "내가 여기 있나니 여호와 앞과 그의 기름 부음을 받은 자 앞에서 내게 대하여 증언하라 내가 누구의 소를 빼앗았느냐 누구의 나귀를 빼앗았느냐 누구를 속였느냐 누구를 압제하였느냐 내 눈을 흐리게 하는 뇌물을 누구의 손에서 받았느냐 그리하였으면 내가 그것을 너희에게 갚으리라"라고 했습니다.

'증언하라' 라는 말은 '증거해 보아라', '증언해 보아라' 라는 의미입니다. 법정에서 사용하는 법적인 용어입니다. 누구든지 증거를 대 보라는 뜻입니다. 하나님의 종이기 때문에 하나님 앞과 기름 부음을 받은 자 앞에서 증거를 대 보라는 의미입니다. 백성 중에 누구라도 하나님 앞과 왕 앞에서 증거를 말할 수 있느냐? 정말 정정당당하고 깨끗하고 정결한 그리스도인의 고백입니다.

일평생 내가 누구의 소나 나귀를 빼앗았느냐? 누구를 속였느냐? 누구를 압제하였느냐? 내 눈을 흐리게 하는 뇌물을 누구의 손에서 받았느냐? 만약 그런 것을 받았다면 내가 너희에게 갚겠다고 말했습니다.

소는 사람들이 기르는 짐승 중에 가장 비싼 짐승입니다. 재산 중에 귀한 재산입니다. 지도자는 물질적인 면에서 깨끗해야 합니다. 그리고 자기의 공직을 이용하여 공갈과 협박으로 남의 소유를 갈취하거나 부와 권력을 이용하여 가난한 자를 압제하는 일은 큰 문제입니다.

사무엘은 자신의 두 아들들과는 너무나 대조적인 인물이었습니다. 사람은 누구나 기도하지 않으면 별 수 없는 존재입니다. 영적이지 않으면 육신적인 생각과 말을 하고 물질적이고 세속적인 인물이 되고 마는 존재입니다.

성경적으로 두 사람의 증인이 필요합니다. 민수기 35장 30절에 "사람을 죽인 모든 자 곧 살인한 자는 증인들의 말을 따라서 죽일 것이나 한 증인의 증거만 따라서 죽이지 말 것이요"라고 했습니다.

신명기 19장 16-17절에 "만일 위증하는 자가 있어 어떤 사람이 악을 행하였다고 말하면 그 논쟁하는 쌍방이 같이 하나님 앞에 나아가 그 당시의 제사장과 재판장 앞에 설 것이요"라고 했습니다. 두 사람의 증인이 필요합니다.

사무엘은 사법적인 판결 절차를 모두 밟았습니다. 증인의 명단을 밝혔습니다. 증거할 내용을 밝혔고 증인들의 증언도 있었습니다. 재판에 참석했던 모든 사람들까지 판결에 승복했습니다. 사무엘은 영육간에 모든 면에서 부족함이 없던 사람이었습니다. 여러분은 하나님 앞에 서는 날 어떤 칭찬이 있을까요?

그래서 사무엘처럼 기도해야 합니다. 나실인처럼 깨끗하고 거룩하게 성장해야 합니다. 사람은 예배하고 말씀을 들으면서 성장해야 합니다. 그리고 많은 사람과 하나님 앞에서 믿음으로 성장해야 합니다.

3. 백성들의 반응

이스라엘 백성들은 사무엘에게 망설임없이 대답했습니다. 4절입니다. "당신이 우리를 속이지 아니하였고 압제하지 아니하였고 누구의 손에서든지 아무것도 빼앗은 것이 없나이다"라고 대답했습니다. 없나이다. 없어요. 당신은 제사장, 선지자, 사사로서의 역할을 감당할 때 모순된 행동을 한 일이 없나이다. 얼마나 영광스러운 일입니까?

사무엘은 이스라엘 백성들이 아무런 부정이나 약탈한 사실이 없다고 하자 곧바로 선언했습니다. "너희가 내 손에서 아무것도 찾아낸 것이 없음을 여호와께서 너희에게 대하여 증언하시며 그의 기름 부음을 받은 자도 오늘 증언하느니라"라고 선언했습니다.

이스라엘 백성들이 또 대답했습니다. "그가 증언하시나이다". 하나님이 증언하고 사울 왕이 증언하면 다 증언하는 것이 아니겠습니까? 하나님은 하늘을 대표하는 증인이시고, 왕은 땅을 대표하는 증언자이기 때문입니다.

이사야 선지자도 이런 증언을 말한 적이 있습니다. "하늘이여 들으라 땅이여 귀를 기울이라 여호와께서 말씀하시기를 내가 자식을 양육하였거늘 그들이 나를 거역하였도다"라고 했습니다(사 1:2). 그러니 하나님과 사울 왕보다 더 확실하고 증명할 수 있는 증인이 있겠습니까? 사무엘은 하나님 앞과 사울 왕 앞에 결백했습니다.

사무엘은 하나님 앞에서 살았습니다. 하나님이 인정하는 삶을 살았습니다. 또 이스라엘 백성들이 인정하는 삶을 살았습니다. 하나님 앞과 사람 앞에 떳떳했습니다. 한마디로 청렴결백했습니다.

사무엘을 닮은 믿음의 사람으로 살 수 없을까? 사무엘을 닮은 사람이 있다면 백성들이 좋아하고 존경할 것입니다. 앞으로 남은 생애도 하나님 앞과 교인들 앞에 거룩하고 깨끗하게 살아가야 할 것입니다.

아간은 외투 한 벌과 금 한 덩이와 은 200세겔 때문에 가족 전체가 죽임을 당했습니다. 게하시는 은 한 달란트와 옷 두 벌 때문에 문둥병자가 되었습니다. 가룟 유다는 은 30에 예수님을 팔았습니다. 발람 선지자도 돈 때문에 타락했고 많은 제사장들도 넘어졌으며 여러 명의 왕들도 자빠졌습니다.

권력자 중에 역사상 이렇게 청렴결백한 사람이 몇이나 되겠습니까? 수많은 사람들이 부정과 불법, 탈취와 착취를 행했습니다. 사무엘은 그렇지 않았습니다. 마음만 먹으면 얼마든지 그렇게 할 수 있었습니다. 그러나 사람의 뜻을 따르지 않고 하나님의 뜻을 따른 대표자입니다. 사무엘은 하나님을 두려워하는 신앙이 있었기 때문에 청렴했습니다. 잠언 28장 1절에 "악인은 쫓아오는 자가 없어도 도망하나 의인은 사자같이 담대하니라"라고 했습니다.

한국의 정치인들은 사무엘에게 배워야 합니다. 한국의 종교인들도 배워야 합니다. 최고의 통치자는 하나님이심을 알고 하나님을 경외해야 하는 법을 배워야 합니다. 성경을 주신 목적은 하나님을 사랑하도록 하기 위함입니다.

또 자기의 유익과 권력을 위해 국민을 속이거나 압제해서는 안 됩니다. 봉사자로 수고해야 합니다. 그리고 뇌물이나 부정 축재를 하면 안 됩니다. 판단을 흐리게 하는 것이 뇌물이고, 부정 축재는 국민의 것을 도둑질하는 것입니다. 그리고 권력자는 자리에 연연해서는 안 됩니다. 물러날 때 물러나야 합니다. 사람은 누구나 하나님 앞에 서야 하기 때문입니다.

제30강
사무엘상 12장 6-18절

하나님의 구원

사무엘은 자기 자신을 하나님의 법정에 세웠습니다. 그리고 이스라엘 백성으로 하여금 자신이 일평생 봉사하면서 선지자와 제사장으로서, 사사와 나실인으로서 그릇된 점이나 압제한 것이 있으면 지적하라고 말했습니다. 모든 백성들은 '없나이다' 라고 대답했습니다.

이번에는 이스라엘 백성을 하나님의 법정에 세웁니다. 이스라엘의 역사를 가지고 말하게 됩니다. 역사를 봅시다. 신정체제에서 왕정체제로 전환할 때 시기와 때를 기다리지 못하고 인간적인 욕망을 앞세워 인간 왕을 세우게 되었기 때문에 책망과 경고가 주어지게 되었습니다. 사람은 자기 생각만 하기 때문에 그릇된 선택을 하기 일쑤고 그릇된 선택을 하고도 무책임한 말과 행동을 하게 되어 있습니다.

1. 구원의 은혜

사람은 하나님의 은혜로 구원받습니다. 사람의 공로나 행위로 인해 구원받을 수 없는 존재입니다. 타락한 인간은 영원히 죄인이기 때문입니다. 그러나 죄인을 용서하시는 하나님의 자비, 사랑이 있습니다. 예수 그리스도의 공로를 자기의 것으로 인정할 때 하나님께서 의롭다고 선언하십니다.

이스라엘 민족이 애굽에서 430년 동안 종 노릇 했습니다. 그들이 애굽에서 구원받을 수 있었던 것은 전적으로 하나님의 은혜와 능력 때문이었습니다. 하나님은 모세와 아론을 세우셨습니다. 그리고 모세와 아론을 통하여 구원받도록 역사하셨습니다. "애굽 땅에서 인도하여 내신 이는 여호와이시니"입니다. 건져내신 분은 하나님이십니다.

하나님께서 이스라엘의 열조에게 행하신 일에 대하여 담론하시겠다고 말씀하십니다. 가만히 서 있으라. 여호와께서 행하신 공의로운 일에 대하여 내가 여호와 앞에서 너희와 담론하리라. 사무엘이 이스라엘을 하나님의 법정에 세웁니다. 이스라엘의 불의 대 하나님의 공의입니다.

가나안 땅은 아브라함과 이삭과 야곱에게 맹세한 땅입니다. 애굽에서 종 노릇 하던 이스라엘의 부르짖음이 상달되었습니다. 하나님은 기도의 응답으로 모세와 아론을 구원자로 보내셨습니다. 모세와 아론을 보내신 분은 하나님이십니다. 이스라엘 백성을 가나안 땅으로 올라가게 하신 분은 하나님이십니다.

그러나 이스라엘 백성은 하나님의 은혜를 잊었습니다. "그들의 하나님 여호와를 잊은지라". 정말 있을 수 없는 사건이 일어난 것입니다. 그래서 하나님은 이스라엘을 하솔 군사령관 시스라의 손에 넘기셨습니다. 블레셋 사람들의 손에 파셨습니다. 모압 왕의 손에도 넘겨 주셨습니다.

사무엘은 과거 역사를 회고하면서 책망과 경고를 하고 있습니다. 이스라엘 백성들이 애굽에서 구원하신 하나님의 은혜를 잊고 우상을 숭배했습니다. 하나님의 은혜를 회고하면서 불순종한 이스라엘 백성들을 책망하고 그들의 반역을 경고했습니다.

사무엘이 역사를 통하여 하나님의 은혜를 회고한 내용입니다. 죄악에서 건져 내신 하나님의 은혜를 회고했습니다. 끝까지 버리지 않는 것이 하나님의 은혜입니다. 사람은 하나님의 은혜를 잊고 살지만 하나님은 우리를 잊지 않으십니다.

하나님께서 이방민족을 동원하여 이스라엘을 징계하셨습니다. 하나님의 심판이 임하자 우상 숭배의 죄악을 회개하기 시작했습니다. 바알과 아스다롯 신을 섬긴 죄를 회개했습니다. 구원을 요청하게 되었습니다.

이스라엘 민족이 회개할 때 하나님은 여룹바알(기드온), 베단(바락), 입다, 사무엘과 같은 사사를 보내서 이방민족으로부터 이스라엘 백성을 구원하셨습니다. 사방의 원수로부터 건져 내셔서 안전하게 살게 하셨습니다. 사람은 하나님의 은혜를 잊지 않는 사람이 좋은 사람입니다.

시편 103편 1-5절에 "내 영혼아 여호와를 송축하라 내 속에 있는 것들아 다 그의 거룩한 이름을 송축하라 내 영혼아 여호와를 송축하며 그의 모든 은택을 잊지 말지어다 그가 네 모든 죄악을 사하시며 네 모든 병을 고치시며 네 생명을 파멸에서 속량하시고 인자와 긍휼로 관을 씌우시며 좋은 것으로 네 소원을 만족하게 하사 네 청춘으로 독수리 같이 새롭게 하시는도다"라고 했습니다.

고린도전서 15장 10절에 "내가 나 된 것은 하나님의 은혜로 된 것이니 내게 주신 그의 은혜가 헛되지 아니하여 내가 모든 사도보다 더 많이 수고하였으나 내가 한 것이 아니요 오직 나와 함께하신 하나님의 은혜로라"라고 했습니다.

2. 인간 왕을 세운 동기

이스라엘 민족에게 있어서 영원한 왕은 하나님이십니다. 하나님밖에 없습니다. 하나님 이외에 또다른 왕이 왜 필요합니까? 우리에게도 영원한 왕은 예수 그리스도이십니다. 그리스도밖에 왕이 없습니다. 교회의 머리도 주님이십니다. 왕도 주님이십니다. 주인도 주님이십니다.

하나님께서 이스라엘의 왕인데 암몬 왕 나하스가 공격해 올 때 하나님을 거부하고 인간 왕을 요구한 사람들은 이스라엘 백성과 장로들이었습니다. 이스라엘 백성과 장로들이 요구했을 때 처음에 사무엘도 싫어했습니다. 하나님도 싫어하셨습니다. 그럼에도 불구하고 인간 왕을 세웠던 것은 이스라엘 백성과 장로들이 요구했기 때문이었습니다.

과연 암몬 족속이 공격해 왔을 때 하나님을 구하면 전쟁에서 실패했을까요? 그렇지 않습니다. 더 멋진 방법으로 승리할 수 있었을 것입니다. 그러나 사람은 하나님을 구하지 않습니다. 왜냐하면 자기의 뜻대로 실현하고 싶어서 그렇습니다. 공로를 자기에게 돌리고 싶어서 그렇습니다.

모세와 아론을 세운 것과 사울을 왕으로 세운 것은 의미상 차이점이 있습니다. 모세와 아론은 하나님께서 주도적으로 세우셨고, 사울 왕은 허락하시되 반대는 하지 않으셨다는 것입니다. 하나님이 주도적으로 일하신 것과 마지 못해서 허락하신 것은 차이점이 있는 것입니다.

이것이 이스라엘 백성들에 대한 사무엘의 책망과 경고입니다. 이스라엘 백성들이 '열방과 같이' 왕을 구했습니다. 사울이 암몬과 싸워서 승리했습니다. 어떤 사람들은 사울이 왕이 될 때 반대한 자들을 처단하자고 했습니다. 사무엘상 11장 12절에 나타납니다. "사울이 어찌 우리를 다스리겠느냐"라고 말했습니다. 사무엘은 백성들을 길갈로 모이게 하고 나라를 새롭게 했습니다.

사무엘상 12장 12-13절에 "너희의 하나님 여호와께서는 너희의 왕이 되심에도 불구하고 너희가 내게 이르기를 아니라 우리를 다스릴 왕이 있어야 하였도다 이제 너희가 구한 왕, 너희가 택한 왕을 보라 여호와께서 너희 위에 왕을 세우셨느니라"라고 했습니다.

이스라엘의 역사를 살펴보면 하나님을 잘 섬길 때에는 번영하고, 불순종할 때에는 압제와 고난이 있었습니다. 왕정체제라 할지라도 순종을 강조하는 사무엘입니다. 하나님만이 온 우주의 통치자이시오, 만주의 주시오, 만왕의 왕이시기 때문입니다.

사무엘은 신앙을 개혁하지 않고 왕만 요구한 이스라엘 백성들의 불신앙을 책망했습니다. 하나님은 자기 백성들의 범죄를 묵과하지 않으십니다. 회개하면 용서해 주시는 하나님이시요, 하나님의 백성들이 고통 당할 때 기도하면 반드시 응답해 주시는 하나님이십니다.

만약 이후로도 계속하여 범죄할 경우 하나님의 진노가 있을 것을 경고했습니다. 하나님은 순종하는 사람에게는 은혜와 복을, 불순종자에게는 진노와 심판을 하는 분이시기 때문입니다.

3. 책망과 경고

이스라엘 백성과 장로들이 인간 왕을 요구했습니다. 그런데 조심하고 주의해야 할 점이 무엇입니까? 인간 왕을 뽑아 세웠을지라도 국가의 흥망성쇠는 사람 왕에게 달려 있는 것이 아니라 오직 하나님에 대한 순종 여부에 달려 있었습니다. 인간의 왕이 있지만 왕 마음대로 할 수 있는 것이 아니었습니다.

14-15절에 "너희가 만일 여호와를 경외하여 그를 섬기며 그의 목소리를 듣고 여호와의 명령을 거역하지 아니하며 또 너희와 너희를 다스리는 왕이 너희의 하나님 여호와를 따르면 좋겠지마는 너희가 만일 여호와의 목소리를 듣지 아니하고 여호와의 명령을 거역하면 여호와의 손이 너희의 조상들을 치신 것 같이 너희를 치실 것이라"라고 했습니다.

개인적인 생사화복이나 국가적인 흥망성쇠가 하나님에 대한 순종 여부에 달려 있다는 경고의 말씀입니다. 국가의 흥망성쇠가 하나님을 경외하는 데 달려 있는 상황이었습니다. 이것을 명심해야 했습니다. 영원한 왕은 여호와밖에 없습니다. '너는 나 외에는 다른 신들을 네게 두지 말라'. 이것이 첫 번째 계명입니다.

만약 이스라엘 백성들이 여호와의 목소리를 듣지 않거나 명령을 거역한다면 어떻게 할 것인가? 하나님께서는 열조를 치신 것같이 치시겠다고 하셨습니다. 동일한 징벌입니다. 여호와의 손, 권능의 손이 징계를 내리시겠다는 뜻입니다. 언약 백성으로서 언약에 신실하지 않을 때 나타나는 현상이 이것입니다.

사무엘은 하나님께서 행하시는 큰 일이 있다고 말합니다. 16절입니다. "너희는 이제 가만히 서서 여호와께서 너희 목전에서 행하시는 이 큰 일을 보라"라고 했습니다. 단단히 서라. 그리고 하나님이 행하는 큰 일을 보라. 하나님이 행하시는 일은 모두 큰 일입니다. 어떤 일이 큰 일일까요?

이스라엘에는 우기와 건기가 있습니다. 우기는 10월부터 다음 해 3월까지이고, 건기는 4월부터 9월까지를 말합니다. 4월 초에 늦은 비가 내리는 경우도 있지만 대부분 건기에는 비가 내리지 않습니다. 보통 보리는 3-4월 경에 추수하고, 밀은 5-6월 경에 추수합니다.

사무엘이 말하는 시기는 건기였습니다. 밀을 베는 시기였습니다. 하지만 자신이 여호와께 기도하면 우레와 비를 내리실텐데 그것이 의미하는 것이 무엇인지 아느냐? 이스라엘 백성이 하나님을 구하지 않고 사람 왕을 구한 것이 얼마나 잘못된 일인지를 가르쳐 주는 것이었습니다. 중대한 범죄 행위였다고 말합니다. 그 증거로 기적적인 비와 우레로 보여 줄 것입니다. 천둥과 번개는 물론이고 폭우가 쏟아질 것입니다.

참된 왕이신 하나님을 배반하고 인간 왕을 구한 것이 그만큼 큰 잘못이었습니다. 사람들의 실패가 여기에 있습니다. 세상의 것은 왕이 아닙니다. 그런데도 사람들은 돈의 지배를 받고 사람의 지배를 받으면서 삽니다.

사무엘이 기도했습니다. 하나님은 사무엘의 기도를 들으시고 우레와 비를 보내셨습니다. 모든 백성은 여호와와 사무엘을 크게 두려워하게 되었습니다. "이에 사무엘이 여호와께 아뢰매 여호와께서 그 날에 우레와 비를 보내시니 모든 백성이 여호와와 사무엘을 크게 두려워하니라" 라고 했습니다.

제31강
사무엘상 12장 19-25절

마지막 경고

사무엘은 자기 자신을 먼저 하나님의 법정에 세웁니다. 그리고 이스라엘 백성들에게 일평생 누구의 소나 나귀를 약탈하거나 돈을 받고 재판을 굽게 하거나 압제한 사실이 있느냐고 묻습니다. 모든 백성의 대답은 '없나이다' 였습니다.

이번에는 이스라엘 백성을 향하여 역사적으로 하나님의 은혜를 잊은 백성, 왕이신 하나님을 버린 사건을 지적합니다. 그 설교를 할 때에는 보리와 밀을 타작할 시기였는데 우레가 임함으로써 하나님의 진노를 경험하게 됩니다. 그 설교에서 마지막 경고가 무엇이었습니까?

사무엘의 마지막 권면의 내용이 무엇입니까? 사람이 사랑하는 사람에게 마지막 말을 하게 된다면 정말 중요한 말을 전하게 될 것입니다. 사무엘은 하나님 앞에서 나실인으로 거룩하게 살았습니다. 이스라엘 백성들에게 하나님의 말씀을 전하는 삶을 살았습니다. 그리고 제사장으로서, 사사로서 일평생 이스라엘에게 유익된 삶을 살았습니다. 사무엘이 이스라엘 백성들에게 마지막으로 남긴 말이 무엇입니까?

1. 이스라엘의 회개

이스라엘 백성들은 사무엘의 설교를 듣고 그 설교대로 이루어지는 광경을 목격했습니다. 여호와의 진노를 목격한 이스라엘 백성은 사무엘에게 자신을 위해 기도해 달라고 요청했습니다. 죽음에서 구원해 달라는 것이지요.

이스라엘이 무슨 죄를 범했습니까? 이스라엘 백성들은 지금까지 모든 죄악 중에 살면서 왕을 구하는 잘못을 범하였다고 고백합니다. 19절에 "모든 백성이 사무엘에게 이르되 당신의 종들을 위하여 당신의 하나님 여호와께 기도하여 우리가 죽지 않게 하소서 우리가 우리의 모든 죄에 왕을 구하는 악을 더하였나이다"라고 했습니다.

왕정체제를 요구한 것은 잘못된 일이지만 왕정체제 자체가 나쁜 것은 아닙니다. 이스라엘 민족에게 진정한 왕은 하나님이십니다. 하나님 이외에 누가 더 있겠습니까? 하나님이 세상 만물을 창조하신 창조주요, 만왕의 왕이십니다. 만주의 주가 되십니다.
그런데 하나님을 버리고 인간 왕을 구한 것이 무서운 죄악입니다. 특별히 열방과 같이, 이방 나라와 같이 왕을 구한 것은 더욱 잘못된 일입니다. 이스라엘이 왜 이스라엘입니까? 세상 나라에는 없는 하나님이 역사하시고 하나님의 법이 있고, 하나님이 특별히 사랑하기 때문에 이스라엘입니다. 그런데 왜 평범한 민족과 같이 되려고 합니까? 독특한 나라로 남는 것이 좋은 데 말입니다.

사무엘의 책망하는 설교를 들은 이스라엘 민족의 반응이 무엇입니까? 구원의 요청입니다. 그리고 회개입니다. 사무엘의 말대로 건기인데도 비가 쏟아졌습니다. 하나님의 진노입니다. 이스라엘 백성들은 겁이

났습니다. 하나님의 재앙을 감당할 수 없었습니다. 그래서 다급하게 사무엘에게 구원을 요청하게 된 것입니다. 기도하여 살려달라는 요청입니다. 회개 기도는 하나님과의 관계 회복의 지름길입니다.

이스라엘 민족이 애굽에 있을 때 뇌성과 우박 재앙이 임했던 것과 같습니다. 바로가 다급하게 모세를 찾습니다. 재앙이 멈추어 주기를 원했던 것이지요. 이스라엘 백성들은 인간 왕을 구한 죄 때문에 곧바로 죽임을 당할 것 같았습니다. 그릇된 취지에서 왕을 구했던 것입니다. 하나님은 왕 자체를 부정하지 않으시지만 백성들이 불순한 동기에서 구했기 때문에 문제가 되었던 것입니다.

그런데 왜 이스라엘 백성들은 자기들이 기도하지 않고 사무엘에게 기도를 요청했는가? 이것이 궁금합니다. 정말 이해가 되지 않습니다. 그렇지만 들어 봅시다.

이스라엘 백성들이 만왕의 왕이신 여호와를 배반하고 인간 왕을 구한 것에 대한 잘못 때문에 양심이 괴로워서 기도하지 못하고 있었습니다. 하나님을 버렸을 때 인간은 가장 비참하게 됩니다. 그래서 여호와 하나님을 가까이함이 내게 복이라고 했습니다.

또 사무엘은 언약의 중보자였습니다. 하나님과 사람 사이의 중보자 역할을 감당했던 인물이 사무엘이기 때문입니다. 마치 모세가 하나님과 이스라엘 백성 사이의 중보자 역할을 감당한 것과 같은 원리입니다. 언약을 깨뜨렸을 때 인간에게 다가오는 것은 죽음과 저주와 형벌입니다.

그래서 사무엘에게 중보의 기도, 중재자의 기도를 요청하게 된 것입니다. 우리도 그렇습니다. 빌 바를 알지 못하는 사람들입니다. 그러나 성령께서 우리를 위하여 간구해 주십니다. 예수님께서 우리의 중보자로서 지금도 기도하시는 줄로 믿습니다.

2. 사무엘의 촉구

사무엘은 이스라엘 백성에게 무엇을 촉구했는가? 왕을 구하는 이스라엘 백성들에게 마지막으로 무엇을 권면했는가?

첫째로, 이스라엘 백성들에게 두려워하지 말라고 권면했습니다. 지금까지는 배역했으나 앞으로는 여호와를 배역하지 말고 마음을 다하여 잘 섬기라고 했습니다. 20절입니다. "사무엘이 백성에게 이르되 두려워하지 말라 너희가 과연 이 모든 악을 행하였으나 여호와를 따르는 데에서 돌아서지 말고 오직 너희의 마음을 다하여 여호와를 섬기라"라고 했습니다.

두려워하지 마라 그리고 여호와만 섬기라. 이것이 하나의 공식과 같은 말씀입니다. 진정한 왕께 충성하라는 뜻입니다. 진정한 왕은 하나님이십니다. 인간 왕에게 충성할 것이 아니라 살아 계신 하나님께, 진정한 왕께 온 마음을 다하고 충성을 다하라는 의미입니다. 사무엘의 간곡한 부탁입니다. 내 눈 앞에 있는 너희가 범죄한 주체이지만 하나님께 돌아갈 수 있는 회개의 기회라고 설명하고 있습니다.

둘째로, 헛된 우상을 섬기지 말라고 했습니다. 21절에 "돌아서서 유익하게도 못하며 구원하지도 못하는 헛된 것을 따르지 말라 그들은 헛되니라"라고 했습니다. 다른 길로 돌아서지 말라. 영원히 돌아가지 말라. 유익하게도 못하고 구원하지도 못하는 헛된 것을 추구하지 말라. 성도는 헛된 삶을 추구하지 말아야 합니다.

하나님을 거절하고 인간 왕을 구한 것이 죄악이었습니다. 이것은 마치 살아 계신 하나님 대신 우상을 섬기는 죄와 비슷했습니다. 하나님을 사랑하지 않고 인간을 의지하고 사랑하게 되기 때문입니다.

셋째로, 하나님께서 이스라엘을 자기 백성 삼으셨으니 하나님의 크신 이름 때문에 이스라엘을 버리지 않으실 것이라고 했습니다. 22절에 "여호와께서는 너희를 자기 백성으로 삼으신 것을 기뻐하셨으므로 여호와께서는 그의 크신 이름을 위해서라도 자기 백성을 버리지 아니하실 것이요"라고 했습니다.

하나님은 하나님의 명예를 위하여 우리를 떠나지 않고 버리지 않습니다. 한번 선택한 백성은 영원히 버리지 않으시는 하나님이십니다. 여호와는 불변성과 신실성을 나타내는 이름입니다. 언약의 하나님으로, 한번 세우신 언약은 영원히 변치 않고 이루시는 분이십니다.

그리고 사무엘이 이스라엘 백성을 위로한 메시지가 무엇입니까? 지금부터 자기 자신은 이스라엘 백성을 위해 하나님께 기도하다가 쉬는 죄를 범하지 않을 것을 약속했습니다. 기도하겠다는 약속입니다. "나는 너희를 위하여 기도하기를 쉬는 죄를 여호와 앞에 결단코 범하지 아니하고"라고 했습니다.

시편 99편 6절에 "그의 제사장들 중에는 모세와 아론이 있고 그의 이름을 부르는 자들 중에는 사무엘이 있도다 그들이 여호와께 간구하매 응답하셨도다"라고 했습니다. 사무엘은 일평생 하나님의 이름을 부른 기도의 사람이었습니다. 기도하지 않는 것을 죄라고 생각했습니다. 선언의 말에 그의 삶이 담겨져 있음을 알 수 있습니다. 하나님의 사람이 기도하지 않고 무슨 일을 하는 것은 큰 문제 중의 문제입니다.

스가랴 4장 6절에, 사람의 능력이나 군대의 힘으로 되지 않고 모든 것은 하나님의 성령의 능력으로 되는 줄로 믿습니다. 기도는 하나님께서 자신의 능력을 나타내도록 자리를 내 드리는 것입니다. 하나님은 기도하는 사람과 함께하시며, 능력과 기적을 베푸십니다. 사무엘의 결연한 의지를 봅니다. 멈추지 않고 잠시 동안의 휴식도 없이 기도하겠다는 뜻입니다. 바울은 쉬지 말고 기도하라고 했습니다.

또 한가지는 선하고 의로운 하나님의 말씀으로 가르칠 것을 말했습니다. "선하고 의로운 길을 너희에게 가르칠 것인즉 너희는 여호와께서 너희를 위하여 행하신 그 큰 일을 생각하여 오직 그를 경외하며 너희의 마음을 다하여 진실히 섬기라"라고 했습니다.

기도와 말씀은 신명기 4장에서 모세가 강조한 내용입니다. 말씀과 기도는 사무엘이 사사시대에서 왕정시대로 넘어가면서 선언한 내용이기도 합니다. 초대 예루살렘 교회에서도 사도들은 기도와 말씀 전하는 일에 전념했습니다. 기도와 말씀은 기독교의 큰 기둥입니다. 골격입니다.

3. 마지막 경고

첫 번째 경고가 24절입니다.

"너희는 여호와께서 너희를 위하여 행하신 그 큰 일을 생각하여 오직 그를 경외하며 너희의 마음을 다하여 진실히 섬기라"라고 했습니다. 여호와께서 행하신 일을 생각하며 경외하고 마음을 다하여 진실하게 섬기는 것입니다.

사무엘의 설교에 있어서 결론이 무엇일까? '오직 하나님을 경외하며 마음을 다하여 진실히 섬기라' 입니다. 이스라엘 백성으로서 어떻게 살 것인가와 어떻게 예배할 것인가에 대한 대답입니다.

신명기 6장 4-5절에 "이스라엘아 들으라 우리 하나님 여호와는 오직 유일한 여호와이시니 너는 마음을 다하고 뜻을 다하고 힘을 다하여 네 하나님 여호와를 사랑하라"라고 했습니다.

요한복음 4장 23-24절에 "아버지께 참되게 예배하는 자들은 영과 진리로 예배할 때가 오나니 곧 이 때라 아버지께서는 자기에게 이렇게 예배하는 자들을 찾으시느니라 하나님은 영이시니 예배하는 자가 영과 진리로 예배할지니라"라고 했습니다.

성도가 실패하지 말아야 할 것, 승리해야 할 것이 있다면 바로 이점입니다. 하나님을 사랑해서 하나님을 섬기는 마음으로 세상을 살고 영과 진리로 예배하는 삶을 살아야 합니다. 왜 우리가 하나님만 예배해야 합니까? 하나님께서 행하신 일이 큰 일이기 때문입니다. 위대한 일입니다. 인간으로서는 상상할 수 없는 일들을 행하셨기 때문입니다. 어떻게 건기에 폭우가 쏟아지고 밀 벨 때에 비가 내립니까?

두 번째 경고가 25절입니다.

"만일 너희가 여전히 악을 행하면 너희와 너희 왕이 다 멸망하리라"라고 경고했습니다. 사무엘은 과거에 범죄한 것만 말하지 않습니다. 하나님께 대한 불순종에는 시대와 상관없이 심판과 정죄가 임할 것을 말합니다. 물론 계속적인 범죄를 말합니다.

너희와 왕이 다 멸망하리라. '멸망하다' 는 '바람으로 날려 버린다' 라는 뜻입니다. 하나님과의 언약에 있어서 백성이나 왕이 별다른 사람이 아닙니다. 하나님은 똑같이 대우하십니다. 그리고 백성과 왕은 다르게 생각할 수 있는 존재가 아닙니다. 공동적인 운명입니다. 하나와 같습니다. 인간 왕은 하나님을 대신하는 존재입니다. 영원한 왕은 하나님뿐이기 때문입니다.

제32강
사무엘상 13장 1-7절

요나단과 이스라엘

하나님이 세우신 사사를 중심으로 운영되는 체제가 마감되고 사람들의 요구에 따라 왕정체제가 이스라엘에 도입되었습니다. 신정적인 왕이 아니라 인간 중심적인 왕이 등극하여 처음에는 순종하였으나 나중에는 불순종하는 역사를 보게 됩니다.

지금까지 사무엘에게 기름 부음을 받고 미스바에서 사람들의 지지를 얻은 사울 왕이 암몬 족속과의 전투에서 승리하여 공식적인 이스라엘 왕으로 등극하였습니다. 사무엘은 설교를 통하여 하나님을 경외하고 하나님께 순종할 것을 가르쳤습니다.

사무엘의 설교를 들은 사울은 끝까지 순종하여 승리했을까요 아니면 불순종했을까요? 오늘 말씀부터 사울 왕의 실수, 사울 왕의 실패를 보여줍니다. 여러분도 사울 왕의 실수를 보면서 그것을 교훈삼아 승리하는 그리스도인이 되기를 바랍니다.

1. 요나단의 공격

사울이 이스라엘의 왕이 된 나이는 사십 세였습니다. 사울이 왕이 된

지 2년 후 군사작전을 개시하였습니다. 사울 왕은 군림하는 자세로 일하다가 국방을 튼튼히 하고자 하는 생각 때문에 전쟁을 했던 것입니다. 사울 왕은 하나님의 명령을 따른 것이 아닌 자신을 만족시키는 모험적인 전쟁을 하게 되었습니다.

군사 삼천 명을 택하여 이천 명은 사울과 함께 믹마스와 벧엘 산에 있게 하고, 일천 명은 요나단과 함께 베냐민 기브아에 있게 했습니다. 믹마스는 '은둔처, 은폐된 장소, 은밀한 장소' 라는 뜻입니다. 벧엘은 '하나님의 집' 이라는 의미입니다.

요나단이 게바에 있는 블레셋 수비대를 공격했습니다. 14장에서는 요나단이 병기든 사람만 데리고 블레셋 사람 이십 명을 죽였습니다. 구원은 군대의 수에 달려 있는 것이 아니라 여호와께 있기 때문입니다. 사울은 두 배나 많은 수를 가지고 있었고 요나단은 소수의 군대를 거느렸지만 블레셋 사람을 도륙한 사람은 요나단입니다.

요나단은 '하나님이 주셨다' 라는 뜻을 가지고 있습니다. 요나단은 아버지 사울 왕과는 다른 사람이었습니다. 하나님 중심적인 인물이었습니다. 천 명을 거느리는 천부장격이었습니다.

블레셋 족속이 이 소식을 전해 듣고 사건의 진상을 파악했습니다. 신속히 대응책을 논의했습니다. 이것이 전쟁을 일으키게 된 동기였습니다. 이 전쟁은 사울 왕 자신뿐만 아니라 이스라엘 역사에서 잊을 수 없는 전쟁이 되고 맙니다.

어떤 의미에서 그렇게 말할 수 있을까요? 사울 왕은 이 전쟁으로 불순종의 역사를 써 내려가기 시작합니다. 힘있는 자와 용감한 자를 불러 모아 자기 곁에 두기 시작했습니다. 그리고 신본주의가 아닌 인본주의

자로 전락하게 됩니다. 결국 사무엘로부터 '폐위'라는 선언을 듣게 됩니다.

왜 블레셋과의 전쟁이 무모한 전쟁이었을까요? 하나님의 지시에 의한 전쟁이 아니었기 때문입니다. 사울 자신의 모험심에 의한 전쟁이었습니다. 아마도 전쟁을 통하여 자신의 왕권을 더욱 강화하려고 했던 모양입니다. 사울의 인본주의적인 사고가 이런 결과를 불러일으킨 것으로 보입니다.

당시 이스라엘의 군사력으로는 블레셋을 당할 수가 없었습니다. 무기로 보나 군사력으로 보나 전쟁을 먼저 일으킬 수 있는 상황이 아니었습니다. 전쟁을 일으킨 사울은 이기고 싶었습니다. 누구나 그럴 것입니다. 전쟁에서 지고 싶은 군인이나 지도자는 없을 것입니다.

사울 왕은 하나님의 도우심을 간구하는 뜻에서 승리를 기원하는 제사를 하나님께 드리기로 했습니다. 물론 제사는 제사장인 사무엘만이 드릴 수 있는 상황이었습니다. 사울 왕은 사무엘이 일주일을 기다려도 나타나지 않자 다급해지기 시작했습니다. 그 기간은 하나님께서 사울 왕을 시험하는 기간이었습니다.

사무엘은 소식이 없습니다. 군사는 흩어지기 시작합니다. 사울 왕은 초조해지기 시작했습니다. 더 이상 기다릴 수 없다는 판단을 했습니다. 마침내 사울은 자신이 직접 제사를 드렸습니다. 이것이 하나님의 뜻에 대한 불순종이었습니다. 제사장의 권한을 침범하는 도전이었습니다. 그것이 죄가 되어 왕의 자리에서 쫓겨나, 폐위가 됩니다.

기독교는 인본주의가 아닙니다. 신본주의입니다. 많은 사람들이 사람 좋은 대로 말하고 믿고 생활하지만, 구원받는 믿음생활이란 하나님이 좋은 대로 행하고 믿는 것입니다. 사람의 기쁨도 중요하지만 기독교는 하나님을 기쁘시게 하는 종교입니다.

2. 사울의 군사 모집

사울 왕이 블레셋과 전쟁하기 위하여 군사를 소집했습니다. "히브리 사람들아 들으라!" 블레셋이 모욕하는 히브리인들아 들으라! 전쟁하기 위하여 일어나라는 뜻입니다. 사울 왕은 이스라엘을 결속하기 위하여 자극적인 말을 사용하면서 군사를 모집했습니다. 이스라엘이라고 부르지 않고 히브리 사람이라고 불렀는데, 당시 히브리 사람이란 조롱하는 의미가 담겨진 말입니다.

이스라엘 사람들이 블레셋 사람들의 마음에 가증스러운 사람, 미움받는 사람이 되었습니다. 미움이나 증오의 대상이 되었다는 말입니다. 이런 계기를 이용하여 사울 왕은 군사를 모집하게 되었던 것입니다. 이스라엘이 블레셋의 증오의 대상이 될 때 종 노릇 하게 됩니다. 블레셋의 예속에서 벗어나기 위하여 사울은 선제 공격을 하고 군사를 모집하여 전쟁을 치르게 되었습니다.

많은 군사들이 길갈로 모였습니다. 사울을 따르는 무리였습니다. 지금까지는 이스라엘 민족이 위기에 처할 때마다 사무엘이 부르짖어 간구하였고 그 때마다 하나님께서 역사를 일으키셨습니다. 이번에는 사무엘의 기도 소리도 없이 전쟁을 치러야 했습니다. 이 전쟁이 중요한 의미를 던지고 있습니다.

길갈은 사울왕이 사무엘로부터 기름 부음을 받고 사무엘이 기다리라고 말했던 장소였습니다. 그리고 암몬과의 전쟁에서 승리한 이후 사무엘과 이스라엘 백성들 앞에서 왕으로 즉위한 장소이기도 합니다. 그런데 이번에는 사울이 같은 장소에서 하나님의 법을 어기는 곳, 자기 마음대로 행하다가 폐위되는 곳이 되었습니다. 그곳이 길갈입니다.

암몬과의 전쟁과는 너무나 대조적입니다. 암몬과의 전쟁에서 중요한 점은 하나님의 신에 크게 감동된 일입니다. 그리고 군사를 모집했을 때 삼십삼만이 모였습니다. 그런데 블레셋과의 전쟁에서는 하나님의 신에 감동을 받지 못했습니다. 군사도 삼만이었습니다. 너무나 큰 차이점이 보입니다. 여러분은 지금 어떻습니까? 기도하고 시작합니까? 언제 어떻게 무슨 기도를 누구에게 드려봤습니까?

사울이 수비대를 공격한 일 때문에 블레셋의 원한을 사서 전쟁을 하게 되었습니다. 백성들이 길갈로 모였습니다. 군사의 수가 점점 줄어들어 육백 명이었습니다. 사울 왕이 힘 있고 용감한 사람을 모집했지만 아무리 정예화된 군대라 할지라도 그렇지 그렇게 적은 수로 무슨 전쟁을 하겠습니까? 이것이 하나님의 명령을 따르지 않은 인본주의자적 신념에서 나온 행동입니다.

개혁자들이 남겨 놓은 사상을 배웁시다. 하나님 중심, 말씀 중심, 교회 중심이 그 사상입니다. 이 사상이 있으면 조금 힘든 것 같은데 형통합니다. 떳떳합니다. 담대합니다. 어디서나 하나님과 동행하는 삶을 살 수 있습니다.

3. 블레셋과 이스라엘

블레셋의 군대는 막강했습니다. 병거가 삼만입니다. 마병이 육천입니다. 공격력이 뛰어난 군대입니다. 도저히 불가능한 전쟁입니다. 왜냐하면 이스라엘은 항상 오합지졸입니다. 군사력으로 비교한다면 싸울 수 없는 전쟁입니다. 무모한 전쟁입니다. 더군다나 적군은 해변의 모래같이 많았습니다. 아마도 보병일 것입니다.

그래서 이스라엘 군대는 두려워 떠는 자가 많았습니다. 블레셋은 병거가 삼만이고 마병이 육천입니다. 그것을 보고 있는 이스라엘 군사가 용기를 내겠습니까? 그리고 저들은 군사를 이끌고 믹마스에 진치고 있었습니다.

이스라엘 군대는 전세가 불리했습니다. 많은 군인들이 숨거나 요단을 건너 갓과 길르앗 땅으로 도망했습니다. 6-7절을 봅시다. "이스라엘 사람들이 위급함을 보고 절박하여 굴과 수풀과 바위 틈과 은밀한 곳과 웅덩이에 숨으며 어떤 히브리 사람들은 요단을 건너 갓과 길르앗 땅으로 가되 사울은 아직 길갈에 있고 그를 따른 모든 백성은 떨더라"라고 했습니다.

사울 왕은 사무엘을 기다리기 위해 길갈에 머물러 있었습니다. 사울을 따르던 군사들은 떨며 두려워하는 상황이었습니다. 이 전쟁은 이스라엘과 사울에게 있어 중대한 국면을 맞이하게 됩니다. 사울은 이 전쟁에서 인간적이며 인본주의적인 기색을 띠게 되었고, 하나님을 업신여기는 자세를 취하기 시작했습니다.

그렇습니다. 사울 왕은 하나님의 뜻을 묻지 않았습니다. 성도들이 하나님께 묻지 않고 스스로 결정하면 실패하게 되어 있습니다. 결국 불순종의 열매를 거두게 되었습니다. 하나님께서는 신본주의적인 왕, 다윗을 준비하게 됩니다. 다윗은 항상 하나님의 뜻을 묻고 지도를 받던 인물입니다. 하나님의 마음에 드는 사람입니다. 하나님을 기쁘시게 하는 사람이었습니다. 하나님의 마음에 합당한 인물이었습니다.

전쟁터에서 블레셋 군사를 보고 공포와 두려움에 떨었던 이스라엘 군사는 마음에 하나님이 없는 자의 모습과 같았습니다. 창세기 3장 10절에 "내가 동산에서 하나님의 소리를 듣고 내가 벗었으므로 두려워하여 숨었나이다"라고 했습니다.

마음에 하나님이 없는 자는 자신의 지혜와 능력만을 의지하게 되어 있습니다. 시련과 대적을 만나서 두려움과 공포심에 떨면서 세상을 살게 되어 있습니다. 하나님의 백성은 하나님의 섭리를 알고 이끌어 가는 사람입니다.

그리스도의 좋은 군사는 믿음의 선한 싸움을 싸우는 사람입니다. 사도 바울과 같이 군사로 모집한 자를 기쁘게 하기 위해 노력하는 사람이 좋은 군사입니다. 자기 사생활만 강조하는 사람은 좋은 군사가 아닙니다.

상대가 우세하다 할지라도 최후의 승리는 하나님께서 하신다는 확신을 가져야 합니다. 모든 일에 있어서 우리를 사랑하시는 이로 말미암아 넉넉히 이길 줄로 믿습니다. 그리고 어떤 상황에서든 흔들리지 않는 믿음이 필요합니다. 세상에서 여러 가지 환난과 시험을 만날 수도 있습니다. 그럴 때 더욱 아버지 하나님을 찾으세요. 우리의 구원자 예수 그리스도를 의지하세요. 그리고 성령을 신뢰하세요. 그러면 승리할 줄로 믿습니다.

제33강
사무엘상 13장 8-15절

제사와 폐위

요나단이 블레셋 족속의 수비대를 공격했습니다. 이것이 전쟁의 직접적인 원인이 되었습니다. 블레셋은 병거나 마병 그리고 보병이 막강한 군사력을 보유한 나라였습니다. 블레셋 군대가 진쳤을 때 이스라엘 군사들은 두려워하고 도망하기 시작했습니다. 이 전쟁의 결과가 어떻게 되었을까요?

1. 망령된 제사

사울 왕은 왕이지 제사장은 아니었습니다. 사울 왕이 여호와께 드린 제사는 망령된 제사였습니다. 물론 인간적으로는 이해가 되는 행동같이 보입니다. 사무엘이 정한 기한대로 이레를 기다렸지만 사무엘은 길갈 지방에 나타나지 않았습니다. 제사드리기 위하여 기다려도 오지 않을 때 여러분 같으면 어떻게 하겠습니까? 그것도 이레를 기다렸습니다. 사울은 사무엘을 기다릴 때 전쟁에서 승리하기를 원해서 기다렸기 때문에 간절한 마음으로 기다렸습니다.

이레는 '완전, 안식'의 개념이 있는 말입니다. 하나님께서 창조 사역을 완성시킨 시간이고 안식의 개념이 있는 날입니다. 사울이 사무엘을 기다리는 기간은 거리적인 의미보다 구원의 완성, 전쟁의 승리를 염두에 두고 기다렸던 것입니다. 그렇다면 더더욱 하나님만 바라보면서 기다려야 했던 시간입니다.

백성들이 흩어지기 시작했습니다. 군사들은 블레셋 군대를 보고 동요하기 시작했습니다. 군대를 이탈하여 집으로 도망하거나 요단강을 건너 다른 지역으로 탈출했습니다. 군사가 흩어지는 것은 이미 사울 왕 곁에 있을 수 없다고 확신했기 때문입니다. 왕권이 흔들린 것입니다.

사무엘이 오기를 더욱 간절히 기다려야 했던 이유가 무엇입니까? 과거 미스바 사건입니다. 블레셋이 공격해 왔을 때 사무엘은 기도하여 물리쳤습니다. 그때를 기억하면서 왜 왕이나 백성이 기다릴 수 없었을까요? 상황 윤리는 기독교 윤리가 아닙니다.

왕과 백성이 모두 불신앙적인 행동을 한 것입니다. 하나님의 구원을 의심하기 때문에 그런 행동을 하게 된 것입니다. 당장의 상황과 형편만 이야기하는 사람치고 믿음 좋은 사람이 있습니까? 믿음은 환경과 상황을 이깁니다. 하나님의 보좌를 바라봅시다.

사울 왕은 더 이상 기다릴 수 없다고 판단하여 제사장의 권한을 침범하여 직접 제사를 드렸습니다. 이것이 무서운 결과를 가져올 줄은 몰랐던 모양입니다. 인간은 다 이렇습니다. 작은 불씨가 집 전체를 사른다는 것을 생각하지 못하고 행동하는 경우가 많습니다.

블레셋과의 전쟁을 하기 위하여 그리고 주어진 위기 상황에서 빨리 벗어나고자 했지만 더욱 위기에 빠지게 된 사울 왕입니다. 우리도 이런 어리석은 자는 아닌지요? 위기 상황에서 하나님께 범죄한 사울 왕입니다.

사울 왕은 사무엘이 기다려도 나타나지 않자 제사를 드렸습니다. 사람의 생각으로는 바른 판단처럼 보입니다. 사울 왕은 스스로 번제와 화목제를 드렸습니다. "번제와 화목 제물을 이리로 가져오라 하여 번제를 드렸더니"라고 했습니다. 표면적 이유는 블레셋의 군사력에 대한 두려움과 이스라엘 군사의 도망에 원인이 있었습니다.

인본주의적 사고 방식과 하나님의 명령에 대한 불순종이 나타나자 폐위가 멀지 않음을 말하게 됩니다. 하나님의 뜻을 묻지 않는 사울 왕의 죄악입니다. 신본주의의 극치가 예배인데 자기 중심적인 예배로 인본주의자임을 드러냈습니다. 인본주의를 폐하고 신본주의를 선택하는 하나님이십니다.

요즘 교인들의 특성이 뭐라고 생각합니까? 자기가 저지른 죄악에 대해 회개하기보다는 생활의 어려움을 정당화하거나 합리화하는 말과 행동을 하는 것입니다. 아니면 적당한 변명이 문제입니다. 기독교는 상황 윤리보다 절대 윤리를 말합니다.

그 결과가 무엇이라고 생각합니까? 하나님의 은혜와 복을 크게 누리지 못하는 것입니다. 먹고 사는 데는 지장이 없습니다. 다만 크게 쓰임받지는 못합니다. 다윗 왕은 나단의 책망하는 음성을 듣고 하나님 앞에 회개했습니다. 자기 합리화나 상대편에 대한 책임 전가를 하지 않았습니다. 자기 자신이 저지른 죄악을 낱낱이 고백하고 용서를 빌었습니다.

2. 책망과 폐위

사울 왕이 번제를 여호와께 드렸습니다. 월권 행위입니다. 제사를 마치자마자, 끝내자마자 사무엘이 나타났습니다. 사울 왕의 행동은 돌이킬 수 없는 행위였습니다. 남은 생애의 운명을 결정짓는 행위였습니다. 그때 마침 사무엘이 당도했습니다.

사울 왕은 사무엘을 급히 맞이했습니다. 사울의 마음은 조급했습니다. 사무엘은 사울 왕이 행한 일이 무엇이냐고 질책하는 음성으로 질문을 했습니다. "왕이 행하신 것이 무엇이냐?"

사울 왕은 군대는 흩어지고 블레셋 군대는 곧 쳐들어 올 것 같고, 사무엘은 오지 않아 여호와의 은혜를 힘입기 위하여 자신이 제사를 드렸다고 변명했습니다. 11-12절입니다. "백성은 내게서 흩어지고 당신은 정한 날 안에 오지 아니하고 블레셋 사람은 믹마스에 모였음을 내가 보았으므로 이에 내가 이르기를 블레셋 사람들이 나를 치러 길갈로 내려오겠거늘 내가 여호와께 은혜를 간구하지 못하였다 하고 부득이하여 번제를 드렸나이다"라고 답했습니다.

하나님께 헌신과 충성 그리고 성도의 교제를 의미하는 제사인데, 자기의 승리와 군사들의 마음에 용기를 주기 위한 예배행위를 했던 것이 문제였습니다. 무조건 제사만 드리면 됩니까? 무조건 예배만 하면 됩니까? 하나님이 역사하시고 하나님이 예배를 받으시는 것이 중요한 것입니다.

사울 왕에게서 마치 아벡 전투에서 제사장을 앞세우고 언약궤를 메고 나갔던 장로들과 같은 모습을 보게 됩니다. 그런다고 전쟁에서 승리합니까? 사람은 자기 생각과 자기 방식대로 세상을 살려고 합니다. 그것이 죄가 된다는 생각은 하지 않습니다. 불신앙입니다. 하나님을 배제한 인본주의적인 행동입니다.

사무엘은 사울 왕의 망령된 제사에 대하여 책망했습니다. 13절입니다. "사무엘이 사울에게 이르되 왕이 망령되이 행하였도다 왕이 왕의 하나님 여호와께서 왕에게 내리신 명령을 지키지 아니하였도다 그리하였더라면 여호와께서 이스라엘 위에 왕의 나라를 영원히 세우셨을 것이거늘"이라고 했습니다.

사울 왕의 행동은 지혜로운 행동이 아니라 망령된 행동이었습니다. 다윗이 인구 조사를 한 것과 같은 행동입니다. 아사가 여호와를 의지하지 않고 아람 왕을 의지한 것과 같은 행동이었습니다. 사울이 왕이지만 진정한 왕은 하나님이십니다. 하나님께 묻고 대답을 얻었어야 했는데 자기가 스스로 하나님의 권위에 도전하는 결과를 가져왔던 것입니다.

그 결과 왕위가 길지 못할 것이라고 선언했습니다. 14절 상반절에 "지금은 왕의 나라가 길지 못할 것이라 여호와께서 왕에게 명령하신 바를 왕이 지키지 아니하였으므로"라고 했습니다. 진정한 왕은 하나님이심을 나타내고 있습니다. 여러분의 삶의 주인은 누구입니까? 하나님이십니다. 이것을 믿을 때 믿는다고 말하는 것입니다. 사울 왕국은 길지 못할 것입니다. 여호와의 명령을 준행할 때 길 수 있는 것이지요.

여호와께서는 사울 왕이 불순종하였기에 하나님의 마음에 맞는 새로운 사람을 준비해 놓으셨다고 말해 주었습니다. 14절 하반절에 "여호와께서 그의 마음에 맞는 사람을 구하여 여호와께서 그를 그의 백성의 지도자로 삼으셨느니라"라고 했습니다. 정말 놀라운 일입니다. 여러분, 순종이 얼마나 중요한지 알고 있습니까? 자기 직책에 충성하는 것이 얼마나 소중한 일인지 알고 있습니까? 교회의 직책은 하나님의 명령을 듣고 순종할 때 칭찬과 영광과 존귀가 있는 직분입니다.

사울 왕은 블레셋과의 전쟁을 앞두고 폐위가 선언되고, 아말렉과의 전쟁 후에 폐위됩니다. 하나님은 하나님의 뜻과 마음이 같은 사람을 준비하고 계셨습니다. 교회의 진정한 왕은 하나님이십니다. 주인도 하나님이십니다. 우리는 이 사실을 믿습니다. 그리고 하나님이 기뻐하시는 예배를 드리기 위하여 기도하는 것입니다.

3. 길갈에서 기브아로

사무엘이 길갈을 떠났습니다. 그리고 기브아로 갔습니다. "사무엘이 일어나 길갈에서 떠나 베냐민 기브아로 올라가니라"라고 했습니다. 왜 길갈을 떠났을까요? 왜 기브아로 올라갔을까요?

사무엘은 사울 왕의 망령된 행동을 책망했습니다. 사울 왕의 폐위를 명령했습니다. 가감없이 하나님의 뜻을 전달하는 선지자의 역할을 감당했습니다. 영적으로 권위가 있었습니다. 이것이 부모들이나 지도자들에게 꼭 필요한 요소입니다.

기브아는 사울 왕의 고향입니다. 하나님의 산이라는 별명도 있었습니다. 예배 장소가 있었기 때문에 붙여진 이름이라고 생각됩니다. 과거 10장에서 살펴볼 때, 사울이 사무엘로부터 기름 부음을 받고 기브아로 왔을 때 하나님의 신에 크게 감동되었던 사건도 있었습니다.

이번에는 사무엘이 길갈에서 기브아로 갔습니다. 사울 왕의 행위를 지탄하는 의미로 보여집니다. 하나님의 신에 충만한 사람이 행할 수 없

는 행동을 하였으며, 하나님의 기름 부음을 받은 사람으로서 행동해서
는 안 될 행동을 했기 때문에 사무엘이 길갈에서 기브아로 내려간 것으
로 보입니다. 사무엘이 길갈에서 기브아로 내려간 것은 사울 왕의 왕권
에 대하여 불신하는 것을 나타내는 행동으로 이해합니다. 사울이 처음
에 가졌던 열심과 인내와 순수한 믿음과는 달리 변질된 것에 대한 사무
엘의 행동을 보게 됩니다.

사무엘이 사울 왕에 대하여 망령되다, 폐위가 될 것이다, 왕의 길이
멀지 않다 등 여러 가지 좋지 않은 소식을 전하지만, 성경은 침묵하고
있습니다. 사울의 반응에 대하여 기록해 주지 않았습니다. 왜 그랬을
까요?

사울 왕은 길갈에 남아 있습니다. 사무엘은 길갈을 훌쩍 떠나 기브아
로 갔습니다. 사무엘이 떠난 길갈은 여호와의 능력과 은혜가 떠난 장소
와 같았습니다. 그래서 찬송가 446장 3절에 "주 떠나 가시면 내 생명 헛
되네 기쁘나 슬플 때 늘 계시옵소서 기쁘고 기쁘도다 항상 기쁘도다 나
주께 왔사오니 복 주옵소서".

하나님은 자기 죄악을 자복하는 사람에게 은혜와 복을 내려주십니다.
상황을 논하고 상대방에게 책임을 넘기는 사람에게는 은혜가 임하지 않
습니다. 하나님은 회개하는 사람, 마음을 낮추는 사람을 좋아하십니다.
하나님은 외모로 사람을 보지 않고 중심을 보십니다. 누구든지 자기를
깨끗하게 하면 하나님께서 귀히 쓰는 그릇이 되는 법입니다.

제34강
사무엘상 13장 15-23절

이스라엘과 블레셋

사울 왕의 초기 사역과 지금은 너무나 달랐습니다. 사울 왕이 월권을 행사하고 자기 마음대로 제사했을 때 하나님의 징계가 임했습니다. 사무엘의 책망이 있었습니다. 이스라엘은 급속히 약한 나라로 전락되었습니다. 군사력을 보더라도 너무나 초라했습니다.

이러한 사건을 통하여 우리가 얻을 수 있는 교훈이 무엇이겠습니까?

1. 두 나라의 대치

이스라엘이 블레셋 나라에 비하여 얼마나 열악하고 열세였던가? 군사력에 있어서 아주 열악한 상황이었습니다. 사무엘이 길갈을 떠난 상태에서 사울 왕은 군사를 계수했습니다. 겨우 600명 정도였습니다.

사울 왕이 하나님의 신에 크게 감동되어 암몬과 전쟁할 때에는 군사력이 삼십삼만 명이었습니다. 그러나 인본주의 사상을 가지고 블레셋과 전쟁하려고 할 때 군사의 수가 겨우 육백 명이었습니다. 하나님 중심적인 사람과 사람 중심적인 사람과의 차이점이라고 말할 수 있습니다.

성도는 물량주의를 주의해야 합니다. 영적인 사람 몇 명만 있어도 부흥의 불길이 타오르게 되어 있습니다. 기도의 사람 몇 사람만 있어도 하나님의 능력이 나타나는 것입니다. 하나님의 은혜가 임합니다. 수에 관계없이 임하는 법입니다.

요나단이 하나님만 의지하고 블레셋의 수비대를 공격했을 때는 블레셋 사람을 이십여 명이나 죽였습니다. 그러나 사울 왕이 인본주의적인 사고 방식으로 블레셋 앞에 섰을 때에는 숫자나 파악하고 있는 상황이 되어 버렸습니다. 사람의 생각과 하나님의 생각은 큰 차이가 있는 것입니다. 사울은 하나님을 의지하는 사람에서 이제는 군사를 의지하는 사람으로 전락하였던 것입니다.

이스라엘 군대는 베냐민 게바에 진치고 블레셋 군대는 믹마스에 진쳤습니다. 이스라엘 민족에게는 전쟁할 때 사용할 무기도 없었습니다. 블레셋 군대는 기습 부대가 있었습니다. 기습 부대를 동쪽, 서쪽, 북쪽으로 나누었습니다.

17-18절에 "노략꾼들이 세 대로 블레셋 사람들의 진영에서 나와서 한 대는 오브라 길을 따라서 수알 땅에 이르렀고 한 대는 벧호론 길로 향하였고 한 대는 광야쪽으로 스보임 골짜기가 내려다 보이는 지역 길로 향하였더라"라고 했습니다. 블레셋은 군대를 세 대로 나누어서 이스라엘을 강하게 압박하고 있는 상황입니다. 노략꾼이란 '훼방하다, 유린하다'라는 의미를 가진 단어로 전방에 투입되어 중요한 거점을 확보하거나 선제 공격을 하는 부대를 말합니다. 이를테면 특수부대, 돌격부대입니다. 아마도 블레셋 군대는 협공작전을 펼쳐서 사울 왕으로 하여금

꼼짝도 못하게 하려고 했을 것입니다.

사울이 과거 암몬과의 전쟁을 하려고 할 때는 하나님의 신에 감동되었습니다. 몸을 돌릴 때에 새로운 마음을 주셨습니다. 믿음으로 확신을 주셨습니다. 그러나 이제 사무엘도 떠난 상태에서 블레셋이 눈 앞에 있게 되었습니다. 순종할 때와 불순종할 때의 차이점이 바로 이것입니다.

사무엘이 이스라엘을 통치할 때보다 사울 왕이 통치할 때 얼마나 약해졌습니까? 아마도 사무엘이 통치할 때 영적, 물질적인 풍성함이 있었습니다. 사울이 점점 인본주의로 나아가서 자신은 물론 나라까지 약해진 것으로 보입니다.

무엇보다 중요한 것은 하나님만 의지하는 신앙심이 부족하였습니다. 믿음이 약할 때 모든 것이 약해지는 법입니다. 하나님은 열악한 환경 가운데서 참된 믿음만을 원하십니다. 요나단의 신앙과 승리를 보게 됩니다. 요나단은 군사력을 의지하지 않고 하나님만 의지하는 가운데 승리를 했습니다. 하나님은 주님만 의지하는 자에게 승리의 면류관을 주시는 분이십니다. 사무엘상 14장 6절에 "요나단이 자기의 무기를 든 소년에게 이르되 우리가 이 할례 받지 않은 자들에게로 건너가자 여호와께서 우리를 위하여 일하실까 하노라 여호와의 구원은 사람이 많고 적음에 달리지 아니하였느니라"라고 했습니다. 이것이 요나단의 고백이요 우리의 고백이어야 합니다.

요나단은 '하나님이 주셨다' 라는 뜻입니다. 하나님께서 생명을 주셨습니다. 믿음도 주셨습니다. 세상에서 승리할 수 있도록 다양한 능력과 은혜도 주셨습니다. 하나님은 좋은 것으로 채워주시는 분이십니다.

하나님을 떠난 왕은 어떤 것도 책임지지 않습니다. 성도는 하나님만 의지해야 합니다. 세상에 존재하는 여러 가지 것들, 다른 것이 별것이 아닙니다. 결정적일 때 도움을 주지 못합니다. 하나님만 의지하는 성도가 되어서 승리하는 그리스도인으로 살아가기를 진심으로 바랍니다.

2. 전투 상황

이스라엘 나라는 열악한 상황에서 전쟁을 하게 되었습니다. 당시 이스라엘 사람들에게는 철공이 없었습니다. 블레셋이 이스라엘을 압제하여 무기를 만들지 못하도록 통제하는 상황이었습니다. 19절입니다. "그 때에 이스라엘 온 땅에 철공이 없었으니 이는 블레셋 사람들이 말하기를 히브리 사람이 칼이나 창을 만들까 두렵다 하였음이라"라고 했습니다.

어쩌다가 하나님의 백성이 이런 상황에 빠지게 되었을까요? 하나님의 선민이, 하나님의 사랑하는 아들과 딸이 왜 이렇게 어려운 상황에 빠지게 되었을까요? 심지어 이방민족에게 압제와 통제를 받는 상황이 되었을까요?

하나님을 사랑하지 않았습니다. 하나님 대신 우상을 숭배했습니다. 그리고 언약 백성으로서 언약에 신실하지 않았습니다. 사람들과 타협을 일삼았습니다. 공존을 모색했습니다. 그 결과 사람의 종이 되어버린 것입니다. 철공소 하나 없는 민족이 되었어요.

하나님께서 모세 시대에 무슨 말씀을 하셨습니까? 신명기 7장 2-4절에 "네 하나님 여호와께서 그들을 네게 넘겨 네게 치게 하시리니 그 때에 너는 그들을 진멸할 것이라 그들과 어떤 언약도 하지 말 것이요 그들을 불쌍히 여기지도 말 것이며 또 그들과 혼인하지도 말지니 네 딸을 그들의 아들에게 주지 말 것이요 그들의 딸도 네 며느리로 삼지 말 것은 그가 네 아들을 유혹하여 그가 여호와를 떠나고 다른 신들을 섬기게 하므로 여호와께서 너희에게 진노하사 갑자기 너희를 멸하실 것임이니라"라고 했습니다. 사람은 하나님의 말씀에 순종해야 합니다. 그래야 후환이 없습니다. 그래야 훗날 후회의 눈물을 흘리지 않을 수 있습니다.

바울은 고린도 교인들에게 뭐라고 말했습니까? 고린도전서 10장 20-21절에 "무릇 이방인이 제사하는 것은 귀신에게 하는 것이요 하나님께 제사하는 것이 아니니 나는 너희가 귀신과 교제하는 자가 되기를 원하지 아니하노라 너희가 주의 잔과 귀신의 잔을 겸하여 마시지 못하고 주의 식탁과 귀신의 식탁에 겸하여 참여하지 못하리라"라고 했습니다.

사울이 이스라엘 군사를 찾아보니 몇 명이지만 있었습니다. 그런데 손에는 무기가 없었습니다. 철을 다루는 기술자도 없었습니다. 대장장이가 없었습니다. 이스라엘은 정말 답답한 나라가 되었습니다. 서글픈 나라가 되었습니다. 너무나 허술한 나라가 되어버렸습니다. 하나님이 떠나시면 인간은 그렇게 됩니다. 전능하신 아버지가 함께하지 않으면 인간은 누구나 이렇게 됩니다.

이스라엘 사람들은 농기구를 만들 때도 블레셋 나라를 의지하는 상황이었습니다. 20-21절입니다. "온 이스라엘 사람들이 각기 보습이나 삽이나 도끼나 괭이를 벼리려면 블레셋 사람들에게로 내려갔었는데 곧 그들이 괭이나 삽이나 쇠스랑이나 도끼나 쇠채찍이 무딜 때에 그리하였으므로"라고 했습니다.

농기구의 이가 빠지거나 날이 무뎌지면 블레셋 나라로 내려가는 실정이었습니다. 블레셋으로서는 이스라엘이 철무기를 만들지 못하게 하였습니다. 블레셋은 이스라엘 나라의 농기구를 고쳐줌으로써 경제적인 이익을 추구했던 것입니다. 아마도 이스라엘 나라에 있는 철을 다루는 자들을 색출해서 죽이거나 포로로 잡아갔을 것입니다.

어떤 사람은 주장하기를 보습이나 곡괭이를 벼리는 데는 삼분의 이세겔이 들고, 도끼나 낫을 가는 데는 삼분의 일 세겔이 들었다고 말합니다. 그러한 상황이었기 때문에 이스라엘 나라가 전쟁을 할 때면 사울과 요나단 외에는 칼을 가질 수 없었습니다. 백성들의 손에는 칼 대신에 삽이나 도끼를 들고 싸워야 했습니다.

3. 전진 배치

블레셋은 전쟁에서 승리하기 위하여 믹마스 어귀에 전진 배치했습니다. 블레셋은 이스라엘과의 전쟁을 하기 위해서 부대를 이동하였습니다. 블레셋의 돌격대가 협곡이었던 믹마스의 입구에 진을 쳤습니다.

사울 왕이 하나님의 명령에 불순종할 때 사무엘이 나타나서 책망하고 떠나버렸습니다. 그리고 왕위는 폐하여질 것을 예언했습니다. 정말 이스라엘은 급속히 약해졌습니다. 하나님께서 역사하실 때는 은혜와 능력이 나타났습니다. 그런데 하나님께서 버리실 때는 무기력하고 무능력한 존재로 전락했습니다. 그렇습니다. 성도는 그렇습니다. 하나님께서 함께하시면 은혜와 능력이 나타날 줄로 믿습니다.

그 대표적인 예가 요나단입니다. 요나단은 하나님의 도움을 받는 믿음의 사람이었습니다. 하나님은 요나단과 함께 계셨습니다. 군사는 몇명에 불과했지만 전쟁에 능하신 하나님이 함께하셨습니다. 하나님께서 사랑하는 믿음의 사람을 위하여 친히 싸워주시면 누가 감당하겠습니까?

성도들이 명심해야 합니다. 성도는 약점이 많은 사람들입니다. 약함과 허물이 많습니다. 가진 것도 없습니다. 배운 것도 많지 않습니다. 하지만 전능하신 하나님이 함께하시면 어려운 것이 없습니다. 우리의 열등감 때문에 용기까지 내지 못할 일이 아닙니다. 무시로 성령 안에서 기도하면 사람들이 이길 수 없는 악령을 이길 수 있습니다. 인간을 망치게 하는 죄악을 이길 수 있습니다. 하나님의 전신갑주를 입으면 세상적인 여러 가지를 다 물리칠 수 있는 사람이 성도입니다.

그래서 사도 요한도 요한일서 5장 4-5절에서 "무릇 하나님께로부터 난 자마다 세상을 이기느니라 세상을 이기는 승리는 이것이니 우리의 믿음이라 예수께서 하나님의 아들이심을 믿는 자가 아니면 세상을 이기는 자가 누구냐"라고 했습니다.

바울은 우리가 약할 때 주님은 강하게 역사하신다고 말했습니다. 본래 약한 자, 무지한 자, 가진 것이 없는 자를 불러다가 사용하는 하나님이십니다. 예수님은 "세상에서는 너희가 환난을 당하나 담대하라 내가 세상을 이기었노라"라고 했습니다. 승리하신 주님을 바라보면서 승리하는 그리스도인들이 되기를 바랍니다.

제35강
사무엘상 14장 1-15절

요나단의 승리

사울은 이스라엘 나라의 초대 왕입니다. 왕을 보면 그 시대 상황을 짐작할 수 있습니다. 백성의 대표자가 왕이기 때문입니다. 사울 왕은 영적인 실수도 합니다. 월권행위도 합니다. 실수가 반복될 때 신용이 떨어지고 지도력이 떨어지게 되어 있습니다.

이스라엘과 블레셋을 군사적으로 비교해 볼 때 상대도 할 수 없는 상황이었습니다. 그런데 요나단의 단독적인 행동으로 반전되었습니다. 여러분도 한 사람의 헌신과 봉사가 이 시대적인 상황을 역전시킬 수 있다는 확신을 가지고 충성하기를 바랍니다.

1. 요나단의 출전

요나단은 사울 왕의 아들로 하나님만 믿던 믿음의 용사였습니다. 다윗의 친구이기도 했습니다. 요나단은 소수의 군사와 함께 블레셋을 공격했습니다. "우리가 건너편 블레셋 사람들의 부대로 건너가자 하고 그의 아버지에게는 아뢰지 아니하였더라"라고 했습니다.

사울은 인생으로서도 그리고 이스라엘의 왕으로서도 자꾸만 실수를 했습니다. 블레셋과의 전면전에서도 실수를 하였습니다. 그러나 아들 요나단은 믿음과 용기로 불리했던 전세를 극복한 인물입니다. 요나단은 능동적으로 이스라엘 나라를 위해서 싸우는 구원자와 같은 사람입니다. 반대로 이스라엘의 구원자 역할을 감당해야 할 사울은 수동적인 인물로 나타나고 있습니다.

사울 왕 곁에 있던 군사들은 두려워하거나 도망갔습니다. 겨우 육백 명 정도만 남았습니다. 정말 연약한 군대의 모습입니다. 사울 왕은 사무엘로부터 제1차 폐위가 선언되었습니다. 또 제2차 폐위도 선언되었습니다. 사울이 폐위되는 이유는 순전히 불순종에 기인합니다.

요나단이 적극적으로 전쟁에 임했기 때문에 이스라엘 군대가 용기를 얻었습니다. 이스라엘이 승리할 수 있도록 결정적인 계기를 마련한 요나단의 단독적인 출전을 집중해서 관찰해야 합니다. 블레셋 군대 앞에 두려워 떨던 이스라엘의 군대를 용기 백배하게 만든 사람은 사울이 아니라 요나단이었습니다.

사울 왕은 육백 명의 군사가 있지만 기브아 변두리 마그론에 있는 석류나무 아래에 머물렀습니다. 함께하는 군사가 육백 명 가량이었습니다. 아히야는 에봇을 입고 사울 곁에 있었습니다. 아히야는 아히둡의 아들이고, 비느하스의 손자이며 실로에서 여호와의 제사장이 된 엘리의 증손이었습니다. 에봇은 화려한 색실로 만든 예복입니다. 대제사장이 대속죄일에 지성소에 들어갈 때나 하나님께 특별히 물을 것이 있을 때 입던 옷입니다. 사울 왕은 대제사장을 전쟁터에 오게 해서 하나님의 뜻을 물으려고 했던 것입니다. 대제사장은 성소에서 봉사해야 합니다. 개인적인 비서가 아닙니다.

요나단은 무기 든 자와 함께 블레셋을 공격했습니다. 전쟁에 있어서 사울 왕은 소극적인 반면 요나단은 아주 적극적이었습니다. 사울 왕의 군대는 블레셋의 군사력을 보고 요단 강을 건너 도망쳤습니다. 반대로 요나단의 군사는 두 명이지만 블레셋 군대를 향해 돌진했습니다. 요나단이 하나님의 도우심을 힘입어 블레셋을 공격했을 때 블레셋의 정예 부대까지 두려워 떨게 만들었습니다.

사울의 군대는 전의를 상실했지만 요나단은 용기를 잃지 않았습니다. 아버지 사울 왕에게 알리지 않은 것은 보안상의 문제도 있겠지만 전적으로 하나님의 능력만 의지하여 싸우기를 원했기 때문입니다. 인간적인 조건을 생각하는 사울 왕과는 대조적이었습니다. 여호와의 구원은 사람의 수에 달려있는 것이 아니었습니다. 모세도 홍해 바다 앞에서 여호와께서 행하시는 구원을 보라. 너희는 가만히 있을지어다. 오늘 본 애굽 사람을 영원히 보지 못하리라. 바울은 주 예수를 믿으라 그리하면 너와 네 집이 구원을 받으리라고 했습니다.

이스라엘 백성은 요나단이 이스라엘 진영을 빠져나간 줄 알지 못했습니다. 요나단이 블레셋 사람들에게로 건너가려고 하는 어귀에 두 바위가 있었습니다. 하나는 보세스이고, 다른 하나는 세네였습니다. 지형이 매우 험악한 곳이었습니다.

2. 블레셋 공격

요나단이 무기 든 소년에게 여호와의 능력과 역사를 확신하고 할례받지 못한 블레셋 군대를 공격하자고 말했습니다. 무기 든 사람은 주로 칼과 창 그리고 활을 들었습니다. 다윗이나 사울도 무기 든 자가 곁에 있었습니다. 무기 든 사람은 무술에 뛰어난 인물이라고 생각됩니다.

할례는 구약 시대에 하나님의 백성에 대한 표시였습니다. 구별의 의미입니다. 하나님의 백성은 세상에 속한 사람과는 다르다는 의미입니다. 하나님께서 구별시킨 사람입니다. 또 하나님과 이스라엘 백성은 언약 관계에 놓여진 백성으로서, 언약 백성의 표시로 할례를 받았던 것입니다.

선민 사상에 대한 반대의 개념으로 할례받지 못한 사람이라고 말했습니다. 삼손의 아버지가 블레셋 사람을 할례받지 못한 사람이라고 표현했으며 다윗도 블레셋의 골리앗을 그렇게 표현했습니다.

요나단의 행동은 하나님만 의지하는 데서 생겨난 행동이었습니다. "여호와께서 우리를 위하여 일하실까 하노라". 요나단의 정말 멋진 신앙 고백입니다. 요나단은 하나님의 도우심을 확신했습니다. 연약한 믿음이 아니라 강하고 담대한 믿음이었습니다. 여호와의 구원은 사람의 많고 적음에 달려 있지 않다고 고백합니다. 블레셋과의 전쟁에서 하나님이 일하시고 요나단이 확신 속에서 힘써 싸웠기 때문에 승리할 수 있었습니다.

요한복음 16장 33절을 기억합시다. "이것을 너희에게 이르는 것은 너희로 내 안에서 평안을 누리게 하려 함이라 세상에서는 너희가 환난을 당하나 담대하라 내가 세상을 이기었노라"라고 했습니다. 거룩한 전쟁은 하나님께서 하시는 전쟁입니다. 사람의 숫자에 의해서 좌우되는 것이 아닙니다.

무기 든 자가 요나단의 신앙에 동의하며 따르기로 작정했습니다. 요나단이 어떤 결정을 내리든지 믿음으로 순종하겠다는 표현을 했습니다. 이런 사람이 진정한 조력자입니다. 왜 순종했을까? 하나님의 전쟁은 사람의 수에 달려있지 않다는 것과 하나님께서 역사하실 것을 믿었기 때문입니다.

"당신의 마음에 있는 대로 다 행하여 앞서 가소서 내가 당신과 마음을 같이 하여 따르리이다"라고 고백했습니다. 이런 자세가 조력자의 자세입니다. 따르는 자의 태도입니다. 말로만 따르는 것은 따르는 것이 아니지요. 오늘 성경은 무기 든 자에 대하여 아홉 번이나 강조하여 기록하고 있습니다. 여러분은 나의 목회 사역에 어떤 사람으로 기록되고 싶습니까? 그리고 몇 번이나 기록되고 싶습니까?

요나단은 무기 든 자의 결심을 보고 더욱 분발했습니다. 그리고 이렇게 제안했습니다. 우리가 적들이 볼 수 있는 데까지 가자. 그리고 하나님의 증표를 구하자. 만약 블레셋 군대가 내려오겠다고 하면 올라가지 말고, 요나단에게 올라오라고 하면 하나님이 허락하신 일로 알자는 증표였습니다.

요나단은 기습 작전을 펼친 것이 아닙니다. 정면 대결입니다. 겉으로 보기에는 무모한 짓 같이 보입니다. 하지만 하나님이 통치하는 나라를 위하여 목숨을 걸었습니다. 그리고 하나님의 증표를 구했습니다. 용기가 없어서 물은 것이 아니라 하나님의 뜻을 묻는 증표였습니다. 요나단은 하나님이 함께하는 전쟁을 원했던 것입니다. 그러니까 믿음의 용사입니다. 신앙인입니다. 블레셋 군사가 자기들을 보고 올라오라고 하면 하나님의 뜻으로 알겠다고 합니다. 올라가서 전쟁하는 것이 훨씬 더 불리합니다. 그러나 그것을 하나님의 뜻으로 알았습니다. 전쟁의 승리가 훨씬 더 빛날 것이기 때문입니다.

여러분은 적극적이고 능동적인 성도입니까 아니면 소극적이고 수동적인 신자입니까? 요나단이나 무기 든 사람과 같이 하나님의 영광을 위

하여 그리고 거룩한 하나님의 교회를 위하여 적극적이고 능동적인 성도
가 되기를 바랍니다.

3. 결과가 무엇인가?

전쟁에는 승패가 존재합니다. 삶과 죽음, 승리와 패배가 존재하는 것
이 전쟁입니다. 요나단과 병기 든 자가 보이자 블레셋 군사들이 올라오
라고 했습니다. 요나단과 무기 든 사람을 무시하는 말로 "보라 히브리
사람이 그들이 숨었던 구멍에서 나온다"라고 했습니다. 무시하고 멸시
하는 말입니다. 우습게 여기고 내뱉는 말입니다.

그래서 요나단과 무기 든 자가 믿음으로 확신하는 가운데 올라가서
블레셋 군사들을 죽이게 된 것입니다. 하나님의 뜻으로 확신한 다음에
전쟁을 했습니다. 블레셋 사람들의 말을 통하여 하나님의 뜻을 확인한
요나단은 정말 믿음의 사람입니다.

요나단이 무기 든 사람과 힘을 합하여 블레셋 사람 이십 명 가량을 죽
였습니다. 여호와께서 블레셋 사람을 요나단에게 붙이셨습니다. 전적인
하나님의 능력이었습니다. 하나님의 섭리입니다. 요나단의 손보다 하나
님의 능력이 강하게 활동하고 있었습니다. 하나님의 능력 앞에 블레셋
은 속수무책이었습니다. 모든 블레셋 군대는 공포에 싸이게 되었습니
다. 군대가 혼란에 빠지게 되었습니다. 땅까지 진동했습니다. 하나님의
역사는 그런 것입니다. 요나단의 용맹스러움에 블레셋 군대가 놀랐지만
그보다도 하나님의 능력이 나타나니까 더욱 간담이 서늘하게 된 것입니
다. 이것입니다. 성도가 바로 기도해야 할 이유가 이것입니다. 기도 이
외에는 이런 류가 나갈 수 없느니라.

요나단은 큰 전과를 거두어 이스라엘이 승리하는 교두보를 만들게 되

었습니다. 요나단은 신앙적인 인물이었습니다. 아버지와는 너무 달랐습니다. 그는 믿음의 사람으로 나라를 위급한 상황에서 건져낼 뿐만 아니라 다윗에게 큰 위로와 격려가 되는 좋은 친구였습니다.

사울은 위급한 상황에서 하나님을 의지하지 않고 불신앙적인 행동을 하여 죄를 범했습니다. 반면 요나단은 불리한 입장에서도 하나님의 도우심을 바라고 나가서 승리하였습니다. 하나님은 언약 백성을 버리지 않고 구원하십니다.

구원은 숫자에 달려 있지 않습니다. 인간의 지혜와 능력에 있는 것도 아닙니다. 도우심을 구하는 자들에게 주십니다. 그러므로 성도들은 끝까지 하나님만 신뢰해야 할 것입니다. 하나님은 전능하신 분이십니다. 믿는 자에게 능력으로 역사하십니다.

또 믿음의 동역자들이 필요합니다. 무기 든 소년과 같은 인물이 필요한 것입니다. 하나님의 일을 할 때 잘 돕는 자가 필요합니다. 바울도 바나바나 디모데 같은 동역자들이 잘 도왔습니다. 여러분도 교회를 위하여 목회자의 좋은 동역자의 삶을 살 수 있기를 바랍니다. 우리 교회에는 무기 든 사람이 누구일까요? 무기 든 사람이 많기를 바랍니다. 오늘부터 기도의 무기, 말씀의 무기를 들고 순종하는 삶을 살기를 진심으로 바랍니다.

제36강
사무엘상 14장 16-23절

이스라엘의 승리

블레셋과 이스라엘이 믹마스에서 전투를 했습니다. 누가 이겼을까요? 당연히 군사력도 많고 무기도 월등한 블레셋이 승리해야 했습니다. 그런데 군사력도 없고 무기도 없는 이스라엘이 승리했습니다.

오늘 성경이 이스라엘의 승리 사건을 다루고 있습니다. 어떻게 하면 우리도 승리하는 그리스도인의 삶을 살 수 있을까요? 특별히 승리의 교두보를 만든 사람은 요나단과 무기 든 군사 두 사람이었습니다. 소수의 사람이라 할지라도 하나님 중심적인 사람만 있으면 영육간의 전쟁에서 승리하는 복이 임할 줄로 믿습니다.

1. 사울도 전장으로 가다

요나단과 무기 든 자의 용기로 블레셋 군사 이십여 명이 전사했습니다. 이 소식을 들은 사울 왕 곁에 있던 이스라엘 군사들이 용기를 얻게 되었습니다. 베냐민 기브아에 있던 사울 왕과 군사들은 블레셋 군사들이 혼란한 상태에 빠져 있다는 소식을 듣습니다. 사울 왕이 확인해 보니 정말 그랬습니다. 요나단과 무기 든 사람의 역할 때문에 그렇다는 것을 알게 됩니다.

요나단의 적극적인 공격과 하나님의 초자연적인 역사로 블레셋 나라는 우왕좌왕하는 모습을 보이고 있었습니다. 블레셋 군사들은 용기를 잃기 시작했고 마음이 녹아내리기 시작했습니다.

그래서 사울은 '너희는 계수하라. 누가 나갔는지 알아보아라'. 두 가지 명령을 내렸습니다. 블레셋 진영의 혼란이 이스라엘 병사에 의해서 이루어진 것을 알게 되었습니다. 그리고 누구인지 알아보았을 때 자기 아들 요나단이었습니다.

암몬과의 전쟁을 앞두고 군대를 계수했을 때는 하나님의 신에 크게 감동되었지만 사무엘이 떠난 지금에서 백성을 계수하는 것은 하나님의 능력이 사울에게서 떠난 상황을 알려주고 있습니다. 그리고 요나단이 자기 진영에서 떠나 블레셋과 싸울 때 계수하는 것은 주인공이 사울이 아니라 요나단인 것을 밝혀 주고 있는 것입니다. 사울이 명분상 왕이지만 이스라엘의 왕으로서의 역할을 제대로 감당하지 못하고 있는 것입니다.

사울이 군대를 파악할 때 요나단과 무기 든 자가 없는 것을 알게 됩니다. 그러니까 한참 후에 알게 되었습니다. 하나님께서 이스라엘을 블레셋으로부터 구원하시고자 할 때 사울 왕을 사용하지 않았습니다. 사울과 함께하는 병사들을 사용하지 않았습니다. 하나님의 마음에 합한 요나단과 무기 든 병사를 사용하셨습니다. 하나님이 세우는 신정 국가는 인간 왕이나 백성들에 의해서 세워지는 나라가 아닙니다. 진정한 왕은 하나님이십니다. 하나님에 의해서 하나님 나라가 세워지고 발전한다는 교훈을 얻게 됩니다.

사울 왕과 아들 요나단은 대조적이었습니다. 사울은 항상 머물러 있는 사람으로 소개하고 있고 요나단은 이스라엘을 위하여 블레셋과 건너가서 싸우는 사람으로 묘사하고 있기 때문입니다. 관망하거나 뒤로 물러가는 사울 왕과 같은 사람이 아니라 하나님만 전적으로 신뢰하고 블레셋과 과감하게 전쟁했던 요나단을 대조적으로 보여 주고 있습니다. 여러분은 어느 편입니까? 관망하고 방관주의자처럼 행동하는 사람입니까 아니면 힘을 모으고 강하고 담대하게 전쟁하는 요나단과 같은 사람입니까?

그렇습니다. 어느 시대나 어떤 단체나 한 사람이 중요합니다. 한 사람이 부정적이면 많은 사람이 부정적인 사람이 되지만 한 사람이 긍정적이면 다른 사람들이 긍정적인 사람이 되는 것입니다. 그러므로 한 사람이 중요합니다.

우리는 로마서 5장에서 한 사람의 중요성에 대하여 배웠습니다. "그러므로 한 사람으로 말미암아 죄가 세상에 들어오고 죄로 말미암아 사망이 들어왔나니 이와 같이 모든 사람이 죄를 지었으므로 사망이 모든 사람에게 이르렀느니라"라고 했습니다. "한 사람이 순종하지 아니함으로 많은 사람이 죄인 된 것 같이 한 사람이 순종하심으로 많은 사람이 의인이 되리라"라고 했습니다. 한 사람의 불순종과 한 사람의 순종의 중요성입니다. 아담 한 사람의 불순종이 모든 인류를 멸망에 이르게 하였습니다. 반대로 예수 그리스도 한 사람의 순종으로 말미암아 모든 사람이 의에 이르게 되었습니다. 할렐루야.

2. 이탈자가 가담자로

18절입니다. "사울이 아히야에게 이르되 하나님의 궤를 이리로 가져오라 하니 그 때에 하나님의 궤가 이스라엘 자손과 함께 있음이니라"라고 했습니다. 블레셋 진영에 큰 혼란이 있을 때 사울 왕은 아히야 대제사장에게 하나님의 궤를 찾았습니다. 여호와의 궤는 실로에 있다가 블레셋에게 빼앗겼고, 벧세메스에서 가랏여아림으로 옮겨진 상태였습니다.

혹자는 이스라엘 백성들은 에봇에 있는 우림과 둠밈을 사용하여 하나님의 뜻을 묻기도 하였습니다. 아마도 사울 왕이 에봇을 가져오라고 했을 가능성도 있습니다. 그러나 여호와의 궤를 이용하여 블레셋을 완전히 멸망시키려는 사울 왕의 의도도 있었을 것입니다.

사울 왕은 전쟁터에 나가기 전에 아히야를 시켜 하나님의 뜻을 묻습니다. "사울이 제사장에게 말할 때에 블레셋 사람들의 진영에 소동이 점점 더한지라 사울이 제사장에게 이르되 네 손을 거두라"라고 했습니다.
사울이 아히야에게 묻고 있을 때 그 사이에 블레셋 군대가 더욱 혼란에 빠지는 모습을 보면서 하나님의 뜻을 묻다가 백성을 이끌고 전장에 나갔습니다. 블레셋 군대가 자중지란이 일어난 모습을 보게 되었습니다. 사울 왕은 여호와의 뜻을 묻다가 급하게 전쟁터로 갔습니다.

지난 번에는 사무엘을 기다리지 못하고 망령된 행실로 제사를 드리더니 이번에는 소동으로 말미암아 하나님의 뜻을 구하다가 답도 얻지 못한 상황에서 전쟁터로 발걸음을 옮겼습니다. 이것이 사울 왕의 경솔한 모습입니다.

사울 왕은 기회주의자입니다. 블레셋 진영에서 소동이 심하니까 이스라엘의 승리를 확신하고 하나님의 뜻을 묻다가 응답도 듣기 전에 돌아섰습니다. 이것이 인간의 모습이 아닐까요? 하나님의 뜻을 찾는 척하다가 자신의 뜻대로 실현하는 인간들의 경솔한 모습입니다. 이러한 모습은 신앙적으로 기회주의, 세상과 타협하는 자들의 특징입니다. 하나님의 뜻이나 하나님의 도우심을 필요로 하는 것 같이 보이다가 세상 것을 추구하거나 의지하는 경향이 인간에게 있습니다.

사울 왕은 아들 요나단의 승리를 업고 나가서 전쟁에서 승리했습니다. 요나단의 용맹성도 중요하지만 특별한 것은 블레셋 군대가 서로 자중지란이 일어나 자기들끼리 싸우고 있었습니다. 그러자 이스라엘 진영을 이탈하였던 군인들이 돌아와 사울 왕과 힘을 합했습니다. 이스라엘이 큰 승리를 거두었습니다. 이것이 하나님의 능력입니다. 하나님의 도우심입니다. 하나님이 인도하는 전쟁입니다.

블레셋과 이스라엘의 전쟁은 정말 놀라운 일이었습니다. 전쟁에서 이스라엘이 승리한 것은 정말 하나님의 섭리였습니다. 하나님의 능력에 달려 있었습니다. 사람이 자기 지혜나 능력을 자랑하거나 믿으면 실패하는 법입니다. 인간의 어리석음이 여기 있습니다. 하나님보다 자기의 것을 더 의지할 때 실패하는 것입니다. 인간이 의지할 데가 어디 있습니까?

사울 왕 곁에서 이탈했던 병사들이 다시 이스라엘 군사들과 연합하고 힘을 합하여 전쟁을 했습니다. 이스라엘군이 합류한 것입니다. 과거 블레셋에 강제로 끌려갔던 사람들도 합세했습니다. 이스라엘 진영을 이탈해 에브라임 산지에 숨었던 사람들도 합류했습니다. 그리고 블레셋과 전쟁하는 데 가세했습니다.

3. 이스라엘의 승리

이스라엘 백성들이 흩어져 있었지만 블레셋과 전쟁할 때에는 하나가 되었습니다. 블레셋과의 전쟁에서 결정적으로 승리하게 된 비결이 무엇일까? 도망쳤던 군사들이 되돌아왔습니다. 요단 강을 건넌 사람도 있고 에브라임 산지에 숨었던 사람도 있었습니다. 그런데 하나님의 섭리로 다시 돌아오게 되었습니다. 블레셋 군대를 물리치는 데 한 몫을 하였습니다.

믿음의 사람은 그리스도 안에서 하나가 되어야 합니다. 주도 하나요 세례도 하나요 믿음도 하나고, 성령도 하나입니다. 협력하여 싸울 때 전쟁에서 승리할 줄로 믿습니다. 마태복음 12장 25절에 "예수께서 그들의 생각을 아시고 이르시되 스스로 분쟁하는 나라마다 황폐하여질 것이요 스스로 분쟁하는 동네나 집마다 서지 못하리라"라고 했습니다.

바울은 갈라디아서에서 "만일 서로 물고 먹으면 피차 멸망할까 조심하라"(갈 5:15)라고 말했습니다. 서로 하나 되어 힘을 합하고 지혜를 합하여 사랑하고 축복할 때 승리하는 삶을 살게 될 줄로 믿습니다.

사울의 형식적인 신앙이 묘사되고 있습니다. 전쟁을 위하여 하나님의 뜻을 구하려 했다가 전세가 유리해지자 군대를 이끌고 나갔던 사울 왕의 모습, 처신을 보게 됩니다. 여러분도 이런 경우가 없었을까요? 인간은 다 이렇습니다.

기도하다가 자기 자신의 힘으로 해결할 수 있다는 생각이 들면 깊은 기도를 하지 않습니다. 자기 노력으로 얼마든지 처리할 수 있다는 생각이 앞섭니다. 그러나 기도의 사람은 항상 기도합니다. 쉬지 않고 기도합니다. 무시로 성령 안에서 간구합니다. 해결이 되고 안 되는 것은 나중입니다. 하나님을 만나는 자체에 행복을 가집니다.

23절입니다. "여호와께서 그 날에 이스라엘을 구원하시므로 전쟁이 벧아웬을 지나니라"라고 했습니다. 이스라엘이 블레셋과 믹마스 전투에서 어떤 결과를 가져왔을까요?

요나단과 무기 든 자, 지진과 큰 공포, 그리고 블레셋 군대 내에서 일어난 자중지란 등이 승리의 요인입니다. 이 모든 것을 있게 하신 분은 하나님이십니다. 여호와께서 블레셋을 이스라엘 손에 붙이셨습니다. 진정한 왕은 하나님이시고 영원한 나라는 하나님에 의해서 세워집니다.

벧아웬은 '사악한 집'이라는 뜻입니다. 하나님의 집으로 알려진 벧엘이 우상 숭배의 장소로 전락되자 호세아는 경멸하는 뜻으로 '벧아웬'이라고 불렀습니다.

그리고 사울 왕의 경솔함입니다. 하나님 제일주의, 하나님 중심적인 신앙, 신본주의적이지 못했습니다. 성령으로 시작하였다가 육체로 마치는 사람과 같습니다. 그러나 다윗은 달랐습니다. 믿음으로 기도하고 믿음으로 하나님께 물었습니다. 다윗이 신본주의적인 왕입니다. 여러분은 하나님 중심적인 삶을 추구하여 승리하는 그리스도인들이 다 되기를 바랍니다.

제37강
사무엘상 14장 24-35절

사울의 금식 명령

사울은 이스라엘과 블레셋과의 전투를 마무리하는 입장에서 어떻게 처신했는가? 단체를 이끌어 가는 지도자는 항상 지혜롭게 처신해야 합니다. 하나님 중심적이고 하나님 나라에 큰 발전을 가져오며 많은 사람에게 유익을 주는 결정을 해야 하기 때문입니다.

일반적으로 어떤 일에 있어서 승리하거나 성공하는 경우, 좋은 일이 있은 다음에 후속 조치가 항상 문제가 됩니다. 인간은 속 마음이 타락한 본성을 가지고 있고 교만하기 때문에 겸손한 마음을 가지기가 쉽지 않습니다. 여러분도 주변에서 이런 일을 많이 경험할 것입니다. 일이 잘된다든지 아니면 공부를 잘 한다든지 사업의 성공이 눈 앞에 왔다든지 그럴 경우에 겸손해지기가 쉽지 않고 대부분 교만해지는 법입니다.

사울 왕은 전쟁터에서 아주 애매모호한 명령을 내렸습니다. 깊은 생각을 하지 않고 경솔하게 금식 명령을 내렸습니다. 장기간 전쟁으로 인하여 피곤한 상황에서 금식까지 강요했던 것입니다. 이스라엘 군사들은 블레셋과의 전쟁으로 인하여 얼마나 피곤한 상태였겠습니까? 더군다나

사울 왕이 전쟁하는 동안에 금식하라고 명령을 내렸기 때문에 음식을
먹지 못한 상황이었습니다. 망령된 명령입니다. 왜 망령된 명령일까요?

첫째로, 블레셋 군대가 이스라엘 백성을 괴롭힌 것이지만 사울 왕의
명령이 이스라엘 백성을 더욱 괴롭히고 있었음을 시사하고 있습니다.
요나단이 그렇게 말했습니다. "내 아버지께서 이 땅을 곤란하게 하셨도
다". 인간의 명령은 종종 이렇게 생명력이 없습니다. 요나단의 믿음의
용기 때문에 승리의 기회를 잡았는데 사울 왕의 미련함 때문에 실패할
수도 있는 상황이 되었습니다.

둘째로, 금식하지 않는다면 누구든지 저주를 받을 것이라고 말했습니
다. 사울 왕의 명령은 망령된 맹세입니다. 부작용이 큰 명령이었습니다.
여호와를 사랑해서 내린 명령도 아니었습니다. 아마도 사울 왕의 속 마
음은 이스라엘과 블레셋과의 전쟁에서 속전속결하여 승리하고 자기 자
신의 이름을 세상에 널리 알리고 싶었던 것으로 이해합니다.

요나단은 블레셋에 대하여 할례받지 못한 백성, 여호와의 원수로 생
각한 반면 사울 왕은 여호와의 원수라는 사상보다는 자기 원수, 내 원수
라는 말로 표현하여 개인적인 전쟁으로 생각하고 있었습니다. 이것이
얼마나 큰 차이를 가져오는지 아십니까? 요나단은 하나님만 의지하고
싸웁니다. 사울 왕은 개인적인 은사를 의지하는 것입니다. 여기서 하나
님께 돌아갈 영광도 가로채게 되는 것입니다.

24절에 "이 날에 이스라엘 백성들이 피곤하였으니 이는 사울이 백성
에게 맹세시켜 경계하여 이르기를 저녁 곧 내가 내 원수에게 보복하는
때까지 아무 음식물이든지 먹는 사람은 저주를 받을지어다"라고 했습니
다.

셋째로, 이스라엘 백성들이 수풀에 들어갔다가 꿀을 발견하게 되었습니다. 가나안 땅인데, 젖과 꿀이 흐르는 땅인데 먹어야지요. 아브라함과 이삭과 야곱에게 맹세한 땅이잖습니까?

숲이 우거진 곳, 농지나 목초지로 개간 가능한 숲입니다. 팔레스틴 지방에는 야생벌들이 바위틈이나 광야, 동물의 시체가 썩은 곳에 집을 짓는 경우가 있습니다. 땅에 꿀이 흥건히 고여 있었습니다. 그러나 사울 왕의 저주가 무서워서 아무도 꿀을 먹지 못했습니다. 정말 이상한 명령이 아닙니까? 젖과 꿀이 흐르는 땅에 들어가서 꿀을 마음대로 먹을 수 없다는 것이 이상한 일이 아닙니까? 백성이 여호와를 두려워해야 하는데 오히려 사울 왕을 두려워한 나머지 꿀을 먹지 못했습니다. 이것이 모순입니다.

사울 왕의 맹세가 어떤 결과를 가져왔을까? 전쟁에 나간 이스라엘 백성들이 지쳐버렸습니다. 이것이 얼마나 어리석은 짓입니까? 하나님의 영광을 위한 금식도 아니고, 사울 왕 자기 자신의 영광을 위한 금식 명령이었으니 얼마나 불행을 자초하는 명령이었습니까? 군인들의 생명을 다 잃을 수도 있는 명령이 아닙니까? 그래서 무모한 것이지요.

저는 한국의 부모들이 이렇다고 생각합니다. 하나님의 나라나 하나님의 영광과는 너무나 다른 명령을 자녀에게 내리는 것이지요. 생각 좀 해봅시다. 자녀들의 앞날을 위하는 것은 좋은 일입니다. 하지만 신앙과는 너무나 거리가 멀고 방법이나 은사는 생각하지 않는다는 것입니다.

넷째로, 사울 왕의 금식 명령에 대하여 자기 아들 요나단은 듣지 못하여 발견한 꿀을 먹었습니다. 그리고 기운을 차렸습니다. 정말 얼마나 엉뚱한 명령이었습니까? 전쟁터에 나가는 사람으로 하여금 금식 명령을 내렸고 또 자기 사랑하는 아들은 듣지 못했으니 정말 기가 막히는 일이 벌어졌습니다. 요나단이 고의로 어긴 것은 아니지만 꿀을 먹었기에 어찌됐든 사울 왕의 명령을 어긴 것입니다. 이 사건이 사울의 어리석음을 나타내는 사건으로 드러납니다. 사람은 항상 하나님께 지혜를 간구해야 합니다.

요나단은 꿀을 먹은 다음에 활기있게 활동하였습니다. 시력이 회복되었습니다. 전쟁에서 힘껏 싸울 수가 있었고 지친 몸의 원기를 회복할 수가 있었습니다. 지적 판단력은 물론이고 영적인 분별력까지 생겼습니다. 요나단은 영적인 판단력이 생긴 반면 사울 왕은 판단력이 떨어졌다는 뜻입니다.

그러나 사랑하는 아들, 요나단이 자기 아버지 사울에게 죽을 수 있는, 명령 위반이었습니다. 얼마나 위험 천만한 명령입니까? 사람은 종종 이렇게 말하고 있습니다. '너 그렇게 하면 나는 이렇게 할거야' 라는 말을 곧잘 하는데, 부모들이 얼마나 거짓된 부모인지 드러납니다. 가정이나 사회를 지도하는 지도자는 공동체 전체를 생각하는 마음이 항상 있어야 합니다. 그렇지 않고 개인만 생각한다면 지도자가 되면 안 되는 사람입니다.

군사 중 한 사람이 요나단에게 보고했습니다. 사울 왕이 금식 명령을 내렸기 때문에 모든 군사가 지쳐 있는 상태라고 말해 주었습니다. 사울 왕의 금식 명령은 보통 명령이 아니라 맹세에 가까운 명령이었습니다. 그래서 모든 병사가 더 지쳐 버렸다는 말이었습니다. 사울 왕은 백성들에게 힘과 용기를 실어주는 왕이 아니라 더 지치게 만들고 맥이 빠지게 만드는 왕이었다는 말입니다.

그래서 29절에 "요나단이 이르되 내 아버지께서 이 땅을 곤란하게 하셨도다 보라 내가 이 꿀 조금을 맛보고도 내 눈이 이렇게 밝아졌거든"이라고 말합니다. 요나단이 병사의 보고를 듣고 아버지 사울 왕의 정책을 비판하게 됩니다. 사울의 오판이라는 것이지요. 어리석은 지도자가 사회를 혼란시킨다는 것이지요. 개인의 그릇된 말과 행동이 거룩한 교회를 어지럽게 하거나 전민족에게 해를 끼칠 수 있는 것입니다. 아간 한 사람의 탐욕이 여호수아와 이스라엘 백성에게 얼마나 치명적인 손상을 입혔습니까?

만약 이스라엘 군인들이 음식을 제때에 먹었더라면 더 많은 블레셋 군대를 섬멸했을 것이라고 말했습니다. 30절에 "하물며 백성이 오늘 그 대적에게서 탈취하여 얻은 것을 임의로 먹었더라면 블레셋 사람을 살륙함이 더욱 많지 아니하였겠느냐"라고 했습니다.

이스라엘을 진정으로 괴롭히는 적은 블레셋이라기보다는 사울 왕이라는 것이지요. 사람의 생각과 하나님의 생각이 다르고, 사람의 계획과 하나님의 뜻이 하늘과 땅처럼 차이가 있는 것입니다. 그래서 기도해야 합니다. 성령의 인도하심을 받아야 합니다. 하나님의 말씀을 통하여 하나님의 뜻을 선명하게 알고 순종하는 삶을 살아야 합니다.

다섯째로, 이스라엘 백성들이 믹마스에서 아얄론까지 블레셋 사람을 공격했기 때문에 굉장히 지친 상태였습니다. 피곤했습니다. 지쳤습니다. 피곤한 군사들이 탈취물 중에 양과 소와 송아지들을 잡아 피째 먹었습니다.

이러한 사태는 사울 왕의 금식 명령이 잘못된 것임을 증명하고 있습니다. 이스라엘 백성들이 짐승을 잡아 피째로 먹는 사건이 생겼습니다. 사울 왕의 명령은 현실에 유익을 주는 사건이 아니었습니다. 하나님의 뜻에 대치되는 인간적인 열심에서 비롯된 것이었습니다.

금식 기한을 넘긴 백성들이 짐승을 잡아 피째 먹었습니다. 이스라엘 백성들이 얼마나 지쳤는지 모릅니다. 얼마나 피곤했는지 모릅니다. 얼마나 배고팠는지 모릅니다. 믹마스는 베냐민의 성읍으로 예루살렘 북동쪽 12km 지점에 있는 군사적인 요충지였습니다. 아얄론은 예루살렘에서 23km 정도에 있는 골짜기입니다. 이 거리를 아무것도 먹지 않고 적과 싸웠으니 얼마나 지쳤겠습니까? 31절에 "그들이 심히 피곤한지라"라고 했습니다. 사울은 블레셋과의 전쟁에서는 승리했지만 이스라엘 백성과의 관계에서는 실패했습니다. 배고픈 사람들이 양과 소와 송아지를 향하여 달려갔기 때문입니다.

사울 왕은 그 소식을 듣고 큰 돌을 준비했습니다. 백성들에게 거기서 짐승을 잡게 하고 피째 먹지 말라고 했습니다. 여호와께 범죄하지 말라는 것입니다. 이스라엘 백성은 돌 위에서 짐승을 잡고 피를 다 빼냈습니다. 그리고 먹었습니다. 그런데 오늘 성경에 이스라엘 백성들은 땅을 향하여 짐승을 잡았습니다. 피를 다 빼내지 않은 상태에서 먹기 시작했습니다.

그러므로 사울의 금식 명령은 무모했습니다. 하나님의 뜻이었는가 아니면 자기의 욕심이었는가? 하나님은 사울 왕으로부터 점점 더 멀어지고 이스라엘 백성의 마음도 돌아서기 시작했습니다. 사람이 인간 중심적일 때 나타나는 현상입니다. 그러므로 우리는 매사에 하나님 중심적인 삶을 살아야 합니다. 이것이 가장 중요한 사상입니다.

피는 생명을 상징합니다. 피째 짐승의 고기를 먹은 것은 생명의 주인 되시는 하나님을 모독하는 일이었기 때문에 죄가 되었습니다. 이렇게 마구 행동하는 것은 이방인과 별로 다를 것이 없는 모습이었습니다.

어리석은 사울 왕의 맹세가 이스라엘 백성을 범죄하게 만들었다는 말입니다. 사람들이 사울 왕에게 보고하는 동안에도 계속 죄를 행하고 있었습니다. 사울 왕은 자신의 과오를 회개하기보다는 이스라엘 백성의 어리석음을 책망했습니다. 33절에 "너희가 믿음 없이 행하였도다"라고 말합니다.

사울 왕이 여호와를 위하여 단을 쌓았습니다. 이것이 처음으로 여호와를 위해 쌓은 단이었습니다. 사울이 단을 쌓은 이유에 대하여 두 가지로 말할 수 있습니다. 첫째는, 이스라엘 백성들의 범죄 때문이고, 둘째는, 전쟁에서 승리한 것에 대한 감사 때문일 것입니다. 혹자는 사울이 하나님보다는 자신을 위하여 단을 쌓았을 것이라고 말합니다. 훗날 사울 왕은 전쟁에서 승리한 다음에 자기를 위하여 전승비를 세우기 때문입니다.

참된 지도자는 공동체의 문제에 대하여 다른 사람의 약점을 보기 보다 자기 자신의 허물을 먼저 보는 사람입니다. 하나님은 형식적인 믿음 생활보다 진실한 회개를 원하시는 분이십니다. 우리 모두 하나님 앞에 진실한 그리스도인이 되기를 바랍니다.

제38강
사무엘상 14장 36-46절

사울과 요나단 1

사울은 아버지이고 요나단은 아들입니다. 사울은 왕이고 요나단은 왕자입니다. 사울 왕 곁에는 육백 명의 군사가 있었고 요나단 곁에는 무기든 사람이 있었습니다. 블레셋과의 전쟁을 하게 되었을 때 요나단과 병기 든 사람이 블레셋 군대를 공격하여 승리의 발판을 만들었습니다.

이것은 전적으로 하나님만 믿는 신앙으로 전쟁하러 올라간 것입니다. 하나님의 은혜와 능력으로 전쟁했을 때 승리할 수 있는 교두보를 확보하게 되었습니다. 그런데 문제가 발생했습니다. 나라를 위기로부터 구원한 사람이 죽임을 당하게 생겼습니다. 그것도 어리석은 아버지의 명령 때문에 사랑하는 아들이 죽게 되었습니다. 전쟁터에서 목숨을 걸고 싸운 왕자를 왕이 죽이게 되었습니다. 어떻게 되었을까요?

1. 사울과 하나님

사울 왕은 블레셋 군대를 추격하려는 계획을 세웠습니다. "우리가 밤에 블레셋 사람들을 추격하여 동틀 때까지 그들 중에서 탈취하고 한 사

람도 남기지 말자"라고 제안했습니다. 사울 왕은 블레셋과의 전쟁에서
승리하게 되었습니다. 그런데 그 승리가 어리석은 맹세 때문에 어려움
에 직면하게 되었습니다.

그러다 보니 다시 전쟁을 할 때는 금식 명령이 아니라 밤에 전쟁을 시
작하여 동틀 때까지 싸워서 승리하겠다는 전략을 세웠습니다. 이것은
하나님의 뜻에서 출발한 것이 아니라 인간적인 열심에서 시작한, 자기
욕심인 것입니다. 하나님의 영광을 위한 전쟁이라기보다는 자기의 영광
을 추구하는 전쟁이었습니다. 나중에 아말렉과의 전쟁에서 여호와를 위
하여 모든 것을 진멸하라고 했지만 사울 왕은 자기를 위하여 남겨놓은
것을 보면 잘 알 수 있습니다.

사울 왕의 설명을 들은 이스라엘 군사들은 사울 왕의 말에 순종하고
따르기로 했습니다. "왕의 생각에 좋은 대로 하소서". 하나님의 뜻이기
때문에 열심히 합시다. 하나님께 영광이 되니까 목숨을 걸고 싸웁시다.
이런 것이 아니었습니다. 왕의 생각대로 합시다. 그것도 왕이 좋은 대로
합시다. 사사시대와 똑같은 말입니다. 하나님의 뜻이나 하나님이 원하
는 방향이 아니라 '자기 좋은 대로' 입니다.

그때에 제사장 아히야는 사울 왕에게 하나님의 뜻을 묻자고 제안했습
니다. "와서 하나님께로 나아가사이다". 제사장은 백성들과 달랐습니
다. 즉시로 '왕이 좋은 대로 행하십시오'가 아니라 '하나님께 나아가서
물어 봅시다' 였습니다. 지난 번에는 금식 명령으로 백성들을 도탄에 빠
뜨렸는데 이번에는 하나님께 묻자는 것입니다.

성도는 항상 이것이 가장 중요합니다. 하나님의 뜻을 묻는 것입니다.
기도해 보는 것입니다. 하나님의 응답을 받는 것입니다. 구약 시대에는

제사장이 우림과 둠밈으로 하나님의 뜻을 물었습니다. 하나님은 응답하지 않으셨습니다. 왜 응답하지 않으셨을까요? 하나님은 사울을 버리셨습니다. 기도의 응답이 없었습니다. 성도에게 있어서 기도의 응답이 없는 것만큼 불안한 일이 또 있을까요?

사울이 하나님께 묻습니다. "내가 블레셋 사람들을 추격하리이까? 주께서 그들을 이스라엘의 손에 넘기시겠나이까?" 이것은 요식행위였습니다. 믿음에서 나온 행동이 아니었습니다. 하나님을 사랑해서 묻는 것이 아니었습니다. 형식적이었습니다. 마음에 없는 처신이었습니다.

사울이 하나님께 묻지만 하나님은 응답하지 않았습니다. "그 날에 대답하지 아니 하시는지라". 여러분의 기도에 응답이 있기를 축복합니다. 구할 때 얻는 복이 임하기를 바랍니다. 찾을 때 발견되고 찾는 역사가 일어나기를 바랍니다. 문을 두드릴 때 열려지는 복을 받기를 원합니다.

2. 원인 조사와 경솔한 맹세

사울 왕은 군대 지휘관을 소집합니다. "너희 군대의 지휘관들아 다 이리로 오라 오늘 이 죄가 누구에게 있나 알아보자". 누구에게 죄가 있는지 확인하고 싶었습니다. 하나님의 무응답에 대해서 자기의 어리석은 죄는 생각하지 않았습니다. 이스라엘 백성의 죄 때문에 응답이 없다고 생각했습니다. 그리고 죄인을 찾아내서 처벌해야 하나님의 응답도 있고 하나님과의 관계가 회복된다고 생각했습니다.

과거 여호수아 시대 때 아간 사건을 생각했던 모양입니다. 사실은 자신의 경솔한 금식 명령 때문에 생긴 일이라고 생각하지 않았습니다. 이것이 지도자의 어리석음입니다. 사울은 왕으로서 인정받지 못하고 있는 상황이었습니다.

사울은 자기 아들 요나단이라 할지라도 범죄했으면 죽이겠다고 맹세합니다. 살아 계신 하나님을 두고 맹세하노니 내 아들 요나단이라 할지라도 반드시 죽으리라. 정말 어리석은 왕입니다. 지도자가 이렇게 어리석으면 안 됩니다.

그러나 군사 중에 대답하는 사람이 한 사람도 없었습니다. "모든 백성 중 한 사람도 대답하지 아니하매"라고 했습니다. 백성들이 요나단이 행한 일을 알고 있었더라도 말할 수 없는 상황이었습니다. 사울 왕은 경솔하게 금식 명령을 내리지 않나, 또 경솔하게 맹세를 하지 않나 종잡을 수 없는 지도자였기 때문입니다.

이 모든 책임은 자기 자신에게 돌아가게 되었습니다. 죄를 찾아내어 처단하겠다는 결심이 하나님께 영광이 되는 것도 아니고 나라를 굳건하게 세우는 것도 아니었습니다. 자기의 만용에서 비롯된 맹세였고 자기의 이익을 챙기기 위한 맹세였기 때문입니다.

3. 제비뽑기

죄인을 색출하기 위한 방법으로 제비뽑기를 생각했습니다. 성경에서 제비뽑기 방식은 죄인을 색출할 때 사용했습니다. 특정한 인물을 뽑을 때도 사용했습니다. "사람이 제비를 뽑으나 일을 작정하기는 여호와께 있느니라"라고 했습니다.

군사들을 한편에 서게 하고 자기와 요나단은 다른편에 섰습니다. "너희는 저쪽에 있으라 나와 내 아들 요나단은 이쪽에 있으리라". 백성들은 "왕의 생각에 좋은 대로 하소서"라고 대답했습니다. 사울은 자기와 요나단은 잘못이 없다고 생각했습니다.

사울 왕이 기도합니다. "이스라엘의 하나님 여호와께 아뢰되 원하건대 실상을 보이소서"라고 기도했습니다. 확실한 답을 주소서! 완전한 제비를 보여 주소서!

제비를 뽑았을 때 사울과 요나단이 뽑혔습니다. 백성이 아니었습니다. 백성의 잘못이 아니었습니다. 또 사울과 요나단을 놓고 뽑았을 때 요나단이 뽑혔습니다. "사울이 이르되 나와 내 아들 요나단 사이에 뽑으라 하였더니 요나단이 뽑히니라"라고 했습니다. 최종적으로 요나단이 뽑혔습니다. 요나단은 죽음의 문턱에 서게 되었습니다.

4. 요나단의 위기

사울 왕이 요나단에게 죄 자백을 요구했습니다. "네가 행한 것을 내게 말하라". 요나단은 꿀을 먹은 사실을 고백했습니다. "내가 다만 내 손에 가진 지팡이 끝으로 꿀을 조금 맛보았을 뿐이오나 내가 죽을 수밖에 없나이다"라고 했습니다. 요나단은 죽을 각오를 했습니다. "내가 죽을 수밖에 없나이다". 아버지의 잘못된 명령 때문에 아들이 죽게 생겼습니다.

정말 이상한 제비뽑기였습니다. 요나단이 지팡이로 꿀을 찍어 맛을 본 것은 사실입니다. 그런데 사울 왕의 명령을 어기려고 일부러 그렇게 한 것이 아닙니다. 알지 못하고 그런 행동을 했을 뿐입니다. 그리고 음식을 만들어 먹은 것은 더욱 아닙니다. 그리고 피째 고기를 먹은 것도 아닙니다. 다만 알지 못하고 꿀을 찍어 먹었을 뿐입니다. 그런데 그것이 제비뽑기에 뽑히는 것을 볼 때 이상하지 않습니까?

더군다나 전쟁터에서 선제 공격을 하여 이스라엘을 승리로 이끈 용사가 아닙니까? 용사인 것에 비해서 모르고 행한 일은 너무나 작은 일입니다. 아무것도 아닌 일입니다. 그렇지 않습니까? 오히려 사울 왕이 더 큰 잘못을 하고 있는 사람이 아닐까요?

사울이 요나단을 죽이기로 작정했습니다. "네가 반드시 죽으리라 그렇지 않으면 하나님이 내게 벌을 내리시고 또 내리시기를 원하노라"라고 했습니다. 사울 왕의 자기 당착입니다. 자신의 맹세 때문에 사랑하는 아들만 생명을 잃게 생겼습니다.

그래서 맹세는 신중해야 합니다. 그리고 맹세한 것은 반드시 실천해야 합니다. 마태복음 5장 33-37절에 "또 옛 사람에게 말한 바 헛 맹세를 하지 말고 네 맹세한 것을 주께 지키라 하였다는 것을 너희가 들었으나 나는 너희에게 이르노니 도무지 맹세하지 말지니 하늘로도 하지 말라 이는 하나님의 보좌임이요 땅으로도 하지 말라 이는 하나님의 발등상임이요 예루살렘으로도 하지 말라 이는 큰 임금의 성임이요 네 머리로도 하지 말라 이는 네가 한 터럭도 희고 검게 할 수 없음이라 오직 너희 말은 옳다 옳다, 아니라 아니라 하라 이에서 지나는 것은 악으로부터 나느니라"라고 했습니다.

요나단의 문제 때문에 어떤 일이 벌어졌을까요? 백성들이 사울에게 간청하여 말했습니다. 하나님과 함께 일한 요나단을 위하여 중재에 나섰습니다. 죽음의 자리에 있는 요나단을 구원하기 위한 중재였습니다.
"이스라엘에 이 큰 구원을 이룬 요나단이 죽겠나이까 결단코 그렇지 아니하니이다 여호와의 살아 계심을 두고 맹세하옵나니 그의 머리털 하나도 땅에 떨어지지 아니할 것은 그가 오늘 하나님과 동역하였음이니이다 하여 백성이 요나단을 구원하여 죽지 않게 하니라"라고 했습니다.

백성들의 간청을 잘 살펴봅시다. 요나단을 죽이면 안 되는 이유가 무엇일까요? 이스라엘 나라를 어려운 상황에서 구원했는데, 그 구원을 위하여 하나님과 함께 동역한 사람을 죽일 수 없다는 뜻입니다. 백성들의 변론을 생각해야 합니다. 왕자이기 때문에 죽이지 못한다는 말이 아닙니다. 큰 구원 때문도 아닙니다. 하나님과 함께 일하는 사람이기 때문에 죽일 수 없다는 것입니다. 하나님 때문에 못 죽인다는 말입니다. 누가 그를 죽일 수 있겠습니까?

여러분은 누구와 함께 일하는 사람입니까? 생사가 달린 질문입니다. 그렇습니다. 하나님과 함께하는 사람을 살리는 단체가 교회입니다. 바울은 우리가 하나님과 함께 일하는 자로서 너희를 권한다고 말했습니다. 하나님과 함께 평생을 살면서 일할 수는 없을까?

사울이 블레셋을 더 이상 추격하지 않고 철수하자 블레셋 군대도 철수하게 되었습니다. 자기 고향 기브아로 올라갔습니다. 사울의 철군이 나중에 더 큰 화를 불러오게 되었습니다. 훗날 그 블레셋 사람들에게 사울 왕과 요나단이 전사하게 됩니다. 영적인 전쟁은 승리의 날까지 계속해야 합니다. 우리 모두 영적인 전쟁에서 승리하는 그리스도인들이 다 됩시다.

제39강
사무엘상 14장 47-52절

사울 왕의 업적이 무엇인가?

지금까지 요나단의 신앙적인 신념으로 싸운 이스라엘과 블레셋의 믹마스 전쟁을 다루었습니다. 사울은 아버지이고 왕이었지만 경솔하게 행동하는 사람이었습니다. 그래서 사랑하는 아들을 잃을 뻔했습니다. 이스라엘 백성으로 하여금 피째 짐승의 고기를 먹는 결과도 가져왔습니다. 지도자가 항상 지혜롭지 않고 하나님의 뜻대로 추구하지 않으면 가정이나 단체가 곤란한 지경에 빠지게 되는 것입니다.

하나님께서는 약점이 많은 사울임에도 불구하고 사울 왕의 치적, 공로를 치하하십니다. 이미 버림을 당할 사람이지만 그래도 하나님 앞에 좋은 점은 좋다고 인정받는 모습을 보게 됩니다.

1. 사울 왕의 공로

이스라엘과 블레셋과의 믹마스 전쟁을 살펴보았습니다. 사울 왕이 이스라엘을 통치하는 동안, 그러니까 재위 기간 동안 쌓은 업적을 말하고 있습니다. 47-48절에 "사울이 이스라엘 왕위에 오른 후에 사방에 있는 모든 대적 곧 모압과 암몬 자손과 에돔과 소바의 왕들과 블레셋 사람들을 쳤는데 향하는 곳마다 이겼고 용감하게 아말렉 사람들을 치고 이스라엘을 그 약탈하는 자들의 손에서 건졌더라"라고 했습니다.

구체적으로 살펴보면 모압, 암몬, 에돔과 소바 그리고 블레셋과의 전쟁이 있었습니다. 그 모든 전쟁에서 승리한 사울의 공로를 말할 수 있습니다. 재위 기간 동안 사울의 공로, 업적을 밝히고 있습니다. 공로, 업적을 밝히는 것은 사울 왕의 임기가 끝났음을 암시합니다.

사울 왕의 업적을 밝힌 이후에는 사울이 하나님 앞에 범죄한 사실을 연속하여 지적하게 됩니다. 하나님 마음에 합당한 사람이 아니라는 것을 증명하고 있습니다. 사울이 믹마스 전투에서 승리한 다음에 왕권을 누리게 되었습니다. 왕으로서 실질적인 통치권, 지배권을 행사하기에 이르렀습니다. 그러나 사울이 지금까지 보여준 모습은 신본주의적인 사상에서의 삶이 아니었고 인본주의적인 삶을 추구한 사람과 같았습니다. 기독교는 신본주의 사상을 가르치고 있습니다. 하나님 중심적인 삶, 하나님의 절대주권적인 삶을 추구할 때 하나님의 은총과 복이 넘칠 줄로 믿습니다.

사울 왕은 사방에 있는 대적들과 전쟁을 하였습니다. 사울에게는 도처에, 곳곳에 대적자들이 있었습니다. '모압'은 요단의 동쪽에 거주했던 민족으로 사사시대 이후에 이스라엘 백성을 괴롭힌 민족이었습니다. '암몬' 역시 사사시대 이래 이스라엘을 괴롭힌 족속이었습니다. '에돔'은 사해 남부에 자리잡은 민족으로 사사시대 이후 이스라엘에 대한 공격은 없었습니다. 하지만 사울 왕 시대에는 상당히 먼 거리에서 공격해 왔던 민족이었습니다.

'소바의 왕들'은 유브라테스 강 상류와 요단 동쪽 야르묵 강 사이에 거주했던 민족으로 사울 시대에 이스라엘을 공격해 왔던 민족이었습니다. 사울 왕이 이스라엘을 통치할 때 전쟁에서 승리는 했지만 늘 전쟁을 해서 민족이 너무나 힘들고 피곤했던 기간이었습니다. 전쟁에서 승리하여 전과를 올림으로써 국고를 튼튼하게 한 것은 사실이지만 사울의 공로라기보다는 하나님의 도우심이었습니다. 사울은 이방 나라에 대한 하나님의 징벌의 도구로 사용된 것입니다.

특별히 아말렉과의 전쟁은 의미가 있는 전쟁이었습니다. 아말렉을 공격하여 이스라엘을 구원한 일은 큰 일이었습니다. 그러나 사울은 아말렉과의 전쟁에서 승리한 듯 하지만 윤리적이고 종교적인 범죄를 저지르게 됩니다. 하나님을 믿지 않는 사람처럼 하나님의 영광보다는 자기의 영광을, 하나님 나라보다는 자기의 공로를 앞세우다가 버림을 당하게 됩니다. 사람의 목소리를 듣다가 하나님의 음성을 듣지 않습니다. 전쟁터에서는 용감했던 사울이 하나님의 명령에는 타락하여 불순종의 열매를 맺게 됩니다. 우리는 영육간에 순종의 사람이 되어야 합니다.

2. 사울의 가계

사울 왕의 가계를 말하고 있습니다. 다른 왕의 경우 가계를 먼저 말하고 업적을 나중에 말하는 것이 일반적입니다. 그런데 사울 왕의 경우는 한동안 지난 다음에 가계를 말해 주고 있는 것이 특징입니다. 심지어 업적을 먼저 말하고 가계를 말하는 것이 독특한 점입니다.

신학자들은 사울의 왕정체제가 하나님의 언약 위에 세워진 것이 아니라 군사적인 기반 위에 세워진 것임을 나타내는 것이라고 말합니다. 교회는 진리의 기둥과 터인데, 사업이나 프로그램 위에 세워지는 경우가 많은 것과 같습니다.

사울 왕의 아들은 요나단과 이스위와 말기수아입니다. 그리고 메랍과 미갈이라는 딸을 두었습니다. 그리고 사울의 아내는 아히마아스의 딸 아히노암입니다. 군장으로는 숙부 넬의 아들인 아브넬을 두었습니다. 그리고 사울의 부친 기스와 아브넬의 부친 넬은 아비엘의 아들입니다.

사울 왕의 세 아들은 블레셋과의 전쟁에서 모두 죽습니다. 사무엘상 31장 2절에 나오는 아들의 이름과 사무엘상 14장에 나오는 아들의 이름이 일치하지 않습니다. 또 사무엘하 2장 8절에서는 네 번째 아들의 이름이 이스보셋입니다. 그러므로 이스위는 아비나답으로 보는 것이 합당합니다. 그리고 이스보셋은 살아 남아서 사울의 왕위를 이어갑니다.

딸의 이름이 메랍인데 '증가, 증진' 의 의미를 담고 있습니다. 아마도 다산을 기원하는 마음에서 그렇게 부른 것으로 보입니다. 미갈은 '누가 하나님과 같은가?' 입니다. 미갈은 훗날 다윗의 아내가 되지만 언약궤 때문에 춤을 추던 다윗을 비웃다가 평생 아이를 낳지 못하는 사람이 됩니다.

업적보다 가계를 먼저 말하는 경우의 예를 보자면 열왕기하 8장 25-27절에 "이스라엘 왕 아합의 아들 요람 제십이년에 유다 왕 여호람의 아들 아하시야가 왕이 되니 아하시야가 왕이 될 때에 나이가 이십이 세라 예루살렘에서 일 년을 통치하니라 그의 어머니의 이름은 아달랴라 이스라엘 왕 오므리의 손녀이더라 아하시야가 아합의 집 길로 행하여 아합의 집과 같이 여호와 보시기에 악을 행하였으니 그는 아합의 집의 사위가 되었음이러라"라고 했습니다.

역대하 24장 1-3절에 "요아스가 왕위에 오를 때에 나이가 칠 세라 예루살렘에서 사십 년 동안 다스리니라 그의 어머니의 이름은 시비아요 브엘세바 사람이더라 제사장 여호야다가 세상에 사는 모든 날에 요아스가 여호와 보시기에 정직하게 행하였으며 여호야다가 그를 두 아내에게 장가들게 하였더니 자녀를 낳았더라"라고 했습니다.

역대하 29장 1-2절의 경우도 그렇습니다. "히스기야가 왕위에 오를 때에 나이가 오십오 세라 예루살렘에서 이십구 년 동안 다스리니라 그의 어머니의 이름은 아비야요 스가랴의 딸이더라 히스기야가 그의 조상 다윗의 모든 행실과 같이 여호와 보시기에 정직하게 행하여"라고 했습니다.

반면 사울의 경우는 가계보다 업적을 말하고 있습니다. 왜 그럴까? 저자 사무엘의 심정이었습니다. 왕정체제를 출범시킨 자의 책임과 이왕 출발했으니 잘 되기를 바라는 염원이 담겨져 있다고 생각합니다. 마치 자녀의 결혼을 반대하던 부모도 자녀가 끝까지 결혼하겠다고 하면 잘 살아다오! 그렇게 기도하지 않겠습니까?

아마도 왕정체제의 업적이 과소평가 되고, 사울 왕에 대한 이미지 관리 때문인 것으로 이해합니다. 저자의 의도가 그렇다는 것입니다. 사울은 많은 전쟁을 치루었는데 그때마다 누구의 도움을 힘입어서 승리했을까요? 승리의 요인은 하나님의 도우심과 다윗이나 요나단의 도움이었습니다. 사울 왕은 여러 면에서 불순종의 사람이었지만 하나님이 도와주신 이유는 사울 왕 자신보다는 이스라엘 나라를 위해서 그렇게 하신 것이었습니다.

그러나 사울 왕은 하나님의 영광보다 자신의 명예와 권력 그리고 하나님보다는 이스라엘의 군사력을 의지했기에 버림당하게 됩니다. 그래서 우리는 사도 바울의 고백을 기억해야 합니다. 고린도전서 9장 27절에 "내가 내 몸을 쳐 복종하게 함은 내가 남에게 전파한 후에 자신이 도리어 버림을 당할까 두려워함이로다"라고 했습니다.

3. 사울과 블레셋

사울이 이스라엘의 왕으로 통치하는 동안 블레셋과 큰 전쟁이 계속되었습니다. 사울 왕은 전쟁을 위하여 용맹스럽고 힘 있는 자를 계속 모집하였습니다. 52절에 "사울이 사는 날 동안 블레셋 사람과 큰 싸움이 있었으므로 사울이 힘 센 사람이나 용감한 사람을 보면 그들을 불러모았더라"라고 했습니다.

사울의 통치는 블레셋과의 치열한 전투 이야기가 중심적입니다. 사울은 이방민족과의 전쟁으로 일관된 삶을 살았습니다. 본래 이스라엘의 장로들과 백성들의 요구가 무엇이었는가? 사무엘상 8장 20절에 "우리도 다른 나라들 같이 되어 우리의 왕이 우리를 다스리며 우리 앞에 나가서 우리의 싸움을 싸워야 할 것이니이다"라고 했습니다.

이 요구에 대하여 사무엘은 기뻐하지 않았습니다. 여호와 하나님께서는 "사무엘에게 이르시되 그들의 말을 들어 왕을 세우라"라고 위로해 주셨습니다. 사울의 삶을 보면 목적대로 사용된 인물입니다. 전쟁을 위하여 왕을 요구한 이스라엘 백성과 장로들의 요구가 그대로 이루어진 것입니다. 사울은 일평생 전쟁을 위하여 살았습니다.

그래서 강한 자가 필요했습니다. 용감한 사람도 필요했습니다. 전쟁을 해야 하니까요. 여러분은 하나님께서 왜 세상에 보내셨다고 생각합니까? 그리고 거룩한 교회에서 왜 직분을 맡겨 주셨을까요? 목적대로 쓰임받는 것이 중요합니다. 중요한 목적을 생각하지도 않고 자기 좋은 대로 행하는 것은 사사시대의 사람과 같은 것입니다. 어둠의 사람입니다. 영적으로 캄캄한 사람이에요.

사울 왕은 블레셋과의 전쟁만 생각했기 때문에 용감한 자와 힘 있는 자들만 골라서 뽑았습니다. 이것은 하나님 중심적인 사상과 배치되는 것입니다. 하나님의 구원은 사람의 많고 적음에 달려 있지 않습니다. 하나님은 하나님 중심적인 생각과 삶을 요구하십니다. 군사력보다는 기도가 더 힘이 있습니다. 많은 사람보다 하나님 한 분이 능력이 더 많습니다.

사울의 삶이 전쟁에서는 승리하여 국가가 힘이 있었지만 영적으로는 실패하고 있었으니, 하나님 중심이 아니었고 하나님이 기뻐하는 사람도 아니었습니다. 영적인 승리가 더 위대한 승리인 것입니다. 우리는 영원한 성공을 추구하고, 영원한 승리를 추구합시다.

제40강
사무엘상 15장 1-9절

사울과 아말렉

사무엘상 13-14장의 이스라엘과 블레셋과의 전쟁에서 사울 왕의 모습은 불순종자의 모습이었습니다. 아말렉과의 전쟁에서도 하나님께 불순종했습니다. 사울이 어떤 면에서 불순종했을까요?

1. 완전히 진멸하라

사무엘이 사울 왕에게 '이제 왕은 여호와의 말씀을 들으소서'라고 권면했습니다. 1절에 "사무엘이 사울에게 이르되 여호와께서 나를 보내어 왕에게 기름을 부어 그의 백성 이스라엘 위에 왕으로 삼으셨은즉 이제 왕은 여호와의 말씀을 들으소서"라고 했습니다. 아마도 하나님이 사무엘을 통하여 재기할 수 있는 기회를 주시는 것처럼 보입니다. 하나님께서 기회를 줄 때 선용해야 합니다.

사울은 왕이 되자마자 블레셋과의 전쟁을 앞두고 제사장의 직무를 침해하는 죄를 범하게 되어 통치 기간이 길지 못할 것이라는 책망을 받은 상태였습니다. 그 사건이 있은 후이기 때문에 사무엘이 '이제 왕은 여호와의 말씀을 들으라' 라고 말했습니다.

이스라엘의 왕으로서 여호와의 말씀을 듣는 것은 당연한 일입니다. 이스라엘은 일반적인 민족이 아니었습니다. 하나님과의 관계에서 언약 백성이었습니다. 하나님의 언약 백성이 언약을 믿고 순종하는 것은 당연한 일이 아니겠습니까?

개인적인 신앙으로 보아도 순종하는 것이 옳은 것이었습니다. 우리는 선민입니다. 하나님의 선택을 받고 천국을 가는 하나님의 귀한 백성입니다. 하나님의 백성이 하나님의 말씀에 순종하는 것은 당연한 일입니다. 여호와의 목소리를 들으라. 아버지의 음성에 귀를 기울이라. 여호와의 목소리를 듣는다면 전쟁에서 승리하는 길이 있다는 말입니다.

사무엘까지 동원하신 것으로 보아 순종하는 것이 좋은 것이었습니다. 사무엘을 통해 기름을 부었습니다. 그리고 사무엘이 권면했습니다. 사울은 변명의 여지가 없이 순종하는 길밖에 없었습니다. 여러 가지 정황으로 볼 때 순종이 미덕이었습니다.

하나님께서 아말렉과의 전쟁에서 특별한 명령을 하셨습니다. 2-3절에 아말렉을 완전히 진멸해야 하는 이유를 밝히고 있습니다. 이스라엘이 애굽에서 나올 때 아말렉은 연약한 아이들과 유부녀들과 노약자를 뒤에서 공격했습니다. 이것이 하나님 앞에 죄가 되었습니다.

하나님은 아말렉의 사람이나 짐승이나 전체를 진멸하기를 원하셨지만 그럼에도 사울 왕은 아각 왕을 살려줬을 뿐만 아니라 육축 가운데 제일 좋은 것은 남기고 가치없는 것만 골라서 진멸하였습니다. 아마도 완전한 순종이 아니라 부분적인 순종이라고 말할 수 있을 것입니다.

아말렉은 누구입니까? 아말렉은 에서의 후손입니다. 창세기 36장 12절에 "에서의 아들 엘리바스의 첩 딤나는 아말렉을 엘리바스에게 낳았으니 이들은 에서의 아내 아다의 자손이며"라고 했습니다.

아말렉 사람들이 진멸의 대상이 된 것은 이유가 있습니다. 이스라엘 민족이 출애굽할 당시 광야에서 이스라엘 백성들을 매우 잔인한 수법으로 괴롭혔기 때문입니다. 출애굽기 17장 8-16절에 나타납니다.

아말렉은 결국 하나님과 하나님의 백성을 구원하고자 하는 계획에 대한 도전자들이었습니다. 하나님의 대적자들입니다. 결국 하나님의 저주가 임하게 됩니다. 신명기 25장 17-19절에 "너희는 애굽에서 나오는 길에 아말렉이 네게 행한 일을 기억하라 곧 그들이 너를 길에서 만나 네가 피곤할 때에 네 뒤에 떨어진 약한 자들을 쳤고 하나님을 두려워하지 아니하였느니라 그러므로 네 하나님 여호와께서 네게 기업으로 주어 차지하게 하시는 땅에서 네 하나님 여호와께서 사방에 있는 모든 적군으로부터 네게 안식을 주실 때에 너는 천하에서 아말렉에 대한 기억을 지워버리라 너는 잊지 말지니라"라고 했습니다.

때가 되매 하나님은 사울 왕에게 아말렉을 진멸하라는 명령을 내리신 것이었습니다. 그런데 사울 왕은 순종했습니까? 사울은 하나님의 명령에 순종하여 하나님의 공의를 만족시키는 사람, 순종의 사람이 되어야 했습니다.

신명기 12장 2-3절에 "너희가 쫓아낼 민족들이 그들의 신들을 섬기는 곳은 높은 산이든지 작은 산이든지 푸른 나무 아래든지를 막론하고 그 모든 곳을 너희가 마땅히 파멸하며 그 제단을 헐며 주상을 깨뜨리며 아세라 상을 불사르고 또 그 조각한 신상들을 찍어 그 이름을 그 곳에서 멸하라"라고 했습니다.

신명기 20장 16-18절에 "오직 네 하나님 여호와께서 네게 기업으로 주시는 이 민족들의 성읍에서는 호흡 있는 자를 하나도 살리지 말지니 곧 헷 족속과 아모리 족속과 가나안 족속과 브리스 족속과 히위 족속과 여부스 족속을 네가 진멸하되 네 하나님 여호와께서 네게 명령하신 대로 하라 이는 그들이 그 신들에게 행하는 모든 가증한 일을 너희에게 가르쳐 본받게 하여 너희가 너희의 하나님 여호와께 범죄하게 할까 함이니라"라고 했습니다.

그러나 사울 왕은 하나님의 명령보다 자기 자신의 물질적인 욕심과 명예욕 때문에 넘어지고 실패하고 말았습니다. 사무엘상 13장에서 불순종의 죄를 용서하고자 하시고, 하나님과 새로운 관계를 유지하시려는 하나님의 의도를 깨닫지 못했습니다. 아마도 순종의 사람이 되었다면 사울의 생애와 이스라엘의 역사는 달라졌을 것입니다. 그런데 불행하게도 사울은 이번에도 또 버림을 당했습니다. 하나님의 대적자에 대한 태도가 분명해야 합니다. 방해꾼에 대한 자세 말입니다.

사울은 삶을 통하여 인본주의적인 신앙을 보여 주었습니다. 그는 신본주의적인 왕이 아니었습니다. 그는 이스라엘 백성에게 합당하지 않았던 왕이었습니다. 이렇게 하나님의 말씀보다도 자신의 뜻을 앞세우는 것은 인간의 욕망이요, 자신을 파멸의 길로 몰아넣는 것입니다. 그러므로 인간은 누구나 자기 자신의 욕망에 사로잡히지 않게 노력해야 합니다.

2. 사울의 불순종

사울 왕은 구체적으로 어떤 면에서 불순종의 사람인가?

군사력의 문제입니다. 사울 왕이 백성 가운데 용감하고 힘 있는 자를 소집했습니다. 들라임에서 계수해 보았습니다. 보병이 이십만 명이고 유다 사람이 만 명이었습니다. 사울 왕의 군대가 우세했던 모양입니다.

군사력이 막강하면 하나님보다 군사력을 믿기가 쉬운 법입니다. 아마도 사울 왕도 군사적인 우세 때문에 마음이 변했던 것으로 보입니다. 무엇인가를 많이 소유했을 때 더 겸손해지는 사람은 많지 않습니다. 사울 왕은 전쟁을 하면서 하나님께 묻지 않았습니다. 사울 왕이 아말렉 성에 이르렀을 때 골짜기에 복병을 두었습니다. 복병을 숨겨 두었습니다.

이스라엘이 애굽에서 나올 때 선대한 사람이 있었습니다. 겐 사람입니다. 사울 왕은 겐 사람들에게 먼저 떠나라. 우리가 아말렉을 공격할 때 너희도 진멸당할까 걱정했습니다. 겐 사람을 살린 것이 어떤 의미가 있습니까?

겐 사람은 '금속 세공업자, 대장장이'라는 의미를 가지고 있습니다. 아라비아 전지역을 다니면서 유목민에게 금속 제련 기술을 가르쳐 주던 사람들입니다. 겐 족속이 사울 왕 당시 아말렉 사람들 속에 묻혀 살고 있었지만 선대한 고마운 족속이었습니다. 그래서 떠나라고 말했던 것입니다. '너희는 떠나라, 너희는 내려가라'의 뜻입니다. 아말렉과 함께 멸망받기 싫으면 빨리 피신하라는 말입니다.

의인과 함께하면 망하는 법이 없습니다. 시편 37편 25-26절에 "내가 어려서부터 늙기까지 의인이 버림을 당하거나 그의 자손이 걸식함을 보지 못하였도다 그는 종일토록 은혜를 베풀고 꾸어 주니 그의 자손이 복을 받는도다"라고 했습니다.

사울은 아각 왕과 좋은 짐승은 살려 두었습니다. 사울과 이스라엘이 하월라에서 애굽 앞 술에 이르기까지 진격했습니다. 아말렉 왕 아각을 사로잡고 좋은 짐승은 관리했습니다. 9절에 "사울과 백성이 아각과 그의 양과 소의 가장 좋은 것 또는 기름진 것과 어린 양과 모든 좋은 것을 남기고 진멸하기를 즐겨 아니하고 가치 없고 하찮은 것은 진멸하니라"
라고 했습니다.

아각은 '타오르다'라는 뜻을 가지고 있는 이름입니다. 하나님은 예외
없이 진멸하라고 지시했습니다. 사울 왕은 아각을 생포했을 때 죽여야
했습니다. 아마도 아각을 죽이지 않은 이유는 자기 자신의 명예를 높이
기 위함이라고 생각합니다. 당시 절대 권력을 가진 아각을 사로잡음으
로써 자기의 명예를 날리고 싶었던 모양입니다.

또 한가지 추정은 사울 왕이 많은 대가를 바라고 살려두었을 가능성
입니다. 사울 왕은 아각도 자기 자신에게 가치가 있고 좋은 유익이 될
것으로 여겼음을 추정할 수 있습니다. 이것이 사울 왕이 범죄하게 되는
동기가 되었습니다.

자기에게 가치 없는 것, 나쁜 것, 유익이 적은 것만 골라서 진멸하였
습니다. 이것이 불순종입니다. 자기 좋은 대로 행하는 것이 사사시대의
특징입니다. 그리고 어두움을 좋아하는 사람, 밝은 빛이 아닌 사람의 특
징입니다.

사람은 누구나 욕심이 있습니다. 욕심이 앞서면 죄를 짓게 되어 있고
죄를 지으면 사망이 왕 노릇 하게 되어 있습니다. 그래서 바울은 갈라디
아서 5장 16-17절에서 "내가 이르노니 너희는 성령을 따라 행하라 그리
하면 육체의 욕심을 이루지 아니하리라 육체의 소욕은 성령을 거스르고
성령은 육체를 거스르나니 이 둘이 서로 대적함으로 너희가 원하는 것
을 하지 못하게 하려 함이니라"라고 했습니다.

이스라엘 백성이 하나님을 의지하게 만들어야 할 책임이 왕에게 있음
에도 사울은 왕을 의지하게 했고 하나님을 의지하게 만들고 있지 않았

습니다. 왜냐하면 하나님의 명령에 부분적인 순종만 하고 있었기 때문입니다. 좋은 것은 숨기고 좋지 않은 것만 진멸했습니다. 이것은 범죄행위입니다.

왕은 하나님을 의지하는 모습을 보여줘서 백성들도 하나님만 신뢰하고 의지하게 만들어야 했습니다. 그런데 사울 왕은 하나님을 절대적으로 의지하지 않았습니다. 하나님의 신정통치를 거절했습니다.

가치 없고 낮은 것만 진멸했습니다. 좋은 것은 남겨두었습니다. 이것은 모든 것을 진멸하라는 명령자를 경멸하게 되는 요인이 되었습니다. 사울이 하나님을 경멸할 때 하나님이 사울을 높여 주시겠습니까?

"나를 존중히 여기는 자를 내가 존중히 여기고 나를 멸시하는 자를 내가 경멸하리라"(삼상 2:30). 우리 모두 하나님을 존중히 여기는 사람이 됩시다. 하나님께서 여러분은 물론 여러분의 가문을 높여 주시리라 믿습니다.

제41강
사무엘상 15장 10-23절

책망과 변명

사울은 하나님이 준비한 왕이 아니라 사람들의 요구에 의해서 세워진 왕입니다. 하나님이 준비한 왕과 사람들에 의해서 세워진 왕이 무엇이 다른가? 사울의 경우를 보면 인본주의적으로 교회 일꾼을 세우면 문제가 많다는 것을 깨닫게 됩니다.

1. 여호와의 말씀

사무엘에게 임한 사울에 대한 하나님의 말씀이 무엇입니까? 사무엘에게 여호와의 말씀이 임했습니다. 역시 사무엘은 선지자요 선견자입니다. 항상 하나님의 음성을 들으면서 성장하더니 무슨 일에 대해서든지 여호와께서 말씀해 주셨습니다. 이것이 인간이 받을 수 있는 최고의 복이 아니겠습니까?

사울 왕이 말씀에 순종하지 않으니 하나님께서 왕으로 세운 것을 후회하셨습니다. 11절입니다. "내가 사울을 왕으로 세운 것을 후회하노니 그가 돌이켜서 나를 따르지 아니하며 내 명령을 행하지 아니하였음이니

라 하신지라 사무엘이 근심하여 온 밤을 여호와께 부르짖으니라"라고
했습니다.

하나님의 사람이 하나님을 따르지 않을 때와 하나님의 명령을 행하지
않을 때에 하나님은 후회하시고 하나님의 사람은 근심하면서 밤새껏 부
르짖는 결과를 가져온다는 것을 알아야 합니다.

이스라엘의 실제적인 왕은 하나님이시지만 백성과 장로들의 요구로
사울 왕을 세웠습니다. 그런데 이제는 하나님께서 후회하셨습니다. '후
회하다'는 '애석해하다, 측은히 여기다'라는 의미입니다. 내가 내 자신
을 두고 후회한다는 의미입니다. 그러니까 하나님께서 주권적인 의지에
따라 사람을 긍휼히 여기거나 사람에 대한 태도를 변화시킬 것을 의미
합니다. 하나님께서 마음을 찌르는 것 이상으로 괴로움을 당하셨다는
뜻입니다. 결국 사울 왕과의 언약이 파기되어야 하기 때문에 생기는 슬
픔입니다.

사울은 제사장의 권한을 깨뜨렸습니다. 또 아말렉을 진멸하라는 명령
에 대하여 불순종했습니다. 하나님을 좇는 입장에서 인간을 중시하는
입장으로 바뀌어졌습니다. 여호와를 따르는 종의 입장보다 이스라엘을
통치하는 통치자의 입장에 섰습니다. 이 생각이 불순종하게 되는 원동
력이 되었습니다. 그 결과 하나님을 순종하는 입장에서 거역하는 입장
으로 변화가 일어난 것입니다.

사무엘은 근심하는 가운데 부르짖었습니다. 근심은 의분입니다. 진노
의 의미입니다. 사울이 하나님에 대한 순종보다 자기의 왕권을 사수하
려고 하니까 분노, 의분이 생겼던 것입니다. 그래서 밤을 새워가면서 부
르짖었습니다. 사울로 인해 이스라엘 백성에게 진노가 임하지 않기를
기도했을 것이라고 생각합니다.

하나님과의 약속을 깨뜨리는 것이 얼마나 무서운 죄악인지 아십니까? 서원하고 지키지 않는 것, 약속을 하고 이행하지 않는 것, 신본주의에서 인본주의자가 되는 것은 무서운 죄악입니다.

2. 책망과 변명

사울에 대한 사무엘의 책망이 무엇입니까? 그리고 책망에 대하여 뭐라고 변명했습니까? 사무엘이 사울을 만나기 위하여 일찍 일어났습니다. 사울 왕이 갈멜에 기념비를 세우고 길갈로 갔다는 말을 듣습니다. 사울이 자기 자신을 위하여 기념비를 세운 것은 죄악입니다. 교만입니다. 전쟁에서 승리한 공을 하나님께 돌리지 않고 자기 자신에게 돌리고 있는 것입니다.

사울이 연거푸 범죄하는 모습을 보았습니다. 사울 왕은 하나님과 정상적인 관계를 회복할 수 있는 기회를 놓치고 말았습니다. 사울의 범죄를 안 사무엘이 사울의 범죄를 직접 확인하고 하나님의 명령에 불순종한 사울의 죄를 엄중히 책망하는 장면입니다.

사무엘이 사울에게 갔을 때 "당신은 여호와께 복을 받으소서 내가 여호와의 명령을 행하였나이다"라고 말했습니다. 사울은 잘못을 인정하기보다는 자기 자신의 결백을 주장하려 했습니다. 부분적인 순종을 해 놓고 온전히 순종한 것처럼 생각하는 것입니다. 그럴 때는 온전히 순종하신 그리스도를 바라보면서 회개의 눈물을 흘려야 합니다.

사무엘은 뭐라고 책망했습니까? 14절에 "사무엘이 이르되 그러면 내 귀에 들려오는 이 양의 소리와 내게 들리는 소의 소리는 어찌 됨이니이까?"라고 묻습니다. 양의 소리, 소의 소리는 무엇이냐? 죄악을 지적하는 내용입니다.

이스라엘 백성의 목소리와 여호와의 목소리 사이에서 백성의 소리를 들은 것입니다. 인간은 항상 그랬습니다. 아담과 하와의 경우도 그렇습니다. 아담은 하와에게, 하와는 뱀에게 전가했습니다.

그런데 사울은 사무엘의 책망에 대하여 회개하지 않고 자신의 죄악을 변명하였습니다. 15절이 변명의 내용입니다. "사울이 이르되 그것은 무리가 아말렉 사람에게서 끌어 온 것인데 백성이 당신의 하나님 여호와께 제사하려 하여 양들과 소들 중에서 가장 좋은 것을 남김이요 그 외의 것은 우리가 진멸하였나이다"라고 했습니다.

거듭된 책망에도 변명만 늘어 놓았습니다. 사무엘은 사울에게 다시 여호와의 말씀을 전했습니다. 16절입니다. "사무엘이 사울에게 이르되 가만히 계시옵소서 간 밤에 여호와께서 내게 이르신 것을 왕에게 말하리이다"라고 했습니다. 사울왕은 사무엘에게 "말씀하소서"라고 대답했습니다.

사무엘이 상기시키는 것이 있습니다. 무엇을 상기시켰을까요? 17-19절에 "사무엘이 이르되 왕이 스스로 작게 여길 그 때에 이스라엘 지파의 머리가 되지 아니하셨나이까 여호와께서 왕에게 기름을 부어 이스라엘 왕을 삼으시고 또 여호와께서 왕을 길로 보내시며 이르시기를 가서 죄인 아말렉 사람을 진멸하되 다 없어지기까지 치라 하셨거늘 어찌하여 왕이 여호와의 목소리를 청종하지 아니하고 탈취하기에만 급하여 여호와께서 악하게 여기시는 일을 행하였나이까?"라고 했습니다.

사울이 겸손할 때 하나님은 이스라엘의 왕이 되게 하셨습니다. 하나님 앞에서 사람은 겸손해야 합니다. 자기 자신을 낮추어야 합니다. 겸손은 존귀의 앞잡이입니다. 반면 교만한 마음은 패망의 선봉입니다. 제사보다는 순종이 낫습니다. 하나님이 기뻐하십니다.

아말렉을 완전히 진멸하라고 했는데 순종하지 않았습니다. 탈취하기에만 급급했습니다. 온전한 순종이 아니었습니다. 좋은 것은 남겼습니다. 탐욕을 채우기 위해 남겼습니다. 고의적인 불순종입니다. 하나님의 명령은 마음을 다하고 뜻을 다하고 힘을 다하는 것입니다. 부분적인 순종을 말하지 않습니다. 최선을 다할 때 인간은 행복합니다.

사울 왕은 무슨 변명을 했습니까? 20-21절에 "사울이 사무엘에게 이르되 나는 실로 여호와의 목소리를 청종하여 여호와께서 보내신 길로 가서 아말렉 왕 아각을 끌어 왔고 아말렉 사람들을 진멸하였으나 다만 백성이 그 마땅히 멸할 것 중에서 가장 좋은 것으로 길갈에서 당신의 하나님 여호와께 제사하려고 양과 소를 끌어 왔나이다"라고 했습니다.

자기는 순종했는데 백성이 여호와께 제사하려고 좋은 양과 소를 남겨둔 것이라고 변명했습니다. 항상 변명은 그럴싸합니다. 이해도 됩니다. 그러나 순종 여부를 물을 때는 아닌 것입니다. 아각 왕 생포는 자신의 공로이고, 짐승을 남긴 것은 백성들에게 책임을 전가하고 있습니다. 이 모습이 사울이 이스라엘의 왕으로서의 자격이 없다는 것을 증거하고 있습니다. 불신앙의 모습입니다.

3. 변명에 대한 선언이 무엇인가?

사무엘의 마지막 설명이 무엇입니까? 여호와 하나님이 좋아하시는 것이 무엇인가를 설명했습니다. "사무엘이 이르되 여호와께서 번제와 다른 제사를 그의 목소리를 청종하는 것을 좋아하심 같이 좋아하시겠나이까 순종이 제사보다 낫고 듣는 것이 숫양의 기름보다 나으니 이는 거역하는 것은 점치는 죄와 같고 완고한 것은 사신 우상에게 절하는 죄와 같음이라 왕이 여호와의 말씀을 버렸으므로 여호와께서도 왕을 버려 왕이 되지 못하게 하셨나이다"라고 했습니다.

우리는 죄를 회개하지 않으면 더 큰 죄를 낳게 된다는 교훈을 얻게 됩니다. 사울 왕은 자기 자신의 죄를 은폐하기 위해 거짓말을 했습니다. 다른 사람에게 전가하려고 했습니다. 백성들이 그렇게 했다는 것이지요. 이것이 멸망과 파멸의 길입니다.

정말 하나님 앞에서의 아름다운 제사는 순종의 제사입니다. 하나님의 말씀에 순종하는 것이 중요합니다. 불순종은 점치는 죄를 짓는 것과 같습니다. 우상 숭배하는 죄를 범하는 것과 같습니다.

이사야 1장 11절에 "여호와께서 말씀하시되 너희의 무수한 제물이 내게 무엇이 유익하뇨 나는 숫양의 번제와 살진 짐승의 기름에 배불렀고 나는 수송아지나 어린 양이나 숫염소의 피를 기뻐하지 아니하노니"라고 표현했습니다.

이사야 1장 19-20절에 "너희가 즐겨 순종하면 땅의 아름다운 소산을 먹을 것이요 너희가 거절하여 배반하면 칼에 삼켜지리라 여호와의 입의 말씀이니라"라고 했습니다.

요한복음 4장 23-24절에 "아버지께 참되게 예배하는 자들은 영과 진리로 예배할 때가 오나니 곧 이 때라 아버지께서는 자기에게 이렇게 예배하는 자들을 찾으시느니라 하나님은 영이시니 예배하는 자가 영과 진리로 예배할지니라"라고 했습니다.

사울이 하나님으로부터 버림당하는 결과를 가져왔습니다. 폐위의 선언입니다. 벌써 두 번째 선언입니다. 사람들이 직분을 맡고도 불순종하면 버림당합니다. 하나님으로부터 버림당합니다. 지금은 교회로부터 버림당합니다. 이것은 매우 엄중한 심판입니다.

먼저 우리가 불순종하면 하나님이 기뻐하지 않습니다. 하나님의 백성들도 즐거워하거나 기뻐하지 않습니다. 목회자는 말할 것도 없습니다. 그리고 자기 양심도 편하지 않습니다. 기독교의 권징에는 수찬정지, 정직, 면직, 제명, 출교와 같은 형벌이 있습니다. 회개하지 않으면 교회는 형벌도 내리는 단체입니다.

길갈은 '굴림'이나 '돌들의 바퀴'라는 의미가 있습니다. 역사적으로 가나안에 입성할 때 할례를 받은 곳, 사무엘이 순회할 때 방문한 도시, 제사하던 장소, 사울이 왕으로서 공식적으로 인정받은 장소이지만, 망령된 제사로 말미암아 사울의 폐위를 선언한 장소이기도 합니다.

하나님께서 폐위를 선언하신 것을 볼 때 이스라엘의 진정한 왕이 누구인가를 알게 합니다. 사울이 왕처럼 보였지만 하나님이 왕이십니다. 사울은 하나님이 왕인 것을 잊었습니다. 하나님의 말씀에 순종하지 않았습니다. 사울이 말씀을 가볍게 여겼기 때문에 하나님도 왕을 버렸습니다. 사울이 말씀을 거절하였기 때문에 하나님도 왕을 거절하게 되었습니다.

제42강
사무엘상 15장 24-35

사무엘과 사울의 결별

사무엘상 13-15장에서 사울은 신본주의 왕이 아니라 인본주의적인 왕임을 살펴보았습니다. 사울은 이스라엘 백성과 장로들의 요구에 의해서 세워진 왕이었습니다. 주변 국가, 이웃 나라와 같이 왕을 세워 전쟁에서 승리하고 싶었던 욕망에서 세운 왕이었습니다.

사울은 그 욕망대로 암몬과의 전쟁에서 승리했습니다. 그 결과 전폭적인 지지 속에 왕의 즉위식을 거행할 수 있었습니다. 사울의 왕권은 얼마나 오래갔을까? 그리고 하나님의 뜻을 얼마나 이루어 드렸을까?

1. 사울이 사무엘에게 동행을 요청하다

사울 왕이 사무엘에게 무엇을 요청했습니까? 24절입니다. "사울이 사무엘에게 이르되 내가 범죄하였나이다 내가 여호와의 명령과 당신의 말씀을 어긴 것은 내가 백성을 두려워하여 그들의 말을 청종하였음이니이다"라고 고백했습니다.

　사울이 이스라엘 백성을 두려워하여 여호와의 명령과 사무엘의 명령을 거슬러 범죄했다고 인정했습니다. 그런데 사울의 이러한 모습은 잘못을 조금 인정하는 것인가 아니면 진정한 회개일까? 사람들은 죄는 인정하지만 회개는 하지 않습니다. 그러나 다윗은 시편 51편 17절에서 "하나님께서 구하시는 제사는 상한 심령이라 하나님이여 상하고 통회하는 마음을 주께서 멸시하지 아니하시리이다"라고 했습니다.

　이스라엘 백성이 '사울 왕 만세'를 외쳤을 때 사울은 하나님을 두려워하기보다는 백성을 두려워하게 되었습니다. 사무엘보다 사람들을 더 두려워하게 되었습니다. 성도가 두려워해야 할 대상은 하나님이지 사람이 아닙니다. 자기 인기를 생각했습니다. 자기의 왕권을 생각했습니다. 여기에 문제가 있습니다.

　여러분은 사울을 통해 사람들에게 칭찬받는 것이 어떤 위험성이 있는지, 칭찬의 끝이 무엇인지를 보게 됩니다. 일반적으로 칭찬은 좋은 것이지만, 오해하면 하나님을 잊어버리게 만들기도 합니다. 하나님의 사람의 말도 잊게 만드는 것입니다.

　하나님께서는 아말렉을 완전히 진멸하라고 명령했습니다. 그런데 사람 때문에 하나님의 명령을 거절했고, 사람에게 좋게 하려고 하나님의 사람의 명령에 불순종했습니다. 사울이 청종해야 할 것이 있다면 그것은 여호와의 목소리이며, 항상 곁에 두고 읽고 또 읽어야 할 것은 하나님의 율법이었습니다.

　사울은 사무엘에게 자신의 죄를 용서하라고 요구했습니다. 그리고 동행하여 여호와께 경배할 수 있게 해달라고 요청했습니다. 25절에 "청하오니 지금 내 죄를 사하고 나와 함께 돌아가서 나로 하여금 여호와께 경배하게 하소서"라고 했습니다.

그러나 사무엘의 대답은 단호했습니다. "나는 왕과 함께 돌아가지 아니하리니 이는 왕이 여호와의 말씀을 버렸으므로 여호와께서 왕을 버려 이스라엘 왕이 되지 못하게 하셨음이니이다"라고 했습니다. 하나님께서 사울을 버리셨기 때문에 함께하지 않겠다는 선언입니다. 상대가 왕입니다. 그렇다 하더라도 사무엘처럼 하나님편에 서는 것이 당연합니다.

사무엘이 사울 곁에서 돌이킬 때에 사울이 사무엘의 겉옷자락을 붙잡았습니다. 사무엘의 겉옷이 찢어졌습니다. 사무엘이 "여호와께서 오늘 이스라엘 나라를 왕에게서 떼어 왕보다 나은 왕의 이웃에게 주셨나이다"라고 말했습니다.

사울 왕이 사무엘의 겉옷자락을 잡아 찢어지게 했습니다. 이것이 무슨 의미인가? 그냥 옷이 찢어진 것인가? 그러나 이스라엘의 역사를 보면 장차 이스라엘을 떼어 낼 것을 보여준 사건이었습니다. 다윗 왕이 사울 왕의 겉옷자락을 베어낸 사건과 연결됩니다.

겉옷자락이 찢어진 것은 이스라엘 나라가 다윗에게 넘어갈 것을 예표적으로 보여준 사건이었습니다. 사무엘은 하나님께서 다윗을 준비한 것은 잘 알지 못했지만 이스라엘을 사울보다는 나은 자에게 주실 것이라고 말했습니다. 후에 사울도 다윗에게 "나는 네가 반드시 왕이 될 것을 안다"라고 말했습니다.

인본주의 왕이 곁길로 갈 때 새로운 신본주의 왕이 등장할 수밖에 없었습니다. 사울은 인본주의적인 생각으로 전쟁을 했고 제사를 드렸고 재물을 숨겼으며, 또 진정한 회개가 아닌 정치적인 입장을 위하여 사무엘에게 자신과 동행할 것을 요구했습니다. 자기 중심적이고 기회주의적인 자세가 아닙니까? 이렇게 신본주의로 살지 않게 될 경우 축복과 영광이 사라지게 됩니다. 그렇기에 인간의 생사화복과 역사를 주관하는 하나님께 항상 순복하는 것이 아름답고 행복한 일입니다.

사무엘은 "이스라엘의 지존자는 거짓이나 변개함이 없으시니 그는 사람이 아니시므로 결코 변개하지 않으심이니이다"라고 선언했습니다. 사울 왕의 폐위는 기정 사실이라는 말입니다. 사람은 가변적이지만 하나님은 불변적 속성을 가지셨습니다.

사울이 사무엘에게 거듭 요구한 것이 무엇입니까? "내가 범죄하였을지라도 이제 청하옵나니 내 백성의 장로들 앞과 이스라엘 앞에서 나를 높이사 나와 함께 돌아가서 내가 당신의 하나님 여호와께 경배하게 하소서"라고 요청했습니다.

사무엘이 마음을 돌이켜 사울을 따라갔습니다. 사울은 여호와께 경배했습니다. 사울의 예배는 하나님을 사랑해서 드리는 예배보다는 장로와 이스라엘 백성을 의식하는 예배행위였습니다. 하나님의 영광보다는 자신의 영광을 생각하는 사람이었습니다. 예배는 하나님께 영광을 돌리는 예배여야 합니다.

2. 사무엘과 아말렉 왕 아각

사무엘이 사울을 따라 간 이유가 무엇일까? 하나님의 음성만 듣는 사무엘이 왜 사울의 말을 듣고 따라갔을까? 그 대답을 할 수 있는 사건이 있습니다.

사무엘은 사울 왕이 사로잡아 놓은 아말렉 왕 아각을 끌어오라고 명령했습니다. 사울이 사로잡아 아직도 처단하지 못한 사람을 사무엘이 처단하여 하나님의 명령에 완전히 순종하게 만들고 있습니다. 완전한 순종은 불가능한 것인가? 마음을 다할 수는 없는 것인가?

사무엘이 아말렉 왕 아각을 데려오라고 할 때에 어떤 현상이 벌어졌습니까? 아각은 착각하여 "진실로 사망의 괴로움이 지났도다"라고 말했습니다. 마음이 만족하고 기쁜 상태에서 나왔습니다. 아각은 자기 생명이 사울 왕의 손에서 제사장 사무엘에게로 넘어갔다는 생각에 기뻐했던 것으로 보입니다.

사무엘이 길갈 여호와의 장막 앞에서 아각을 처형했습니다. "네 칼이 여인들에게 자식이 없게 한 것 같이 여인 중 네 어미에게 자식이 없으리라 하고 그가 길갈에서 여호와 앞에서 아각을 찍어 쪼개니라"라고 했습니다.

사무엘은 제사를 드린 후 곧바로 아각을 칼로 처단했습니다. 사울 왕이 자랑하기 위하여 살려 둔 아각이 아닙니까? 그런데 사무엘이 곧바로 처단한 이유가 무엇일까요? 이스라엘의 진정한 왕은 사울이 아니라 하나님이라는 사실 때문입니다. 잠언 19장 21절에 "사람의 마음에는 많은 계획이 있어도 오직 여호와의 뜻만이 완전히 서리라"라고 했습니다.

아각은 전쟁을 통하여 수많은 여인들을 죽였습니다. 후손이 없게 만들었습니다. 후손이 없게 만드는 것이 얼마나 큰 범죄입니까? 우리는 다른 가정의 자녀들이 영육간에 하나님의 은총과 복이 임하기를 항상 기도해야 합니다.

아각을 처단한 장소가 어디입니까? 길갈, 여호와 앞에서 찍어 쪼갰습니다. 아각을 처단하는 것은 단순히 정치적인 문제만이 아니라 종교적인 문제를 포함하고 있습니다. 하나님께서 아말렉 족속을 완전히 진멸하라고 했습니다. 그 명령을 준행하는 것입니다. 그리고 하나님 앞에서 죽였습니다. 아각은 하나님의 공의의 심판을 받아 죽었습니다.

하나님 나라는 의의 나라입니다. 불의를 용납하지 않는 나라입니다. 어떤 사람은 빼앗기고 어떤 사람은 차지하는 복을 받게 될 것입니다. 여러분은 하나님의 은총 속에 하나님 나라를 차지하고 발전시키는 종들이 되기를 바랍니다.

3. 사무엘과 사울의 결별

사무엘은 아각을 처형한 다음에 라마로 내려갔고 사울은 기브아 궁궐로 돌아감으로써 사울과 영영히 결별했습니다. 라마는 사무엘이 태어난 고향이자 활동의 중심지였습니다. 라마는 사무엘이 제사장이자 선지자로서 사역을 수행한 곳입니다. 기브아는 사울의 고향으로 이스라엘의 수도 역할을 한 곳입니다.

사무엘이 죽는 날까지 사울을 다시 보지 않았습니다. 두 사람의 관계가 단절되었습니다. 사무엘은 라마로, 사울은 기브아로 갔기에 두 사람이 영원히 헤어졌는데, 이것은 사울을 하나님께서 버렸다는 의미를 포함하고 있습니다.

사무엘은 공식적인 직함으로 사울을 만나지 않았습니다. 하나님의 뜻을 더 이상 전달하지 않았으므로 신정적 왕으로서의 역할을 하지 못했다는 것을 의미합니다. 사울은 폐위되어 죽을 날만 기다리는 사람과 같이 되었습니다. 사람은 하나님이 함께할 때 행복하고 하나님이 사용하실 때 즐거운 것입니다.

사울이 사무엘을 만나지 않은 것은 사울 왕의 자만과 오만이라고 생각됩니다. 사무엘이 아각을 처단한 것을 자기의 권위에 대한 도전으로 생각한 것이 아닌가? 또 한가지는 사무엘이 자기에게 좋은 것보다 항상 여호와의 말씀을 전하면서 힘들고 어려운 것만 말하니까 만나고 싶지 않았던 모양입니다. 그러나 하나님의 사람이요 민족의 지도자 사무엘을 끝까지 찾아보고 섬기는 것은 후배들이 해야 할 일이었습니다.

사무엘은 사울을 위하여 슬퍼했습니다. 여호와께서도 사울을 왕으로 삼은 것을 후회했습니다. 하나님께서 사울을 버리셨을 때, 후회하신 것을 알았을 때 사무엘은 울고 또 울었습니다. 사무엘은 슬퍼했습니다. 하나님의 선지자로서 사울이 버림당한 것을 알았을 때 마음이 아팠습니다. 자기가 기름 부어 세운 왕이지만 여호와께서 후회하실 때 얼마나 마음이 아팠을까요?

진정한 회개와 그렇지 못한 회개의 차이점이 무엇일까요? 거짓된 회개는 잘못을 고백하지 않습니다. 변명으로 일관합니다. 핑계를 대는 것이지요. 그리고 자기의 체면을 지키고자 합니다. 이것이 잠언 28장 13절에 "자기의 죄를 숨기는 자는 형통하지 못하나 죄를 자복하고 버리는 자는 불쌍히 여김을 받으리라"라고 했습니다.

시편 34편 18절에 "여호와는 마음이 상한 자를 가까이 하시고 충심으로 통회하는 자를 구원하시는도다"라고 했습니다. 요엘서 2장 13절에 "너희는 옷을 찢지 말고 마음을 찢고 너희 하나님 여호와께로 돌아올지어다"라고 했습니다. 진정한 회개는 마음을 찢는 회개입니다. 그리고 여호와께로 돌아가는 회개입니다. 우리 모두 회개하는 일에 힘을 써서 성령의 충만을 체험하면서 살기를 바랍니다.

제 3 부
다윗의 등장과 사울의 몰락

사무엘상 16장 -31장

제43강
사무엘상 16장 1-13절

새로운 왕 다윗

우리는 사사시대에서 왕정시대로 넘어가는 과도기의 역사를 살펴보고 있습니다. 하나님이 준비한 사람은 다윗이지만 이스라엘 백성과 장로들은 주변 국가와 같이 왕을 달라고 요구했습니다. 그 결과 사울을 왕으로 세웠는데, 처음에는 겸손했으나 나중에는 교만하여 하나님께 불순종했습니다. 사울은 신정국가를 세우는 것이 아니라 자기 자신의 이름을 날리는 인간적인 나라로 나아갔습니다.

결국 사람들에 의해서 세워진 사람은 실패합니다. 하나님이 준비한 사람이 하나님께 영광도 돌리고 하나님 나라도 발전시키는 존귀한 사람이 되는 법입니다. 결국 인본주의는 실패합니다. 신본주의 사상을 가진 자가 승리하게 됩니다.

1. 이새의 집으로 가라

하나님은 사울을 왕으로 세운 것을 후회하셨습니다. 내가 이미 사울을 버렸노라. 하나님은 사람들의 요구에 의해서 세운 왕, 사울을 버리셨습니다. 사무엘은 사울 왕이 버림당하는 것을 보고 슬퍼했습니다. 날마다 슬픔에 잠겨 눈물로 세월을 보냈습니다. 하나님은 사무엘에게 슬퍼하지 말라고 위로해 주셨습니다. "네가 그를 위하여 언제까지 슬퍼하겠느냐?" 슬퍼하지 않아야 될 사람 때문에 슬퍼하고 있는 것은 바람직한 모습이 아닙니다. 하나님의 뜻은 다른 데 있기 때문입니다.

하나님은 베들레헴 사람 이새의 아들 다윗을 새 왕으로 선택하시고 사무엘에게 기름 뿔병에 기름을 채워가라고 했습니다. 뿔은 권세와 능력을 상징합니다. 기름은 풍성한 하나님의 복과 능력이 임재하는 것을 상징합니다. 사울에게는 그냥 기름을 부으라고 하신 것에 반하여 다윗에 대해서는 뿔병에 기름을 채우라고 명령하신 것이 차이점입니다.

하나님은 사울 왕 대신 다윗을 왕으로 세우셨습니다. 이스라엘 백성과 장로들은 사울과 같은 인물을 원했지만 하나님이 준비한 사람은 다윗이었습니다. 다윗은 하나님 중심적인, 신정적인 왕입니다. 하나님 마음에 합한 사람입니다.

사무엘상 13장 14절에 "지금은 왕의 나라가 길지 못할 것이라 여호와께서 왕에게 명령하신 바를 왕이 지키지 아니하였으므로 여호와께서 그의 마음에 맞는 사람을 구하여 여호와께서 그를 그의 백성의 지도자로 삼으셨느니라"라고 했습니다. 하나님의 마음에 맞는 사람입니다.

사무엘상 15장 28절에서도 "사무엘이 그에게 이르되 여호와께서 오늘 이스라엘 나라를 왕에게서 떼어 왕보다 나은 왕의 이웃에게 주셨나이다". 아말렉과의 전쟁에서 불순종하여 왕보다 더 나은 이웃에게 주시겠다고 했습니다. 그 사람이 다윗입니다.

사무엘은 처음에는 사울을 두려워했습니다. "내가 어찌 갈 수 있으리이까 사울이 들으면 나를 죽이리이다". 정말 망설였습니다. 그러나 하나님은 사무엘에게 암송아지 하나를 끌고 가서 여호와께 제사를 드리러 왔다고 하라고 하셨습니다. 결국 사무엘은 하나님의 지시를 받았습니다. 암송아지는 화목제로 사용할 때 주로 이용했습니다. 다른 사람을 시키지 말고 사무엘 자신이 직접 그렇게 하라는 명령이었습니다.

그리고 이새를 청하고 아들 중 한 사람에게 기름을 부으라고 명령했습니다. "내가 그의 아들 중에서 한 왕을 보았느니라"라고 말씀하셨습니다. "내가 네게 행할 일을 가르치리니 내가 네게 알게 하는 자에게 나를 위하여 기름을 부을지니라"라고 했습니다.

이새는 '여호와의 사람'이라는 뜻입니다. 이새는 룻기에 나오는 대로 보아스와 룻의 손자입니다. 다윗을 포함해서 여덟 명의 아들을 낳았습니다. 사울은 아버지의 나귀를 찾아다니다가 왕이 되었다면 다윗은 사무엘이 하나님의 지시를 받아 집으로 찾아와서 기름 부음을 받았습니다. 하나님이 직접 찾으시고 구체적으로 지시하는 가운데 왕으로서 기름을 붓게 되었습니다. 내가 한 왕을 보았느니라. 내가 준비해 놓았다는 뜻입니다. 하나님은 하나님의 일꾼을 준비하시고 때가 되면 데려다가 사용하시는 줄로 믿습니다.

2. 사무엘이 베들레헴으로 가다

사무엘이 여호와의 말씀에 순종하여 베들레헴으로 갔습니다. 성읍에 있던 장로들이 떨면서 말을 건넵니다. "그를 영접하여 이르되 평강을 위하여 오시나이까 이르되 평강을 위함이니라 내가 여호와께 제사하러 왔으니 스스로 성결하게 하고 와서 나와 함께 제사하자"라고 말했습니다.

제사하러 왔다. 평강을 위함이니라. 평강은 '평화, 안녕, 완전, 조화'
라는 뜻입니다. 암송아지는 하나님과 백성 사이의 화평을 나타내는 화
목 제물이었습니다. 사무엘이 말하는 평화의 의미는 제사를 통하여 하
나님과 이스라엘, 하나님과 자기 자신, 하나님과 이스라엘의 왕과의 평
화를 생각했던 말입니다. 겉으로는 분쟁 같지만 실제적으로는 평화입
니다.

하나님은 사무엘에게 할 말까지 다 가르쳐 주셨습니다. 그렇습니다.
하나님의 일을 진심으로 해 보십시오, 마태복음 10장 19-20절에 "너희
를 넘겨 줄 때에 어떻게 또는 무엇을 말할까 염려하지 말라 그 때에 너
희에게 할 말을 주시리니 말하는 이는 너희가 아니라 너희 속에서 말씀
하시는 이 곧 너희 아버지의 성령이시니라"라고 했습니다.

"내가 네게 행할 일을 가르치리니 내가 네게 알게 하는 자에게 나를
위하여 기름을 부을지니라"라고 했습니다. 가르치는 주체가 하나님이
십니다. 말하게 하는 주체도 하나님이십니다. 사역하는 주체도 하나님
이십니다. 이 신앙이 하나님 중심적인 신앙이고 신본주의 신앙인 것입
니다.

출애굽기 4장 12절에 "이제 가라 내가 네 입과 함께 있어서 할 말을
가르치리라"라고 했습니다. 모세에게도 그렇게 말씀하신 하나님이십니
다. 사람의 입과 함께하시는 하나님께 감사하고, 말할 것을 가르쳐 주시
는 하나님을 찬양합니다. 그러니까 하나님의 사람은 하나님이 말하라
한 것을 말하면 되는 것이고, 행할 일을 가르쳐준 대로 행하면 되는 것
입니다. 사람을 뽑아 세우는 일도 하나님이 하시는 일입니다. 사무엘은
지명된 사람에게 기름만 부으면 되는 것입니다.

제사하기 전에 먼저 자기를 성결하게 하는 것이 중요합니다. 정말 중

요한 것이 거룩, 성결입니다. 하나님은 깨끗한 그릇을 사용하십니다. 사무엘은 "이새와 그의 아들들을 성결하게 하고 제사에 청하니라"라고 했습니다.

장로들아 여호와 앞에 성결하라. 하나님 앞에 거룩하라. 성삼위 하나님 앞에 깨끗하라. 이새의 아들들아 거룩하라. 성결하라. 여호와 앞에 깨끗하라. 하나님은 다른 사람보다 이새의 아들들에게 관심을 가지고 있었습니다. 하나님께서 사울을 선택할 때와 다윗을 선택하여 세우는 과정 전체가 다르다는 것을 알 수 있습니다.

여러분은 강인한 믿음의 사람이 되기를 바랍니다. 시험과 어려움이 있으면 이리 흔들리고 저리 자빠지는 나약한 사람이 아니라 환난과 핍박이 있을 때 더 주님을 가까이 하면서 하나님을 더욱 더 사랑하는 성도가 되기를 바랍니다.

3. 이새의 말째 다윗

사무엘은 이새의 장남 엘리압을 보고서 기름을 부으려고 했습니다. 엘리압은 '하나님은 아버지시라'라는 좋은 이름을 가지고 있습니다. 용모와 신장이 컸습니다. 정말 잘 생겼습니다. 그러나 하나님께서 뭐라고 하셨습니까? "그의 용모와 키를 보지 말라 내가 이미 그를 버렸노라 내가 보는 것은 사람과 같지 아니하니 사람은 외모를 보거니와 나 여호와는 중심을 보느니라"라고 했습니다.

인간의 지식이나 지혜로는 알 수 없는 것이 있습니다. 사람은 외모만 보고 사람을 평가하지만 하나님은 중심을 보시는 분이십니다. 인간의 내면 세계나 육체적인 것 그리고 비물질적인 것까지 다 보신다는 말씀입니다. 하나님은 엘리압을 거절했습니다. 일반적으로는 귀한 사람이지만 이스라엘의 왕이 될 사람이 아니라는 것이지요.

이새의 일곱 아들이 다 차례대로 사무엘 앞에 섰습니다. 그러나 이스라엘의 왕으로서 하나님의 선택을 받지 못한 사람들이었습니다. 아미나답이 지나가도 아니었습니다. 여호와께서 왕으로 택한 사람이 아니었습니다.

삼마가 지나갔습니다. 여호와께서 삼마도 왕으로 택하지 않았습니다. 일곱 형제가 다 지나갔지만 일곱이 다 왕으로 부름받은 사람이 아니었습니다.

사무엘이 이새에게 묻습니다. 당신의 아들들이 다 여기 있느냐? 그때에 말째, 막내, 여덟 번째 아들이 있는데 "그는 양을 지키나이다"라고 대답했습니다. 막내 아들은 양을 치는 자에 불과하다는 말입니다. 양을 지키거나 풀을 뜯거나 돌보는 사람이라는 말입니다. 사무엘이 이새에게 사람을 보내어 "그를 데려오라 그가 여기 오기까지는 우리가 식사 자리에 앉지 아니 하겠노라"라고 했습니다. 사무엘의 투철한 정신을 볼 수 있습니다. 하나님의 일을 감당할 때 밥이 문제가 아닙니다.

사무엘 앞에 다윗이 왔습니다. 용모의 빛이 붉었습니다. 지도자의 자격이 보였습니다. 눈이 빼어났습니다. 얼굴이 아름다웠습니다. 모세도 그렇게 아름다운 사람이었습니다. 구약의 요셉도 용모가 준수했습니다. 지도자는 다릅니다.

여호와께서 사무엘에게 말씀하십니다. "그니 일어나 기름을 부으라"라고 했습니다. 사무엘이 기름 뿔병을 가져다가 형제 중에서 다윗에게 기름을 부었더니 여호와의 영에게 크게 감동되었습니다. 사무엘이 라마로 돌아갔습니다.

다윗이 왕으로 부름받은 소명의 사람이라는 표시가 기름 부음입니다. 다윗은 항상 예수님의 구속역사 속에 중요한 인물로 나타납니다.

기름 부음을 받고 곧바로 왕 위에 오른 것은 아니었습니다. 10여 년 동안 기다렸습니다(삼하 2:4). 이스라엘 전체의 왕이 되기 위해 7년 6개월 을 더 기다렸습니다(삼하 5:8). 이것은 다윗을 훈련시킨 기간으로 하나님 의 때임을 알 수 있습니다.

사울이 이스라엘의 왕 노릇을 하고 있지만 새로운 왕을 준비하신 분 은 하나님이십니다. 다윗과 언약까지 세우셨습니다(삼하 7:4-17). 유다 지 파에서 다윗의 후손들이 계속적으로 왕권을 누릴 것이라고 했습니다. 예수께서 영적 이스라엘의 영원한 왕이심을 예언합니다. 성도들도 구속 사에 동참한 것을 기뻐해야 합니다.

다윗은 '사랑하다'에서 파생된 '사랑을 받는 자'라는 뜻입니다. 사람 들이 하찮게 여기던 사람이 이스라엘의 왕으로 발탁되어 기름 부음을 받았습니다. 정식적인 등극까지는 오랜 시간이 걸렸습니다. 다윗은 기 름 부음을 받고 성령이 충만했습니다. 여호와의 신으로 충만한 사람이 되었습니다. 할렐루야!

제44강
사무엘상 16장 14-23절

사울과 다윗 1

우리가 믿는 하나님은 사람을 높이기도 하시고 낮추기도 하십니다. 여호와 하나님은 사람을 살리기도 하시고 죽이기도 하십니다. 전능하신 하나님은 사람을 부하게도 하시고 가난하게도 하시는 분이십니다.

사울 왕이 하나님 앞에서 겸손하고 순종할 때 하나님은 그를 높여주시고 승리하게 하셨습니다. 그러나 마음이 불순종하고 교만해졌을 때 하나님은 그를 낮추다가 결국 폐위시켜 버렸습니다. 그 대신 하나님 중심적인 삶을 살던 다윗을 등극시키셨습니다. 여러분도 다윗처럼 하나님 중심적이고 하나님을 사랑하여 존귀하게 쓰임받는 복이 임하기를 바랍니다.

1. 사울의 번뇌

여호와의 신, 여호와의 영이 사울에게서 떠나고, 악신이 사울에게 임했습니다. 그 결과가 무엇일까요? 번뇌, 고민, 근심과 걱정입니다. 14절입니다. "여호와의 영이 사울에게서 떠나고 여호와께서 부리시는 악령이 그를 번뇌하게 한지라"라고 했습니다. 성도 여러분! 여러분은 지금 하나님의 영, 성령으로 충만합니까 아니면 자기 생각으로 충만하거나 악령이 역사합니까? 예수님의 마지막 부탁이 무엇이었습니까?

누가복음 24장 49절에 "볼지어다 내가 내 아버지께서 약속하신 것을 너희에게 보내리니 너희는 위로부터 능력으로 입혀질 때까지 이 성에 머물라"라고 했습니다. 아버지의 약속하신 것, 성령을 충만히 받기 위한 사람은 120여 명이었습니다.

사도행전 1장 8절에 "오직 성령이 너희에게 임하시면 너희가 권능을 받고 예루살렘과 온 유대와 사마리아와 땅 끝까지 이르러 내 증인이 되리라"라고 했습니다. 성령의 권능을 받기 바랍니다.

사울에게서 여호와의 영이 떠났습니다. 사울을 버리신다는 뜻입니다. 사울에게 임한 여호와의 영이 떠날 때 다윗은 여호와의 영으로 충만해졌습니다. 사울과 다윗을 비교하고 있습니다. 일반적으로 성령이 임하시면 떠나지 않습니다. 그러나 사울은 여호와의 영이 떠났습니다.

다윗도 범죄한 다음에 "하나님이여 내 속에 정한 마음을 창조하시고 내 안에 정직한 영을 새롭게 하소서 나를 주 앞에서 쫓아내지 마시며 주의 성령을 내게서 거두지 마소서"(시 51:10-11)라고 했습니다.

로마서 8장 13-14절에서 바울은 "너희가 육신대로 살면 반드시 죽을 것이로되 영으로써 몸의 행실을 죽이면 살리니 무릇 하나님의 영으로 인도함을 받는 사람은 곧 하나님의 아들이라"라고 했습니다.

사울에게 악신이 임했습니다. 하나님께서 악신이 사울에게 임하는 것을 내버려두신 것입니다. 번뇌와 근심과 걱정뿐입니다. 육체적인 고통은 물론이고 정신적인 고통이 뒤따르게 되었습니다. 사울에게 하나님의 징벌이 따라온 것입니다. 악신이 임할 때 사울은 공포심과 무서운 마음에 떨었습니다. 하나님을 대적한 결과는 두려움과 공포입니다.

사울 왕에게 악령이 역사할 때 신하들이 어떻게 조치했습니까? 수금을 잘 타는 사람을 구하게 했습니다. 수금으로 악신으로 인한 괴로움을 덜어보고자 했습니다. "수금을 잘 타는 사람을 구하게 하소서 하나님께서 부리시는 악령이 왕에게 이를 때에 그가 손으로 타면 왕이 나으시리이다"라고 권고했습니다. 요즘 같으면 정신병원에 가둬야 하는 것이 아닌가요? 신하들의 치료 방법은 독특했지만 정확했습니다.

그래서 사울 왕은 수금을 잘 타는 사람을 데려오도록 명령했습니다. "나를 위하여 잘 타는 사람을 구하여 내게로 데려오라"라고 명령했습니다. 전문가를 데려오라는 뜻입니다. 그 결과 다윗을 사울의 치료자로 보내신 분은 하나님이십니다.

베들레헴 시골 마을에서 자기 양을 충실히 돌보던 다윗이 추천을 받게 되었습니다. 다윗은 수금만이 아닙니다. 용기와 무용과 구변이 있는 사람이었습니다. 특별히 하나님이 함께하는 사람이었습니다. 18절에 "소년 중 한 사람이 대답하여 이르되 내가 베들레헴 사람 이새의 아들을 본즉 수금을 탈 줄 알고 용기와 무용과 구변이 있는 준수한 자라 여호와께서 그와 함께 계시더이다"라고 말했습니다.

용기는 '강한 용사' 라는 의미이고, 무용은 '전쟁의 사람' 이며, 구변은 '언어에 유창한 사람' 이라는 뜻입니다. 다윗은 음악적인 재능뿐만 아니라 여러 가지 재능이 있다고 추천하였습니다. 정말 모델이 될 만한 준수한 사람이었습니다. 모범적인 사람이었습니다. 가장 두드러진 특징은 하나님이 함께하는 사람이었습니다. 여호와께서 함께하는 것이 가장 독특한 특징입니다. 이것이 사울도 치료하고 이스라엘 나라도 세울 수 있는 은혜와 능력의 근본이 되는 축복입니다.

다윗이 왕궁을 자유롭게 출입할 수 있는 것은 하나님의 섭리입니다. 사울과 신하와 소년은 하나님의 섭리에 사용된 그릇입니다. 이것이 다윗을 앞세우기 위한 하나님의 섭리가 아닙니까? 이것을 섭리라고 말하는 것입니다. 많고 많은 사람 중에 왜 하필이면 다윗일까요? 우연이 아닙니다. 하나님께서 다윗을 높이기 위한 섭리인 것입니다.

어떤 면에 있어서 정치적인 라이벌이자 왕위를 계승할 사람을 왕궁으로 불러들인 것은, 다윗이 하나님께 인정받는 사람이지만 이제는 사람들에게도 인정받을 시간이 된 것을 의미합니다.

2. 다윗의 수종

사울이 전령을 이새에게 보내게 되었습니다. 다윗을 사울 왕에게 보내라는 어명이었습니다. "양 치는 네 아들 다윗을 내게로 보내라"라고 했습니다. 양들 가운데 있는 너의 아들 다윗을 제발 내게로 보내라는 명령입니다. 다윗이 있는 위치와 장소 그리고 신분을 말하고 있습니다. 하나님은 가난한 자들을 진토에서 일으키시며 빈핍한 자를 거름더미에서 드사 귀족들과 함께 앉게 하시는 분이십니다.

다윗의 아버지 이새는 예물로 떡과 한 가죽 부대의 포도주와 염소 새끼를 준비하여 다윗편에 보냈습니다. 다윗은 아버지께서 정성껏 준비해 주신 것을 가지고 사울 왕에게 갔습니다. 이새는 다윗편에 갖가지 선물을 보냄으로써 사울 왕에 대한 경의를 표하고 있습니다. 사무엘이 제물을 끌고 다윗에게 간 것은 사울의 눈을 피하기 위한 행동이지만, 다윗이 제물을 끌고 사울 왕에게 가는 장면은 존경의 표현이었습니다. 같은 행동이라도 의미와 뜻이 전혀 다른 것임을 발견하게 됩니다. 깊은 의미는 다윗이 이스라엘의 왕으로서 첫걸음을 내딛는 순간이었습니다. 이것이 하나님의 섭리입니다.

첫째, 다윗이 사울 왕을 수종들 때 사울 왕이 다윗을 사랑하고 신임하여 병기 든 자로 삼았습니다. "다윗이 사울에게 이르러 그 앞에 모셔 서매 사울이 그를 크게 사랑하여 자기의 무기를 드는 자로 삼고"라고 했습니다. 왕과 왕에게 수종드는 사람으로 만남이 이루어졌습니다.

다윗이 처음에는 사울 왕의 사랑을 독차지하게 됩니다. 나중에는 왕의 아들 요나단의 사랑도 받습니다. 왕의 딸 미갈의 사랑도 받습니다. 그리고 신하들이 사랑하고 온 이스라엘 백성이 사랑하는 사람으로 성장합니다. 많은 사람들의 사랑을 받으면서 자기의 위상이 높아지고 왕으로서의 자격을 점점 부여받게 되는 것입니다.

특별히 사울 왕의 무기 든 병사가 되는 것은 가장 신임하는 사람이 되었다는 의미입니다. 다윗은 다재다능했을 뿐만 아니라 하나님이 함께하는 인물이었습니다. 사울 왕 곁에 있으면서 자연스럽게 차기 왕으로서의 수업을 받게 된 것입니다.

둘째, 사울이 이새에게 다윗을 자기 옆에 둘 것을 요청했습니다. 22절에 "사울이 이새에게 사람을 보내어 이르되 원하건대 다윗을 내 앞에 모셔 서게 하라 그가 내게 은총을 얻었느니라"라고 했습니다. 지위나 권력이 높은 사람이 낮은 사람에게 사용하는 말입니다. 그리고 아버지 이새에게 전령을 보내서 다윗을 사울 왕 곁에 두겠다고 말했습니다. 정중한 예의라고 말할 수 있습니다.

셋째, 하나님이 부리시는 악령이 사울에게 임할 때에 다윗이 수금을 들고 와서 손으로 타자 이상한 일이 일어났습니다. 사울이 상쾌하여 낫고 악령이 사울에게서 떠나게 되었습니다. 다윗이 궁중악사가 된 것입니다.

'상쾌하여'는 '숨통이 트인다, 좋은 기분'의 상태를 말합니다. 악령이 임할 때 사울 왕은 숨도 제대로 쉬지 못했지만 다윗이 수금으로 하나님을 찬양하자 회복되었습니다. 숨을 쉴 만했습니다. 마음이 시원했습니다. 영이 맑아졌습니다. 하나님은 치료하는 분이십니다. 다윗과 함께하심을 나타낸 것입니다.

사울과 다윗은 대조적인 인물이었습니다. 여호와의 영이 사울에게서는 떠났다면 다윗에게는 함께하였고, 사울에게는 악령이 임했다면 다윗에게는 성령이 임했습니다. 이것은 정말 대조적인 사건입니다. 여러분은 어떻습니까? 하나님이 함께하시기 바랍니다. 성령이 충만히 임하기를 바랍니다.

우리는 오늘 말씀을 통하여 하나님의 영이 함께하는 자와 함께하지 않는 자를 볼 수 있습니다. 사울이 이스라엘 나라를 통치하고 전쟁에서 승리한 것은 하나님께서 함께하실 때였습니다. 하나님의 신이 떠나자 불안과 두려움으로 심적 고통이 심해졌습니다. 겉은 강성하였지만 하나님의 신이 떠났을 때는 불안과 고통, 근심과 걱정, 번뇌와 시름뿐이었습니다.

다윗은 나이가 어리지만 호기와 무용과 구변이 있는 자였습니다. 하나님이 함께하는 자였습니다. 성령의 열매가 있었습니다. 외적 특징은 볼 것이 별로 없었지만 하나님 중심적인 인물이었습니다. 여기에 하나님의 섭리와 요묘함이 있습니다. 다윗은 구속 역사, 구원사, 구원 역사 속에 아주 중요한 인물로 등장하게 되었습니다.

사울 왕은 세속적인 전쟁을 위하여 부름받은 왕이라면 다윗은 세속적인 전쟁만이 아니라 영적인 전쟁까지 잘하는 왕이었습니다. 다윗이 수금을 탈 때 악령이 물러갔습니다. 하나님이 함께하는 사람은 다른 사람에게 유익을 줍니다. 왕에게도 유익을 주고 신하에게도 유익을 줍니다. 상대하는 모든 사람에게 유익된 사람이 되는 것입니다. 고린도전서 10장 33절에 "나와 같이 모든 일에 모든 사람을 기쁘게 하여 자신의 유익을 구하지 아니하고 많은 사람의 유익을 구하여 그들로 구원을 받게 하라"라고 했습니다.

결국 하나님의 통치를 거절하는 자는 악령이 임하는 법입니다. 사울 왕이 그랬습니다. 처음에는 겸손했습니다. 하나님의 신이 임했습니다. 나중에는 불순종하고 하나님을 버렸습니다. 그 결과 악신이 임하는 사람이 되어 근심과 걱정이 많은 번뇌의 사람이 되었습니다. 우리 모두 하나님의 통치를 받는 가운데 다윗처럼 성령 충만하고 하나님이 함께하는 임마누엘의 축복을 받기를 바랍니다.

블레셋과 이스라엘

하나님의 때를 따라 하나님이 준비한 다윗이 구속사에 등장하게 되었습니다. 그는 이스라엘 나라의 왕이 되기 위하여 사무엘로부터 기름 부음을 받았습니다. 다윗이 어떻게 하나님 나라를 위해서 일했을까요? 사울 왕을 수종드는 자로 봉사하면서 여러 가지 일을 익혔습니다.

그리고 목동이던 다윗이 블레셋의 침략에 대해 전쟁에서 승리를 거두어 유명해지면서 왕으로서의 자격을 드러내게 됩니다. 앞장에서는 음악을 잘하는 사람으로 묘사되었지만 이번 장에서는 전쟁에서 용사로서의 다윗이 등장하게 됩니다.

1. 블레셋의 침공

블레셋이 이스라엘을 침공하기 위하여 군대를 동원했습니다. 이스라엘과 전쟁하기 위하여 유다에 속한 소고와 아세가 사이의 에베스담밈에 진을 치게 되었습니다. 사울 왕과 이스라엘은 엘라 골짜기에 진치고 전열을 정비하는 상황이었습니다. 정말 일촉즉발이었습니다. 그러니까 골짜기를 사이에 두고 두 나라 군대가 대치하는 상황이었습니다.

다윗의 등장은 요나단이 무기 든 사람과 둘이서 블레셋을 선제 공격하여 이십여 명을 죽인 사건과 관련을 맺습니다. 여호와의 구원은 사람의 많고 적음에 달려있는 것이 아닙니다. 하나님은 전능하신 하나님이십니다. 겨우 구원하거나 사람의 도움 때문에 구원이 이루어지는 것이 아닙니다.

그리고 사울 왕이 불순종하고 월권 행위를 일삼다가 하나님에게 버림을 당하여 역사의 무대에서 사라지게 되고 하나님이 함께하는 새로운 사람이 역사의 무대 전면에 세워지게 되었습니다.

사무엘상 16장에서는 다윗이 등장하는 내용을 보게 되고, 사무엘상 18장에서는 다윗의 본격적인 활동을 보게 되는데, 사무엘상 17장에서는 블레셋의 골리앗과 하나님의 기름 부음을 받은 다윗과의 전투를 보게 됩니다.

아마도 블레셋은 과거에 믹마스의 전투에서 패전한 다음에 설욕하기 위하여 공격해 온 것으로 보입니다. 이스라엘 왕 사울이 악신에게 시달리고 있다는 소문이 블레셋 나라에 들렸을 것입니다. 사울 왕이 악령에게 시달리느라 국정 운영을 제대로 하지 못했을 것이고 군대의 전력도 약해졌을 것입니다.

그런 기회를 놓치지 않고 블레셋이 이스라엘을 공격해 온 것입니다. 블레셋은 소고, '가시가 많은 곳'이라는 뜻입니다. 소고는 블레셋과 유다 산지의 요새인 도시였습니다. 소고는 가나안 정복 후 유다 지파에게 분배된 지역이었습니다. 아세가는 '성벽의 힘'이라는 뜻이 있습니다. 여호수아가 가나안의 원주민 아모리 족속을 몰아내고 얻은 땅입니다.

훗날 르호보암이 요새로 만든 성읍이기도 했습니다. 블레셋은 군사적인 요충지를 선점함으로써 이스라엘을 압박하고 있었습니다.

지도자 사울이 악령이 임하고 직무 수행을 잘 감당하지 못할 때 단체까지 어려움을 겪게 되었습니다. 지도자가 능력이 있어야 합니다. 강하고 담대하며, 은혜와 축복을 받아야 합니다. 많은 사람을 승리하게 하려면 지도자가 훌륭해야 합니다.

성도가 기도하지 않아서 약해지면 사탄의 빌미가 됩니다. 마치 이스라엘이 약해질 때 블레셋이 공격해 오는 것처럼 교회가 기도하지 않거나 성도가 게을러질 때 사탄의 공격은 시작되는 것입니다. 피곤한 손을 모으세요. 연약한 무릎을 꿇으세요. 하나님께서 역사해 주실 줄로 믿습니다. 사탄을 물리치는 유일한 무기는 하나님의 말씀, 성령의 검밖에 없습니다.

2. 골리앗의 등장

블레셋 나라에서 대표적인 장수가 골리앗이었습니다. 골리앗은 전쟁을 하기 위하여 세몰이를 하고 있는 상황입니다. 그러니까 골리앗은 전쟁하기 위하여 싸움을 돋우는 자였습니다.

골리앗의 첫 번째 특징은 싸움을 돋우는 자였습니다. 군대에서 가장 뛰어난 인물이라는 뜻입니다. 고대 이집트나 헬라 시대에는 대표적인 한 사람을 내세워 싸우게 하는 습성이 있었습니다. 자기 군대에서 가장 잘 싸우는 사람, 싸움꾼으로서의 챔피언을 말합니다.

두 번째 특징은 외형적인 강점입니다. 골리앗은 가드 사람입니다. 키가 여섯 규빗 한 뼘이었습니다. 골리앗은 키가 290cm나 되는, 거의 삼미터에 육박했습니다. 골리앗을 당당한 모습으로 묘사하고 있는 것은 후에 등장하는 다윗을 생각하면서 기록한 것으로 보입니다. 다윗의 승리가 인간적으로는 불가능했지만 하나님의 능력으로는 가능했다는 것입니다. 이 사상이 중요한 사상입니다. 골리앗은 키가 큰 것을 내세워 상당히 교만했던 장수로 보입니다.

머리에는 놋투구를 썼습니다. 놋투구가 57kg입니다. 몸에는 비늘 갑옷을 입었습니다. 갑옷의 무게가 놋 오천 세겔이었습니다. 다리에는 놋 각반을 쳤고 어깨 사이에는 놋 단창을 메었습니다. 창 자루는 베틀채 같았습니다. 창날은 천육백 세겔이고 방패 든 자가 앞서 행하였습니다. 창날만 약 7kg입니다.

골리앗은 머리, 다리, 몸을 무장했습니다. 거의 완벽한 무장입니다. 누구도 함부로 접근하거나 쓰러뜨릴 수 없는 존재였습니다. 반면 다윗은 무기가 없었습니다. 목동으로서 막대기와 물매와 작은 돌 다섯 개가 전부였습니다.

영적으로 힘이 없던 이스라엘에게는 골리앗의 이 모습이 두려움의 대상, 공포의 대상일 수밖에 없었습니다. 그러나 골리앗의 외적인 면을 강조하는 것으로 보아 내적으로는 뭔가 채워지지 않은 사람임을 드러내고 있습니다.

골리앗의 이름은 '유랑자, 방랑자'라는 뜻인데 실제적으로 골리앗은 외모만 화려했지 별 것이 없는 사람이었습니다. 겉은 아낙 자손의 혈통을 이어받은 사람이지만 내면 세계는 방랑자, 유랑자와 같이 별 것이 없는 존재였습니다.

다윗은 하나님만 의지하는 사람, 하나님 마음에 합한 사람, 하나님께 영광을 돌릴 줄 아는 사람이었습니다. 골리앗이 인간적으로는 대단해 보였지만 하나님을 의지하는 다윗이 훨씬 대단한 인물이었습니다.

이스라엘이 블레셋과의 전쟁에서 승리할 수 있었던 것은 다윗의 능력이나 조건이 아니었습니다. 배후에서 역사하시는 하나님의 능력이었습니다. 전능하신 하나님의 은총과 복이 승리의 길로 이끄셨던 것입니다.

3. 이스라엘 모독

골리앗이 이스라엘 군대를 모욕했습니다. 자기와 싸울 사람이 있으면 한 사람만 내보내라는 것이었습니다. 8절에 "그가 서서 이스라엘 군대를 향하여 외쳐 이르되 너희가 어찌하여 나와서 전열을 벌였느냐 나는 블레셋 사람이 아니며 너희는 사울의 신복이 아니냐 너희는 한 사람을 택하여 내게로 내려보내라"라고 외칩니다.

골리앗은 블레셋 사람입니다. 이스라엘 사람을 사울의 종, 노예라고 모욕합니다. 골리앗은 이스라엘의 군대로 보고 있지만 다윗은 하나님의 군대로 보고 있습니다. 사람의 관점에 따라 생각이 다르고 마음도 달라지는 법입니다. 지금의 교회는 하나님의 군대입니다. 개인의 유익을 위하여 모인 단체가 아니라 하나님의 영광을 위하는 단체이고 복음의 영광을 위하는 단체입니다.

골리앗은 자기 자신이 자발적으로 전쟁에 참여한 자유인이라는 것입니다. 그런데 너희는 사울의 신복, 종으로 참여했다는 것이지요. 사울의 노예이기에 자유가 없이 참여했다는 것입니다. 얼마나 가소롭고 오만한 생각에서 나온 말입니까?

자기와 싸워서 결과에 따라 종주권 언약을 체결하자는 것입니다. 진 사람이 이긴 사람의 나라에 종이 되어 모든 조공을 바치자는 건의였습니다. "그가 나와 싸워서 나를 죽이면 우리가 너희의 종이 되겠고 만일 내가 이겨 그를 죽이면 너희가 우리의 종이 되어 우리를 섬길 것이니라" 라고 했습니다. 양측 대표자의 싸움으로 전쟁의 승패를 결정짓자는 말입니다. 이스라엘에 대해 기선 제압용으로 내뱉은 말일 것입니다. 인간은 자기가 한 말 때문에 자기가 결려드는 경우가 많습니다. 생각없이 한 말 때문에 고생하는 것이지요.

골리앗은 이스라엘을 모욕했습니다. 10절에 "내가 오늘 이스라엘의 군대를 모욕하였으니 사람을 보내어 나와 더불어 싸우게 하라"라고 싸움을 재촉했습니다. 다윗과 골리앗의 싸움은 개인적인 싸움만은 아닙니다. 다윗은 이스라엘의 대표자이면서 하나님의 영광을 위하는 사람입니다. 골리앗은 블레셋을 대표하면서 우상을 나타내는 존재입니다.

골리앗이 계속하여 싸움을 재촉하는 상황이었지만 이스라엘 사람들은 크게 두려워하고 있었습니다. "사울과 온 이스라엘이 블레셋 사람의 이 말을 듣고 놀라 크게 두려워하니라"라고 했습니다. 사울 왕은 본래 이웃 나라와의 전쟁을 위하여 세움을 받은 사람입니다. 주변 국가와 전쟁이 일어났을 때 앞장서서 싸워야 할 책임이 있는 사람이었는데 벌벌 떨고 있는 상황입니다. 이스라엘의 왕으로서의 역할을 잘 감당하지 못하고 있었습니다.

이스라엘 군대는 골리앗의 외모와 체격 조건 그리고 완벽한 무장 상태를 보고 두려워했습니다. 마음이 흔들렸습니다. 전의를 상실했습니다. 논밭이 가뭄에 갈라지듯 전의를 상실하고 말았습니다. 사울 왕은 지금까지 암몬과 모압, 에돔과 소바, 블레셋과 아말렉과의 전쟁에서 승리했지만 골리앗 앞에서는 두려워했습니다. 회개하지 않고 악신에 사로잡힐 때 사람은 능력이 없습니다. 작은 일 앞에서도 당황하게 됩니다.

블레셋은 긴 세월 동안 이스라엘을 압제하며 간섭했던 민족입니다. 사무엘상 4장과 7장 그리고 14장에 나타납니다. 사무엘(7:7-14)과 사울과 요나단(14장)에 의해 패배했지만, 사울 왕이 하나님으로부터 버림당하자 점점 이스라엘이 약해진 틈을 타서 공격해 온 것입니다. 이를테면 이스라엘의 약점을 이용하여 선제공격을 한 것입니다.

사탄도 성도들을 공격할 때 이와 같은 전략을 사용합니다. 베드로전서 5장 8-9절을 봅시다. "근신하라 깨어라 너희 대적 마귀가 우는 사자 같이 두루 다니며 삼킬 자를 찾나니 너희는 믿음을 굳건하게 하여 그를 대적하라 이는 세상에 있는 너희 형제들도 동일한 고난을 당하는 줄을 앎이라"라고 했습니다.

그러나 다윗은 하나님의 감동을 받은 자입니다. 상대방은 물맷돌 한 방에 쓰러지는 존재였습니다. 사탄, 악령, 마귀가 그런 존재입니다. 예수님은 요한복음 16장 33절에서 "이것을 너희에게 이르는 것은 너희로 내 안에서 평안을 누리게 하려 함이라 세상에서는 너희가 환난을 당하나 담대하라 내가 세상을 이기었노라"라고 했습니다.

제46강
사무엘상 17장 12-30절

다윗과 전쟁

블레셋의 장수 골리앗의 공갈 앞에 이스라엘 백성은 심히 떨고 도망하는 입장에 있었습니다. 아직까지 골리앗이 주도권을 가지고 활동하고 있는 중에 하나님께서 다윗을 전장으로 인도하셨습니다. 다윗이 주도권을 장악하게 하기 위해서였습니다. 이것이 하나님의 섭리입니다.

다윗은 이새의 아들이고 양을 치는 목자의 신분이었고 형제 세 명이 군대에 징집되어 전장에 가 있는 상황이었습니다. 다윗은 아버지의 심부름으로 전장에 가게 되었습니다. 하나님은 하나님의 뜻을 이루심에 있어서 섭리적으로 오묘하게 일하십니다.

신정적 왕정체제를 새롭게 계승할 차기 왕으로 예정한 다윗을 역사의 전면에 부각시킵니다. 지극히 자연적인 방법으로 전쟁터에 보내십니다. 다윗이 마침 전쟁터에 온 것입니다. 하나님의 계획에 시간적인 오차가 있는가?

인류의 역사가 우연처럼 보이지만 우연이라는 것은 없습니다. 하나님께서 역사를 주관하십니다. 그러므로 성도는 범사에 하나님을 인정하고, 철저히 신뢰해야 합니다.

1. 블레셋과 다윗 가문

다윗은 유다 베들레헴 사람입니다. 베들레헴 에브랏 사람으로 이새의 아들로 태어났습니다. 이새는 여덟 명의 아들을 두었습니다. 이새의 세 아들은 사울을 따라 전쟁터에 나갔습니다. 세 아들의 이름은 엘리압, 아비나답과 삼마였습니다.

다윗은 말째, 막내 아들이었는데, 사울에게로 왕래하며 베들레헴에서 아버지의 양을 돌보았습니다. 그러니까 사울 왕의 수종도 들고 집에 와서는 이새의 양을 돌보는 상황이었습니다. 그런데 블레셋의 골리앗이 사십 일이나 아침 저녁으로 나와서 몸을 나타내고 싸움을 걸었습니다.

골리앗을 상대할 다윗은 평범한 목동이었습니다. 군인이 아닙니다. 모세처럼 고관집에서 특수 훈련을 받은 사람도 아닙니다. 다윗은 평범한 집안에서 태어나서 충성스럽게 양을 치는 목자였습니다.
유명한 용사 골리앗이 무명의 용사 다윗 앞에서 사라져야 하는 상황입니다. 할례 받지 못한 블레셋 사람이 하나님의 군대, 할례 받은 하나님의 백성을 모욕하다가 오히려 자기가 죽음의 자리에 일찍 임하게 된 충격적인 사건입니다.

다윗의 세 명의 형들이 군대에 입대해서 전쟁터에 온 상황입니다. 외적으로는 형들이 왕의 자격이 있는 것처럼 보였지만 하나님이 중심을 보시고 다윗에게 기름을 부었던 것처럼, 겉으로는 형들이 군인답게 보였지만 미약하게 보이는 다윗이 전쟁을 승리로 이끌었습니다.

엘리압은 외적으로 멋있는 사람이었습니다. 사무엘도 기름 뿔병을 취하여 기름을 부으려고 했던 인물입니다. 장자이지만 블레셋과의 전쟁에서 특별한 전과는 없는 상태였습니다. 다윗이 전쟁하러 나가겠다고 말할 때 노를 발했던 인물입니다. 둘째나 셋째도 마찬가지였습니다.

하나님은 미약한 자를 들어 강한 자들을 부끄럽게 하십니다. 없는 자들을 택하사 있는 자들을 부끄럽게 하시는 분이십니다. 세 형들은 사울을 따랐지만 블레셋과의 전쟁에서 아무런 공도 세우지 못하던 상황이었습니다.

여러분은 마음을 다하고 뜻을 다하여 하나님을 믿고 바라보기 바랍니다. 마음과 뜻과 정성과 힘을 다하는 것이 축복의 원천이 됩니다. 하나님도 그런 사람을 사랑하십니다.

2. 다윗과 전쟁터

다윗이 전쟁터를 방문하게 되었습니다. 지속적으로 반복하여 오고가는 상황이었습니다. 왜 다윗은 전쟁터를 오고가야 했을까요? 아버지 이새의 심부름 때문에 전쟁터를 가게 되었습니다. 다윗은 형들에 대한 안부와 천부장에게 줄 음식을 가지고 전장으로 갔습니다. "지금 네 형들을 위하여 이 볶은 곡식 한 에바와 이 떡 열 덩이를 가지고 진영으로 속히 가서 네 형들에게 주고 이 치즈 열 덩이를 가져다가 그들의 천부장에게 주고 네 형들의 안부를 살피고 증표를 가져오라"라고 했습니다. 아버지 이새는 다윗을 보낼 때 형들의 안부를 살피고 증표를 가져오라고 말했습니다.

당시 사울과 이스라엘 백성이 엘라 골짜기에서 블레셋과 전쟁을 하는 상황이었습니다. 다윗이 아침 일찍 일어났습니다. 부모님의 말씀에 순종하기 위해서 일찍 일어났습니다. 그리고 자기 양을 양 지키는 사람에게 맡깁니다. 작은 일이라도 소홀히 할 수는 없습니다. 작은 일에 충성된 자가 큰 일에도 충성된 법입니다. 이새가 명령한 대로 진영으로 갑니다. 진영에 갔을 때 때마침 두 나라가 싸우려고 고함치며 대치하는 상황이었습니다.

다윗은 형들에게 줄 비상식량을 가지고 전쟁터로 갔던 상황입니다. 한 에바는 약 23ℓ 입니다. 떡 열 덩이도 상당히 많은 양입니다. 볶은 곡식과 떡은 이스라엘 백성들이 주로 먹는 양식이었습니다. 다윗은 육신적인 양식만 가지고 간 것이 아닙니다. 구원의 소식을 주기 위해서 보낸 하나님의 기름 부은 사람이었습니다.

아버지는 증표를 가지고 오라고 했습니다. 당시 무엇이 증표였는지는 확실히 알 수 없지만 다윗은 골리앗의 머리를 가지고 왔습니다. 이스라엘에게 구원을 가져왔습니다. 진정한 증표, 평화를 가져다 주었습니다.

21절에 "이스라엘과 블레셋 사람들이 전열을 벌이고 양군이 서로 대치하였더라"라고 했습니다. 다윗은 때로는 아버지의 양을 쳤습니다. 때로는 사울 왕의 명령을 받아 무기 든 자로서 왕궁에도 출입했습니다. 정말 바쁜 여정을 보냈습니다.

골리앗이 사십 일 동안 반응없는 이스라엘 때문에 그리고 계곡 때문에 함부로 전쟁할 수도 없는 상황에서 사십 일을 괴롭혔습니다. 노아 때의 홍수도 사십 일, 블레셋의 지배에 있었던 사십 년, 광야 사십 년, 사십 일의 금식 기도 등등 사십 일은 이스라엘의 고통, 고난을 의미합니다.

아버지 이새는 세 아들을 군대에 보내놓고 애타는 마음으로 다윗을 보냈지만 하나님은 다윗을 통하여 전쟁을 마무리지으려는 섭리가 있었습니다. 골리앗은 배후에 역사하시는 하나님을 보지 못하고 사십 일이나 이스라엘을 괴롭혔습니다. 하나님이 함께하는 다윗과 같은 사람을 무시했습니다. 이것이 무서운 범죄입니다. 범사에 하나님을 인정하면 형통하게 될 줄로 믿습니다. 우리도 매사에 하나님을 인식하면서 살아야 할 것입니다.

3. 다윗의 의분

다윗은 자기의 짐을 짐 지키는 자에게 맡깁니다. 군대로 달려가서 형들에게 문안 인사를 하였습니다. 형들하고 이야기를 하는데 블레셋 사람 골리앗이 전열에서 나와서 이전과 같이 이스라엘을 모독하는 말을 하였습니다. 다윗이 골리앗의 말을 다 들었습니다.

이스라엘 모든 사람이 블레셋의 골리앗의 말을 듣고 심히 두려워하면서 도망하기 시작했습니다. 그때에 "이스라엘 사람들이 이르되 너희가 이 올라 온 사람을 보았느냐 참으로 이스라엘을 모욕하러 왔도다 그를 죽이는 사람은 왕이 많은 재물로 부하게 하고 그의 딸을 그에게 주고 그 아버지의 집을 이스라엘 중에서 세금을 면제하게 하시리라"라는 말을 들었습니다.

전쟁터에서 골리앗을 죽이면 세 가지 상을 주겠다는 말입니다. 많은 재물, 왕의 딸을 얻을 것이고 세금을 면제해 주겠다는 약속입니다. 전쟁에서 승리하면 세 가지를 얻을 수 있는 기회였습니다. 부자가 될 수 있습니다. 왕의 사위가 될 수 있습니다. 가문에 세금이 면제될 수 있습니다. 다윗은 세상적인 것을 추구한 것이 아닙니다. 하나님의 것을 추구하는 사람이었습니다.

다윗이 곁에 있는 사람에게 묻습니다. "이 블레셋 사람을 죽여 이스라엘의 치욕을 제거하는 사람에게는 어떠한 대우를 하겠느냐? 이 할례 받지 않은 블레셋 사람이 누구이기에 살아 계시는 하나님의 군대를 모욕하겠느냐?" 사람들이 세 가지를 얻을 것이라고 말해 줍니다. 다윗의 의분을 보게 됩니다. 골리앗은 단순히 이스라엘 군대로 보고 있지만 다윗은 하나님의 군대로 보고 있습니다.

하나님 나라는 의로운 나라입니다. 의인들이 들어가는 나라입니다. 우리는 예수를 믿어 의인된 사람이지만 마음이 외로운 사람입니다. 의의 길을 추구하는 사람이기 때문입니다. 하나님의 사람은 불의한 것을 좋아하지 않습니다. 진리를 좋아합니다.

하나님의 선택도 받지 못한 자가 어디서 까부느냐는 의미입니다. 어떻게 하나님의 군대를 모욕하느냐? 다윗은 의로운 분노를 느꼈습니다. 성전에서 장사하는 사람들을 향한 예수님의 의분과 같은 분노입니다. 성도는 이런 사상이 있어야 합니다.

4. 엘리압의 책망

큰형 엘리압이 다윗의 말을 듣고 책망합니다. 화를 냈습니다. 전쟁 구경을 왔느냐고 책망합니다. 분노하여 책망합니다. "네가 어찌하여 이리로 내려왔느냐 들에 있는 양들을 누구에게 맡겼느냐 나는 네 교만과 네 마음의 완악함을 아노니 네가 전쟁을 구경하러 왔도다"라고 책망했습니다. 다윗을 정말 무시하는 태도였습니다. 형이라고 해서 믿음의 사람을 마구 대해서는 안 됩니다. 영적인 사람이기 때문에 기도하는 가운데 말해야 합니다.

다윗은 까닭없이 전쟁터에 온 것이 아닙니다. "내가 무엇을 하였나이까 어찌 이유가 없으리이까". 다윗이 돌아서서 다른 사람에게 전쟁에서 이기면 어떻게 할 것인가? 묻습니다. 백성들이 전과 같이 대답해 주었습니다. 출전할 의사를 표명한 것입니다.

여호와의 신에 크게 감동된 다윗을 엘리압이 알아 볼 수 있었을까요? 없었습니다. 바로 이점입니다. 성령 충만한 사람을 성령을 받아보지도 못한 사람이 이해할 수 있을까요? 없습니다. 육에 속한 사람이 어떻게 성령의 사람을 이해할 수 있겠습니까? 땅에 속한 사람이 하늘에 속한 사람을 이해할 수 있을까요? 십자가의 위대한 은혜로 죄 씻음 받은 사람을 죄가 뭔지도 모르는 사람이 이해할 수 있을까요?

다윗은 형의 책망에도 뜻을 굽히지 않았습니다. 여러 사람들이 떨고 있을 때에도 전쟁터에 나아갈 의지를 굽히지 않았습니다. 더 당당해졌습니다. 담대한 마음이 생겼습니다. 믿음이 살아 있는 사람이 역사의 주인공이 되는 법입니다.

성도 여러분! 자기 자신을 먼저 정복할 수 있는 은혜와 능력을 간구하기 바랍니다. 자기를 정복할 수 있을 때 사탄도 정복할 수 있습니다. 골리앗과 같은 사탄은 우리가 기도하고 성령의 충만을 받으면 충분히 승리할 수 있는 존재입니다.

주변 사람들의 비방도 그렇게 신경쓸 필요가 없습니다. 형제들이 비방해도 살아 계신 하나님이 인정하시면 잘 될 줄로 믿습니다. 주님 앞에서 믿음으로 전쟁하면 승리할 줄로 믿습니다. 사탄과 죄와 육신의 정과 욕을 이길 줄로 믿습니다.

제47강
사무엘상 17장 31-40절

다윗과 사울 1

사울 왕은 사람들의 요구에 의해서 세워진 왕입니다. 사람 왕, 인간 왕입니다. 다윗은 하나님이 준비한 왕, 하나님의 마음에 합당한 왕입니다. 어떤 차이점이 있을까요? 다르다면 어떤 면이 다를까요?

다윗이 아버지의 심부름 때문에 전쟁이 벌어진 곳까지 오게 되었습니다. 물론 사울 왕의 무기 든 사람이기 때문에 때로는 왕궁에 있어야 하고, 때로는 목장을 다니면서 아버지의 양을 쳐야 했습니다. 다윗이 전쟁터에 갔을 때 블레셋의 골리앗의 싸움을 돋는 말을 들었습니다. 그리고 사울 왕이 골리앗과 싸워서 이기는 사람에게 세 가지 약속을 한 것을 알게 되었습니다.

다윗은 신앙의 용기를 내었습니다. 사울 왕에게 허락을 요청하는 장면입니다.

1. 사울의 불허

다윗이 골리앗과의 싸움을 위하여 사울 왕의 허락을 요청했으나 거절당했습니다. 다윗은 영적으로 질서가 잡힌 사람입니다. 무질서한 사람이거나 무모한 사람이 아니었습니다. 단독적으로 일을 하는 것이 아니라 당시 이스라엘을 통치하던 사울 왕의 허락을 받기를 원했던 것입니다.

다윗이 싸울 의사가 있다는 보고를 받고 사울 왕이 다윗을 불렀습니다. "사울이 다윗을 부른지라". 재빨리 불렀다는 의미입니다. 다급하게 불렀습니다. 신속하게 불렀습니다. 다윗의 출전 의사 표현이 입에서 입으로 소문이 났습니다. 사울 왕의 귀에도 들렸습니다. 생명의 위협을 느끼는 상황에서 강력한 적군과 맞서 싸우겠다는 자원자가 있었으니, 신속하게 불렀을 것입니다. 고민이 이만저만이 아닌데 자원하는 병사가 있으니 얼마나 좋았겠습니까?

최근에 28사단 의무대에서 벌어진 윤일병 사건이 대한민국 전체가 시끄러울 정도로 복잡해졌습니다. 정말 있을 수 없는 사건이 일어났습니다. 그런데 어떤 사람의 보고에 의하면 일 년에 100여 명 이상이 그런 사건으로 죽는다는 것입니다. 그 소식을 들을 때 정말 아찔했습니다. 대한민국이 어쩌다 이 지경인가? 전우애가 없어진 지 오래인 것처럼 느껴집니다.

다윗이 사울 왕 앞에 고백한 말이 무엇입니까? 골리앗 때문에 낙담할 필요가 없다고 하면서 골리앗과 싸우겠다고 자청했습니다. "그로 말미암아 사람이 낙담하지 말 것이라 주의 종이 가서 저 블레셋 사람과 싸우리이다"라고 말했습니다.

다윗은 사울 왕을 위로했습니다. 골리앗의 말이나 모습 때문에 사울을 비롯하여 모든 백성이 두려움에 떨고 있을 때 다윗은 낙담하지 말 것이라. 주의 종이 가서 저 블레셋 사람과 싸우리이다. 정말 용감한 말입니다. 사울 왕만 위로한 것이 아니라 모든 사람을 위로하는 말을 하고 있습니다.

다윗은 골리앗만 생각하는 것이 아니라 골리앗과 같은 사탄의 모든 세력도 그렇다는 의미입니다. 하나님을 인정하지 않는 모든 사상은 그릇된 사상입니다. 하나님이 역사하지 않는 곳도 죄악된 장소일 것입니다. 하나님을 주인으로, 왕으로 섬기는 사람들은 두려워할 필요가 전혀 없습니다.

사울 왕이 뭐라고 말했습니까? 다윗은 소년이고 골리앗은 어려서부터 용사라고 말하면서 출전을 허락하지 않았습니다. "네가 가서 저 블레셋 사람과 싸울 수 없으리니 너는 소년이요 그는 어려서부터 용사임이니라"라고 했습니다.

다윗은 이스라엘의 대표로 나가서 골리앗과 싸우겠다고 요청했습니다. 다윗은 신분이 신하, 노예, 종입니다. 사울 왕에게 순종하고 충성하겠다는 일종의 맹세입니다. 도망하는 다른 군사들과 너무나 대조적인 다윗입니다. 저 골리앗이라고 표현한 것은 무시하는 경향이 있는 말입니다. 세상적인 능력은 가지고 있지만 영적인 눈으로 보기에는 무가치하고 아무것도 아닌 존재였습니다. 다윗이 주도권을 장악하기 시작했습니다.

다윗의 마음에는 할례도 받지 못한 블레셋 사람이 여호와의 군대를 모욕하는 것이 못마땅했습니다. 사울 왕과 이스라엘 군사들을 두렵게 만드는 것도 마음에 들지 않았습니다. 그래서 자신이 전쟁을 하기에 어린 나이이지만 싸우겠다는 것입니다. 기독교인의 자세는 항상 '내가 여기 있나이다 나를 보내소서' 가 정답입니다.

2. 부득불 허락

다윗이 믿음에 근거하여 또다시 출전 의사를 밝혔습니다. 34-36절에 "주의 종이 아버지의 양을 지킬 때에 사자나 곰이 와서 양 떼에서 새끼를 물어가면 내가 따라가서 그것을 치고 그 입에서 새끼를 건져내었고 그것이 일어나 나를 해하고자 하면 내가 그 수염을 잡고 그것을 쳐죽였나이다 주의 종이 사자와 곰도 쳤은즉 살아 계시는 하나님의 군대를 모욕한 이 할례 받지 않은 블레셋 사람이리이까 그가 그 짐승의 하나와 같이 되리이다"라고 말했습니다. 과거에 그랬습니다.

또 다윗이 신앙고백을 하듯 고백한 것이 있습니다. "여호와께서 나를 사자의 발톱과 곰의 발톱에서 건져내셨은즉 나를 이 블레셋 사람의 손에서도 건져내시리이다"라고 했습니다. 믿음의 고백입니다. 현재도 그럴 것이라는 확신이 필요합니다. 기독교인의 믿음은 항상 현재여야 합니다.

그러니까 사울 왕이 다윗에게 축복합니다. "가라 여호와께서 너와 함께 계시기를 원하노라"라고 했습니다. 축원했습니다. 여기서 몇 가지 교훈을 받읍시다. 사울이 다윗과 골리앗을 비교하면서 거절하자 다윗은 양 칠 때의 경험적인 이야기를 했습니다.

블레셋과 이스라엘과의 관계는 짐승과 양 떼와의 관계라는 것입니다. 양 떼를 해치려고 공격해 온 사자나 곰같이 블레셋 군대가 이스라엘 군대를 공격해 왔다는 뜻입니다. 할례 받지 않은 블레셋은 사자와 곰 같은 짐승에 불과하다는 것입니다. 사자와 곰으로부터 양을 지키듯 블레셋으로부터 이스라엘 백성을 지키겠다는 뜻입니다. 과거에 사자와 곰과 싸우던 것과 블레셋의 골리앗과 싸우는 것이 같다는 것입니다.

만약 양의 새끼가 잡혀가면 급하게 양을 구해 낸 경험도 있다는 것입니다. 또 사자나 곰이 덤벼들었을 때는 수염을 잡고 사자와 곰을 공격했습니다. 물론 짐승과의 싸움에서 이겼다는 것이지요. 짐승도 죽였는데 골리앗도 죽일 수 있다는 것입니다.

자신을 종이라고 표현하는 것은 사울을 왕으로 인정하고 종으로서 생명을 걸고 힘써 싸우겠다는 의지의 표현입니다. 양 떼를 해롭게 하기 위하여 공격해 왔던 짐승처럼 골리앗도 그렇게 만들어 버리겠다는 의지입니다. 그런 확신속에서 한 말입니다. 사자와 곰의 발톱에서 건져내신 여호와 하나님! 여호와 하나님께서 이번에도 건져내실 것을 믿는 믿음의 고백입니다. 골리앗의 손에서 건져주실 하나님을 믿었던 것이지요.

사울 왕이 축복했습니다. "여호와께서 너와 함께 계시기를 원하노라". 축복의 말입니다. 여호와의 영에 크게 감동된 다윗입니다. 수금을 탈 때도 하나님이 함께하셨습니다. 짐승과 싸울 때도 하나님이 다윗과 함께하셨습니다. 사울의 축복도 하나님이 함께하기를 원하는 내용입니다. 다윗이 이스라엘 나라의 진정한 왕인 것을 서서히 드러내고 있는 것입니다.

사랑하는 모든 성도 여러분! 시간은 자꾸만 흘러갑니다. 하나님의 통치를 좋아해서 하나님이 함께하심을 만방에 보여주는 삶을 살기를 바랍니다.

3. 다윗의 무기

사울 왕이 다윗을 축복할 뿐만 아니라 자기의 군복을 다윗에게 입혀 보았습니다. 놋 투구도 머리에 쓰게 했습니다. 갑옷도 입혀 보았습니다. 하지만 다윗은 익숙하지 않았습니다. 시험적으로 걸어 보았지만 익숙하지 않고 어색했습니다. 부자유스러웠습니다. 그래서 다윗이 사울 왕에게 "익숙하지 못하니 이것을 입고 가지 못하겠나이다"라고 말합니다. 그래서 사울 왕의 군복을 다 벗어 놓았습니다.

그래도 군장을 다 입혀보는 것은 이스라엘의 군대를 대표하는 인물임을 인정하는 것이었습니다. 이스라엘의 정식적인 군인이라는 것이지요. 물론 골리앗에 비교하여 왕의 군복이 가장 좋은 보호복이기 때문이고, 미약해 보이지 않게 하기 위한 방법이라고 생각됩니다. 사울이 다윗을 위해 해줄 수 있는 것은 다 주었습니다. 최고의 것으로 무장시키는 것이지요.

기독교인의 전신갑주는 무엇입니까? 여러분은 무슨 전신갑주를 입었습니까? 믿음의 방패, 구원의 투구, 성령의 검, 의의 흉배, 복음의 신, 진리의 띠가 전신갑주여야 합니다. 기독교인은 영적인 군사입니다. 하나님 나라를 위하여 부름 받은 군사입니다.

그리고 다윗은 칼 대신 평상시 사용하던 막대기를 잡았습니다. 목동으로서 양을 칠 때 사용하던 막대기입니다. 양 떼를 지킬 때에도 사자와 곰과 싸울 때 막대기만 가졌어도 하나님께서 구원해 주셨습니다. 이번에도 막대기만 가져도 다윗은 승리할 줄로 믿었습니다. 목동 다윗이 양을 구하더니 이제는 이스라엘을 구원하기 위해 첫걸음을 내딛는 순간이었습니다.

시내에서 매끄러운 돌 다섯 개를 골라 주워서 제구, 주머니에 넣었습니다. 제구는 작은 가방입니다. 작은 주머니입니다. 어깨나 목에 메고 다니는 작은 주머니로 식량이나 자주 사용하는 도구를 넣고 다니는 가방이었습니다.

다윗은 손에 물매를 잡았습니다. 유일한 공격 무기는 물매입니다. 양을 지킬 때 사용하는 목자들의 유일한 무기입니다. 때로는 전쟁터에서 군인들이 사용하는 경우도 있었습니다. 물매는 멀리는 180m까지 날아가며 강한 물매는 투구나 갑옷을 뚫기도 합니다. 다윗은 블레셋 사람에게로 나아갔습니다.

다윗의 신앙은 열정적인 신앙이었습니다. 하나님만 신뢰하는 믿음이었습니다. 이스라엘에 대한 모욕을 하나님께 대한 모욕으로 보았습니다. 이것이 영적인 사람의 자세입니다. 교회 일을 하나님의 일로 보는 것이 아주 중요한 자세입니다. 불신자나 믿음 없는 자가 하나님의 교회를 어렵게 하거나 원망하고 불평할 때 동조하거나 묵과하는 것은 옳은 것이 아닙니다. 분개하는 의분이 있어야 합니다. 이런 사람이 영적인 지도자입니다.

우리가 어떻게 행동하고 살아야 하는지 다윗에게서 배워야 합니다. 엘리압 형의 책망이나 모욕 그리고 주위 사람들의 핍박과 어려움과 조롱을 감당하는 신앙의 모습을 보여 주어야 합니다.

우리에게 승리를 주시는 하나님만 바라보고 믿어야 합니다. 그리스도인은 사울 왕처럼 실패하는 자가 아니라 다윗처럼 승리하는 자의 삶을 사는 사람입니다. 이 시대에 다윗처럼 하나님만 믿고 신뢰해서 승리하는 그리스도인의 삶을 살아가기를 진심으로 바랍니다.

제48강
사무엘상 17장 41-58절

다윗의 승리

설교가 무엇인가? '하나님의 사람이 하나님의 말씀을 하나님 백성에게 전하여 은혜를 끼치는 행위'가 설교의 정의입니다. 다만 성경이 하나님의 말씀이라고 믿고, 설교를 듣는 자들이 하나님의 백성일 때 설교다운 설교를 하고, 또 들을 수 있습니다.

설교의 종류는 다양합니다. 제목 설교, 본문 설교, 강해 설교, 주해 설교, 교리 설교, 예화 설교 등등이 있습니다. 부족하지만 저는 강해 설교를 하기 위하여 노력하고 연구하는 사람입니다.

중요한 점은 성경 말씀을 통하여 윤리적 교훈이나 도덕적인 교훈도 받아야 하지만 하나님의 말씀을 듣는 데 목적이 있습니다. 여러분도 기도하는 가운데 하나님의 말씀을 하나님의 말씀으로 들을 수 있는 성도가 되기를 바랍니다.

결국 설교는 성경 말씀을 통하여 근본적으로 '하나님을 드러내는 일, 나타내는 일'입니다. 성부 하나님, 성자 예수님, 성령 하나님에 대하여 드러내고 나타내는 일에 초점이 맞추어져야 설교가 설교답습니다.

하나님의 말씀은 하나님이 살아 계시기 때문에 살아 있는 말씀입니다. 운동력이 있습니다. 영혼과 육체, 마음과 생각을 치료하는 능력도 있습니다. 죄인들이 듣고 구원과 은혜와 복을 받기도 합니다.

그리고 성경 말씀은 하나님의 언약입니다. 믿음으로 받고 지켜 행하면 다양한 언약이 삶을 통하여 구체적으로 이루어지고 성취되는 복도 받아 누리게 됩니다. 그래서 말씀이 있는 교회는 생명이 있기에 부흥되고, 말씀이 있는 곳에 사람들이 모이게 되어 있습니다. 기독교는 말씀의 부르심을 믿기 때문입니다.

1. 다윗과 골리앗

다윗은 골리앗과의 싸움에서 유일한 무기는 하나님만 의지하는 믿음이었습니다. 그리고 가진 무기라고는 목자들이 사용하는 막대기와 물매와 돌 다섯 개를 담은 주머니가 전부였습니다. 그러나 다윗이 승리했습니다. 하나님께서 승리하게 하시면 승리하는 법입니다.

다윗과 골리앗의 설전이 있습니다. 골리앗 앞에 방패 든 자가 앞장서서 다윗에게 다가왔습니다. 골리앗이 다윗을 볼 때 어리고 용모가 아름다운 소년인 것을 보고 업신여기는 말을 했습니다.

"네가 나를 개로 여기고 막대기를 가지고 내게 나아왔느냐 하고 그의 신들의 이름으로 다윗을 저주하고 그 블레셋 사람이 또 다윗에게 이르되 내게로 오라 내가 네 살을 공중의 새들과 들짐승들에게 주리라"라고 조롱하는 말을 했습니다.

블레셋의 골리앗은 다곤 신을 믿었습니다. 다곤은 여호와의 궤 앞에 엎드려 절하던 신이 아닙니까? 홉니와 비느하스가 여호와의 궤를 빼앗겼을 때 다곤 신전에 가져다가 놓았습니다. 자고 나면 다곤 신상이 여호와의 궤 앞에 엎드러져 있었고, 세워 놓고 다음날 보면 엎드러져 목이 부러지고 손목이 부러진 상태, 몸둥이만 굴러다니는 상태가 되었습니다. 죽은 신입니다. 우상입니다. 사람의 조각물입니다.

골리앗에 대한 다윗의 반응이 무엇입니까? "너는 칼과 창과 단창으로 내게 나아오거니와 나는 만군의 여호와의 이름 곧 네가 모욕하는 이스라엘 군대의 하나님의 이름으로 네게 나아가노라 오늘 여호와께서 너를 내 손에 넘기시리니 내가 너를 쳐서 네 목을 베고 블레셋 군대의 시체를 오늘 공중의 새와 땅의 들짐승에게 주어 온 땅으로 이스라엘에 하나님이 계신 줄 알게 하겠고 또 여호와의 구원하심이 칼과 창에 있지 아니함을 이 무리에게 알게 하리라 전쟁은 여호와께 속한 것인즉 그가 너희를 우리 손에 넘기시리라"라고 대답했습니다.

골리앗에 대한 다윗의 대비를 생각해 봅시다.

1) 골리앗은 칼과 창과 단창으로 전쟁에 임했지만 다윗은 여호와의 이름으로 임했기 때문에 승리한다고 했습니다. 여호와의 이름이 힘이 있습니다. 능력이 있습니다.

지금도 예수 그리스도의 이름으로 무엇이든지 구하면 주실 줄로 믿습니다. 이것은 하나님의 약속, 예수님의 약속입니다. 예수님의 이름이 힘이 있습니다. 우리의 기도가 공로가 되어서 응답되는 것이 아니라 예수님의 이름이 능력이 있습니다.

귀신도 예수님의 이름으로 명하면 물러갈 줄로 믿습니다. 성경적이고 경험적인 이야기이지만 사탄이 역사하는 사람은 병원에 가도 소용없고 아무리 굿을 하여도 낫지 않았습니다. 주 예수의 이름으로 물리치면 도망갈 줄로 믿습니다.

2) 골리앗은 단순히 전쟁에 임했지만 다윗은 여호와의 도우심으로 골리앗을 죽이고 반드시 블레셋을 이겨서 이스라엘에 하나님이 계신 줄 알게 하겠다는 각오로 임했습니다. 이스라엘은 연약해도 하나님께서 세우신 나라입니다.

지금의 교회도 부족하고 연약합니다. 불쌍한 사람들의 공동체와 같습니다. 능력이 없습니다. 부족한 것이 많습니다. 그러나 성령이 역사하는 전입니다. 주님의 몸입니다. 주님이 피값을 주고 사신 단체입니다. 하나님이 함께하는 공동체입니다.

3) 여호와의 구원하심이 칼과 창과 단창에 있지 않다는 것을 보여주겠다고 했습니다. 하나님의 구원은 전적인 하나님의 은혜로 이루어집니다. 하나님의 능력이 교회를 세웁니다. 다른 것으로는 교회를 세울 수 없습니다. 골리앗은 다윗을 보고 모욕감과 불쾌감을 느꼈을 것입니다. 그러나 사실입니다.

기독교의 구원관은 하나님의 은혜로만 구원받는다는 것입니다. 인간의 공로로 구원받을 사람이 없습니다. 하나님의 은혜로 구원받습니다. 나의 나 된 것은 하나님의 은혜로라. 다른 사람보다 더 많이 수고한 것도 하나님의 은혜로 된 것이라. 개혁자들은 '오직 믿음!' 이라고 말했습니다. 이것이 기독교인의 고백입니다.

4) 전쟁은 여호와께 속한 것이기 때문에 승리를 확신했습니다. 하나님만을 의뢰하는 자가 승리합니다. 작은 다윗이 거인 골리앗을 물리쳤습니다. 물맷돌로 거인을 죽였습니다. 일반적으로 다윗이 믿음이 좋고,

용감한 군사라고 강조합니다.

그러나 다윗이라기보다는 하나님이 더 중심이 되십니다. 다윗을 사용하신 하나님이 위대하시기 때문입니다. 가진 것은 물매와 막대기, 돌 다섯 개가 전부입니다. 하나님이 어떻게 쓰느냐에 따라 사람이 달라집니다.

하나님께서 어떻게 일해 가시는가? 하나님께서 자기 백성을 어떻게 구원하시는가? 하나님은 때로는 사람을 통해서, 어느 때는 이스라엘 민족을 통해서, 자연적인 상황을 통해서 사람들을 구원해 가십니다. 다윗이 골리앗과의 싸움을 개인적인 자격으로 싸운 것인가?

"왕에게 기름을 부었다"는 것은 아주 귀한 일이었습니다. 세상 나라의 왕과 이스라엘 왕과는 차이점이 많습니다. 절대적인 힘으로 백성을 다스리기보다는 자신이 먼저 하나님의 말씀에 절대 순종함으로써 다스리게 됩니다. 대표자로서의 순종입니다. 이스라엘의 참된 왕은 자신이 아니라 하나님이시기 때문입니다. 자신은 왕이지만 하나님의 사역자 입장입니다. 그래서 기름을 붓습니다.

다윗이 공식적인 왕은 아니지만, 그래도 왕이었습니다. 개인 자격으로 싸움을 했다기보다는 이스라엘의 왕으로서, 하나님의 사역자로서, 하나님의 백성을 적의 손에서 구원하기 위해서 하나님께서 보내신 구원자의 자격으로 나선 것이지요. 45절에 "너는 칼과 창과 단창으로 내게 나아오거니와 나는 만군의 여호와의 이름 곧 네가 모욕하는 이스라엘 군대의 하나님의 이름으로 네게 나아가노라." 이 말씀이 그런 것을 입증해 줍니다.

다윗은 하나님의 군사요, 골리앗은 세상 신을 믿는 용사입니다. 하나님의 백성과 세상 백성과의 전쟁입니다. 교회는 하나님이 선택한 자들의 모임입니다. 영적인 전쟁을 위한 선민들의 집합체입니다. 영적인 전쟁에서 승리하는 그리스도인이 되기를 바랍니다.

2. 다윗의 승리

다윗은 골리앗을 향해 물맷돌을 던졌습니다. 물맷돌이 이마에 박혔습니다. 골리앗은 순식간에 쓰러지고 말았습니다. 다윗은 칼도 없었습니다. 골리앗이 차고 있던 칼을 뽑아 골리앗의 머리를 베었습니다. 블레셋 사람들이 골리앗이 죽는 모습을 보고 다 도망하기 시작했습니다.

이스라엘과 유다 사람들이 블레셋군을 가이와 에그론까지 추격했습니다. 많은 사람을 죽이고 블레셋 사람들의 진지에서 많은 것을 노략질했습니다. 다윗이 골리앗의 머리를 들고 예루살렘까지 가져왔고 갑옷은 자기 장막에 두었습니다.

골리앗이 결투에서 패하고 다윗이 승리함으로써 전쟁이 하나님의 손에 달려 있음을 보게 되었습니다. 절대주권자는 하나님이십니다. 성도와 악의 세력과의 전쟁이 그치지 않고 있습니다. 하나님의 이름 대 우상의 이름, 신앙과 불신앙, 참신과 거짓 우상, 하나님의 능력과 자기의 능력, 그런 갈등이 계속되고 있는 상황입니다.

다윗이 전쟁터에 나간 것은 우연이 아닙니다. 다윗은 사무엘에게 기름 부음을 받았습니다. 하나님의 사역자로 세움을 입었습니다. 또 아버지 이새가 형들의 안부를 묻기 위해서 다윗을 보낸 것도 이스라엘을 구원하시기 위한 하나님의 섭리였습니다.

하나님의 구원 계획은 이처럼 크고 놀랍습니다. 인간이 보기에는 신비한 것입니다. 다윗은 하나님의 사역자요, 이스라엘의 구원자로 부름 받았을 뿐입니다. 하나님이 골리앗과 싸우도록 인도하셨으며 승리하게 하셨습니다. 하나님을 절대적으로 의지하게 하신 분도 하나님이십니다.

다윗의 승리는 이스라엘 전체의 승리요 하나님의 승리였습니다. 참된 왕은 다윗이 아니라 하나님이셨습니다. 다윗은 하나님께서 승리하게 해 주실 줄로 알고 믿었습니다. 온 세상에 하나님이 살아 계시고 구원하시는 분이심을 나타내기 위해 자신은 도구로 사용된다는 사실을 알았습니다. 다윗을 통해 이스라엘에게 승리를 주셨습니다.

다윗을 통해 이스라엘을 구원하시듯 그리스도를 통해서 인류를 구원하신 분은 하나님이십니다. 십자가에 죽기까지 복종하는 방법을 통해서 승리하셨습니다. 사탄이 가룟 유다 속에 들어가서 역사할 때는 자신이 승리하는 것처럼 보였지만 하나님은 하나님의 구원을 이루셨습니다. 하나님은 지금도 그렇게 일하십니다. 우리들이 도구가 되어 하나님이 일하실 수 있도록 자신을 맡겨서 하나님의 영광을 나타내고 많은 사람을 구원하는 이 시대의 구원자의 사명을 다하기를 바랍니다.

3. 다윗에 대한 사울의 질문

다윗이 골리앗에게 나아갈 때 사울이 군장 아브넬에게 다윗이 누구의 아들이냐고 물었습니다. 아브넬이 모른다고 대답했습니다. 다윗의 가문에 대해 알아보라고 지시했습니다.

사울 왕이 승리한 다윗을 다시 접견했습니다. 다윗이 블레셋 사람 골리앗의 머리를 든 채 아브넬의 인도로 사울 왕 앞에 서게 되었습니다. 사울이 누구의 아들이냐고 묻자 이새의 아들이라고 대답했습니다.

블레셋의 침공, 골리앗의 위용에 이스라엘 백성들은 처음에는 두려워서 도망했습니다. 그러나 믿음의 용사 다윗이 일어나고 전투에서 승리하자 이스라엘 백성이 뒤따랐습니다. 이렇게 믿음의 사람, 앞장서는 한 사람이 항상 필요한 것입니다. 그러면 다른 사람들이 다 그렇게 따르도록 되어 있습니다.

다윗은 다시 사울 왕 앞으로 인도받았습니다. 왜 전혀 모르는 사람처럼 묘사되었을까요? 사울은 이미 다윗의 가문과 인물에 대하여 다 알고 있지 않았던가요? 자유주의자들은 이것을 '성경의 편집설'을 주장하는 근거로 삼습니다. 보수주의자들도 여러 가지로 설명하려고 노력합니다.

1) 사울이 정신 질환으로 인해 다윗의 형편을 깊이 알지 못해서 그렇다고 생각합니다. 2) 다윗의 승리에 대한 상급을 내리기 위함이라고 주장합니다. 그렇게 보기에는 자연스럽지 못합니다. 저자의 의도는 세상에서 보잘것없는 사람이나 인물도 하나님이 쓰시면 영화롭게 쓰실 수 있다는 데 있다고 보여집니다.

사울에게서 여호와의 영이 떠났을 때의 모습에서 더욱 잘 드러납니다. 사울의 쇠퇴와 다윗의 부각에 초점이 맞추어져 있는 내용입니다. 다윗은 하나님의 능력으로, 또 하나님이 함께하셔서 다윗의 이름이 널리 알려지게 되었습니다. 자신의 능력이나 힘이 아니었습니다. 우리에게도 고린도후서 10장 4절(우리의 싸우는 무기는 육신에 속한 것이 아니요 오직 어떤 견고한 진도 무너뜨리는 하나님의 능력이라 모든 이론을 무너뜨리며)의 하나님만 믿고 의지해야 한다고 가르쳐 줍니다. 전능하신 하나님, 변함없는 하나님, 영원하신 하나님을 믿을 때 사람이 강해지고 영화로워지는 법이기 때문입니다.

성도는 하나님을 드러내는 사람입니다. 하나님을 보여주고 나타내고 하나님을 증거하는 사람이 그리스도인입니다. 저나 여러분은 하나님을 보여주고 증거하는 삶을 살 수 있기를 바랍니다. 성도는 믿음으로 행동하는 사람입니다. 다윗처럼 확신을 가지고 담대하게 활동하는 사람이 그리스도인입니다. 다윗처럼 승리하여 하나님의 영광을 드러내기를 진심으로 바랍니다.

제49강
사무엘상 18장 1-9절

세 사람 1

세 사람은 요나단과 다윗과 사울을 가리키는 말입니다. 요나단은 사울 왕의 아들, 왕자입니다. 다윗은 목동이지만 장차 이스라엘을 하나님의 뜻대로 이끌어갈 하나님 마음에 합당한 사람입니다. 사울 왕은 이스라엘 백성들이 요구하여 세워진 왕으로 처음에는 순종하여 나라를 발전시켰지만 나중에는 불순종하여 하나님 앞에 죄를 짓고 악신이 역사하게 된 사람입니다.

다윗이 사무엘로부터 기름 부음을 받고 블레셋의 골리앗을 물리침으로써 이스라엘 역사에 등장하여 이스라엘의 새로운 왕, 하나님을 기쁘시게 하는 사람, 하나님의 통치를 받으면서 이스라엘을 인도할 왕으로 등극하게 됩니다.

그러나 다윗이 왕으로 등극하기까지 사울로 인한 여러 가지 고통과 고난, 도피와 결별과 같은 일들이 있었습니다. 오늘 성경이 그 고난의 출발점인 것을 보게 됩니다.

1. 우정의 언약

세상에서 좋은 관계가 많이 있지만 친구, 우정도 좋은 관계 중의 하나입니다. 친구간의 정을 우정, 우의라고 말합니다. 요나단과 다윗은 우정의 언약을 맺은 관계입니다. 요나단은 왕자입니다. 다윗은 목동입니다. 우정 관계, 우정의 언약을 맺기에는 부적절한 관계에 놓여 있는 상황이었습니다.

다윗이 사울에게 하는 말을 듣고 요나단은 마음으로 다윗을 자기 생명보다 더 사랑하게 되었습니다. 다윗이 사울에게 뭐라고 대답했습니까? 사울이 블레셋 용사 골리앗을 죽이고 그의 머리를 손에 들고 있는 다윗에게 묻습니다. 소년이여 누구의 아들이냐? "나는 주의 종 베들레헴 사람 이새의 아들이니이다"라고 답했습니다. 그 말을 듣고 요나단의 마음이 다윗의 마음과 하나가 되었습니다. 자기 생명처럼 사랑하게 되었습니다.

사울 왕은 그 날 다윗으로 하여금 왕궁에 머물게 하고 베들레헴으로 돌아가지 못하게 했습니다. 요나단이 다윗을 자기 생명같이 사랑한 흔적이 무엇입니까? 요나단은 다윗과 우정의 언약을 맺고 자기가 입었던 겉옷을 벗어 다윗에게 줍니다. 자기의 군복도 그렇게 했습니다. 칼과 활과 띠도 주었습니다.

이 시점에서 진정한 우정이 무엇일까를 생각해 봅시다. 진정한 우정이 무엇입니까? 어떻게 하는 것입니까? 음식을 나누는 것이 우정입니까? 우정의 일부분일 수는 있겠지요. 그러나 하나님께서 말씀하시는 우정, 성경이 가르치는 우정은 몇 푼의 돈으로 주고 받을 수 있는 것이 아닙니다. 그런 우정을 예수님에게서 배웁시다.

요한복음 13장 1절에 "유월절 전에 예수께서 자기가 세상을 떠나 아버지께로 돌아가실 때가 이른 줄 아시고 세상에 있는 자기 사람들을 사랑하시되 끝까지 사랑하시니라"라고 했습니다. 예수님의 사랑은 끝까지 사랑하는 것이었습니다. 끝까지 사랑하는 것이 우정입니다. 예수님은 우리의 좋은 친구입니다. 십자가에서 모든 것을 주신 친구였습니다.

요한복음 15장 13-15절에서는 "사람이 친구를 위하여 자기 목숨을 버리면 이보다 더 큰 사랑이 없나니 너희는 내가 명하는 대로 행하면 곧 나의 친구라 이제부터는 너희를 종이라 하지 아니하리니 종은 주인이 하는 것을 알지 못함이라 너희를 친구라 하였노니 내가 내 아버지께 들은 것을 다 너희에게 알게 하였음이라"라고 했습니다. 하나님의 말씀에 순종하는 사람끼리의 관계를 우정이라고 합니다.

요나단은 다윗을 자기 생명처럼 사랑했습니다. 생명이란 영혼, 마음입니다. 인간적으로 생각해 볼 때 요나단이 가장 경계해야 할 인물은 다윗이었습니다. 다윗이 사울을 이어 왕위를 차지할 사람이기 때문입니다. 요나단이 왕자 아닙니까? 그럼에도 불구하고 요나단이 다윗을 사랑한 것은 성숙한 인격, 하나님 앞에서의 신앙이 있었기 때문입니다. 요나단의 마음과 다윗의 마음이 하나의 끈으로 묶인 것처럼 긴밀한 관계였습니다.

특히 요나단이 자기의 겉옷을 벗어 다윗에게 입힌 행위는 우정의 극치, 우의를 다짐하는 강한 표현입니다. 옷은 신분과 왕권을 말하는데 요나단은 기꺼이 왕권을 다윗에게 이양하겠다는 뜻을 표현한 것입니다. 군복과 칼과 활까지 주었습니다. 자신의 생명까지 위탁하는 행위를 의미합니다. 요나단은 혈연관계나 이해관계를 초월한 사랑을 실현했습니다. 요나단이 다윗에게 이렇게까지 할 수 있었던 것은 그가 하나님을 믿고 사랑하는 믿음의 사람이었기 때문입니다.

요나단은 하나님의 의와 뜻을 따를 뿐만 아니라 세속적인 왕위나 일에 연연하지 않았습니다. 이것이 하나님의 백성이 세상을 살아갈 때 가져야 할 믿음의 자세입니다.

바울은 빌립보 교인들에게 빌립보 3장 8-9절에서 "또한 모든 것을 해로 여김은 내 주 그리스도 예수를 아는 지식이 가장 고상하기 때문이라 내가 그를 위하여 모든 것을 잃어버리고 배설물로 여김은 그리스도를 얻고 그 안에서 발견되려 함이니 내가 가진 의는 율법에서 난 것이 아니요 오직 그리스도를 믿음으로 말미암은 것이니 곧 믿음으로 하나님께로부터 난 의라"라고 했습니다. 예수 그리스도는 우리를 위하여 목숨까지 내놓으셨습니다. 이것이 진정한 의미의 우정일 것입니다.

2. 다윗과 사울

5절에 "다윗은 사울이 보내는 곳마다 가서 지혜롭게 행하매 사울이 그를 군대의 장으로 삼았더니 온 백성이 합당히 여겼고 사울의 신하들도 합당히 여겼더라"라고 했습니다.

사울 왕이 다윗을 군대장으로 삼았습니다. 그 이유가 무엇입니까? 왜 젊은 사람을 군장이 되게 했을까요? 모든 백성과 신하들도 합당하게 여겼습니다. 그 이유가 무엇입니까?

다윗이 지혜롭게 행했습니다. 다윗의 지혜는 한 번의 일시적인 것이 아니라 계속적이고 연속적인 것을 의미합니다. 다윗의 지혜로운 행동이 이스라엘의 번영과 영광을 가져오게 되었습니다.

자! 성경을 상고해 봅시다. 하나님 앞에 쓰임받은 사람의 놀라운 특징은 지혜였습니다. 그래서 후히 주시고 꾸짖지 아니하시는 하나님께 지혜를 구하라고 가르치십니다. 솔로몬도 지혜로운 마음을 구했습니다. 다니엘도 지혜와 명철이 있던 하나님의 사람이었습니다.

여러분, 지혜는 어디로부터 올까요? 일반적으로 대학을 다니면 지혜를 얻을 수 있다고 생각합니다. 그러나 대학은 지식을 가르치는 곳입니다. 지혜는 하나님으로부터 온다고 믿어야 합니다. 여호와를 경외하는 것이 지혜의 근본이라고 말씀하셨습니다.

다윗이 가는 곳곳마다 지혜롭게 행동하니까 사울 왕이 군대의 장으로 삼았습니다. 그리고 백성들이 다윗을 믿어주고 따랐습니다. 모든 백성이 볼 때 인정했습니다. 만족했습니다. 신망을 얻었습니다. 이스라엘 나라에서 모든 사람이 거부감없이 다윗을 받아들이기 시작했습니다.

여러분은 어떤 사람인지 생각해 봅시다. 집사로서 합당합니까? 지혜롭게 믿고 행동하는 것이 있습니까? 교회에서 맡겨 준 직책이나 직분에 대하여 다른 교인들이 뭐라고 평가할 것 같습니까? 여러분 스스로 생각하는 것과는 너무나 다른 평가를 말할 것입니다. 이것을 바로잡아야 합니다. 그래야 교회 앞에서나 하나님 앞에서 인정받을 수 있을 것입니다.

온 백성이나 신하들이 거부감없이 인정하는 것을 볼 때 사울 왕의 시대는 점점 내려가고 다윗 왕의 시대가 점점 도래하고 있음을 말해 주는 것입니다.

3. 사울의 시기심

이스라엘이 블레셋과의 전쟁에서 승리했습니다. 이스라엘의 모든 여인들이 노래하며 춤췄습니다. 소고와 경쇠를 가지고 사울 왕을 환영했습니다. 승리한 사울 왕을 찬양하는 노래였습니다. 이스라엘은 기뻐할 수밖에 없었습니다. 원수 블레셋으로부터 승리했기 때문이고 새로운 지도자가 출현했기 때문에 좋아했던 것입니다. 모든 사람들이 기쁨이 충만해서 넘치는 즐거움으로 소고와 경쇠를 가지고 왕을 환영했습니다.

그런데 노래의 내용이 묘했습니다. "사울이 죽인 자는 천천이요 다윗은 만만이로다"라는 노래였습니다. 여인들은 사울 왕의 활동 사항과 다윗의 활동 사항을 알고 있었습니다. 사울이 죽인 자는 '천'이라면 다윗은 '만'이라는 의미입니다. 이것은 용맹스럽고 우두머리나 할 수 있는 일이라는 뜻입니다. 결국 다윗이 사울 왕보다 더 훌륭한 우두머리라고 노래한 것입니다.

사울 왕은 여인들이 노래하는 내용을 알아듣고 불쾌하게 생각했습니다. 심히 노했습니다. 다윗에게는 '만만'을 돌리고 자기에게는 '천천'을 돌렸기 때문입니다. 자기가 우두머리인데 다윗에게 우두머리라고 노래하니까 불쾌했던 것입니다. 마음이 공포나 괴로움 때문에 상하고 깨진 상태를 가리킵니다.

시기심은 타락한 인간이 가지고 있는 가장 나쁜 성품 중의 하나입니다. 가인은 아벨을 시기하다가 동생을 살해했습니다. 에서는 야곱을 질투하다가 죽이려고 했습니다. 바리새인과 사두개인들은 예수님을 시기하다가 십자가에 처형했습니다. 지금도 교회 안에 시기심이 가득찬 사람이 많습니다. 자기도 하지 않고 남도 못하게 하는 사람들 말입니다. 잠언 14장 30절에 "평온한 마음은 육신의 생명이나 시기는 뼈를 썩게 하느니라"라고 했습니다. 하나님은 평온한 마음은 생명이지만 시기하는 마음은 자기의 뼈를 썩게 한다고 가르쳐 주셨습니다. 바울은 성령의 열매와 육체의 열매를 비교하면서 시기, 질투는 육체의 열매라고 말했습니다.

사울은 다윗에 대하여 공포심과 경계심마저 느꼈습니다. 아마도 사울은 마음속으로 장차 다윗이 왕의 자리마저 찬탈할 것이라고 생각한 것으로 보입니다. 다윗을 두려워했습니다. 두려움이 변하여 증오하는 마음이 싹트기 시작했습니다. 시기심입니다.

그날 이후로 다윗을 주목하기 시작했습니다. 사울은 이스라엘 백성들의 노래 소리를 들으면서 극도의 혼란 속에 빠져들기 시작했습니다. 이스라엘의 왕은 자신이지만 왕으로서 감당하지 못한 자괴감은 물론 왕위가 길지 못할 것이고 하나님께서 마음에 맞는 새로운 사람을 세울 것이라는 사무엘의 예언도 생각했을 것입니다.

사울 왕이 다윗을 주목했다는 것은 단순히 바라보는 것이 아니라 다윗의 말과 행동 하나하나를 자세히 관찰하기 시작했다는 것입니다. 약점을 잡거나 죽이기 위해서 바라보는 것입니다. 사울의 이러한 노력은 왕위를 지키기 위한 인간적인 수단과 방법이었던 것입니다.

사람은 자기 자신을 성찰하거나 하나님 앞에서 회개할 생각을 하지 않습니다. 상대방, 상대편의 약점을 잡으려고 노력합니다. 그런 자세가 또다른 죄를 범하게 만드는 것입니다. 자기 자신을 하나님 앞에 세우고 성찰할 줄 아는 성도가 됩시다. 회개할 줄 아는 성도가 됩시다.

제50강
사무엘상 18장 10-16절

사울과 다윗 2

다윗이 블레셋과의 전쟁을 승리로 이끄는 장본인이 되었습니다. 블레셋의 장수 골리앗을 죽이고 승전했기 때문입니다. 그 결과 그는 온 이스라엘 백성과 왕자 요나단에게 사랑을 받았습니다.

그런데 사울 왕의 마음은 다윗에 대하여 시기심이 발동했습니다. 이스라엘 여인들의 '사울이 죽인 자는 천천이요, 다윗이 죽인 자는 만만'이라는 칭송 소리를 듣고 시기심이 발동했기 때문인데, 마침내 사울이 다윗을 죽이려고 음모를 꾸몄습니다. 무슨 음모를 꾸몄으며, 어떻게 되었을까요?

1. 사울의 계획

예전에는 사울 왕에게 여호와의 영이 임했었습니다. 그러나 이제는 다윗을 사랑하지 않고 시기하자 여호와께서 부리신 악령이 임하게 되었습니다. 악령이 강력하게 임할 때 사울 왕이 집 안에서 발작을 일으켰습니다. 정신없이 떠들어댔습니다. 원망하고 불평하는 마음에 사탄이 역사합니다. 그래서 분을 내어도 죄를 짓지 말고 해가 지도록 분을 품지 말고 마귀가 틈타지 못하게 하라고 했습니다.

개선 행진을 하고 난 다음 날, 이튿날에 악령이 임했습니다. 사울의 돌출적인 발작 행동이 예상보다 빨랐다는 의미입니다. 사람은 항상 이렇습니다. 선한 일은 재어보고 계산해 보고 이리저리 따져봅니다. 그렇지만 악한 일에는 서슴없이 행동하는 법입니다.

악령이 불같이 임했습니다. 악령이 사울에게 임한 것이 사울에게 전혀 책임이 없는 것은 아니었습니다. 시기심을 가지고 있었던 것은 사울이었습니다. 불타는 시기심이 있을 때 악령이 틈을 타서 임했던 것입니다. 사울 왕은 악령이 임하자 까닭없이 마구 떠들어 대는 행동을 했습니다. 헛소리입니다. 우리는 흔히 '미쳤나봐!' 하는데 그 말이 맞습니다.

다윗이 평소와 같이 손으로 수금을 탔습니다. 다윗이 수금을 탈 때 사울의 손에는 창이 있었습니다. 다윗의 손에는 수금이 있는데 사울의 손에는 창이 있었습니다. 정말 대조적입니다. 성령의 인도를 받는 사람과 악령의 인도를 받는 사람이 극명하게 차이점을 보이고 있습니다. 다윗은 사람을 살리고 상쾌하게 하기 위하여 하나님을 찬양하고 있는데 사울은 사람을 죽이기 위한 창을 들고 있었습니다. 하나님이 함께하는 사람과 하나님이 떠난 사람의 차이점이 이런 것입니다.

사울은 마음속으로 "내가 다윗을 벽에 박으리라"라고 중얼거렸습니다. 사울 왕이 기회를 엿보다가 다윗에게 창을 던졌습니다. 다윗이 두 번이나 사울 앞에서 창을 피했습니다. 사울 왕의 돌발적인 행동입니다. 행동으로 옮긴 다음에 생각하는 상황과 같았습니다.

사울이 창을 던진 목적은 분명합니다. 다윗을 죽이기 위한 방법이었습니다. 다윗은 자신을 죽이려는 사울 왕 앞을 속히 피하지 않았습니다.

아마 사울 왕을 진정시켜 보려는 노력이었다고 생각됩니다. 다윗은 성품이 온유하고 인내심이 많은 사람이었습니다.

종교개혁시대를 생각해 봅시다. 교황과 교황청이 유럽의 전지역을 통괄하고 있는 상황이었습니다. 그러나 하나님의 뜻을 외친 수도사 마르틴 루터에 의해 흔들렸습니다. 교황청은 루터를 이단자로 몰아 죽이려고 음모를 꾸몄습니다. 공갈과 협박도 했습니다. 그러나 로마 카톨릭의 부정과 부패를 지적했을 때 개혁의 기치는 꺾을 수가 없었습니다. 당시 쯔빙글리, 바젤, 칼빈과 같은 개혁자들이 일어나 전유럽은 물론 세계에 좋은 영향을 끼쳐 지금까지 개혁교회가 승승장구하게 되었습니다.

우리는 기도하면서 하나님 앞에 좋은 계획을 세워야 합니다. 하나님의 뜻과 일치되는 방향으로 전진해야 합니다. 우리 나라 기독교는 너무나 세속주의, 물질주의에 빠진 사람들의 공동체가 되어 가고 있습니다. 여러분은 그리스도 안에서 다윗과 같이 승리하는 성도가 되기를 바랍니다.

2. 하나님과의 관계

인간에게 있어서 가장 중요한 문제가 있다면 바로 하나님과의 문제입니다. 하나님과의 관계가 좋으면 좋은 것입니다. 하나님과의 관계에서 실패하면 승리할 것이 별로 없는 존재가 사람입니다.

사울은 점점 더 다윗을 두려워했습니다. 그 이유가 무엇입니까? 12절입니다. "여호와께서 사울을 떠나 다윗과 함께 계시므로 사울이 그를 두려워한지라"라고 했습니다. 두려워한 나머지 무서워했습니다. 다윗에 대한 사울의 마음 상태가 그랬습니다. 그 이유는 간단합니다. 하나님께서 사울에게서 떠나 다윗과 함께했기 때문입니다. 성도의 가장 큰 재산이나 자산은 하나님입니다. 하나님이 영원한 기업이요 산업입니다.

사울은 왕입니다. 다윗은 신하에 불과합니다. 그것도 천부장 정도입니다. 그런데 가장 중요한 점은 하나님께서 다윗과 함께하는 것이었고 하나님께서 사울을 떠났다는 데 문제가 있었습니다. 이것이 근본적인 차이점이고 두려움의 근원이었습니다. 악인이나 죄인은 하나님이 함께하는 사람을 두려워하는 법입니다.

시편 56편 4절에 "내가 하나님을 의지하고 그 말씀을 찬송하올지라 내가 하나님을 의지하였은즉 두려워하지 아니하리니 혈육을 가진 사람이 내게 어찌하리이까"라고 했습니다.

사울 왕은 다윗을 두려워한 나머지 궁에서 내보내어 천부장으로 삼았습니다. 자기 곁에 두기가 싫었습니다. 이 방법이 전통적으로 세상에서 사용하는 방법입니다. 어떤 사람이 보기 싫어지거나 자기보다 강해지면, 자기 곁에 두기를 싫어하는 법입니다. 그래서 인사 이동을 합니다.

다윗도 천부장이 되어 최전방에 배치된 것으로 보입니다. 다윗이 전사하게 하거나 다른 사람들과의 관계에 있어서 만남이 적게 만들기 위한 방법이었을 것입니다. 사울은 다윗의 지혜와 용맹스러움이 세상에 알려지지 않기를 원했습니다.

다윗이 천부장으로 임명된 다음에 백성 앞에 출입하게 되었습니다. 백성들을 돌볼 때 성실하고 열심히 돌보았다는 의미입니다. 관리하고 다스리는 일을 충실히 했습니다. 다윗은 어디서나 자기 일에 충실한 사람이었습니다. 지혜로운 사람입니다. 골리앗과의 싸움에서는 용맹스러움을 드러냈고 이제는 아주 충성스럽고 열심이 있는 사람이라는 것을 나타내고 있습니다.

다윗의 용맹과 지혜와 충성심은 어디로부터 온 것인가? 하나님으로부터 온 것입니다. 그래서 계속하여 강조하고 있는 것이 '하나님이 함께하심으로' 그렇게 했다는 공식입니다. 이것이 기독교인의 원리입니다. 신앙의 원리요 삶의 원리입니다. 하나님이 함께하시기 때문에 그렇게 한다는 원리 말입니다. 여러분도 하나님이 함께하는 복의 사람이 됩시다.

3. 하나님 앞에서

다윗은 하나님의 사람입니다. 하나님이 함께하는 믿음의 사람이었습니다. 다윗이 모든 일을 지혜롭게 처리했습니다. 여호와께서 다윗과 함께 계셨습니다. 이것이 최고의 복입니다. 하나님이 함께하는 임마누엘이 참된 복입니다.

사울 왕은 하나님께서 자기를 떠나 다윗을 크게 지혜롭게 하신다는 것을 느끼고 또 보았습니다. 사울은 더욱 다윗을 두려워하게 되었습니다. 다른 사람, 그것도 시기하는 사람이 볼 때 저 사람은 지혜로운 사람이야, 그렇게 말할 수 있다면 정말 지혜자가 아니겠습니까?

모든 이스라엘 백성과 유다 백성이 다윗의 지혜로운 통솔력으로 인해 다윗을 사랑하게 되었습니다. 하나님과 동행하는 사람은 사람에게도 사랑을 받습니다. 구약 시대의 요셉을 생각해 봅시다. 하나님이 함께하는 삶을 살더니 사람들에게도 인정받고 칭찬을 받게 되었습니다. 로마서 14장 18절에 "이로써 그리스도를 섬기는 자는 하나님을 기쁘시게 하며 사람에게도 칭찬을 받느니라"라고 했습니다.

다윗은 모든 백성이 사랑하는 지도자요, 왕이 아닙니까? 그렇습니다. 사울은 사람들의 요구에 의해서 세워진 인간 왕이라면 다윗은 하나님께서 준비한 왕입니다. 인본주의적인 왕과 신본주의적인 왕의 차이점입니다.

하나님의 영이 있는 자와 없는 자의 마음 상태를 생각해 봅시다. 하나님의 영이 있는 자는 다윗과 같은 모습일 것이고 하나님의 영이 없는 자의 모습은 사울 왕과 같은 모습일 것입니다. 대조적인 인간상을 보여주고 있습니다.

사울 왕과 같은 마음의 소유자는 자기의 욕심과 시기심과 부정과 부패로 가득차 있는 사람입니다. 세상사나 교회사를 연구해 보면 잘 드러납니다. 다윗은 사울의 여러 가지 모순된 행동에 대하여 항의하거나 반항하지 않습니다. 온유와 인내로 끝까지 잘 감당합니다. 하나님의 때를 기다리고 하나님의 섭리에 순응하는 모습입니다. 정말 존경스러운 인물입니다.

여기서 다윗은 1) 범사에 지혜롭게 행동했습니다. 맡겨주는 일마다 아주 지혜롭게 처리했습니다. 신·구약시대에 지혜자를 하나님은 사용하셨습니다. 지혜는 꾀가 아니다, 지혜는 하나님의 뜻에 순종하는 가운데 주시는 마음입니다.

2) 다윗은 하나님이 함께하는 성령의 사람이었습니다. 사울은 처음에는 성령이 임했으나 불순종으로 말미암아 악신이 임한 사람이 되었습니다. 주님이 동행하는 사람과 동행하지 않는 사람이 완전히 다른 것입니다. 똑같은 다윗인데, 요나단은 다윗을 사랑하고, 사울은 다윗을 미워했습니다. 사랑할 자를 사랑하는 것이 진정한 사랑일 것입니다. 특별히 하나님이 사랑하는 자를 사랑하는 것이 하나님의 사랑입니다.

3) 다윗은 어떠한 위치에서든지 충성했습니다. 왜 그런가? 자기 자신의 귀를 하나님께로 향하여 열어 놓고 있었기 때문입니다. 사울은 자기 욕심의 소리, 시기심의 소리에 귀를 기울이다가 시험에 빠졌습니다.

반면 다윗은 군대의 장을 맡겼을 때도 충성스럽게 감당했고, 야전 사령관인 천부장을 삼아 내려보내도 충성했습니다. 결과는 온 이스라엘과 유대 사람들에게 사랑의 대상이 된 것입니다.

오늘 말씀에서 악령이 임하는 사람과 성령이 임하는 사람의 차이점을 보게 됩니다. 악령이 임하는 사람은 손에 창이 있고 성령이 임하는 사람은 하나님을 찬양하는 수금이 들려 있습니다. 여러분의 손에는 무엇이 들려 있습니까?

사울은 사람들을 미워하고 시기하고 질투하는 사람이 되어 가고 있었지만 다윗은 사람들을 사랑하고 사랑받는 사람이 되어 가고 있었습니다. 다윗은 하나님에게 사랑받고 사람들에게도 사랑받는 사람이었습니다. 여러분은 어떤 사람이 사랑하던가요?

다윗은 하나님이 함께하는 사람이었고 사울은 악령이 함께하는 사람이었습니다. 여러분도 성령의 사람으로 거듭나기를 진심으로 바랍니다.

제51강
사무엘상 18장 17-30절

사울 왕과 다윗

사울 왕에게 성령이 떠나고 악령이 임하기 시작했습니다. 악령이 임하니까 충성스러운 다윗을 죽이려고 노력했습니다. 살해 음모가 실패로 돌아가자 사울은 더욱 다윗을 두려워하게 되었습니다. 특별히 다윗과 함께하는 하나님을 느끼면서 더욱 더 두려움에 빠지게 되었습니다.

1. 사울의 음모

사울 왕은 다윗을 죽이려고 여러 가지 음모를 꾸몄습니다. 창을 던져 벽에 박으려 한 첫 번째 시도는 실패로 끝났습니다. 재차 시도했지만 다윗이 피했습니다. 악령도 능력이 있지만 성령이 더욱 능력이 많습니다. 성령은 하나님의 영이십니다. 그리스도의 영입니다.

이번에는 정말 있을 수 없는 방법을 사용했습니다. 무엇일까요? 결혼을 빙자한 살해 음모입니다. 사울이 다윗에게 블레셋과 싸워 이기면 큰 딸 메랍을 주겠다고 약속했습니다. 이것이 혼인을 빙자한 음모였습니다. "내 맏딸 메랍을 네게 아내로 주리니 오직 너는 나를 위하여 용기를 내어 여호와의 싸움을 싸우라"라고 말했습니다.

실상은 "내 손을 그에게 대지 않고 블레셋 사람들의 손을 그에게 대게 하리라"라고 생각했던 음모였습니다. 사울 왕은 이미 골리앗과의 싸움이 있을 때 그런 약속을 했던 사람입니다. 그런데 아직도 지켜지지 않고 있었습니다. 다윗이 소년이기 때문에 그럴 수도 있었겠지만 다윗에 대한 사울의 시기심 때문이라고 생각됩니다.

다윗이 천부장이 되어서도 점점 백성들에게 사랑을 받게 되었습니다. 그리고 명성이 높아지면서 능력을 인정받게 되었습니다. 그래서 결혼을 더 이상 미룰 수가 없었던 모양입니다. 그래서 다윗을 제거할 기회로 잡아 결혼을 빙자하여 다시 블레셋과의 싸움을 말했습니다. 사울 왕의 마음은 점점 더 악해져 갔습니다. 불안감과 시기심이 더욱 극에 달하고 있었습니다.

사울 왕의 망령된 생각과 행동입니다. 결혼을 미끼로 다윗을 죽이려는 음모입니다. 하나님의 영이 떠나고 악령이 임하니까 하나님이 기뻐하는 사람, 하나님이 좋아하는 사람을 죽이려는 음모입니다. 결혼까지 빙자한 거짓된 술책입니다.

다윗은 사울 왕의 사위가 될 자격이 없다고 정중히 사양했습니다. "내가 누구며 이스라엘 중에 내 친속이나 내 아버지의 집이 무엇이기에 내가 왕의 사위가 되리이까"라고 말했습니다. 다윗은 자기의 신분과 경제적인 여건이 사울 왕의 사위감으로 적당하지 않다고 생각하여 거절했습니다.

사울 왕은 메랍을 다윗에게 주기로 약속했지만 때가 되자 므홀랏 사람 아드리엘에게 시집을 보냈습니다. 사울에게는 또 다른 딸이 있었습니다. 이름이 미갈이었습니다. 미갈이 다윗을 사랑하였습니다. 사울 왕이 좋게 여겼습니다. 미갈을 다윗에게 아내로 주어 올무에 걸리게 하자고 생각했습니다. 다윗을 제거할 기회로 삼겠다는 뜻입니다.

또 블레셋 사람의 손으로 다윗을 치게 해야겠다고 생각했습니다. 다윗을 제거하겠다는 의지입니다. 그래서 사울 왕은 "네가 오늘 다시 내 사위가 되리라"라고 제의했습니다. 인간이 타락한 죄인인 것이 드러납니다. 결혼을 빙자하여 시기심을 만족시키려는 비열한 인간상을 보게 됩니다. 나라가 어려울 때 목숨을 바쳐 싸운 사람을 사사로운 감정 때문에 죽이려는 음모가 있었습니다. 이것이 인간의 타락한 본성이 아니고 무엇입니까?

사울 왕은 하나님과의 관계, 아버지로서 딸과의 관계, 왕으로서 신하와의 관계 그 어느 것 하나도 완전한 면이 없었던 존재였습니다. 다윗은 사울이 던진 창을 두 번이나 피했습니다. 왕의 사위가 되라는 제안을 두 번이나 거절했습니다. 그리고 사울 왕이 블레셋 사람의 포피 일백 개를 원했지만 이백 개를 가지고 왔습니다. 다윗은 신실한 자, 충성스러운 사람임을 증명하고 있는 것입니다. 여러분은 어떤 사람입니까? 사울입니까 아니면 다윗입니까?

2. 다윗과 미갈

사울 왕은 은밀히 그리고 진실을 숨기고 거짓되이 자기 신하들에게 명령을 내렸습니다. 다윗에게 찾아가서 왕도 너를 기뻐하고 백성들도 사랑하니 왕의 사위가 되라는 것이었습니다. 왕의 신하들이 다윗에게 찾아왔습니다. 그리고 왕의 사위가 되라고 권면했습니다. 다윗의 대답이 무엇입니까? "왕의 사위 되는 것을 너희는 작은 일로 보느냐 나는 가난하고 천한 사람이라"라고 말했습니다.

작은 일로 보느냐? 경한 일로 보느냐? 가볍게 여기느냐? 다윗은 왕의 사위가 되는 일이 벅찬 일이라는 뜻입니다. 사회적인 지위도 없고 영광과 존귀가 없는 사람이라는 의미입니다. 다윗은 스스로를 낮추었습니다.

다윗이 대답한 것을 신하들은 사울 왕에게 그대로 전해 주었습니다. 사울 왕은 보고를 듣고 나서 다시 신하들에게 명령했습니다. "왕이 아무 것도 원하지 아니하고 다만 왕의 원수의 보복으로 블레셋 사람들의 포피 백 개를 원하신다"라고 말했습니다. 이를테면 결혼 지참금이 블레셋 사람의 포피 백 개였습니다. 이런 사울 왕의 음모는 무엇입니까? 다윗이 블레셋 사람들과 싸우다 죽게 하겠다는 의미였습니다.

사울 왕이 메랍을 상당히 유력한 사람에게 시집 보낸 것을 보면 아무 것도 원하지 않는다는 말은 거짓말입니다. 다윗을 죽게 하기 위한 음모였습니다. 인간은 이렇게 상황따라 거짓됩니다.

다윗은 사울 왕의 음모인 줄도 모르고 좋게 여겼습니다. 다윗이 왕의 사위 되는 것을 좋게 여기므로 결혼할 날이 차기 전에 다윗이 부하들과 함께 일어났습니다. 다윗은 사울의 음모에도 자기 사명을 충실히 감당했습니다. 결국 왕의 사위가 되고 더욱 존귀한 자가 되었습니다. 사울은 이성을 잃은 행동을 서슴없이 했습니다.

다윗은 블레셋 사람 이백 명을 죽이고 포피 이백 개를 왕께 바쳤습니다. 포피를 베는 것은 죽음을 의미합니다. 죽음을 확인할 때 사용하는 방법 중의 하나였기 때문입니다. 사울 왕은 미갈을 다윗에게 아내로 주었습니다. 여호와께서 다윗과 함께 계심을 보고 알았습니다. 사울의 딸 미갈까지 다윗을 사랑하게 되었습니다. 사울 왕은 시간이 갈수록 다윗을 더욱 두려워하게 되었습니다. 평생 다윗을 원수같이 대했습니다. 29절에 "사울이 다윗을 더욱더욱 두려워하여 평생에 다윗의 대적이 되니라"라고 했습니다.

하나님은 인간의 악한 계획까지도 선으로 바꾸어 버리십니다. 그 절정이 십자가 사건입니다. 불의한 자들은 예수를 십자가에 처형했지만 하나님은 구원의 방편으로 역이용하셨습니다. 불의한 자들은 악한 목적을 달성했지만 하나님은 선하신 분이시라 선을 이루십니다. 하나님의 절대주권을 믿는 성도는 항상 담대하게 하나님 안에서 승리하는 삶을 삽니다.

신명기 23장 5절에 "네 하나님 여호와께서 너를 사랑하시므로 네 하나님 여호와께서 발람의 말을 듣지 아니하시고 네 하나님 여호와께서 그 저주를 변하여 복이 되게 하셨나니"라고 했습니다. 발람이 발락의 요청대로 이스라엘을 저주했지만 하나님이 듣지 않으시고 저주를 복으로 갚으셨습니다(느 13:2).

로마서 8장 28절에 "우리가 알거니와 하나님을 사랑하는 자 곧 그의 뜻대로 부르심을 입은 자들에게는 모든 것이 합력하여 선을 이루느니라"라고 했습니다. 하나님은 사람들의 악을 선으로 바꾸십니다. 이기게 하시는 하나님께 찬양과 영광을 돌립니다.

3. 다윗의 명성

사울은 다윗과 함께하시는 하나님을 보았습니다. 요나단은 다윗을 사랑했지만 사울은 사랑하지 않았습니다. 사울 왕은 하나님을 경외하는 마음이 없었기 때문입니다. 다윗을 제거하려는 사울 왕의 모든 음모와 계획은 다 수포로 돌아갔습니다. 사울 왕을 떠난 여호와의 영이 다윗과 함께하였습니다. 이것이 인간이 누릴 수 있는 최고의 영광일 것입니다.

사울 왕은 다윗의 얼굴을 볼 때마다 더욱 두려워하게 되었습니다. 두려움은 날이 갈수록 더해졌습니다. 하나님이 다윗을 사랑합니다. 백성들도 사랑합니다. 자기 딸 미갈도 다윗을 사랑합니다. 다윗을 자기만 미워하니 자기만 공포속에 살게 되었습니다. 여러분도 하나님이 사랑하는 자를 미워하지 말기를 바랍니다. 백성들이 믿고 사랑하는 자를 싫어하지 말기 바랍니다.

다윗이 블레셋과의 전쟁이 있을 때마다 사울의 신하들보다 더 잘 싸웠습니다. 다윗의 명성은 점점 높아만 갔습니다. 30절에 "블레셋 사람들의 방백들이 싸우러 나오면 그들이 나올 때마다 다윗이 사울의 모든 신하보다 더 지혜롭게 행하매 이에 그의 이름이 심히 귀하게 되니라"라고 했습니다.

다윗은 인격적으로 명성이 높아졌습니다. 모든 사람들이 흠모할 만한 인물로 성장되어 갔습니다. 지위만 사울 왕이 왕좌에 앉아 있을 뿐이지 하나님과 백성들의 마음은 다윗을 사랑했습니다.

다윗의 삶을 보면서 느끼는 것이 무엇입니까? 하나님의 사랑과 백성들의 사랑을 입으면 입을수록 사탄의 역사도 강하다는 교훈입니다. 다윗이 하나님과 함께했습니다. 그러면 모든 면에 형통했습니까? 오히려 사울의 박해와 살해 음모는 더욱 교묘해져 갔습니다. 다양한 방법으로 죽이려고 했습니다.

예수님께서 베드로 사도에게 무슨 말씀을 하셨습니까? "시몬아, 시몬아, 보라 사탄이 너희를 밀 까부르듯 하려고 요구하였으나 그러나 내가 너를 위하여 네 믿음이 떨어지지 않기를 기도하였노니 너는 돌이킨 후에 네 형제를 굳게 하라"(눅 22:31-32)라고 말씀하셨습니다.

베드로 사도도 "근신하라 깨어라 너희 대적 마귀가 우는 사자 같이 두루 다니며 삼킬 자를 찾나니 너희는 믿음을 굳건하게 하여 그를 대적하라 이는 세상에 있는 너희 형제들도 동일한 고난을 당하는 줄을 앎이라"(벧전 5:8-9)라고 했습니다.

구약 시대의 욥을 생각해 봅시다. 욥은 동방의 의인이요 부자였습니다. 하나님을 경외하는 사람이고 자녀들과 더불어 번제를 드리던 사람이었습니다. 그런데 사탄이 시험하기 시작했습니다. 재물의 시험이 왔습니다. 자녀의 시험이 왔습니다. 건강까지 어려운 상황이었습니다. 그러나 고난을 잘 감당한 다음에는 두 배의 복을 받았습니다. 귀로만 듣던 신앙이 눈으로 보는 은혜도 체험했습니다.

믿음의 사람이 세상을 살아갈 때 어려운 일이 많이 있습니다. 그래서 기도해야 합니다. 성경을 보면서 영적인 일을 분별해야 합니다. 그러면 사탄의 궤계를 물리칠 수 있습니다. 오늘부터 기도하세요. 지금부터 성경을 읽어 하나님의 뜻을 분별하세요. 성령께서 인도해 주실 것입니다.

제52강
사무엘상 19장 1-7절

사울과 요나단 2

요나단은 왕자이고 다윗은 목동이었지만 사무엘상 18장에서 다윗이 왕 앞에 처신하는 행동을 보고 요나단의 마음과 다윗은 하나가 되었습니다. 요나단은 다윗과 우정의 언약을 맺었습니다. 자기가 입었던 옷도 입혀주고 군복과 칼과 활도 주었습니다.

다윗은 하나님과 함께 동행하면서 매사에 지혜롭게 행동했습니다. 사울 왕이 다윗을 군대 장관으로 삼았습니다. 백성들이 사울이 죽인 자는 천천이요 다윗은 만만이라고 하자 사울은 시기심이 생겼습니다. 그래서 천부장으로 강등시켰습니다. 다윗은 직분에 개의치 않고 충성했습니다.

그리고 사울은 다윗을 블레셋 사람의 손에 죽게 하려고 블레셋 사람의 포피를 요구했습니다. 다윗은 자기 목숨을 걸고 블레셋 사람의 양피를 베어왔습니다. 사울 왕은 백 명의 포피를 원했지만 다윗은 이백 개를 가져왔습니다. 그 결과는 어떻게 되었을까요?

1. 살해 명령

다윗은 시간이 갈수록 명성과 지위가 점점 높아졌습니다. 그럴수록 사울 왕은 다윗을 시기하고 미워합니다. 자기의 사위입니다. 충신입니다. 나라를 어려움에서 몇 번이나 구원한 구원자입니다. 그런데 시기하고 미워합니다. 인간은 정말 이해할 수 없는 존재입니다. 신정국가의 왕이 된 사울이 인본주의적인 생각으로 통치하려고 하니 맞지 않는 것입니다. 신정국가는 신정정치를 해야 앞뒤가 맞는 것이지요.

사울 왕은 요나단과 신하들에게 "다윗을 죽이라"고 명령했습니다. 기독교는 다른 사람을 미워하는 마음만 가져도 살인하는 죄를 짓는 것과 같습니다. 다윗은 하나님의 마음에 맞는 사람입니다. 신정국가에서 신정적인 통치를 할 사람입니다. 그래서 인본주의 왕 사울은 신정정치를 할 다윗을 죽이라고 말하는 것입니다.

사무엘상 18장에서는 즉흥적이고 은밀하게 다윗을 죽이려고 했지만 이제는 공개적으로 죽이라고 명령했습니다. 점점 악해지는 모습입니다. 요나단은 다윗을 마음으로 사랑했습니다. 다윗이 의롭고 충성된 신하이기 때문에 사랑한 것입니다. 하나님의 사람이 하나님의 사람을 알아보고 사랑하는 사랑입니다. 진정한 사랑은 요나단과 다윗과 같은 사랑이 진정한 사랑입니다.

요나단이 다윗에게 "내 아버지 사울이 너를 죽이기를 꾀하시느니라 그러므로 이제 청하노니 아침에 조심하여 은밀한 곳에 숨어 있으라"라고 했습니다. 다윗의 생명이 경각에 달려있는 상황이었습니다. 사울 왕 자기 혼자서는 죽일 수 없는 존재로 알아 왕자와 신하를 동원하여 죽이려고 하는 것이었습니다.

그리고 요나단이 다윗에게 하는 말이 무엇입니까? 네가 숨어 있는 곳에 아버지와 가서 이야기하다가 아버지의 본심을 알아보고 무슨 일이 있으면 말해 주겠다는 것입니다. 요나단이 다윗을 보호하고 있습니다. 아버지의 은밀한 것, 비밀을 너에게 알려 주겠다. 또 숨을 곳도 가르쳐 주었습니다. 제발 조심하라! 이것이 진정으로 보호하고 사랑하는 사람의 모습이 아니겠습니까? 진정한 친구가 누구인지를 가르쳐 주고 있습니다.

다윗은 요나단의 충고를 들었습니다. 아침 모임에 나가지 않았습니다. 그리고 숨어버렸습니다. 요나단의 마음을 알고 있었기 때문에 하나님은 충성스러운 사람을 붙여 주셔서 돕는 손길이 되게 하셨습니다.

겉으로는 요나단이 다윗을 보호한 것입니다. 그렇지만 이미 다윗은 하나님께서 함께하는 사람이었습니다. 결국 하나님이 요나단을 통하여 다윗을 보호하시니 사울의 계획이 무산되는 것입니다.

사울 왕은 자꾸 실패하자 공공연히 다윗을 제거하려고 합니다. 근본적인 문제가 무엇일까요? 하나님의 영이 함께할 때와 사탄의 영이 함께할 때가 다른 것입니다. 사람은 그렇습니다. 성령이 충만할 때와 악령이 역사할 때가 다릅니다.

사무엘상 18장 11절에 "그가 스스로 이르기를 내가 다윗을 벽에 박으리라"라고 했습니다. 17절에서는 "그가 생각하기를 내 손을 그에게 대지 않고 블레셋 사람들의 손을 그에게 대게 하리라"라고 했습니다. 21절에서는 "스스로 이르되 내가 딸을 그에게 주어서 그에게 올무가 되게 하고 블레셋 사람들의 손으로 그를 치게 하리라"라고 계획을 세웠습니다. 이와 같이 사울 왕은 기도하거나 하나님의 뜻대로 하는 계획이 아니라 자기 스스로 생각하고 스스로 작정했습니다. 이것은 은밀한 계획이었습니다. 세 번씩이나 스스로 작정했습니다.

여기서 다윗을 사랑한 한 사람이 있었습니다. 요나단입니다. 왕자입
니다. 마음이 하나되어 마음으로 사랑했습니다. 요나단은 다윗의 구명
운동을 전개한 사람, 보호 운동을 실천한 사람입니다. 말과 혀로만 사랑
한 것이 아니라 행함과 진실함으로 사랑한 것입니다.

사무엘상 19장 1절에 "사울의 아들 요나단이 다윗을 심히 좋아하므
로"라고 했습니다. 사울 왕이 왕자 요나단과 신하들에게 다윗을 제거하
라고 명령했습니다. 어명입니다. 그러나 요나단은 다윗에게 숨어 지내
라고 지시했습니다. 그리고 사울 왕의 본심을 알아봅니다. 죽음의 위기
에 있는 다윗을 보호하고 건져내는 것이 사랑입니다.

2. 요나단과 사울

요나단이 다윗을 구원코자 한 방법이 무엇입니까? 탄원의 방법입니
다. 요나단이 아버지 사울 왕에게 탄원합니다. 사울 왕 앞에서 다윗을
칭찬합니다. 선하고 아름다운 이야기를 했습니다. 다윗의 좋은 점만 말
했습니다. 지금 왕자의 신분이니까 할 수 있는 일이었겠지만 죽으려는
왕 앞에서 다윗을 칭찬하는 일은 목숨을 건 일입니다.
"왕은 신하 다윗에게 범죄하지 마옵소서 그는 왕께 득죄하지 아니하
였고 그가 왕께 행한 일은 심히 선함이니이다"라고 두 가지를 칭찬했습
니다. 다윗의 무죄성을 탄원했습니다.

첫째로 다윗은 사울 왕에게 범죄하지 않았습니다. 둘째로 다윗이 행
한 일은 선한 일들이었습니다. 결국 다윗은 죽을 죄가 없다는 것입니다.
선한 일을 많이 한 사람이라는 것입니다. 죄가 없는 다윗을 죽이지 말

라. 다윗을 죽이는 것은 사울 왕이 잘못하는 것이라고 지적했습니다. 이
것이 요나단의 첫 번째 탄원이었습니다.

지금 아버지 사울 왕이 행하는 것은 길을 잃고 방황하는 것과 같은 것
이고 과녁을 맞추지 못한 화살과 같은 상황이라는 것입니다. 사울 왕의
생각과 결단이 잘못된 것임을 지적하고 있는 왕자입니다. 죽이는 일은
천부당만부당한 일이라는 것이지요. 요즈음 이야기로 하면 정면 돌파작
전입니다.

요나단은 실제적인 증거를 말했습니다. 그 증거는 다윗이 지금까지
행한 일입니다. 다윗의 충성심을 호소했습니다. 다윗은 자기 생명을 아
끼지 않고 싸움을 해서 블레셋의 골리앗을 죽였습니다. 칼과 창을 가지
고 전쟁에 나간 것이 아니라 막대기와 물매만 가지고 하나님만 의지하
고 나가서 싸웠다는 것이지요. 또 포피 이백도 베어왔습니다. 다 목숨을
걸고 싸운 결과라는 것입니다. 블레셋 사람을 죽이는 것도 힘든 일이지
만 포피를 잘라서 가져오는 일이 얼마나 위험 천만한 일이었겠습니까?
정말 생명을 걸고 하는 일이었습니다.

적극적으로 "여호와께서는 온 이스라엘을 위하여 큰 구원을 이루셨
으므로" 왕도 기뻐하지 않았습니까? 어찌 까닭 없이 다윗을 죽여 무죄
한 피를 흘려 범죄하려고 하십니까? 요나단의 두 번째 탄원입니다. 다
윗이 전면에서 싸운 것이지만 배경에는 여호와 하나님께서 함께하시고
구원의 길로 인도하셨다는 의미입니다. 요나단은 아버지 사울 왕에게
진실하게 충고했습니다. 정의로운 충고입니다. 불의한 것이 없습니다.
이런 말이 힘이 있습니다.

사울 왕이 왕자 요나단의 탄원의 말을 듣고 어떤 반응을 보였습니까?

왕이 왕자 앞에 맹세했습니다. "여호와께서 살아 계심을 두고 맹세하거니와 그가 죽임을 당하지 아니하리라"라고 맹세했습니다. 틀림없이 실천하겠다는 의지적인 표현입니다. 결코 다윗을 죽이지 아니할 것이라는 약속입니다.

사울 왕이 왕자의 말을 듣고 잠시나마 마음을 돌이켜 다윗 죽이기를 포기했습니다. 요나단이 다윗을 불렀습니다. 사울 왕 앞으로 다윗을 인도했습니다. 다윗은 이전과 같이 사울 왕 앞에 있게 되었습니다.

실제적으로 다윗은 하나님의 백성을 사랑하고 왕을 위하며 하나님의 이름을 위하여 오로지 하나님을 의지하는 가운데 충성한 것밖에 없습니다. 정말 죽을 죄는 짓지 않았습니다. 그래서 사울 왕이 맹세한 것입니다. 악령이 역사하는 사울이지만 이것만은 분별했습니다.

사울 왕은 하나님께서 이미 버린 왕이었습니다. 요나단의 간절한 호소가 힘을 발휘한 것은 사실이지만 근본적으로는 사울 왕에게 사탄이 역사했습니다. 악령의 지배를 당하고 있었습니다. 요나단의 권면이나 다윗이 수금으로 연주할 때 잠시잠깐 정상으로 돌아왔다가 다시 악신의 지배를 받기도 했습니다.

'맹세하다' 란 '일곱 번 말하다' 란 뜻으로 '서약함을 반드시 지키겠다' 는 뜻입니다. 그렇습니다. 다윗을 보면서 받는 교훈이 무엇입니까? 하나님께 진실하고 충성하는 것이 세상적인 사람들에게는 미움의 대상이 되기도 합니다.

시편 96편 13절에 "그가 임하시되 땅을 심판하러 임하실 것임이라 그가 의로 세계를 심판하시며 그의 진실하심으로 백성을 심판하시리로다"라고 했습니다.

마태복음 13장 39절에 "가라지를 뿌린 원수는 마귀요 추수 때는 세상 끝이요 추수꾼은 천사들이니"라고 했습니다. 사탄의 역사가 심한 곳이 세상입니다. 세상은 악령이 임하여 하나님과 반대로 가게 되어 있습니다. 여러분은 요나단과 같이 하나님이 함께하는 사람을 알아 볼 수 있기를 바랍니다.

요나단의 구명 운동은 하나님의 사랑에 기초를 둡니다. 진실한 요나단의 사랑이 다윗을 구원하였습니다. 요나단의 사랑이 예수 그리스도를 예표해 준다고 말할 수 있습니다. 사울 왕과 다윗 사이의 중재자로서 요나단이 활동을 하였습니다. 우리 기독교인들은 이런 책임을 잘 감당해야 가치가 있습니다. 이웃과 이웃을 불화하게 만드는 것이 아니라 화해하고 화평을 유지하도록 활동하는 것이 중요하고 필요한 것입니다. 요나단의 중재 때문에 다윗이 사울 왕 앞에서 천부장의 사역을 끝까지 감당할 수 있었던 것입니다.

하나님과 사람 사이에 진정한 중재자, 중보자는 예수 그리스도뿐입니다. 예수님은 하나님 앞에서 우리를 변호하십니다. 좋게 말씀해 주십니다. 하나님 우편 보좌에서 기도해 주십니다. 우리를 변호해 주시는 영원한 중보자는 예수 그리스도밖에 없습니다.

제53강
사무엘상 19장 8-17절

다윗과 사울과 미갈

이스라엘 나라의 왕은 하나님이십니다. 교회의 왕도 예수 그리스도 이외에는 없습니다. 사람은 다 아들이요 딸입니다. 이스라엘 백성들이 하나님의 통치를 거절하고 다른 나라들처럼 인간 왕을 요구했습니다. 왕정체제가 구축되기는 했지만 인간 왕은 이스라엘 나라에 큰 도움을 주지 못했습니다.

사울은 처음에는 순종하여 여러 가지 승리를 했지만 시간이 갈수록 불순종의 사람이 되면서 하나님께 영광도 되지 않고 이스라엘 나라의 발전에도 도움이 되지 못하게 되었습니다.

여러분은 어떤 사람입니까? 시간이 갈수록 하나님의 교회에 유익을 주는 성도입니까 아니면 문제의 사람으로 나타나는 사람입니까? 직분자로서 갈수록 더욱 충성하는 사람일까 아니면 아무것도 하지 않는 불의한 청지기일까? 이제부터라도 순종해서 자신도 복을 받고 하나님의 교회에도 유익한 성도가 되기를 바랍니다.

1. 블레셋과 이스라엘

블레셋과 이스라엘 사이에는 전쟁이 그치지 않았습니다. 끊임없는 전쟁이 일어났습니다. 다윗이 일어나 블레셋을 크게 물리쳤습니다. 8절에 "전쟁이 다시 있으므로 다윗이 나가서 블레셋 사람들과 싸워 그들을 크게 쳐죽이매 그들이 그 앞에서 도망하니라"라고 했습니다.

다윗이 블레셋 나라를 크게 쳐죽였습니다. 격파했습니다. 살육했습니다. 막대한 손실을 입혔습니다. 다윗의 승리는 큰 승리였습니다. 작은 승리가 아니었습니다. 다윗이 요나단의 지혜로운 행동으로 사울 왕 앞에서 출입할 때 이스라엘이 크게 승리하도록 일했습니다. 군인이 군인답게 싸워서 승리를 안겨주었습니다.

이스라엘의 역사는 블레셋과 암몬, 모압과 아말렉, 에돔과 앗수르, 애굽과 아람, 바벨론 등과의 끊임없는 전쟁의 역사입니다. 최근에는 독일의 학대와 팔레스틴과의 전쟁이 있었고, 한시도 평안할 때가 없었습니다. 우리 나라의 역사와 비슷합니다.

성도의 삶은 끊임없이 전투하는 삶입니다. 하나님의 선택받은 백성은 하늘에 속한 사람들이기 때문에 땅에 속한 사람들이 싫어합니다. 미워합니다. 유혹합니다. 그래서 죄와 싸우고, 사탄과 싸우고, 자기 자신의 정과 욕과 싸웁니다. 우리의 씨름은 혈과 육에 대한 것이 아니라 하늘에 있는 악한 영들과의 싸움입니다. 그러므로 깨어 있지 않으면 이길 수가 없습니다. 기도해서 승리하는 그리스도인들이 되기를 바랍니다.

다윗이 블레셋과의 전쟁에서 승리하자 사울 왕은 또 다윗을 시기하여 죽이려고 했습니다. 자기 사위입니다. 충신입니다. 천부장입니다. 그런데도 살해 계획을 세웠습니다. 정말 이해할 수 없는 인간입니다. 이것이 인본주의의 결말입니다. 하나님의 영이 떠나고 사탄의 영이 임할 때 나타나는 현상입니다.

악신이 사울 왕에게 임했습니다. 임하고 떠나지 않았습니다. 계속 머물러 있었습니다. 다윗이 수금을 타기 이전부터 악신이 사울 왕에게 임하고 있었습니다. 사울을 해롭게 하기 위한 영입니다. 성령이 아닙니다. 거룩한 영이 아닙니다. 하나님이 부리시는 악한 영입니다. 열왕기하 19장 7절에도 "내가 한 영을 그의 속에 두어 그로 소문을 듣고 그의 본국으로 돌아가게 하고 또 그의 본국에서 그에게 칼에 죽게 하리라 하셨느니라"라고 했습니다. 앗수르의 랍사게가 본국으로 돌아가서 죽임을 당할 것을 예언하고 있습니다.

악신의 특징이 무엇입니까? 거짓말입니다. 광명한 천사로 둔갑하는 것입니다. 양의 털을 입고 있는 이리입니다. 개같이 물어뜯기를 좋아합니다. 속이는 자입니다. 악령은 바로 그런 존재입니다.

예수님은 분쟁하는 나라마다 망할 것이라고 했습니다. 사탄은 분쟁합니다. 다툼을 일으킵니다. 지금 대한민국은 정말 수준이 낮은 민족으로 전락되고 있습니다. 윤리와 도덕이 땅에 떨어졌습니다. 상대방에 대한 배려나 이해하려는 마음도 점점 사라지고 있습니다. 나는 어떤가? 이것이 문제입니다. 나부터 잘하면 되는 것입니다.

2. 사울의 단창

사울 왕에게서 여호와의 영이 떠나고 악령이 역사했습니다. 악신에게 이끌리던 사울 왕이 수금을 타는 다윗을 단창을 던져 죽이려고 했지만 다윗이 피했습니다. 하나님은 때를 따라 돕는 은혜를 주시는데, 피할 길을 열어놓으셨습니다.

예수님은 제자들을 보내시면서 내가 너희를 보냄이 양을 이리 가운데 보냄과 같다고 말씀하셨습니다. 그러므로 뱀같이 지혜롭고 비둘기같이 순결해야 합니다. 악령이 욥을 시험하지만 연단만 할 뿐 넘어지게는 못 합니다. 모든 것이 하나님의 장중에 있기 때문입니다.

9-10절을 봅시다. "사울이 손에 단창을 가지고 그의 집에 앉았을 때에 여호와께서 부리시는 악령이 사울에게 접하였으므로 다윗이 손으로 수금을 탈 때에 사울이 단창으로 다윗을 벽에 박으려 하였으나 그는 사울의 앞을 피하고 사울의 창은 벽에 박힌지라 다윗이 그 밤에 도피하매"라고 했습니다.

단창은 골리앗도 가지고 있었고 요나단도 가지고 있던 칼입니다. 물론 사울 왕도 가지고 있었습니다. 사울 왕이 이 단창을 던져 다윗을 벽에 박으려고 했지만 다윗이 피했습니다. 죽이지 않겠다던 결심은 어디로 갔습니까? 자기 사위에게, 자기 신하에게, 자기의 충신에게 이렇게 할 수 있는 것인가? 이것이 인간 세계입니다.

다윗은 사울 왕이 있는 곳으로부터 도피했습니다. 신속하게 움직여 도망쳐 나와 숨었습니다. 사울이 다윗을 죽이려고 했기 때문입니다. 인간은 변덕쟁이입니다. 변덕만 부리지 않아도 큰 복을 받을 수 있습니다. 그런데 수많은 사람들이 변덕을 부립니다. 어제와 오늘이 다릅니다. 좋은 방향으로 변하는 것이야 항상 그래야 하겠지만 대부분의 경우는 이기주의자가 됩니다. 그러니까 얼마 가지 못해서 없어지고 손해보고 또 어렵게 되는 것이 아니겠습니까?

로마서 16장 20절에 "평강의 하나님께서 속히 사탄을 너희 발 아래에서 상하게 하시리라 우리 주 예수의 은혜가 너희에게 있을지어다"라고 했습니다. 사탄, 뱀, 용, 마귀, 악령은 온 천하를 꾀는 자입니다. 그러나 하나님의 능력 앞에는 무기력한 존재인 줄 믿고 성령을 힘입고 능력있게 살아가기를 바랍니다.

마가복음 9장 28-29절에 "집에 들어가시매 제자들이 조용히 묻자오되 우리는 어찌하여 능히 그 귀신을 쫓아내지 못하였나이까 이르시되 기도 외에 다른 것으로는 이런 종류가 나갈 수 없느니라"라고 했습니다. 모든 성도여! 기도하여 능력을 받읍시다! 능력 받아야 피할 수도 있고 이길 수도 있습니다.

3. 미갈과 다윗

미갈을 통한 다윗의 구원 운동입니다. 미갈은 사울 왕의 딸입니다. 요나단은 사울 왕의 아들, 왕자였고 미갈은 공주였습니다. 미갈은 다윗의 아내이기도 했습니다. 다윗이 사울 왕을 피하여 자기 집으로 피신하자 사울 왕은 전령을 보내어 아침에 다윗을 죽이려고 음모를 꾸몄습니다.

미갈이 이 사실을 알게 되었고 다윗에게 가르쳐 주었습니다. 미갈이 다윗을 창에서 달아내려 도피시켜 주었습니다. "당신이 이 밤에 당신의 생명을 구하지 아니하면 내일에는 죽임을 당하리라"라고 했습니다. 미갈은 정말 지혜롭게 행동하여 자기 남편 다윗을 구한 여인입니다. 다윗이 피했습니다. 목숨이 매우 위험한 상황이었습니다. 집과 성을 빠져나와 라마로 갔습니다.

그리고 미갈이 취한 행동이 무엇입니까? 미갈이 우상을 가져다가 침상에 눕혔습니다. 아마도 드라빔으로 이해합니다. 드라빔은 고대 근동 지방에서는 점치는 기구로 사용되었습니다. 염소 털로 엮은 것을 우상의 머리에 씌웠습니다. 의복으로 우상을 덮었습니다. 사울 왕이 보낸 전령들이 다윗을 잡으려고 할 때 "그가 병들었느니라"라고 말했습니다.

그러자 사울 왕은 "침상째 내게로 들고 오라"라고 했습니다. 침상에 누워있다면 침상째 다윗을 데려오라는 명령입니다. "내가 그를 죽이리라"라고 말했습니다. 전령들이 다윗의 침실로 들어갔을 때 침상에는 우상이 있고 염소 털로 엮은 것이 그 머리에 있었습니다.

사울 왕은 공주인 자기 딸에게 "너는 어찌하여 이처럼 나를 속여 내 대적을 놓아 피하게 하였느냐"라고 말했습니다. 미갈이 뭐라고 대답했을까요? "그가 내게 이르기를 나를 놓아 가게 하라 어찌하여 나로 너를 죽이게 하겠느냐 하더이다"라고 거짓말로 대답했습니다.

다윗이 구사일생으로 산 것은 아내의 도움 때문이었습니다. 미갈이 사울 왕의 둘째 딸이 아닙니까? 사울 왕은 다윗을 미혹에 빠뜨리기 위한 방법으로 자기 딸 미갈을 이용하여 결혼을 선택했지만 미갈까지 다윗을 사랑하게 되었습니다.

사울 왕은 점점 외톨이, 왕따, 혼자가 되었습니다. 인간의 계획은 하나님의 계획과는 다른 것입니다. 하나님은 지혜로우시고 능력이 많으셔서 하나님의 뜻을 이루는 데 사람을 사용하십니다.

시편 59편 1-17절의 내용을 봅시다. 이 시편은 사울 왕이 전령을 보내어 다윗을 죽이려고 할 때 지은 시입니다.

"나의 하나님이여 나의 원수에게서 나를 건지시고 일어나 치려는 자에게서 나를 높이 드소서 악을 행하는 자에게서 나를 건지시고 피 흘리기를 즐기는 자에게서 나를 구원하소서 그들이 나의 생명을 해하려고 엎드려 기다리고 강한 자들이 모여 나를 치려 하오니 여호와여 이는 나의 잘못으로 말미암음이 아니요 나의 죄로 말미암음도 아니로소이다 내가 허물이 없으나 그들이 달려와서 스스로 준비하오니 주여 나를 도우시기 위하여 깨어 살펴 주소서 주님은 만군의 하나님 여호와, 이스라엘의 하나님이시오니 일어나 모든 나라들을 벌하소서 악을 행하는 모든 자들에게 은혜를 베풀지 마소서 (셀라) …〈중략〉… 나의 힘이시여 내가 주께 찬송하오리니 하나님은 나의 요새이시며 나를 긍휼히 여기시는 하나님이심이니이다"라고 했습니다.

시편 50편 15절에서 아삽은 "환난 날에 나를 부르라 내가 너를 건지리니 네가 나를 영화롭게 하리로다"라고 했습니다. 하나님의 백성이 할 수 있는 일은 부르짖는 것입니다. 환난 당할 때 부르짖으면 건져주실 줄로 믿습니다.

시간의 흐름 속에 사울 왕의 비참한 모습은 점점 더 드러납니다. 반대로 다윗은 점점 더 좋은 방향으로 전개되고 성장해 갑니다. 이것이 하나님이 함께하는 자와 악신이 임하는 자의 차이점입니다. 이것은 우연한 일이 아니라 하나님의 섭리 속에서 사울의 왕권이 점점 다윗에게로 넘어가는 과정을 보여주는 것입니다. 사울은 사람들이 좋아해서 뽑아 세운 왕이고 다윗은 하나님이 사랑해서 뽑아 세운 왕이기 때문에 다른 것입니다. 여러분도 하나님의 아들과 딸로 선택받은 사람이라면 점점 더 좋은 열매를 맺는 성도가 되기를 바랍니다.

제54강
사무엘상 19장 18-24절

다윗과 하나님

사무엘은 선지자로서 그리고 제사장으로서 또 사사로서 중요한 역할을 감당한 인물이었습니다. 자기 좋은 대로 행하던 사사시대에서 왕정시대를 열어갔던 중요한 인물이 사무엘입니다.

하나님은 하나님의 뜻에 순종하는 자를 세우시고 불순종하는 자를 폐하십니다. 이것은 이스라엘 나라 자체가 세속적인 나라가 아님을 드러내는 일입니다. 하나님의 통치와 성령의 인도를 받는 나라라는 것이지요. 인본주의자를 폐하고 신본주의자를 세우시는 하나님이십니다.

교회도 마찬가지입니다. 세속적인 단체가 아닙니다. 권력이나 재력을 자랑하는 단체가 아닙니다. 하나님의 교회는 진리의 기둥과 터로서 하나님의 말씀으로, 성령께서 역사하고 인도해 가는 단체입니다.

지금까지 하나님은 다윗을 구원하실 때 사람을 통해서 구원 운동을 전개하셨지만 이제부터는 하나님께서 직접 역사하셨습니다. 하나님의 신이 임하고, 하나님의 영이 함께했습니다. 하나님이 다윗과 함께하셨습니다.

1. 다윗과 사무엘

다윗은 사울 왕이 숨겨 놓은 복병을 피하여 간신히 사무엘이 있는 라마로 도망했습니다. 다윗은 도망쳤습니다. 사울 왕을 피했습니다. 다윗은 지금 머물던 곳에서 나갔습니다. 다윗은 사울 왕이 머물고 있던 곳, 왕궁이든 집이든 들녘으로부터 도피했습니다.

성도에게 환난과 핍박이 있을 때 피하는 것이 지혜로울 수 있습니다. 다윗은 요나단 때문에 피하고 미갈 때문에 피해서 사무엘이 있는 곳으로 도피했습니다. 죽음의 위협을 앉아서 당하지 않고 피했습니다. 만약 다윗이 피하지 않고 사울의 손에 죽는다면 어떻게 되겠습니까?

성도는 고난을 당할 때도 있어야 하겠지만 피할 때도 있어야 하는 것입니다. 예수님은 "이 동네에서 너희를 박해하거든 저 동네로 피하라"라고 말씀하셨습니다. 초대교회도 여러 가지 환난과 핍박이 일어났을 때 많은 그리스도인들이 박해를 피하여 흩어졌습니다. 그 결과 세계 복음화가 빨리 이루어질 수 있었습니다.

다윗이 사무엘에게로 가서 "사울이 자기에게 행한 일을 다 전하였고 다윗과 사무엘이 나욧으로 가서 살았더라"라고 했습니다. 다윗이 피한 곳은 라마였습니다. 라마는 '높아지다'라는 뜻입니다. 라마는 사무엘의 고향이면서 활동 중심지, 활동 무대였습니다. 상황이 어려울수록 영적 지도자를 찾아가는 것이 지혜로운 성도입니다. 다윗은 사무엘을 찾아갔습니다. 영적인 도움이 가장 큰 도움이기 때문입니다.

사무엘상 9장을 보면 사울도 라마에서 사무엘을 처음 만났습니다. 사울이 살던 기브아와 멀지 않은 곳이었습니다. 다윗이 왜 라마로 피했을까? 성경학자들은 이렇게 주장합니다. 다윗은 자기의 생명, 목숨을 구해 주실 분은 오직 하나님뿐이심을 알고 사무엘을 찾았다고 생각합니다. 다윗의 믿음대로 그랬습니다.

라마 나욧에 머물고 있을 때 사울 왕이 세 번이나 다윗을 암살하려고 했지만 죽일 수 없었습니다. 다윗을 보호하고 살리시려는 하나님의 특별한 섭리가 있었습니다.

2. 사울의 군대

어떤 사람이 사울 왕에게 다윗에 대한 소식을 전해 주었습니다. 다윗이 라마 나욧에 살고 있다는 소문이었습니다. "다윗이 라마 나욧에 있더이다". 사울은 다윗을 살해하기 위하여 백방으로 노력하고 있는 상황이었습니다.

사울 왕은 좋은 기회라고 생각하고 세 번씩이나 전령, 자객을 보내어 다윗을 암살하고자 하지만 실패했습니다. 나욧은 '거처, 처소' 라는 뜻입니다. 사울이 왜 실패했을까? 그리고 어떻게 실패합니까? 이게 중요합니다. 사울은 왕입니다. 다윗은 천부장으로 사울의 신하였습니다. 얼마든지 죽일 수 있을텐데 실패하고 또 실패했습니다. 참 이상한 일이 아닙니까? 이번에는 어떻게 실패했을까요?

사울 왕의 전령들이 라마 나욧으로 갑니다. 선지자 무리가 예언하고 있습니다. 사무엘이 선지자들의 수령이었습니다. 사무엘이 세운 선지학교가 나욧에 있었던 것으로 보입니다. 하나님의 영이 충만한 후진들을 양육했던 사무엘입니다. 전령들이 사무엘을 볼 때에 하나님의 영이 사울 왕의 전령들에게 임했습니다. 전령들도 다 같이 예언을 했습니다. 하나님은 특별한 섭리 가운데 특별한 방법으로 개입하셨습니다.

이런 사실을 사울 왕에게 알렸습니다. 왕은 다른 전령들을 보냈습니다. 두 번째 전령들도 사무엘을 볼 때 하나님의 영을 받고 예언하게 됩니다. 사울 왕은 또 다른 전령들을 보냈습니다. 세 번째 전령들도 똑같은 현상을 체험하게 됩니다. 황홀경에서 신령한 노래를 부르는 사람이 되었습니다. 이것이 하나님의 방법입니다. 다윗을 구원하기 위한 하나님의 방법이었습니다.

지금까지는 요나단과 미갈, 왕자와 공주를 통하여 다윗을 보호하고 구원하신 하나님께서 이제는 사울 왕이 보낸 전령에게 하나님의 영을 부어주심으로써 다윗을 보호하고 구원하셨습니다. 할렐루야! 다윗의 생명은 하나님의 장중에 붙잡혀 있는 생명이었습니다. 새로운 나라, 하나님이 통치하는 신정국가를 이끌어갈 다윗을 하나님은 성령으로 인도하셨습니다. 하나님의 영으로 역사해서 다윗을 보호하셨습니다.

사울 왕은 첫 번째보다는 두 번째, 두 번째보다는 세 번째에 더 많은 전령을 라마로 보냈을 것입니다. 다윗을 확실하게 살해하기 위해서 그랬을 것입니다. 사울 왕의 집요함이 드러납니다. 그래도 하나님은 다윗을 오른손으로 붙잡고 계셨습니다.

3. 사울과 라마 나욧

사울 왕은 화가 났습니다. 자기가 직접 가서 다윗을 죽이겠다고 했습니다. 사울 왕이 직접 라마 나욧으로 가보지만 역시 실패했습니다. 어떤 일이 발생했습니까? 하나님의 능력은 한이 없습니다.

사울 왕은 세구에 있는 큰 우물에 도착하여 묻습니다. 사무엘과 다윗이 어디 있느냐? 어떤 사람이 대답합니다. 라마 나욧에 있나이다. 듣던 대로 라마 나욧에 사무엘과 다윗이 있다는 사실을 알게 되었습니다.

세구란 '망대'라는 의미가 있습니다. 이곳에 유명한 샘이 있었던 것으로 보입니다. 우기 때 내린 빗물을 저장할 수 있었던 곳으로 추정합니다. 큰 저수지는 사람들에게 알려져 있었습니다.

사울 왕은 지체하지 않고 라마 나욧으로 한걸음에 달려갑니다. 사무엘은 사울의 왕위가 얼마되지 않아 다른 사람에게 넘어갈 것이라고 말했기 때문에 좋지 않은 감정이 있는 상황이었고, 다윗은 항상 자기보다 더 높은 명예와 권세를 가지고 백성들의 이목을 집중시킨 사람이기 때문에 싫어했습니다.

사울 왕이 사무엘과 다윗이 머물고 있는 곳으로 가는 도중에 어떤 일이 벌어졌는지 아십니까? "하나님의 영이 그에게도 임하시니 그가 라마 나욧에 이르기까지 걸어가며 예언을 하였으며"라고 했습니다. 라마 나욧까지 가는 도중에 계속해서 예언하고 있는 사울 왕입니다. 전령들이 사무엘 앞에서 하나님의 영을 받고 예언했다면 사울 왕은 라마 나욧으로 가는 도중에 더욱 강력한 하나님의 영을 받고 예언했다는 의미입니다. 하나님의 영을 충만히 받아 자의식을 상실한 채 신령한 노래를 불렀습니다.

특히 사울 왕은 온종일 겉옷을 벗고 사무엘 앞에 누워있었습니다. 밤낮으로 누워있었습니다. 사울이 '겉옷을 벗었다'는 것이 무엇을 의미하는 것일까요? 왕위가 벗어졌음을 의미하는 것입니다. 하나님의 영에 의해서 사울 왕의 왕위가 폐위된 것을 뜻합니다. 스스로 옷을 벗음으로써 때가 다 된 것을 의미하는 것입니다. 이것이 하나의 증표입니다. 옷을 벗는 것은 어리석음과 수치를 드러내면서 종말을 고하는 것입니다.

잠언 13장 15-16절에 "선한 지혜는 은혜를 베푸나 사악한 자의 길은 험하니라 무릇 슬기로운 자는 지식으로 행하거니와 미련한 자는 자기의 미련한 것을 나타내느니라"라고 했습니다.

잠언 14장 19절에 "악인은 선인 앞에 엎드리고 불의한 자는 의인의 문에 엎드리느니라"라고 했습니다. 누가복음 16장 22-24절에 "이에 그 거지가 죽어 천사들에게 받들려 아브라함의 품에 들어가고 부자도 죽어 장사되매 그가 음부에서 고통중에 눈을 들어 멀리 아브라함과 그의 품에 있는 나사로를 보고 불러 이르되 아버지 아브라함이여 나를 긍휼히 여기사 나사로를 보내어 그 손가락 끝에 물을 찍어 내 혀를 서늘하게 하소서 내가 이 불꽃 가운데서 괴로워하나이다"라고 했습니다.

요즈음 대한민국에서 옷 벗은 사람이 많습니다. 검찰총장이나 지검장, 참모총장이나 군단장이나 사단장이 옷을 벗었습니다. 교장도 많고 이사장도 많습니다. 국회의원도 있습니다. 옷을 벗는 것은 수치와 부끄러움 속에서 폐위되는 것을 말합니다. 사울이 겉옷을 벗고 예언하고 있는 동안 다윗은 얼마든지 아주 멀리 도망할 수 있었습니다.

그랬더니 속담이 생겼습니다. "사울도 선지자 중에 있느냐?" 조롱하는 말입니다. 평상시 하나님의 뜻을 무시하고 불순종하던 사울 왕, 악령이 역사해서 충신을 죽이려고 힘썼던 왕, 그런 왕이 사람들 앞에서 온종일 신령한 노래를 부르고 있으니 기이한 일입니다.

다윗이 사무엘이 있는 곳으로 피한 것은 하나님의 품을 찾는 성도의 모습이라고 말할 수 있습니다. 성도는 험악한 이 세상에서 우는 사자같이 덤벼드는 사탄이 있다는 것을 인식하고 하나님의 품을 찾아야 합니다.

성도의 유일한 품, 영원한 피난처는 주님밖에 없습니다. 시편 46편 1 절에 "하나님은 우리의 피난처시요 힘이시니 환난 중에 만날 큰 도움이 시라"라고 했습니다. 여호와는 성도에게 있어서 진정한 피난처입니다. 시편 61편 4절에 "내가 영원히 주의 장막에 머물며 내가 주의 날개 아래 로 피하리이다 (셀라)"라고 했습니다.

하나님의 품으로 피하는 자는 누구든지 하나님은 보호하십니다. 시편 91편 14-15절에 "하나님이 이르시되 그가 나를 사랑한즉 내가 그를 건 지리라 그가 내 이름을 안즉 내가 그를 높이리라 그가 내게 간구하리니 내가 그에게 응답하리라 그들이 환난 당할 때에 내가 그와 함께하여 그 를 건지고 영화롭게 하리라"라고 했습니다.

다윗에게 있어서 라마 나욧은 고향도 아니고 친척집도 아닙니다. 오 직 하나님의 사람, 사무엘이 있는 곳이었습니다. 다윗은 하나님의 사람 의 품을 의지했습니다. 하나님의 사람은 성령을 의지합니다. 하늘 나라 백성의 특징이 있다면 목회자와 하나님의 교회를 의지하고 사랑한다는 것입니다.

제55강
사무엘상 20장 1-17절

요나단과 다윗의 언약

다윗이 사울 왕의 살해 계획을 미갈을 통하여 알고 라마 나욧으로 도망쳤습니다. 사무엘이 있는 곳입니다. 하나님의 사람, 영의 사람이 있는 곳으로 피신했습니다. 그리고 사울 왕이 전령들을 몇 번이고 보내는 것을 보고 다윗은 다시 요나단이 있는 곳으로 피신했습니다. 그리고 요나단에게 항변하는 대화를 나누고 있습니다. 무슨 말을 했을까요?

1. 다윗과 요나단의 대화

사울 왕이 사무엘 앞에서 하루 종일 겉옷을 벗고 예언하고 있는 동안 다윗은 라마 나욧에서 도망하여 요나단을 찾아갔습니다. 하나님의 초자연적인 간섭이 없었다면 다윗은 죽임을 당했을 것입니다.

다윗이 요나단을 찾아간 이유는 간단합니다. 자기 자신의 결백과 무죄를 주장하기 위해서였습니다. "내가 무엇을 하였으며 내 죄악이 무엇이며 네 아버지 앞에서 내 죄가 무엇이기에 그가 내 생명을 찾느냐"라고 말했습니다. 사울 왕이 자기를 왜 죽이려고 하는지 알 수 없다고 항변했습니다. 이것은 다윗이 사울의 살해 계획을 알고 요나단에게 협조를 요청한 것입니다. 왕자에게 자기 자신의 신변안전 보장을 요청한 것입니다.

다윗은 하나님이 함께하는 사람입니다. 하나님의 영을 충만히 받은 사람이지만 가만히 앉아 있지 않고 왕자 요나단을 찾아가 자기의 위험을 알렸습니다. 자기가 죄악을 저지른 일도 없고 목표에서 벗어난 화살과 같은 행동을 한 일도 없다는 뜻입니다. 그러니 너무나 억울하다는 뜻이지요. 왜 집요하게 나를 죽이려고 하는지 알 수 없다는 말입니다.

요나단의 답변이 무엇입니까? 왕자인 자기 몰래 다윗을 죽이려고 하지 않았을 것이라고 말합니다. 무엇인가 오해라는 주장입니다. "결단코 아니라 네가 죽지 아니하리라 내 아버지께서 크고 작은 일을 내게 알리지 아니하고는 행하지 아니하나니 내 아버지께서 어찌하여 이 일은 내게 숨기리요 그렇지 아니하니라"라고 답했습니다. 결코 아니며, 설사 사울 왕이 다윗을 죽이려고 노력해도 여호와 하나님께서 금지하신 것이기 때문에 그렇게 되지 않는다는 의미입니다.

사울 왕과 요나단 왕자 사이는 두터운 신임이 있었습니다. 어떤 일도 의논하지 않고 행하는 일이 없었기 때문입니다. 사실 사울 왕의 계획을 다 알고 있었기 때문에 과거에도 다윗을 살렸습니다. 사울 왕은 내게 숨기는 것이 없다고 요나단이 말했습니다.

다윗은 "내가 네게 은혜 받은 줄을 네 아버지께서 밝히 알고 스스로 이르기를 요나단이 슬퍼할까 두려운즉 그에게 이것을 알리지 아니하리라 … 진실로 여호와의 살아 계심과 네 생명을 두고 맹세하노니 나와 죽음의 사이는 한 걸음 뿐이니라"라고 말했습니다. 삶과 죽음 사이가 한 걸음입니다. 1초, 한 걸음, 순식간에 저세상 사람이 된다는 말입니다.

맹세의 수준이 우정에서 여호와로 발전하고 있습니다. 맹세의 깊이입니다. 먼저는 요나단의 사랑을 근거로 한 맹세라면 이제는 여호와의 이름으로 맹세하는 것입니다. 그만큼 심도 있고 심각하다는 내용입니다.

살고 죽는 것이 한 걸음 사이입니다. 정말 위태하고 위험한 상황이라는 것이지요. 이런 상황에서 건져주실 분은 다윗에게는 요나단, 우리에게는 주님뿐입니다. 예수님은 하나님의 아들이요 우리의 구원자로서 길과 진리와 생명이 되십니다. 속마음을 이야기 할 수 있는 분도 주님이십니다.

2. 다윗과 요나단의 단합

다윗의 말을 듣고 난 요나단은 다윗을 적극적으로 돕겠다고 약속했습니다. "네 마음의 소원이 무엇이든지 내가 너를 위하여 그것을 이루리라"라고 말했습니다. 마음의 소원을 들어주는 요나단의 자세는 정말 탁월한 상담가이며 친구요, 구원자의 사명을 감당하는 모습입니다. 마음의 소원을 이루기 위하여 적극적으로 노력하겠다는 의지의 표현입니다. 우리 마음의 소원을 들어주실 분은 예수 그리스도뿐입니다.

다윗이 요나단에게 요청했습니다. "내일은 초하루인즉 내가 마땅히 왕을 모시고 앉아 식사를 하여야 할 것이나 나를 보내어 셋째 날 저녁까지 들에 숨게 하고 네 아버지께서 만일 나에 대하여 자세히 묻거든 그 때에 너는 말하기를 다윗이 자기 성읍 베들레헴으로 급히 가기를 내게 허락하라 간청하였사오니 이는 온 가족을 위하여 거기서 매년제를 드릴 때가 됨이니이다"라고 부탁했습니다.

그렇게 말해 보면 사울 왕의 본심을 알 수 있을 것이라고 말합니다. 왕이 '왕자 잘했다, 괜찮다, 좋다' 라고 말한다면 다윗의 살해 계획이 없는 것이고, 만약 사울 왕이 요나단의 설명을 듣고서 화를 내거나 분을 품는다면 살해 계획을 가지고 있는 증거라는 것이지요. 진노의 대상으로 여기고 있는지 아닌지를 알 수 있게 되는 것입니다.

다윗이 요나단에게 직접 부탁한 것이 무엇입니까? "네 종에게 인자하게 행하라 네가 네 종에게 여호와 앞에서 너와 맹약하게 하였음이니라 그러나 내게 죄악이 있으면 네가 친히 나를 죽이라 나를 네 아버지에게로 데려갈 이유가 무엇이냐"라고 했습니다.

다윗과 요나단은 우정의 언약을 세운 사이입니다. 우정의 언약이 맺어진 사이이지만 만약 자신에게 죄가 있다면 아버지 사울 왕 앞에 데리고 갈 것이 없다. 여기서 네가 죽이라는 말입니다. 다윗은 절박한 심정으로 자신의 삶에 있어서 죄악이 발견된다면 요나단의 손에 죽겠다는 의지입니다. 무죄와 결백을 주장하는 다윗입니다.

요나단은 다윗을 위로해 주었습니다. "이 일이 결코 네게 일어나지 아니하리라 내 아버지께서 너를 해치려 확실히 결심한 줄 알면 내가 네게 와서 그것을 네게 이르지 아니하겠느냐"라고 말했습니다. 그럴리 없다는 것과 아버지 사울 왕의 계획을 알게 되면 내가 말해 주지 않겠냐는 대답입니다.

다윗이 걱정한 것이 무엇입니까? 사울 왕이 다윗을 살해할 계획이 있다면 어떻게 전달받느냐? 이것이 다윗이 염려하는 내용입니다. "네 아버지께서 혹 엄하게 네게 대답하면 누가 그것을 내게 알리겠느냐?" 이것이 다윗이 걱정하는 마음이었습니다.

요나단이 다윗에게 들로 가자고 하여 두 사람은 들판으로 나갔습니다. 왕궁보다 들판이 비밀을 말하기에 좋은 곳이고 은밀하게 연락할 수 있는 곳이기 때문입니다.

3. 보호 언약

다윗과 요나단은 상호 보호하자는 언약을 체결했습니다. 요나단은 다윗에게 약속했습니다. "이스라엘의 하나님 여호와께서 증언하시거니와 내가 내일이나 모레 이맘때에 내 아버지를 살펴서 너 다윗에게 대한 의향이 선하면 내가 사람을 보내어 네게 알리지 않겠느냐 그러나 만일 내 아버지께서 너를 해치려 하는데도 내가 이 일을 네게 알려 주어 너를 보내어 평안히 가게 하지 아니하면 여호와께서 나 요나단에게 벌을 내리시고 또 내리시기를 원하노라"라고 했습니다.

요나단은 "여호와께서 내 아버지와 함께하신 것 같이 너와 함께하시기를 원하노라"라고 했습니다. 다윗을 축복하는 내용이지만 맹세를 지키겠다, 약속을 이행하겠다는 의지의 표현입니다. 지금부터 계속하여 하나님께서 다윗과 함께하기를 축복한 내용입니다.

역사적으로 이런 축복은 왕권이나 지도자들이 세워질 때 사용하는 내용이었습니다. 여호수아를 세울 때도 "네 평생에 너를 능히 대적할 자가 없으리니 내가 모세와 함께 있었던 것 같이 너와 함께 있을 것임이니라 내가 너를 떠나지 아니하며 버리지 아니하리니 강하고 담대하라"라고 했습니다.

그리고 요나단이 다윗에게 요청이 있었습니다. 그것이 무엇입니까? "너는 내가 사는 날 동안에 여호와의 인자하심을 내게 베풀어서 나를 죽지 않게 할 뿐 아니라 여호와께서 너 다윗의 대적들을 지면에서 다 끊어

버리신 때에도 너는 네 인자함을 내 집에서 영원히 끊어 버리지 말라"라고 요청했습니다. 오히려 요나단은 다윗의 인자에 자기 자신의 가문을 끊지 말라고 부탁하고 있습니다. 자신의 집에 대한 보호를 요청하고 있습니다.

그러면서 "요나단이 다윗의 집과 언약하기를 여호와께서는 다윗의 대적들을 치실지어다"라고 축복 기도했습니다. 요나단은 다윗과의 언약에서 개인 대 개인만이 아니라 가문 대 가문, 족속 대 족속, 지파 대 지파로서의 언약임을 밝히고 있습니다. 그래서 언약은 숭고한 것입니다. 높은 의미가 담겨져 있습니다.

요나단은 다윗을 자기 생명처럼 사랑했습니다. 그래서 다시 맹세하게 하였습니다. 예수 그리스도는 영원한 하나님이십니다. 제2위 신이십니다. 그러나 우리는 낮고 천한 사람들입니다. 그리스도께서 우리와 언약을 세우셨습니다. 믿는 자에게 의인이 되게 하는 복입니다. 언약의 피를 믿는 자에게 정결하게 하십니다.

지금까지 다윗은 사울 왕의 신하로서 최선을 다했습니다. 천부장으로서 충성도 했습니다. 골리앗도 죽이고 블레셋 사람의 포피도 이백 개나 가져왔습니다. 다윗은 여러 번 죽을 고비를 넘겼습니다. 그런데 다른 사람도 아닌 자기 나라 왕이, 자기 장인이 시기하여 죽이려고 했습니다.

그렇습니다. 성도가 하나님과의 관계가 좋다 할지라도, 하나님의 영으로 충만한 다음에도 사람들의 시기심이 있습니다. 그럴 때마다 하나님의 도움이 필요하지만 때로는 다윗이 요나단에게 도움을 요청하듯 사람의 도움도 요청하는 것을 배워야 합니다.

일반인들은 하나님의 도움을 요청하지 않고 사람들의 도움만 바라보지만 그리스도인들은 하나님을 바라보면서 동시에 사람의 도움도 필요로 하는 존재입니다.

다윗은 때때로 악사 역할도 하고 군장 역할도 잘 수행했습니다. 그러나 사울 왕 곁에 있을 수 없어서 더 이상 상종하지 않고 다른 곳으로 피신하려 했습니다. 사울의 본심이 무엇인지를 알고 싶어했습니다. 그래서 요나단을 시켜 알려고 노력했습니다. 사울의 본심을 알기에 충분한 인물이 요나단이었기 때문입니다. 요나단은 사울 왕의 아들이고 왕자이기 때문이었습니다. 이것이 주께서 혈연 관계보다 나를 더 사랑하는 자가 내게 합당하다고 말씀하신 의미입니다.

성도는 하나님과의 언약, 백성과의 언약을 알아야 삶의 가치가 있습니다. 하나님 앞에서 약속한 맹약을 지켜야 합니다. 다윗은 그것을 토대로 요나단과 대화를 하고 있습니다. 기독교인의 대화는 이 정도로 수준이 있는 대화를 해야 가치가 있는 것입니다.

요나단은 다윗의 요청에 대하여 흔쾌히 허락함으로써 우정의 진실을 드러냈습니다. 다윗과 요나단의 우정은 감정적인 것만이 아니었습니다. 인본주의적인 우정이 아니라 신본주의적인 우정이었습니다. 결정적인 순간에 돌변하는 우정이 아닙니다. 하나님 앞에서 맺은 우정이었습니다. 요나단은 하나님께서 다윗과 함께 계심을 알았습니다. 하나님의 뜻대로 다윗을 돌보았습니다. 예수님도 우리를 향하여 친구, 벗이라고 말씀해 주셨습니다.

제56강
사무엘상 20장 18-23절

연락 방법

여러분은 어떤 사람이 '친구'라고 생각합니까? '의리'가 있는 사람을 친구라고 말하는 사람도 있습니다. 변하지 않는 사람이라는 의미겠지요? 또 어떤 사람은 내가 기쁠 때 '함께 축하하며 기뻐해 줄 수 있는 사람이 친구'라고 말합니다. 사람들의 친구에 대한 관념은 다 다를 수 있습니다.

진정한 친구는 어떤 사람일까요? 요나단과 다윗의 관계 속에서 친구의 관념을 찾을 수 있을 것입니다. 17절에 "다윗에 대한 요나단의 사랑이 그를 다시 맹세하게 하였으니 이는 자기 생명을 사랑함 같이 그를 사랑함이었더라"라고 했습니다.

우정의 맹세가 있는 관계, 자기 목숨처럼 사랑하는 것이 진정한 친구가 아니겠습니까? 우리를 위하여 목숨을 버리신 예수님도 우리의 좋은 친구가 되십니다.

어느날 제자들이 어머니와 형제들이 찾는다고 할 때 '누가 내 모친이

며 형제와 자매냐 하나님의 뜻대로 행하는 자라야 나의 모친과 형제자
매'라고 정의하셨습니다. 친구도 그렇지 않을까요? 하나님의 뜻을 같이
실현하는 사람이 친구입니다.

1. 요나단과 다윗

지금까지의 배경을 살펴봅시다. 다윗이 장차 이스라엘의 왕이 될 것
이기에, 요나단은 지금 신분은 왕자이지만 신하인 다윗에게 자비를 간
구했습니다. 다윗의 현재 상황은 사울 왕 때문에 생명의 위협을 느끼고
있었습니다. 다윗은 요나단에 대해 항의하고 아울러 살 방도를 강구하
는 상황입니다.

지금까지 왕자 요나단의 도움으로 살았습니다. 그리고 공주 미갈 때
문에 창문으로 도망칠 수 있었습니다. 급기야 사무엘에게 피했을 때는
하나님께서 직접 관여하여 사울의 전령들뿐 아니라 다윗을 잡으러 온
사울 왕에게까지 예언을 하게 하여 다윗을 해하지 못하도록 하셨습니
다. 이러한 상황에서 다윗은 사울 왕을 피해 요나단에게 항의하기 위하
여 찾아온 것입니다.

요나단의 마음은 다윗을 사랑했습니다. 요나단의 사심없는 우정에 잘
나타납니다. 만약 요나단이 마음만 먹는다면 다윗을 반역죄로 몰아붙일
수도 있습니다. 붙잡아서 아버지에게 넘길 수도 있습니다.

그러나 요나단은 다윗의 왕위를 인정하고 있습니다. 오히려 자기의
후손에게 자비를 베풀어달라고 요청했습니다. 요나단은 명예와 권력
에 의존하지 않았습니다. 겸손하게 하나님의 섭리에 의존하는 신앙인
이었습니다. 사울을 떠나 다윗과 함께하는 하나님의 역사를 보고 있습
니다.

요나단이 자신과 후손을 위해 간구하여 훗날 사울 왕가가 몰락할 때 이 언약 때문에 후손들이 명맥을 잇게 됩니다(삼하 9장). 이런 의미에서 주님께 승복하는 것은 굴복이 아니라 승리의 복종입니다.

사도 바울은 이런 고백을 했습니다. 고린도후서 12장 6-10절에 "…〈생략〉… 여러 계시를 받은 것이 지극히 크므로 너무 자만하지 않게 하시려고 내 육체에 가시 곧 사탄의 사자를 주셨으니 이는 나를 쳐서 너무 자만하지 않게 하려 하심이라 이것이 내게서 떠나가게 하기 위하여 내가 세 번 주께 간구하였더니 나에게 이르시기를 내 은혜가 네게 족하도다 이는 내 능력이 약한 데서 온전하여짐이라 하신지라 그러므로 도리어 크게 기뻐함으로 나의 여러 약한 것들에 대하여 자랑하리니 이는 그리스도의 능력이 내게 머물게 하려 함이라 그러므로 내가 그리스도를 위하여 약한 것들과 능욕과 궁핍과 박해와 곤고를 기뻐하노니 이는 내가 약한 그 때에 강함이라"라고 했습니다.

요나단과 다윗은 정말 사랑하는 친구 사이였습니다. 왕자와 목동으로 처음 만났지만 사랑했습니다. 이제 다윗은 충성스러운 신하가 되었고 왕자 요나단은 다윗을 진실한 마음으로 사랑했습니다. 요나단이 다윗에게 연락 방법을 알려주었습니다.

"요나단이 다윗에게 이르되 내일은 초하루인즉 네 자리가 비므로 네가 없음을 자세히 물으실 것이라"라고 했습니다. 그리고 다윗에게 사흘 후에 빨리 내려서 과거에 숨어 있던 곳에 이르러 에셀 바위 곁에 있으라고 했습니다.

요나단과 다윗은 상호 보호 언약을 체결한 상황이었습니다. 상호 보호한다고 할 때 주로 요나단이 다윗을 보호하는 내용입니다. 쫓겨다니는 다윗이 요나단을 무슨 수로 보호하겠습니까? 물론 요나단이 장래를 내다보면서 다윗에게 자기 가문을 지켜달라고 부탁을 했습니다. 그래도 지금은 왕자인 요나단이 다윗을 보호하는 언약입니다.

다윗이 생명에 대한 위기의식을 느끼고 있을 때 화살 신호 방법을 통하여 연락하겠다고 약속했습니다. 월삭을 맞이하여, 초하루를 맞이하여 국무회의가 있었던 모양입니다. 다윗의 자리가 비게 되면 사울 왕의 태도를 알 수 있을 것입니다. 빈 자리의 이유를 묻게 되면 대답을 해야 할 것이 아닙니까? 요나단이 다윗에게 말한 예상은 적중했습니다.

다윗은 과거에 숨었던 곳에 가서 다시 숨었습니다. 사울이 다윗을 살해하라고 명령하던 그 날 숨었던 곳입니다. 당시 요나단의 은혜를 입고 살았던 장소입니다. 다시 찾아가서 숨으라고 했습니다. 에셀 바위 곁입니다. 월삭, 초하루에 있는 회의를 끝나고 오기 전에 와서 숨어 있으라. 늦게 오면 죽는다. 나보다 일찍 와서 숨어 있으면 살리라.

사랑하는 성도 여러분! 주님의 사랑을 힘입던 곳이 어디입니까? 우리의 영원한 피난처는 어디일까요? 다윗은 요나단의 은혜와 사랑 때문에 에셀 바위 곁에서 두 번이나 살 수 있었습니다.

저에게는 하나님의 교회가 저의 피난처요 살 수 있는 곳입니다. 우리는 하나님의 교회를 떠나서는 살 수 없는 존재입니다. 교회는 그리스도의 몸으로서 붙어 있어야 생명을 유지할 수 있습니다. 교회는 어머니의 품과 같아서 생명을 유지할 수 있고 성장할 수 있는 곳입니다. 주님만이 나의 길과 진리와 생명이 되시고, 영원한 피난처가 되십니다. 그래서 교회를 소중하게 생각합니다. 교회를 위해서 일평생을 바치는 삶을 살고 있습니다. 다윗에게 에셀 바위가 피난처이듯 저는 주님과 교회가 피난처입니다. 여러분의 피난처는 어디입니까?

2. 신호 방법

요나단이 다윗에게 신호 방법으로 무엇을 말했습니까? 내가 과녁을 쏘는 것같이 화살 셋을 바위 곁에 쏠텐데 아이를 보내서 화살을 찾으라고 하면 그 때에 내가 큰 소리로 말할 것이다.

"보라 화살이 네 이쪽에 있으니 가져오라 하거든 너는 돌아올지니 여호와께서 살아 계심을 두고 맹세하노니 네가 평안 무사할 것이요"라고 말했습니다. 안전하다는 뜻입니다. 화살이 이쪽에 있다고 하면 안전하다는 뜻입니다.

반대로 아이에게 외치기를 "보라 화살이 네 앞쪽에 있다 하거든 네 길을 가라 여호와께서 너를 보내셨음이니라"라고 했습니다. 화살이 네 앞쪽에 있다고 하면 다윗 신변에 위험이 있다는 신호였습니다. 사울 왕이 죽이려고 한다는 뜻입니다.

요나단이 활을 쏘는 것은 적군을 향한 공격 목적이 아닙니다. 혼자서 과녁을 맞추는 활 연습을 하고 있는 상황을 연출합니다. 마치 요나단은 활 쏘는 연습을 하는 것처럼 행동을 하겠다는 뜻입니다. 다윗과 맺은 은밀한 약속을 활 쏘는 방법으로 지키겠다는 뜻입니다. 활을 통하여 사울 왕의 의도, 마음을 알려주겠다는 뜻입니다. 이것은 다윗의 갈 길에 대한 향방을 제시한다는 것에서 중요했습니다.

사랑하는 성도 여러분! 여러분을 사랑하는 주님이 여러분에게 어떤 활을 쏘고 있습니까? 도망하라는 화살입니까 아니면 돌아오라는 화살입니까? 기도하라는 화살입니까 하지 말라는 화살입니까? 충성하지 말라는 화살입니까 아니면 충성하라는 화살입니까? 순종하라는 화살일까요 불순종하라는 화살일까요? 여러분을 향하여 무슨 의미의 화살을 쏘고 계십니까?

요나단이 화살을 쏘았을 때 화살을 줍기 위하여 달려간 소년에게 하는 말에 따라서 다윗에 대한 사울 왕의 의도와 마음이 전달되는 상황이었습니다. 다윗은 숨어서 요나단의 말에 귀를 기울이고 있어야 했습니다. 집중해서 들어야 했습니다. 정말 잘 듣지 못하고 반대로 이해한다면 큰일이 날 것입니다. 삶과 죽음, 생명과 사망의 갈림길에 있는 상황입니다. 표면적으로는 화살에 대한 명령같이 보이지만 실제적으로는 다윗에게 사울 왕의 마음을 전달하는 것이었기 때문에 집중해서 잘 들어야 했습니다. 더군다나 하나님의 뜻인 것입니다. 자기가 살 길이며 또한 갈 길입니다.

화살을 찾으러 간 소년에게 화살이 이쪽, 자기와 가까운 쪽에 있다고 하면 사울 왕의 마음에 다윗을 살해할 마음이 없으니 돌아오라는 뜻입니다. 다윗도 화살을 찾으러 나간 소년처럼 요나단에게 가까이와도 된다는 뜻입니다. 요나단이 활을 쏜 다음에 화살과의 거리는 다윗과 요나단의 거리, 사울 왕과 다윗의 거리를 의미하는 것으로 다윗의 삶의 방향을 제시하는 것입니다. 돌아와도 살 수 있다는 뜻입니다.

요나단은 다윗이 안전하다고 말해 주기 위하여 "여호와께서 살아 계심을 두고 맹세하노니"라고 말했습니다. 사울 왕의 일 때문에 너무 심각하게 생각하지 말라 네게 평안이 있을 것이라고 위로한 말입니다. 요나단은 다윗에게 둘도 없는 좋은 친구였습니다. 이게 진정한 친구가 아니겠습니까?

"만일 아이에게 이르기를 보라 화살이 네 앞쪽에 있다 하거든 네 길을 가라 여호와께서 너를 보내셨음이니라"라고 약속했습니다. 화살이 화살을 찾는 소년의 등 뒤로 지나가서 요나단으로부터 멀어진 것을 의미합니다. 이편과 앞쪽의 의미는 반대 개념입니다. 다윗이 요나단을 떠나 멀리 도망해야 살 수 있다는 의미이기 때문입니다.

요나단의 위로의 말이 무슨 뜻입니까? 앞쪽에 있다고 외치면 다윗이 요나단을 멀리 떠나야 살 수 있다. 사울 왕이 다윗을 죽이려고 하는 것이다. 그렇지만 여호와께서 보내시는 것이라고 말합니다. 이게 무슨 뜻입니까? 사울 왕이 다윗을 죽이려고 하는 것 같지만 실상은 여호와께서 보내시는 것이니 안심하라는 의미입니다. 요나단의 신앙은 일반인과 달랐습니다. 아버지편이 아닙니다. 다윗편도 아닙니다. 꼭 말을 하자면 여호와의 편입니다. 하나님 중심적인 신앙고백입니다.

만약 사울 왕이 다윗을 죽이려는 살해 계획이 있어서 다윗이 도피하여 생명을 유지한다면 다윗으로 하여금 하나님만 의지하도록 하는 하나님의 섭리라는 뜻입니다. 이것이 요나단에게서 배워야 할 신앙입니다. 하나님 중심적인 신앙입니다.

성도들이여! 성도에게도 때때로 고난과 역경이 있습니다. 환난과 박해도 있습니다. 눈물없이는 감당할 수 없는 것들도 있습니다. 고함치며 살기 위하여 몸부림칠 때도 있습니다. 분노를 느낄 때도 있고 화가 날 때도 있습니다. 여러분은 그럴 때 낙심하지 않기를 바랍니다. 주님만 바라보고 믿고 의지하며 기도하기 바랍니다. 준비해 놓으신 은혜와 복이 더욱 많습니다. 큰 것들이 있습니다.

3. 여호와 하나님

쌍방간의 언약에는 증인이 필요합니다. 다윗과 요나단 사이에 언약을 맺을 때 증인은 누구일까요? "너와 내가 말한 일에 대하여는 여호와께서 너와 나 사이에 영원토록 계시느니라"라고 했습니다. 여호와가 증인이었습니다. 다윗과 요나단 사이에 여호와밖에 증인을 세울 수가 없었습니다.

요나단과 다윗과의 대화는 하나님의 언약 속에서 진행되고 있었습니다. 두 사람 사이에는 하나님이 계셨습니다. 하나님 앞에서 대화를 나누고 있습니다. 두 사람의 비밀을 아는 사람은 여호와밖에 없습니다. 다른 사람이 알게 되면 다윗의 생명이나 요나단의 생명이 위험에 빠질 수밖에 없습니다. 그래서 여호와가 증인이십니다.

두 사람이 아무리 노력해도 여호와께서 이루게 하셔야 이루어집니다. 하나님 없이 되는 일이 있습니까? 두 사람 사이에는 하나님이 함께하셨습니다. 그렇습니다. 성도의 삶과 생애 위에 하나님이 함께해야 합니다. 하나님이 함께하는 사람이 친구가 될 수 있습니다. 이것이 진정한 친구, 우정입니다.

잠언 16장 9절에 "사람이 마음으로 자기의 길을 계획할지라도 그의 걸음을 인도하시는 이는 여호와시니라"라고 했습니다. 인생의 발걸음을 여호와께서 인도하십니다.

세 사람 2

세 사람은 요나단과 사울 왕과 다윗을 말합니다. 요나단은 사울 왕의 아들로 왕자입니다. 사울은 이스라엘 나라의 초대 왕입니다. 다윗은 목동이었지만 하나님이 준비한 왕이었습니다. 이 세 사람의 관계를 살펴봅시다.

1. 요나단의 확인

지금 다윗은 지난번에 숨었던 에셀 바위 곁에 또다시 숨어 있는 상황입니다. 왕자 요나단이 아버지 사울 왕의 본심을 파악하려고 노력했습니다. 그리고 사울의 마음을 확인했습니다. 다윗을 살해하려는 의도가 있는지 없는지 확인했습니다.

초하루가 되었습니다. 왕이 앉아 음식을 먹을 때 왕은 평상시와 같이 벽 곁 자기 자리에 앉아 있고 요나단은 서 있고 아브넬은 사울 곁에 앉아 있고 다윗의 자리는 비어 있었습니다. 상당히 긴장된 시간이었습니다. 사울 왕은 평상시처럼 벽을 뒤로 하고 안전한 곳에 앉아 있었습니다. 그러나 첫날에는 아무도 다윗에 대한 안부를 묻지 않았습니다. 그리고 사람들은 생각하기를 무슨 사고가 있어서 부정한가 보다라고만 생각했습니다.

이튿날 달의 둘째 날이 되었습니다. 여전히 다윗의 자리는 비어있습니다. 다윗이 이튿날 식사 때에도 보이지 않자 사울 왕이 요나단에게 묻습니다. "이새의 아들이 어찌하여 어제와 오늘 식사에 나오지 아니 하느냐?" 다윗을 이새의 아들이라고 지칭한 것은 비하해서 부른 이름입니다. 사위입니다. 충신입니다. 아들이 아닙니까? 다윗에 대한 시기심과 분노와 살해 의도가 있음을 드러내는 것입니다.

다윗의 불참에 대하여 도저히 이해할 수 없는 행동이라는 뜻입니다. 둘째 날도 참석하지 않는 것은 도무지 납득하기 어렵다는 의미입니다. 사울 왕은 다윗을 죽이려고 마음 먹고 있는 상황이었기 때문에 더욱 궁금했던 것입니다.

요나단은 이렇게 대답했습니다. 다윗이 내게 베들레헴으로 가기를 간청했습니다. "나에게 가게 하라 우리 가족이 그 성읍에서 제사할 일이 있으므로 나의 형이 내게 오기를 명령하였으니 내가 네게 사랑을 받거든 내가 가서 내 형들을 보게 하라"라고 간청하기에 왕의 식사 자리에 오지 못하였나이다.

사울은 이새의 아들이라고 비하해서 부른 반면 요나단은 다윗을 사랑해서 다윗이라고 말합니다. 다윗이 매우 간절히 청했다고 말해 주었습니다. 목적은 사울 왕의 살해 의도를 확인하기 위해서였습니다. 그러니까 겉으로는 다윗이 빠질 수밖에 없는 정당성을 말했다면 이면으로는 살해 의도가 있는가 없는가를 확인하는 대답이었습니다. 맏형의 명령이라고 대답했습니다. 요나단은 변호사처럼 좋은 구실로 대답했습니다.

그때 사울 왕이 요나단에게 한 말이 무엇일까요? 일단 사울 왕이 요나단에게 화를 냈습니다. 불타오르는 화가 있었습니다. "패역무도한 계집의 소생아 네가 이새의 아들을 택한 것이 네 수치와 네 어미의 벌거벗은 수치됨을 내가 어찌 알지 못하랴 이새의 아들이 땅에 사는 동안은 너와 네 나라가 든든히 서지 못하리라 그런즉 이제 사람을 보내어 그를 내게로 끌어 오라 그는 죽어야 할 자이니라"라고 말했습니다.

사울은 다윗을 그의 왕위에 도전하는 사람으로 보고 있습니다. 그리고 다윗을 두둔하는 요나단까지 반역하는 인물로 보는 것입니다. 사울 왕은 요나단까지 반역하는 인물로 보고 책망을 하지만 요나단의 마음은 다윗을 향했습니다.

요나단이 다윗을 두둔하는 말을 하였습니다. 다윗이 죽을 일이 무엇이니이까? 무엇을 행하였나이까? 그러자 사울이 요나단에게 단창을 던져 죽이려고 했습니다. 그때서야 요나단은 사울이 다윗을 죽이려고 결심한 것을 알게 되었습니다. 요나단은 심히 노했습니다. 식탁에서 떠났습니다. 먹지 않고 다윗을 위하여 슬퍼했습니다.

사울 왕은 다윗을 죽여야 한다고 했지만 요나단의 항의는 왜 죽여야 하는지, 어찌하여 죽어야 하는지, 죽일 수 없는 자라고 항변했습니다. 정의를 지키기 위해 죽이는 것이 아닙니다. 개인적인 사적인 감정 때문에 죽이려는 것이고, 자기의 왕위 때문에 죽이려고 하는 것입니다. 그러나 요나단은 정의롭고 순수한 사랑으로 다윗을 사랑했습니다. 성도는 요나단처럼 불의에 대하여 분노하고 슬퍼해야 합니다.

2. 요나단의 약속

우리는 수많은 약속 속에 세상을 살아가고 있습니다. 크게는 하나님과의 약속, 사람과의 약속으로 구분할 수 있을 것입니다. 하나님과의 약속을 지킬 때 자신이 행복하고 영적인 은혜와 복이 임하는 것을 체험하게 됩니다. 사람과의 약속은 상대적입니다. 약속이기 때문에 지켜야 하지만 상대방의 인격과 삶이 뒷받침될 때 더욱더 잘 지켜지는 법입니다.

요나단과 다윗은 약속을 어떻게 지켰을까요? 요나단은 아침에 다윗과 약속된 장소에 한 아이를 데리고 들로 나갔습니다. 활을 쏘기 위해서라기보다는 사울 왕의 살해 계획을 다윗에게 알려 주기 위함이었습니다. 충성스러운 사람의 생명을 보호하기 위해서 들로 나갔습니다. 요나단이 다윗의 생명을 보호하지만 두 사람의 마지막 만남의 장소이기도 합니다.

그리고 요나단이 활을 쏩니다. 큰 소리로 아이에게 외칩니다. "달려가서 내가 쏘는 화살을 찾으라". 아이가 달려갈 때에 요나단이 화살을 아이 위로 지나치게 쏩니다. 멀리 쏘았습니다. 화살만 관찰하여도 의도를 알 수 있게 했습니다. 힘을 자랑하기보다는 다윗의 생명을 사랑했기 때문입니다.

아이가 화살이 있는 곳에 이를 즈음에 아이를 향하여 또 외쳤습니다. "화살이 네 앞쪽에 있지 아니 하냐?" 요나단의 괴로운 마음이 담긴 외침이었습니다. 불행한 소식을 전하는 사랑하는 친구의 음성이었습니다.

아이가 화살을 찾았을 때 "지체 말고 빨리 달음질하라". 다윗이 빨리 도망해야 할 입장이라는 뜻입니다. 아이는 화살을 주워가지고 요나단에게 돌아왔지만 아무것도 알지 못하고 요나단과 다윗만 그 의미를 알았습니다. 다윗의 삶이 평탄하지 않을 것이고 쉽게 다시 돌아올 수 없는 길을 걷게 될 것이라는 의미입니다.

요나단이 병기를 아이에게 주면서 성으로 돌아가라고 했습니다. 아이는 활과 화살 그리고 화살통, 병기를 가지고 성으로 돌아갔습니다. 요나단은 비밀리에 다윗을 만나기 위하여 그렇게 처신했습니다. 요나단은 끝까지 다윗과의 약속을 지켰습니다. 다윗은 사울 왕 곁을 떠나기 위하여 마지막으로 사랑하는 왕자, 요나단을 만났습니다. 요나단과 다윗은 아름답게 만나고 이별도 아름답게 했습니다. 이것이 진정한 우정이 아닐까요?

여러분을 생명을 주면서까지 사랑하는 분이 누구입니까? 왕의 지위를 포기하면서까지 사랑하는 분이 누구입니까? 예수님밖에 없습니다. 예수님은 만왕의 왕이시지만 하늘의 영광을 포기하시고 우리를 위하여 낮고 천한 자리까지 내려오셨습니다. 주님만큼 나를 사랑하는 분이 또 있을까요?

3. 이별

인간은 만나고 헤어짐 속에 살아가고 있습니다. 좋은 사람도 만나고 좋지 않은 사람도 만나고, 만났다 헤어졌다 하면서 세상을 삽니다. 여러분은 좋은 사람만 만나기를 기도하면서 살아야 할 것입니다. 그릇된 만남은 인간을 슬프게 합니다. 망가지게 만듭니다. 한숨을 쉬면서 살게도 합니다.

요나단의 병기 든 아이가 성으로 돌아가자 다윗이 숨었던 곳, 바위 남쪽에서 일어나 요나단에게 땅에 엎드려 세 번 절을 합니다. 서로 입맞추고 같이 울기 시작합니다. 다윗이 요나단보다 더 슬프게 울었습니다.

요나단이 다윗에게 평안히 가라고 축복합니다. 두 사람이 여호와의 이름으로 맹세한 언약을 확인합니다. "여호와께서 영원히 나와 너 사이에 계시고 내 자손과 네 자손 사이에 계시리라". 다윗은 일어나 떠나고 요나단은 성으로 돌아왔습니다.

이별은 슬픈 일입니다. 그런데도 세상에 이처럼 아름다운 이별이 있을까요? 정말 보기드문 이야기일 것입니다. 사울 왕은 다윗이 살아 있는 동안 왕위가 불안하다고 생각했습니다. 그러나 이미 하나님의 음성이 무엇이었습니까? 사무엘상 15장 26-29절에서 사무엘이 사울 왕에게 선언했습니다. 왕이 하나님의 말씀을 버렸기 때문에 하나님도 왕을 버리셨다는 것이지요. 사무엘이 돌아설 때 사울이 옷을 잡아서 옷이 찢어진 사건입니다. 하나님께서 이스라엘 나라를 왕에게서 떼어 왕보다 나은 왕의 이웃에게 주셨다고 했습니다.

사무엘상 18장 12절에 "여호와께서 사울을 떠나 다윗과 함께 계시므로 사울이 그를 두려워한지라"라고 했습니다. 사울도 다윗과 함께하시는 하나님을 알고 있었습니다. 그래서 회개보다 다윗만 제거하면 자기의 왕권이 지켜지리라는 생각을 했습니다. 이것이 인본주의입니다. 하나님의 절대주권에 도전하는 것이지요. 인간의 어리석음입니다. 바보짓이에요. 인간적인 생각일 뿐입니다. 하나님은 요나단을 들어 다윗을 돕고 사울을 버리게 하십니다. 이것이 하나님의 지혜입니다.

하나님의 섭리를 인간이 바꿀 수 있을까요? 인간이 뭐길래 하나님의 지혜와 권능을 꺾을 수 있을까요? 인간은 겸손한 마음으로 하나님의 주권을 인정하고 지혜를 간구해야 합니다. 야고보서 5장 16절에 "그러므로 너희 죄를 서로 고백하며 병이 낫기를 위하여 서로 기도하라 의인의 간구는 역사하는 힘이 큼이니라"라고 했습니다.

요나단은 사울 왕과의 관계를 생각해 보면 유혹을 뿌리칠 수 없는 관계입니다. 아버지와 아들, 왕과 왕자입니다. 혈연적으로나 명예와 권력을 생각해 보아도 유혹을 뿌리칠 수 없는 관계이지만 요나단은 뿌리칩니다. 왜요? 진실한 우정, 언약을 맺은 사이를 생각했기 때문입니다. 이것이 자기를 부인하고 십자가를 지고 주를 따르는 자의 모습입니다. 하나님만을 바라보는 자의 아름다운 믿음입니다.

마태복음 16장 24-25절에 "이에 예수께서 제자들에게 이르시되 누구든지 나를 따라오려거든 자기를 부인하고 자기 십자가를 지고 나를 따를 것이니라 누구든지 제 목숨을 구원하고자 하면 잃을 것이요 누구든지 나를 위하여 제 목숨을 잃으면 찾으리라"라고 했습니다.

누가복음 14장 26-27절에 "무릇 내게 오는 자가 자기 부모와 처자와 형제와 자매와 더욱이 자기 목숨까지 미워하지 아니하면 능히 내 제자가 되지 못하고 누구든지 자기 십자가를 지고 나를 따르지 않는 자도 능히 내 제자가 되지 못하리라"라고 했습니다.

예수님이 이 말씀을 하셨듯이 요나단도 사울 왕보다 다윗과의 약속을 지킨 사람이었습니다. 우리도 하나님의 약속을 지키는 그리스도인들이 다 되기를 소원합니다.

제58강
사무엘상 21장 1-9절

다윗의 피신

다윗은 지금까지 왕자 요나단의 도움으로 도피할 수 있었습니다. 공주 미갈의 도움도 받았습니다. 그리고 사무엘에게 피했을 때 하나님의 영이 역사하여 죽음을 면할 수 있었습니다. 이번에는 어디로 피했을까요?

사울 왕의 살해 음모를 안 후 요나단과 다윗은 깊은 우정의 언약을 확인하면서 서로 울다가 헤어졌습니다. 요나단은 자기 후손을 멸하지 말라고 다윗에게 간청했습니다. 다윗은 요나단과 헤어진 후 본격적으로 도피를 할 수밖에 없었습니다. 다윗은 어디까지 피신을 할까요?

1. 다윗이 아히멜렉에게 가다

다윗이 놉 땅으로 피신하여 대제사장 아히멜렉에게 갔습니다. 음식과 무기를 공급받기 위함이었습니다. 놉은 예루살렘에서 북쪽으로 약 4km쯤 되는 곳입니다. 그 당시 사울 왕은 기브아에 머물고 있었습니다. 예루살렘의 남쪽 3km 지점이었습니다.

왜 다윗이 놉 땅으로 갔을까? 여러 가지로 말할 수 있겠지만 라마에서 사무엘의 도움을 받았듯이 이제는 대제사장의 도움을 받기 위함이었습니다. 다윗은 라마에서 하나님을 평생 깨끗하게 섬기던 사무엘의 도움을 받고 피신한 것처럼 이제는 대제사장 아히멜렉의 도움을 받기 위하여 놉으로 피했습니다. 다윗이 대제사장 아히멜렉의 도움을 원하는 것으로 보아 다윗은 여호와께서 함께하는 진정한 이스라엘의 왕이라고 말할 수 있을 것입니다.

아히멜렉은 대제사장으로서 엘리 제사장의 후손입니다. 아히멜렉이 떨면서 다윗을 영접했습니다. 그리고 이렇게 물었습니다. "어찌하여 네가 홀로 있고 함께하는 자가 아무도 없느냐?" 왜 일행이 아무도 없느냐? 왜 아히멜렉은 떨었을까? 왕의 사위로서 왕의 명령을 가지고 왔다고 하니까 불길한 예감을 느끼면서 몹시 두려워했을 것입니다. 역사를 보면 사울 왕이 대량 학살을 감행할 때 아히멜렉은 물론 놉 땅에 거하는 제사장들이 모두 죽임을 당했습니다.

다윗이 아히멜렉에게 뭐라고 대답했습니까? "왕이 내게 일을 명령하고 이르시기를 내가 너를 보내는 것과 네게 명령한 일은 아무것도 사람에게 알리지 말라 하시기로 내가 나의 소년들을 이러이러한 곳으로 오라고 말하였나이다"라고 했습니다.

다윗은 사울 왕의 눈을 피해 사랑하는 친구 요나단과 작별의 인사를 하고 홀로 외롭게 피신했습니다. 곤궁한 상태의 다윗입니다. 다윗의 외로운 도피 길에 사람들은 함께하지 않았지만 여호와께서 다윗과 함께하셨습니다. 성도는 외로울 때 주님만 바라보아야 합니다. 하나님에게 소망을 두는 자가 복이 있습니다(시 146:5). 하나님을 가까이 하는 것이 복입니다. 찬송가 70장을 봅시다. '피난처 있으니 환난을 당한 자 이리 오라' 라고 했습니다.

다윗은 아히멜렉 대제사장을 진정시키기를 원했습니다. 사울 왕이 자신에게 명령한 것을 수행하기 위하여 왔다고 말했습니다. 개인적인 일보다는 공적인 일을 수행하려고 왔다는 것이지요. 아히멜렉을 안심시키기 위한 대답이었습니다. 다윗이 '아무것도 사람에게 알리지 말라' 고 한 말은 꾸며낸 이야기였습니다.

우리의 피난처는 예수 그리스도인 줄로 믿습니다. 우리의 안식처도 예수 그리스도이십니다. 수고하고 무거운 짐진 자들아 다 내게로 오라 내가 너희를 쉬게 하리라. 주님만이 영원한 도피처요 안식처입니다.

2. 다윗이 음식을 구했습니다

다윗이 대제사장 아히멜렉에게 먹을 음식을 구했습니다. "당신의 수중에 무엇이 있나이까 떡 다섯 덩이나 무엇이나 있는 대로 내 손에 주소서"라고 구했습니다. 보통 때 먹을 수 있는 음식이 있느냐? 거룩한 떡이 아니라 거룩한 떡과 구별되는 일반적인 음식을 물었습니다. 다윗이 허기진 것은 사실이지만 제사장만 먹는 거룩한 떡을 찾은 것이 아니라 일반적인 음식을 요구했습니다.

그런데 왜 다윗은 떡 덩이 다섯을 요구했을까요? 그 이유가 무엇입니까? 다섯 덩이는 다윗 혼자 먹기에는 너무 많은 양이고 군대가 먹기에는 적은 양입니다. 그러므로 다윗을 비롯하여 같이 동행한 소수의 무리가 허기진 배를 채우기보다는 요기만 할 정도의 양으로 보입니다.

어떤 학자는 골리앗과 싸울 때 다윗이 물매로 사용한 돌멩이 다섯 개

를 가지고 하나님의 도우심으로 이긴 것처럼 떡 덩이 다섯은 하나님의
도우심으로 충분히 감당하는 것을 상징한다고 주장합니다.

아히멜렉이 무슨 말을 했습니까? "보통 떡은 내 수중에 없으나 거룩
한 떡은 있나니 그 소년들이 여자를 가까이만 하지 아니하였으면 주리
라"라고 말했습니다. 보통 떡이란 종교적인 목적으로 사용하지 않고 일
반적인 용도로 사용하는 떡을 말합니다. 거룩한 떡이란 종교적인 목적
으로 사용하는 떡을 가리킵니다.

이스라엘 백성을 성민이라고 부르는 것은 백성 자체가 거룩하다기보
다는 하나님께서 부르셨기 때문에 붙여진 이름이듯, 거룩한 떡도 떡 자
체의 의미보다는 구별되어 하나님께 바쳐진 떡이기 때문에 거룩하다고
말하는 것입니다. 성도가 승리할 수 있는 비결은 거룩입니다.

진설병이라고 말하는 거룩한 떡은 레위기 24장에 언급되어 있습니
다. 안식일마다 이스라엘의 열두 지파를 상징하는 열두 개의 떡을 떡상
에 놓았습니다. 새로운 떡을 안식일마다 갈아놓았습니다. 그리고 아론
과 그 후손들이 거룩한 곳에서 먹도록 되어 있는 규례였습니다.

다윗이 제사장에게 대답합니다. "우리가 참으로 삼 일 동안이나 여자
를 가까이 하지 아니하였나이다 내가 떠난 길이 보통 여행이라도 소년
들의 그릇이 성결하겠거든 하물며 오늘 그들의 그릇이 성결하지 아니하
겠나이까?"라고 대답했습니다.

아히멜렉이 떡을 건네주기 전에 선결조건을 제시했습니다. 레위기 15
장의 교훈을 생각하여 여자를 가까이 하지 않은 사람이라고 말했습니
다. 최소한의 거룩을 생각한 아히멜렉 제사장입니다. 지금도 교회를 사

랑하는 사람은 최소한의 거룩을 생각할 것입니다. 거룩은 하나님께 바쳐지거나 구별되는 것을 말합니다.

왜냐하면 다윗은 거룩한 전쟁을 수행하고 있었습니다. 골리앗과의 싸움도 하나님의 명예를 생각한 전쟁이었습니다. 사울 왕과의 싸움도 순전히 영적인 싸움이었습니다. 지금 도피하는 것도 하나님 앞에서 싸우는 영적 전쟁 중의 하나였습니다. 영적인 전쟁에서 승리하는 비결이 무엇입니까? 오직 성결, 거룩입니다. 하나님과 동행하는 거룩입니다.

다윗이 아히멜렉 제사장에게 강조하여 말합니다. 우리가 여인을 가까이 하지 않았습니다. 아히멜렉은 여자를 가까이 하지 않도록 지켰어야 한다고 말한 반면 다윗은 더욱 강조하여 여자에게서 막혀 있었다고 말합니다. 거룩한 전쟁을 수행하면서 규칙처럼 금지되고 있었다는 뜻입니다. 과거 거룩한 전쟁을 수행할 때처럼 지금도 거룩을 유지하고 있다고 말했습니다. 상당히 오랜 동안 여인을 가까이 하지 않았습니다.

대제사장 아히멜렉이 거룩한 떡을 주었습니다. 진설병입니다. 여호와 앞에서 물려 낸 떡입니다. "이 떡은 더운 떡을 드리는 날에 물려 낸 것이더라"라고 했습니다. 아히멜렉 제사장은 다윗에게 거룩한 떡, 진설병을 건네주었습니다. 이례적인 사건입니다. 흔하지 않은 사건이 발생했습니다. 다만 여호와 앞에 놓여져 있는 진설병이 아니라 새로 만든 떡을 진설할 때 성소 밖으로 내놓은 떡이라는 의미입니다.

이것이 우리에게 주는 교훈이 무엇인가? 다윗과 일행의 도피는 세속적이지 않고 하나님 앞에서 볼 때 거룩한 도피라는 것입니다. 거룩한 떡이 다윗에게 건네진 것은 이스라엘의 새로운 왕은 다윗이라는 암시, 예시의 의미도 담겨져 있습니다. 새로운 왕으로서 연단의 길을 걷고 있는 것입니다.

다윗이 아히멜렉으로부터 받은 것은 진설병, 거룩한 떡이지만 더 깊은 의미로는 거룩을 받았다는 것입니다. 진설병이 여호와와 관련된 떡이기 때문에 거룩을 받은 것입니다. 다윗에게 진설병을 준 것으로 보아 아히멜렉은 율법을 겉모양으로만 지킨 사람이 아니라 사랑의 마음으로 실천하는 자였음을 알 수 있습니다. 마음을 다하고 뜻을 다하여 주 너의 하나님을 사랑하라. 이것이 크고 첫째 되는 계명이 아니겠습니까?

예수님께서 마태복음 12장과 마가복음 2장 그리고 누가복음 6장에서 이 사건을 인용하시면서 율법의 근본적인 정신을 말씀하셨습니다. 사람을 살리는 데 목적을 둬야지 죽이는 데 둘 수 없다고 말했습니다.

당시 사울 왕의 신하 한 사람이 성소, 여호와 앞에 있었습니다. 그 사람의 이름은 도엑입니다. 에돔 사람입니다. 사울의 목자장이었습니다. 도엑은 '불안' 이라는 의미를 가지고 있습니다. 아히멜렉과 다윗 사이의 사건이 은밀하게 보이지만 사울 왕에게 알려질 것을 암시하고 있습니다. 도엑은 다윗에 대하여는 밀고자로, 아히멜렉 제사장에게는 살인자로 그리고 사울에게는 목자장으로 역할을 했던 사람입니다. 사울 왕에게 신임받은, 세력 있는 사람이었습니다.

다윗은 시편 53편에서 도엑의 간악함에 대하여 말했습니다. "어리석은 자는 그의 마음에 이르기를 하나님이 없다 하도다 그들은 부패하여 가증한 악을 행함이여 선을 행하는 자가 없도다 … 떡 먹듯이 내 백성을 먹으면서 하나님을 부르지 아니하는도다 …"라고 했습니다.

사랑하는 성도님들은 선한 일을 힘쓰기 바랍니다. 선한 데 지혜롭고 악한 데 미련해야 됩니다. 우리를 선한 일을 위하여, 선한 사업을 위하여 선택하시고 구원하시며 불러내신 분이 하나님이십니다. 남은 생애에 선한 일을 하다가 주님 앞에 설 수 있기를 바랍니다.

3. 다윗이 아히멜렉에게 칼을 구합니다

다윗이 떡을 얻고 나서 아히멜렉에게 병기를 구했습니다. 칼을 구했습니다. "당신의 수중에 창이나 칼이 없나이까 왕의 일이 급하므로 내가 내 칼과 무기를 가지지 못하였나이다"라고 말했습니다. 다윗은 자신이 골리앗과 싸워서 승리한 다음에 빼앗은 칼이 그곳에 있다는 것을 알고 있었을 것입니다. 알면서 물었던 것으로 보입니다. 다윗은 거짓말을 했습니다.

아히멜렉 제사장은 과거에 엘라 골짜기에서 다윗이 골리앗과 싸울 때 빼앗은 골리앗의 칼이 보자기에 싸여 에봇 뒤에 있다고 말해 주었습니다. "네가 그것을 가지려거든 가지라 여기는 그것밖에 다른 것이 없느니라"라고 했습니다.

다윗은 "그같은 것이 또 없나니 내게 주소서"라고 말했습니다. 다윗은 골리앗이 쓰던 칼을 가지게 되었습니다. 골리앗과 싸워서 승리한 전리품을 다윗이 다시 가지게 되었습니다. 다윗이 여호와의 능력을 힘입어 골리앗과 싸워 승리한 다음에 얻은 전리품이기 때문에 다윗에게는 기념품이었습니다. 이 칼을 다윗이 다시 가지게 되었다는 것은 하나님의 능력이 다윗과 함께한다는 의미가 아니겠습니까?

다윗은 하나님의 임재를 상징하는 떡도 얻었습니다. 하나님의 능력을 상징하는 칼도 가지게 되었습니다. 그러니 누가 다윗을 당할 수 있겠습니까? 성소에는 아무것도 없는 것 같으나 하나님의 임재가 있습니다.

하나님의 능력이 있습니다. 하나님이 함께하는 임마누엘이 있습니다. 영적인 전쟁에서 승리할 수 있는 능력이 있는 곳입니다.

골리앗의 칼밖에 없다고 할 때 다윗의 대답이 무엇입니까? 그것보다 더 좋은 것이 어디 있습니까? 골리앗을 이겼기 때문에 좋지만 하나님이 함께하셨기에 좋다는 의미입니다. 지금 사울 왕이 죽이려고 해서 피난 길에 오르지만 하나님이 함께하시면 충분히 이길 수 있기에 좋다는 뜻입니다. 다윗이 사울 왕이 주었던 무기는 다 거절했지만 골리앗의 칼은 기꺼이 받았습니다.

우리는 성전에서 대제사장 예수 그리스도를 바라보면서 하나님의 은혜와 능력을 받아야 합니다. 다윗이 떡덩이와 칼을 받은 것처럼.

제59강
사무엘상 21장 10-15절

다윗과 아기스 1

다윗은 사울의 살해 음모가 있었지만 요나단의 도움으로 살았고, 미갈의 도움으로 도피하기도 했으며, 사무엘에게 피했을 때는 하나님의 영이 주권적으로 역사했습니다. 그리고 또다시 다윗은 사울 왕으로부터 피신하면서 놉 땅에 들렀습니다. 놉 땅에 아히멜렉 대제사장이 있었는데 그에게 음식과 칼을 요구하여 진설병과 골리앗의 칼을 받아 가지고 블레셋 땅으로 피신했습니다.

다윗이 블레셋 지방으로 갔을 때 평안했을까요? 무슨 일이 발생했을까요? 하나님은 다윗을 어떤 방법으로 보호하셨을까요?

1. 다윗과 가드

다윗과 블레셋은 원수 관계입니다. 그런데도 다윗이 사울 왕을 피하여 피난처로 삼은 곳은 다름 아닌 블레셋이었습니다. 블레셋의 도시 중의 하나인 가드 지방이었습니다. 당시 가드 왕은 아기스였습니다.

다윗이 사울 왕을 두려워서 피한 것인가? 사울은 이스라엘의 왕이었습니다. 다윗은 항상 사울을 왕으로 생각했습니다. 개인적으로는 장인이지만 자기는 천부장이고 사울은 이스라엘의 왕이었기 때문에 사울 왕 앞에서 얼굴을 들지 못하고 겸손하게 물러가는 자세로 도피하였습니다.

더군다나 사울 왕의 목자장인 도엑이 아히멜렉과 다윗과의 관계를 잘 알고 있었기 때문에 두려움 속에서 물러가게 되었습니다. 다윗에게는 이스라엘 나라 안에서도 두려움이 있게 되었고 블레셋 나라에 갔을 때도 두려움이 있게 되었습니다. 에덴 동산에서의 아담과 하와를 생각해 봅시다. 범죄한 후에는 하나님의 음성이 싫었습니다. 두려워서 숨었습니다.

가드는 블레셋의 다섯 성읍 중의 하나였습니다. 다윗이 죽인 골리앗의 고향이기도 합니다. 놉 땅으로부터 남서쪽으로 약 37km 정도 떨어진 곳이었습니다. 아기스는 '왕이 하사하다' 라는 뜻입니다.

왜 다윗이 블레셋의 가드를 피난처로 삼았을까? 성경학자들은 다윗이 가드를 망명지로 삼은 이유에 대하여 두 가지로 추측합니다. 첫째는 자신의 본거지 유다 지역에서 가까운 점과, 둘째는 이스라엘의 적대 국가 블레셋을 사울 왕이 함부로 할 수 없다는 점을 이용한 것입니다. 그리고 블레셋 사람들이 자기를 알아보지 못하리라고 생각했던 것으로 보입니다.

물론 다윗이 블레셋의 가드 지방을 망명지로 삼은 것은 문제가 있는 선택이었습니다. 왜냐하면 먼저 기도하지 않고 인간적인 생각으로 결정한 점입니다. 그리고 이스라엘의 왕으로 기름 부음을 받은 사람이 적국으로 피난한 것은 합당하지 않다고 봅니다. 사람은 이렇게 종종 그릇된 결정을 할 수가 있습니다. 그 결과 어디로 가든지 형통한 것이 아니라 불안과 근심과 걱정이 앞을 가리고 있었습니다. 믿음으로 기도해야 합니다. 기도하지 않으면 마음의 근심과 걱정이 교회 안에서나 밖에서나 항상 따라다니게 되어 있습니다.

아기스의 신하들이 이스라엘에서 사울 왕보다 더 칭송받던 다윗을 알아보았습니다. 다윗의 생각과는 너무나 달랐습니다. 그렇습니다. 하나님의 백성이 머물 곳은 따로 있습니다. 다윗이 머물 곳은 이스라엘이지 블레셋이 아니었습니다. 아브라함도 하나님의 지시를 따라 가나안 땅까지 왔으나 약간의 어려움 때문에 애굽으로 내려간 사실이 있습니다. 애굽으로 내려갔다가 죽을 뻔했고, 아내도 빼앗길 뻔했습니다. 룻기에 나오는 엘리멜렉과 나오미도 보십시오. 베들레헴 땅에 기근이 들어서 모압 지방으로 피했습니다. 그런데 거기서 남편도 죽고 두 아들도 죽었습니다. 여자들만 살아 남았습니다. 나를 희락의 여인이라고 말하지 말라, 슬픔의 여인이라고 말하라. 하나님의 백성이 머물 곳은 하나님의 장막입니다. 하나님의 품입니다. 하나님의 교회입니다.

시편 84편 "만군의 여호와여 주의 장막이 어찌 그리 사랑스러운지요 내 영혼이 여호와의 궁정을 사모하여 쇠약함이여 내 마음과 육체가 살아 계시는 하나님께 부르짖나이다 … 주의 궁정에서의 한 날이 다른 곳에서의 천 날보다 나은즉 악인의 장막에 사는 것보다 내 하나님의 성전 문지기로 있는 것이 좋사오니 … 만군의 여호와여 주께 의지하는 자는 복이 있나이다"라고 했습니다.

아기스의 신하들이 아기스 왕에게 다윗을 고발했습니다. "이는 그 땅의 왕 다윗이 아니니이까 무리가 춤추며 이 사람의 일을 노래하여 이르되 사울이 죽인 자는 천천이요 다윗은 만만이로다 하지 아니하였나이까?"라고 말했습니다.

아기스의 신하들은 이스라엘 나라의 왕, 다윗을 알아보았습니다. 다윗을 보았을 때 놀라움과 경계심을 가지고 말한 것입니다. 다윗은 그 당시 왕족인 왕자 요나단과 공주 미갈로부터 이스라엘의 왕인 것을 인정받았습니다. 사울 왕도 그 사실을 알고 있었습니다. 또 종교의 대표자라 할 수 있는 아히멜렉으로부터도 인정을 받았습니다. 심지어 이스라엘의 숙적 블레셋으로부터도 왕으로 인정받고 있는 상황이었습니다. 이러한 일들을 통하여 이스라엘의 새로운 왕은 다윗임이 점점 확증되고 있었습니다.

이스라엘 백성들이 다윗의 업적을 찬양한 적이 있습니다. 사울의 업적보다 다윗의 업적이 훨씬 크다고 노래했습니다. 그 노래가 사울 왕으로 하여금 다윗을 시기하게 만들었던 것입니다. 블레셋 사람들도 골리앗을 죽인 다윗, 노랫말 속에서도 사울보다 다윗을 더 경계하게 되었던 것입니다.

다윗은 자기의 신분이 드러난 것을 알고 가드 왕 아기스를 심히 두려워했습니다. "다윗이 이 말을 마음에 두고 가드 왕 아기스를 심히 두려워"하였습니다. 가드 지방 출신인 골리앗을 죽인 다윗이 가드를 명명지로 삼은 것은 위험한 일이었습니다. 골리앗이 죽은 지 불과 삼사 년밖에 되지 않은 상황이었습니다.

가드 사람들이 다윗을 알아보았습니다. 골리앗을 죽인 자임을 똑똑히 기억하고 있었습니다. 다윗은 정말 두려웠습니다. 두려움이 컸습니다. 우리는 하나님이 함께하는 곳에 머물러 살아야 합니다. 그렇지 않으면 다윗에게 두려움이 몰려오듯 두려워할 것들이 많아지는 법입니다. 하나님의 나라는 성령 안에서 의와 희락과 평강입니다. 세상을 이긴 이김은 이것이니 우리의 믿음이니라.

2. 다윗의 위기

다윗이 아기스와 그 신하들 앞에서 미친 사람처럼 행동했습니다. 가드에 도착한 다윗이 자기 신분이 드러나자 발각되지 않기 위하여 행동을 평상시와 달리 미친 사람처럼 행동했습니다. 분별력이나 판단력이 없는 사람처럼 행동했습니다.

대문짝에 그적거리며 침을 수염에 흘렸습니다. 이와 같은 행동은 다윗이 여호와께 기도하여 묻지 않고 처신한 결과인데, 하나님의 백성으로서의 존엄성을 훼손시킨 일이 아닙니까? 다윗의 인간적인 판단이 이렇게 어렵게 만들었던 것이 아닐까요? 대문짝에 그적거리며 침을 수염에까지 흘린 것은 많은 사람들이 보는 앞에서 공개적으로 미친 것처럼 행동한 것을 의미합니다. 아주 수치스러운 일이 아닙니까? 수염이 엄위와 존엄을 의미한다고 할 때 더욱 그렇습니다. 불결한 침까지 흘렸으니 얼마나 부끄러운 행동이겠습니까? 겨우 사는 것입니다. 마지 못해서 사는 것입니다. 죽지 못해서 사는 사람이 되었습니다. 왜 우리가 그렇게 살아야 합니까? 멋지게 살지! 재미있게 살지!

가드 왕 아기스가 신하들에게 다윗을 보자마자 명령을 내렸습니다. "너희도 보거니와 이 사람이 미치광이로다 어찌하여 그를 내게로 데려왔느냐 내게 미치광이가 부족하여서 너희가 이 자를 데려다가 내 앞에서 미친 짓을 하게 하느냐 이 자가 어찌 내 집에 들어오겠느냐?"라고 말했습니다.

아기스는 다윗을 보자마자 미친 사람이라고 말했습니다. 다윗의 위장은 성공했습니다. 자기 목적을 이루었습니다. 다윗은 사울 왕에게는 도전이 되지 못하고 블레셋에게도 위협적인 존재가 아님을 나타냈습니다. 다윗은 이렇게 사람들을 속이고 자기의 생명을 지킬 수는 있었지만 지금까지 처신한 것을 보면 부끄러운 행동이었습니다.

다윗이 하나님이 좋아하는 사람이고, 하나님 마음에 합당한 인물이었지만 기도하지 않고 결정했을 때 이렇게 이상한 행동을 하여 겨우 살 수 있었습니다. 성도는 모두 다 그렇습니다. 하나님의 뜻을 물어야 합니다. 성도는 하나님의 아들과 딸로서 존엄성을 가진 백성입니다. 그러나 자긍심이나 자존심이 없다면 부끄러운 일을 서슴없이 행할 수 있는 존재입니다.

아기스 왕은 신하들을 책망했습니다. 왜 다윗과 같이 미친 사람을 블레셋 땅에 들어오도록 했느냐는 것이지요. 사실은 다윗이 스스로 들어온 것입니다. 다윗은 생명같이 사랑하는 요나단을 떠난 다음에 얼마나 많은 시련과 연단이 있었는지 모릅니다. 놉 땅의 아히멜렉과 같이 좋은 협력자도 있었지만 아기스와 같이 반대편으로 이해하는 사람도 있었습니다. 다만 다윗은 이스라엘의 왕으로 인정받기 위하여 수많은 연단을 받게 되었던 것입니다.

시편 34편은 다윗이 아비멜렉(아기스) 앞에서 미친 체하다가 쫓겨나서 지은 시입니다. 몇 구절만 인용해 봅시다. "내가 여호와를 항상 송축함이여 내 입술로 항상 주를 찬양하리이다 내 영혼이 여호와를 자랑하리니 곤고한 자들이 이를 듣고 기뻐하리로다 … 내가 여호와께 간구하매 내게 응답하시고 내 모든 두려움에서 나를 건지셨도다 … 이 곤고한 자가 부르짖으매 여호와께서 들으시고 그의 모든 환난에서 구원하셨도다 … 너희는 여호와의 선하심을 맛보아 알지어다 그에게 피하는 자는 복이 있도다 너희 성도들아 여호와를 경외하라 그를 경외하는 자에게는 부족함이 없도다 젊은 사자는 궁핍하여 주릴지라도 여호와를 찾는 자는 모든 좋은 것에 부족함이 없으리로다 …"라고 했습니다.

성도는 실패하지 않기 때문에 사용되는 것이 아닙니다. 실패할 때에도 하나님은 사랑하십니다. 다윗은 밧세바와 간음죄를 범하고 충신 우리야를 죽이는 살인죄도 범했습니다. 또 인구조사를 하여 하나님보다 군대를 의지한 적도 있습니다. 인간은 종종 실패하는 경우가 있습니다. 그래도 하나님은 여전히 사랑하십니다. 변함없이 은혜와 복을 내리십니다.

성도는 사람보다 하나님을 두려워해야 합니다. 모세의 부모는 애굽 왕보다 하나님을 두려워했습니다. 그래서 석 달 동안 모세를 몰래 기를 수 있었습니다. 산파들도 마찬가지입니다. 반대로 하나님보다 사람을 두려워할 때 사람은 올무에 걸리게 됩니다. 여러 가지 어려운 일에 봉착하게 됩니다.

잠언 29장 25절에 "사람을 두려워하면 올무에 걸리게 되거니와 여호와를 의지하는 자는 안전하리라"라고 했습니다. 예수님은 "몸은 죽여도 영혼은 능히 죽이지 못하는 자들을 두려워하지 말고 오직 몸과 영혼을 능히 지옥에 멸하실 수 있는 이를 두려워하라"(마 10:28)라고 했습니다.

다니엘 시대에 다니엘을 비롯하여 세 친구들은 어떤 믿음을 소유했습니까? 사신 우상 앞에 절하지 않았습니다. 절대주권자 하나님을 믿었습니다. 하나님만 신봉했습니다. 그 결과 세상 사람들이 감당할 수 없는 영광스러움과 기적과 같은 일들이 발생했습니다.

지금도 하나님은 살아 계신 하나님이십니다. 아브라함과 이삭과 야곱의 하나님이 우리의 하나님이십니다. 다윗의 하나님이 우리의 하나님이십니다. 다니엘과 세 친구의 하나님이 우리의 하나님이십니다.

위기가 있을 때 더욱 간절히 기도하기 바랍니다. 기도하면 하나님이 들으시고 응답해 주실 줄로 믿습니다. 하나님은 우리의 목소리를 좋아하십니다. 우리의 눈물을 기뻐하십니다. 우리의 찬양을 즐거워하십니다. 영원히 하나님을 사랑하는 마음으로 찬양하고 기도해서 승리자가 되기를 바랍니다.

제60강
사무엘상 22장 1-5절

다윗의 도피

다윗의 도피 생활은 생명의 위협 속에서 하는 일이었습니다. 신창원이나 유병언과 같은 범죄자의 도피가 아니라 의인으로서 악인의 핍박과 박해를 피해 다니는 생활이었습니다. 또 한가지는 이스라엘의 왕으로서의 자격을 구비하기 위한 고난이었습니다. 사람은 연단받은 다음에 정금같이 나오기 때문입니다. 하나님은 악을 선으로 바꾸시는 능력이 있습니다. 사람들은 예수님을 십자가에 죽였지만 하나님은 삼 일 만에 부활하여 구원자가 되게 하셨습니다.

하나님의 백성은 세상을 살면서 종종 어려움과 고난속에서 연단도 받고, 성숙한 삶을 살아갈 때가 있습니다. 다윗은 어디로 피했을까요?

1. 다윗과 아둘람 굴

다윗이 사울 왕이 죽이려는 음모 때문에 유다 땅을 떠나 블레셋의 가드 지방에 이르렀는데, 그곳에서 미친 체하여 겨우 생명을 부지하였습니다. 다윗이 인간적인 생각으로 블레셋을 피난처로 삼았지만 어려움의 연속이었습니다.

다윗이 블레셋의 가드를 떠납니다. 이스라엘 지역인 아둘람 굴로 도망했습니다. 첫 번째로 찾아온 사람은 가족들이었습니다. 가족들이 아둘람 굴로 찾아왔습니다. "다윗이 그곳을 떠나 아둘람 굴로 도망하매 그의 형제와 아버지의 온 집이 듣고 그리로 내려가서 그에게 이르렀고"라고 했습니다. 아마도 생명의 위협을 느꼈기 때문에 다윗에게 합세했거나 다윗이 억울하게 피난생활을 하니까 합력했을 것입니다.

두 번째로 찾아온 사람들이 있습니다. 많은 사람들이 사울 왕 곁을 떠나 다윗에게로 몰려들었습니다. 다윗 주변에 몰려온 사람은 어떤 사람들입니까? "환난 당한 모든 자와 빚진 모든 자와 마음이 원통한 자가 다 그에게로 모였고 그는 그들의 우두머리가 되었는데 그와 함께한 자가 사백 명 가량이었더라"라고 했습니다.

가족을 비롯하여 환난 당한 자, 빚진 자, 마음이 원통한 자와 같은 사람들이 모여서 공동체를 이루었습니다. 도피하는 생활 가운데 새로운 왕으로서 사람들을 모으게 되어 지도자가 되는 기틀을 마련하게 되었습니다.

다윗이 아둘람 굴로 도피했습니다. 아둘람은 가나안 정복 후에 유다 지파에게 할당된 땅입니다. '피난처'라는 의미를 담고 있습니다. 가드와 헤브론 사이에 위치한 곳입니다. 당시 사울 왕이 통치할 수 없는 안전한 곳이었습니다.

굴은 왕궁이 아닙니다. 편안하고 안락한 집도 아닙니다. 도피 생활을 하는 사람에게 겨우 피할 수 있는 공간을 의미합니다. 절망적이고 고난을 당할 수 있는 곳이 굴입니다. 외롭고 어둡고 힘이 많이 드는 곳이 굴입니다. 그러나 사울 왕은 모든 사람들이 버리는 반면 다윗에게는 사람들이 몰려들고 있었습니다. 이것이 하나님의 특별한 은혜가 아니겠습니까?

사울은 왕자 요나단이 공격하는 말을 합니다. 신하들이 속히 잡지 못하니까 닦달을 합니다. 더군다나 놉 땅의 제사장들을 죽이는 사건까지 있어서 사울을 향한 민심이 다 돌아서는 처지였습니다.

그러나 다윗은 반대였습니다. 억울하게 도피 생활을 해야 했고 집이나 왕궁에 있어야 할 사람이 토굴이나 찾아다니고 있는 상황이지만 사람들이 따랐습니다. 몰려들었습니다. 왜 그랬을까요? 대제사장 아비아달까지 가세했습니다. 세 번째로 가세한 사람입니다. 어떤 이유에서든지 다윗의 공동체가 형성되었습니다. 사울 왕의 주변에는 공동체가 깨지기 시작했지만 다윗에게는 공동체가 형성되기 시작했습니다.

다윗 주변에 어떤 사람들이 모여들었습니까? '환난 당한 자' 입니다. 환난 당한 자는 '괴롭게 하다' 라는 의미로 외부로부터 계속적으로 가해지는 압력, 고통을 말합니다. 사울 왕의 학정 때문에 당하는 어려움이 많았을 것입니다. 인간적인 왕정제도는 착취가 기본적인 조건이 아니겠습니까?

'빚진 자' 입니다. '이자를 내다, 이자를 내는 모든 사람' 을 말합니다. 사울 왕이 되었든지 아니면 채주가 되었든지 고리대금업자가 되었든지, 저당 잡힌 재산이 몰수되는 경우를 말합니다. 노예가 되는 상황에서 도망친 자들입니다. 사울 왕의 학정 때문인지 아니면 채주로부터 물질적인 어려움을 겪고 있는 가난한 자들이 몰려 왔습니다. 인간 왕 사울이 통치할 때 피해를 입은 사람들입니다.

'마음이 원통한 자' 입니다. 마음이 고통스럽고 분노가 가득한 상태를 가리킵니다. 새끼를 잃은 곰이 격분한 상태의 모습을 연상할 수 있습니다. 환난 당하는 자와 빚진 자를 포함하는 말입니다. 인본주의적 통치로 말미암아 백성들이 느끼는 심적인 고통을 가리킵니다.

다윗 주변에는 물질적이든 육체적이든 정신적이든 고난받는 사람들이 모였습니다. 이것은 사울 왕에게서 민심이 떠나고 다윗에게 민심이 몰리고 있음을 가리킵니다. 하나님도 사울에게서 떠났습니다. 다윗과 함께하는 하나님이십니다.

다윗이 모집하여 모은 것이 아니라 스스로 모여든 사람들이었습니다. 다윗을 새로운 왕으로 알고 모였습니다. 다윗이 모은 것이 아니라 하나님께서 모여들게 하셨습니다. 사울 왕은 블레셋과의 전쟁을 위하여 힘 있는 자와 용맹스러운 사람을 모았지만 다윗은 원통한 자와 환난 당한 자 그리고 분노가 가득한 자들이 몰려 들었습니다.

여자와 어린아이를 제외하고 전쟁에 나갈 만한 사람이 400여 명이나 되었습니다. 여자와 아이까지 1,000여 명이 넘는 숫자가 몰려들었습니다. 그리고 얼마 후 전쟁에 나갈 만한 사람이 600여 명으로 늘어납니다. 다윗이 새로운 이스라엘의 왕으로서의 자질이 있음이 드러나고 있는 것입니다.

우리의 영원한 왕은 예수 그리스도이십니다. 그분만이 영원한 피난처가 되십니다. '피난처 있으니 환난을 당한 자 이리 오라'. 교회는 주님 중심의 거룩한 공동체입니다.

2. 부모를 모압으로 피신시키다

다윗이 모압의 미스베로 가서 하나님의 뜻을 알기까지 모압 왕에게 부모를 보호해 달라고 요청했습니다. "하나님이 나를 위하여 어떻게 하실지를 내가 알기까지 나의 부모가 나와서 당신들과 함께 있게 하기를 청하나이다"라고 했습니다. 미스베는 '망대'라는 의미를 가지고 있습니다.

다윗이 부모를 인도하여 모압 왕 앞에 나아갔습니다. 모압으로 간 이유는 다윗의 조상 룻이 모압 여인이었기 때문입니다. 혈연적인 관계를 생각했던 것으로 보입니다. 다윗의 조상들 중 가나안 땅에 흉년이 드니까 베들레헴을 떠나 모압 지방으로 내려간 사실이 있습니다.

엘리멜렉 시절에 일어난 일로 나중에 나오미를 따라 룻이 올라오게 되고 룻이 보아스와 결혼하여 오벳을 낳았고 오벳은 다윗의 아버지 이새를 낳게 되는데 그러니까 룻은 다윗의 증조모가 됩니다. 이러한 역사적인 관계, 혈연적인 관계 때문에 부모를 부탁하기 위하여 사울 왕의 눈을 피하여 모압으로 내려갔던 것입니다.

다윗은 자기의 생명이 하나님에게 달려 있다고 확신했습니다. 다윗의 고백을 봅시다. "하나님이 나를 위하여 어떻게 하실지를 내가 알기까지"라고 말합니다. 지금은 불확실한 상황이었습니다. 자기 생명의 위협을 느끼는 상황이었습니다. 다윗을 향한 하나님의 계획이 무엇인지, 혹은 하나님의 섭리가 무엇인지 알고 싶은 욕망이 강했던 상황입니다.

블레셋으로 도피했을 때는 미친 사람처럼 행동하여 겨우 살 길을 찾았다면 이제는 성숙한 사람이 되어 하나님의 뜻을 찾고 있는 다윗입니다. 사람은 시간의 흐름 속에 이렇게 하나님의 뜻을 찾고 또 찾아야 합니다. 성숙한 신앙인은 항상 그렇습니다.

다윗이 요새에 있을 동안에 다윗의 부모는 모압 왕과 함께 있었습니다. 다윗의 부모는 다윗을 떠나 모압 왕과 함께 있었다고 했습니다. 부모가 다윗을 떠나 있는 것으로 표현한 것은 신비롭기까지 합니다. 잠시 잠깐 머물러 있다가 자신에게 돌아오라는 의미입니다. 여기서 깊이 생각해 봅시다. 하나님의 선민인 부모가 이방민족에게 오랫동안 머물러 있는 것은 옳지 않은 행동입니다. 사람은 주변 환경에 영향을 많이 받게 됩니다. 모압 왕이 다윗의 요청은 들어주지만, 그렇게 오랫동안 머물러 있을 장소는 아닌 것입니다.

부모 공경은 성경에서 가르치는 다섯 번째 계명입니다. "네 부모를 공경하라 그리하면 네 하나님 여호와가 네게 준 땅에서 네 생명이 길리라"라고 했습니다(출 20:12). "자녀들아 주 안에서 너희 부모에게 순종하라 이것이 옳으니라 네 아버지와 어머니를 공경하라 이것은 약속이 있는 첫 계명이니 이로써 네가 잘되고 땅에서 장수하리라"(엡 6:1-3)라고 했습니다. 우리 모두 부모를 공경하여 영육간에 하나님의 은총과 복이 넘치기를 바랍니다.

3. 선지자 갓

갓 선지자가 등장합니다. 갓은 '행운'이라는 뜻입니다. 갓은 사무엘로부터 배운 선지 생도 중의 한 사람이거나 아둘람 굴에 모인 400여 명 중의 한 사람으로 짐작할 수 있습니다. 사무엘이 세운 학교로부터 왔다면 사무엘의 뜻을 전하기 위하여 왔거나 하나님의 뜻을 전하기 위하여 왔을 것입니다.

갓 선지자가 다윗에게 유다 땅으로 가라고 명령합니다. "너는 이 요새에 있지 말고 떠나 유다 땅으로 들어가라"라고 말했습니다. 갓은 훗날 다윗이 이스라엘의 왕이 된 이후에도 궁정에서 선지자로 활동했습니다.

역대상 21장 9-10절이 이를 증명해 줍니다. 다윗이 하나님보다 인구 조사를 통하여 사람을 의지하는 마음이 있을 때 일어난 일입니다. "여호와께서 다윗의 선견자 갓에게 말씀하여 이르시되 가서 다윗에게 말하여 이르기를 여호와의 말씀이 내가 네게 세 가지를 내어 놓으리니 그 중에서 하나를 네가 택하라 내가 그것을 네게 행하리라"라고 했습니다.

갓 선지자는 다윗에게 세 가지 중에 하나를 선택하라고 말했습니다. 삼 년 기근이든지, 석 달을 적군에게 패하여 쫓기는 일이든지, 사흘 동안 전염병에 고통 당하는 일입니다. 다윗은 하나님은 긍휼이 많으시니 하나님의 손에 고생하는 것이 낫겠다고 생각하여 전염병을 선택했습니다. 이스라엘 백성 칠만 명이 죽었습니다. 그때 활동한 선지자가 갓입니다.

갓은 다윗의 행적을 기록한 선지자입니다. "다윗왕의 행적은 처음부터 끝까지 선견자 사무엘의 글과 선지자 나단의 글과 선견자 갓의 글에 다 기록되고 또 그의 왕 된 일과 그의 권세와 그와 이스라엘과 온 세상 모든 나라의 지난 날의 역사가 다 기록되어 있느니라"(대상 29:29-30).

다윗이 갓의 말을 듣고 모압을 떠나 헤렛 수풀에 이르렀습니다. 선지가 갓의 말이지만 하나님의 말씀으로 믿었던 다윗입니다. 우리에게도 이런 사상이 필요합니다. 하나님께서 준비해 놓으신 길이 있음을 알고 움직였던 다윗입니다. 모압 땅을 떠나 유다 땅으로 가라. 하나님의 명령에 대한 다윗의 순종은 즉각적이었습니다. 지체하지 않았습니다. 아마도 이때에 부모님도 동행했으리라고 생각됩니다.

구체적인 장소의 이름은 헤렛이었습니다. 헤렛은 '무덤'이라는 뜻입니다. 수풀을 찾은 것은 사울 왕에게 발견되지 않기 위함이었습니다. 참된 믿음은 하나님의 말씀을 듣고 즉각적으로 순종함에 달려 있습니다. 다윗은 그렇게 했습니다. 우리도 그렇게 하라고 말합니다.

제61강
사무엘상 22장 6-23절

고발과 학살

다윗은 사울 왕 앞에서 도피했습니다. 블레셋의 가드로 도망갔다가 겨우 생명을 부지하고 다시 이스라엘 외곽지대로 돌아와 피신했습니다. 그곳 아둘람에서 공동체 생활을 하다가 부모님의 안위를 위해 모압으로 갔는데 갓 선지자의 말을 듣고 또다시 유다 땅 헤렛 수풀로 돌아왔습니다. 그러는 사이 다윗에게는 사람들이 몰려들었지만 사울 왕은 제사장들을 학살하여 민심이 떠나기 시작했습니다.

사랑하는 성도 여러분! 여러분은 어떤 사람들이 주변에 있습니까? 공동체에서 어떤 역할을 합니까? 그리고 하나님의 평가나 사람의 평가가 어떠하던가요?

1. 도엑과 아히멜렉

도엑은 사울 왕의 목자장입니다. 아히멜렉은 놉 땅에서 다윗을 돕던 대제사장입니다. 도엑이 아히멜렉을 고발하는 사건이 있었습니다. 사울이 신하들과 기브아에 있을 때 다윗과 일행이 놉 땅에 있다는 소식을 들었습니다. 기브아 높은 곳에서 사울은 손에 단창을 들고 에셀나무 아래에 앉아 있었고 신하들은 주위에 서 있었습니다.

사울 왕은 다윗에 대한 소식을 듣고 또 들었습니다. 주의깊게 들었습니다. 그냥 들려오는 소식이 아니라 군대를 동원하고 사람을 동원하여 듣고 또 들었습니다. 다윗에게 사람들이 몰려든다는 소식이 사울을 더욱 분개하게 만들었습니다. 다윗이 블레셋의 가드나 아둘람 굴에 숨어 있을 때 사울은 높은 곳에 있었습니다. 지위도 다르고 신분도 다른 것을 의미합니다. 에셀나무는 분홍색 꽃이나 흰색 꽃이 피는 나무로 이스라엘 사람들은 에셀나무 그늘에 앉아 국사를 논하기도 했습니다.

사울 왕은 겉모양으로 봐서는 이스라엘을 통치하는 왕으로서 부족함이 없었습니다. 왕복을 입었습니다. 에셀나무 그늘에서 국사를 논했습니다. 다윗은 사울 왕을 피해 숨어지냅니다. 다윗과 비교하면 사울이 왕으로서 손색이 없는 모습입니다. 그러나 내적으로 다윗은 하나님이 함께하는 사람이지만 사울은 악령이 임하는 사람이었습니다.

사울의 손에는 단창이 있어 다윗을 죽이려는 의지가 불타고 있었지만, 아히멜렉의 손은 다윗에게 떡과 칼을 제공하였습니다. 이것이 어려움과 고난속에 있는 성도를 돌보는 여호와의 손을 상징해 주는 것이 아니겠습니까?

사울 왕이 곁에 있는 신하들에게 다윗에 대하여 고발하지 않는다고 책망했습니다. 왕의 위용을 나타내고 있지만 속에는 불타는 살해 욕망과 마음의 분노로 죽어가고 있는 사람의 모습이라고 말할 수 있습니다.

"너희 베냐민 사람들아 들으라 이새의 아들이 너희에게 각기 밭과 포도원을 주며 너희를 천부장, 백부장을 삼겠느냐? 너희가 다 공모하여 나를 대적하며 내 아들이 이새의 아들과 맹약하였으되 내게 고발하는 자가 하나도 없고 나를 위하여 슬퍼하거나 내 아들이 내 신하를 선동하여 오늘이라도 매복하였다가 나를 치려 하는 것을 내게 알리는 자가 하나도 없도다"라고 책망했습니다.

사울은 베냐민 지파를 강조합니다. 자기와 동질성을 언급하는 것입니다. 가장 약한 지파였는데 밭도 주고 포도원도 주었지 않느냐? 천부장도 되게 하고 백부장도 삼았지 않느냐? 그런데 왜 다윗과 맹약을 하느냐? 사울은 농토를 주고 출세도 시켜 주었지만 다윗은 한 일이 무엇이냐? 사실 이스라엘을 약하게 하고 망하게 하는 장본인은 왕자 요나단이나 신하들이 아니라 사울 자신이었습니다. 사울 왕의 왜곡된 심리 상태를 보게 됩니다. 사람들은 이것을 보지 못할 때가 많습니다.

사울 왕은 신하들과 왕자 요나단까지 불신하게 됩니다. 다윗과 요나단이 맺은 언약은 평화의 언약으로 가문을 지켜 달라는 언약이었는데 사울 왕은 자기 자신을 대적하는 언약으로만 생각했습니다. 매복하였다가 자기를 치려한다고 말합니다. 그리고 왕자와 신하들을 책망하고 있었습니다. 이것이 인간의 비극입니다.

그때에 에돔 사람 도엑이 사울 왕에게 고발했습니다. 마치 자기가 노력하고 충성된 사람으로서 보고하는 것처럼 밀고합니다. 놉 땅에 있는 대제사장 아히멜렉이 다윗이 음식을 달라 하면 음식을 주고 칼을 달라고 하니까 칼을 주었다고 말합니다. "아히멜렉이 그를 위하여 여호와께 묻고 그에게 음식도 주고 블레셋 사람 골리앗의 칼도 주더이다"라고 했습니다. 여호와께 묻는 것까지도 사울을 대적하기 위한 행동으로 고발했습니다. 묻고, 주고, 주었다고 고발했습니다. 이 잘못된 고발이 어떤 결과를 가져왔을까요?

사울 왕은 에돔 사람 도엑의 말을 믿고 제사장 팔십오 명을 살해합니다. 정말 기가 막힌 사건이 일어난 것입니다. 다윗에게는 점점 사람이 몰려오고 있는 반면 사울에게서는 민심이 점점 멀어지고 있는 상황이었습니다.

2. 소환과 심문

사울 왕은 위협과 살기가 등등하여 사람을 놉 땅으로 보냈습니다. 놉 땅에 있는 제사장들을 소환하기 위함이었습니다. 특별히 아히멜렉을 처단하기 위하여 급하게 사람을 보냈습니다. 아히둡의 아들 아히멜렉을 비롯하여 다른 제사장들도 소환했습니다. "그들이 다 왕께 이른지라"라고 했습니다. 이스라엘 백성들이 그릇된 생각에서 뽑았던 왕 때문에 백성들이 괴롭힘을 당하는 결과를 가져왔습니다.

사울 왕은 제사장들을 모아놓고 다윗과 모의한 내용을 파헤치기 시작했습니다. "너희 아히둡의 아들아 들으라." 자세히 주의하여 들으라! 깊이 명심하라. 매우 중차대한 일이기 때문에 귀를 기울이라는 뜻입니다.

"대답하되 내 주여 내가 여기 있나이다"라고 했습니다. 사울 왕은 "네가 어찌하여 이새의 아들과 공모하여 나를 대적하여 그에게 떡과 칼을 주고 그를 위하여 하나님께 물어서 그에게 오늘이라도 매복하였다가 나를 치게 하려 하였느냐?"

사울 왕이 아히멜렉을 심문하는 내용이 너무나 황당한 내용이었습니다. 아히멜렉이 하나님께 묻고 떡과 칼을 준 것은 사실이지만 사울 왕을 대적하라고 준 것은 아니기 때문입니다. 공모한 것은 더군다나 아니었습니다. 공모는 다른 것에 묶거나 매는 것을 말합니다. 아히멜렉을 다윗과 묶어서 왕을 대적하고 국가를 전복하려는 것이라고 심문했습니다.

아히멜렉의 고백이 무엇입니까? "왕의 모든 신하 중에 다윗같이 충실한 자가 누구인지요 그는 왕의 사위도 되고 왕의 호위대장도 되고 왕실에서 존귀한 자가 아니니이까 내가 그를 위하여 하나님께 물은 것이 오늘이 처음이니이까 결단코 아니니이다 원하건대 왕은 종과 종의 아비의 온 집에 아무것도 돌리지 마옵소서 왕의 종은 이 모든 크고 작은 일에 관하여 아는 것이 없나이다"라고 호소했습니다. 아히멜렉의 무죄와 모든 집안 식구의 무죄를 주장했습니다.

우리의 영원한 변호자는 누구일까요? 우리 주님이십니다. 우리는 하나님의 심판대 앞에 설 때 여러 가지 이유 때문에 사형에 해당하는 사람들이지만, 예수님의 이름을 진실로 믿은 사람, 십자가를 진심으로 의지한 사람, 부활을 바라보면서 살아 온 사람들을 위해 주님이 변론해 주실 것입니다. 그래서 주님이 길이요 진리요 생명이십니다.

아히멜렉은 다윗을 도운 일은 정당한 것이라고 주장했습니다. 자신을 변호하기에 앞서 다윗을 변호했습니다. 다윗을 가장 충실한 신하로 언급합니다. 신실한 자입니다. 견고하여 흔들리지 않는 사람입니다. 사울은 다윗을 반역자로 말하는 반면 아히멜렉은 그런 사람이 아니라고 주장하고 본인도 반역자가 아님을 증언하고 있습니다.

사울 왕 곁에 있는 높은 사람, 다윗을 돕는 것이 왕을 돕는 길이기에 도왔다고 말하고 있습니다. 다윗은 책임과 본분을 다할 뿐만 아니라 왕이 존귀하게 여기는 사위이자 신하이기 때문에 도와 준 것이라는 주장입니다. 다윗은 사울에게 속한 사람이라는 말입니다. 아히멜렉이 다윗을 위하여 여호와께 물은 것도 처음이 아니라고 말합니다. 아히멜렉의 진술은 진실이었습니다. 아무것도 거짓되거나 과장된 것이 없었습니다. 그러나 사울 왕의 마음에는 불의가 불타고 악신이 역사하여 진리를 싫어하고 있었습니다.

3. 제사장 팔십오 명

사울 왕이 아히멜렉 제사장에게 무슨 말을 했습니까? "아히멜렉아 네가 반드시 죽을 것이요 너와 네 아비의 온 집도 그러하리라." 사울은 백성의 원통함을 풀어주기보다는 오히려 살해하는 왕이었습니다. 아히멜렉과 온 집안 식구를 죽이라고 명령했습니다. 사울은 분노하여 죄없는 아히멜렉과 가문에 대해 멸절을 선언했습니다. 하나님의 뜻보다 자기의 뜻을 관철시키는 왕, 하나님 앞에 기도하여 응답받고 행동하는 사람의 죄까지 묻는 왕이 되어 버렸습니다.

사울 왕은 호위병들에게 또 다른 명령도 내렸습니다. "돌아가서 여호와의 제사장들을 죽이라 그들도 다윗과 협력하였고 또 그들이 다윗이 도망한 것을 알고도 내게 알리지 아니하였음이니라"라고 말했습니다. 왕의 신하들은 여호와의 제사장을 죽이기를 싫어했습니다. 항명입니다. 죽이는 것이 싫은 것이라기보다 불가능한 일로 생각했습니다. 다윗도 손을 들어 여호와의 기름 부음 받은 사람에게 해를 가하는 것이 좋지 않다고 생각했습니다.

사울 왕이 도엑에게 명령했습니다. "너는 돌아가서 제사장들을 죽이라." 에돔 사람 도엑이 돌아가서 제사장들을 쳐서 그 날에 세마포 에봇 입은 자 팔십오 명을 죽였습니다. 제사장들의 성읍인 놉의 남녀와 아이들과 젖 먹는 자들과 소와 나귀와 양을 칼로 쳐서 죽였습니다. 그야말로 몰살시켰습니다. 다른 신하들은 제사장을 죽이는 일에 동참하지 않았지만 도엑은 그렇지 않았습니다.

율법은 두세 사람의 증언이 있을 때 사형을 언도했습니다. 그런데 재판 자리에는 도엑뿐이었습니다. 도엑의 잘못된 증언으로 인해 아히멜렉과 가문 그리고 팔십오 명의 제사장이 목숨을 잃게 되었습니다. 이것은 사무엘상 2장에서 엘리 제사장 가문에 대한 심판이 이미 선언된 바 있습니다. 예언의 성취입니다.

사울 왕은 악한 왕으로서 악인인 도엑을 동원하여 제사장을 죽임으로써 악을 더 심화시켰습니다. 하나님은 악한 사울 왕을 통하여 악하게 불순종했던 엘리 가문을 지상에서 멸절시켰습니다. 사울은 여자와 아이 그리고 짐승까지 죽였습니다. 사울은 왕으로서 백성을 보호하는 왕이 아니라 백성을 죽이고 재산에 손해를 끼치는 사람으로 나타나게 되었습니다. 우리가 믿는 주님은 영원한 왕으로서 백성을 사랑하십니다. 백성을 위로하고 보호하십니다.

아히멜렉의 아들 중에 아비아달이라는 사람이 있습니다. 아비아달은 집안이 학살 당하는 중에 살아남게 되었습니다. 아비아달은 도망하여 다윗에게 피했습니다. 생명을 잃지 않고 얻게 되었습니다. 아비아달은 '아버지는 뛰어나시다' 라는 의미를 가지고 있습니다.

사울 왕이 제사장까지 죽임으로써 여호와께서 함께하지 않는 사람인 것을 증명한 반면, 다윗은 피난하는 가운데 있음에도 아비아달이 함께한 것은 여호와께서 함께하는 표시였습니다.

사울이 제사장을 죽인 사실을 다윗에게 알려 주었습니다. 다윗이 아비아달에게 말합니다. "그 날에 에돔 사람 도엑이 거기 있기로 그가 반드시 사울에게 말할 줄 내가 알았노라 네 아버지 집의 모든 사람 죽은 것이 나의 탓이로다"라고 말했습니다. 나의 탓, 내 탓이로다. 아히멜렉과 제사장 가문의 멸망은 사울이나 도엑이 악해서가 아니라 자기 자신 때문이라고 자책했습니다.

그리고 다윗은 아비아달에게 "두려워하지 말고 내게 있으라 내 생명을 찾는 자가 네 생명도 찾는 자니 네가 나와 함께 있으면 안전하리라"라고 신변에 대한 안전을 보장해 주었습니다. 여러분의 영원한 피난처는 예수 그리스도이십니다.

사울은 악신이 역사하였고, 예배드려 주고 성경말씀을 가르쳐 주며 축복기도해 주는 제사장들까지 모두 죽였으니 점점 약해지고, 다윗은 제사장의 축복이 있으니 점점 강해질 수밖에 없지 않겠습니까?

제62강
사무엘상 23장 1-5절

다윗의 구원 사건

사울 왕은 인간 왕입니다. 사람들의 요구에 의해서 세워진 사람 왕이 었습니다. 반면 다윗은 신정적인 국가에 합당한 왕이었습니다. 사람에 의해서 기름을 붓지만 하나님이 준비한 왕이었습니다. 결국 사울 왕가 는 몰락을 당하고 다윗 왕가는 점점 강성하게 일어나게 되었습니다.

그런데 명심해서 보고 배워야 할 것이 무엇입니까? 하나님이 준비한 왕에게 시련과 단련의 기간이 길었습니다. 도피 생활을 하는 입장이었 습니다. 대략 10여 년은 도피 생활을 했습니다.

다윗의 도피 생활을 요약해 보면 기브아 집에서부터 시작하여 헤렛 수풀에 이르기까지 약 3년간입니다. 또 3년은 그일라에서 십 황무지까 지의 기간입니다. 그리고 약 4년간은 블레셋으로 망명했던 기간으로 봅 니다.

오늘 성경말씀은 다윗의 두 번째 도피 기간에 해당하는 내용입니다. 그일라 지방의 도피 생활을 전제로 전개됩니다. 첫 번째 도피 생활에서 는 살기 위해서 몸부림쳤던 기간이라면, 두 번째 도피 생활에서는 사건을 하나하나 해결함으로써 왕으로서의 덕목을 쌓아가고 있었음을 보게 됩니다. 백성들의 신망도 얻어 지지를 받게 되었습니다. 사울 왕이 놉 땅에서 85인의 제사장을 죽임으로써 민심이 떠나게 된 반면 다윗은 주변 사람들의 만류에도 불구하고 그일라 사람을 구원하여 많은 사람들의 지지를 얻게 되었던 것입니다.

1. 블레셋의 탈취 사건

블레셋이 그일라의 타작 마당을 탈취하는 사건이 발생했습니다. 타작 마당에서 곡식을 강탈해 간 것입니다. 강대국이 약소국을 침범한 것입니다. 세상에는 약육강식이라는 원리가 존재합니다. 강한 존재가 약한 존재를 압제하고 빼앗아 가는 것이지요.

사람들이 이런 소식을 다윗에게 들려주었습니다. 한두 사람에 의한 보고가 아니라 여러 사람들의 보고가 있었습니다. 다윗은 어떤 반응을 보였을까요? 보고한 내용은 "블레셋 사람이 그일라를 쳐서 그 타작 마당을 탈취하더이다"라는 말이었습니다.

전쟁의 소식을 사울 왕에게 보고하지 않고 왜 다윗에게 보고했을까요? 이것이 중요한 점입니다. 이스라엘 백성들의 마음이 사울에게서 다윗에게로 돌아서고 있음을 시사하는 것입니다. 사울 왕은 더이상 이스라엘의 구원자가 아니었습니다. 윤리적으로나 도덕적으로 그리고 영적으로 이스라엘을 하나님 앞으로 인도하는 왕이 아니었습니다. 사탄이 역사하였고, 개인적인 감정에 치우쳐서 충신을 죽이려고 따라다니는 사탄과 같은 일을 하는 사람이었습니다. 허울은 좋지만 속은 다른 사람이었지요.

사울은 명분상 왕이었지 왕으로서의 역할을 감당하지 못하는 사람이었습니다. 다윗은 도피하는 생활을 하고 있는 상황이었지만 실제적인 왕의 역할을 감당하는 사람이었습니다. 골리앗으로부터 이스라엘을 구원하고 하나님의 이름을 높이 드러냈습니다. 사울 왕이 그렇게 죽이려고 창을 던지고 암살 계획을 세웠지만 왕자 요나단이 다윗을 사랑했습니다. 딸 미갈도 다윗을 사랑했습니다. 그래서 살리고 또 살렸습니다. 이것이 하나님의 섭리입니다.

그일라 지역은 가나안 정복 후 유다 지파에 속한 지역이었지만 블레셋과 접경 지역이기 때문에 블레셋의 공격을 자주 받던 곳이었습니다. 왜 블레셋이 공격해 왔을까? 지리적인 여건만이 아니라 블레셋이 공격해 온 이유는 두 가지로 볼 수 있습니다.

첫째는 사울 왕이 폭정을 일삼았기 때문에 백성들의 민심이 흩어진 상황이었습니다. 백성들이 왕을 중심으로 한마음과 한뜻이 되지 못한 상황이기 때문에 공격해 온 것입니다. 하나님의 교회도 그렇습니다. 주님을 중심으로 한마음과 한뜻이 될 때 성령이 역사하고 능력이 나타날 줄로 믿습니다. 내분은 악령이 역사하는 통로입니다.

또 한가지는 블레셋이 두려워하던 다윗이 군대에 없었기 때문입니다. 다윗이 피난 생활을 하고 있었기 때문에 그 틈에 공격해 왔다고 볼 수 있습니다. 믿음으로 깨어 있는 한 사람이 필요합니다. 정신을 차리고 깨어서 기도하는 그리스도인들이 되기를 바랍니다. 믿음으로 깨어 있는 한 사람이 여러분 자신이 되기를 축복합니다. 신앙의 영웅, 믿음의 사람이 필요합니다. 여러분은 믿음이 살아 있는 사람이 되기를 바랍니다.

2. 다윗의 기도

다윗은 그 소식을 듣고 여호와께 기도했습니다. "다윗이 여호와께 묻자와 이르되." 이것이 다윗의 위대한 점입니다. 기도하는 것입니다. 구하는 것입니다. 자기 마음대로 흥분하여 행동하는 것이 아니라 하나님의 뜻에 순종하겠다는 기도입니다. 다윗은 계속하여 기도했습니다. 블레셋의 공격 소식을 들은 다윗은 곧바로 기도했습니다. 이것이 사울 왕과 다른 점입니다. 여호와께 묻는 것이지요.

다윗은 여러 번 하나님께 물은 사실이 있습니다. 몇 군데 성경말씀을 찾아봅시다.

사무엘상 22장 15절에 "내가 그를 위하여 하나님께 물은 것이 오늘이 처음이니이까?" 사무엘상 30장 8절에 "다윗이 여호와께 묻자와 이르되 내가 이 군대를 추격하면 따라잡겠나이까?" 하나님께 묻습니다.

사무엘하 2장 1절에 "그 후에 다윗이 여호와께 여쭈어 아뢰되 내가 유다 한 성읍으로 올라가리이까?" 오고가는 것까지 하나님의 뜻에 순종하려는 다윗입니다.

사무엘하 5장 19절에 "다윗이 여호와께 여쭈어 이르되 내가 블레셋 사람에게로 올라가리이까?" 이처럼 다윗은 늘 계속하여 하나님께 물었습니다. 이 신앙을 배우기 바랍니다. 이것을 공부하지 않으면 방황합니다. 늘 허탕칩니다.

우림과 둠밈으로 하나님의 뜻을 묻기도 하고, 질문 형식으로 하나님께 기도 중에 묻기도 했습니다. 간청하는 경우도 있었습니다. 여하튼 무슨 방법을 사용하든 기도하는 것이 중요합니다. 다윗에게는 제사장 아비아달이 있고, 하나님이 함께하셨습니다. 왜 다윗이 하나님께 물었을까요? 자기가 싸우면 되지 않을까요? 전쟁은 여호와께 속한 것인 줄 믿었기 때문입니다. 전쟁의 승패도 하나님의 손에 달려 있다고 확신했기 때문에 기도한 것입니다. 전쟁의 승패는 하나님의 섭리속에 있습니다.

개인적인 전쟁이 아니라 거룩한 전쟁(Holy War)이었습니다.

기도한 내용은 "내가 가서 이 블레셋 사람들을 치리이까?"입니다. '블레셋 사람'이라고 말한 것은 다윗이 그들을 멸시하고 낮추어서 말하고 있는 것입니다. 그렇습니다. 요나단도 블레셋 사람을 말할 때 '이 할례없는 자들'이라고 불렀습니다. 다윗은 '이 할례받지 못한 블레셋 사람'이라고 명명했습니다.

여호와께서 응답해 주셨습니다. "가서 블레셋 사람들을 치고 그일라를 구원하라"였습니다. 가라, 치라, 구원하라. 이것이 응답이었습니다. 가라! 쳐라! 구원하라! 하나님께서 승리하도록 개입하시겠다는 의미입니다. 구원하라. 속박에서 벗어나게 하라. 자유를 얻도록 하라. 하나님께서도 다윗이 새로운 왕임을 드러내고 있습니다. 사울 시대는 끝이 났습니다. 새로운 시대가 열리게 되었습니다.

그랬더니 다윗 곁에 있는 사람들의 반응이 무엇입니까? "보소서 우리가 유다에 있기도 두렵거든 하물며 그일라에 가서 블레셋 사람들의 군대를 치는 일이리이까?" 그것도 그럴 법한 이야기입니다. 지금 사울 왕의 눈을 피하여 숨어있는 상황인데 그일라를 구원하기 위하여 블레셋을 친다면 어떻게 되겠습니까? 반대하는 사람의 주장도 일리가 있습니다. 항상 모든 말은 나름대로 일리가 있습니다. 그러나 진리는 아닙니다. 진리는 하나입니다. 특별히 주변 사람들의 반대는 더욱 어렵습니다. 또 주변 사람들은 군인이 아니었습니다.

다윗은 또다시 여호와께 기도합니다. 이것이 더욱 중요합니다. 최종적인 결정은 하나님께 달려 있다는 사상입니다. 하나님의 뜻을 묻다가 그냥 가버린 사울과는 너무나 다릅니다. 다윗은 또 기도했습니다. 새로운 왕은 다윗입니다. "다윗이 여호와께 다시 묻자온대"입니다.

하나님의 응답이 무엇입니까? "일어나 그일라로 내려가라 내가 블레셋 사람들을 네 손에 넘기리라"라고 했습니다. 다윗이 여호와 하나님께 기도했더니 승리를 약속하는 응답을 주셨습니다. 미래가 보장된 전쟁, 승리가 보장된 전쟁입니다. 그래서 기도가 중요합니다. 거룩한 손을 들고 기도하는 성도가 됩시다.

3. 다윗과 그일라

다윗과 함께하는 사람들이 블레셋과 전쟁을 했습니다. 다윗과 그 사람들이 크게 이겼습니다. 블레셋을 완전히 무찔렀습니다. 그리고 가축을 끌어왔습니다. 다윗이 그일라 사람들을 구원했습니다. 확실히 구원은 사람의 많고 적음에 달려 있지 않습니다.

그런데 나중에 설교하겠지만 그일라 사람들이 다윗의 은혜를 잊습니다. 사울 왕에게 밀고합니다. 자기들을 블레셋 사람들의 손에서 구원해 준 사람의 공로와 은총을 잊습니다. 정말 이해할 수 없는 상황입니다. 목숨 걸고 싸워서 구원해 준 사람의 은총과 공로를 어떻게 잊을 수 있습니까? 그런데 그일라 사람들이 다윗의 은총을 잊게 됩니다.

"내 영혼아 여호와를 송축하며 그의 모든 은택을 잊지 말지어다". "내가 나 된 것은 하나님의 은혜로 된 것이니 내게 주신 그의 은혜가 헛되지 아니하여 내가 모든 사도보다 더 많이 수고하였으나 내가 한 것이 아니요 오직 나와 함께하신 하나님의 은혜로라". 다윗과 바울은 하나님의 은혜를 잊지 않았습니다.

지금도 교회 안에 배신자나 변덕쟁이나 배교자가 없을까요? 은혜를 원수로 갚는 사람 말입니다. 사람들 앞에 비난받고 손가락질 받아 마땅한 일이 아닙니까? 직분도 마음대로 포기합니다. 그래도 다윗은 그일라 사람들을 비난하거나 보복하지 않았다는 점에서 위대합니다. 조용히 그일라 지방을 떠납니다. 다윗은 자기의 원수를 몰살시키는 사울 왕과는 너무나 달랐습니다. 신정적인 왕입니다. 하나님의 마음에 합당한 왕입니다.

다윗이 십 광야 마온에 숨어 있을 때 십 사람들이 사울 왕에게 밀고합니다. 유다 지파에 숨어 있는 데도 두 번이나 밀고했습니다. 같은 지파 사람들이 밀고합니다. 정말 세상에 믿을 사람이 없습니다. 예수님도 자신의 고향인 나사렛 마을 사람들에게 두 번씩이나 배척당했습니다.

다윗이 사울 왕에게 체포되기 직전에 하나님께서는 어떻게 간섭하셨을까요? 블레셋이 이스라엘을 공격하게 하셨습니다. 사울 왕은 다윗을 포기하고 블레셋과 전쟁하기 위하여 출전 준비를 해야 했습니다. 이것은 우연한 일이 아니라 하나님의 섭리입니다.

다윗은 도피 생활을 할 때도 사울 왕을 두 번이나 살려줬습니다. 왜 다윗은 사울을 살려 주었을까요? 영적으로 보면 사울 왕이 하나님에게 버림은 당했지만 기름 부음을 받은 사람이기 때문에 자기가 죽이려고 하지 않았습니다. 하나님께 모든 것을 맡겼습니다.

또 사울이 패역한 왕이고 불순종하여 버림당한 왕이지만, 현실적으로는 왕이었습니다. 만약 다윗이 사울 왕을 살해하고 자신이 왕이 된다면 백성들의 큰 지지를 받지 못했을 것입니다. 하나님의 복도 적었을 것입니다. 하나님의 때를 기다리는 것이 정답입니다. 다윗은 여호와께서 기름 부은 종에게 손을 대지 않았습니다.

그리고 사울 왕은 다윗에게 있어서 개인적으로 왕이면서 장인이고 자기에게 둘도 없는 가장 친한 요나단의 아버지인데 어떻게 그를 죽일 수 있겠습니까? 백성으로서 그리고 혈연관계를 생각하더라도 그리고 신하로서 충성하는 것이 당연한 일이었습니다. 예수님처럼 충성이 여러분의 별명이 되기를 바랍니다.

제63강
사무엘상 23장 6-14절

다윗과 기도

　다윗은 하나님이 준비한 사람입니다. 하나님의 마음에 드는 종이었습니다. 하나님 중심적인 인물로 하나님 나라를 세우기에 합당한 왕이었습니다. 다윗이 피난 다니면서도 그일라 사람들을 블레셋으로부터 구원했습니다.

　그일라 지방에 머물러 있을 때 무슨 일이 발생했을까요? 다윗이 그일라 지방에 머문다는 소식이 사울 왕에게 알려집니다. 다윗은 이 위기를 어떻게 극복했을까요?

1. 다윗과 아비아달

　아히멜렉의 아들 아비아달이 그일라에 있는 다윗에게로 도망올 때에 에봇을 가지고 왔습니다. 개역개정판 성경에는 그런 의미로 기록하고 있습니다. 그런데 어떤 성경에는 '아비아달이 다윗과 함께 그일라로 내려갔다' 라고 의역했습니다(70인역). 아비아달이 다윗에게로 도망해 올 때 다윗이 그일라에 있었다는 것이 아니라 다윗이 그일라에 있을 때 제사장 아비아달도 함께 있었다는 사실을 말해 줍니다.

아비아달은 그일라 사람들을 구원하는 전투를 할 때 에봇을 가지고 다녔습니다. 다윗은 사울 왕이 체포 작전을 편다는 것을 알고 에봇을 통하여 하나님의 뜻을 묻습니다. 아비아달이 가져온 에봇을 통하여 하나님의 지시를 받고 생존하게 됩니다. 하나님의 인도를 받아 살았습니다. 제사장이 가진 에봇 때문에 위기를 극복하게 되었습니다.

다윗은 제사장 아비아달이 가지고 온 에봇을 통해서 하나님의 뜻을 항상 물었습니다. 2절에서도 뭐라고 물었습니까? 그일라 지방에 오기 이전입니다. "다윗이 여호와께 묻자와 이르되 내가 가서 이 블레셋 사람들을 치리이까 여호와께서 다윗에게 이르시되 가서 블레셋 사람들을 치고 그일라를 구원하라"라고 응답을 받았습니다. 이것은 그일라 지역에 오기 이전의 사건입니다. 이미 아비아달이 함께하는 상황이었고, 에봇을 가지고 하나님의 뜻을 물은 증거입니다.

또 4절에서 "다윗이 여호와께 다시 묻자온대 여호와께서 대답하여 이르시되 일어나 그일라로 내려가라 내가 블레셋 사람들을 네 손에 넘기리라"라고 응답을 받았습니다. 그일라 지방에 오기 이전에도 에봇을 가지고 하나님의 뜻을 물었지만 그일라 지방에 내려온 이후에도 에봇을 가지고 묻게 됩니다. 9-12절의 내용입니다.

아비아달이 다윗에게 내려온 것이 중요한 것이 아니라 그의 손에 에봇을 가지고 온 것이 중요합니다. 왜냐하면 사건이 있을 때마다 에봇을 통하여 하나님의 뜻을 묻고 제사장만 입는 에봇이 다윗과 함께 있다는 것은 하나님께서 다윗과 함께 계심을 의미하기 때문입니다.

사랑하는 성도 여러분! 여러분의 에봇은 무엇입니까? 여러분의 손에는 무엇이 있습니까? 하나님의 뜻을 묻고 하나님의 응답을 묻는 에봇이 무엇이며 어디 있느냐는 질문입니다. 교회에서 기도하고 교회에서 성경말씀을 읽으면서 하나님의 뜻을 묻고 갈 길을 물어야 할 것이 아닙니까?

다윗은 아히멜렉의 손을 통하여 떡과 칼을 준비했습니다. 그리고 아히멜렉의 아들 아비아달의 손을 통하여 에봇을 얻게 되고 늘 하나님과 함께했습니다. 여러분을 돕고 인도하는 손길은 어디 있습니까? 여호와의 오른손이 여러분을 붙잡고 복을 내려주고 있습니다. 사울의 손에는 단창이 있었지만 다윗의 손에는 에봇이 있었습니다. 하나님은 다윗을 사울의 손에 넘겨주지 않으셨습니다.

다윗은 어려움에 처한 동족을 구원하는 사람이었지만 사울은 동족을 살해하고 괴롭히는 사람으로 나타났습니다. 다윗은 이스라엘 백성의 왕으로서 자격이 있는 것을 증명한 반면 사울은 이스라엘 백성의 왕의 자격이 없는 사람으로 나타나고 있습니다. 저나 여러분도 하나님이 함께하시면 자격 있는 사람이지만 하나님이 역사하지 않는다면 자격 없는 사람이 될 것입니다.

2. 사울의 계획

다윗이 그일라 지방의 사람들을 구원하기 위하여 온 것을 사울 왕에게 알려준 사람이 있었습니다. 사울 왕은 스스로 생각하기를 "하나님이 그를 내 손에 넘기셨도다 그가 문과 문빗장이 있는 성읍에 들어갔으니 갇혔도다"라고 생각했습니다. 자기 생각을 하나님의 뜻이라고 믿었습니다. 그래서 사울 왕은 신이 나서 다윗을 체포하기 위한 작전을 세웠습니다. 이번에는 틀림없이 체포할 수 있다고 확신했습니다. 자기 믿음입니다. 하나님을 믿는 믿음이 아니라 자기 자신의 생각을 믿는 자기 확신입니다.

사울 왕은 모든 군사를 불러 모았습니다. 그일라로 내려가서 다윗과 그의 사람들을 에워싸려 했습니다. 사울 왕은 왕으로서 정말 자격이 없는 사람이었습니다. 사울은 하나님께서 함께하는 다윗을 자기에게 넘기신 하나님이라고 생각합니다. 정말 잘못된 믿음이 아닙니까? 하나님이 붙잡고 있는 다윗입니다. 그일라 지방을 구원하는 다윗입니다. 그런데 사울은 생각하기를 하나님이 다윗을 자기에게 넘겼다, 다윗은 이제 갇혔다고 생각했습니다.

다윗에 대한 정보를 듣자마자 체포할 마음으로 군사를 재빨리 소집했습니다. 신속하게 행동했습니다. 사람들을 강권적으로 불러모았습니다. 블레셋이 그일라 지역을 침공한 소식이 다윗에게 들렸다면 사울 왕에게도 들렸을 것입니다. 그런데 그일라에 사는 백성에 대한 염려는 하지 않고 다윗을 체포하기 위해 재빨리, 신속하게 움직인 것은 왕으로서의 자격에 문제가 있는 것이 확실합니다. 그일라 백성을 구원하기 위해 군대를 동원한 것이 아니라 개인적인 욕망을 채우기 위해 군대를 동원했으니 왕으로서 문제가 있는 사람이 아닙니까?

사울은 그일라 백성의 구원을 함께 기뻐하는 것이 아니라 다윗을 체포하여 개인적인 원수를 갚으려는 생각을 가지고 있었습니다. 이게 왕입니까? 하나님 나라를 이런 생각으로는 세울 수 없습니다. 성경은 원수를 갚지 말라고 가르칩니다. 하나님께 맡기라고 가르칩니다. 원수를 사랑하라고 적극적으로 교훈하십니다. 웃는 자와 함께 웃고, 우는 자와 함께 울라고 말합니다.

3. 다윗과 하나님

다윗이 사울 왕의 간교한 계획, 자기를 해하려는 음모를 알아차렸습니다. 그리고 제사장 아비아달에게 에봇을 가져오라고 했습니다. 다윗은 개인적인 감정을 가지고 움직이는 사울 왕과는 달랐습니다. 하나님의 뜻을 묻기를 원했습니다. 비밀리에 다윗을 죽이려는 사울 왕의 계획을 알고 난 다윗은 에봇을 가지고 기도하면서 하나님의 뜻을 묻습니다.

제사장이 입는 에봇에는 판결 흉패가 있습니다. 흉패에는 우림과 둠밈이 있었습니다. 우림과 둠밈을 통해서 하나님의 뜻을 묻는 것이 이스라엘 백성의 특징입니다. 출애굽기 28장 30절에 "너는 우림과 둠밈을 판결 흉패 안에 넣어 아론이 여호와 앞에 들어갈 때에 그의 가슴에 붙이게 하라 아론은 여호와 앞에서 이스라엘 자손의 흉패를 항상 그의 가슴에 붙일지니라"라고 했습니다.

우림은 '빛'이고, 둠밈은 '어둠'이기에 우림이 긍정적인 제비로, 둠밈은 부정적인 제비로 생각하게 됩니다. 다윗은 왜 에봇을 통하여 하나님의 뜻을 물었는가? 다윗 때문에 사울이 그일라 사람들을 죽일까봐 그랬습니다.

다윗은 하나님께 두 가지를 물었습니다. 첫 번째로 물은 것이 무엇입니까? "이스라엘 하나님 여호와여 사울이 나 때문에 이 성읍을 멸하려고 그일라로 내려오기를 꾀한다 함을 주의 종이 분명히 들었나이다 … 주의 종이 들은 대로 사울이 내려오겠나이까? 이스라엘의 하나님 여호와여 원하건대 주의 종에게 일러 주옵소서."

이스라엘 하나님 여호와여! 이스라엘을 선택하시고 인도하시며 언약에 신실하신 하나님께 기도하고 있습니다. 다윗은 자신은 물론 육백여 명과 그일라 백성들의 안전을 생각하면서 '이스라엘의 하나님 여호와여' 라고 부르면서 기도하고 있습니다.

자기 자신을 '주의 종' 이라고 말합니다. 절대 순종할 수밖에 없는 노예나 신하 같은 입장에서 기도하고 있습니다. 자신을 종이라고 할 때 다윗의 심정은 사울이 자신과 대립하는 것이 아니라 하나님과 대립하고 있음을 선언하는 것입니다.

여호와의 응답이 무엇입니까? "그가 내려오리라." 사울 왕이 다윗을 체포하기 위하여 그일라로 내려오겠다고 하나님이 가르쳐 주셨습니다. 사랑하는 성도 여러분! 왜 기도해야 하지요? 왜 구하고 찾고 문을 두드려야 할까요? 피곤한데, 바쁜데, 왜 하나님은 우리에게 기도하라고 명령하실까요? 하나님의 뜻을 알게 됩니다. 우리의 생명과도 관련을 맺고 있습니다. 생사가 달려있을 때도 있습니다.

두 번째로는 "그일라 사람들이 나를 그의 손에 넘기겠나이까 … 그일라 사람들이 나와 내 사람들을 사울의 손에 넘기겠나이까" 입니다. "여호와께서 이르시되 그들이 너를 넘기리라" 라고 대답해 주셨습니다. 다윗만이 아니라 육백여 명의 군사들까지 넘기겠다는 말입니다.

기도는 성도에게 있어서 가장 큰 무기입니다. 하나님께서 선물로 주신 무기입니다. 우리의 앞날과도 관련을 맺는 것이 기도입니다. 여러분의 장래를 위하여 기도하세요. 자녀를 생각한다면 기도하기 바랍니다. 저는 지금도 여러분의 기도의 힘을 믿습니다. 우리 어머니의 기도를 잊을 수가 없습니다. 새벽 4-6시까지 큰 소리로 기도하던 모습 말입니다.

다윗과 일행의 수가 육백 명 가량이었습니다. 다윗을 비롯하여 모든 사람들은 하나님의 응답을 받고 의심하지 않았습니다. 곧바로 행동했습니다. 그일라 지역을 떠나 황무지로 피했습니다. 옮겨 다닐 수 있는 곳은 다 옮겨 다녔습니다. 한 장소에 머무르지 않고 계속하여 옮겨 다녔습니다. 그 소식도 사울 왕에게 알려 준 사람이 있었습니다. 사울이 그일라로 가기를 그쳤습니다. 이것도 하나님의 도우심입니다.

다윗은 광야의 요새에도 있었고 십 광야 산골에도 머물렀습니다. 다윗과 일행은 유랑 생활을 하였습니다. 몸을 피신할 수 있는 곳이면 어디든지 가서 숨어야 했습니다. 안전한 장소, 산이나 굴 그리고 언덕이나 골짜기에 가서 숨었습니다.

사울 왕은 매일같이 다윗을 찾았지만 하나님께서 다윗을 사울의 손에 넘기지 않으셨습니다. 인간의 생명은 하나님의 손에 달려 있습니다. 사람의 생사화복이 하나님께 있습니다. 매일은 '그 모든 날들에, 모든 날, 모든 때'를 말합니다. 한 번이나 두 번 정도 찾은 것이 아닙니다. 반복해서 다윗을 찾고 또 찾았습니다. 아주 비극적인 삶을 살았습니다.

하나님은 다윗을 사울의 손에 넘겨주지 않았습니다. 하나님의 절대주권입니다. 하나님이 사람을 사랑하시고 생명을 붙잡고 계십니다. 생사화복이 하나님께 달려 있습니다. 믿습니까?

제64강
사무엘상 23장 15-29절

다윗과 요나단

다윗이 자기를 죽이려는 사울 왕의 추격을 피하여 십 광야 수풀에 은신했습니다. 다윗의 생명이 누구의 것인데 사울은 빼앗으려고 했습니까? 생명은 하나님께 속한 것입니다. 자기의 것이 아닙니다. 특별히 구원받은 하나님의 백성의 생명은 하나님의 것인 줄로 믿습니다.

우리는 예수 그리스도의 피값에 팔린 사람입니다. 내 것이 더 이상 내 것이 아닙니다. 하나님의 것입니다. 바울은 고린도전서 6장 19-20절에서 "너희 몸은 너희가 하나님께로부터 받은 바 너희 가운데 계신 성령의 전인 줄을 알지 못하느냐 너희는 너희 자신의 것이 아니라 값으로 산 것이 되었으니 그런즉 너희 몸으로 하나님께 영광을 돌리라"라고 했습니다.

사랑하는 성도 여러분! 우리의 생명을 귀하게 여깁시다. 생명을 천하게 여기는 세상에서 우리는 하나님의 영광과 나라를 위하여 우리의 생명을 사용하는 은혜와 복이 있기를 바랍니다.

1. 다윗과 요나단

십 광야와 마온 황무지에서 무슨 일이 발생했는가? 먼저는 다윗과 요나단의 만남이 있었습니다. 다윗과 요나단은 목동과 왕자 사이입니다. 사울 왕에게 있어서 왕자와 신하 사이입니다. 처남과 매제 사이입니다. 그것만이 아니라 다윗과 요나단은 우정의 언약을 맺었고 가문에 대한 언약도 맺었습니다.

요나단이 광야에 숨어 있는 다윗을 찾아갔습니다. 요나단이 다윗을 찾아가서 독특하고 중요한 일을 했습니다. 요나단이 행한 일이 무엇입니까? 좋은 친구가 어떤 사람일까를 생각하게 만듭니다. 요나단이 곤경에 빠진 다윗을 찾아가듯 어려운 사람을 먼저 찾아가는 것이 진정으로 좋은 친구일 것입니다. 찾아가서 행한 일은 더욱 아름답습니다.

첫째로, 하나님을 힘있게 의지하도록 했습니다. 다윗의 손을 하나님 안에서 더욱 강하게 하다, 굳건하게 하다라는 의미입니다. 다윗은 지치고 피곤한 상태에 있었습니다. 사울 왕을 피하여 살려고 얼마나 많은 노력을 했습니까? 그런 사람에게 요나단이 한 말은 하나님 안에서 더욱 강하라고 말해 줍니다. 힘과 용기를 북돋아 주는 말이었습니다. 요나단은 자신의 능력이 아니라 하나님으로 말미암아 다윗에게 힘과 능력을 공급해 주었습니다. 보이는 사울 왕을 보지 말고 보이지 않지만 하나님만 의지하라, 하나님의 약속을 굳세게 믿으라고 말했습니다.

"두려워하지 말라 내 아버지 사울의 손이 네게 미치지 못할 것이요"라고 말했습니다. 다윗에게 앞으로 안전할 것이라고 위로해 줍니다. 아버지는 너를 발견하지도 못할 것이라고 단언합니다. 그 말대로 정말 사울은 매일 찾아도 다윗을 찾지 못했습니다. 요나단은 다윗에게 둘도 없는 정말 좋은 친구 아닙니까?

여러분에게 이런 친구는 예수님밖에 없습니다. 요한복음 15장 13-14절에 "사람이 친구를 위하여 자기 목숨을 버리면 이보다 더 큰 사랑이 없나니 너희는 내가 명하는 대로 행하면 곧 나의 친구라"라고 했습니다.

둘째로, "너는 이스라엘 왕이 되고 나는 네 다음이 될 것을 내 아버지 사울도 안다"라고 말했습니다. 다윗이 이스라엘의 왕이 될 것도 말해 주었습니다. 사람은 누구나 욕심이 있기 때문에 자기가 왕자로서 왕이 되고 싶어 할텐데, 요나단은 다윗이 왕이 될 것이라고 말했습니다.

요나단의 겸손을 봅니다. 하나님과 함께하는 다윗이 왕이 되고 자신은 2인자로 족하다는 의미입니다. 이미 요나단은 자신의 옷을 벗어 다윗에게 주었습니다. 이것은 왕권을 다윗에게 이양한 것을 뜻합니다. 이제는 신앙고백처럼 다윗 앞에서 왕권을 인정하고 있습니다.

요나단의 이 자세는 마치 예수님에 대하여 고백했던 세례 요한의 고백과도 같습니다. 요한복음 3장 29-30절에 "신부를 취하는 자는 신랑이나 서서 신랑의 음성을 듣는 친구가 크게 기뻐하나니 나는 이러한 기쁨으로 충만하였노라 그는 흥하여야 하겠고 나는 쇠하여야 하리라"라고 했기 때문입니다.

사울 왕도 다윗이 왕이 될 것을 벌써부터 알고 있었습니다. 사울이 알 정도로 확실하다는 고백입니다. 요나단의 위로는 하나님 앞에서 솔직한 위로였습니다. 그냥 스쳐가는 위로가 아니었습니다. 하나님의 섭리를 알고 있는 자로서의 위로였습니다. 사울은 하나님의 뜻을 알고도 불순종하려는 사람이었고 요나단은 하나님의 뜻 앞에 순종하는 사람이었습니다.

셋째로, 다윗과 요나단이 언약을 재확인하게 됩니다. "두 사람이 여호와 앞에서 언약하고 다윗은 수풀에 머물고 요나단은 자기 집으로 돌아가니라"라고 했습니다. 요나단이나 다윗이나 여호와 앞에서 말하고 행동했습니다. 심지어 언약까지 세웠습니다. 새로운 언약이 아니라 재확인하거나 갱신하는 내용이었습니다.

요나단과 다윗의 우정은 성경에 나타난 가장 아름다운 우정입니다. 이것이 진정한 벗이 아닙니까? 요나단과 다윗의 이 만남이 세상에서는 마지막 만남이었습니다. 언약을 확인한 요나단은 얼마 후 블레셋과의 길보아 전투에서 전사했습니다.

여호와 앞에서! 이것이 기독교인의 신앙이요 삶입니다. 여호와 앞에서, 하나님 앞에서, 신전의식, 코람데오라고 말합니다. 성도는 먹든지 마시든지 아니면 시집가고 장가드는 것도 다 하나님의 영광을 위하여 하나님 앞에서 행해야 되는 것입니다.

2. 십 사람들

또 중요한 사건은 다윗에 대하여 십 사람들이 사울 왕에게 밀고한 내용입니다. 요나단은 다윗에게 힘을 실어주었지만 십 사람들은 사울 왕을 찾아가서 다윗을 더욱 어렵게 만들었습니다. 다윗이 광야 남쪽 하길라 산에 있다고 밀고했습니다. 심지어 "그를 왕의 손에 넘길 것이 우리의 의무니이다"라고 말했습니다.

다윗에게 또 다른 시련이 닥쳐왔습니다. 십 광야 사람들은 다윗과 같이 유다 지파였습니다. 다윗이 블레셋을 물리친 믿음의 용사인 것을 다 알고 있었습니다. 그럼에도 불구하고 험한 오르막길을 올라 사울에게 밀고했습니다. 참 이상한 세상입니다. 호사다마입니다.

십 광야 사람들은 다윗이 숨어 있는 곳을 자세히 그리고 구체적으로 알려 주었습니다. 하길라는 '가뭄'이라는 뜻입니다. 사해 근방의 석회암 동굴로 추측합니다. 십 광야 사람들은 다윗의 생명이 자기들 것인양 언제든지 내려오시면 내주겠다고 말합니다. 다윗을 잡는 일이 자기들의 의무라고 말했습니다. 왕은 내려오기만 하면 된다는 논리입니다. 십 광야 사람들은 다윗의 생명을 넘길 수 있다고 말한 반면 요나단은 사울 왕에게 다윗을 넘기지 않을 것이라고 말해 대조를 이루고 있습니다.

사울 왕은 밀고자들을 축복합니다. "너희가 나를 긍휼히 여겼으니 여호와께 복 받기를 원하노라"라고 했습니다. 사울이 간절히 바라던 바를 십 광야 사람들이 알아주었으니 복을 받을 것이라는 말입니다. 하나님의 이름으로 축복하는 것도 조심해야 합니다. 그리고 사울은 다윗을 간절히 죽이려고 노력했던 인물입니다. 정말 왕의 자격에 문제가 있습니다.

사울 왕은 즉시 움직이지 않고 다윗의 소재 파악을 다시 부탁합니다. 확실할 때 자신이 가겠다고 말합니다. "어떤 사람이 내게 말하기를 그는 심히 지혜롭게 행동한다 하나니 너희는 가서 더 자세히 살펴서 그가 어디에 숨었으며 누가 거기서 그를 보았는지 알아보고 그가 숨어 있는 모든 곳을 정탐하고 실상을 내게 보고하라 내가 너희와 함께 가리니 그가 이 땅에 있으면 유다 몇 천 명 중에서라도 그를 찾아내리라"라고 말했습니다.

사울이 볼 때 다윗은 간교했습니다. 그러나 다윗은 간교한 사람이 아니라 하나님과 동행하는 사람이었습니다. 사울이 십 광야 사람들에게 자세히 알아보라고 권면했습니다. 그래서 십 사람들이 다윗을 자세히 알아보기 위해서 사울 왕보다 먼저 십 광야로 내려갔습니다. 다윗과 일행은 마온 광야 아라바에 있었습니다.

3. 다윗과 사울

다윗은 사울이 찾아왔다는 소식을 듣게 됩니다. 사울 왕이 강한 의지력을 가지고 다윗을 찾아나섰습니다. 다윗이 마온 황무지 바위에 있을 때 사울이 추격해 왔습니다. 사울이 맞은편 산에서 추격해 오기 때문에 다윗과 일행은 반대편 산으로 피했습니다. 지금의 유다 광야 지역입니다. 사울이 쫓는 자이고 다윗이 쫓기는 자입니다.

다윗은 두려운 가운데 급히 피했습니다. 바위로 이루어진 산으로 도피했습니다. 원래 있던 곳을 벗어나서 다른 곳으로 갔습니다. 다윗은 험준한 바위산을 피난처로 도피했습니다. 산 하나를 놓고 서로 반대편에서 마주보는 상황이었습니다. 정말 긴장감이 감도는 순간이었습니다. 숨막히는 시간의 연속이었습니다.

"사울과 그의 사람들이 다윗과 그의 사람들을 에워싸고 잡으려 함이었더라"라고 상황을 설명하고 있습니다. 사울의 군대가 다윗과 그 일행을 포위했습니다. 에워싸고 있었습니다. 더 이상 어떻게 할 수 없는 상황이었습니다. 그러면 요나단의 말은 어떻게 되는 것인가? 다윗의 생명은 여기까지인가? 그러나 하나님은 하나님의 뜻을 반드시 이루십니다. 사람들이 방해하거나 꺾을 수 없습니다. 하나님은 전능하신 분이십니다.

그때 마침 무슨 일이 발생합니까? 다윗과 부하들이 절체절명의 위기

속에 있을 때 무슨 일이 일어났을까요? 하나님의 개입이 있었습니다. 예기치 않은 일이 발생했습니다. 급하게 전령이 사울에게 달려 왔습니다. "전령이 사울에게 와서 이르되 급히 오소서." 왕이시여! 제발 빨리 오소서! 왕에게 급한 전보가 왔습니다. 시편 127편 1절에 "여호와께서 집을 세우지 아니하시면 세우는 자의 수고가 헛되며 여호와께서 성을 지키지 아니하시면 파수꾼의 깨어 있음이 헛되도다"라고 했습니다.

블레셋 나라의 침공 소식이었습니다. 사울은 다윗을 추격하는 것을 중단하고 블레셋과 전쟁을 치르기 위해 되돌아갔습니다. 그곳을 '분리의 바위, 미끄러운 바위'라는 뜻으로 셀라하마느곳이라고 불렀습니다. 다윗과 사울을 갈라놓은 바위였습니다. 분리의 주체는 하나님이십니다. 다윗이 사울로부터 구원을 받게 하신 분은 하나님이십니다.

다윗은 엔게디 요새로 피했습니다. 엔게디는 '염소의 샘'이라는 의미입니다. 사해의 중간 지점으로 서해안에 위치합니다. 산악지대로 동굴과 절벽이 많아서 피할 곳이 많았습니다. 다윗은 하나님의 언약의 도구였습니다. 하나님이 준비한 왕이었습니다. 그러므로 하나님께서 언약에 신실하도록 지켜주시고 언약을 이루게 하십니다.

제65강
사무엘상 24장 1-7절

다윗과 사울 2

사무엘상 23장부터 26장까지는 다윗의 2차 도피 시기에 관한 기사들을 기록했습니다. 다윗은 도피 생활을 하는 가운데서도 그일라 성을 구원하였습니다. 물론 추종하는 사람들과 함께 전쟁을 하여 이긴 것입니다. 다윗은 하나님이 준비하신 왕, 백성을 위하는 진정한 왕이라는 것을 확실하게 증명하고 있습니다.

그런데 그일라 사람들은 사울에게 다윗이 있는 곳에 대하여 밀고했습니다. 십 광야 사람들도 밀고했습니다. 배반하고 배신하며 감사할 줄 모르는 사람들이 너무나 많은 세상입니다. 하나님께 감사! 사람의 은혜도 감사!

바울이 말한 것처럼 마지막 세대는 "감사하지 아니하며 거룩하지 아니하며 무정하며 원통함을 풀지 아니하며 모함하며 절제하지 못하며 사나우며 선한 것을 좋아하지 아니하며 배신하며 조급하며 자만하며 쾌락을 사랑하기를 하나님 사랑하는 것보다 더하며 경건의 모양은 있으나 경건의 능력은 부인하니 이같은 자들에게서 네가 돌아서라"(딤후 3:2-5)

라고 했습니다. 우리는 감사하는 성도가 됩시다. 하나님의 은혜는 물론 사람들의 은혜도 잊지 말아야 합니다.

1. 사울과 다윗

사울은 이스라엘의 초대 왕입니다. 다윗은 이스라엘의 백성이고 사울 왕의 신하였습니다. 개인적으로는 사울이 장인이고 다윗이 사위였습니다. 그런데 사울 왕은 다윗을 원수같이 생각하고 죽이기 위하여 찾고 있었습니다. 사울 왕은 그일라와 마온 황무지에서 다윗을 붙잡는 데 실패했음에도 계속하여 붙잡아 죽이겠다는 의지를 불태우고 있었습니다.

사울이 블레셋 사람과 전쟁을 하였습니다. 다윗을 쫓다가 전쟁을 하기 위하여 돌아오게 되었습니다. 사울 왕이 블레셋과의 전쟁을 왜 하게 되었습니까? 하나님께서 다윗을 구원하여 살리고자 하시는 섭리 때문에 블레셋으로 하여금 공격해 오도록 역사하신 것입니다. 사울 왕은 그 자체를 이해하지 못하고 있는 상황입니다.

또 블레셋과의 전쟁에서 이기게 하신 분도 하나님이십니다. 전쟁에서 승리한 사울 왕은 자기가 능력이 많아서 혹은 전쟁에 능한 사람이라 승리한 줄로 착각하고 있는 상황입니다. 그래서 전쟁이 끝나자마자 또다시 다윗을 추격하기 시작했습니다. 이것이 사울 왕의 어리석음이요 인간의 어리석음입니다.

때마침 어떤 사람이 사울 왕에게 보고를 합니다. "다윗이 엔게디 광야에 있더이다." 다윗이 있는 위치에 대한 보고입니다. 자세한 보고였습니다. 그것도 한 사람의 보고나 진술이 아니라 여러 사람들이 보고하고 진술한 내용이었습니다. 몇 사람인지는 몰라도 여러 사람들이 보고했습니다.

밀고자는 십 사람들이라고 추측합니다. 왜냐하면 사울 왕이 십 사람들에게 계속적으로 추적하라고 명령했기 때문입니다. 사무엘상 23장 22-23절에 "어떤 사람이 내게 말하기를 그는 심히 지혜롭게 행동한다 하나니 너희는 가서 더 자세히 살펴서 그가 어디에 숨었으며 누가 거기서 그를 보았는지 알아보고 그가 숨어 있는 모든 것을 정탐하고 실상을 내게 보고하라 내가 너희와 함께 가리니 그가 이 땅에 있으면 유다 몇 천 명 중에서라도 그를 찾아내리라"라고 했습니다.

사울 왕은 삼천 명의 군사를 소집했습니다. 삼천 명의 군사를 대동하고 다윗과 그 일행을 찾으러 들염소 바위로 갔습니다. 사울 왕은 블레셋과의 전쟁을 치룬 다음에 다윗을 잡기 위해 삼천 명의 군사를 일으켰습니다. 삼천 명은 잘 훈련된 정예병들이었습니다. 막강한 군대였습니다. 이번에는 놓치지 않겠다는 신념 때문에 그렇게 했습니다. 믹마스 전투 때에 삼천 명을 동원했는데 다윗과 일행을 진멸하기 위해서 삼천 명을 동원한 것은 사울 왕의 복수심을 반영하고 있습니다.

왕정제도의 위험성이 무엇이었습니까? 자녀들이 군대에 동원되거나 주방에서 일하게 된다는 것이었습니다. 사울 왕은 하나님의 아들들을 보호하기보다는 자기의 개인적인 욕망을 위하여 군사를 동원한 것입니다. 왕정제도의 부정적인 측면을 보여 주고 있습니다.

사울은 들염소 바위까지 다윗을 추격하였습니다. 사해 바다 근처에 있는 절벽을 의미합니다. 들풀을 뜯고 산양이나 들염소들이 안식처로 삼는 곳입니다. 인적이 드물고 비교적 물이 풍부하고 목축지로서 적합한 곳이었습니다.

사울 왕이 용변, 뒤를 보기 위하여 굴로 들어갔습니다. 그 굴 속에는 다윗과 그 일행이 숨어 있었습니다. 정말 드라마 같은 사건이 아닙니까? 히브리인들은 불경스러운 말을 완곡하게 표현했습니다. 그래서 뒤 혹은 용변이라는 말로 표현한 것입니다. 사울은 호위병도 없고 완전히 혼자였기 때문에 다윗이 사울을 죽일 수 있는 절호의 기회였습니다. 사울에게 절대적으로 위기의 상황이었습니다. 다윗보다 사울이 더 위험한 상황입니다. 많고 많은 동굴 중에 하필이면 다윗과 일행이 숨어 있는 동굴일까요? 이것이 하나님의 섭리입니다.

2. 다윗의 신하들

다윗의 신하들이 어떤 반응을 보였습니까? "보소서 여호와께서 당신에게 이르시기를 내가 원수를 네 손에 넘기리니 네 생각에 좋은 대로 그에게 행하라 하시더니 이것이 그 날이니이다"라고 말했습니다.

사울은 무장 해제된 상태입니다. 호위병이 한 사람도 없습니다. 다윗이 사울을 제거할 수 있는 절호의 기회입니다. 다윗의 노력이나 의도나 뜻대로 된 일이 아닙니다. 하나님의 섭리적인 결과일 뿐입니다.

사울이 온갖 수단과 방법을 가리지 않고 다윗을 죽이려고 하는 것과는 너무나 대조적입니다. 하나님의 전적인 도움으로 이루어진 일입니다. 하나님이 사울을 다윗의 손에 넘기신 증거입니다. 신하들은 원수를 넘기셨다는 그 언약을 기억하고 있습니다.

지금입니다. 놓치면 안 된다는 확신과 권면을 의미하고 있습니다. 지금이다! 찬스다, 기회야! 언제 언약을 세웠는지는 성경에 없지만 사울이 다윗을 죽이려고 따라다닌 것을 볼 때 원수인 것만은 확실합니다. 신하들이 원수라고 주장하지만 다윗은 원수라고 생각하지 않았습니다. 사울은 밀고자들의 말을 듣고 군대까지 동원했지만 다윗은 부하들이 언약을 말하면서 절호의 기회라고 했을 때 그렇게 행하지 않았습니다.

"네 생각에 좋은 대로 그에게 행하라." "네 소견에 선한 대로 그에게 행하라"입니다. 눈으로 직접 보고 판단하라. 사울을 지금 죽여도 충분한 이유가 되는 것은 사울이 다윗을 핍박하고 죽이려고 했기 때문이고, 다윗은 이미 이스라엘의 왕으로 기름 부음을 받았기 때문입니다. 그럼에도 불구하고 다윗은 신하들의 권면을 부정하고 하나님의 뜻을 찾았습니다.

다윗은 눈 앞에서 전개되는 상황만 보지 않고 배경에 역사하시는 하나님의 왕 되심을 생각하는 사람이었습니다. 우리에게 이 신앙이 필요합니다. 우리의 왕은 하나님이십니다. 하나님만이 영원히 왕이요 만 주의 주가 됩니다.

3. 다윗의 반응

다윗이 부하들의 말을 듣고 어떤 반응을 보였습니까?

첫 번째로, 자기 생각이 옳다고 생각하는 단계입니다. 다윗도 그렇게 생각했습니다. 미숙한 생각입니다. 성숙하지 못한 단계입니다. 사람은 생각하는 것이 어린아이와 같을 때가 많습니다. 자기의 주관적인 생각만 할 때가 정말 많습니다.

다윗도 사울을 죽일 기회가 왔다는 말을 듣고 어느 정도는 찬동을 했습니다. 하나님께서 그렇게 좋은 기회를 주셨다고 생각했을 것입니다. 절호의 기회야! 찬스다. 이번 기회를 놓치면 다시는 이런 기회가 없을거야. 그런 경위가 허다하게 많습니다.

사도 바울도 "내가 어렸을 때에는 말하는 것이 어린아이와 같고 깨닫는 것이 어린아이와 같고 생각하는 것이 어린아이와 같다가 장성한 사람이 되어서는 어린아이의 일을 버렸노라"(고전 13:11)라고 했습니다.

에베소 교인들에게 "우리가 다 하나님의 아들을 믿는 것과 아는 일에 하나가 되어 온전한 사람을 이루어 그리스도의 장성한 분량이 충만한 데까지 이르리니 이는 우리가 이제부터 어린아이가 되지 아니하며 사람의 속임수와 간사한 유혹에 빠져 온갖 교훈의 풍조에 밀려 요동하지 않게 하려 함이라 오직 사랑 안에서 참된 것을 하여 범사에 그에게까지 자랄지라 그는 머리니 곧 그리스도라"(엡 4:13-15)라고 했습니다.

사도 베드로도 "오직 우리 주 곧 구주 예수 그리스도의 은혜와 그를 아는 지식에서 자라 가라"(벧후 3:18)라고 했습니다. 우리는 성장해야 합니다. 인격적으로 성숙한 사람이 되어야 합니다. 예수를 많이 닮은 사람이 되어야 합니다. 하나님 나라에 합당한 사람으로 자라나야 합니다.

두 번째 단계가 무엇입니까? 행동으로 조금 옮기는 단계입니다. 부분적으로 행하는 단계입니다. 다윗도 자기 생각이 옳다, 좋다라고 생각하다가 사울 왕의 겉옷 자락을 가만히 베었습니다. 이것이 두 번째 단계입니다.

인간이 타락을 했어도 처음부터 완전히 빠져버리는 사람은 적습니다. 처음에는 생각이 옳다, 좋다고 생각합니다. 그러다가 나중에 문제가 되는 것입니다. 다윗도 사울의 옷자락을 잘랐습니다. 사울에게 속한 옷자락을 자른 것은 사울의 왕권을 잘라낸 것과 같은 의미입니다.

이미 사무엘상 15장에서 사울이 사무엘의 옷자락을 잡았다가 찢어진 사건을 통해서 사울의 왕국을 다른 사람에게 줄 것을 예시했습니다. 또 18장에서 요나단이 자기의 옷을 벗어 다윗에게 준 것도 사울의 왕권이 다윗에게로 넘어가는 것을 암시합니다. 다윗이 사울의 옷자락을 벤 것도 왕권이 다윗에게 이양되는 것을 나타낸 것입니다.

시편 1편을 생각해 봅시다. "복 있는 사람은 악인들의 꾀를 따르지 아니하며 죄인들의 길에 서지 아니하며 오만한 자들의 자리에 앉지 아니하고 오직 여호와의 율법을 즐거워하여 그의 율법을 주야로 묵상하는도다"(시 1:1-2)라고 했습니다.

세 번째 단계가 무엇입니까? 완전히 빠져 버리거나 실천하여 사람으로 말하면 죽이는 단계입니다. 사업으로 말하면 망하는 단계입니다. 그런데 다윗은 "사울의 옷자락 벰으로 말미암아 다윗의 마음이 찔려 자기 사람들에게 이르되 내가 손을 들어 여호와의 기름 부음을 받은 내 주를 치는 것은 여호와께서 금하시는 것이니 그는 여호와의 기름 부음을 받은 자가 됨이니라"라고 했습니다. 다윗은 회개했습니다. 완전히 실행하지 않았습니다. 부분적으로 실행했습니다.

다윗은 "자기 사람들을 금하여 사울을 해하지 못하게 하니라"라고 했습니다. 사울은 아무것도 모른 채 굴에서 밖으로 나갔습니다. 자기 길을 갔습니다. 사람은 처음 생각과 나중 생각이 다를 수 있습니다.

성경 해석도 신중하게 해야 합니다. 역사적이고 문법적이며 신학적인 입장에서 해석을 해야 합니다. 그렇지 않으면 주관적인 입장에서 해석을 하여 심각한 오류를 범할 수 있는 것입니다. 때로는 풍유적이거나 지나치게 비유적인 경우도 있습니다. 때로는 영해를 한다고 상식에서 벗어나는 경우도 있습니다.

다윗은 사울의 겉옷 자락만 베었습니다. 그러나 양심의 가책을 받았습니다. 그리고 여호와께서 기름 부음 받은 자를 해하는 것을 금하셨다는 생각을 하였습니다. 강한 부정입니다. 금지 명령입니다. 하나님만이 하실 수 있다는 의미입니다. 이것이 나중의 생각이요 하나님의 뜻이었습니다. 이것이 세 번째 단계입니다. 기름 부음에 있어서 주체가 사람이라기보다는 하나님이십니다.

세 번째 단계는 자기 자신의 잘못이나 잘못된 행동을 회개하면서 사울 왕을 살려 보낸 것입니다. 이 점이 다윗의 위대한 점입니다. 그릇된 판단이나 행동을 곧바로 뉘우치고 바로잡는 것이 중요합니다. 다윗은 하나님 중심적인 생각을 하는 사람이었습니다. 모든 것을 주관하시는 하나님만 믿고 나간 사람입니다.

제66강
사무엘상 24장 8-22절

호소와 회개

사람에게 호소하는 사람이 있고 하나님께 호소하는 사람이 있습니다. 하나님의 사람은 대부분 하나님께 호소하는 법입니다. 여러분은 주로 누구에게 호소합니까?

1. 다윗의 호소

사울 왕이 용변을 다 본 후 동굴에서 밖으로 나갑니다. 잠시 후 다윗도 따라갔습니다. 사울 왕 뒤에서 큰 소리로 외칩니다. "내 주 왕이여!" "사울이 돌아보는지라". 다윗이 땅에 엎드려 절을 했습니다.

다윗이 사울을 '주'라고 부른 것은 자신이 사울의 원수가 아니라 '종'이라는 의미입니다. '왕'이라고 부른 것은 이스라엘의 공식적인 왕으로 인정하는 자세이고, 여호와 하나님께서 기름을 부어 세운 사람으로 인정하는 태도입니다. 때로는 '나의 아버지'라고 부른 것도 애정과 존경심에서 그렇게 부른 것입니다.

사울 왕이 그릇된 길을 걷고 있지만 존경하는 말로 부른 것은 하나님께서 세운 왕이기 때문에 그렇게 부른 것입니다. 이것이 다윗의 신본주의 사상이고, 하나님 중심적인 삶에서 나온 반응입니다. 진지하게 부르는 다윗의 음성을 듣고 사울 왕도 힐끗 본 것이 아니라 자세히, 주의 깊게 돌아보게 되었습니다. 다윗을 유심히 보았습니다.

사울 왕에게 존경의 뜻으로 절을 하고 난 다윗의 고백이 무엇입니까? "보소서 다윗이 왕을 해하려 한다고 하는 사람들의 말을 왕은 어찌하여 들으시나이까?" 왜 사람의 말만 듣느냐고 반문합니다. 왜 하나님의 말씀을 듣는 것보다 사람의 말을 듣느냐는 반문을 하고 있습니다. 에돔 사람 도엑, 그일라의 지도자들, 십 광야의 사람들이 다윗이 숨어 있는 곳을 사울에게 밀고한 말만 듣느냐는 뜻입니다.

"오늘 여호와께서 굴에서 왕을 내 손에 넘기신 것을 왕이 아셨을 것이니이다 어떤 사람이 나를 권하여 왕을 죽이라 하였으나 내가 왕을 아껴 말하기를 나는 내 손을 들어 내 주를 해하지 아니하리니 그는 여호와의 기름 부음을 받은 자이기 때문이라 하였나이다". 다윗은 사울 왕을 해롭게 할 마음이 전혀 없다고 말합니다. 죽일 수 있는 절호의 기회임에도 그냥 보내 주었다고 말하면서, 죽일 마음이 없다는 것과 사울이 사람의 말만 듣지 말라는 지적입니다.

그리고 그 증거물을 제시했습니다. "내 아버지여 보소서 내 손에 있는 왕의 옷자락을 보소서 내가 왕을 죽이지 아니하고 겉옷 자락만 베었은즉 내 손에 악이나 죄과가 없는 줄을 오늘 아실지니이다 왕은 내 생명을 찾아 해하려 하시나 나는 왕에게 범죄한 일이 없나이다"라고 했습니다. 엔게디 동굴에서 왕을 죽일 수 있었지만 그렇게 하지 않았다고 말했습니다.

왕은 나를 해하려고 하였지만 나는 한 번도 왕을 해하려고 한 사실이 없다고 호소합니다. 이렇게 행할 수 있었던 것은 다윗의 인간적인 판단력보다는 사울을 불쌍히 보게 하는 하나님의 섭리였습니다. 옷 자락은 다윗의 무죄에 대한 증거물이고, 사람들의 말만 듣고 죽이려고 하는 사울 왕의 그릇된 처사를 지탄하는 증거물이었습니다.

사울은 다윗의 생명을 죽이려고 찾아다녔지만 다윗은 사울의 생명을 죽일 마음이 없다는 것입니다. 그 증거물이 옷 자락입니다. 하나님을 향해서도 범죄하지 않았고, 사람을 향해서도 죄를 범한 일이 없다는 것입니다. 그럼에도 불구하고 사냥꾼이 한 마리의 짐승이나 새를 잡기 위해 그물을 치고 숨어 기다리는 것처럼 하니 너무나 답답하다고 말합니다. 정당한 사유없이 자기의 왕권을 이용하여 다윗을 죽이려고 따라다니는 것은 인본주의이고, 세속적인 왕의 그릇된 타락의 극치입니다.

그러면서 다윗은 사울을 향하여 '나의 아버지여 보소서'라고 부릅니다. 이 결과가 무엇입니까? '내 아들 다윗아'라는 응답을 듣게 됩니다. 일시적이나마 다윗과 사울 사이의 관계 회복의 징조입니다. 이런 말들은 나중에 사울의 왕권이 다윗에게 이양될 것을 암시하고 있습니다.

2. 다윗의 재다짐

다윗은 다짐하고 또 다짐했습니다. 무엇을 그렇게 다짐했습니까? 다윗의 말을 봅시다. 다윗이 뭐라고 말했습니까? 다윗과 사울 왕 사이를 여호와 하나님께서 판단해 주시기를 원했습니다. "나와 왕 사이를 판단하사." 이것이 신본주의 사상을 가진 자입니다.

그리고 "여호와께서 나를 위하여 왕에게 보복하시려니와 내 손으로는 왕을 해하지 않겠나이다"라고 했습니다. 다윗은 여호와께서 보복하시는 것은 몰라도 다윗 스스로 사울 왕을 해롭게 하지 않겠다고 했습니다. 자기 자신의 힘으로 보복하지 않고 모든 것을 여호와께 맡기겠다는 뜻입니다. 이것이 신본주의 사상입니다.

바울도 이 사상으로 가르쳤습니다. "내 사랑하는 자들아 너희가 친히 원수를 갚지 말고 하나님의 진노하심에 맡기라"라고 했습니다. 보복하실 분은 하나님이라는 사상입니다. 훗날 사울은 다윗에게 죽은 것이 아니라 블레셋과의 전쟁에서 죽게 됩니다.

사울이 다윗의 생명을 빼앗으려고 하지만 다윗은 결단코 사울을 대적할 수도 없고 대적하지 않겠다고 말합니다. 다윗은 자신의 능력을 동원하는 것이 아니라 여호와의 손, 하나님의 능력만 의지한다고 다짐합니다.

옛 속담까지 인용하면서 재다짐했습니다. "악은 악인에게서 난다" 하였으니 내 손으로는 사울 왕을 해롭게 하지 않겠습니다. 과거로부터 시작하여 지금까지 그리고 미래까지 이어질 격언 내지 속담입니다. 사람이 악하기 때문에 악한 행동이 나오는 것이 아닙니까? 다윗은 사울의 옷 자락만 베고도 양심에 가책을 느꼈고 죽일 기회가 있었어도 살렸지만 사울은 그렇지 않지 않느냐? 다윗은 선인이고 사울은 악인이라는 내용입니다.

그러면서 사울 왕이 다윗을 쫓는 것에 대하여 비판했습니다. "이스라엘 왕이 누구를 따라 나왔으며 누구의 뒤를 쫓나이까 죽은 개나 벼룩을 쫓음이니이다"라고 했습니다. 사울과 다윗을 비교하고 있습니다. 이스라엘 왕과 개나 벼룩이라고 표현합니다. 한 마리의 벼룩을 사냥하기 위해서 군사를 동원한 것, 자신은 죽은 개와 같다는 비하의 표현입니다.

"그런즉 여호와께서 재판장이 되어 나와 왕 사이에 심판하사 나의 사정을 살펴 억울함을 풀어 주시고 나를 왕의 손에서 건지시기를 원하나이다"라고 간구했습니다. 억울함을 풀어줄 재판장은 오직 하나님뿐이라는 말입니다. 하나님만 바라보고 의지하는 다윗의 신앙을 볼 수 있습니다.

기독교는 하나님의 심판을 믿는 종교입니다. 로마서 14장 10절에 "네가 어찌하여 네 형제를 비판하느냐 어찌하여 네 형제를 업신여기느냐 우리가 다 하나님의 심판대 앞에 서리라"라고 했습니다.

고린도후서 5장 10절에 "우리가 다 반드시 그리스도의 심판대 앞에 나타나게 되어 각각 선악간에 그 몸으로 행한 것을 따라 받으려 함이라"라고 했습니다. 그렇습니다. 기독교인들은 모두 의로운 재판장 앞에 서서 각각 상을 받게 될 것입니다. 칭찬과 영광과 존귀가 있기도 하고 영광의 면류관이나 의의 면류관이 있기도 하며 생명의 면류관도 얻게 될 것입니다.

3. 일시적인 회개

다윗이 하는 말을 끝까지 다 들은 사울이 어떤 반응을 보였을까요?

첫째로, 다윗이 말을 마치자마자 사울은 "내 아들 다윗아 이것이 네 목소리냐"라고 말하면서 소리 높여 울었습니다. 일시적으로 회개하는 모습을 보였습니다.

내 아들 다윗아! 지금까지는 '이새의 아들, 죽어야 할 자, 사망의 아들'이라고 말하던 사울이 호의적인 표현을 하고 있습니다. 잠시 후에 또 다시 죽이려고 한 것을 보면 사울의 회개는 진정성에 문제가 있는 회개였습니다. 악신이 임하던 사울이지만 다윗의 진실한 말을 듣고 일시적이지만 양심의 가책을 받았습니다. 후회의 눈물을 흘리고 있습니다. 회개보다 뉘우침의 눈물입니다. 회개와 후회는 차이가 많습니다. 베드로는 회개했지만 가룟 유다는 후회했습니다.

둘째로, 다윗에게 묻습니다. "나는 너를 학대하되 너는 나를 선대하니 너는 나보다 의롭도다". 다윗의 의로움을 인정했습니다. 사울이 말하는 의의 개념은 '하나님의 의' 나 '율법에서 말하는 의', '법정에서의 의' 라기보다는 사람과의 관계에서의 의를 말합니다. 사울은 다윗을 죽이려고 노력했지만 다윗은 사울을 죽일 수 있는 기회에도 죽이지 않았기 때문입니다.

"네가 나 선대한 것을 오늘 나타냈나니 여호와께서 나를 네 손에 넘기셨으나 네가 나를 죽이지 아니하였도다". 여호와께서 사울을 다윗의 손에 넘기셨지만 다윗은 사울을 죽이지 않았습니다. 그일라 사람들이 밀고할 때나 십 광야 사람들이 밀고할 때도 다윗이 갇히는 것 같이 보였지만 하나님의 섭리로 인해 탈출할 수 있었습니다. 실제로 사울을 다윗에게 붙이신 분은 하나님이십니다. 그러나 죽이지 않았습니다.

그래서 사울이 "사람이 그의 원수를 만나면 그를 평안히 가게 하겠느냐 네가 오늘 내게 행한 일로 말미암아 여호와께서 네게 선으로 갚으시기를 원하노라"라고 했습니다. 사울이 여호와께서 다윗에게 선으로 갚기를 축원했습니다. 사울이 굴로 들어왔을 때 편안히 되돌아 나갈 수 있는 길이 아니었습니다. 하지만 다윗은 사울을 편안히 가게 했습니다. 정말 원수를 사랑한 것입니다. 이것이 신본주의 사상을 가진 자의 모습입니다.

사울은 하나님의 완전한 보상, 하나님이 갚아 주실 것이라고 말합니

다. 하나님께서 다윗에게 선한 것으로 갚아 주기를 축원합니다. "여호와
는 나의 목자시니 내게 부족함이 없으리로다"라고 했습니다.

셋째로, 다윗이 왕이 될 것과 다윗의 나라가 견고하게 설 것을 알고
있었습니다. "보라 나는 네가 반드시 왕이 될 것을 알고 이스라엘 나라
가 네 손에 견고히 설 것을 아노니"라고 말합니다. 지금 아는 것이 아니
었습니다. 23장부터 알고 있었습니다. 공식적으로 인정하고 있는 것뿐
입니다. 인간적으로 원수의 입을 통하여 인정하고 있습니다.

20장에서는 요나단과 그의 나라가 든든히 서지 못할 것이라고 하더
니 이제는 다윗과 그의 나라가 견고히 설 것을 말하고 있습니다. 다윗은
하나님이 함께하는 사람이었습니다. 다윗은 악을 선으로 갚는 의인입니
다. 다윗이 사울과는 달리 기름 부음을 받고 여호와의 말씀에 순종할 때
견고한 나라가 될 것입니다. 지금의 교회도 마찬가지 원리입니다.

넷째로, 사울은 다윗에게 자기 자신의 가문을 멸하지 말라고 말합니
다. 고대 사회에서 왕조가 바뀌면 먼저 왕조를 몰살시켰습니다. 사울이
다윗을 괴롭혔으니 자기 후손에 대하여 불안했던 것은 사실입니다. 그
래서 염치없지만 다윗에게 맹세를 요구한 것입니다.

다윗은 사울 왕의 요구대로 두 가지를 맹세했습니다. "내 후손을 끊
지 아니하며 내 아버지의 집에서 내 이름을 멸하지 아니할 것을 이제 여
호와의 이름으로 내게 맹세하라." 다윗이 맹세하니까 사울은 궁으로 돌
아가고 다윗과 일행은 요새로 올라갔습니다. 평화 언약을 맺었습니다.
요나단과 다윗의 언약이 사울과 다윗과의 언약으로 확증되었습니다.

제67강
사무엘상 25장 1-13절

사무엘과 나발

을미년을 맞이하여 여러분의 가정과 사업과 직장 위에 하나님의 은총이 충만하기를 바랍니다. 2015년은 을미년으로 '양의 해'라고 합니다. 양은 인내심이 많고 성스러운 동물로 여겨 아름다울 미(美), 착할 선(善), 옳을 의(義) 등에서 '양 양(羊)' 자로 시작합니다. 양은 평화의 감사, 은혜의 상징입니다. 우리 모두 하나님 앞에 양으로서 평화롭고 감사하는 은혜가 충만하기를 바랍니다.

다윗은 하나님께서 선택한 왕이었습니다. 하나님 마음에 맞는 사람이었습니다. 그런데 다윗에게 어려움이 없었던 것이 아니었습니다. 사울 왕 때문에 십여 년간 도피 생활을 이어가고 있는 상황이었습니다. 그런데 점점 더 어려운 점이 발생합니다. 참기 어렵고 힘든 상황이 전개되는 것입니다. 어떤 어려움입니까?

1. 사무엘의 죽음

공평하신 하나님은 누구에게나 똑같이 365일을 주셨습니다. 배움에 관계없이 그리고 소유에 관계없이 똑같이 365일을 주셨습니다. '승자는 시간을 관리하며 살고 패자는 시간에 끌려 다니며 산다' 라는 말이 있습니다. 여러분은 365일을 어디에다 어떻게 쓰고 싶습니까?

다윗에게 기름을 부었던 사무엘이 세상을 떠났습니다. 때로는 도피처가 되었던 나라의 지도자가 세상을 떠난 것입니다. 다윗의 곁을 떠났습니다. 인간은 누구나 죽습니다. 죽을 수밖에 없는 이유는 죄에 대한 대가이기 때문입니다. 인간이 타락했을 때 사람에게 찾아온 무서운 저주 중의 하나가 죽음입니다. 이것은 하나님이 정하신 원리입니다.

사무엘도 죽었습니다. 사무엘이 죽었을 때 온 이스라엘 백성이 슬퍼했습니다. 자발적으로 모여서 슬퍼했습니다. '애곡하다' 는 '가슴을 치다' 라는 뜻입니다. 이스라엘 백성들은 아론이나 모세가 죽었을 때 삼십일을 애곡했습니다. 아마도 사무엘도 그렇게 하지 않았을까요? 사무엘의 죽음이 이스라엘 사회에 큰 충격이었기 때문입니다. 그리고 라마에 있는 집에서 장사했습니다.

사무엘은 개인적으로 나실인입니다. 기도하는 사사였습니다. 여호와 앞에서 제사장의 역할을 감당했습니다. 그리고 말씀을 받는 선지자의 삶을 살았습니다. 영적인 암흑기에 태어나서 여호와를 믿는 신앙, 신본주의 사상과 삶, 하나님 제일주의가 무엇인지를 보여준 사람입니다. 특별히 사사시대에서 왕정시대의 문을 연 사람입니다. 청렴결백한 지도자입니다. 그런 사무엘도 세상을 떠났습니다.

기독교에서는 세 가지 죽음을 말합니다.

육체적인 죽음입니다. 인간은 영혼과 육체로 구성된 존재입니다. 어느 시기가 되면 영혼과 육체가 분리되는 시간이 옵니다. 그것을 육체적인 죽음이라고 말합니다.

영적인 죽음입니다. 영적인 죽음이란 하나님과의 관계를 두고 하는 말입니다. 인간이 하나님으로부터 멀어질 때 죽었다고 표현합니다. 하나님과 연합하고 하나될 때 인간은 생명의 영을 받아 살 수 있습니다.

그리고 영원한 죽음입니다. 인간은 누구나 그리스도의 재림 때 부활할 것입니다. 믿지 않는 자는 심판의 부활로, 믿는 자는 생명의 부활로 나오게 될 것입니다. 그때에 영혼과 육체가 재결합하여 영생에 혹은 영벌에 처하게 될 것입니다. 그 죽음을 영원한 죽음이라고 표현합니다.

사무엘이 죽은 후 다윗은 바란 광야로 이동했습니다. 다윗의 발걸음을 예루살렘 성으로 옮길 수 있었다면 얼마나 좋았겠습니까? 그런데 바란 광야로 발걸음을 옮겼던 다윗에게 어려움의 연속이었습니다. 영적인 지도자를 잃은 슬픔에 더욱 무거운 발걸음을 광야로 옮기게 되었습니다. 악신이 역사하는 사울이 더욱 다윗을 괴롭힐 것을 내다보면서 다윗은 사울의 손길이 미치지 못하는 남쪽에 있는 바란 광야로 발걸음을 옮겼습니다.

물론 바란 광야는 엔게디보다는 낮은 곳으로 좀더 비옥한 곳이었습니다. 쉽게 양식을 얻을 수 있을 뿐 아니라 사울 왕이 따라올 수 없는 먼 곳으로 옮긴 것입니다.

사무엘은 다윗에게 기름을 부은 다음에 거의 등장하지 않았습니다. 거기까지가 영적 지도자로서의 역할을 감당한 것으로 보입니다. 물론 사울 왕에게는 아말렉과의 전쟁을 끝으로 폐위를 선언했습니다. 새로운 왕은 다윗입니다. 사울도 그것을 인정했습니다.

사사시대가 자기 소견에 좋은 대로, 옳은 대로 행하던 시대라서 영적인 암흑기라고 표현하듯 사무엘의 죽음으로 또다시 이스라엘에 영적인 위기가 찾아왔습니다. 사울이 형식적으로는 왕이지만 어두운 사람이었고 마지막 사사 사무엘이 죽었기 때문입니다. 이제 하나님이 준비한 새로운 왕, 다윗이 등장하기까지 약간의 어려움, 고난이 있는 것입니다.

여러분은 성령의 위로가 충만하게 되기를 바랍니다. 피난처 되신 그리스도 안에서 행복한 나날이 되기를 바랍니다.

2. 나발과 다윗

나발은 어떤 사람입니까? 마온에 살았습니다. 큰 부자였습니다. 양이 삼천 마리이고 염소가 천 마리였습니다. 사람들 보기에는 눈여겨볼 만한 인물이지만 실상은 가치없는 사람이었습니다. 왜 그랬을까요? 사람의 이름을 밝히는 것보다 소유물을 먼저 밝힌 것으로 보아 재물 이외에는 내세울 것이 없는 사람이었습니다. 여러분은 하나님께서나 사람들이 눈여겨보는 사람이 되기를 바랍니다. 재물보다는 사람을 칭찬할 수 있고 믿음을 칭찬할 수 있기를 바랍니다.

마온은 유다 지파에게 분배된 땅입니다. 하루는 나발이 갈멜에서 양털을 깎고 있었습니다. 갈멜은 '정원, 경작지'라는 뜻입니다. 아마도 열심히 일을 하여 기업을 이룬 것이지요. 사울 왕이 블레셋과의 전쟁을 한 다음에 전승 기념비를 세운 곳이기도 합니다.

나발은 갈렙 족속이었습니다. 남편 나발은 완고하고 행실이 악했지만 아내의 이름은 아비가일로 총명하고 용모가 아름다운 여인이었습니다. 나발은 '어리석은 자', 아비가일은 '기쁨의 원천'이라는 뜻을 가지고 있습니다. 나발은 유다 지파임에도 유다 지파 출신 다윗을 멸시한 것은 인격적인 미성숙자임을 드러내고 있습니다. 정말 소유물 이외에는 내세울 것이 없는 사람이었습니다.

다윗이 광야에 있을 때 나발이 양털을 깎고 있다는 말을 듣습니다. 성대한 잔치였기 때문에 듣게 되었고 평상시 주변 사람들을 지켜주는 사람으로서 관심을 가지게 된 것입니다. 다윗은 풍습을 따라 큰 기대 속에서 나발에게 도움을 요청하기로 결심했습니다.

다윗은 소년 열 명을 나발에게 보냅니다. 가서 다윗의 이름으로 문안하라고 말합니다. "너는 평강하라 네 집도 평강하라 네 소유의 모든 것도 평강하라"라고 말합니다. 열 명을 보낸 것도 상대방에 대한 존경과 예의의 표시였습니다. 평강하라는 것은 건강은 물론 가정과 하나님과의 관계에서까지 좋기를 바라는 인사말입니다.

"네 목자들이 우리와 함께 있었으나 우리가 그들을 해하지 아니하였고 그들이 갈멜에 있는 동안에 그들의 것을 하나도 잃지 아니하였나니"라고 말했습니다. 그러니 "네 손에 있는 대로 네 종들과 네 아들 다윗에게 주기를 원하노라"라고 했습니다. 요즘 말로 하면 식량 원조를 부탁한 것입니다. 다윗은 나발에게 정중하게 식량을 요청을 했습니다.
보통 근동 지방에서는 봄이 지나서 양털을 깎았는데 털을 깎을 때면 큰 잔치를 배설하여 사람들을 초청하고 나그네를 대접하는 풍습이 있었습니다. 그래서 다윗이 소년들을 보내 양식을 요청했던 것이지요.

나그네를 대접하는 것은 율법에도 명시되어 있습니다. 신명기 10장 19절에 "너희는 나그네를 사랑하라 전에 너희도 애굽 땅에서 나그네 되었음이니라"라고 했습니다. 나그네를 사랑하는 것이 하나님 나라의 윤리입니다. 룻이 보아스의 논밭에서 이삭 줍기를 한 것처럼 나그네와 어려운 사람들이 먹고 살 수 있도록 하는 것이 하나님 나라입니다.

더군다나 다윗의 부하들이 나발의 목자들을 보호해주고 해롭게 하지 않았습니다. 그러니까 잔칫날에 조금의 식량을 요청한 것입니다. 자발적인 도움을 바란 것입니다. 다윗 때문에 외부적인 침입도 없게 되어 나발은 털끝만큼도 손해를 입지 않았다는 말입니다. 다윗이 주변 약탈자들로부터 지켜 준 것을 말합니다.

그러므로 소년들에게 기쁨과 만족이 있게 하라. 오늘은 좋은 날이 아니냐? 심지어 다윗 자신이 아들이라고 말합니다. 나발로 하여금 부성애를 발휘하라는 뜻입니다. 최고의 예의를 갖추었습니다. 사람은 가치있는 사람이 되어야 합니다.

하나님께 드릴 것이 많은 성도들이 되기를 바랍니다. 다른 사람에게 나눠줄 것이 있는 성도들이 되기를 바랍니다.

다윗이 나발에게 요구한 결과가 어떻게 되었을까요?

3. 거절과 출병

다윗이 열 명의 소년들을 나발에게 보냈습니다. 소년들은 나발에게 다윗의 이름으로 문안했습니다. 나발이 잠시 시간을 보낸 다음에 어떻게 처신했습니까? 어리석게 처신했습니다. 나발이 다윗을 멸시했습니다. "다윗은 누구며 이새의 아들은 누구냐 요즈음에 각기 주인에게서 억지로 떠나는 종이 많도다"라고 말했습니다.

나발이 다윗을 모를리 없습니다. 골리앗을 물맷돌로 죽인 믿음의 용사, 사울 왕의 사위, 블레셋을 공격하여 승리로 이끈 사람, 천부장인 사람을 모를리 없습니다. 나발은 다윗의 가계까지 다 알고 있으면서 거절하기 위하여 모른다고 말하고 있습니다. 나발은 다윗의 가문까지 무시했습니다.

그러면서 다윗의 요청도 거절했습니다. "내가 어찌 내 떡과 물과 내 양털 깎는 자를 위하여 잡은 고기를 가져다가 어디서 왔는지도 알지 못하는 자들에게 주겠느냐"라고 했습니다. 나발은 외모로만 사람을 평가하고 깊은 하나님의 섭리와 계획이나 하나님의 뜻과 나라는 생각하지 않는 인물이었습니다. 재물 이외에는 볼품이 없는 사람이었습니다. 상대를 무시하지만 실상은 자기 자신이 무시당할 일만 하고 있는 상황입니다. 이게 어리석은 사람이 아닙니까?

나발의 이 말과 행동은 다윗을 몰라서 모른다고 말한 것이 아닙니다. 멸시하고 모욕하기 위해서 한 말입니다. 그러니까 소유물 이외에 자랑할 것이 없는 사람입니다. 가치없는 사람이고 볼품없는 사람이었습니다. 다윗과 일행을 일정한 거처없이 떠도는 유랑자, 방랑자로만 보았던 것입니다. 심지어 쫓겨다니는 악한 자로 규정했습니다. 멸망받을 사람들이라고 말합니다.

다윗의 반응은 무엇입니까? 다윗이 보낸 소년들이 돌아와 그대로 보고했습니다. 다윗은 분노했습니다. 방향을 바꾸었습니다. 나발을 향하여 다윗은 출병 명령을 내립니다. 나발을 응징하기 위해서 군사를 일으켰습니다. "너희는 각기 칼을 차라 하니 각기 칼을 차매 다윗도 자기 칼을 차고 사백 명 가량은 데리고 올라가고 이백 명은 소유물 곁에 있게 하니라"라고 했습니다.

다윗이 분노했습니다. 육백 명 중에 사백 명의 군사를 이끌고 나발을 공격하러 나갔습니다. 원수 갚는 것은 하나님께 맡겨야 하는데 직접 갚으려고 출동했습니다. 여기서 다윗의 실수를 볼 수 있습니다. 원수를 위하여 기도하고 사랑하는 것이 기독교의 윤리입니다.

로마서 12장 19절에 "내 사랑하는 자들아 너희가 친히 원수를 갚지 말고 하나님의 진노하심에 맡기라 기록되었으되 원수 갚는 것이 내게 있으니 내가 갚으리라"라고 했습니다.

마태복음 5장 44-48절에 "나는 너희에게 이르노니 너희 원수를 사랑하며 너희를 박해하는 자를 위하여 기도하라 …〈생략〉… 그러므로 하늘에 계신 아버지의 온전하심과 같이 너희도 온전하라"라고 했습니다. 율법의 가르침도 그렇습니다. 원수를 사랑합시다.

다른 사람을 용서하며 축복하는 성도가 됩시다. 다른 사람의 죄에 관심을 가지는 것보다 나의 잘못에 관심을 가지는 사람이 되기를 바랍니다.

제68강
사무엘상 25장 14-35절

아비가일과 다윗

나발은 어리석은 사람입니다. 미련한 사람, 재물밖에 모르는 사람입니다. 정말 볼품없는 사람이었습니다. 다윗의 정중한 도움을 거절했습니다. 모욕했습니다. 그 결과 다윗은 나발을 응징하기 위하여 출병 명령을 내렸습니다.

물론 다윗이 분노하여 감정을 자제하지 못한 점이 있습니다. 하나님께 묻지도 않고 동족을 진멸하려는 자체에 문제가 있습니다. 하나님 나라를 통치할 사람으로서 부덕스러운 모습을 보일 수 있는 상황이었습니다. 하나님은 분노한 다윗을 어떻게 인도하셨을까요? 지혜로운 한 하인, 지혜로운 한 사람을 만나게 하셨습니다.

1. 아비가일과 나발

아비가일은 아내의 이름이고 나발은 남편의 이름입니다. 아내가 남편의 어리석은 말과 행동에 대하여 하인으로부터 듣게 되었습니다. 나발의 하인 중 한 사람이 아비가일에게 말하기를 남편 나발이 다윗의 전령들에게 모욕적인 말과 행동을 했다고 전했습니다. "문안하러 광야에서 전령들을 보냈거늘 주인이 그들을 모욕하였나이다"라고 했습니다.

그리고 하인들이 광야에서 나발의 양떼를 치는 동안 다윗과 일행이 자기들을 선대하였다고 말했습니다. "우리가 들에 있어 그들과 상종할 동안에 그 사람들이 우리를 매우 선대하였으므로 우리가 다치거나 잃은 것이 없었으니 우리가 양을 지키는 동안에 그들이 우리와 함께 있어 밤낮 우리에게 담이 되었음이라"라고 말했습니다. 다윗과 일행은 나발에게 담 역할을 했습니다.

그러므로 아비가일 당신은 다윗에게 어떻게 해야 할지를 생각하십시오. "다윗이 우리 주인과 주인의 온 집을 해하기로 결정하였음이니이다. 주인은 불량한 사람이라 더불어 말할 수 없나이다"라고 했습니다.

아비가일은 하인의 말을 듣고 어떻게 행동했을까요? 나발처럼 행동했을까요? "아비가일이 급히 떡 이백 덩이와 포도주 두 가죽 부대와 잡아서 요리한 양 다섯 마리와 볶은 곡식 다섯 세아와 건포도 백 송이와 무화과 뭉치 이백 개를 가져다가 나귀들에게 싣고 소년들에게 이르되 나를 앞서 가라 나는 너희 뒤에 가리라 하고 그의 남편 나발에게는 말하지 아니하니라." 나발에게 의논하지 않고 아비가일은 다윗에게 보낼 예물을 준비했습니다.

하나님은 연약한 사람이라도 사용하십니다. 천한 신분을 가진 하인, 종을 사용하셨습니다. 다윗이 보낸 전령들에게 나발이 대하는 자세나 태도가 그릇되었다는 것을 알고 아비가일에게 알린 사람은 천한 신분의 사람이었습니다. 배운 자가 아닙니다. 그렇지만 양심적인 사람입니다. 윤리적인 사람입니다.

이 하인은 신분은 천하지만 사태의 심각성을 알고 있었고 주인이 잘

못하고 있다는 것도 알았습니다. 다윗의 전령들을 정성껏 환영하고 대접했다면 큰 축복이 되었을 것이라고 했습니다. 축복하러 온 사람을 큰 소리로 내쫓고 모욕한 것은 문제라는 지적입니다.

심지어 다윗이 과거에 행한 좋은 일, 선한 일에 대하여 말했습니다. 나발의 목자들에게 다윗의 사람들이 선대했다는 것입니다. 날마다 선대했다는 뜻입니다. 약탈자나 들짐승들로부터 날마다 도움을 받았다는 의미입니다. 다윗과 일행은 나발의 양떼에 손실이나 위협을 가하지 않고 보호했습니다. 외부의 침입으로부터 보호하는 담, 벽, 경계선이 되어 주었다고 고백합니다. 방어선이 되어 경계 근무를 해 주었습니다.

그리고 그 하인은 아비가일에게 말할 정도로 지혜와 총명이 있던 사람입니다. 신분은 종이고 하인이지만 아비가일에게 재앙을 당하지 않는 대응책까지 요청했습니다. 대응책을 세우지 않으면 안 된다고 강조했습니다. 하나님은 이런 사람을 지금도 사용하시는 줄로 믿습니다.

연약한 한 사람을 사용하여 신정 국가, 하나님이 왕이신 나라, 이스라엘의 새로운 왕이 될 다윗으로 하여금 범죄하지 않도록 역사하셨습니다. 나발은 불량한 사람입니다. '잡류, 비류'로 무익한 사람, 가치없는 사람을 가리킵니다. 물질밖에 모르는 사람입니다. 부자이지만 다른 사람에게 유익을 주지 못하는 사람이었습니다.

아비가일이 준비한 예물이 다윗과 600여 명이 먹기에 충분한 양은 아니었습니다. 하지만 예물을 먼저 보내고 다음에 자신이 내려간 것은 유대인의 관습이었습니다. 야곱도 에서에게 예물을 먼저 보내고 나중에 자신이 나타납니다. 사랑하는 성도 여러분! 저나 여러분이나 하나님께 쓰임 받는 일꾼이 됩시다. 인생 마지막 순간까지 충성스러운 종이 됩시다. 사나 죽으나 영광을 하나님께 돌리는 종이 됩시다.

2. 아비가일과 다윗

아비가일이 나귀를 타고 산 호젓한 곳, 험악한 곳을 통해 다윗을 빨리 만나려고 내려가고 있었습니다. 다윗과 일행이 마주 내려오다가 만났습니다. 다윗의 일행은 나발의 소유가 있는 곳까지 거의 다 온 상황이었습니다. 아비가일의 행동이 없었다면 나발은 다윗의 칼에 죽었을 것입니다.

다윗이 "내가 이 자의 소유물을 광야에서 지켜 그 모든 것을 하나도 손실이 없게 한 것이 진실로 허사라 그가 악으로 나의 선을 갚는도다 내가 그에게 속한 모든 남자 가운데 한 사람이라도 아침까지 남겨 두면 하나님은 다윗에게 벌을 내리시고 또 내리시기를 원하노라"라고 말했습니다. 다윗이 분노한 상황에서 생각하고 다짐한 말입니다. 감정을 자제하지 못하고 철저한 복수를 다짐했습니다.

아비가일이 다윗을 보고 급히 나귀에게 내려 다윗 앞에 엎드려 얼굴을 땅에 댔습니다. 정중한 예의를 갖추었습니다. 그리고 간청했습니다. "내 주여 원하건대 이 죄악을 나 곧 내게로 돌리시고 여종에게 주의 귀에 말하게 하시고 이 여종의 말을 들으소서"라고 간청했습니다. 아비가일은 나발의 생명이나 자신의 생명도 중요했지만 그것보다는 다윗이 신정국가의 새로운 왕으로 등극할 때 문제가 될 수 있는 사건을 막는 데 주안점이 있었습니다. 이런 지혜로운 생각 때문에 훗날 다윗의 처가 되는 복까지 누리게 되었습니다.

"원하옵나니 내 주는 이 불량한 사람 나발을 개의치 마옵소서 그의 이름이 그에게 적당하니 그의 이름이 나발이라 그는 미련한 자니이다 여종은 내 주께서 보내신 소년들을 보지 못하였나이다"라고 말하여 남편은 미련한 사람이니 개의치 마시고, 자신은 전령들은 보지 못했다고 솔직하게 말합니다. 아비가일이 말하는 것이 무엇입니까? 과거에 베풀어 주신 은혜를 모르고 그냥 되돌려 보낸 것이나 모욕한 것은 다 내 잘못이라는 것입니다. 그리고 남편은 미련한 사람, 불량자, 무가치한 사람이라고 말합니다.

"내 주여 여호와께서 살아 계심을 두고 맹세하노니 내 주도 살아 계시거니와 내 주의 손으로 피를 흘려 친히 보복하시는 일을 여호와께서 막으셨으니 내 주의 원수들과 내 주를 해하려 하는 자들은 나발과 같이 되기를 원하나이다"라고 하여 원수 갚는 일은 여호와께서 금하신 일로 대적자들은 나발같이 되기를 원한다는 말을 했습니다.

아비가일이 이 말로 다윗의 마음을 돌이키게 만들었습니다. 하나님이 막으셨습니다. 원수를 갚지 말라고 하셨습니다. 다윗으로 하여금 나발을 치지 말라고 강조했습니다. 기름 부음을 받은 다윗이 나발 같은 사람을 치면 안 된다는 주장입니다. 하나님 중심적인 신앙에서 나온 말입니다. 그 말에 다윗의 마음이 움직였습니다. 성급했던 것을 깨달았습니다.

그리고 자기가 가져온 예물은 받으시고 허물은 용서해 주시며 다윗은 일평생 여호와를 위한 싸움을 싸우시며 악을 행한 일이 없다고 말했습니다. 여호와께서 다윗의 집을 든든히 세우실 것이라고 말했습니다. 이 말이 중요합니다. 나발의 죄를 용서해야 하는 이유를 밝히고 있습니다. 다윗의 집, 왕국을 위해서 그렇다는 것입니다. 하나님이 세우시는 왕권을 잡은 사람이 나발과 같은 어리석은 사람의 잘못을 용서해야 된다는 것이지요. 이것은 나단 선지자가 예언한 것과 같은 내용입니다(삼하 7:13-16). 또 다윗은 여호와를 위하는 싸움을 하는 분이라고 말합니다. 그러므로 나발을 죽이면 안 된다는 것이지요. 이것이 두 번째 이유입니다.

다윗의 생명은 하나님께서 생명 싸개 속에 쌀 것이지만 원수의 생명은 물매처럼 던질 것이라고 했습니다. 다윗의 생명은 안전할 것이지만 원수의 생명은 망할 것이라는 뜻입니다. 사울이 그토록 다윗을 죽이려고 하지만 죽일 수 없는 이유도 밝히고 있습니다. 하나님께서 생명 싸개로 보호하시기 때문입니다.

여호와께서 다윗을 이스라엘의 지도자로 세우실 때 무죄한 피를 흘리셨다든지 보복하셨다든지 하는 일 때문에 슬퍼하실 것도 없고 마음에 걸리는 것도 없게 하라는 뜻입니다. 그리고 자신을 생각해 달라고 요청했습니다. "여호와께서 내 주를 후대하실 때에 원하건대 내 주의 여종을 생각하소서"라고 했습니다. 나발이 죽은 다음 아비가일은 다윗의 아내가 되었습니다.

3. 다윗의 반응

첫째로, 다윗이 아비가일에게 "오늘 너를 보내어 나를 영접하게 하신 이스라엘의 하나님 여호와를 찬송할지로다"라고 하나님께 찬송했습니다. 성도의 놀라운 특징은 찬송입니다. 하나님이 행하신 일을 찬양하는 사람이 성도입니다.

일시적인 감정 때문에 나발을 죽이려고 했던 다윗이, 지혜로운 아비가일 때문에 나발을 죽이지 않게 되고 마음을 돌이키게 됩니다. 외적으로는 아비가일의 지혜와 다윗의 열린 마음 때문에 좋은 결과를 가져온 것이지만 실상은 하나님께서 배후에 역사하시고 간섭하셔서 이루어진 일이기에 찬송하는 것이 마땅합니다. 아비가일을 보내신 분도 하나님이시고 만나게 하신 분도 하나님이십니다. 그러므로 성도는 범사에 감사하면서 찬송해야 합니다.

둘째로, 아비가일의 지혜를 칭찬했습니다. "네 지혜를 칭찬할지며"라고 했습니다. 다윗의 두 번째 반응입니다. 성도는 성도를 칭찬할 줄 알아야 합니다. 다윗이 순간적인 감정 때문에 큰 실수를 할 뻔했지만 아비가일의 지혜로 막을 수 있었습니다. 그래서 아비가일의 지혜를 칭찬하며 축복했습니다. 다윗은 하나님도 찬양하고 좋은 사람을 만나서 사람도 칭찬하고 축복해 주었습니다.

성도는 칭찬하는 일에 인색하지 말아야 합니다. 수고하셨습니다. 감사합니다. 정말 잘 하셨습니다. 격려하고 또 격려해야 합니다. 칭찬하고 또 칭찬해야 합니다. 비판하고 정죄하는 것은 우리의 몫이 아닙니다.

아비가일의 신속하고 빠른 행동이 아니었다면 나발의 집안은 멸망 받았을 것입니다. "네게 복이 있을지로다 오늘 내가 피를 흘릴 것과 친히 복수하는 것을 네가 막았느니라"라고 했습니다. 아비가일을 축복했습니다. 성도가 해야 할 일이 축복하는 일입니다

셋째로, 아비가일이 일찍 와서 나를 영접하지 않았거나 막지 않았더라면 나발의 집에 있는 남자는 한 사람도 남지 않았을 것이라고 말하면서 아비가일의 예물을 받고 "네 집으로 평안히 올라가라 내가 네 말을 듣고 네 청을 허락하노라"라고 말했습니다. 아비가일의 요청을 허락했습니다.

다윗이 아비가일로부터 직접 예물을 받았습니다. 아비가일의 요청대로 나발은 죽지 않게 되었습니다. 다윗은 깊은 감사와 함께 아비가일을 후대하게 되었습니다. 나발의 어리석은 행동으로 부끄럽게 되었던 모든 수치를 모두 다 제거하게 되었습니다. 아비가일은 정말 지혜로운 여인의 대표자입니다.

제69강
사무엘상 25장 36-44절

나발과 다윗

나발은 소유물 이외에 가치없고 보잘것없는 사람이었습니다. 어리석은 사람으로 살다가 하나님의 심판을 받아 죽은 사람입니다. 양과 염소는 많았지만 사람의 은혜를 모르는 사람이었습니다. 다윗의 요청을 거절했지만 아내 아비가일의 지혜로운 행동으로 몰살될 위기에서 벗어나게 되었습니다. 그의 생애의 말로가 어떻게 되었을까요?

다윗은 하나님이 준비한 왕입니다. 하나님 마음에 합당한 사람입니다. 장차 이스라엘을 통치할 왕이었습니다. 다윗은 하나님 중심적으로 사십 년을 통치할 사람이었습니다.

1. 하나님의 심판

아비가일이 다윗을 만나고 자기 남편 나발에게 돌아왔습니다. 나발이 왕의 잔치와 같은 큰 잔치를 집에서 배설했습니다. 나발은 많이 취한 상태에서 기뻐하고 있었습니다. 남편이 술에 취해 있는 그 날은 아내 아비가일이 아무 말도 하지 않았습니다.

나발이 큰 잔치를 배설하고 만취한 상태에 있는 것은 정말 한심한 상태라고 말할 수 있습니다. 행동이 한심할 뿐만 아니라 하나님의 심판이 문앞에 와 있는 것도 모르는 사람이었습니다. 이것이 인간의 어리석음입니다.

다윗의 요청은 거절하고 분별력도 없이 이기적이고 악한 행동을 하고 있는 것입니다. 자기에게 은혜를 끼친 사람들에게는 한 푼도 주지 않는 사람이 자기 자신을 위해서는 큰 잔치를 배설했기 때문입니다. 자기가 왕인 줄 알고 왕 같은 잔치를 배설한 것이 죄악이었습니다. 성도는 영적으로 무감각한 상태에 빠지지 않도록 주의해야 합니다. 항상 깨어 있어야 합니다. 특별히 교회 중직자들은 깨어 있어야 합니다.

모든 성도는 소유물이나 재물을 사용할 때 하나님 앞에서 사용해야 합니다. 그렇지 않으면 심판이 임한다는 교훈을 받게 됩니다. 하나님은 사람에게 은사를 주셨습니다. 성령께서 주신 은사를 다른 사람과 교회를 위하여 사용해야 합니다. 자기만을 위하여 사용한다면 문제 중의 문제일 것입니다.

하나님은 인간에게 시간을 맡겨 주셨습니다. 그 시간을 하나님 앞에서 사용해야 합니다. 하나님은 성도에게 물질도 맡겨 주셨습니다. 그 물질도 하나님 앞에서 가치있게 사용해야 합니다. 그렇지 않으면 심판의 대상이 되는 것입니다.

아침에 나발이 포도주에서 깬 후에 아비가일이 어제의 일을 말했습니다. 나발은 정신이 몽롱한 상태에서 깨어났습니다. 바른 판단을 할 수 있는 상태가 되었습니다. 포도주에 의해서 지배당하던 시간이 다 지나갔을 때였습니다.

나발이 아내의 말을 듣고 낙담하여 몸이 돌과 같이 굳었습니다. 낙담이란 '마음이 죽었다' 라는 의미입니다. 나발의 내부로부터 죽어가기 시작했습니다. 나발이 완전히 살기 싫은 상태가 되었습니다. 아비가일이 무슨 말을 했을까요? 아마도 다윗이 군사 사백 명을 거느리고 나발과 남자들을 몰살시키기 위해서 올라오고 있었다고 말했을 것입니다.

자기 자신이 다윗에게 간청하고 설득하여 겨우 다윗이 진정하여 마음을 돌이켰다고 했을 것입니다. 나발은 다윗이 용서했더라도 하나님의 심판이 있을 것이라는 불안한 마음을 떨쳐버릴 수가 없었을 것입니다. 유대인의 관습에 따라 나그네를 대접해야 하고 구하는 자에게 거절하지 않는 것이 옳았기 때문입니다.

아비가일의 설명을 들은 나발은 몸이 돌처럼 굳어가기 시작하면서 단단하게 굳어갔습니다. 삶에 대한 의욕이 없어졌습니다. 판단력도 없어지고 의식은 점점 무감각해졌습니다. 정신이 혼미했습니다. 아마도 몸을 움직이지 못하게 되어 앓아 누웠을 것입니다.

그리고 대략, 한 열흘 후에 여호와께서 나발을 치시매 나발이 죽었습니다. 하나님께서는 질병으로 사람을 치십니다. 여호람 왕도 치셨습니다. 역대하 21장 18-19절에 "이 모든 일 후에 여호와께서 여호람을 치사 능히 고치지 못할 병이 그 창자에 들게 하셨으므로 여러 날 후 이 년 만에 그의 창자가 그 병으로 말미암아 빠져나오매 그가 그 심한 병으로 죽으니"라고 했습니다.

하나님의 심판은 다양한 방법으로 임합니다. 질병이나 물질, 자녀나 생명의 위협, 전쟁이나 기근으로 임하기도 합니다. 우리는 영적으로 깨어 있어서 하나님 앞에 충성하여 복 받는 그리스도인들이 다 되기를 바랍니다.

2. 다윗과 아비가일

나발이 죽었다는 소식을 다윗이 들었습니다. 어떤 반응을 보였을까요? 다윗이 찬송했습니다. 뭐라고 찬송했습니까? "나발에게 당한 나의 모욕을 갚아 주사 종으로 악한 일을 하지 않게 하신 여호와를 찬송할지로다 여호와께서 나발의 악행을 그의 머리에 돌리셨도다"라고 말했습니다.

다윗은 나발의 죽음을 자신이 당한 모욕에 대한 하나님의 심판으로 이해했습니다. 나발이 다윗을 경멸하고 모욕하고 무시하며 조롱하고 비난했기 때문입니다. 그래서 다윗이 뒤집어쓴 죄나 억울함 또는 부끄러움을 씻어 버렸다는 뜻입니다. 나발의 죽음이 그런 의미가 있다는 것이지요.

법정으로 예를 든다면 나발이 다윗을 경멸하고 모욕했는데, 하나님께서 나발을 고소하여 재판을 하게 되었고, 결국 나발이 죽음을 당함으로써 다윗의 수치와 부끄러움을 하나님이 벗겨 주셨다는 의미입니다.

그리고 종으로 하여금 악한 일을 하지 않게 하신 여호와를 찬송했습니다. 다윗이 나발을 죽이려고 했지만 아비가일이 나타나서 그렇게 하지 말라고 권유했습니다. 다윗은 아비가일을 보내신 분이 하나님이라는 의미에서 찬송하고 있습니다. 하나님이 다윗을 선택하셨고 하나님이 함께하셨기 때문입니다.

다윗이 아비가일을 아내로 삼으려고 사람을 보냈습니다. 다윗의 전령들이 갈멜로 갔습니다. "다윗이 당신을 아내로 삼고자 하여 우리를 당신께 보내더이다"라고 말했습니다. 이스라엘의 풍습은 남편이 죽으면 칠일 동안 곡을 했습니다. 아마도 곡하는 기간이 끝났을 때 다윗이 사람을 보낸 것으로 보입니다. 이것은 처음의 약속이기도 했습니다.

아마 이 시기에 사울 왕이 다윗의 아내 미갈을 다른 사람에게 준 상황이었기 때문에 홀로 있었던 다윗이 빨리 결혼을 했던 것으로 보입니다. 지혜와 총명이 있는 아비가일을 새로운 아내로 맞이하게 되었습니다.

아비가일의 반응이 무엇입니까? "아비가일이 일어나 몸을 굽혀 얼굴을 땅에 대고 이르되 내 주의 여종은 내 주의 전령들의 발 씻길 종이니이다"라고 고백했습니다. 아비가일은 스스로 몸을 낮추었습니다. 얼굴을 땅에 대고 말을 했습니다. 다윗의 전령에 대한 태도가 겸손이었습니다. 얼굴을 땅에 대는 것은 극도로 존중히 여긴다는 태도입니다.

그러면서 '주의 여종'이라는 말로 자기 자신을 표현합니다. '여자 노예'라는 의미입니다. 마치 아브라함의 아내 사라에게 애굽 사람 하갈이 여종인 것과 같다는 뜻입니다. 고대 사회에서 여성, 특별히 노예는 인격도 없고 재물과 같은 존재였습니다. 돈을 주고 사고팔았기 때문입니다. 아비가일이 자신을 종, 노예로 그리고 전령들을 섬기는 여자 노예로 낮춘 것은 철저하게 자기 자신을 낮추는 말과 행동이었습니다. 아비가일은 전령들을 대할 때 다윗에 대한 예의로 대했고, 이것은 다윗을 기름 부은 하나님께 대한 태도라고 여겨집니다.

그리고 아비가일이 급히 일어나서 나귀를 타고 처녀 다섯과 함께 다윗의 전령들을 따라 가서 다윗의 아내가 되었습니다. 아비가일은 결단력 있는 사람이고 민첩한 여인이었습니다. 중요한 일에 대한 중대한 결단력을 보여주고 있습니다. 평상시 잘 따르던 처녀 다섯과 함께 다윗에게 시집을 가게 되었습니다. 이것은 유대 사회에서 경제적으로 풍족한 집의 관습이었습니다.

　아비가일은 미련하고 어리석은 나발의 아내라는 불명예를 벗어버리고 다윗이라는 이스라엘의 새로운 왕으로 등극할 사람의 아내가 되어 다윗의 둘째 아들 길르압을 낳게 되었습니다. 우리는 그리스도의 신부입니다. 그리스도의 신부는 그리스도와 함께 새 하늘과 새 땅에서 영원히 살 것입니다. 천한 자가 귀한 자로, 낮은 자가 높은 자가 되었습니다.

3. 다윗의 아내

　다윗은 아비가일 이외에도 아내들이 있었습니다. 이스르엘 아히노암을 아내로 맞이했습니다. 이스르엘은 '이스르엘 출신, 이스르엘이 고향인'이라는 뜻입니다. 아히노암은 '너그러운 형제'라는 이름의 뜻을 가지고 있습니다. 아히노암은 미갈과 아비가일에 이어 다윗의 세 번째 아내로서 다윗의 장자 암논을 낳은 여인입니다.

　아히노암과의 결혼은 정치적인 목적에서 비롯된 것이라고 봅니다. 아비가일이나 아히노암은 유다 지파 출신이었는데 다윗이 유다 지파와의 결속을 강화하기 위하여 결혼한 것으로 볼 수 있습니다.

　다윗이 일부일처제를 말하는 하나님의 법을 어긴 것은 사실이지만, 일부다처제는 당시 군주들이 일반적으로 행하던 풍습이었습니다. 그리고 여러 명의 아내를 두어 다양한 아들들이 태어난 것이 다윗에게 불행의 씨앗이 되었던 것도 사실입니다.

　당시 사울 왕은 딸 미갈을 갈림에 사는 라이스의 아들 발디에게 주었습니다. 발디는 사무엘하 3장 15절에 보면 발디엘로 나옵니다. 미갈은 '작은 시내'라는 뜻을 가지고 있습니다. 사울 왕의 둘째 딸이면서 다윗의 첫째 아내였습니다. 그런데 사울 왕이 다윗에게서 미갈을 빼앗아 다른 곳으로 시집을 보냈습니다.

그 이유는 사울 왕이 다윗을 죽이려고 할 때 미갈이 다윗으로 하여금 창으로 탈출할 수 있도록 도왔기 때문입니다. 하나님께서는 하나님이 짝지어 준 것을 사람이 나누지 못하도록 하셨습니다. 음행한 연고없이 이혼할 수 없도록 말씀도 하셨습니다. 사울이 왕이지만 마음대로 미갈을 다른 사람에게 시집보낸 것은 죄악이었습니다. 개인적인 감정 때문에 그리고 정치적인 목적 때문에 가정을 파괴하는 것은 그릇된 생각이고 잘못된 결정이었습니다.

갈림은 베냐민 지파의 마을로 '여러 우물, 돌무더기'라는 뜻을 가지고 있습니다. 발디는 '여호와의 구원'이라는 뜻입니다. 베냐민 지파인 사울 왕이 유다 지파인 다윗을 버리고 베냐민 지파 사람 갈림에게 딸을 주어 결혼하게 한 것은 베냐민 지파를 결속하기 위한 방법이었습니다.

그렇지만 사울 왕이 죽은 다음에 미갈은 다시 다윗의 아내로 복귀하게 됩니다. 이것은 사무엘하 6장 16-23절을 볼 때 그렇습니다. 그런데 다윗이 법궤가 돌아올 때 춤을 추었고, 미갈이 그 광경을 보고 무시하고 천박한 생각을 했습니다. 이로 인해 미갈은 죽을 때까지 자녀를 선물로 받지 못했습니다.

성도는 빛의 자녀들로서 빛처럼 살아야 합니다. 항상 주님을 먼저 생각하고 말하고 행동하고, 먼저 교회를 생각하고 말하고 행동하는 성도가 됩시다.

제70강
사무엘상 26장 1-12절

사울 왕과 다윗 왕

사무엘상 25장 사건은 대략 주전 1017년 경부터 1015년 사이에 있었던 일로 추정됩니다. 다윗이 사울 왕의 눈길을 피하여 도피하던 제2차 시기라고 분석할 수 있습니다. 그일라에서 십 황무지에 거했던 기간에 있었던 일종의 삽입적인 성격을 띠고 있으나 25장에서는 이스라엘의 위대한 사사, 마지막 사사 사무엘의 죽음과 어리석은 나발의 사건을 다루었습니다.

사무엘상 26장에서는 다윗에 대한 사울 왕의 집요한 추격을 다룹니다. 다윗이 사울 왕을 엔게디 동굴에서 살려 주었는데 또다시 다윗이 사울을 살려 주는 사건이 하길라에서 일어났습니다.

사무엘상 24장에서는 다윗의 결백을 주장하는 소리를 듣고 사울 자신이 잘못했다고 고백했었는데 다시 추격하는 것을 볼 때, 사울 왕의 회개는 일시적이고 표면적인 것으로 잠깐동안의 뉘우침 정도였다는 것을 알 수 있습니다. 회개가 아니라 후회입니다.

1. 십 광야 사람

십 광야 사람이 기브아에 있는 사울 왕에게 와서 밀고했습니다. 기브아는 사울의 고향으로 당시 왕궁이 있었던 것으로 보입니다. 십 광야는 기브아에서 북쪽으로 약40킬로미터 떨어진 곳이었습니다. 광야는 '황량한 불모의 땅'이라는 뜻입니다. 작은 구릉들로 구성된 곳이라 지형이 험하고 석회암 동굴이 산재해 있는 곳이었습니다.

십 광야 사람들은 다윗과 같은 지파 사람임에도 불구하고 다윗을 두 번이나 사울에게 밀고한 사람들입니다. 하나님의 뜻을 살피기보다는 영웅주의나 출세주의 혹은 기회주의자가 되면 인간이 이럴 수 있습니다. 배신을 할 뿐 아니라 영적으로 무지한 말과 행동을 할 수 있는 것입니다. 아마도 현실적으로 사울이 왕이니까 여러 가지 유익이 있겠다고 생각하여 밀고했던 것으로 보입니다. 다윗은 피난 생활을 하는 사람이고 사울은 왕이니까요. 그러나 역전될 때가 있습니다. 곧 하나님께서 높여주실 때가 가까이 와 있는 상황입니다.

다윗이 광야 앞에 있는 하길라 산에 숨어 있습니다. "다윗이 광야 앞 하길라 산에 숨지 아니하였나이까?" 이 말은 다윗을 죽일 수 있는 절호의 기회라는 뜻이며, 다윗은 열심히 도피하는데 왜 사울 왕은 가만히 계시냐는 질책과도 같은 말이었습니다.

사울 왕이 십 광야에 숨어 있는 다윗을 잡으려고 군사 삼천 명을 일으켰습니다. 급히 군사를 동원했습니다. 먼저 동굴에서 죽을 뻔했던 사건은 까마득히 잊었습니다. 오로지 다윗을 죽이기 위한 행동을 취했을 뿐입니다. 중대한 결심을 한 것처럼 움직였습니다. 이번만은 실수하지 않고 꼭 잡겠다는 결심을 하고 움직였습니다.

사울 왕과 삼천의 군사는 광야 하길라 산 길가에 진을 쳤습니다. 독수리가 먹이를 찾듯 철저하게 준비하면서 찾고 또 찾았습니다. 사울은 다윗을 잡을 때까지 진을 치겠다는 의지를 보였습니다. 길가에 진을 친 것은 동굴에서 수욕을 당했던 사울이 이제는 기동성이 있도록 처신하기 위하여 진을 쳤던 것입니다.

다윗은 사울 왕이 자기를 죽이기 위하여 광야로 오는 것을 알고 있었습니다. 사울이 진을 친 곳보다 더 높은 곳에 있으면서 사울 왕과 군대의 동태를 살피고 있었습니다. 모세가 정탐꾼을 보냈듯이 다윗도 정탐꾼을 보내어 사울 왕이 진 친 곳을 알아내도록 했습니다. 멀리서만 관찰하지 않고 자세히 살펴보기를 원했습니다. 작전이 무엇인지 어떤 방향으로 움직일 것인지에 대하여 자세히 알기를 원했습니다.

다윗이 사울 왕의 움직임과 목적이 무엇인지 정탐꾼들로부터 보고를 받았습니다. 그리고 일어나 자신이 직접 사울 왕이 진 친 곳으로 갔습니다. 중요한 것을 결단하듯 일어나서 움직였습니다. 다윗이 자세히 살펴보니까 사울 왕과 군사령관 아브넬이 머무는 곳을 알게 되었습니다. 사울 왕은 진 가운데 누웠고 백성은 사울 왕 곁에 둘러 진을 쳤습니다. 아브넬은 '빛의 아버지, 세상을 밝히는 자' 라는 뜻입니다.

야영하고 있는 내부에 사울이 위치하고 있었습니다. 외부로부터의 침입을 방지하는 목적입니다. 군사가 삼천 명이 둘러 진을 치고 있습니다. 외부로부터의 침입은 불가능한 상태입니다. 하지만 이렇게 처신하는 것은 사울 왕의 불안감을 나타냅니다. 하나님으로부터 버림당하면 불안한 사람이 됩니다. 반대로 다윗은 용감한 사람이었습니다. 하나님이 함께하는 사람입니다. 여러분은 강하고 담대한 믿음의 사람이 되기를 바랍니다.

2. 다윗의 잠입

다윗이 헷 사람 아히멜렉과 스루야의 아들 요압의 아우 아비새에게 물었습니다. "누가 나와 더불어 진영에 내려가서 사울에게 이르겠느냐?" 아비새가 대답합니다. "내가 함께 가겠나이다." 하나님은 오늘도 하나님 나라와 거룩한 교회를 위한 헌신자를 찾고 계십니다. 충성할 사람을 찾아내서 하나님의 사역을 맡기십니다.

헷 사람은 가나안의 일곱 족속 중의 한 족속입니다. 이스라엘 민족이 가나안 땅을 정복할 때 흡수되거나 축출된 족속입니다. 다윗의 충신 우리아도 헷 사람이었습니다. 아히멜렉은 '왕의 형제'라는 뜻입니다. 다윗 시대의 제사장 아히멜렉과는 다른 사람입니다. 누구인지는 정확히 모르지만 군사적인 능력이 탁월했던 인물입니다.

스루야는 '상처입은'이라는 뜻을 가진 여인으로 다윗의 누이였습니다. 요압과 아비새 그리고 아사헬을 낳았습니다. 아비새는 '선물의 아버지'라는 뜻으로 압살롬이 반란을 일으켰을 때 진압한 사람으로 다윗에 대한 헌신과 충성심이 많았던 인물이었습니다.

다윗은 적진을 뚫고 들어가서 사울을 만나기를 원했습니다. 그러나 목적지가 어려운 지역이고 상대도 어려운 사람이었습니다. 다윗과 아비새는 담대한 사람이었습니다. 한 사람만 동행한 것은 사울 왕에게 접근하여 조용히 무엇인가를 수행할 목적이었습니다.

다윗과 아비새가 밤에 사울 왕이 머무는 진영에 잠입했습니다. 나아가서 보니까 사울이 진영 가운데 누워 자고 창은 머리 곁 땅에 꽂혀 있고 아브넬과 백성들은 사울 왕을 둘러 누워 있었습니다. 깊이 잠들어 있었습니다. 정말 죽이려고 마음만 먹으면 얼마든지 죽일 수 있는 기회였습니다.

머리맡에는 사울 왕의 창이 꽂혀 있었습니다. 다윗은 쫓기는 자였지만 담대해서 적진까지 들어갔습니다. 사울은 쫓으면서도 불안한 가운데 창을 머리맡에 꽂아놓고 잘 정도였습니다. 사울은 이 창으로 다윗을 두 번이나 죽이려고 했고 요나단도 죽이려고 했었습니다. 사울은 왕이지만 죽음의 문턱에 와 있는 사람이었습니다.

아브넬도 사울 왕 곁에서 깊이 잠들어 있었습니다. 사울 왕에게 있어서 가장 중요한 책임을 맡고 있는 사람입니다. 그럼에도 불구하고 아브넬은 다윗과 아비새가 진영을 출입하는 것도 모르고 잠만 자고 있었습니다. 하나님께서 다윗을 돕기 위해 그렇게 역사하셨습니다.

사랑하는 성도 여러분! 잠은 잘 때 자야 가치가 있습니다. 아무 때나 깊이 잠들면 곤란한 일이 많이 일어납니다. 새벽을 깨우는 성도가 됩시다. 하나님은 사랑하는 자에게 잠을 주시지만, 아무 때나 깊은 잠에 빠져 있는 것은 영적으로 죽은 사람의 모습일 것입니다. 시편 기자의 말을 들어봅시다. 주여! 내가 사망의 잠을 잘까 걱정합니다.

3. 다윗과 아비새

아비새가 다윗에게 한 말이 무엇입니까? "하나님이 오늘 당신의 원수를 당신의 손에 넘기셨나이다 그러므로 청하오니 내가 창으로 그를 찔러서 단번에 땅에 꽂게 하소서 내가 그를 두 번 찌를 것이 없으리이다"라고 했습니다.

아비새는 절호의 기회라고 말합니다. 그냥 기회가 아니라 하나님께서 주신 절호의 기회라고 해석했습니다. 사울을 단번에 창으로 찔러 죽이겠다는 것이지요. 사울의 생명이 다윗에게 달려 있다는 말입니다. 아비새는 사울을 죽일 결심을 하고 다윗의 결단을 촉구했습니다.

창은 사울의 창입니다. 우리가 가지고 있는 생각이나 말과 행동은 완전한 것이 못됩니다. 여호와가 우리의 방패요 피할 바위입니다. 시편 4편 8절에 "내가 평안히 눕고 자기도 하리니 나를 안전히 살게 하시는 이는 오직 여호와이시니이다"라고 했습니다.

다윗의 대답이 무엇입니까? "죽이지 말라 누구든지 손을 들어 여호와의 기름 부음 받은 자를 치면 죄가 없겠느냐?" 죽이지 말라는 엄명입니다. 사울을 죽이지 말아야 할 이유가 있다면 기름 부음을 받았기 때문입니다. 하나님의 일을 위하여 성별된 사람이기 때문에 죽일 수 없다는 것입니다. 다윗은 기름 부음을 받은 자를 죽이는 것은 기름 부은 자, 하나님을 대항하는 것이라고 생각했습니다.

다윗은 사울이 하나님에 의해서 죽을 것이라고 말했습니다. "여호와께서 살아 계심을 두고 맹세하노니 여호와께서 그를 치시리니 혹은 죽을 날이 이르거나 또는 전장에 나가서 망하리라." 하나님께서 치실 것이라고 말합니다. 하나님이 인생의 생사화복을 주관하시는 것입니다. 하나님께서 사울을 심판하실 것이라고 다윗은 믿고 있습니다.

"내가 손을 들어 여호와의 기름 부음 받은 자를 치는 것을 여호와께서 금하시나니 너는 그의 머리 곁에 있는 창과 물병만 가지고 가자"라고 했습니다. 사울의 창과 물병만 가지고 가자! 엔게디 동굴에서 옷자락만 베어서 증거물로 삼은 것처럼 창과 물병만 가지고 가자는 것이었습니다. 죽일 수 있었지만 죽이지 않았다는 증거물입니다.

다윗이 사울 왕의 머리 곁에서 창과 물병만 가지고 떠나갔습니다. 그런데 얼마나 깊이 잠이 들었는지 아무도 보거나 눈치채지 못했습니다. 깨어 있는 사람도 없었습니다. 사울 왕도 잠들고 아브넬도 잠들고 삼천 명의 군사도 잠들어 버렸습니다.

왜 그랬을까요? 삼천 명이 다 잠들었습니다. 그 원인에 대하여 "여호와께서 그들을 깊이 잠들게 하셨으므로 그들이 다 잠들어 있었기 때문이었더라"라고 했습니다. 하나님께서 잠들게 하면 잠듭니다. 하나님께서 깨워 주시면 일어날 수 있습니다. 하나님께서 기도의 영을 부어 주시면 기도할 수 있습니다. 여호와께서 능력을 주시면 모든 일을 감당할 수 있습니다.

사울은 하나님으로부터 버림을 당했지만 다윗은 하나님께서 도와주고 계셨습니다. 하나님께서 사울 왕과 아브넬과 군사들로 하여금 깊이 잠들게 했습니다. 마치 아담을 깊이 잠들게 하고 갈빗대로 하와를 만드신 것과 같은 잠이었습니다. 그러니 뭘 알겠습니까? 누가 깨어서 다윗과 아비새를 막을 수 있겠습니까? 초자연적인 사건이 벌어진 것입니다.

마태복음 26장 41절에 "시험에 들지 않게 깨어 기도하라 마음에는 원이로되 육신이 약하도다"라고 했습니다. 데살로니가전서 5장 6절에 "그러므로 우리는 다른 이들과 같이 자지 말고 오직 깨어 정신을 차릴지라"라고 했습니다. 우리 모두 하나님 앞에 깨어 있는 그리스도인이 됩시다.

제71강
사무엘상 26장 13-25절

책망과 권고

다윗은 아비새와 함께 밤중에 사울 왕이 진 친 진영에 잠입했습니다. 삼천 명의 군사와 아브넬이 지키는 곳이었습니다. 적진을 뚫고 잠입했습니다. 사울 왕을 죽이고 자기가 왕이 될 수 있는 기회였지만 다윗은 그렇게 하지 않았습니다. 사울 왕의 창과 물병만 가지고 몰래 빠져나왔습니다. 그 다음에 어떤 일이 벌어졌을까요?

1. 다윗의 책망

다윗이 이스라엘 백성과 아브넬을 책망하는 내용입니다. 이스라엘 백성은 삼천 명의 군사를 말합니다. 아브넬은 군대장관입니다. 다윗이 어떤 내용으로 책망했습니까?

다윗이 사울 왕의 진영에서 떨어진 건너편으로 갔습니다. 맞은편 하길라산 꼭대기 높은 곳에 섰습니다. 거리가 먼 곳이었습니다. 사울 왕의 추격을 벗어나고 군대의 동태를 살필 수 있는 곳이었습니다. 다윗은 사울 왕을 죽일 수 있었지만 죽이지 않았다는 뜻을 전하기 위해서 그곳에

섰습니다.

다윗이 백성과 아브넬을 향하여 외칩니다. "아브넬아 너는 대답하지 아니하느냐?" 긍정적인 대답을 요구하는 부정적인 질문입니다. 아브넬은 다윗의 목소리를 듣고 깜짝 놀랐을 것입니다. 더군다나 밤중이라면 더욱 놀랐을 것입니다. 곤히 잠자다가 큰 소리가 들리는데 놀라지 않았겠습니까? 다윗이 무능하고 무책임한 군대장관과 군사들을 책망하는 음성이었습니다.

아브넬은 "왕을 부르는 너는 누구냐?"라고 대답했습니다. 이스라엘의 유일한 왕을 부르는 너는 누구냐? 하나님께는 버림당하고 하나님의 사람 사무엘이 슬퍼하는 사람이지만 그래도 명분상으로는 왕이었습니다. 다윗도 이스라엘의 왕이 사울임을 인정하고 있는 상황입니다.

다윗은 아브넬을 향하여 "네가 용사가 아니냐? 이스라엘 가운데 너 같은 자가 누구냐? 그러한데 네가 어찌하여 네 주 왕을 보호하지 아니하느냐 백성 가운데 한 사람이 네 주 왕을 죽이려고 들어갔었느니라"라고 책망했습니다. 왕을 보호해야 할 총책임자로서 직무에 충실하지 못한 잘못을 책망했습니다. 너같이 뛰어난 자가 어찌 잠만 자느냐? 너처럼 용감한 사람이 어찌 왕을 지키지 못하느냐? 아브넬의 용맹성을 인정하면서도 사울 왕에게는 아무 소용이 없는 사람이라는 책망입니다.

계속하여 책망했습니다. "네가 행한 이 일이 옳지 못하도다 여호와께서 살아 계심을 두고 맹세하노니 여호와의 기름 부음 받은 너희 주를 보호하지 아니하였으니 너희는 마땅히 죽을 자이니라 이제 왕의 창과 왕의 머리 곁에 있던 물병이 어디 있나 보라"라고 말했습니다.

한 사람이 사울 왕을 죽이려고 진영에 잠입했었다고 말합니다. 그런데 이것을 막지 못했으니 엄연한 직무유기입니다. 불충성입니다. 불충성에 대한 대가는 죽음입니다. 형벌입니다. 쫓겨남입니다. 여호와께서 기름 부은 자, 다스리는 왕, 유일한 왕을 지키지 못한 죄가 작지 않다는 뜻입니다. 다윗이 사울을 죽이지 않은 이유도 밝히고 있는 것입니다.

책임에 충실하지 못한 증거로 창과 물병을 보여주었습니다. 아브넬은 급히 창과 물병을 확인했을 것입니다. 그러나 창도 없고 물병도 없었습니다. 다윗의 말대로였습니다. 아브넬과 군사들은 불충성스러운 사람들이었습니다. 책망보다 무서운 죽음이 기다리고 있는 사람들이었습니다.

누가복음 16장 10절에 "지극히 작은 것에 충성된 자는 큰 것에도 충성되고 지극히 작은 것에 불의한 자는 큰 것에도 불의하니라"라고 했습니다. 잘하였도다. 착하고 충성된 종아! 영생에 들어가라. 이 축복이 임하기를 바랍니다.

2. 다윗의 권고

다윗이 사울 왕에게 청원하고 권고하는 내용입니다. 어떤 내용으로 청원하고 권고했을까요? 아브넬과 대화하는 다윗의 음성을 듣고 깊은 잠에서 사울 왕이 깼습니다.

사울 왕이 다윗의 목소리를 알아듣고 다윗을 불렀습니다. "내 아들 다윗아 이것이 네 음성이냐?" 멀리서 들려오는 다윗의 음성을 알아들었습니다. 사울은 하길라산 꼭대기를 향하여 "내 아들 다윗아 이것이 네 음성이냐"라고 외쳤습니다. 엔게디 동굴에서 자신을 살려주었을 때도 '내 아들아' 라고 불렀던 사울 왕입니다. 정말 아들로 생각했더라면 죽이려고 따라다니지 않았을 것이고 그의 아내 미갈을 다른 사람에게 주지 않았을 것입니다. 사울은 성령이 떠나가고 악신이 임하는 사람이었습니다. 시시때때로 변하는 사람이었습니다.

다윗은 "내 주 왕이여 내 음성이니이다"라고 대답했습니다. "내 주는 어찌하여 주의 종을 쫓으시나이까 내가 무엇을 하였으며 내 손에 무슨 악이 있나이까"라고 말하면서 왜 추격하느냐고 그 이유를 묻습니다. 다 윗이 사울을 향하여 '내 주', '주의 종'이라는 말을 사용하는 것은 자신 이 이스라엘 백성이라는 것과 왕의 신하라는 것을 인정하는 것입니다. 그러면서도 하나님의 종이라고 주장하는 것입니다.

다윗은 사울 왕이 자신을 쫓는 이유의 부당성을 주장합니다. "원하건 대 내 주 왕은 이제 종의 말을 들으소서 만일 왕을 충동시켜 나를 해하 려 하는 이가 여호와시면 여호와께서는 제물을 받으시기를 원하나이다 마는 만일 사람들이면 그들이 여호와 앞에 저주를 받으리니 이는 그들 이 이르기를 너는 가서 다른 신들을 섬기라 하고 오늘 나를 쫓아내어 여 호와의 기업에 참여하지 못하게 함이니이다"라고 했습니다.

만일 다윗을 죽이려는 분이 하나님이시면 자신이 하나님께 제물을 드 릴 것이고 그리하면 여호와께서 받아 주실 것이라고 믿었습니다. 그러 나 만일 하나님이 아니고 사람이라면 여호와 앞에 저주를 받을 것이라 고 주장했습니다. 다윗은 하나님 중심적인 신앙인입니다. 압살롬의 반 란 때 자신을 향해 시므이가 저주했을 때에도 하나님께서 책망하는 것 으로 여겼습니다. 따라서 사울 왕의 추격이 하나님께서 행하시는 것이 라면 달게 받겠다는 의미였습니다. 그러나 만약 사람이라면 오히려 그 가 여호와께 저주를 받을 것이라고 말합니다.

저주받을 이유에 대하여 이스라엘 공동체에서 쫓아내서 다른 신을 섬 기라는 것과 같고 여호와의 기업에 참여하지 못하게 하는 사람이기 때문이라고 말합니다. 하나님께서 아브라함과 이삭과 야곱에게 약속으로 허락하신 가나안 땅에 살지 못하게 하여 이방 땅에 가서 이방신을 섬기도록 하는 것이라면 정말 저주받을 만한 죄악일 것입니다. 사울 왕의 신하 중에는 그런 사람도 있었을 것입니다.

다윗은 그러면서 청원했습니다. 무슨 청원입니까? "그런즉 청하건대 여호와 앞에서 먼 이곳에서 이제 나의 피가 땅에 흐르지 말게 하옵소서 이는 산에서 메추라기를 사냥하는 자와 같이 이스라엘 왕이 한 벼룩을 수색하러 나오셨음이니이다"라고 했습니다.

다윗은 가나안 땅을 벗어나 이국 땅에서 죽는 법이 없기를 원했습니다. 그렇게 되지 않기를 청원했습니다. 간곡한 부탁이었습니다. 그러면서 사울 왕이 자신을 쫓는 일은 매우 어리석고 실속없는 일이라고 말했습니다.

사냥꾼의 실례를 들어서 설명하고 있습니다. 다윗은 상당히 곤란하고 어려운 상황에서 피난하고 있다는 것과 메추라기는 광야에서 사냥을 해야 하는데 왜 산 속에서 사냥하느냐는 뜻입니다. 가치없고 무의미한 행동이라는 것입니다. 엔게디 동굴에서도 그런 말을 했습니다. '죽은 개와 벼룩'이라고 표현했던 다윗인데 여기서도 벼룩이라고 자신을 비하해서 표현합니다. 물론 사울 왕에 대해서는 여호와에게서 기름 부음을 받은 자, 이스라엘의 왕, 주라고 표현했습니다. 다윗은 철저하게 하나님 중심적이고 신본주의 사상을 가진 사람입니다.

3. 사울의 사죄와 축복

사울이 고백합니다. "내가 범죄하였도다 내 아들 다윗아 돌아오라 네가 오늘 내 생명을 귀하게 여겼은즉 내가 다시는 너를 해하려 하지 아니하리라 내가 어리석은 일을 하였으니 대단히 잘못되었도다"라고 했습니다.

사울 왕이 자기 잘못을 뉘우치는 고백입니다. 신본주의자 다윗, 충성스러운 다윗, 용맹스러운 다윗에 대한 잘못을 인정하는 말입니다. 뉘우치면서, 다윗에게 돌아오라고 말했습니다. 자신이 지금까지 표적을 벗어난 화살과 같은 삶을 살았다, 길을 잃고 방황하는 삶을 살았다는 의미입니다. 결국 하나님을 잃어버린 삶을 추구하였다는 뜻입니다.

죄는 자기가 걸어야 할 길을 잃거나 다른 길로 가는 것입니다. 사울왕이 진정으로 회개하는 것일까요 아니면 일시적으로 뉘우친 것일까요? 일시적인 뉘우침이었습니다. 다시는 다윗을 해하지 않겠다는 다짐도 했습니다. 대단히 잘못되었도다, 매우 잘못하였도다, 정도에서 벗어났도다. 정말 왕으로서 신하를 죽이려고 쫓아다닌 것은 잘못된 일이었습니다. 그러나 사울 왕은 이후에도 또다시 다윗을 해롭게 하려고 했습니다.

한국교회에는 이런 교인이 너무나 많습니다. 참으로 회개하는 복을 받읍시다. 옷을 찢지 말고 마음을 찢고 여호와께로 돌아가는 복이 임하기를 바랍니다.

다윗의 답변이 무엇입니까? "왕은 창을 보소서 한 소년을 보내어 가져가게 하소서." 사울 왕의 창을 돌려주겠다고 말합니다. 다윗이 밤에 사울 왕 곁까지 왔다 갔다는 것을 의미합니다. 일격에 죽일 수도 있었지만 그렇게 하지 않았다는 의미입니다.

그러면서 다윗이 한 말이 중요합니다. "여호와께서 사람에게 그의 공의와 신실을 따라 갚으시리니 이는 여호와께서 오늘 왕을 내 손에 넘기셨으되 나는 손을 들어 여호와의 기름 부음을 받은 자 치기를 원하지 아니하였음이니이다 오늘 왕의 생명을 내가 중히 여긴 것 같이 내 생명을 여호와께서 중히 여기셔서 모든 환난에서 나를 구하여 내시기를 바라나이다"라고 했습니다.

다윗은 여호와께서 다윗의 행동의 의로움에 근거하여 판단하실 것과 구원하실 것을 주장합니다. 의와 신실을 따라 갚으실 것을 말합니다. 의는 올바르다, 의롭다, 곧다, 바르다라는 뜻입니다. 신실은 하나님과 사람과의 도덕적인 신뢰성을 뜻합니다. 다윗은 자신의 외로움과 사울의 불의, 다윗의 도덕적인 면과 사울의 부도덕한 면을 대조하는 것입니다. 하나님께서 사울을 다윗에게 붙이셨지만 죽이지 않은 것이 의로움입니다. 또 사울 왕을 허락하신 하나님의 권위를 인정해서 죽이지 않았다는 뜻입니다.

다윗이 믿는 것이 무엇입니까? 여호와께서 다윗의 생명을 귀하게 여기실 것이라는 말입니다. 자신도 기름 부음을 받았기 때문에 여호와께서 지켜주실 줄로 확신했습니다. 이것이 하나님 중심적인 신앙입니다.

사울 왕이 다윗을 향하여 축복한 내용이 무엇입니까? "내 아들 다윗아 네게 복이 있을지로다 네가 큰 일을 행하겠고 반드시 승리를 얻으리라"라고 했습니다. 사울 왕은 자기를 죽이지 않은 것에 대한 감사와 앞으로도 하나님께서 다윗에게 크게 복 주실 것을 말했습니다. 그리고 사울 왕은 다윗이 큰 일을 행할 사람이라고 말합니다. 하나님께서 다윗과 함께하심을 사울 왕도 느끼고 있었기 때문입니다.

또 다윗은 강력하고 힘 있는 자가 될 것이라고 말했습니다. 지금은 자기가 왕이지만 언젠가는 다윗이 왕이 될 것을 알고 있었습니다. 대화가 끝난 다음 다윗은 자기 길로 가고, 사울도 자기 곳으로 돌아갔습니다. 다윗은 악령에 사로잡혀 시시때때로 변하는 사울 왕에게는 돌아갈 수 없었습니다. 진실하지 못하고 지속적이지 않은 사울을 따를 수가 없었습니다.

사울 왕은 이 사건 이후로 다윗을 만나지 못했습니다. 인본주의적인 삶을 살다가 블레셋과의 전쟁에서 죽었습니다. 다윗은 크고 작은 실수는 있었지만 하나님과 동행하는 신본주의적인 삶을 살았습니다. 하나님이 왕이신 신정국가를 통치하는 왕으로서의 준비를 하면서 통치를 배워 나갔습니다.

제72강
사무엘상 27장 1-7절

망명과 거주

사울이 인본주의 왕이라면 다윗은 신본주의 왕입니다. 사울이 통치하는 왕정체제 아래 있던 다윗은 고난과 역경의 연속이었습니다. 다윗은 하나님의 은총과 복이 임하기까지 수많은 시련과 역경과 어려움을 겪었습니다. 다윗은 억울한 도피생활을 끊임없이 했습니다. 다윗의 도피 생활은 약 십여 년간 계속되었습니다.

기브아에서부터 헤렛 수풀에 이르기까지 약 삼 년간 도피합니다. 그리고 그일라에서 십 광야까지 약 삼 년간입니다. 블레셋으로 망명하여 약 사 년간입니다. 아마도 사무엘상 27장 사건은 마지막 도피 생활의 일부로 보입니다.

1. 다윗의 망명

다윗이 마음으로 깊이 생각했습니다. 어떤 생각을 했을까요? "내가 후일에는 사울의 손에 붙잡히리니 블레셋 사람들의 땅으로 피하여 들어가는 것이 좋으리로다"라고 생각했습니다. 다윗이 일행과 함께 블레셋으로 도피한 것은 순전히 사울의 추적을 피하기 위함이었습니다. 다윗은 국경을 넘어 할례받지 않은 사람들이 사는 곳으로 도피하기로 결심했습니다.

그러면서 사울이 "다시 나를 찾다가 단념하리니 내가 그의 손에서 벗어나리라"고 생각했습니다. 생각만 하는 것과 실천에 옮기는 것은 다릅니다. 다윗은 생각만 한 것이 아니라 실천으로 옮겼습니다. 원수의 나라로 도망했습니다. 사람의 생각으로 볼 때에는 맞습니다.

다윗이 일어나 함께 있는 사람 육백 명과 더불어 가드 왕 마옥의 아들 아기스에게로 건너갔습니다. 다윗은 물론이고 육백 명이 모두 가족을 거느리고 있는 사람들이었습니다. 다윗은 두 아내와 동행했습니다. 이스르엘 여자 아히노암과 나발의 아내였던 아비가일과 함께였습니다.

물론 다윗이 블레셋으로 도피한 목적은 사울 왕을 피하는 것은 물론이고 육백 명의 식량을 조달하기 위한 목적도 있었을 것입니다. 가정의 안전도 생각했습니다. 하지만 깊이 생각해 보아야 할 점이 있습니다. 인간적으로는 충분히 이해가 되는 행동이지만 가면 안 되는 길이었습니다. 걷지 말아야 할 길을 걸어갔습니다. 사람이 하지 말아야 할 말은 죽을 때까지 하지 말아야 합니다. 하면 안 되는 행동도 있습니다.

그런데 다윗은 하나님 중심적인 사람이지만 마음으로 그릇된 생각을 했습니다. 그래서 바울이 빌립보서 4장 6-7절에서 "아무 것도 염려하지 말고 다만 모든 일에 기도와 간구로, 너희 구할 것을 감사함으로 하나님께 아뢰라 그리하면 모든 지각에 뛰어난 하나님의 평강이 그리스도 예수 안에서 너희 마음과 생각을 지키시리라"라고 했습니다.

하나님의 백성이 떠나지 말아야 할 가나안 땅을 떠나 블레셋, 이방인의 땅으로 가는 것은 비성경적이고 비신앙적인 결단입니다. 믿음 없는 행동과 같습니다. 하나님만 전적으로 신뢰해야 하는 믿음에서 나온 것이 아니라 인간적으로 살아야 하겠다는 욕심에서 나온 행동이었습니다. 현실만 보고 하나님을 바라보지 않을 때 나타날 수 있는 현상입니다.

역사적으로 아브라함도 가뭄 때문에 하나님의 약속의 땅을 떠나 애굽으로 내려간 사실이 있습니다. 그곳에서 거짓말을 하게 됩니다. 아내를 누이라고 속입니다. 죽을 뻔했습니다. 그래도 하나님께서 개입하신 것은 아브라함이 처신을 잘해서 그런 것이 아니라 하나님께서 언약을 세우셨기 때문에 간섭하신 것입니다.

룻기의 엘리멜렉과 나오미도 그렇습니다. 베들레헴에 기근이 찾아왔습니다. 두 아들과 함께 모압 지방으로 내려갔습니다. 여호와께서 치셨습니다. 남자는 다 죽고 여자만 남게 되었습니다. 나오미는 희락, 즐거움입니다. 마라는 슬픔의 여인입니다. 나를 나오미라 부르지 말라, 나를 마라라 부르라.

다윗은 나중에 상당히 큰 위험에 처하게 됩니다. 다윗이 블레셋 왕에게 거짓말까지 하게 됩니다. 이스라엘 민족과 전쟁을 해야 하는 상황까지 옵니다. 부인과 자녀들과 온 가족이 아말렉의 포로로 잡혀가는 위기도 맞게 됩니다. 사람의 생각을 앞세울 때 나타나는 현상입니다. 그래서 성도는 하나님의 뜻을 물어야 합니다. 하나님의 나라를 생각해야 합니다.

다윗은 사울을 두려워하게 되었습니다. 도망가는 것이 상책이라 생각하여 급하게 서둘렀습니다. 그런데 생각해 봅시다. 사울이 다윗을 죽이려고 했던 사실이 있습니다. 창을 던집니다. 군사를 동원합니다. 화해하고 또 다시 수색합니다. 두려움과 공포와 전율을 느낄만도 합니다. 그런데 지금까지 하나님이 지켜 주셨습니다. 눈동자같이 보살펴 주셨습니다. 하나님을 믿고 신뢰하는 동안 실패하지 않았습니다. 그런데 하나님의 사람이 약해지니까 하나님을 바라보지 않았던 것입니다. 그리고 하나님이 주신 땅을 떠나서 원수의 땅으로 내려갔습니다. 이스라엘 땅 안에서 사울이 위험했으면 더 위험했지 다윗은 위험하지 않았습니다.

특이한 점을 봅시다. 다윗의 망명을 블레셋 왕 아기스가 순수히 받아준 사실입니다. 다윗이 가드로 피한 것은 두 번째입니다. 첫 번째 가드로 피했을 때 미친 사람처럼 행동하여 겨우 살아남았습니다. 사무엘상 21장 사건입니다. 그런데 지난번에 미치광이라고 내쫓았던 그 가드 왕 아기스인데 다윗을 받아준 것은 특이하고 놀라운 일입니다.

성경학자들은 다윗과 일행을 받아준 목적은 처음에는 사울 왕의 첩자로 생각했으나 지금은 쫓기는 자인 것을 알았기 때문이거나, 블레셋의 군사력을 증강시키는 데 큰 역할을 할 것으로 이해했기 때문이라고 생각합니다.

아기스와 다윗은 왕 대 왕이지만 실상은 일국의 왕과 망명한 사람과의 관계입니다. 동거하기 힘든 상황입니다. 그래도 다윗은 동등한 신분을 생각하여 성읍을 요구하게 됩니다. 우리가 항상 기도해야 하나님께서 우리의 마음과 생각을 지켜 주실 줄로 믿습니다.

2. 사울의 반응

사울 왕은 다윗이 이스라엘을 떠나 블레셋 가드로 도망한 것을 알게 되었습니다. 이것도 어떤 사람이 사울 왕에게 전해 주었습니다. 사울 스스로가 아니라 다른 사람의 행위에 의해서 알게 된 것입니다. 사울 왕에게 알린 자는 이 사실을 우연히 알게 된 것이 아니라 계획적으로 다윗의 뒤를 밟아 사건의 전모를 파악한 다음에 사울에게 보고했습니다. 이것은 사울 왕이 명령을 한 바 있습니다.

이에 대한 사울의 반응이 무엇입니까? "사울이 다시는 그를 수색하지 아니하니라". 이 말은 '다시' 와 '반복하여' 라는 뜻이 있습니다. 사울이 정말 다윗을 찾는 일을 그만 두었다는 의미입니다. 다시는 찾지 않았다, 반복하여 찾지 않았다라는 의미입니다. 다윗은 사울이 추적할 수 있는 권한에서 완전히 벗어났습니다.

하지만 사울 왕의 권한에서 벗어난 다윗은 블레셋의 아기스 밑에서 생존을 위한 전략을 구상해야 했습니다. 사람이 사는 세상은 다 마찬가지입니다. 이곳에서나 저곳에서나 다같이 노력하고 수고하지 않으면 거기에 대한 대가는 혹독한 것입니다.

이것은 하나님께 묻지 않고 자기 생각대로 판단한 결과입니다. 하나의 징계 방법입니다. 하나님의 뜻을 묻지 않고 자기 자신이 결정했을 때 또 다른 고난과 역경이 기다리고 있는 것입니다.

다윗은 신정국가의 왕이 될 사람으로서 블레셋으로 망명을 결정하기 전에 하나님께 기도해서 응답을 받아야 했습니다. 그러나 다윗은 혼자 결정한 것처럼 보여집니다. 하나님의 인도를 받지 않았습니다. 결과가 무엇일까요? 다윗에게 더욱 큰 고난이 기다리고 있었습니다.

하나님의 사람들에게는 하나님이 길을 열어 놓으십니다. 그 길이 무엇입니까? 기도하면 만나주십니다. 응답해 주십니다. 섭리적으로 인도해 주십니다. 좋은 것으로 채워주십니다. 흔들어 넘치도록 안겨주십니다. 성도에게 있어서 영원한 피난처는 하나님밖에 없습니다.

사울의 왕권이 흔들리고 있는 상황인데 조금만 더 하나님의 역사를 체험하면서 기다리면 하나님께서 기적과 능력을 베풀어 주셨을텐데, 그렇게 하지 않은 다윗에게 여러 가지 시련과 고난이 닥쳐오는 것은 당연한 일이 아니겠습니까?

어떤 면에서 다윗이 다른 나라로 피신한 것은 인간의 연약성 때문입니다. 하나님의 은총과 복이 아니면 회복하기 힘든 상황이 빚어지고 있는 것입니다. 조금만 더 기도하고 조금만 더 인내한다면 하나님의 크신 역사를 경험할텐데 말입니다.

3. 시글락

다윗이 블레셋 아기스에게 요청을 했습니다. "바라건대 내가 당신께 은혜를 입었다면 지방 성읍 가운데 한 곳을 내게 주어 내가 살게 하소서 당신의 종이 어찌 당신과 함께 왕도에 살리이까?"라고 청원했습니다. 다윗이 시글락에 머물 수 있게 된 과정을 설명하고 있습니다.

다윗의 요청에 의해서 이루어진 일입니다. '부디 자비를 베풀어 달라'라는 요청에 의해서 이루어진 일입니다. 다윗이 이미 잘 알고 있는 성읍을 달라고 요청한 것입니다. 그런데 문제는 다윗이 블레셋 왕의 종으로 행세하고 있는 것입니다. 이것이 비극적인 사건이 아닙니까? 하나님만 바라보고 믿어야 할 종이 사람에게 종 노릇 하고 있는 것이 아닙니까? 은혜는 하나님이 주시는 것이지 사람이 주는 것이 아닙니다.

아기스가 다윗에세 시글락 성읍을 주었습니다. 시글락은 여호수아가 가나안 땅을 정복할 때 유다 지파에게 분배된 땅이었습니다. 여호수아 15장 31절에 유다 자손의 기업을 소개하면서 "시글락과 맛만나와 산산나와"라고 했습니다.

다윗은 유다 자손입니다. 시글락이 유다 지파의 기업인 것을 잘 알고 있었습니다. 자기의 영토였던 땅이었습니다. 조상들이 거주하다가 블레셋에게 빼앗긴 땅이었습니다. 다윗에게 아기스가 준 것은 하나님의 약속의 땅입니다. 이것도 다윗이 옳은 행동을 했기 때문에 준 것이 아니라 하나님의 언약 때문에 주신 것입니다.

다윗은 아기스 앞에서 상당히 낮추었습니다. 낮은 신분의 자신이 높은 신분의 사람과 같이 하는 것이 좋지 않다고 말했습니다. "당신의 종이 어찌 당신과 함께 왕도에 살리이까?"

왕도가 무엇입니까? 왕의 통치권이 행사되고 있는 현재의 도시를 일컫는 말입니다. 다윗은 아기스가 직접 통치하는 왕도에 같이 거주하는 것을 좋아하지 않았습니다. 개인적으로 불편할 뿐만 아니라 자기 일행과 블레셋 군사들과의 충돌을 미연에 방지하기 위한 목적으로 보입니다. 영적으로는 갈등을 방지하고 하나님을 마음껏 섬기면서 우상 숭배에 빠지지 않기 위한 방법이었다고 생각됩니다. 군사적으로는 이스라엘에게 도움이 되는 일을 하기 위한 목적도 있을 수 있습니다.

다윗의 요청은 그날로 이루어졌습니다. 시글락은 갈렙이 이끄는 유다 지파에게 분배된 땅이었습니다. 시글락이 다윗에게 넘어온 것은 일시적이지만 중요한 의미가 있습니다. 시글락이 이스라엘 나라에 속하게 되는 결과를 가져오게 되었습니다.

역사적으로 시글락은 유다 지파에게 속한 것이었습니다. 훗날 다윗과 솔로몬 그리고 르호보암에 이르기까지 유다에 속한 땅이었습니다. 다윗의 공로가 아니라 하나님과의 언약 때문에 주신 것입니다.

다윗이 블레셋 지방에 산 날 수는 일 년 사 개월 정도였습니다. 일 년

사 개월은 다윗이 시글락에 머문 기간입니다. 다윗이 블레셋으로 망명했을 때부터 사울 사후에 헤브론 지방으로 귀환할 때까지의 기간은 훨씬 더 긴 기간이었습니다.

아기스 왕과 신하들과의 대화에서 증명이 됩니다. 사무엘상 29장 3절에 "이 히브리 사람들이 무엇을 하려느냐?"라고 블레셋의 방백들이 말할 때 아기스가 뭐라고 대답했습니까? "이는 이스라엘 왕 사울의 신하 다윗이 아니냐 그가 나와 함께 있은 지 여러 날 여러 해로되 그가 망명하여 온 날부터 오늘까지 내가 그의 허물을 보지 못하였노라"라고 했습니다. 여러 해 동안 함께 지냈다고 말합니다.

인간은 매순간마다 선택해야 하는 삶을 살고 있습니다. 다윗처럼 유다에 남느냐 아니면 떠나느냐? 기도하는 가운데 믿음으로 바른 선택을 할 때 하나님께도 영광이고 자신에게도 기쁨이며 영광이 될 것입니다.

제73강
사무엘상 27장 8-12절

다윗과 아기스 2

다윗이 사울 왕의 눈길을 피하여 블레셋으로 망명했습니다. 이것은 하나님께 기도하여 응답을 받은 것이 아니라 스스로 결단한 일이었습니다. 과연 형통했을까요, 아니면 더 큰 어려움이 기다리고 있었을까요?

첫 번째 문제는 하나님께 은혜를 구하는 것이 아니라 아기스 왕에게 은혜를 구하게 된 것입니다. 하나님의 은혜냐 아니면 사람의 은혜냐? 두 번째 문제는 하나님의 종이 되느냐 아니면 사람의 종이 되느냐? 바울이 말한 것처럼 사람을 기쁘게 하는 자면 그리스도의 종이 아닐 것입니다.

블레셋에 도착한 다윗은 일행과 더불어 아기스 왕의 호의로 시글락 성읍에서 거주할 수 있었습니다. 시글락에 거주하던 다윗과 일행이 일삼는 일이 무엇이었습니까?

1. 다윗의 공격

다윗이 일행과 더불어 이방 족속을 공격했습니다. 다윗이 공격했던 대상은 어떤 족속이었는가? 첫째로, 그술 사람입니다. 둘째로, 기르스 사람입니다. 셋째로, 아말렉 사람입니다. 이 세 이방인은 술과 애굽 사이로 지나가는 족속이었습니다.

세 족속이 살고 있던 곳은 블레셋의 남쪽에 위치하여 시글락보다 고지대이기 때문에 올라간 것으로 설명하고 있습니다. 다윗과 일행은 아기스 왕의 호의로 시글락 성읍을 얻게 되었기 때문에 기세가 당당해졌습니다.

다윗과 일행은 거추장스러운 옷은 다 벗어버리고 갑옷을 입고 적을 향해 과감하게 공격을 개시했습니다. 그리스도인은 그리스도의 좋은 군사입니다. 사생활에 얽매이지 않는 영적인 군사입니다. 지상 교회가 전투하는 교회라면 그리스도인은 전투하는 용사입니다.

그래서 히브리서 12장 1-2절에서 "이러므로 우리에게 구름 같이 둘러싼 허다한 증인들이 있으니 모든 무거운 것과 얽매이기 쉬운 죄를 벗어 버리고 인내로써 우리 앞에 당한 경주를 하며 믿음의 주요 또 온전하게 하시는 이인 예수를 바라보자 그는 그 앞에 있는 기쁨을 위하여 십자가를 참으사 부끄러움을 개의치 아니하시더니 하나님 보좌 우편에 앉으셨느니라"라고 했습니다.

무거운 짐이 얼마나 많습니까? 얽매이기 쉬운 죄가 얼마나 많습니까? 예수 그리스도를 믿음으로 바라보는 가운데 주님이 주시는 십자가만 지고 최후 승리를 위하여 따라가는 성도가 되기를 바랍니다.

사도 바울은 에베소서 6장 14-18절에서 "그런즉 서서 진리로 너희 허리 띠를 띠고 의의 호심경을 붙이고 평안의 복음이 준비한 것으로 신을 신고 모든 것 위에 믿음의 방패를 가지고 이로써 능히 악한 자의 모든 불화살을 소멸하고 구원의 투구와 성령의 검 곧 하나님의 말씀을 가지라 모든 기도와 간구를 하되 항상 성령 안에서 기도하고 이를 위하여 깨어 구하기를 항상 힘쓰며 여러 성도를 위하여 구하라"라고 말했습니다.

그술 족속을 생각해 봅시다. 그술 족속은 블레셋의 남쪽에 살고 있었고, 여호수아가 늙어서 점령하지 못한 족속입니다. 기르스는 성경에 언급되지 않아 자세히는 알 수 없지만 이스라엘을 자주 괴롭힌 것으로 보입니다. 아말렉 족속은 이스라엘이 애굽에서 출발하여 가나안 땅을 향해 가고 있을 때 뒤에서 공격한 족속이었습니다. 하나님의 영원한 원수와 같은 족속이었습니다. 하나님은 사울 왕에게 아말렉 족속을 완전히 진멸하라고 명령하셨습니다.

다윗이 왜 이 세 족속을 공격했는가? 그 이유가 무엇인가? 예로부터 술과 애굽을 지나가는 족속이었기 때문이라고 밝히고 있습니다. 그게 무슨 뜻입니까? 단순히 지나가는 것이 아니었습니다. 전쟁을 위하여 출입을 했다는 의미입니다. 그술, 기르스, 아말렉은 종종 이스라엘과 전쟁을 자주 했던 것으로 보입니다. 그리고 하나님의 명령 가운데 벌써 멸망시켜야 했는데 지금까지 남아 있었습니다. 세 족속은 한 곳에만 정착하지 않고 돌아다니면서 주변국가를 불안하게 만들었습니다. 다윗은 과거에 하나님께서 내리신 명령을 기억한 것은 물론 지금도 이스라엘을 괴롭히고 있었기 때문에 그들을 공격했던 것입니다.

다윗에게는 약 삼천여 명의 식구의 식량도 문제가 되었으리라고 생각됩니다. 다윗은 블레셋으로 망명한 가운데에서도 여호와의 기름 부음 받은 자로서의 삶을 살았습니다. 사명자로서 충성했습니다. 다윗이 세 족속이 살고 있는 땅을 공격하여 남녀를 살려두지 않았습니다. 양과 소와 나귀와 낙타와 의복을 빼앗아 가지고 아기스에게로 돌아왔습니다.

왜 시글락 성읍으로 돌아가지 않고 아기스 왕이 있는 곳으로 갔을까요? 다윗이 변함없이 아기스에게 충성하고 있다는 것을 보여주기 위함이었습니다. 아기스 왕에게 신임을 얻기 위한 다윗의 계획된 행동일 것입니다. 전쟁을 하여 승리했으면 성전을 찾는다든지 아니면 하나님께 영광을 돌려야 하는데 다윗은 아기스 왕을 찾아갔습니다. 여러분은 영광을 하나님께 돌릴 수 있기를 바랍니다.

2. 다윗의 허위 보고

아기스 왕이 다윗에게 묻습니다. "너희가 오늘은 누구를 침노하였느냐?" 다윗이 뭐라고 대답했습니까? "유다 네겝과 여라무엘 사람의 네겝과 겐 사람의 네겝이니이다"라고 답했습니다.

이스라엘 나라와 우호적인 관계에 있는 사람을 공격했다고 허위 보고를 했습니다. 이것이 기독교인의 가장 큰 위험입니다. 거짓말을 하는 것이 얼마나 무서운 죄악입니까? 요한복음 8장 34절에 "예수께서 대답하시되 진실로 진실로 너희에게 이르노니 죄를 범하는 자마다 죄의 종이라"라고 했습니다. 거짓의 아비는 마귀, 사탄입니다. 예수님은 진실하신 분이고 아멘이십니다. 여러분의 별명도 '아멘'이기를 바랍니다.

아기스는 큰 기대를 걸지 않고 지나가는 말로 물은 것입니다. 오늘은 누구와 싸웠느냐? 다윗은 넓은 지역을 말했습니다. 다윗의 군사력이 막강하다는 것을 나타내서 아기스의 신임을 얻기를 원했던 것입니다.

유다 네겝과 여라무엘 사람의 네겝과 겐 사람의 네겝이니이다. 다윗이 침노한 지역과는 너무나 다른 지역입니다. 아기스 왕에게 사실대로 말하지 않고 허위 보고를 했습니다. 유다 남방, 네겝은 시므온 족속이 거주하던 곳입니다. 여라무엘 네겝은 유다 지파에 속한 부족이 살고 있던 곳입니다. 겐 족속도 모세의 장인 이드로의 후손들로 이스라엘이 가나안 땅을 정복한 이후에 유다 지파와 함께 살았습니다.

다윗은 이스라엘과 적대 관계에 있는 족속을 공격해 놓고 아기스 왕에게는 이스라엘과 친분 관계가 있거나 유다에 속한 족속을 공격했다고 거짓 보고를 했습니다. 이것은 다윗이 이스라엘과는 완전히 결별한 사람, 아기스 당신에게 충성하는 신하라고 나타내기 위한 수단이었습니다.

다윗의 허위 보고가 들통나면 너무나 어려워지니까 이를 막기 위해 남녀를 모두 죽였습니다. 물론 이것은 하나님의 명령이었습니다. 출애굽기 23장 23절과 33절을 봅시다. "내 사자가 네 앞서 가서 너를 아모리 사람과 헷 사람과 브리스 사람과 가나안 사람과 히위 사람과 여부스 사람에게로 인도하고 나는 그들을 끊으리니", "그들이 네 땅에 머무르지 못할 것은 그들이 너를 내게 범죄하게 할까 두려움이라 네가 그 신들을 섬기면 그것이 너의 올무가 되리라"라고 했습니다.

신명기 25장 19절에 "그러므로 네 하나님 여호와께서 네게 기업으로 주어 차지하게 하시는 땅에서 네 하나님 여호와께서 사방에 있는 모든 적군으로부터 네게 안식을 주실 때에 너는 천하에서 아말렉에 대한 기억을 지워버리라 너는 잊지 말지니라"라고 했습니다.

사울은 아말렉을 진멸하라고 할 때 좋은 것은 살려 두었습니다. 이것은 부분적인 순종으로 범죄행위와 같은 것입니다. 온전한 순종을 하신 예수 그리스도를 닮아야 합니다.

3. 다윗의 두려움

다윗에게 두려움이 생겼습니다. 사자같이 강하고 맹수처럼 용맹스러웠던 다윗! 골리앗도 죽이고 사울 왕 앞에서 수금을 타던 다윗! 어떤 두려움이 생겼습니까? 하나님과 동행하면서 그렇게 강하고 담대했던 다윗이 무슨 일로 두려워하게 되었습니까?

다윗이 침략했던 곳의 사람들을 한 사람도 살려두지 않은 이유가 있습니다. 남녀를 포로로 잡아서 가드로 데려가지 않은 이유가 있습니다. 본래는 많은 포로들을 데리고 가야 했습니다. 그러나 다윗의 침략 행위가 이스라엘을 위한 행위라는 것이 판명될 경우에 자신의 신병에 위험이 있을 가능성 때문에 그들을 모두 죽였습니다.

"다윗이 행한 일이 이러하니라 하여 블레셋 사람들의 지방에 거주하는 동안에 이같이 행하는 습관이 있었다 할까 두려워함이었더라." 블레셋 사람들이 자신을 의심할 여지를 처음부터 없애버렸습니다.

만약에 다윗이 이스라엘 나라와 적대 관계 속에 있는 나라를 친 것이 알려진다면 이적 행위와 같은 일이 되기 때문에, 반역자로 낙인 찍힐 가망성이 있어 몰살시켰던 것입니다. 다윗은 주도면밀하고 용의주도한 인물이었습니다.

만약 이스라엘과 적대 관계에 있는 나라를 공격한 사실이 밝혀진다면 블레셋도 공격할 것이라는 뜻이 됩니다. 그래서 이 일이 발각되지 않도록 남자나 여자나 살려두지 않고 모두 몰살시켰던 것입니다.

아기스 왕은 다윗을 정말 믿었습니다. 그러면서 "다윗이 자기 백성 이스라엘에게 심히 미움을 받게 되었으니 그는 영원히 내 부하가 되리라"라고 생각했습니다. 이스라엘과 적대 관계의 나라를 공격했음에도 우호 관계의 나라를 공격했다고 거짓말을 함으로써 아기스 왕은 다윗이 이스라엘 나라로부터 미움을 받고 나에게 충성스러운 신하가 되었다고 믿게 되었습니다.

나를 위하여 영원히 내 부하가 되리라, 내 종이 되리라, 내 사역자가 되리라, 나를 위하여 …. 이것이 아기스의 착각입니다. 악인은 자기 꾀에 자기가 빠지는 법입니다. 다윗의 계략입니다.

배경에는 하나님이 섭리적으로 역사하십니다. 하나님께서는 다윗으로 하여금 이스라엘의 왕이 되게 하셔서 하나님의 백성을 통치하게 하시고 블레셋을 비롯하여 이방인들을 점령하게 하실 것입니다.

아기스는 다윗을 얻었다고 좋아하지만 하나님의 섭리는 다른 곳에 있었습니다. 다윗은 시편 52편에서 이렇게 노래했습니다. "포악한 자여 네가 어찌하여 악한 계획을 스스로 자랑하는가 하나님의 인자하심은 항상 있도다 네 혀가 심한 악을 꾀하여 날카로운 삭도 같이 간사를 행하는도다 네가 선보다 악을 사랑하며 의를 말함보다 거짓을 사랑하는도다 셀라 간사한 혀여 너는 남을 해치는 모든 말을 좋아하는도다 그런즉 하나님이 영원히 너를 멸하심이여 너를 붙잡아 네 장막에서 뽑아 내며 살아 있는 땅에서 네 뿌리를 빼시리로다 셀라"라고 했습니다.

사랑하는 성도 여러분! 모든 사람에게 후히 주시고 꾸짖지 아니하시는 하나님께 지혜를 구합시다. 하늘의 영광스러운 지혜를! 솔로몬에게 주셨던 지혜, 다니엘에게 주셨던 명철, 그리스도에게 주셨던 지혜를 달라고 간구해서 지혜롭게 승리하면서 사는 성도가 다 되기를 바랍니다.

제74강
사무엘상 28장 1-14절

블레셋과 사울

사무엘상은 1장부터 10장까지 이스라엘의 마지막 사사 사무엘의 등장과 사역 그리고 사사를 통한 신정체제에서 왕정체제로 이양되는 전환기를 다룹니다. 11장부터 19장 17절까지는 초대 왕 사울의 인본주의적 통치와 새로운 왕 다윗이 시련 당하는 모습을 다룹니다. 그리고 19장 18절부터 31장까지는 하나님이 준비한 다윗의 망명생활과 버림 당한 사울의 몰락을 다루는 내용입니다.

사람들의 요구에 의해서 세워졌던 사울 왕가는 점점 몰락을 향하여 달려갔습니다. 반면 하나님이 준비한 왕인 다윗의 왕가는 점점 왕성해져 갔습니다. 처음에는 다윗도 시련과 도피 생활의 연속이었습니다. 하지만 고난과 어려움은 반드시 끝이 있습니다. 영원히 계속되는 어려움이 아닙니다.

1. 블레셋과 이스라엘

블레셋 사람들이 이스라엘과 싸우려고 군대를 모집했습니다. 아기스가 다윗에게 말을 했습니다. 전쟁을 앞둔 상태에서 무슨 말을 했겠습니까? 이것이 위기입니다. 신앙인이 하나님께 묻지 않고 자기 생각대로 행동했을 때 나타나는 위기입니다. 더 큰 어려움이 기다리게 되는 것입니다. 다윗에게도 예외가 아니었습니다. 아기스는 다윗을 자기의 신하로 생각하여 이스라엘과의 전쟁을 생각했기 때문입니다.

쫓기던 다윗이 쫓던 사울 왕과 전쟁터에서 만나게 된 것입니다. 다윗은 기름 부음을 받은 자로서 아기스 왕의 명령에 따라 동족 이스라엘과 전쟁을 해야 하는 상황이었습니다. 사울 왕은 블레셋의 대대적인 공격으로 인하여 자기의 생명의 위협은 물론 이스라엘 국가도 존폐위기에 놓이게 되었습니다. 이것은 이스라엘 나라나 다윗에게도 위기 중의 위기였습니다.

사울 왕의 위기는 왜 왔을까요? 다윗의 위기는 어떻게 설명해야 할까요? 두 사람의 위기는 모두 하나님에게 묻지 않고 하나님의 인도를 받지 않은 데서부터 시작된 것입니다. 사울 왕은 하나님께 대한 불신앙적이고 불순종으로 인한 교만함 때문에, 다윗은 하나님보다 이방인을 의지하는 마음과 자기 생각대로 처신했기에 큰 어려움에 봉착하게 되었던 것입니다.

다윗은 위기로부터 구원을 받지만 사울 왕은 아들과 더불어 위기를 극복하지 못하고 몰살당했습니다. 회개냐 뉘우침이냐에 달려 있었습니다. 다윗은 회개의 사람이었다면 사울은 뉘우침의 사람이었습니다. 회개는 하나님의 은혜입니다.

"너는 밝히 알라 너와 네 사람들이 나와 함께 가서 군대에 참가할 것이니라"라고 말했습니다. 진퇴양난입니다. 블레셋을 위하여 이스라엘과 전쟁하기 위하여 나가자는 것입니다. 다윗과 일행은 자기 동족을 죽여야만 하는 상황이었습니다. 하나님의 사람으로 하여금 하나님의 백성을 죽이러 가자는 제안이었습니다. 블레셋의 장수가 되어 싸워야 하는 입장이었습니다. 여러분 같으면 어떻게 하겠습니까? 자기 생각만 했던 다윗에게 닥쳐온 큰 위기입니다. 난감한 상황이 빚어진 것입니다. 엄청난 비극일 것입니다.

다윗이 아기스 왕에게 뭐라고 대답했을까요? "그러면 당신의 종이 행할 바를 아시리이다"라고 답했습니다. 애매모호한 대답을 했습니다. 다윗으로서는 아기스 왕의 명령을 거역할 수도 없고 그렇다고 이스라엘과 전쟁을 할 수도 없는 상황에서 갈등이 담긴 말로 대답했습니다. 물론 어떤 학자들은 분명히 찬성의 뜻으로 보기도 합니다. 좋습니다. 선뜻 대답했다는 것이지요. 그래서 아기스 왕이 고마움의 표시로 자기의 머리를 지키는 자가 될 것이라고 약속했습니다. 호위대장, 경호실장입니다.

아담에게 에덴 동산을 다스리며 지키게 하신 것과 같고, 이스라엘을 지키시는 여호와는 졸지도 않으시고 주무시지도 않으신다고 할 때 사용된 용어입니다. 아기스가 살아 있는 동안 호위대장이 될 것이라는 약속입니다. "그러면 내가 너를 영원히 내 머리 지키는 자를 삼으리라". 다윗은 아기스 왕의 호위대장이 될 것입니다.

2. 사무엘과 사울

사무엘이 죽었습니다. 자살이나 타살이 아니라 인간의 수명이 다 되어 자연적인 죽음을 맞이하게 되었습니다. 사무엘의 죽음은 갑작스러운 변고가 아니라 자신에게 주어진 책임을 다하고 하나님께서 불러가신 것입니다. 우리도 사무엘과 같은 삶을 살고 사무엘과 같은 죽음을 맞이해야 하지 않겠습니까?

온 이스라엘이 슬피 울었습니다. 사무엘의 고향 라마에 장사했습니다. 그런데 갑자기 왜 사무엘의 죽음을 또 언급했을까? 이스라엘 나라에도 지도자가 없고 사울 왕에게도 지도자가 없다는 뜻입니다. 겉으로는 그렇지 않아 보입니다. 나라도 존재하고 왕도 존재하고 있으니까요.

그렇습니다. 인간은 유한한 존재입니다. 아무리 훌륭해도 인간은 인간일 뿐입니다. 항상 영원하신 주님을 바라보아야 합니다. 히브리서 12장 2절에 "믿음의 주요 또 온전하게 하시는 이인 예수를 바라보자 그는 그 앞에 있는 기쁨을 위하여 십자가를 참으사 부끄러움을 개의치 아니하시더니 하나님 보좌 우편에 앉으셨느니라"라고 했습니다.

우리와 영원토록 함께하시는 성령님을 의지해야 합니다. 갈라디아서 5장 16절에 "내가 이르노니 너희는 성령을 따라 행하라 그리하면 육체의 욕심을 이루지 아니하리라"라고 했습니다. 요한복음 16장 13절에 "그러나 진리의 성령이 오시면 그가 너희를 모든 진리 가운데로 인도하시리니 그가 스스로 말하지 않고 오직 들은 것을 말하며 장래 일을 너희에게 알리시리라"라고 했습니다.

또 사울 왕이 신접한 자와 박수를 가나안 땅에서 쫓아냈습니다. 사울 왕이 종교개혁을 단행했습니다. 표면적으로 보면 하나님을 의뢰한 것처럼 보입니다. 하나님만 믿고 의지하는 하나님의 백성으로서의 정체성을 드러낸 것처럼 보입니다.

그러나 사울 왕의 속마음이 무엇일까요? 백성들이 사무엘에게 마음을 주니까 자기에게로 돌리기 위한 수단이었습니다. 그러니까 종교적인 의도보다는 정치적인 목적이 앞섰던 것입니다. 사무엘처럼 자신도 하나님만 신뢰한다는 증거를 남기고 싶었던 것이지요.

나중에 보면 자기가 쫓아냈던 신접한 여인을 찾아가는 사울 왕을 보게 됩니다. 그것이 진정한 종교개혁이 아니었음을 증거해 주는 사건이었습니다. 사울 왕의 종교개혁은 가식적이고 외식적인 운동이었습니다.

기독교는 말씀의 종교요, 언약의 종교입니다. 개혁운동은 말씀 운동입니다. 성경 말씀을 중심으로 믿음 생활을 하고, 삶을 살아가자는 운동입니다. 종교개혁자들이 오직 성경, 오직 믿음, 오직 은혜를 강조했듯이 성경 말씀을 중심으로 살아갈 때 영육간에 하나님의 은총과 복은 물론이고 인생의 승리자가 될 줄로 믿습니다.

3. 블레셋과 사울

블레셋 사람들이 이스라엘을 공격하기 위하여 수넴에 진을 쳤습니다. 수넴은 잇사갈 지파에 속한 지역이었습니다. 사울 왕이 온 이스라엘을 모아 길보아에 진을 쳤습니다. 사울이 세상 나라를 본받은 인본주의 사상의 소유자라는 것을 강조하고 있습니다. 과거의 어떤 전쟁보다 더 규모가 크고 나라의 운명이 달린 전쟁이었습니다.

사울 왕이 블레셋을 보고 두려워했습니다. "사울이 블레셋 사람들의 군대를 보고 두려워서 그의 마음이 크게 떨린지라"라고 했습니다. 높은 곳에 진을 친 사울은 블레셋을 내려다 보면서 파악할 수 있었지만 하나님을 바라보지 않고 블레셋만 봤기에 두려움이 생겼던 것입니다.

사울 왕이 왜 두려워했을까요? 사울에게는 하나님이 함께하시지 않았고, 사무엘과 같이 기도의 사람이나 지도하는 사람도 없으며, 다윗과 같이 용맹스러운 장수도 없었기 때문입니다. 그러므로 하나님의 사람은 하나님과 함께할 때 담대할 수 있습니다. 기도의 사람이 있을 때 강할 수 있습니다. 다윗과 같은 믿음의 사람이 함께할 때 행복한 삶을 영위할 수 있습니다.

사울이 여호와께 묻습니다. 처음부터 물은 것이 아닙니다. 자기가 강하면 물을 사람이 아니었습니다. "여호와께서 꿈으로도, 우림으로도, 선지자로도 그에게 대답하지 아니하시므로." 사울이 사용한 방법은 세 가지입니다. 꿈과 우림과 선지자였습니다. 구약 시대에는 종종 계시의 꿈이 있었으나 선지자나 제사장을 통해서 묻는 것이 좋았습니다. 우림은 둠밈과 함께 나타나는데 한 가지만 말하는 것으로 보아 문제가 많았습니다. 사울은 제사장을 다 죽인 상태입니다. 그 와중에 제사장 한 사람은 다윗에게 도피해 왔습니다. 그리고 선지자도 진실한 선지자가 한 사람도 없는 상황이었습니다. 그러므로 사울 왕은 어떤 응답도 받을 수가 없었습니다. 하나님이 버린 사람, 하나님이 후회한 사람에게 좋은 사람이 있을리가 만무합니다. 하나님과 화목해야 축복과 은혜도 임할 것이 아닙니까?

"사울이 그의 신하들에게 이르되 나를 위하여 신접한 여인을 찾으라 내가 그리로 가서 그에게 물으리라"라고 명령하니까 신하들이 엔돌에 있는 신접한 여인을 말해 주었습니다. 엔돌은 '거주지의 샘'이라는 뜻입니다. 참된 믿음과 거짓된 믿음은 위기의 순간에 드러나는 법입니다.

사울 왕이 다른 옷을 입어 변장했습니다. 두 사람과 함께 갔습니다. 밤에 엔돌에 있는 신접한 여인을 찾아갔습니다. 사울이 신접한 여인에게 청한 것이 무엇입니까? "나를 위하여 신접한 술법으로 내가 네게 말하는 사람을 불러 올리라"라고 했습니다. 정말 가증스러운 행동, 하나님이 싫어하는 행동을 했습니다.

신접한 여인의 대답이 무엇입니까? "네가 사울이 행한 일 곧 그가 신접한 자와 박수를 이 땅에서 멸절시켰음을 아나니 네가 어찌하여 내 생명에 올무를 놓아 나를 죽게 하려느냐?"라고 말했습니다. 자기가 다 쫓아냈던 신접한 자를 찾아간 사울 왕은 영적으로 어두운 사람이었습니다.

사울이 여호와의 이름으로 맹세합니다. "여호와께서 살아 계심을 두고 맹세하노니 네가 이 일로는 벌을 당하지 아니하리라"라고 맹세했습니다. 신접한 여인이 "내가 누구를 네게로 불러 올리랴?" 사울은 "사무엘을 불러 올리라"라고 대답했습니다. 여인이 사울을 보고 큰 소리로 외칩니다. "당신이 어찌하여 나를 속이셨나이까 당신이 사울이시니이다"라고 말했습니다.

사울 왕이 신접한 여인에게 "두려워하지 말라 네가 무엇을 보았느냐?"라고 묻습니다. 여인이 사울 왕에게 뭐라고 대답했습니까? "내가 영이 땅에서 올라오는 것을 보았나이다"라고 대답했습니다. 사탄은 거짓된 영으로 사람을 속입니다. 사울이 그의 모양이 어떠하냐고 묻습니다. "한 노인이 올라오는데 그가 겉옷을 입었나이다." 사울 왕이 사무엘인 줄 알고 얼굴을 땅에 대고 절을 했습니다.

여기서 큰 어려움이 있는 문제가 발생합니다. 신접한 여인이 부른 사무엘이 진짜 사무엘인가 아니면 거짓된 사무엘인가? 성경을 볼 때 사람이 죽으면 영혼은 하늘 나라로 가거나 음부로 떨어집니다(눅 16:22-31). 이 세상으로 돌아올 수 없는 존재입니다. 그런데 사무엘이 나타난 것은 어떻게 이해해야 할 것인가? 신접한 여인이 불러낸 사무엘은 진짜 사무엘이 아니라 악령으로 속이기 위한 사탄의 역사라고 보아야 할 것입니다.

제75강
사무엘상 28장 15-25절

패전과 몰락

사울 왕은 육신적으로 피곤하고 정신적으로 복잡한 사람이었습니다. 블레셋과의 전쟁을 앞두고 하나님께 기도하지만 응답이 없었습니다. 기도하지 않는 것도 문제이지만 기도해도 응답받지 못하는 것은 더 큰 문제입니다.

사울 왕은 보이는 종교개혁을 단행하여 신접한 자들과 박수를 쫓아내 버린 다음에 변장을 하고 밤에 신접한 여인을 찾아갔습니다. 사울 왕이 신접한 여인과 더불어 대화를 하였습니다. 신접한 여인은 사울 왕의 요구대로 사무엘을 불러냈습니다. 물론 사탄의 역사였습니다. 사무엘이 나타나서 뭐라고 말했을까요?

1. 사울의 몰락

사울 왕의 결정적인 실패가 무엇입니까?

첫째는, 신접한 여인을 찾은 것입니다. 사무엘이 사울 왕에게 "네가 어찌하여 나를 불러 올려서 나를 성가시게 하느냐?" 무슨 이유로 나를 불러 올려서 나를 귀찮게 하느냐? 질책하는 말을 듣습니다. 사무엘을 가장한 거짓 영의 역사이지만 책망하는 말을 합니다.

사울이 "나는 심히 다급하니이다 블레셋 사람들은 나를 향하여 군대를 일으켰고 하나님은 나를 떠나서 다시는 선지자로도, 꿈으로도 내게 대답하지 아니하시기로 내가 행할 일을 알아보려고 당신을 불러 올렸나이다"라고 말했습니다. 어찌하면 좋을지 몰라서 불러 올렸다고 대답했습니다. 그것이 성령의 역사인지 사탄의 역사인지 아랑곳하지 않았습니다.

사울 왕은 사무엘로 믿고 있지만 신접한 여인이 말하고 있는 상황이었습니다. 사무엘이 땅 위로 올라왔습니다. 신접한 여인의 술법으로 땅에 올라왔지만 사울에게 책임이 있었습니다. 왜 나를 귀찮게 하느냐? 화나게 만드느냐, 떨게 만드느냐? 깊이 잠자고 있는 자를 왜 갑자기 깨우느냐? 사무엘의 영으로 가장한 사탄이 사울을 미혹하는 말입니다.

나는 큰 고통 가운데 빠져 있습니다. 어려운 상황입니다. 압제를 당하는 가운데 있습니다. 하나님은 응답해 주지 않습니다. 적군은 공격해 옵니다. 그래서 다급하게 신접한 여인을 찾았습니다.

사람이 하나님의 영, 성령이 함께하지 않을 때 얼마나 비참한 존재가 됩니까? 악신이 임할 때 얼마나 비참한 존재로 전락되는가를 보여줍니다. 자기가 종교개혁을 단행하여 신접한 자와 우상 숭배자들을 쫓아내고서 다시 그 사람을 찾아간다는 것이 말이 됩니까? 그런데 말도 안 되는 짓을 인간은 잘 합니다. 사람은 타락한 존재이기 때문에 그렇습니다. 하나님을 향하지 않을 때 사람은 다 그렇습니다. 말도 안 되는 말을 하게 되고 말도 안 되는 행동을 하게 됩니다. 사무엘이 종교개혁을 단행하여 백성들의 이목이 집중되니까 사울 왕은 자기에게 집중시키기 위하여 종교개혁을 단행했던 것입니다.

두 번째는 무엇입니까? "사무엘이 이르되 여호와께서 너를 떠나 네 대적이 되셨거늘 네가 어찌하여 내게 묻느냐?" 사울의 실패는 하나님과의 관계에서 실패했기 때문입니다.

결국 블레셋 나라의 공격보다 근본적인 문제는 하나님이 함께하지 않고 떠난 것이 문제였습니다. 그것을 모르는 사울 왕이었습니다. 그렇습니다. 하나님의 형상과 모양대로 지음 받은 인간은 하나님이 함께하는 것이 가장 큰 축복이고 하나님이 떠나는 것이 가장 큰 불행입니다.

하나님의 뜻을 알려면 선지자나 꿈이나 우림이나 둠밈이 아니라 하나님이 함께하느냐 하지 않느냐가 먼저입니다. 사울이 제사장들을 처형할 때 살아남은 제사장 아비아달은 다윗 편에 가서 서 있는 상황입니다. 사울은 거짓된 사탄의 영이 역사하고 있는데 사무엘의 영이라고 생각하고 있습니다. 사울은 완전히 파괴된 윤리관, 무너진 신앙관을 가지고 있었습니다.

그래서 하나님은 이스라엘의 왕권을 다윗에게 넘기셨습니다. "여호와께서 나를 통하여 말씀하신 대로 네게 행하사 나라를 네 손에서 떼어 네 이웃 다윗에게 주셨느니라"라고 했습니다.

세 번째는, 아말렉에 대한 불순종이 문제였습니다. "네가 여호와의 목소리를 순종하지 아니하고 그의 진노를 아말렉에게 쏟지 아니하였으므로 여호와께서 오늘 이 일을 네게 행하셨고." 좋은 것은 숨겨 놓았습니다. 아각 왕을 사로잡고 양과 소의 좋은 것은 숨기고 온전하지 못한 것만 죽였습니다.

인간은 누구나 그렇습니다. 제사장만이 제사할 수 있는 것인데 사울 왕은 월권행위를 하여 자기가 제사했습니다. 그래서 버림당했습니다. 아말렉과의 전쟁 후 좋은 소와 양을 숨겨두고 좋지 않은 것만 죽여서 부분적인 순종만 했기 때문에 폐위되었습니다. 부분적인 순종은 온전한 순종이 아닙니다. 온전한 순종이 순종입니다.

2. 이스라엘의 패전

"여호와께서 이스라엘을 너와 함께 블레셋 사람들의 손에 넘기시리니 내일 너와 네 아들들이 나와 함께 있으리라"라고 했습니다. 하나님이 행하시는 일은 너무나 엄청난 사건입니다. 사람으로서는 측량할 수 없는 일들이 많습니다. 사울 왕과 이스라엘을 블레셋 사람들의 손에 넘기신 분은 하나님이십니다. 그 원인은 사울 왕과 이스라엘 백성들의 불순종입니다.

16절에 "사무엘이 이르되 여호와께서 너를 떠나 네 대적이 되셨거늘 네가 어찌하여 내게 묻느냐?"라고 했습니다. 거짓말하는 사탄의 영이 역사했지만 실제 사무엘처럼 보이면서 사실을 말했습니다. 현재 사울 왕의 절망적인 상태를 가르쳐 줌으로써 실망하게 만들었습니다. 하나님께서 사울을 떠났기 때문에 모든 비극적인 사건이 발발되었습니다.

하나님이 사울을 떠나셨습니다. 과거에 이미 떠나셨고 돌이킬 수 없게 떠나셨습니다. 그렇습니다. 인간은 하나님과 동행하는 하나님의 친구와 같은 존재가 되든지 아니면 하나님이 떠나버린 존재가 되든지 둘 중에 하나입니다. 하나님이 떠났을 때에는 각오를 해야 합니다. 하나님이 대적하는데 누가 무엇을 어떻게 할 수 있다는 말입니까? 하나님께서 이스라엘의 왕권을 다윗에게 넘기시는데 사울이 어떻게 막겠습니까?

또 "이스라엘 군대를 블레셋 사람들의 손에 넘기시리라"라고 했습니다. 이스라엘의 군대도 블레셋 사람들의 손에 넘기신 분은 하나님이십니다. 전쟁에서 이길 수 있는 길이 없어진 것입니다.

본래 이스라엘 백성과 장로들이 사울을 왕으로 세울 때는 전쟁에서 이기고 싶어서 세운 것이 아닙니까? 이방인과 같이, 열방과 같이, 이웃 나라와 같이 왕이 전쟁터에 나가서 직접 전쟁하여 승리하고 싶었던 것입니다. 그러나 이제는 이스라엘이 블레셋을 이길 수 없게 되었습니다. 군대가 블레셋에게 넘어갔습니다.

그 원인은 사울 왕의 불순종입니다. 불순종 때문에 왕권이 넘어갔습니다. 이스라엘이 패전국이 되었습니다. 사울 왕도 죽게 되고 아들들도 다 죽게 되었습니다. 불순종의 결과가 이렇게 무서울 줄이야 누가 알았겠습니까?

순종이 무엇입니까? 말씀을 듣는 것입니다. 듣되 즐거움으로 듣는 것입니다. 그리고 준행하는 것입니다. 삶에 실천하는 것이 순종입니다. 불순종은 폐위와 죽음만이 기다릴 뿐입니다.

그런데 중요한 면이 발견됩니다. 19절입니다. "여호와께서 이스라엘을 너와 함께 블레셋 사람들의 손에 넘기시리니"라고 했습니다. 사울의 범죄로 인하여 이스라엘까지 형벌을 받게 되었습니다. 왕과 나라는 같이 묶여져 있습니다. 둘이 아니라 하나입니다. 왕은 나라의 대표자입니다. 왕과 나라는 하나님의 심판 앞에 자유로울 수 없는 존재입니다. 이 얼마나 큰 비극입니까?

3. 사울의 낙심

사울 왕은 사무엘의 말을 듣고 어떤 반응을 보였을까요? "갑자기 땅에 완전히 엎드러지니 이는 사무엘의 말로 말미암아 심히 두려워함이요 또 그의 기력이 다하였으니 이는 그가 하루 밤낮을 음식을 먹지 못하였음이니라"라고 했습니다. 두려워하고, 기진맥진하여 쓰러졌습니다.

여기 '두려워하다'는 다윗이 아기스의 신하들이 경계하자 미친 사람처럼 행동한 것, 야곱이 외삼촌 라반을 두려워하여 밤에 도망한 것과 같은 의미로, 사울 왕은 두려워하여 정신을 잃고 기진맥진한 상태에 빠지게 되었습니다.

또 사울은 힘과 생기가 다 빠졌습니다. 기력이 없었습니다. 사울은 사무엘의 말을 듣고 생기를 얻은 것이 아니라 정신적인 타격과 영적인 침체가 일어나 위기 상황에 봉착하게 되었습니다. 사람이 음식을 먹지 못하고 물을 마시지 못하면 기진하는 것과 같은 현상이 생겼습니다.

여인이 사울 왕에게 다가가서 보니 심한 고통 가운데 있었습니다. "여종이 왕의 말씀을 듣고 내 생명을 아끼지 아니하고 왕이 내게 이르신 말씀을 순종하였사오니 그런즉 청하건대 이제 당신도 여종의 말을 들으사 내가 왕 앞에 한 조각 떡을 드리게 하시고 왕은 잡수시고 길 가실 때에 기력을 얻으소서"라고 했습니다. 여인이 왕에게 떡을 대접하였습니다.

사울이 세상을 살면서 가장 비참한 때가 왔습니다. 신접한 여인의 말을 계속하여 들어야 했기 때문입니다. 사람은 하나님의 입으로부터 나오는 말을 듣는 것이 행복입니다. 영혼도 소생하고 마음도 힘을 얻게 됩니다. 여호와를 기뻐하는 것이 성도에게 있어서 가장 큰 힘입니다.

사울은 신접한 여인이 차려 놓은 음식을 거절하였습니다. "내가 먹지 아니하겠노라." 그때 신하들과 여인이 강권했습니다. 왕이 신하와 여인의 말을 듣게 되었습니다. 땅에서 일어나 침상에 앉았습니다. 신접한 여인의 간청을 사울이 허락했습니다. 땅에 쓰러졌던 사울 왕이 일어나 앉게 되었습니다.

여인이 차린 음식이 어떤 음식일까요? 살진 송아지를 급히 잡았습니다. 가루를 가져다가 뭉쳐 무교병을 만들어 구웠습니다. 왕과 신하들 앞에 차려놓았습니다. 사울 왕과 신하들이 음식을 먹고 밤에 돌아갔습니다. 그러니까 왕과 신하들은 먹었습니다. 그리고 일어나서 그 밤에 떠났습니다. 모두 신속하게 행동한 것을 의미입니다. 사울 왕의 불신앙적인 밤이었습니다. 생애에 있어서 최대로 외롭고 슬픈 밤이었습니다.

성도는 사울처럼 치욕적인 밤이 있어서는 안 됩니다. 밝고 환한 시간만 있어야 합니다. "환난 날에 나를 부르라 내가 너를 건지리니 네가 나를 영화롭게 하리로다"(시 50:15). 베드로전서 4장 12절에 "사랑하는 자들아 너희를 연단하려고 오는 불 시험을 이상한 일 당하는 것 같이 이상히 여기지 말고 오히려 너희가 그리스도의 고난에 참여하는 것으로 즐거워하라"라고 했습니다. 어려운 일이 있을 때 하나님을 바라보면서 승리합시다.

제76강
사무엘상 29장 1-11절

반대와 귀환

사울 왕의 불순종은 크게 세 가지였습니다.

첫째로, 제사장만이 제사할 수 있는 것인데 사울 왕은 왕권을 이용하여 자기가 제사하는 월권행위를 했습니다.

둘째로, 아말렉과의 전쟁에서 모든 사람과 짐승을 몰살하라신 하나님의 명령을 좇지 않고 좋은 소와 양은 숨겨놓고 좋지 않은 것만 골라서 진멸했습니다. 그 결과가 무엇이었습니까? 폐위입니다. 하나님의 신이 떠나고 악신이 임했습니다.

셋째로, 신접한 여인을 찾아갔습니다. 이것은 사울의 생애에 있어서 최대의 비극이요 비참한 사건입니다. 신접한 여인은 무엇을 예언했습니까? 거짓된 사무엘이 등장하여 사울 왕가의 몰락과 이스라엘의 패전을 예언했습니다.

1. 참전 반대

블레셋 사람들은 모든 군대를 아벡으로 집결시켰습니다. 이스라엘 사람들은 이스르엘에 있는 샘 곁에 진을 쳤습니다. 아벡은 '요새'라는 의미로 외부의 침략에 대해서 견고한 요새입니다. 이스르엘은 '하나님이 파종하셨다' 라는 의미로, 유다 산지에 있는 마을로 안으로 움푹 들어간 골짜기 지역입니다. 이스르엘 지역의 므깃도는 물이 풍부하여 곡창지대 이고, 군사 전략상 중요한 지역입니다. 특별히 하나님과 사탄과의 최후 의 결전지도 므깃도(아마겟돈)로 표현하고 있습니다(계 16:16).

신접한 여인의 예언, 사무엘의 영이 예언한 대로 하나님께서 사울과 이스라엘을 블레셋 사람의 손에 넘기셨는데, 전쟁이라는 방법을 통하여 넘기셨습니다. 여러분, 전쟁은 정말 하지 말아야 할 일인데 세상에는 전쟁이 그치지 않고 있습니다. 지금도 온 세계가 전쟁터가 되어 가고 있고 특히 이슬람과 관련된 IS(Islamic State 이슬람 무장단체)와 전쟁을 하고 있습니다.

블레셋 사람들의 수령들은 수백 명씩 수천 명씩 인솔하여 전쟁터로 향했습니다. 수백, 수천 명씩 인솔하여 나갔다는 것은 블레셋 군대는 조직적이고 역동적인 군대임을 의미합니다. 이스라엘 군대와는 너무나 대조적이었습니다.

다윗과 일행들은 아기스와 함께 뒤에서 전쟁터로 나아갔습니다. 그때에 블레셋의 방백들이 "이 히브리 사람들이 무엇을 하려느냐?"라고 못마땅하다는 말을 했습니다. 아기스의 출병 요구가 있었기 때문에 다윗이 임한 것입니다. 다윗은 이스라엘 민족, 동족과 전쟁하기를 원해서 발걸음을 옮기는 것이 아니었습니다. 아기스의 보호 아래 있다 보니까 빚어진 일입니다.

다윗은 어쩔수 없는 상황에서 뒤따라가고 있는 상황입니다. 그런데 하나님의 섭리 가운데 블레셋의 방백들이 다윗의 참전에 대한 반대 운동이 전개되기 시작했습니다.

왜 이 히브리 사람을 데리고 왔느냐? 뭐 하는 짓이냐? 방백들이 아기스 왕에게 항의했습니다. 히브리 사람과 다윗을 믿을 수 없다는 의미입니다. 전쟁터에 데리고 간다면 이스라엘을 도와 배반할지 모른다는 생각이었습니다.

히브리란 '건너다' 라는 의미입니다. 아브라함은 유브라테스강을 건너 가나안 땅에 들어갔습니다. 출애굽한 이스라엘 민족은 홍해 바다를 건너 가나안 땅으로 들어갔습니다. 요단강도 건너서 들어갔습니다. 히브리란 '방랑자, 이주자' 라는 개념도 있습니다. 다윗과 일행에게는 방랑자와 이주자라는 뜻으로 경멸하는 말로 사용했습니다.

아기스 왕은 "이는 이스라엘 왕 사울의 신하 다윗이 아니냐 그가 나와 함께 있은 지 여러 날 여러 해로되 그가 망명하여 온 날부터 오늘까지 내가 그의 허물을 보지 못하였노라"라고 말했습니다. 아기스는 다윗을 적극적으로 변호했습니다. 다윗을 전쟁터에 참여시켜도 무방하다는 뜻이었습니다.

과거에는 사울의 신하였지만 현재는 아기스의 신하라는 뜻입니다. 다윗과 아기스는 좋은 관계에 있었습니다. 다윗은 아기스 왕에게 전폭적인 지지를 받았습니다. 다윗은 블레셋에 머무는 동안 실수하지 않았습니다. 책잡힐 만한 어떤 일도 하지 않았습니다. 아기스는 다윗을 믿어도 좋다고 강조했습니다.

그러나 블레셋의 방백들은 강력히 반대하기 시작했습니다. "그에게 노한지라". 어떻게 왕에게 노를 발할 수 있는 것인가? 다섯 부족의 연합 국가로 이해해야 할 것입니다. 그러므로 전쟁과 같은 큰 일은 다 같이 동조해야 가능했던 나라로 보여집니다.

"이 사람을 돌려보내어 왕이 그에게 정하신 그 처소로 가게 하소서 그는 우리와 함께 싸움에 내려가지 못하리니 그가 전장에서 우리의 대적이 될까 하나이다 그가 무엇으로 그 주와 다시 화합하리이까 이 사람들의 머리로 하지 아니하겠나이까? 그들이 춤추며 노래하여 이르되 사울이 죽인 자는 천천이요 다윗은 만만이로다"라고 했습니다.

블레셋의 신하들은 다윗의 배반을 염려했습니다. 그래서 적극적으로 반대했습니다. 그들의 이런 생각과 마음을 통하여 하나님은 어떤 일을 이루실까요? 다윗을 보호하고 인도해 가는 섭리주 하나님을 찬양하게 됩니다. 동족과의 전쟁을 막으신 하나님이십니다. 시글락으로 보내라고 처소까지 지정하면서 반대했습니다. 이것이 하나님의 섭리입니다.

아기스의 신하들은 다윗이 이스라엘의 유명한 용사로 블레셋에 막대한 손해를 끼친 사람이라고 주장했습니다. 전쟁터에 가면 대적이 될 사람이라. 과거에도 많은 손해를 끼친 사람이라. 정말 적극적으로 반대했습니다.

우리가 받는 교훈이 무엇일까요? 하나님이 준비한 왕, 다윗을 위기에서 인도해내시는 하나님의 섭리를 볼 수 있습니다. 다윗은 블레셋 나라에서 아기스의 눈치를 볼 수밖에 없는 상황이었습니다. 이제는 동족상잔의 비극을 보아야 하는 상황이었습니다. 다윗이 어떻게 위기에서 벗어날 수 있었을까요? 블레셋 신하들의 반대라는 방법이었습니다.

2. 시글락으로 귀환

아기스 왕은 다윗을 조용히 불렀습니다. "여호와께서 살아 계심을 두고 맹세하노니 네가 정직하여 내게 온 날부터 오늘까지 네게 악이 있음을 보지 못하였으니 나와 함께 진중에 출입하는 것이 내 생각에는 좋으나 수령들이 너를 좋아하지 아니하니 그러므로 이제 너는 평안히 돌아가서 블레셋 사람들의 수령들에게 거슬러 보이게 하지 말라"라고 했습니다.

아기스 왕은 블레셋 방백들의 뜻을 다윗에게 전달했습니다. 아기스 왕은 동행하고 싶지만 수령들의 반대가 있으니 평안히 시글락으로 내려가라고 권면했습니다. 아기스가 권면할 때 "여호와께서 살아 계심을 두고 맹세하노니"라고 말한 것은 유대인들이 사용하는 용법이었습니다. 아기스가 하나님으로 맹세한 것은 다윗에 대한 신뢰와 존중을 표현한 것이었습니다.

유대인들의 관습상 하나님의 이름으로 맹세하여 자기 말의 진실성을 강조하는 습성이 있습니다. 뿐만 아니라 하나님의 이름으로 맹세했으면 반드시 지켜야 했습니다. 거짓 맹세를 하지 못하게 하기 위하여 하나님의 이름으로 맹세하지 말라고 강조했던 것입니다.

아기스 왕은 다윗과 함께 이스라엘을 치기 원했지만 방백들이 좋아하지 않고 싫어했습니다. 이런 반응은 다윗과 동족간의 비극을 막으시는 하나님의 섭리가 나타난 것입니다. 하나님은 인간을 창조하신 목적대로 잘 인도해 가십니다. 그래서 다윗이 아기스 왕의 명령을 따라 시글락으로 돌아간 것이지만 배후에는 하나님의 깊은 뜻이 있습니다. 만약 다윗이 동족을 친다면 훗날에 어떻게 이스라엘의 왕이 될 수 있겠습니까?

그리고 다윗이 먼저 참전을 거부한다면 아기스의 오해를 받게 될 것입니다. 아니면 이스라엘과 전쟁을 할 수밖에 없는 상황이 전개되었을 것입니다. 하지만 방백들의 위협적인 말과 아기스의 타협적인 자세가 다윗의 피난처가 되었던 것이지요. 이것이 하나님의 섭리가 아니고 무엇입니까? 선하신 하나님께서는 선한 방법으로 일을 하십니다.

다윗은 어떤 반응을 보였습니까? "내가 무엇을 하였나이까 내가 당신 앞에서 오늘까지 있는 동안에 당신이 종에게서 무엇을 보셨기에 내가 가서 내 주 왕의 원수와 싸우지 못하게 하시나이까?"라고 마치 항변하듯 말했습니다.

다윗은 참전하지 못하는 것에 대한 아쉬움을 표현했습니다. 그리고 항의의 말도 했습니다. 다윗은 의심받을 만한 일을 행하지 않았습니다. 다만 이방 족속을 공격하고서는 이스라엘과 관계있는 족속을 공격했다고 속인 사실이 있습니다. 하지만 아기스 왕을 주인으로, 자신을 종으로 말합니다. 비굴하게 보이지만 아기스가 통치하는 블레셋에서 생명을 보존하기 위한 처세였을 것입니다.

아기스 왕은 다윗에게 어떤 답변을 했을까요? "네가 내 목전에 하나님의 전령 같이 선한 것을 내가 아나 블레셋 사람들의 방백들은 말하기를 그가 우리와 함께 전장에 올라가지 못하리라"라고 했습니다.

아기스 왕은 다윗을 얼마나 신뢰했을까? 하나님의 전령같다, 하나님의 사자같다고 말합니다. 하나님의 사자는 하나님께서 맡기신 메시지를 가감없이 전달하는 사람입니다. 다윗의 말은 진실했습니다. 행동도 진실했습니다. 아기스 왕은 다윗이 하나님을 높이는 사람으로 알고 있었습니다.

"그런즉 너는 너와 함께 온 네 주의 신하들과 더불어 새벽에 일어나라 너희는 새벽에 일어나서 밝거든 곧 떠나라"라고 명령했습니다. 새벽에 일어나 떠나라는 명령입니다.

성경을 깊이 연구해 보면 새벽에 기적이 많이 일어났습니다. 여호수아가 여리고 성을 무너뜨릴 때에도 새벽부터 일어나서 성곽 주위를 돌았습니다. 아브라함이 이삭을 모리아 산에서 번제로 드릴 때에도 새벽부터 출발했습니다. 새벽부터 일어나 떠나라는 것은 지체하지 말고 떠나라는 의미입니다. 그래서 다윗은 신하들과 더불어 시글락으로 돌아갈 수 있었습니다. 여기서 하나님께서 택하신 자들을 얼마나 세밀하게 보살피는지 알 수 있습니다. 우리를 창조하신 하나님은 우리를 목적대로 잘 사용하시는 줄을 믿습니다.

3. 블레셋의 진군

블레셋 사람들이 어디로 진군했습니까? 사울 왕과 이스라엘 백성들이 진 치고 있는 이스르엘로 진군했습니다. 다윗의 행보와는 반대 방향으로 진군했습니다. 다윗은 블레셋 땅으로 돌아간 반면 블레셋 군인들은 계획대로 이스르엘로 올라갔습니다. 전쟁을 위하여 올라갔습니다.

다윗은 진퇴양난의 위기 속에서 벗어나면서 아기스의 신뢰를 더욱 얻게 되었습니다. 또 동족과 싸움을 할 수밖에 없는 상황에서 벗어나게 되었습니다. 이것은 전적인 하나님의 역사였습니다. 주권적으로 역사하는 하나님의 은총을 찬양합시다. 우리도 위기에서 벗어날 수 있습니다. 가정의 위기, 사업의 위기, 교회와 국가의 위기에서 벗어날 수 있습니다.

그런데 깊이 생각해 봅시다. 블레셋은 이스라엘을 향하고, 다윗은 블레셋을 향하여 갔습니다. 사울이 하나님의 뜻을 따르지 않았을 때 하나님의 심판의 대상이 되었습니다. 블레셋을 통한 심판입니다. 다윗도 하나님이 세운 새로운 왕이지만 자기 생각대로 처신했을 때 블레셋에 머물러야 했습니다. 이것도 마음 편한 일은 아니었고, 이스라엘을 위한 싸움도 못하고 블레셋에 머무르는 신세가 되었습니다. 마치 구경만 해야 하는 입장입니다. 이것이 방관주의자일까요? 여하튼 어느 편도 들 수 없는 상황에 처한 것은 좋은 일이 아닐 것입니다. 먼저는 미친 체하여 살아나더니 이제는 비양심적인 말과 행동을 하면서 살아가는 입장에 처하게 되었습니다. 그러므로 우리는 기도하고 성경 보는 가운데 하나님의 뜻을 따라 살아야 합니다.

제77강
사무엘상 30장 1-6절

아말렉과 다윗

다윗이 하나님께 기도하지 않고 자기 생각대로 블레셋으로 피신한 결과가 무엇입니까? 블레셋의 아기스의 도움으로 시글락 성읍을 얻어 편안히 거할 수 있었지만 그 편안함이 오래 갈 수 있을까요? 사람의 생각과 하나님의 생각은 하늘과 땅 같은 차이가 있습니다.

이스라엘과 블레셋과의 전쟁이 일어났습니다. 다윗과 일행은 블레셋 군사가 되어 싸우려고 출전을 준비했습니다. 그러나 다행히도 하나님의 섭리로 말미암아 블레셋의 방백과 신하들의 반대로 출전은 하지 않게 되었지만 다윗에게는 위기였습니다. 동족상잔의 비극을 겪을 수도 있는 상황이었기 때문입니다.

1. 아말렉의 습격

다윗과 일행이 아기스 왕의 명령을 따라 시글락 성읍으로 귀환하고 있었습니다. 귀환하는 시간이 사흘이나 걸렸습니다. 사흘만에 시글락 성읍에 도착했을 때 어떤 일이 벌어졌습니까? 새로운 사건이 발생했습니다. 예기치 못한 일이 발발된 것입니다.

그렇습니다. 하나님의 지시를 받지 않고 자기 생각대로 처신했을 때 나타나는 현상이 무엇입니까? 사울 왕의 눈길을 피하여 이방 나라로 숨은 결과가 무엇입니까? 하나님의 징계가 임하는 것이 아니겠습니까? 그릇된 생각과 처신을 하여도 아무런 조치가 없다면 사생자일 것입니다. 하나님의 아들과 딸에게는 어떠한 어려움이든지 생기게 되어 있습니다.

아말렉 족속이 시글락을 습격했습니다. 아말렉 사람들이 이미 네겝과 시글락을 침노해서 성읍은 불탔고 젊거나 늙은 여인들은 한 사람도 죽이지 않고 다 사로잡아 끌고 갔습니다.

마치 몇 달 전에 해남 지방에 메뚜기 떼가 나타나서 온 들녘을 쑥대밭처럼 만들듯 아말렉 사람들이 시글락 성읍을 그렇게 만들어 버린 상태였습니다. 넓은 범위를 다 망가뜨렸다는 말입니다.

아말렉 사람들이 수많은 군사를 이끌고 쳐들어와서 남은 것이 없도록 모든 기물을 파괴하고 불지르고, 사람은 사로잡아 간 상황이었습니다. 전쟁이 종료된 상황이었습니다. 더 이상 어떻게 해 볼 상황이 아니었습니다.

네겝은 바짝 마르고 건조한 사막을 말합니다. 팔레스틴 지방의 남부를 가리킵니다. 유다의 최남단 지역입니다. 아말렉은 시글락 성읍만이 아니라 유다의 남쪽 지역을 휩쓸어 버렸습니다. 불사르고 사로잡고 약탈해 갔습니다.

아말렉은 왜 시글락을 침략했을까? 학자들은 다윗의 거주지였기 때문이라고 주장합니다. 다윗은 항상 아말렉을 적으로 보았는데 거기에 대한 보복으로 이해합니다. 다윗이 시글락에 거주하면서 아말렉을 공격한 적도 있습니다.

사무엘상 27장 8-9절에 "다윗과 그의 사람들이 올라가서 그술 사람과 기르스 사람과 아말렉 사람을 침노하였으니 그들은 옛적부터 술과 애굽 땅으로 지나가는 지방의 주민이라 다윗이 그 땅을 쳐서 남녀를 살려두지 아니하고 양과 소와 나귀와 낙타와 의복을 빼앗아 가지고 돌아와 아기스에게 이르매"라고 했습니다. 다윗이 시글락 성읍을 비운 사이를 이용하여 공격한 것으로 보입니다.

또 한가지는 하나님의 징계로 이해합니다. 다윗이 인간적인 생각을 하여 사울 왕의 핍박을 피해 블레셋으로 도피한 것은 기도의 응답이 아니었습니다. 사람의 생각을 한 결과였습니다. 또 이스라엘과의 전쟁을 하자는 아기스의 명령에 어쩔 수 없이 따라야 했습니다. 이런 것에 대한 징계라고 볼 수 있습니다. 그래서 아말렉으로 하여금 시글락을 공격하게 한 것으로 보입니다.

성도는 항상 깨어서 기도하는 것이 중요합니다. 하나님께서 준비해 놓으신 길을 걷는 것과 하나님의 뜻대로 하루하루를 사는 것이 아주 중요합니다. 그렇지 않을 경우에 아내도 자녀도 재물도 다 잃을 수 있기 때문입니다.

2. 다윗과 일행의 반응

여인들은 짐승을 몰듯 모두 끌려 갔습니다. 신속하게 끌고 갔습니다. 아이들도 마차를 끌고 가듯 포로가 되어 질질 끌려갔습니다. 성읍은 불 탔고 사람들은 모두 사로잡혀 갔습니다. 손자 손녀들도 사로잡혀 갔습니다.

생각만 해도 끔찍한 일입니다. 소름이 끼치는 일입니다. 다윗이 돌아오면 모든 것이 허사가 될 수 있기 때문에 돌아오기 전에 끌고 갔습니다. 공격해 왔던 그 길로 다시 철수했습니다. 이것이 하나님께 기도하지 않고 행동에 옮긴 결과임을 가르쳐 주고 있습니다. 성도가 이런 실수를 종종 하는데 이런 실수는 안 하는 것이 좋습니다.

다윗이 하나님께 기도하여 응답받지 않고 처신한 것이 얼마나 큰 잘못인지 그리고 블레셋의 아기스에게 복종하고 이스라엘을 대적하려 한 것이 얼마나 큰 죄악인지 깨닫게 하기 위하여 하나님이 아말렉을 동원하신 것입니다.

다윗과 백성들은 울 기력이 없도록 소리 높여 울었습니다. 다윗은 물론 백성들이 회개와 자책하는 슬픔의 마음으로 통회했습니다. 성경에서 이렇게 운 사건이 몇 번이나 있습니다.

이스라엘 백성들이 바벨론 나라로 포로가 되어 끌려갔습니다. 바벨론 나라 강 가에서 고국을 생각하면서 울고 또 울었습니다. 시편 137장 1절에 "우리가 바벨론의 여러 강변 거기에 앉아서 시온을 기억하며 울었도다"라고 했습니다.

성도는 울어야 할 때 울 줄 아는 사람입니다. 자기와 가정, 교회와 국가를 위하여 울 줄 아는 사람이 성도입니다. 죄악에 실패한 다음에 울고 사탄의 노예가 된 것에 대하여 우는 사람이 성도입니다. 자신의 정과 욕을 십자가에 못박기 위하여 우는 사람이 성도입니다.

창세기 27장에서는 에서의 눈물을 보게 됩니다. 아버지 이삭의 축복은 맏아들 에서가 받는 것이 당연한데 야곱이 축복을 받습니다. 야곱이 축복 받은 것을 알게 된 에서가 어떻게 울었습니까? "내 아버지여 아버지가 빌 복이 이 하나 뿐이리이까 내 아버지여 내게 축복하소서 내게도 그리하소서 하고 소리를 높여 우니"라고 했습니다.

여러분은 하나님의 복을 받기 위하여 울어 봤습니까? 그렇게 울지 않으면서 복을 원합니까? 앞뒤가 맞지 않는 생각은 금물입니다. 하나님의 복을 크게 그리고 많이 받고 싶으면 울고 또 울어야 합니다.

다윗의 두 아내도 사로잡혀 갔습니다. 이스르엘 여인 아히노암과 갈멜 사람 나발의 아내였던 아비가일이 사로잡혀갔습니다. 그러니 기력이 쇠할 때까지 울었습니다. 괴롭고 비통하여 울고 또 울었습니다. 왜 다윗을 울도록 만들었을까요? 지금까지 살펴보았지만 다윗이 하나님께 기도하지 않았기 때문이었습니다. 기도의 응답을 받고 행동한 것이 아니었습니다. 그리고 아기스 왕이 이스라엘과의 전쟁을 하자고 할 때 거절하지 않았습니다. 이스라엘 백성을 죽이는 데 참전하기 위해 출전준비를 갖추었습니다. 거기에 대한 응징은 슬픔이었습니다.

아말렉 사람들이 사람들을 죽이지 않고 끌고만 간 것은 다윗과 일행이 회개하면 회복할 수 있는 길이 마련된 것이었습니다. 이것은 하나님은 징벌 중에도 긍휼을 잊지 않으시는 분이심을 보여주고 있습니다. 회개하면 구원해 주시겠다는 하나님의 신호였습니다.

그런데 이게 무슨 일입니까? 다윗과 함께하던 백성들이 자기의 자녀 때문에 마음이 굉장히 슬펐습니다. 그 모든 책임을 다윗에게 넘기는 마음이 싹텄습니다. 백성들은 돌을 들어 다윗을 치자는 의논까지 했습니다. 돌로 사람을 치는 것은 유대인 사회에서 보편적인 사형 방법이었습니다. 모든 사람들이 자기의 자녀들 때문에 다윗을 돌로 치려고 했습니다. 애간장이 녹고 창자가 끊어지는 아픔 속에서 다윗을 돌로 치려고 했습니다.

성도는 항상 지혜롭게 처신해야 합니다. 기도하고 하나님의 말씀인 성경을 읽고 듣고 지켜야 합니다. 그래야 지혜를 얻을 수 있습니다. 저나 여러분은 하나님의 지혜가 필요한 사람들입니다. 기도하고 성경에서 지혜를 많이 얻기 바랍니다.

3. 다윗의 위기와 용기

다윗은 어떤 반응을 보였을까요? 다윗의 위기가 무엇입니까? 지도자의 위기입니다. 다윗도 슬펐습니다. 다윗도 사람입니다. 자기 때문에 빚어진 일인 것을 알고 있고 두 아내도 사로잡혀 끌려 갔으니 얼마나 슬프고 괴로웠겠습니까?

다윗도 많이 다급했습니다. 곤궁한 상태에 빠졌습니다. 어디로 가야 좋을지 그리고 어떻게 해야 좋을지 모르는 상황이었습니다. 다윗은 어떻게 위기를 극복할 수 있었을까요? "그의 하나님 여호와를 힘입고 용기를 얻었더라." 이것이 다윗의 힘이요, 다윗의 믿음입니다.

블레셋으로 도망할 때는 다윗이 하나님을 의지하기보다 인간적인 방법을 사용하였습니다. 또한 하나님 백성인 이스라엘과의 전쟁을 위하여 전장으로 가려고 했습니다. 그 결과가 무엇입니까?

함께하던 백성들이 돌로 치려고 했습니다. 백성들이 다윗을 돌로 치려는 것은 잘못된 생각과 행동입니다. 다윗은 여호와께서 이스라엘 나라를 위하여 준비한 사람입니다. 기름 부음을 받은 사람입니다. 사울 왕의 핍박 때문에 고난 당하고 어려움을 겪는 사람입니다. 그런데 어려운 일이 있다고 돌로 치려는 것은 너무 감정적인 행동입니다.

다윗은 여호와를 힘입고, 용기를 얻었습니다. 이것이 전환점이 되었습니다. 자기를 의지하던 마음을 포기했습니다. 그릇된 행동을 회개했습니다. 그리고 하나님만 신뢰했습니다. 하나님만 바라보았습니다. 그것이 힘이었고 용기였습니다. 성도는 누구나 그렇습니다. 하나님만 믿어야 합니다. 바라보아야 합니다. 시편 18장 1절에 "나의 힘이신 여호와여 내가 주를 사랑하나이다"라고 했습니다.

다윗이 믿고 바라본 하나님은 어떤 분이실까요? 능력의 하나님이십니다. 자기의 하나님은 능력의 하나님이라고 믿었습니다. 다윗은 자기가 믿고 신뢰한 하나님이 능력의 하나님이심을 믿었습니다.

성도에게 고난이나 어려움이 있을 때 반드시 명심해야 할 것이 있습니다. 하나님과의 바른 관계를 정립해야 문제가 해결될 수 있습니다. 모든 소유물뿐 아니라 아내와 자녀를 잃은 백성들이 다윗을 돌로 치려는 순간 다윗은 하나님과의 관계를 재정립했습니다. 이것이 문제를 풀 수 있는 열쇠입니다.

호세아 6장 1-2절에 "오라 우리가 여호와께로 돌아가자 여호와께서 우리를 찢으셨으나 도로 낫게 하실 것이요 우리를 치셨으나 싸매어 주실 것임이라 여호와께서 이틀 후에 우리를 살리시며 셋째 날에 우리를 일으키시리니 우리가 그의 앞에서 살리라"라고 했습니다. 저나 여러분이나 하나님께로 다시 돌아가서 멋지게 사는 성도가 다 되기를 바랍니다.

제78강
사무엘상 30장 7-20절

다윗과 아말렉

아말렉이 시글락을 공격했을 때 다윗은 최대의 위기를 맞게 되었습니다. 부하들까지 다윗을 돌로 치려고 했기 때문입니다. 다윗이 여호와를 힘입어 위기를 모면했습니다. 다윗이 어떻게 하나님만 의지했을까요? 하나님만 힘입어 의지한 표현이 무엇일까요?

1. 다윗과 아비아달

다윗은 하나님이 준비한 사람입니다. 이스라엘에 왕이 필요할 때 하나님의 마음에 합당한 사람이었습니다. 사무엘로부터 기름 부음을 받은 차기 이스라엘의 왕이었습니다. 아비아달은 아히멜렉의 아들로 이스라엘의 제사장이었습니다. 다윗과 제사장의 만남이 전격적으로 이루어졌습니다. 왜 다윗은 아비아달을 찾았을까요? 그리고 왜 "에봇을 가져오라"고 했을까요? 하나님만 의지한 다윗이 첫 번째 한 일은 제사장을 찾은 것이었습니다.

다윗의 요구대로 아비아달 제사장은 에봇을 가지고 다윗에게 왔습니다. "다윗이 여호와께 묻자와 이르되 내가 이 군대를 추격하면 따라잡겠나이까?" 아말렉을 추격하면 그들을 잡을 수 있는지를 물었습니다. 이것이 하나님만 의지한 표현입니다. 말로만 의지한 것이 아니라 실제적으로 기도하는 것이 힘있게 의지하는 신앙의 표현입니다.

여러분이 하나님을 믿는다면 믿는 표시가 무엇입니까? 기도입니다. 구하고 찾고 문을 두드리는 일입니다. 믿음과 기도는 일치합니다. 아말렉이 시글락 지방을 습격했기 때문에 큰 피해를 보았습니다. 다윗과 부하들은 슬픔에 빠져 있었습니다. 부녀와 아이들이 포로로 잡혀갔기 때문입니다. 아내와 자녀를 되찾고 빼앗겼던 물건을 되찾기 위하여 전쟁을 해도 좋은지 하나님께 물었습니다.

에봇은 대제사장이 입는 옷입니다. 에봇에는 우림과 둠밈이라는 하나님의 뜻을 묻기 위한 도구도 있었습니다. 다윗이 아비아달에게 에봇을 가져오라고 한 것은 우림과 둠밈을 사용하여 하나님의 뜻을 구하기 위해서였습니다. 다윗은 위기의 상황에서 하나님만 의지했습니다. 하나님만 바라보았습니다. 하나님께 기도하여 어려움을 극복했습니다. 이것이 성도가 피할 수 있는 유일한 길입니다. 기도는 성도가 평생 놓지 말아야할 끈입니다.

다윗은 이것저것을 해보다가 기도한 사람이 아닙니다. 곧바로 기도했습니다. 하나님께 여쭈어 보았습니다. 믿음으로 간구했고, 믿음으로 우림과 둠밈을 가지고 여호와의 뜻을 물었습니다. 자기 자신의 입장을 변명하지 않고 겸손히 무릎을 꿇고 하나님의 뜻을 간구했습니다.

여호와께서 다윗에게 응답해 주셨습니다. 하나님은 기도하는 사람에게 응답해 주시는 분이십니다. 사울 왕은 선지자나 꿈으로도 응답해 주시지 않았지만 다윗의 기도에는 응답해 주셨습니다.

"그를 쫓아가라 네가 반드시 따라잡고 도로 찾으리라"라고 했습니다. 아말렉을 추격하면 가능한 것은 물론 잃었던 사람과 물건을 되찾을 수 있다고 말씀하셨습니다. 추격만 하면 위험으로부터 구출할 수 있다고 하셨습니다. 아말렉을 따라잡을 수 있을 뿐만 아니라 이스라엘을 포로에서 벗어나게 할 수 있다고 했습니다.

사랑하는 성도 여러분! 기독교는 기도하는 종교입니다. 죽은 신, 응답이 없는 존재에게 기도하는 종교가 아니라 살아 계신 하나님 아버지께 기도하는 종교입니다. 간절히 그리고 진실하게 기도하면 응답해 주실 줄로 믿습니다. 기도하다가 쉬었던 분들은 다시 기도하는 은혜와 복을 받아 누리기를 바랍니다.

'기도하는 것만큼 이루어진다' 라는 말이 있습니다. 기도는 하나님의 약속입니다. 예수의 이름을 믿고 기도하면 하나님 아버지께서 응답하실 줄로 믿습니다.

2. 다윗의 추격과 애굽 소년의 만남

다윗과 육백 명이 아말렉을 추격하여 브솔 시내에 이르렀습니다. 지친 사람 이백 명을 브솔 시내에 남겨놓고 사백 명과 함께 계속하여 추격했습니다. 낙오병이 생겼습니다. 다윗이 맹렬히 추격했음을 의미합니다. 아벡에서 삼 일만에 시글락에 이르렀고 시글락에서 슬퍼하다가 24km를 달려왔으니, 많은 사람이 지쳤습니다. 탈진한 상태였습니다.

다윗의 신속한 순종을 배우게 됩니다. 기도의 응답을 받고 난 후에 다윗은 지체하지 않았습니다. 하나님의 뜻이기에 지체할수록 어려움이 많게 됩니다. 아말렉을 추격하는 데 지체할 수가 없었습니다.

왕의 순종은 이스라엘 백성의 순종을 의미합니다. 왕의 순종은 한 사람의 순종이라기보다는 모든 백성 전체를 대변하는 순종의 의미를 담고 있습니다. 아버지의 순종이 모든 가족의 순종이 되고 아버지의 불순종이 모든 가족의 불순종으로 나타나듯 지도자의 순종이 모든 백성의 순종이 됩니다. 사울 왕은 불순종의 사람이었지만 다윗은 순종의 사람이었습니다.

그렇습니다. 다윗과 육백 명은 모두 다 피곤하고 모두 다 지친 상태였지만 그중 사백 명이 아내와 자녀, 잃어버린 물건을 되찾기 위해 끝까지 아말렉을 추격했습니다. 여러분은 어떤 아버지, 어떤 성도일까요? 힘들고 어려울 때 끝까지 함께하는 성도일까요 아니면 중도에 등을 돌리는 사람일까요? 변함없이 그리고 끝까지 함께하는 성도가 되어 영육간에 승리의 주역이 되기를 바랍니다.

다윗의 사람들이 들에서 애굽 소년 한 사람을 만났습니다. 우연한 일 같지만 우연한 일이 아니었습니다. 하나님의 섭리였습니다. 하나님의 뜻대로 순종하는 사람에게는 이런 일이 종종 있습니다. 사람이 마음으로 자기의 길을 계획할지라도 발걸음을 인도하시는 분은 하나님이십니다. 순종하려고만 하면 은혜와 능력을 주실 줄로 믿습니다.

그 애굽 사람을 다윗에게 데리고 왔습니다. 떡도 주고 물도 마시게 했습니다. 무화과 뭉치에서 뗀 덩이 하나와 건포도 두 송이를 주었습니다. 그 소년은 밤낮 사흘 동안 떡도 먹지 못하고 물도 마시지 못한 상황이었습니다. 소년이 정신을 차렸습니다. 들짐승의 밥이 될 수밖에 없는 소년이 다윗을 만나 살게 되었습니다. 다윗이 생명의 은인이었습니다.

다윗이 소년에게 묻습니다. "너는 누구에게 속하였으며 어디에서 왔느냐?" 정체와 출신을 묻습니다. 누구의 소유냐? 어디 출신이냐? 소년이 존귀한 사람이 아님을 말해 줍니다. 그래도 먹을 것과 마실 것을 준 것은 인간은 누구나 하나님의 형상과 모양대로 지음 받은 존재이기에 귀하기 때문입니다.

소년이 다윗에게 대답합니다. "나는 애굽 소년이요 아말렉 사람의 종이더니 사흘 전에 병이 들매 주인이 나를 버렸나이다. 우리가 그렛 사람의 남방과 유다에 속한 지방과 갈렙 남방을 침노하고 시글락을 불 살랐나이다." 자기의 출생지는 애굽입니다. 신분은 아말렉 사람의 종이었습니다. 그리고 병이 들자 쓸모가 없다고 생각한 주인이 들에 버렸습니다.

그러면서 종은 자기도 침략했고 불을 놓았다고 말합니다. 이런 자세가 굉장히 중요한 자세입니다. 회개라면 회개입니다. 다윗은 종을 죽이지 않았습니다. 버림 당한 소년을 불쌍히 여겼습니다. 이것이 지도자의 마음입니다. 하나님의 마음을 가진 사람의 마음입니다.

다윗이 그 애굽 소년에게 또 묻습니다. "네가 나를 그 군대로 인도하겠느냐?" 소년의 대답이 무엇입니까? "당신이 나를 죽이지도 아니하고 내 주인의 수중에 넘기지도 아니하겠다고 하나님의 이름으로 내게 맹세하소서 그리하면 내가 당신을 그 군대로 인도하리이다"라고 대답했습니다.

목숨만 살려 주신다면 인도하겠습니다. 다만 하나님의 이름으로 맹세해 달라고 요구했습니다. 하나님의 이름으로 맹세하면 반드시 지켜야 하는 것입니다. 민수기 30장 2절에 "사람이 여호와께 서원하였거나 결심하고 서약하였으면 깨뜨리지 말고 그가 입으로 말한 대로 다 이행할 것이니라"라고 했습니다. 하나님의 뜻대로 가는 길에 돕는 사람이 있습니다.

3. 다윗의 승리

소년의 인도를 따라 다윗과 일행은 아말렉 군대가 있는 곳으로 내려 갔습니다. 아말렉 군대가 땅에 편만했습니다. 블레셋 나라와 유다 땅에서 약탈한 것이 많아서 먹고 마시고 춤을 추고 있었습니다. 정말 승리의 파티를 즐기는 중이었습니다.

다윗과 일행은 슬픔과 고난속에 있었는데 아말렉의 군대는 먹고 마시고 춤을 추는 상황이었습니다. 무방비 상태에서 말입니다. 경계심이 없는 상황이었습니다. 아말렉 군대가 진정한 승리를 거둔 것일까요? 다윗과 사백 명의 군대는 그들에 비해 비록 숫자면에서 열세라 할지라도 무방비 상태로 흥청망청 취한 아말렉의 군대를 치는 것은 아무일도 아니었습니다.

다윗은 새벽부터 이튿날 저물 때까지 아말렉을 공격했습니다. 다윗은 분노를 하루 종일 아말렉에게 쏟아 부었습니다. 낙타를 타고 도망한 사백 명 외에는 피한 사람이 없었습니다. 마침내 아말렉 군대를 몰살시켰습니다. 겨우 달아난 사람은 사백 명이었습니다. 다윗은 사백 명의 적은 수로 많은 군사를 물리쳤습니다. 다윗의 힘이 아니라 하나님의 도우심이었습니다. 다윗이 에봇을 찾고 하나님께 구했기에 하나님께서 승리하도록 역사하셨습니다.

다윗이 아말렉 사람에게 빼앗겼던 사람들과 모든 물건을 되찾아왔습니다. 크든 작든, 중요하든 중요하지 않든, 사람이든 동물이든 모두 되찾아왔습니다. 특별히 다윗의 두 아내도 구원했습니다. 이것이 강조점입니다. 자녀들이나 물건이나 잃은 것이 없었습니다. 모두 되찾아왔습니다. 양 떼와 소 떼를 다 되찾아왔습니다. 그리고 이것들을 '다윗의 전리품' 이라고 했습니다.

우리도 그렇습니다. 기도하고 세상을 살면 승리할 줄로 믿습니다. 기도하지 않으면 문제가 심각해집니다. 이길 것 같은데 이길 것이 없습니다. 세상이 이끄는 대로 가는 존재가 됩니다. 그러나 하나님의 도우심을 믿고 살아가면 승리하게 됩니다. 잃는 것이 없습니다. 되찾을 수 있습니다. 더 좋은 것을 얻을 수도 있습니다.

다윗의 신하들은 되찾은 것들을 '다윗의 전리품' 이라고 말했습니다. '다윗의 탈취물' 이라는 뜻입니다. 모든 공을 다윗의 공로로 돌렸습니다. 이렇게 부녀와 자녀를 잃은 슬픔에 돌을 들었던 사람들이 다윗의 공로를 인정하니 하나님의 은혜가 아닐 수 없습니다.

그러므로 모든 성도는 항상 쉬지 말고 기도하여 하나님의 뜻을 구해야 합니다. 성경을 통해서 발견하든 기도하는 가운데 찾든 하나님의 뜻이 가장 귀중합니다. 하나님은 기도하는 사람에게 응답해 주십니다. 좋은 것으로 응답해 주십니다.

또 다윗이 애굽 소년을 살려주고 귀하게 여기듯 사람을 귀하게 여겨야 합니다. 그 사람이 돕는 자가 되어 쉽게 승리하도록 일하기 때문입니다.

제79강
사무엘상 30장 21-31절

전리품은 어디에 사용해야 하는가?

　기독교인의 물질관, 재물관에 관하여 생각해 보는 시간이 되기를 바랍니다. 물질은 내 것인가? 아니면 하나님께서 주신 것으로, 나는 맡은 자, 관리인, 청지기인가?

　이 세상은 평등을 강조하면 자유가 깨지기 쉽고, 자유를 강조하면 평등이 깨지기 쉽습니다. 평등을 강조하는 체제를 사회주의 체제라고 말한다면 자유를 강조하는 체제는 민주주의 체제라고 말할 수 있습니다. 그래서 사람이 사는 세상은 자유와 평등이 같이 공존하는 것이 아름답습니다.

　다윗이 하나님께 기도하여 응답을 받고 즉각적인 순종을 했습니다. 하나님께서 다윗과 일행으로 하여금 승리하도록 복을 주셨습니다. 아말렉과의 전투는 다윗이 군사 전략가라는 것을 잘 증명해 준 사건입니다.

1. 동일한 분배원칙

　다윗과 일행은 하나님의 은총 속에 아말렉과의 전쟁에서 승리했습니다. 승리한 다음에 어떤 문제가 있었을까요? 다윗에게 또 다른 문제가 발생했습니다. 어떤 문제일까요? 그리고 어떻게 해결했을까요?

사람들이 아벡에서부터 시글락까지 삼 일 동안 고생하며 돌아오게 되었는데, 시글락 성읍에 도착해 보니 아말렉의 습격으로 성읍은 파괴되고 아녀자들은 다 포로로 잡혀갔습니다. 먹지 못하고 마시지 못한 상황에서 울다가 지쳤습니다. 이백여 명이 피곤하고 지쳐서 전쟁터에 나갈 수 없게 되어 낙오자가 발생했습니다. 낙오자들은 브솔 시내가 있는 곳에서 다윗과 일행을 기다리게 되었습니다.

아말렉을 추격했던 다윗과 사백여 명이 승리한 다음에 돌아오자 이백여 명이 영접하러 나왔습니다. 그런데 다윗과 함께 추격하러 갔던 사람들 중에 "악한 자와 불량배들이 다 이르되 그들이 우리와 함께 가지 아니하였은즉 우리가 도로 찾은 물건은 무엇이든지 그들에게 주지 말고 각자의 처자만 데리고 떠나가게 하라"라고 말하기 시작했습니다.
처자만 되돌려주고 전리품은 줄 수 없다는 주장입니다. 여러분은 이런 주장에 대하여 어떻게 생각합니까? 무노동 무임금 원칙입니다. 국회의원들도 그래야 된다는 주장이 나오고 있는 상황입니다. 그러니까 동일한 분배를 반대하는 원칙입니다. 일하는 것만큼만 먹고 사는 세상을 말합니다.

다윗 주변에는 환난 당한 자가 몰려 있었습니다. 빚진 자가 함께했습니다. 마음이 원통한 사람들도 많았습니다. 처음에는 사백여 명이 몰려들었습니다. 이 사람들이 상황이 바뀌자 다시 본색이 드러나기 시작했습니다. 전리품을 분배할 시점에 이르자 이웃과 형제를 생각하지 않았습니다. 자기의 본성이 드러나고 이기적인 생각과 말을 하기 시작했습니다.

'무엇이든지 주지 말자.' 무슨 슬로건과 같은 말들을 하기 시작했습니다. 절대로 주지 않겠다는 말입니다. 추격전에 참여하지 않은 사람에게 줄 것이 없다는 것이지요. 마치 자기들의 용기와 힘으로 아말렉을 추격하여 승리한 것처럼 말했습니다. 그들의 말 속에 하나님은 계시지 않았습니다. 물건과 노획물만 보였습니다. 요즘 사람들이 '돈이면 다 된다'는 생각을 하는 것과 비슷합니다. 내 돈은 내가 벌었으니까 내 것이다. 이것은 세속적인 사람의 생각입니다. 우리는 물질이 하나님께서 하나님과 이웃을 위하여 사용하라고 주신 것임을 기억해야 할 것입니다.

브솔에 남아 있던 이백 명은 '아내와 자녀만 주고 전리품은 나눠주지 않는다면 실망하여 스스로 떠나게 될 것이다'. 이렇게까지 주장했습니다. 그런데 민수기 31장 25-27절 이하에서 하나님은 모세를 통하여 전리품에 대한 규정을 이미 말씀해 주셨습니다. 전리품의 절반은 전쟁에 나갔던 군인들에게 주고 절반은 회중에게 주라고 했습니다.

심지어 신명기 8장 17-18절에서는 마음에 "내 능력과 내 손의 힘으로 내가 이 재물을 얻었다"라고 말하면 멸망할 것이며, 네게 재물 얻을 능력을 주신 네 하나님 여호와를 기억하라고 말했습니다. 조상들과 맺은 언약 때문에 그와 같이 하신 것입니다.

사도행전 10장에 고넬료를 봅시다. 기도와 구제가 하나님 앞에 상달되었습니다. 초대 교회는 서로 돕고 나누어 가졌습니다. 사도행전 2장 44-45절, 4장 32절, 6장 1절에 보면 재산과 소유를 팔아 가난한 자들을 구제했습니다. 그리고 이방인 교회가 예루살렘 교회를 위하여 구제 헌금을 드렸습니다.

2. 다윗의 주장

다윗은 어떤 주장을 했습니까? 그리고 그 결과가 무엇입니까? 다윗의 주장을 배워야 할 것입니다. 다윗으로부터 지혜와 공평을 배워야 합니다. 그래야 지도자로서 아름답고 멋이 있고 덕 있는 사람이 될 것입니다. 하나님이 준비한 왕의 면모를 엿볼 수 있습니다.

첫째, "나의 형제들아"라고 말했습니다. 다윗은 추격을 한 사람이나 추격하는 데 떨어졌던 사람이나 형제라는 의식이 있었습니다. 교회 생활에 있어서 형제의식은 굉장히 중요한 사상입니다. 모든 형제자매를 향하여 형제라는 사상을 가질 때 폭넓은 그리스도인이 될 수 있습니다.

초대교회도 보십시오. 형제의식이 투철했습니다. 베드로도 '형제들아' 라고 부릅니다. 바울 사도도 '형제들아' 라고 부릅니다. 추격하는 데 참여하지는 못했지만 형제입니다. 얼마나 가까운 형제입니까? 21절 하반절에 "다윗이 그 백성에게 이르러 문안하매"라고 했습니다. 여기 '이르러' 라는 말의 의미가 무엇입니까?

만질 수 있는 정도로 가까운 형제입니다. 입 맞출 수 있을 정도로 가까운 형제자매, 끌어안을 수 있을 정도로 가까이 다가간 것을 말합니다. 다윗은 추격에 참여하지 못한 사람에게도 가까이 갔습니다. 책망하러 간 것이 아니라 평안의 인사를 위하여 찾아간 것입니다. 이런 사람이 덕 망있는 하나님의 사람이 아닙니까? 다윗은 약한 자와 힘이 없어 지친 자에게 먼저 다가갔습니다. 배려하는 마음을 가진 다윗의 모습이 아름답습니다.

다른 사람들은 형제의식이 없거나 적었지만 다윗은 그렇지 않았습니다. 먼저 다가가서 인사를 하였습니다. 평안하냐고 물었습니다. 하나님의 마음에 합당한 사람은 행동이 다릅니다. 생각이 다릅니다. 일반 사람들과는 너무나 차이가 많이 있습니다. 사실 같은 동족이고, 하나님을 믿는 동일한 하나님의 백성입니다.

둘째, "여호와께서 우리를 보호하시고 우리를 치러 온 그 군대를 우리에게 주신 것을 너희가 이같이 못하리라"라고 했습니다. 하나님께서 추격할 수 있도록 보호하시고 승리할 수 있도록 은혜를 주셨다고 말합니다. 아말렉과의 전쟁에서 모든 것을 돌려주신 분은 사람이 아니라 하나님 여호와라고 강조합니다. 하나님의 왕권을 인정하는 다윗입니다. 다윗의 찬송시 중에 "왕이신 나의 하나님이여 내가 주를 높이고 영원히 주의 이름을 송축하리이다"(시 145:1)라고 했습니다.

전쟁에 참전한 사람들의 공로를 무시하는 말이라기보다는 여호와께서 함께하신 거룩한 전쟁이라는 의미입니다. 다윗은 골리앗과의 싸움에서도 전쟁은 여호와께 속한 것이라고 말했습니다. 전쟁의 근원이 하나님이시라면 전쟁의 승리의 기쁨도 여호와께 돌리며 형제자매들이 함께 기뻐하는 것이 옳다는 주장입니다.

셋째, "이 일에 누가 너희를 듣겠느냐 전장에 내려갔던 자의 분깃이나 소유물 곁에 머물렀던 자의 분깃이 동일할지니 같이 분배할 것이니라"라고 말했습니다. 동일한 분배 원칙을 주장했습니다. 사울이 전쟁에서 승리한 다음에 좋은 것은 숨기고 병들고 약한 것들만 진멸한 것과는 달리 다윗은 너무나 대조적이었습니다. 하나님 나라의 본질을 드러내고 있습니다.

다윗은 하나님께서 세우신 나라를 통치할 수 있는 존귀한 자였습니다. 다윗의 이런 주장은 자기 주장이라기보다는 율법의 정신에 기본 바탕을 두고 말한 것이었습니다. 그래서 성경 말씀은 신앙과 행위에 있어서 유일한 법칙인 것이지요. 성도는 항상 성경적인 생각을 해야 합니다.

다윗이 주장한 것이 어떤 결과를 가져왔습니까? 역사에 남는 일이 되었습니다. "그 날부터 다윗이 이것으로 이스라엘의 율례와 규례를 삼았더니 오늘까지 이르니라"라고 했습니다. 전리품에 대한 규례를 만들게 되었습니다. 이기적인 생각은 버리고 율법적인 생각을 하도록 인도했던 다윗은 역시 하나님이 준비한 사람이었습니다. 사람들은 자기 소견에 좋은 대로 행하려고 했지만 다윗은 율법 정신으로 전리품을 나누게 만들었습니다.

3. 유다 장로들

다윗이 아말렉을 추격하여 얻은 전리품을 친구와 유다 장로들에게도 선사했습니다. "보라 여호와의 원수에게서 탈취한 것을 너희에게 선사하노라"라고 했습니다. 다윗은 지금 블레셋의 시글락에 망명하여 와 있는 상황이었지만 선물만은 유다에 있는 친구와 장로들에게도 주었습니다. 몸은 떠나 있지만 마음만은 함께하는 동족이고 사랑의 대상이었습니다. 동족을 사랑하는 다윗의 마음입니다. 이것이 왕이 아니겠습니까? 지도자는 자기보다는 단체를 귀하게 여기는 사람입니다.

훗날 유다 장로들이 어떤 역할을 할까요? 다윗이 헤브론에서 이스라엘의 왕이 될 때 유다 장로들이 다 찬성하는 결과를 가져왔습니다. 왕의 정당성을 인정하게 됩니다. 특별히 아말렉을 여호와의 원수라고 표현했습니다. 아말렉은 출애굽 할 때부터 하나님의 적이 되었습니다. 다윗은 하나님의 심정을 잘 알고 있었습니다.

또한 벧엘에 있는 친구와 장로들에게도 선사했습니다. 다윗의 행동은 역사적인 사실입니다. 다윗은 동족애가 컸던 지도자였습니다. 자기 민족, 자기 국가를 사랑하지 않는 사람이 지도자일까요? 다윗은 블레셋의 아기스 왕에게 선물한 것이 아니라 벧엘에 있는 친구와 장로들에게 선물했습니다. 정말 이 시대에 살고 있는 젊은이들이 배워야 할 부분입니다.

남방 라못에 있는 장로들에게도 선사했습니다. 남쪽 혹은 팔레스틴의 남부 지방으로 높은 지역은 시므온 지파에 속하는 라마로 이해합니다. 그곳에 있는 친구나 장로들에게도 선물을 보냈습니다.

얏딜에 있는 자들에게도 선사했습니다. 얏딜은 '뛰어나다, 탁월하다'라는 말에서 유래한 것으로 '높이'라는 뜻입니다. 얏딜은 역사적으로 제사장들이 거주했던 곳이고, 도피성이 있던 곳이었습니다. 다윗은 제사장과 도피성이 있는 곳에도 선물했습니다.

아로엘에 있는 장로들에게도 선사했습니다. 아로엘은 '벗은, 버림받은'이라는 의미입니다. 다윗은 소외된 지역에 살고 있는 사람들에게도 선물을 보냈습니다. 사람들이 알아주지 않고 넉넉하게 살지 못하는 사람들에게도 선물했습니다. 다윗이 왕답지 않습니까?

십못에 있는 자에게도 선사했습니다. 학자들의 주장에 의하면 십못은 황량하고 건조한 사막 지역으로 추정합니다. 가나안 땅의 남부 네겝 지역이라고 말합니다. 건조한 곳에서 고생하며 살고 있는 사람에게도 선물했습니다.

에스드모아에 있는 사람의 성읍에도 선사했습니다. 에스드모아는 '복종, 순종'의 의미를 가지고 있습니다. 레위 지파의 산지입니다. 주로 제사장들이 살던 지역이었습니다. 물론 도피성도 있었습니다. 다윗은 그곳에도 선물을 보냈습니다.

라갈과 여라므엘 그리고 겐 사람들에게도 선사했습니다. 라갈은 '교통이나 무역'을 말합니다. 교통의 요충지나 무역의 중심지에도 선물을 보내서 온 유다 나라에 승리의 소문이 퍼져나갔습니다. 여라므엘은 '하나님이 사랑하신다'라는 뜻으로 유목민이거나 농사하는 사람들이었습니다. 이런 사람들에게도 선물을 보냈습니다. 겐은 '대장장이'라는 의미로 유다와 친밀한 관계에 있었던 모세의 장인 이드로의 후손 족속인데 유다와 친밀하게 지냈기 때문에 선물을 보냈습니다.

홀마와 고라산, 아닥과 헤브론을 비롯하여 다윗 일행이 왕래하던 모든 곳에 선사했습니다. 홀마는 호르마로 시므온 지파가 차지한 땅입니다. 거기도 선물을 보냈습니다. 고라산은 '보라산'이라고도 말하는데 보라산은 '연기 나는 구덩이'라는 의미이고, 고라산은 '연기 나는 풀무'라는 뜻입니다. 가나안의 남부 지역으로 '아산'으로 추정되며 시므온 지파에게 분배된 땅이었습니다.

아닥은 '숙소'라는 뜻입니다. 헤브론은 아브라함이 아내 사라를 위하여 헷 족속에게서 은 사백 개를 주고 산 막벨라 굴이 있는 지역입니다. 도피성도 있었습니다. 다윗이 유다의 왕이 되었을 때 7년 6개월을 통치했던 곳입니다. 역사적으로나 종교적으로 중요한 도시였는데 그곳에도 선물을 보냈습니다. 그리고 평상시 왕래하는 모든 친구와 장로들에게도 선물을 보냈습니다. 성도는 뇌물은 주고 받을 수 없지만 선물을 주고 받는 것은 서로간에 정감있는 일이지 않을까요?

제80강
사무엘상 31장 1-6절

사울과 요나단의 죽음

블레셋 나라의 침공이 있을 때 사울 왕은 두려움이 생겼습니다. 하나님께 기도하지만 응답이 없었습니다. 선지자로도 응답이 없고 꿈으로도 응답이 없었습니다. 평상시에 성령의 인도를 받아야 응답이 있지 않겠습니까? 악령이 역사하고 악신이 임하는데 기도의 응답이 있겠습니까?

사울의 곁에는 다윗과 같은 맹장도 없었습니다. 쫓아냈으니 없을 수밖에 없지요. 또 제사장을 다 죽였습니다. 그러니 하나님의 뜻을 누가 가르쳐 줍니까? 제사는 누가 지내줍니까? 그러니 남는 것은 두려움밖에 없는 것입니다.

사울 왕은 신하와 함께 변장하고 엔돌에 있는 무당을 찾아갔습니다. 얼마 전만 해도 무당이나 우상 숭배자들을 다 쫓아내던 사울입니다. 겉보기에는 종교개혁자였습니다. 하나님도 이스라엘 사회에서 신들린 자나 무당을 용서하지 말라고 하셨습니다.

왕은 그 나라의 대표자로서 영적인 수준을 나타냅니다. 왕은 하나님의 뜻을 찾아 백성으로 하여금 하나님께 순종하도록 만드는 것이 왕의 역할입니다. 그런데 사울 왕은 처음과 나중이 달랐던 왕이었습니다. 그 결과가 무엇일까요? 사무엘상 31장은 비극으로 끝이 납니다. 어떻게 끝이 날까요?

1. 길보아산 전투

블레셋 사람들이 이스라엘을 공격했습니다. 블레셋이 이스라엘을 쳤습니다. 여기 '치매'라는 뜻은 싸우다, 전쟁하다의 의미도 있지만 계속하여 삼킬 듯이 덤벼드는 것을 말합니다. 잡아먹으려는 짐승처럼 블레셋은 이스라엘을 공격했습니다.

이스라엘 사람들이 블레셋 사람들 앞에서 도망했습니다. 그리고 길보아산에서 엎드러져 죽었습니다. 대부분의 사람들은 블레셋 사람들의 칼이나 활 혹은 창에 찔려 죽었습니다. 정말 비참한 최후를 맞이했습니다. 이스라엘이 블레셋에게 참패한 장소가 길보아산이었습니다. 이스라엘 군사들은 이스르엘에 있는 샘 곁에 진을 쳤었습니다. 그러니까 많이 후퇴한 상태입니다. 길보아산까지 밀린 것입니다.

이스라엘이 블레셋으로부터 밀린 이유가 무엇일까요? 하나님의 도우심을 받지 못했기 때문입니다. 그래서 시편 127편 1-2절을 기억해야 합니다. "여호와께서 집을 세우지 아니하시면 세우는 자의 수고가 헛되며 여호와께서 성을 지키지 아니하시면 파수꾼의 깨어 있음이 헛되도다 너희가 일찍이 일어나고 늦게 누우며 수고의 떡을 먹음이 헛되도다 그러므로 여호와께서 그의 사랑하시는 자에게는 잠을 주시는도다"라고 했습니다.

이스라엘의 역사를 살펴봅시다. 길보아는 여자 사사 드보라와 바락이 하나님의 도우심을 받아 시스라 군대를 물리친 곳입니다. 사사기 4장 15절에 "여호와께서 바락 앞에서 시스라와 그의 모든 병거와 그의 온 군대를 칼날로 혼란에 빠지게 하시매 시스라가 병거에서 내려 걸어서 도망한지라 바락이 그의 병거들과 군대를 추격하여 하로셋학고임에 이르니 시스라의 온 군대가 다 칼에 엎드러졌고 한 사람도 남은 자가 없었더라"라고 했습니다. 바락이 능력이 있는 것이 아니라 하나님께서 능력이 많으신 분이십니다.

사사기 5장 21절에 "기손 강은 그 무리를 표류시켰으니 이 기손 강은 옛 강이라 내 영혼아 네가 힘 있는 자를 밟았도다"라고 했습니다. 하나님께서 능력을 주시니 다른 사람을 밟게 되었습니다. 하나님의 사자가 돕습니다. 그러니 승리할 수 있었습니다.

또한 길보아는 사사기 7장에서 기드온이 하나님의 도우심으로 미디안 군대를 물리친 곳이기도 합니다. 이렇게 다른 사람들은 다 이긴 곳에서 사울 왕이 진 이유는 하나님의 도우심을 받지 못했기 때문입니다. 여러분도 명심하세요. 하나님이 도우시면 다 이루어질 줄로 믿습니다.

블레셋 사람들이 사울 왕과 세 왕자도 추격했습니다. 몸이 붙을 정도로 가까이 추격해 왔습니다. 사울 왕은 물론이고 세 왕자 요나단과 아비나답과 말기수아도 죽었습니다. 사울 왕보다 왕자들이 먼저 죽임을 당했습니다. 세 왕자의 죽음은 다윗이 왕위에 오를 시간이 다가왔음을 시사하는 것입니다.

2. 사울 왕의 최후

사울 왕과 이스라엘이 블레셋과의 전쟁에서 패하게 되었습니다. 사울 왕의 최후는 어떻게 되었을까요? 어떤 죽음을 맞이하게 되었을까요? 블레셋의 활 쏘는 자가 사울 왕을 따라잡았습니다.

블레셋의 대부분의 군사들은 활을 당겨 사울을 향해 쏘기 시작했습니다. 많은 궁수들이 사울 한 사람에게 집중적으로 활을 쏘았습니다. 사울은 사면초가의 궁지에 몰리게 되었습니다. 사도 바울과 같이 하나님의 보호가 있는 사람은 사면으로 우겨쌈을 당하여도 싸이지 않겠지만 하나님께 버림 당한 사람은 갈 곳이 없는 사람이 되는 것입니다.

사울이 궁지에 몰린 그때에 활 쏘는 자가 사울을 향하여 활을 당겼습니다. 사울은 중상을 입게 되었습니다. 여인이 출산할 때 몸의 고통 때문에 몸부림을 치는 것처럼 사울 왕도 몸을 꼬면서 고통스러워했습니다. 크게 부상을 당했습니다.

사울 왕은 무기 든 자에게 명령합니다. "네 칼을 빼어 그것으로 나를 찌르라 할례 받지 않은 자들이 와서 나를 찌르고 모욕할까 두려워하노라." 생에 대한 포기입니다. 칼이나 창으로 나를 찌르라. 칼로 깊이 찔러 죽이라고 말했습니다. 블레셋 사람의 손에 죽는 것만은 면하고 싶었던 사울 왕입니다.

할례 받지 못한 이방인의 손에 죽을 수 없다는 것은 중요한 사상입니다. 그 말은 하나님의 언약 자손이라고 믿기 때문입니다. 하나님의 선민으로서 성민이었습니다. 하나님의 아들과 딸입니다. 실제적인 삶은 거룩하지 못했지만 그래도 그렇게 생각했습니다.

요즘 성도들이 사울과 같은 생각을 많이 하며 사는 것으로 보입니다. 여러분도 이런 생각을 하면서 살지 않았습니까? 내가 비록 거룩한 것은 없고, 의로운 것은 한 가지도 없지만 그래도 하나님의 자녀이고 언약 백성으로서 천국은 갈 것이라는 기대감 말입니다. 그런 믿음도 믿음입니다. 좀 성장하지 못한 믿음이라서 그렇지, 믿음입니다.

사울 왕은 이방인들에게 모욕거리가 되는 것이 싫었습니다. 심적으로 부담이 되었습니다. 그래서 무기 든 사람에게 명령을 내리게 된 것입니다.

그러면 무기 든 자의 반응이 무엇입니까? "심히 두려워하여 감히 행하지 아니하는지라." 무기 든 사람이 망설였습니다. 무기 든 사람이 동의하지 않았습니다. 사울이 왕이지만 명령에 따르지 않았습니다. 하나님께서 기름 부은 자를 죽일 수 없었습니다.

"사울이 자기의 칼을 뽑아서 그 위에 엎드러지매 무기 든 자가 사울이 죽음을 보고 자기도 자기 칼 위에 엎드러져 그와 함께 죽으니라." 사울 왕은 병기 든 자의 칼, 자기 칼 위에 스스로 넘어져 자결했습니다. 병기 든 자도 왕을 보호하지 못한 책임이 있어 자결했습니다. 왕과 신하가 함께 자결했습니다. 사울 왕이 자결하니까 신하도 자결했습니다. 동일한 방법으로 죽었습니다.

하나님께서 주신 생명을 귀하게 여겨야 합니다. 생명을 주신 하나님 앞에서 충성을 다하는 것이 성경의 가르침입니다. 여러분은 자신의 생명과 다른 사람의 생명을 다같이 귀중히 여기기를 바랍니다.

인간이 존귀한 이유는 하나님의 형상과 모양대로 지음 받은 존재이기 때문입니다. 그리고 성령이 거하는 하나님의 성전입니다. 그러므로 기독교는 일반적인 의미에서 자살을 금지합니다.

3. 왕과 왕자, 무기 든 자

6절에 "사울과 그의 세 아들과 무기를 든 자와 그의 모든 사람이 다 그날에 함께 죽었더라"라고 했습니다. 사울과 사울의 무기를 든 사람이 죽던 날입니다. 이스라엘이 블레셋에게 길보아산에서 패전하던 날입니다. 함께, 같이 죽었습니다. 한 몸의 운명처럼 죽었습니다. 사울 왕과 왕자들뿐 아니라 주변에 있는 모든 병사까지 다 죽었습니다. 사울 가문의 몰락입니다. 이스라엘의 패전입니다. 이런 불행이 또 있습니까? 하나님의 심판으로 이해합니다.

사울 왕가의 최후입니다. 그런데 사울의 아들 중에 이스보셋은 죽지 않고 살았습니다. 이스보셋이 살아서 이스라엘을 2년 동안 통치했습니다. 사울과 왕자 세 명과 무기 든 사람들이 다 죽었다는 것은 치욕적인 일이고 비참한 일인 것입니다.

사울 왕가의 몰락은 성경적으로 예언된 사건이었습니다.

첫째로, 사무엘상 12장 15절과 25절에 "너희가 만일 여호와의 목소리를 듣지 아니하고 여호와의 명령을 거역하면 여호와의 손이 너희의 조상들을 치신 것 같이 너희를 치실 것이라, 만일 너희가 여전히 악을 행하면 너희와 너희 왕이 다 멸망하리라"라고 했습니다. 하나님께서는 하나님의 사람들이라 해도 계속하여 하나님의 명령을 거역하며 악을 행하면 여호와의 손으로 치신다고 예언했습니다. 사울 왕의 가문이 하나님의 징벌로 망하게 되었습니다.

둘째로, 사무엘상 13장 14절에도 "지금은 왕의 나라가 길지 못할 것이라 여호와께서 왕에게 명령하신 바를 왕이 지키지 아니하였으므로 여호와께서 그의 마음에 맞는 사람을 구하여 여호와께서 그를 그의 백성의 지도자로 삼으셨느니라"라고 했습니다. 사울 왕이 사무엘을 기다리지 못하고 자기 마음대로 제사했을 때 내린 징벌의 내용입니다. 하나님의 마음에 드는 것이 있어야 합니다.

셋째로, 사무엘상 28장 19절에서 "여호와께서 이스라엘을 너와 함께 블레셋 사람들의 손에 넘기시리니 내일 너와 네 아들들이 나와 함께 있으리라 여호와께서 또 이스라엘 군대를 블레셋 사람들의 손에 넘기시리라"라고 했습니다.

이것은 사울 왕이 변장하고 신접한 여인을 찾았을 때 사무엘로 나타난 사람의 예언이었습니다. 예언은 성취됩니다. 어떤 학자들은 성경을 예언과 성취의 관점에서 해석하기도 합니다.

사울 왕을 볼 때 어떤 교훈을 받게 됩니까? 사울은 신본주의자가 아니라 인본주의자였습니다. 인본주의자의 가장 두드러진 특징은 하나님이 중심이 아니라 자기가 중심입니다. 인본주의적인 생각을 가지고 삶을 살아갈 때 처음에는 달콤하고 나름대로 행복했습니다. 그런데 갈수록 태산입니다. 성령이 떠나고 악신이 임합니다. 충성스러운 사람을 죽이려고 합니다. 사울 시대에 좋은 일은 점점 없어지고 결국 비참한 종말을 맞이하게 되었습니다.

사무엘하에서는 다윗이 왕으로 등극하게 됩니다. 다윗은 신본주의자입니다. 모든 것이 하나님 중심적입니다. 하나님의 절대주권을 믿고 하나님의 말씀을 사랑하며 하나님만 바라보는 왕으로 등극하여 멋지게 통치하게 됩니다. 다윗은 하나님이 준비한 왕입니다. 하나님의 마음에 합당한 왕입니다. 다윗은 신정 국가의 새로운 지도자로 활동하게 됩니다.

똑같은 상황이라도 회개하는 자는 구원의 길로, 회개하지 않는 사람은 멸망의 길로 가는 것입니다. 시편 34편 18-19절에 "여호와는 마음이

상한 자를 가까이 하시고 충심으로 통회하는 자를 구원하시는도다 의인
은 고난이 많으나 여호와께서 그의 모든 고난에서 건지시는도다"라고
했습니다.

제81강
사무엘상 31장 7-13절

사울의 모욕과 장례

여러분은 어떻게 죽음을 맞이하고 싶습니까? 집안 일을 하다가 집에서 세상을 떠나고 싶습니까 아니면 밖에서 볼 일 보다가 세상을 떠나고 싶습니까? 이것도 저것도 아니면 차디찬 중환자실 환자들 틈에서 숨을 할딱거리다가 외롭게 세상을 떠나고 싶습니까? 허겁지겁 살다가 준비 없는 죽음을 맞이할 것인가 아니면 그리스도의 재림을 준비한 상태에서 죽음을 맞이할 것인가? 어떤 죽음을 맞이하고 싶습니까? 저주의 죽음입니까 아니면 축복된 죽음입니까?

'잘 믿어야 잘 살고, 잘 살아야 잘 죽는다' 라는 말이 있습니다. 누구나 잠자다가 편안하게 죽고 싶은 심정일 것입니다. 제 어머니 살아 생전에 늘 기도하던 내용 중에 한 가지가 무엇인지 아십니까? '하나님이시여, 이 딸을 따뜻한 봄날 개나리 진달래 필 때 잠자다가 세상을 떠나 아버지 품으로 가게 하옵소서.' 그러셨습니다.

기독교는 죽음에 대하여 세 가지를 말합니다. 첫째가, 영적인 죽음입니다. 둘째가, 육체적인 죽음입니다. 셋째가, 영원한 죽음입니다.

1. 사울의 시신

이스르엘 골짜기 건너편과 요단 건너편 사람들이 이스라엘 사람들의 패전 소식을 듣습니다. 이스라엘과 블레셋과의 전쟁에서 이스라엘이 블레셋 군사들에게 죽임을 당하게 되었습니다. 사울 왕과 세 왕자의 죽음도 보았습니다. 얼마나 무서웠는지 자기들이 살고 있던 성읍을 버리고 도망했습니다. 블레셋 사람들이 와서 버려진 성읍에서 살기 시작했습니다.

길보아산 전투에서 이스라엘이 블레셋에게 패전하게 되어 곳곳에 블레셋 사람들이 살게 되었습니다. 저편이나 건너편은 이스르엘 골짜기 맞은편, 건너편, 반대편을 뜻하는 말로 납달리, 스불론, 잇사갈 지파의 지역을 의미합니다. 이스라엘의 패전으로 많은 사람들이 땅이나 성읍을 포기하고 도망했기 때문에 블레셋 사람들이 들어와서 자연스럽게 점령하여 살게 되었던 것입니다.

요단 건너편은 요단강 서편을 의미하는 것으로 므낫세 반 지파가 여러 곳에 흩어져 살고 있었지만 패전하여 더 흩어지게 되고 여러 곳을 블레셋 사람들이 차지하게 되었습니다.

하나님께서 아브라함과 이삭과 야곱에게 맹세하고 모세와 여호수아, 갈렙 같은 인물들을 통하여 허락한 땅을 하나님의 백성들이 지키지 못하고 빼앗기게 되었습니다. 결국 하나님을 알지 못하는 사람들에게 여호와의 기업, 하나님이 주신 땅을 빼앗기게 되었습니다.

하나님의 형상과 모양대로 지음 받은 인간에게 하나님께서 주신 복이 무엇인가? 세 가지였습니다. 생육하고 번성하라. 성적인 축복입니다.
자녀의 복입니다. 땅을 정복하라. 소유의 복입니다. 재물의 축복입니다.
그리고 다스리라. 왕적인 복입니다. 통치의 축복입니다.

물론 예수님은 회개하는 자에게 천국이 임할 것을 약속하셨습니다.
우리는 기독교인들로서 회개하는 가운데 영육간에 하나님의 은총과 복
을 받아야 합니다. 하나님 나라의 확장에 깊은 관심과 애정을 쏟아 부어
야 합니다. 그렇지 않으면 세속주의와 물질주의 그리고 이기주의를 이
길 힘도 능력도 없습니다. 세 가지의 그릇된 사상이 현대 교인들에게는
적군과 같습니다.

이튿날 블레셋 사람들이 몰려와 이스라엘의 죽은 군사들의 옷을 벗깁
니다. 왜 옷을 벗길까요? 적의 옷을 벗겨서 탈취하기 위해서였습니다.
전리품이니까 벗겨서 입는 사람이 임자 아닙니까? 사울 왕과 세 왕자의
시신도 발견했습니다. 땅에 엎드러진 상태였습니다. 비참한 최후를 맞
이했다는 것이지요. 이틀 동안이나 방치된 상태에 있었습니다. 사울 왕
이나 세 왕자는 길보아산에서 죽었습니다. 왕과 왕자의 옷은 일반인들
과 달랐기 때문에 쉽게 발견할 수 있었습니다. 블레셋 사람들이 어떻게
했을까요?

블레셋 사람들이 사울 왕의 머리를 벱니다. 고대 국가에서 상대편 왕
의 머리를 베는 것은 완전한 승리를 의미했습니다. 승전의 축배입니다.
갑옷을 벗깁니다. 자기들의 승리를 신당과 백성들에게 알리기 위하여
블레셋 지방의 사방으로 보냅니다. 승리의 소식을 알리기 위해서 그렇
게 했습니다. 이스라엘과의 전쟁에서 승리했다는 것이지요. 자기들이
섬기는 다곤신이 이겼다는 것입니다. 사울 왕과 왕자들을 모두 죽이고
승리했다는 것입니다. 함께 기뻐하고 즐거워하기 위해서 사방으로 갑옷

을 보냈습니다.

사울 왕이 입던 갑옷은 최종적으로 아스다롯의 집에 두었습니다. 아스다롯은 가나안의 여신입니다. 전쟁과 다산을 의미하는 아스다롯을 섬기는 신당에 사울의 갑옷을 두었습니다. 다윗이 골리앗과의 전쟁에서 승리한 다음에 칼을 성소에 두었던 것처럼 블레셋은 사울의 갑옷을 아스다롯 신당에 두었습니다. 이것은 자기들이 섬기는 신에게 영광을 돌리는 행위였습니다.

사울의 시신은 벧산 성벽에 못박았습니다. 벧산은 '휴식처, 안락의 집'이라는 뜻입니다. 블레셋 사람들이 벧산 성벽에 못박은 것은 사울과 이스라엘의 수치와 모욕이었습니다. 역대상 10장 10절을 볼 때 사울 왕의 머리는 다곤의 묘에 있는 것으로 묘사했습니다. "사울의 갑옷을 그들의 신전에 두고 그의 머리를 다곤의 신전에 단지라"라고 했습니다. 그러니까 벧산에는 머리 없는 사울의 시체만 못박았을 것입니다.

그러나 블레셋 사람들이 한 가지를 모르고 있었습니다. 사울 왕과 세 명의 왕자는 죽였지만 하나님이 기름 부은 다윗이 건재하다는 사실입니다. 그러므로 블레셋 사람들이 축배를 들기에는 아직 일렀습니다. 하나님이 준비한 다윗이 있었습니다. 이스라엘에게 블레셋을 이길 새로운 왕이 있었습니다. 우리에게는 영원한 왕, 승리한 왕, 예수 그리스도가 계십니다.

2. 사울의 장례

길르앗 야베스 사람들이 블레셋 사람들이 사울 왕에게 행한 일을 듣습니다. 길르앗 야베스 사람들 중에 장사들이 일어났습니다. 이 힘 있는 사람들, 용기 있는 사람들이 밤에 달려가서 사울 왕과 세 아들들, 왕자들의 시신을 수습하였습니다. 적진을 뚫고 들어가서 시체를 수습하여 온 것은 정말 용기 있는 사람들의 행동입니다. 수치와 부끄러움을 가릴 줄 아는 사람들의 행동이었습니다.

길르앗 야베스에서 벧산까지는 약 20km입니다. 거의 5시간을 걸어야 갈 수 있는 거리입니다. 그러니까 블레셋 사람들의 눈을 피하여 사울과 왕자들의 시체를 수습한 것은 대단히 용기있는 행동이며, 은혜를 잊지 않았음을 표현한 것이었습니다.

길르앗 야베스 사람들은 므낫세 지파에 속한 요단 동편에 있는 지역의 사람들입니다. 이스라엘 역사를 보면 길르앗 야베스 사람들은 암몬 족속의 침략이 있을 때 사울 왕의 도움으로 구원을 받았습니다. 사무엘상 11장에 나타난 사건입니다. 그러니까 사울 왕의 은혜를 잊지 않고 있던 길르앗 야베스 사람들이 시체가 성벽에 매달려 있다는 소식을 듣고 참을 수가 없었습니다.

그렇습니다. 사람이 사람다운 것은 은혜를 잊지 않을 때입니다. 다윗이나 사도 바울은 하나님의 은혜를 잊지 않았습니다. 내 영혼아 여호와의 모든 은택을 잊지 말지어다. 나의 나 된 것은 하나님의 은혜로라. 다른 사람보다 더 많이 수고한 것도 오직 하나님의 은혜라.

야베스로 돌아가서 시체를 불태웠습니다. 이스라엘 사회에서는 매장이 일반적인 장례법이었고 극악한 죄인만 화장했습니다. 레위기 20장에 보면 장모와 아내를 함께 데리고 사는 자를 불사르라고 가르쳤습니다. 또 여호수아 때 아간이 불순종하고 속였을 때 돌로 치고 시체를 불살랐습니다. 사울에게도 그렇게 한 이유가 무엇인가? 인본주의자로서 하나님의 뜻에 순종하지 않았기 때문에 최후가 비참한 것임을 드러내고 있는 것입니다.

그리고 **뼈**를 가져다가 야베스 에셀나무 아래에 장사했습니다. 길르앗 야베스 사람들이 잘 알고 있는 특별한 에셀나무입니다. 아브라함이 브엘세바에 도착했을 때 에셀나무를 심고 여호와의 이름을 불렀던 사실이 있습니다. 훗날 다윗은 사울의 가족 묘지가 있는 베냐민 땅 셀라로 이장합니다(삼하 21:12-14).

모든 길르앗 야베스 백성들은 칠 일을 금식했습니다. 자기 몸에 영양 공급을 중단하고 칠 일 동안을 슬퍼했습니다. 특별히 길르앗 야베스 사람들에게 사울 왕은 잊을 수 없는 왕이었습니다. 베풀어 준 은혜에 감사했습니다.

3. 매장과 화장

전통적인 장례법은 매장입니다. 땅에 묻거나 굴에 넣는 방법이었습니다. 인구의 폭발적인 증가로 말미암아 다양한 장례 문화가 발생하기 시작하였습니다. 땅의 문제가 발생하였습니다. 땅은 좁은데 매장지를 찾기가 쉽지 않게 되었고 비용도 만만치 않았습니다.

화장의 경우도 있습니다. 화장은 편리한 점이 있습니다. 사울 왕이나 왕자들의 경우를 보면 에셀나무 아래에 묻었습니다. 요즈음도 수목장이 유행합니다. 나무 아래에 시체를 화장해서 묻는 경우도 있고 강이나 바다에 뿌리는 경우도 있습니다. 기독교는 어느 것이 제일 좋다고 말할 수는 없겠지만 매장이 제일 좋고 다음이 화장일 것입니다.

중요한 것은 부활 때는 똑같이 부활할 것입니다. 믿음으로 사는 사람은 생명의 부활로 나오고 그렇지 않으면 심판의 부활로 나오게 될 것입니다. 여러분은 어떤 부활로 나올 것 같습니까?

그래서 예수를 잘 믿어야 합니다. 그렇지 않으면 문제가 심각하게 됩니다. 예수님은 생명과 부활입니다. "내가 곧 길이요 진리요 생명이니 나로 말미암지 않고는 아버지께로 올 자가 없느니라"(요 14:6). "예수께서 이르시되 나는 부활이요 생명이니 나를 믿는 자는 죽어도 살겠고 무릇 살아서 나를 믿는 자는 영원히 죽지 아니하리니 이것을 네가 믿느냐"(요 11:25-26).

사무엘상은 사울과 세 아들, 왕과 왕자들의 죽음을 묘사하고 끝을 맺습니다. 사울은 주전 1050년경 40세의 나이로 신정국가인 이스라엘 나라의 초대 왕으로 등극하여 약40여 년간 이스라엘을 통치했습니다. 주전 1010년경 80세의 나이에 블레셋과의 전쟁을 치르다가 죽었습니다. 사울 왕의 일대기를 보면 인본주의적인 왕이었습니다. 전쟁을 위하여 뽑힌 왕이더니 전쟁을 하다가 죽었습니다.

인본주의의 사전적인 의미가 무엇일까요? 인간이 모든 것의 중심이 되는 사상으로 휴머니즘입니다. 인간의 이성, 인간의 행복, 인간의 영광을 추구하는 사상입니다. 비슷한 사상으로는 인문주의, 인도주의도 있습니다.

신본주의의 사전적인 의미는 무엇일까요? 하나님이 모든 것의 중심이 되는 사상입니다. 하나님의 뜻과 나라와 영광과 능력과 존귀를 먼저 생각하는 사상입니다. 성경은 신본주의적인 입장에서 기록된 책입니다. 하나님 제일주의라고 표현할 수 있을 것입니다.

　다음에 나올 사무엘하에는 다윗이 등장합니다. 다윗은 신본주의적인 왕입니다. 새로운 시대를 열어간 새로운 왕이지만 하나님이 준비한 왕이고, 하나님 마음에 합당한 왕이었습니다. 사람이 세상을 살아가는 모습을 보면 인본주의적인 사람이 있고, 신본주의적인 사람이 있습니다. 여러분은 어떤 그룹에 속한 사람일까요? 사울과 같이 인본주의로 살지 말고, 다윗과 같이 신본주의적인 인생을 살기를 바랍니다.